书山有路勤为径，优质资源伴你行
注册世纪波学院会员，享精品图书增值服务

ATD's Handbook for Training and Talent Development, 3rd Edition by Elaine Biech

ISBN: 9781953946348

© 2022 ASTD DBA the Association for Talent Development (ATD). All Rights Reserved.

Published by arrangement with the Association for Talent Development, Alexandria, Virginia USA.

Simplified Chinese translation edition copyrights © 2025 by Publishing House of Electronics Industry Co., Ltd.

本书中文简体字版经由 Association for Talent Development 授权电子工业出版社独家出版发行。未经书面许可，不得以任何方式抄袭、复制或节录本书中的任何内容。

版权贸易合同登记号 图字：01-2025-0138

图书在版编目（CIP）数据

ATD 培训与人才发展指南：第 3 版 /（美）伊莱恩·碧柯（Elaine Biech）主编；杨智伟等译 . -- 北京：电子工业出版社，2025.8. -- ISBN 978-7-121-50745-8

Ⅰ . F272.92-62

中国国家版本馆 CIP 数据核字第 202515LM92 号

责任编辑：杨洪军

印　　刷：三河市鑫金马印装有限公司
装　　订：三河市鑫金马印装有限公司
出版发行：电子工业出版社
　　　　　北京市海淀区万寿路 173 信箱　　　邮编 100036
开　　本：720×1000　1/16　　印张：60.75　　字数：1166.4 千字
版　　次：2020 年 12 月第 1 版（原著第 2 版）
　　　　　2025 年 8 月第 2 版（原著第 3 版）
印　　次：2025 年 8 月第 1 次印刷
定　　价：398.00 元

凡所购买电子工业出版社图书有缺损问题，请向购买书店调换。若书店售缺，请与本社发行部联系，联系及邮购电话：（010）88254888，88258888。
质量投诉请发邮件至 zlts@phei.com.cn，盗版侵权举报请发邮件至 dbqq@phei.com.cn。
本书咨询联系方式：（010）88254199，sjb@phei.com.cn。

ATD
培训与人才发展指南
指南
（第3版）

ATD's Handbook
for **Training and Talent**
Development
THIRD EDITION

[美] 伊莱恩·碧柯　主
（Elaine Biech）

杨智伟　张善勇　亓文凯　冉爱晶

学习与人才发展智库　审

電子工業出版社
Publishing House of Electronics Industry
北京·BEIJING

学习与人才发展智库

More Praise for This Book

好评如潮

"不妨将这本书放在床头、书桌上，或随身带在背包里，以便随时取阅。在一个学习力被视为最宝贵财富的时代，伊莱恩·碧柯集聚了该领域的顶尖智慧，助力我们及所在组织不断学习、成长与进步。无论你是正致力于人才发展工作，还是对未来投身这一领域满怀憧憬，这本书都将成为你不可或缺的得力伙伴。"

——安德烈·马丁：教育技术领域资深顾问，曾在谷歌、塔吉特、耐克及玛氏公司担任首席学习官

"这本书历来是管理者、学习与发展专家、教练及学生的必备宝典。伊莱恩·碧柯精编的这本最新版指南，精准回应了在变幻莫测的劳动力市场中，迫切需要以学习来应对挑战、保持乐观心态与清晰思路的需求。每一章基于最新研究成果，提供了实用且富于洞察力的见解，给出了可操作性建议，旨在帮助我们提升组织绩效。"

——波西亚·蒙特：特灵科技公司（美洲地区）市场营销部高级管理人员

"步入后疫情时代，对掌握新技能与培养灵活思维的需求激增，培训与人才发展领域既面临严峻考验，又焕发无限生机。本书不仅展望了该领域的未来蓝图，更为从业者提供了实用且具前瞻性的行动方案，帮助他们及其团队在变革洪流中稳健前行，茁壮成长。"

——约翰·瑞安海军中将（荣誉退役）：曾任美国海军将领及创新领导力中心总裁兼 CEO

"这本书是业界专家与资深行业领袖智慧的集大成之作,如同一盏明灯,照亮了我们对未来职场趋势的探索之路。书中汇聚了众多培训师与企业高管的真知灼见,生动展现了跨学科合作在推动行业发展中的关键作用。加之与现代网络工具的紧密结合,这本书无疑具有划时代的里程碑意义。"

——金伯利·克莱因:长岛大学校长

"这本书再次证明了其在培训与发展领域的指导地位!书中不仅汇集了众多专家的宝贵建议与实用方法,还深刻剖析了人力资源领域的变化趋势,为读者提供了极具价值的洞见,实为必读好书!"

——马歇尔·戈德史密斯:"全球最具影响力的 50 大管理思想家"榜首执行教练,
《纽约时报》畅销书作家,《触发器》《魔劲》《习惯力》的作者

"书中凝聚了众多作者的智慧火花,内容覆盖广泛话题,并结合了大量实战经验。无论你是否为人才发展领域领袖,这本书都能帮助你及团队成员深刻认识到培训、人力资源管理及领导力发展的重要性。对于任何寻求发展的公司而言,本书可以称得上是一本不可多得的宝典。在我看来,伊莱恩·碧柯的成就,完全可以与各行业或体育界中的'史上最佳'(GOAT)人物相媲美。即便是像汤姆·布雷迪和西蒙·拜尔斯这样的顶尖人物,在伊莱恩·碧柯的卓越贡献面前,也稍显逊色。"

——吉布·戈德温海军少将(荣誉退役):曾任美国海军将领,
现为慈善医疗天使公司总裁兼 CEO

"在各行各业,能够不断超越自我,都相当不易。而伊莱恩·碧柯这次又出手不凡,巧妙地将众多顶尖思想家的智慧精髓,融合进了一本简明扼要、通俗易懂的手册中。这本书真的值得一读——里面的实用工具与多元视角,定能给培训与人才发展领域带来新的灵感,引领我们探索更广阔的思维空间。"

——威尔·布朗海军上尉(荣誉退役):前美国海军军官,
曾任海军研究办公室人才管理负责人

"想象一下，拥有这本书，就如同身旁围着 100 多位人才发展领域的顶尖专家与思想领袖。无论是想要深入了解学习科学奥秘，还是寻求职业发展的宝贵建议；无论是探讨与核心业务领导者的高效战略合作，还是探索其他话题，这本书都能成为你的即时顾问。当你渴望在人才发展的广阔天地里挖掘洞见、激发灵感，或寻找创新火花时，这本书无疑会为你点亮明灯，指引方向。"

——达纳·艾伦·科赫：学习科学家，《学习极客播客》联合主持人，
埃森哲应用学习科学研究所团队负责人

"这本书是专业人士为同行量身打造的权威指南，旨在确保培训与发展团队成员能够接触到最前沿、最实用的内容。"

——威廉·詹特里：高点大学学生生活事务临时副校长，
《成为人人想要的老板：新领导指南》的作者

推荐序一：培育全球化思维，推动人类文明进步

习近平总书记提出，"倡导平等有序的世界多极化和普惠包容的经济全球化，推动构建人类命运共同体，携手建设更加美好的世界"。当今，"一带一路"倡议推动着无数中国企业扬帆出海，中国企业在全球产业链中扮演着越来越重要的角色，能源行业也在数字化与绿色转型中面临重构。我们比以往任何时候都更深刻地认识到：人才，尤其是具有全球视野、创新能力与战略思维的复合型人才，已成为企业参与国际竞争的核心竞争力，企业穿越周期的核心动能，更是实现人才强国战略的基石。作为长期从事中国大型企业市场化、法治化、国际化管理的探索者和实践者，我始终坚信，企业的国际化水平与人才的国际化能力是同步发展的。而培养适应全球化发展要求的高素质、专业化人才，需要我们以前瞻性的视野对培训和人才发展问题进行更加深入的思考。

今年6月，我接到中国大连高级经理学院大连市职工创新工作室的邀请，为伊莱恩·碧柯女士主编的《ATD培训与人才发展指南》（第3版）翻译书稿撰写推荐序。在阅读了图书翻译稿和译者序之后，我欣喜地发现，这本汇聚当代全球培训和人才发展领域101位顶尖专家智慧的著作，不仅系统梳理了国际培训和人才发展的历史与理论发展脉络，更提供了极具实操性的方法论。当前，处于逆全球化地缘政治格局与孕育中的新一轮全球化浪潮交织博弈中的中国企业国际化2.0版，已经悄然启动，势头正旺。大规模、全方位培养适应未来发展的国际化人才，已经成为"出海"企业的当务之急。《ATD培训与人才发展指南》（第3版）一书为中国企业人才培养，特别是为走国际化之路的中国企业的各类国际化人才培养，提供了具有借鉴意义的参考路径。书中贯穿的"终身学习"和"以学习者为中心"的理念、基于科学思维的模型构建方法，以及对数字化、智能化时代学习范式的探索，与中国企业当前人才培养需求十分契合。本书译者站在中国人才发展工作者的视角，分享了当代中国人才发展工作应如何"守正创新"面

向未来。在中华民族伟大复兴战略全局和世界百年未有之大变局交织的新时代，培育具有全球化视野、战略性思维的各级领导者，显得越发紧迫和重要。

一、企业人才培养与企业使命同频共振

企业发展的不同阶段，对不同层次的人才需求是不同的，对人才培养的重点和方式也有所区别。但无论是方式方法上，还是重点选择上有哪些不同，核心都是围绕着企业的使命展开。

1982 年，中国海洋石油总公司刚刚成立时，公司肩负着对外合作勘探开发中国海上油气资源和建设商业化（市场化）石油公司的双重使命。这个双重使命主要体现在：

一是国家需要对外开放，需要油气资源，因此成立中国海洋石油总公司，承担起中国海上石油勘探开发对外合作的职责。

二是国家要走一条新型国企之路，要改革传统国企的体制机制，即脱离国家财政，完全靠企业市场化自负盈亏。

当时公司面临非常困难的局面，除了当年人员工资，国家不拨付任何现金，公司成立的前 14 年完全依靠贷款维持运转。公司处于"无资金、无技术、无管理经验"的"三无"状态，却要在高风险、高投入、高技术的"三高"行业中生存。当时公司最急缺的不仅仅是资金，还有对外合作的人才。

当时公司领导决定开展大规模的人员培训，包括专业技术培训、管理课程培训、石油合同培训和外语培训。公司还决定派出一批人员到国外接受专门培训，我也是当时被派出去学习的人员之一。还有一种更普及的培训方式是岗位培训，即在与对外合作的具体岗位上学习和培训，这种培训方式来得更快，更能解决基层和现场操作问题。所有这些培训都紧紧围绕着尽快培养出一大批适合大规模开展对外海上石油合作需要的人才。毋庸置疑，这些培训起到了非常重要的作用，既推动了中国海油对外合作的全面发展，又促使中国海油自身快速成长起来。

当公司发展到一定阶段时，市场化、国际化、规范化成为公司发展的必然要求，也成为该阶段的阶段性使命。在这个阶段，培训不再局限于技术、产品、市场、管理等方面的纯技术性、管理性培训，而是必须与企业内部体制机制改革的步伐保持一致。例如，我们曾经坚持每年选派一批中高层管理人员赴国内外学习

工商管理课程。然而，我们发现，尽管这些参加培训的人员在培训后都感到非常兴奋和激动，认为收获颇丰，但在回到工作岗位两三个月后，这种热情便逐渐淡化，半年后，这种激情基本消失殆尽。一个重要原因在于，他们所学习的商学院案例大多是西方案例，是在成熟市场化环境下形成的企业发展案例。当他们回到国内，发现公司内部的机制并非完全市场化，除了部分技术性、方法性知识可以应用，概念性、理念性的知识与公司内部管理机制并不相容，因而难以发挥和应用。这迫使公司加快内部体制、机制性改革，推动公司尽快建立起市场化、法治化、规范化的管理体系。正是由于人才培训机制与公司体制机制改革相互促进、相互适应，中国海油基本建成了适应国际化竞争的制度体系和人才体系。

习近平总书记强调："国家发展靠人才，民族振兴靠人才。"这一论断在企业经营管理实践中显得尤为突出。人才是企业最重要的财富，投资于人才的发展能够显著提升企业的竞争力和创新能力。当前，国际地缘政治博弈使企业国际化经营环境越发复杂艰难，逆全球化浪潮已经成为国际主流趋势。然而，正是在这种全球逆全球化浪潮时期，中国企业却迎来了全球化2.0版。20世纪90年代末至2015年以前，中国海外投资以大企业和国有企业为主，以获取资源为主要目的。近几年来，中国企业出现了海外投资的第二个浪潮。与第一次全球化浪潮不同，这一次呈现出以下全新特点：一是大中小企业都开始尝试海外投资；二是中国企业以技术、产品和服务投资为主；三是中小企业以产业链投资的形式走向海外。在这种背景下，树立全球化企业经营理念，建立适应全球化的内部管理体系，培养造就适应全球化的国际人才，就显得尤为重要。

二、企业未来领导者的核心素养

随着近年来国际环境的巨大变化，以及我国在很多新领域跻身世界前列，中国企业国际化进程中，领导者的角色正在发生根本性的转变。传统的"技术权威"或"执行型管理者"已无法应对全球化带来的复杂性，我们亟需的是能够洞察全球趋势、整合跨文化资源的战略型领导者。这本书通过大量理论研究和实践案例，揭示了培养领导者素养、促进人才发展的方法，与我们在实践中总结的经验做法异曲同工，不谋而合。未来的国际化企业领导者，需要具备一系列关键核心素养，方能在复杂多变的国际市场中脱颖而出。

　　全球化思维是企业未来领导者必备的素养。全球化思维的基本要求是具备前瞻性的战略思维，即洞见未来的能力。他们应如同翱翔天际的雄鹰，拥有俯瞰全球的宏观视角，敏锐地洞察国际市场的风云变幻。无论是经济格局的悄然调整，还是政治局势的微妙变化，抑或是科技发展的迅猛浪潮，都无法逃过他们的"法眼"。在这个地球村时代，国际市场紧密相连，牵一发而动全身。企业未来领导者需要熟知不同国家和地区的市场特点，精准把握全球市场的发展趋势，为企业找准新的增长点。也正是这种全球化的战略思维培训，让我在以往工作中受益匪浅。我在中国海油工作期间，正是这种全球化的前瞻性、战略性思维，让我们紧跟世界大势，及时调整转型，使公司始终保持先进性和国际竞争力。2004 年，我们提出要打造国际一流的能源公司（而不仅仅是石油公司）。基于这一目标，2005 年我们便开始涉足新能源领域；2007 年，我们建成了海上的第一个风电项目，用于自身供电；2009 年，我们投产了中国第一个电动汽车动力电池的生产线，这在当时的石油企业中几乎是不可想象的。

　　文化理解与包容力，也是企业未来领导者不可或缺的品质。如今，国际化企业的员工来自五湖四海，不同文化背景的员工汇聚一堂。领导者需成为文化融合的大师，尊重并理解多元文化的差异。在与不同文化背景的人交流合作时，能够精准把握对方的思维方式和行为习惯，避免文化冲突，促进团队和谐共处，激发团队的无限创造力。我国文化、历史和制度的独特性，导致我们的思维方式、表达方式和行为方式具有独特性。当我们走出国门、走向世界市场，与合作伙伴和客户打交道时，这些差异必然会导致误解甚至冲突。因为我们走向世界、走向国际市场，希望在国际市场竞争中取得优势，所以需要改变的是我们自己。我们需要理解市场、理解客户、包容客户。最终，我们要改变的是仅适应国内市场的管理制度和体系，建立起适应国际竞争的管理制度体系。这套管理体系，首先应有竞争性，同时也要具备包容性。正因其包容性，才更具竞争力。

　　卓越的战略思维与决策能力，更是企业未来领导者的关键利器。国际市场竞争激烈，充满了不确定性和风险。企业领导者需要像经验丰富的棋手，在复杂局势中深谋远虑，制定出具有前瞻性的企业发展战略。面对各种决策难题，能够迅速收集信息，冷静分析利弊，果断做出正确决策。在关键时刻，不犹豫、不退缩，带领企业抓住机遇，规避风险。

强大的学习能力与创新精神，同样是企业未来领导者的核心素养。世界变化日新月异，新科技、新模式、新观念层出不穷。领导者要保持强烈的求知欲，像海绵吸水般不断学习新知识、新技能，紧跟时代发展的步伐。同时，要敢于突破传统思维的束缚，鼓励创新，为企业注入源源不断的发展活力。在战略性新兴产业和未来产业中，新的商业模式和技术应用不断涌现，只有具备创新精神的领导者，才能带领企业在这片蓝海中抢占先机。

优秀的沟通与协作能力，也是未来领导者必备的技能。在国际化企业中，领导者要与不同部门、不同地区的员工进行有效沟通，确保信息畅通无阻。同时，要善于协调各方资源，促进团队成员之间的协作，形成强大的团队合力。无论是跨部门项目，还是国际合作项目，都能通过良好的沟通与协作顺利推进。

相信对于未来的国际化企业领导者而言，这些核心素养将助力他们在激烈的国际竞争中披荆斩棘，在国际商业舞台上实现可持续发展。

三、以人才之基筑强国之梦

人才，是推动国家发展的"原动力"，是构筑强国之梦的坚实基石。建设人才强国已被纳入党的二十大报告和国家发展战略之中。当我们畅想中华民族伟大复兴的宏伟蓝图时，人才的力量就如同破晓的曙光，照亮前行的道路，为强国梦注入源源不断的生机与活力。

在未来新一轮全球化的浪潮中，国际化企业的竞争日益激烈，企业领导者的素养则显得越发重要。未来的国际化企业领导者如同领航者，引领企业在国际市场的海洋中破浪前行。而这些优秀的人才，不仅是企业发展的中流砥柱，更是国家在全球经济舞台上站稳脚跟的重要力量。他们凭借敏锐的洞察力，捕捉全球市场的机遇；以包容的心态，融合多元文化；用创新的思维，开拓全新的商业版图。他们的每一次决策、每一次探索，都在为国家的经济繁荣添砖加瓦。

教育培训是培养人才的重要手段，是为强国梦注入新鲜血液的源泉。从基础教育到高等教育，从职业技能培训到高端人才培养，每一个环节都至关重要。就像园丁精心培育幼苗一样，教育工作者用心浇灌每一颗人才的种子，让他们在知识的土壤中茁壮成长。在校园里，学生学习知识、培养能力、塑造品格；在企业中，员工积累经验、开拓创新、实现价值。这些不同阶段、不同领域的人才培养，汇聚成一股强大的力量，推动着国家在科技、经济、文化等各个领域不断前进。

然而，筑梦之路并非一帆风顺。我们面前还有一系列挑战需要克服，还有一系列障碍需要跨越：

一是要为人才的培养、成长、使用和发展创造更加有利的环境。

二是在人才使用上，要不拘一格，既要重视一线经验，又要注重解决问题的能力，更要强调道德操守。

三是要建立灵活有效的吸引人才、使用人才、留住人才的管理机制。需要注意的是，留住人才并不是限制人才流动。人才是分层次的，且不同层次的人才处于动态变化之中。因此，对人才的概念和层次划分不能固定化。人才在不同时期、不同层次上既可以流动，也可以实现双向流动。大将无弃兵，企业无弃才。企业内部管理体系要为各类人才提供广阔的发展环境和发展舞台，使各类人才都能充分施展其才华。

四是要吸引全球化人才。全球化企业不仅要在文化理念上，更要在管理体制机制上适应全球化。这包括国际化人才的吸收、培养、使用和管理。要打造全球化企业，首先要把海外企业建成本地化的中国企业，而不是简单地将中国模式移植到海外。我们企业要想在国际市场上具备强大竞争力，必须吸引大批本地人才加入。如何防止国际人才的加入导致公司管理失控？关键在于母公司总部要建立一套适合国际化管理的制度体系。这套管理制度体系要体现公司的价值理念和使命观。它既能吸引国际人才、发挥国际人才的作用，也是培养国际人才的制度保障。

中国工业科技管理大连培训中心，是改革开放之初引进西方现代管理教育的第一个窗口，为中国企业适应改革开放培养了大量经营管理人才。中国大连高级经理学院作为落实国家人才强国战略的重要载体，承担着为国家培养新一代企业经营管理人才的重要使命，我每年也作为核心师资在此讲授专题课程。中国大连高级经理学院大连市职工创新工作室将这本书翻译引进中国，是我们在培训和人才发展领域与国际对标的契机，也是我们企业经营管理人才培养工作自我完善和自我更新的重要手段。在学习西方管理的过程中，我们应当保持审慎态度，不能简单地"照搬西方"。毕竟，我们的文化和历史背景与西方存在差异。希望大家认真阅读译者序，对中华人才发展优秀传统和当前我们人才发展的任务有更加清晰的认识。希望译者研究团队，深入广大中国企业开展调查研究和案例研究，对方法论进行适用性改造和创造性转化，真正形成具有中国特色、本土特点的培训和人才发展工作体系。

以人才之基筑强国之梦，这是时代赋予我们的使命，也是实现民族复兴的必由之路。让我们携手共进，培养、吸引、用好人才，让人才的光芒照亮强国之路，让强国之梦在人才的支撑下早日实现！

傅成玉

中国海洋石油集团有限公司原总经理、党组书记

中国石油化工集团公司原董事长、党组书记

2025 年 6 月

推荐序二：人才发展亟需提升培训专业化水平

今年 6 月 9 日，杨智伟老师来电，告诉我他翻译了伊莱恩·碧柯主编的《ATD 培训与人才发展指南》（第 3 版）（以下简称《指南》），将由电子工业出版社出版。他向我扼要介绍了该书的主要内容，说这是一部国际公认的专业性、科学性很强的关于培训和人才发展的专著，问我能否为该书中译本作推荐序。智伟是我在中国大连高级经理学院最早认识的几位老师之一，我们第一次见面，是 10 年前他在大连周水子机场接我。他那充满生机和活力的形象，至今历历在目。最近一次见面，则是一年多前在学院上海基地，那时他已是该基地负责人了。友人之托，我欣然答应。第二天，学院便正式向我发来为该书作序的邀请函，以及三个材料：一是美国人才发展协会（ATD）简介，二是《ATD 培训与人才发展指南》（第 3 版）校对稿，三是《ATD 培训与人才发展指南》（第 3 版）译者序。

这些天，我放下手头的大部分工作，集中精力阅读上述材料。三个材料加在一起近千页，对《指南》本身我浏览了一遍；9 位专家对《指南》的评价，ATD 总裁兼 CEO 托尼·宾汉姆作的序，主编伊莱恩·碧柯写的前言，杨智伟作的译者序，我则逐字逐句读了。这对于我，首先是一次很好的学习机会。2014 年我退休后的主要工作之一，是应邀去一些党校、干部学院和一些地区、企业授课。《指南》中的许多内容，对我提升授课质量会有帮助的。同时，培训和人才发展，始终是我重点关注的领域之一，读《指南》，引发我对这方面工作进一步深入的思考。

《指南》把培训和人才发展紧扣在一起，是完全正确的。培训的目的是人才发展，人才发展离不开培训。无论培训还是人才发展，都是专业，与其说这是两门各自独立的专业，不如说两者已合二为一，前者是后者不可或缺的有机组成部分。《指南》正是一部把两者融为一体的、分量很重的专著。

谈人才发展，离不开马克思主义理论的指导。这并不是因为我是一个有 50

多年党龄的中国共产党党员，即使谈美国人所著《指南》，也得平添些许"红色"，而实在是因为马克思主义本质上就是关于人的发展的学说。这集中体现在马克思主义所追求的理想信念中。马克思、恩格斯在《共产党宣言》中，这样界定未来的理想社会："每个人的自由发展是一切人的自由发展的条件。"恩格斯晚年在接受媒体采访，回答对未来理想社会的描绘时说，找不到比上述那段话更合适的了。"每个人"和"一切人"，基础是"每个人"，着眼于"一切人"。"每个人"和"一切人"都要发展，就须处理好己群（自己与群体、个人与集体）的关系，自由与纪律的关系，民主和集中的关系。谁有理由说这样的马克思主义会过时？谁提出过比马克思主义更准确、更崇高、又更接地气的人的发展学说？

"人"和"人才"是两个不同的概念，《指南》不用"人"而用"人才"，是强调人人都可成才，成了人才还要不断发展，培训的宗旨就是帮助每个人成才、成才后持续发展。《道德经》曰："圣人常善救人，故无弃人；常善救物，故无弃物。是谓袭明。"意思可以理解为：好的领导者往往善于做到人尽其才，所以没有被遗弃的人；往往善于做到物尽其用，所以没有被遗弃的物。这叫作保持明镜似的状态，是待人和接物的最高境界。怎么接物归根结底是由怎么待人决定的。上述古训，对培训师也完全适用。

成才并不断发展，固然要靠每个人自己努力，这是基本立足点，却远远不够，还得靠社会为之创造条件，培训无疑是最重要的条件之一。培训的意义在于，把历史积累的前人的相关知识（包括技能、方法）传授给每个学员，动态地把现实中人们正在创造的知识告诉每个学员，使每个学员在较短时间内，就能站在知识的高峰，在自己的实践中锻炼成长为真正的有用之才。成才，归根结底靠每个人自身的实践，领导能力和其他专业能力，不是靠读书读出来，或者听课听出来的，而是靠在实践中感悟，逐渐积累起来，不断提升的。然而，必须明白：几乎对所有人而言，由培训指导的实践和没有培训指导的实践，其结果迥然不同。

这里，又涉及培训本身。我们说培训重要，但并不是说只要参加培训，学员就能得到理想的收获，这要看培训质量。培训什么内容，用什么方式培训，对学员所能提供的价值差异很大。决定培训价值的，是培训质量。培训质量是和培训的专业水平密切相关的。当代培训的专业化，已经达到相当高的水平，至少在以下三个方面得到充分体现：一是在处理培训师和学员关系方面，当代培训更强调学员的主体地位，充分发挥每个学员在培训中的积极性、主动性和创造性。这对培训师的要求不仅没有降低，反而更高了。二是在处理培养和训练的关系方面，当代培训既看重培养，又强调训练，高质量、专业化的培训，能够做到两者深度融合。三是在培训工具的使用方面，人工智能技术正在迅速普及，为培训效能的提高提供了前所未有的有利条件（当然也要注意避免人成为机器奴隶的危险）。

中华优秀传统文化中，不乏关于教育人、培养人的精彩篇章。《论语》曰："博学而笃志，切问而近思。"短短两句 10 个字，却包括了四层含义：一是广泛涉猎知识，二是坚定追求理想，三是在学习过程中要勇于提问，四是要联系当下实际思考问题。这四点，今天读来仍让人极受启发。同时要看到，中国古人谈教育人、培养人，大都是为师者对学生提要求，帮助学生释疑解惑；运用单向传输方法，我讲你听，不太注意运用训练的方法，首先是缺乏严密的逻辑思维方式训练。20 世纪 30 年代，鲁迅谈翻译应注意西方"文法"的严密性，指出："欧化文法的侵入中国白话中的大原因，并非因为好奇，乃是为了必要。"如何理解"必要"？主要针对中国传统思维方式存在的不足。冯友兰指出，"认识论在中国哲学里从未得到发展"，"中国哲学的语言""是提示性的而并不明晰"，"因为它不代表用理性演绎得出的概念。哲学家只是告诉人们，他看见了什么。因此，他所说的内容非常丰富，而使用的语言却很简短。这就是何以中国哲学家的语言往往只作提示而并不明确"。"不明晰""不明确"就是思维方式存在的不足。

改革开放以来，我国各项事业的专业化都得到令人瞩目的发展，干部培训也是如此。有些干部培训班，已经越来越多地注意运用专业化方法。中国大连高级经理学院就有不少尝试，我坚持运用互动方式授课，得到学院领导的支持和学员的鼓励。但是，从总体上看，在我国，干部培训中专业化方法的运用，尚不普遍，即使运用了一些专业化方法，专业水平大都也未达到理想水平。为了使培训取得更好效果，亟待提升培训专业化水平。在这种情况下，翻译出版《指南》，无疑是明智之举，具有非同寻常的意义。伊莱恩·碧柯说，她主编《指南》，是"为了给读者最优质、最专业的资源"，所以请的作者"都具备扎实的专业知识"。读者可以在本书开头部分的"好评如潮"中，看到专家的如下评论："这本书是业界专家与资深行业领袖智慧的集大成之作。""是专业人士为同行量身打造的权威指南，旨在确保培训与发展团队成员能够接触到最前沿、最实用的内容。"《指南》可以说代表了当今世界培训达到的专业化水平。值得我们认真学习，积极借鉴。

智伟所作《指南》译者序，不是一篇就《指南》谈《指南》的文章，而是写成了一篇相当有分量的培训和人才发展的长篇大论。他的序用《重构人才发展的未来图景：培养可堪重任的终身学习者》为题，把落脚点放在学员身上。百年未有之大变局之际，数智化引领的新科技革命和产业变革加速演进，人才发展面对难得机遇和严峻挑战，培训工作要有新思路，形成新格局。智伟把培训和人才发展聚焦到"培养可堪重任的终身学习者"，给人以耳目一新的感觉。习近平总书记在党的二十大报告中指出："建设堪当民族复兴重任的高素质干部队伍。"在终身学习早已成为时代潮流的新时期，干部要堪当民族复兴重任，前提是成为"可堪重任的终身学习者"。而帮助学员成为这样的学习者，也就是培训所要达到的目标。各行各业的人们，在自身努力的前提下，通过接受培训，成为这样的学习者，进而成为高素质、专业化的创业者、建设者，全面建设社会主义现代化国家的目标就一定能实现！

刘国胜

中国马克思主义研究基金会第二、三届理事会副理事长

鲁迅文化基金会首席专家

原宝钢集团有限公司党委书记、副董事长

于上海徐汇滨江中海瀛台

2025 年 6 月 15 日

推荐序三：创新人才发展的赋能手册

我很高兴得知杨智伟博士等人的最新译著《ATD 培训与人才发展指南》（第 3 版）（以下简称《指南》）与大家见面了！在面向高质量发展的新征程中，企业数智化和绿色化转型以及新一轮大出海等新场景、新任务，对各类人才的能力开发和变革创新策略提出了全新的挑战与机遇。开展高水平的培训赋能和人才发展具有重要的指导意义。这本《指南》内容极为丰富，风格非常新颖，章节简易可读，对于工作、职业、创业和事业都尤为重要！本书由上百位经验丰富的经理人和专业人士"现身分享"，携手成长，采用八个部分、57 章知识点，形成了培训发展的全新体系和策略指南！

第一部分"学习与发展基础"（第 1~4 章），从人才发展的演进出发，详细讨论了关键的学习基础及其实践应用，系统论述了学习科学策略和学习的商业价值，从而为培训与发展体系提供了基础指南和策略准备。特别是建立"以学员为中心的心态"和以"研究的心态"分析问题，学习原理和学会解决问题。在学习理论与策略方面，如最新的《管理心理学（精要版）》一样，聚焦学习理论的发展，从个体学习、组织学习再到创业学习；从差错学习到失败学习，再到行动学习；从重复训练式学习到开发式学习，再到生成式学习。学习理论的快速演进和深化为增强培训与人才发展提供了重要的学习与发展基础。

第二部分"规划人才发展职业生涯"（第 5~10 章），从人才发展的视角，建构起人才发展能力模型与职业生涯发展之间的思维模式与心智框架。以个人能力、专业能力和组织能力三重维度，勾画出人才发展的层次性能力框架，并特别强调了人才发展能力模型的使用方法，以人才发展能力交互网站，作为专业人士根据新能力标准做出自我评估、技能识别、发展领域和资源配置的个人、团队和组织及其领导者发展的策划，助力职业发展与组织成长。

第三部分"培训与发展基础"（第 11~20 章），从教学系统设计、绩效提升、设计思维、创新设计、培训服务、交付融入和评估成果等多方面，构筑起培训发展的扎实基础。培训与发展是一种设计，更是一场创新，并以绩效证据和四级绩效评估模型为项目成效框架和效能回报提供指标体系。这项经典培训体系以反应、学习、行为和结果，全面评价培训发展的综合成效，成为培训发展的重要效能基础。

第四部分"促进与支持人才发展"（第 21~26 章）和第五部分"面向未来的必备能力与态度"（第 27~33 章），以学习体验、学习转化、发展计划等为重点，从新型设计、电子化数智化学习以及专家与培训师提升等新视角，指导人才发展的多种途径与模式：混合式学习、多维设计、转化式学习、数智化学习、虚拟培训、合作式发展、引导型培训等，从而全方位促进和支持面向未来的人才发展。

第六部分"人才发展专业人士的角色拓展"（第 34~42 章）和第七部分"匹配学习职能与组织目标"（第 43~49 章），把培训和发展提升到组织学习技术生态系统和组织发展目标的新高度。在新发展层面，助力管理者成为发展大师，推进战略劳动力规划、组织层面导师计划、组织咨询发展、虚拟团队网络等成为战略任务。特别是实现培训发展与企业愿景之间的匹配，增强学习领导力和商业敏感度，成为大家的最佳实践策略。

第八部分"人才发展如何推动未来成功"（第 50~57 章）作为本书的"压轴内容"，从如何建设学习文化、公平包容、高管合作、组织设计、变革组织和新兴技术等多方面，建立起应对各类挑战和推动未来成功的终身学习与可持续人才发展的生态系统。

我们可以看到，本书立意长远，内容新颖，层次分明，实践导向，面向未来。译者从培养可堪重任的终身学习者的使命任务出发，以这本最新译作给我们展现出借鉴经典、驱动使命、传递传承、组织践行、经世致用、开放包容和学以致用的培训与发展策略解读。我特别推荐《指南》给各位读者，既作为学习发展的重要参考手册和职业成长的关键学习典籍，又可以当作日常工作与事业的必要策略工具书和培训发展实践指南。

王重鸣

浙江大学文科资深教授

浙江省特级专家

浙江省职业经理人专家委员会主任

浙江省行为科学学会理事长

浙江大学全球创业研究中心主任

浙江大学管理学院博士生导师

中国心理学会工业心理学专业委员会名誉主任

管理心理学专业委员会名誉主任

2025 年 7 月 20 日

推荐序四：人才发展专业与实践的百科全书

这是一本关于培训与人才发展的百科全书。人才发展既涉及学习理论、心理学、行为学、教育学、管理学等多学科的多元知识体系，又是包括教育培训、员工成长、考核评价、文化建设、组织发展等多领域的综合实践体系。本书基本涵盖了人才发展各个方面的学科和实践，是一本系统性、实用性、指导性很强的专业工具书。无论是企事业单位的人才发展专门机构和从业人员，还是党校、干部学院、培训机构的教务管理专家或学科教师，甚至党政机关的人才工作部门及党政领导干部，都能够从中发现自己想要阅读、学习、借鉴和应用的内容。通读此书，受益良多，流连忘返，印象深刻，很多内容值得我们认真思考、深入探索、积极实践。

一、关于人才发展的基本原理

人才发展是有其内在规律和机制的。人才发展首先表现为一种学习过程，其规律和机制固然包括基于个体的各种学习理论和强化理论，但对于人才发展的目标、对象、内容、方式而言，成人教育和组织发展的规律认识与科学应用更为重要和关键。人才发展首先应回归这些基础和本原。

本书在系统介绍人才发展历史脉络和成人个体学习基本理论之后，于第 3 章专门介绍了科学学习策略在人才发展，尤其是培训活动中的具体运用，以提供能够有效提升组织绩效的学习或培训解决方案。其中提到了一组非常重要的发展理念或思想——以学员为中心的心态、研究的心态、人才连续性心态、学习生态系统心态、学员专业心态在培训与人才发展中的合理运用，来深化培训与人才发展的功能和影响。坦率地讲，这些并不是什么全新的理念或思想，很多所谓的"心态"都在人才发展的实践中被运用并发挥了重要作用。在成人的学习和培训活动中，一直强调并普遍重视以学员为中心，但这并不意味着要削弱讲师或培训师角色的重要性，通过讲授传递信息仍然是培训的重要方式。然而，如果能够引导学员主动参与到学习过程中，而不仅是被动地接收信息，无论是研讨式教学、案例教学还是翻转课堂，学习培训的效果将更深刻和持久。所以问题的关键不是加大某种特定教学形式的教学比重，而是提高学员主动参与学习的比例，在所有的教学形式中都应体现这种科学"心态"。

由于大多数培训师的工作是在人才发展的前端，他们难以看到教学实践的实证结果。如果重视教学研究，更多的是从认知科学的角度来审视有效的培训方式方法。研究的心态更强调以结果证据为导向的有效方法，更注重从研究支撑的角度改进人才发展的各个方面，从而进一步提高人才发展的科学性和有效性。另一个比较普遍的问题是，无论是在培训机构系统，还是在企事业单位，"培训往往被看作一种零售式体验"，这种说法一点也不夸张。虽然这种"零售式"的学习培训也能收获一些基本知识和技能，但是这些零散的知识和技能不足以塑造高绩效的管理者或执行者。

正像第3章作者所指出的，"我们不应将学习视为一次性教学事件——一天的课程或一小时的在线学习模块，而应将学习视为一个持续数月、数年甚至贯穿整个职业生涯的连续过程"。这就涉及（至少）两个最为重要的问题：培训的系统性和连续性，以及职业生涯的全过程学习。所以在人才发展的视角或框架下，学习培训应该是一个连续性的过程，而不是人为地像切香肠那样弄得支离破碎。至于学习生态系统心态，也不是什么全新的概念。我们一直认为实践是成人学习的最佳途径。但是站在人才发展的高度或工作层面来看，不难发现整个组织就是一个完整的学习体系，组织领导者或团队成员就是最有效的培训师，工作实践与挑战性任务就是丰富多彩的教学资源，需要解决的难点问题就是最好的学习实践案例。如何以学习生态系统心态打造我们的人才发展系统，这倒是一个全新的课题。虽然我们距离构建"学习生态系统"的目标还很遥远，更多的学习或培训仍然集中于课堂和教室。最后，人才发展工作者或培训师同样需要拥有专业学员心态，即不断探索如何帮助他人的有效方法，持续评估与验证人才发展的实绩和效果，以这种不断探索和积极进取的态度来面对学习培训与人才发展。实际上，本书的后半部分内容大多与此命题有关。

二、关于从业人员的能力构成

这个话题在国内很少有人提及，尽管培训者培训也是我们的日常任务之一。本书第二部分专门讨论了人才发展工作者的思维模式、能力结构、职业路径、道德规范以及个人情商，第五部分描述了面向未来的必备能力与态度，第六部分探讨了人才发展专业人士的角色拓展。每一位人才发展工作者都能够从中找到自己的位置和方向，这也是这本人才发展百科全书最具特色之处。这一点非常重要。

以往，我们这支队伍更多的是从学科方向或政治取向来选材或定义的，但从实际工作需要和效果来看，这还远远不够。无论是培训者培训还是人才发展者的发展，都需要从促进人才发展的视角来审视这支队伍或从业人员的能力构成。因为研究与实践都已明确表明，人才发展专业人士的角色已经远远超越了传统的培训设计和交付范畴。本书主编所在的 ATD 专门开发的人才发展能力模型，为每一位培训与人才发展行业的从业人员提供了学习、实践和发展的能力目标框架。

其中，构建个人能力这一维度涵盖了在人才发展中有效工作应具备的基础性或支持性能力，从人际沟通与协作到项目管理，从文化意识和包容性到终身学习，其中的每一项都关系到从业人员的长远发展和人才发展的工作绩效。发展专业能力这一维度囊括了人才发展从业人员应具备的专业知识和技能，包括教学设计、催化引导、知识管理、技术应用、教练技术、效果评估等，这些专业技能对于识别、开发和提供有效的学习解决方案至关重要。更为可贵的是，它告诉每一位培训师和人才发展工作者，你所从事的是一门专业性很强的实践工作，而不仅仅是你所擅长的某个学科或某门课程。第三个维度是影响组织能力，这也是最为重要且关键的能力，因为它与人才发展的目标和效果直接相关。这一领域所包含的知识、技能和态度证明了人才发展专业人士可以使其所在组织和领导者更好地理解人才发展在组织发展中的极端重要性，更好地展示学习和人才发展部门并不是可有可无或无足轻重的，更好地引领人才发展影响组织发展的各种变革与创新。

也就是说，所有人才发展的从业人员，无论地位高低、经验多少，都应该清楚人才发展与组织成功有着非常紧密的联系，并且具备促进和提高人才发展在组织中重要地位和作用的专门知识和能力。

三、关于学习培训的效果评估

这是培训与人才发展领域的一个老大难问题。应该看到，无论是干部教育培训对于建设高素质干部队伍，还是企事业单位员工培训对于提升组织和员工绩效，所有的学习培训都应该是结果导向的。然而，在这方面，很多组织和机构都面临一个最为棘手的技术问题，即如何有效评估培训的最终效果。这既是一个方法问题，更是一个理念问题。与巨大的人力、物力、财力投入相比，我们的培训与人才发展项目到底效果如何，对组织和人员的贡献度到底怎样，恐怕很难用实证结果或具体数据说清楚。

长期以来，我们习惯性地依赖柯氏评估模型的第1级——学员反应，即学员的满意度、参与度以及学习内容与工作实践的关联性。这一维度在培训效果评估中往往被过度重视和应用，但实际上它并不是最重要的。即便如此，也应该从惯常使用的问卷法发展到访谈和调查等更为深入的评估方法，使评价的结果更加真实、客观、可靠。一些组织和机构注意到了柯氏评估模型的第2级——学习结果，即通过小测验、考试或活动来评估学员对所学内容的掌握和熟悉程度，但它依然不是培训效果评估的重点，而且应用此法的前提是学习内容必须与工作实践高度关联，但在实际中这一要求很难做到或者普遍没有做到。柯氏评估模型最为重要的是它的第3、4级评估，即学员的行为和结果，也就是学员培训结束后、回到工作岗位上，能够在多大程度上应用所学的知识和技能，以及能够在多大程度上改进或提高实际工作的绩效。当然，我们有很多量化指标可以评估这些关键性结果，但很难说清楚哪些是源自学习或培训，哪些是来自环境影响或管理效应。

如何改进这一问题？柯氏评估模型的一个重要原则或理念叫作"以始定终"，即有效的学习、培训或人才发展项目在开始阶段就已经确定了其有效性，也就是我们常说的结果导向。可以试想，没有结果导向的学习、培训或人才发展项目都很难评估其有效性。因此，从培训项目的开始阶段，我们就应该探索并发现那些与实际工作或绩效提升高度关联的学习内容和方式，并尝试以更加量化的方式来设定和展示这一结果，这很像一个科研课题的设计，首先要发现和探索研究结果的呈现方式。"价值先被创造，方能得以展现。"任何卓有成效的学习、培训或人才发展项目，都应该从设计、执行和实施的各阶段，为达成学员的有效行为与绩效结果做出不懈的努力。此外，也应制定和实施第3、4级的各种跟踪和评估策略，采用和统计反映第3、4级评估的量化指标，用客观的数据说话才是最有力的证据。然而，这一切的前提都是"以始定终"。

当然，本书仍然利用一半以上的篇幅介绍了培训与人才发展实践中的有效方法与工具，从培训与人才发展的基础工作，到促进和支持人才发展的技能应用，从匹配学习职能与组织目标的对策建议，到人才发展如何推动未来成功的理念方法，本书包罗万象、无所不及地汇集了人才发展领域各个方面的知识、技能与实践做法。这也是本书的题中应有之义。这既是一本关于培训与人才发展的百科全书，更是一本人才发展的工具书或实用工作手册。

四、关于培训与人才发展之间关系的思考

最后，作为一名具有20多年工作经历的干部教育培训工作者，本人也非常愿意分享一下对培训与人才发展之间关系的认识和思考。本书的大部分内容主要涉及企事业单位中的人才发展（Talent Development，TD），或者特定组织中的人才发展，自然包含了各种培训项目。因此，培训是人才发展的重要内容和工作领域。当然，培训也具有一定的相对独立性，尤其是独立培训机构的培训项目。我们所熟知的干部教育培训机构、高等院校以及社会上的培训机构，更多是完成具体的培训项目或班次任务，似乎并没有将人才发展作为培训的主要目标。

《干部教育培训工作条例》总则中第二条开宗明义地提出，干部教育培训是建设高素质干部队伍的先导性、基础性、战略性工程，在推进中国特色社会主义伟大事业和党的建设新的伟大工程中具有不可替代的重要地位和作用。也就是说，干部教育培训的直接目标是建设高素质干部队伍，是促进党政机关和企事业单位的人才发展。但在具体工作实践中，培训项目似乎与人才发展分离、割裂了，培训对人才发展乃至组织发展的重要性和关联性并没有得到充分的认识和评估。这就要求广大培训机构和从业人员，要从人才发展的广度和高度来认识培训工作，着力提升培训的时代性、系统性、针对性和有效性，更加注重培训的目标和结果导向，以有效培训推动干部成长和治国理政。

另外，党的二十届三中全会做出的《中共中央关于进一步全面深化改革、推进中国式现代化的决定》，专门制定了人才发展的国家战略，提出要深化人才发

展的体制机制，着力实施更加积极、更加开放、更加有效的人才发展政策。实践中我们也不难发现，高绩效组织的一个重要特征就是发展型团队或学习型组织。在这方面，虽然大部分党政机关和企事业单位都设有人才工作的专门机构，但大多数组织或机构对于人才发展的重视和实践程度还有待提高。在一些组织和机构中，对人才发展的理解和理念还比较陈旧，人才发展被简单地理解为引进、培训、团建或激励政策，其重要作用与价值也被严重低估了。因此，各级党政机关和企事业单位亟待建立和实施更加有效的人才发展工作机制，着力增强人才发展的全面性、系统性、完整性和科学性。

本书很好地满足了这方面的需要，不但阐述了人才发展在组织中的重要角色和功能作用，还给出了人才发展的具体技术路径和方式方法，从系统性员工培训到培育发展型管理者，从混合式学习到设计与实施虚拟培训，从 DEI 理念到终身学习，从导师计划到咨询顾问，从单人人才发展部门的最佳实践策略到如何构建人才发展体系、满足组织动态需求……

你会看到并最终认识到，有效的人才发展是一门专业学科，是一个工作体系，是一种组织生态，是一个学习系统，更是一个推动组织高效成长和员工毕生发展的火车头与牵引机。

赵世明

心理学博士、教授

中国浦东干部学院教学研究部原主任

中国领导科学研究会学术委员会委员

人力资源和社会保障部干部教育培训师资库入库专家

于上海浦东

2025 年 6 月

译者序：
重构人才发展的未来图景：培养可堪重任的终身学习者

当我们在千年孔林郁郁苍苍的松柏间踯躅，

耳边吹过不羁的风，

诉说着东方文明对人类命运的深刻关切。

当我们在敦煌莫高窟斑驳的壁画前驻足，

飞天舞动的丝带间，

凝固着盛唐时期佛学文化的传播轨迹。

当我们在牛津大学博德利图书馆的穹顶下抬头凝望，

中世纪羊皮卷上的拉丁文字，

记录着西方文明对自然和社会的科学思考。

当我们在落基山脉白雪皑皑的盘山公路上一路攀登，

雪地上一串串清晰的脚印，

留下了人类文明传承发展的执着求索。

今天，当这本《ATD 培训与人才发展指南》（第 3 版）的墨香弥漫于您的案头时，我们仿佛共同触摸到了这条智慧长路的时代脉动。在中华民族伟大复兴战略全局和世界百年未有之大变局交织的新时代，培训与人才发展行业从人类文明发展史中走来，一直走到今天。教育培训帮助人才快速学习人类文明积累的知识，掌握当代世界的高端知识体系和方法，从而以此为基础，用创意和智慧创造更多新知识。通过教育培训，每一位具备某项知识能力的人才，都能胜任比先前更高级、更有意义、更具发展潜质的工作。

当前，国际格局和国际体系正在发生深刻变化，全球治理体系正在经历深刻变革，国际力量对比正在发生近代以来最具革命性的变化，世界范围呈现出影响人类历史进程和趋向的重大态势。新一轮科技革命和产业变革带来了前所未有的新陈代谢和激烈竞争，有力地重构了全球创新版图，重塑了全球经济结构，深刻改变了人类社会的生产生活方式和思维方式，推动了生产关系的变革，为国际格局和国际体系带来了广泛而深远的影响。人类前途命运的休戚与共前所未有，各国相互联系和彼此依存比过去任何时候都更为频繁、紧密，整个世界日益成为你中有我、我中有你的人类命运共同体。

培训与人才发展行业在全球正经历着前所未有的范式革命。作为参与其中的主体，我们应如何找到自我发展的指南？希望通过阅读《ATD 培训与人才发展指南》（第 3 版），能够共同开启我们对未来的思考。

一、历史长河中的人才发展密码：终身学习

人才作为国家发展的重要资源，在推动社会进步和文明传承、实现可持续发展等领域发挥着至关重要的作用。关于人才发展的理论与实践在人类历史长河中不断演进，成为推动社会进步的重要力量。人才发展的道路没有止境。人类从诞生之日起，学习就成为整个人类及其每一个个体的一项基本活动。

在东方古典时期，以孔子"因材施教"的教学原则与荀子"化性起伪"的教化理念为根基，构建起"修身、齐家、治国、平天下"的教育体系。稷下学宫的百家争鸣与书院制度的千年传承，创造了"知行合一"的东方教育培训与人才发展范式。在西方古典时期，苏格拉底（Socrates）通过理性对话和自我反思来发现真理，柏拉图（Plato）试图构建理想国以追寻永恒形式，亚里士多德（Aristotle）注重经验和现实，从批判到理念再到实践，共同塑造了西方哲学的理性根基与道德追问，为西方教育培训与人才发展播下了理性思辨的种子。人类文明的演进史，本质上也是一部关于人才发展的迭代史。从《易经》"穷则变，变则通，通则久"的变革哲学到苏格拉底"产婆术"的启发式教学，从商鞅"徙木立信"的制度创新到泰勒（Frederick Winslow Taylor）"科学管理"的效率革命，东西方思想者都在探寻人才发展的终极答案。

人类自我完善和自我更新需要持之以恒的学习，开展学习需要人才发展行业提供与时俱进的教育培训。在人类对人才发展的持续深入思考中，从近现代衍生出了终身教育（Lifelong Education）与终身学习（Lifelong Learning）这一对范畴，为深化人才发展理论与实践打开了智慧之门。终身教育指人类在一生各阶段当中

所受各种教育的总和，是人所受不同类型教育的统一综合，侧重于供给侧；终身学习指人类为了认识和改造自然、认识和适应社会、满足个体发展需要而开展的贯穿一生的持续学习过程，侧重于需求侧。20 世纪 60 年代以来，在联合国教科文组织（United Nations Educational，Scientific and Cultural Organization，UNESCO）及其他有关国际机构的大力提倡、推广和普及下，终身教育经历了从古老观念复兴到现代概念界定，再到理论体系化的发展过程。世界各国逐步把终身教育作为应对日益变化的学习化社会的极为有效的教育改革举措，而把终身学习作为现代人应对社会变迁的有效方式。20 世纪 90 年代中后期，联合国教科文组织国际 21 世纪教育委员会（International Commission on Education for the 21st Century）对 21 世纪的终身教育提出了展望，对终身学习理念进行了阐释，提出教育在个人发展和社会发展中都起着基础性的重要作用，应当围绕四种基本学习能力进行重新设计和组织，即学会求知、学会做事、学会共处、学会生存。终身学习成为打开 21 世纪光明之门的钥匙。

终身学习作为应对知识经济时代挑战的核心能力，对人才发展的价值体现在多个维度。结合时代特征与人才成长规律，重点体现在以下四方面：

（一）终身学习帮助人才构建动态知识体系，抵御能力过时风险

知识经济时代，技术革命周期大幅缩短，知识半衰期显著减少。终身学习通过持续吸收前沿理论，帮助人才突破学科壁垒，将碎片化知识转化为可扩展的知识模块，建立可迁移的方法论框架，使知识体系具备"即插即用"的重组能力。这有助于人才形成"T 型能力结构"或"Π 型能力结构"，在深耕专业领域的同时，具备跨领域自我赋能和知识链接能力。同时，终身学习可以帮助人才找到认知缺口，突破认知边界，从"存量知识依赖"转向"增量能力建构"，通过批判性思维训练和元认知能力提升，形成对复杂问题的系统分析框架，促进智慧不断涌现。

（二）终身学习帮助人才增强职业韧性，适应多变发展环境

面临世界百年未有之大变局，职业韧性通过持续重新定义自我，已经成为人才应对行业震荡、技术颠覆与职业转型的核心生存能力。终身学习通过重塑认知

架构、强化能力柔性、构建抗逆心理机制，为人才打造职业免疫系统，帮助人才在多变环境中实现适应性生存与创造性重构。随着科技发展导致的职业形态变革，人才需要将挑战视为提升能力的机会而非障碍，实现剥离具体场景的底层能力萃取，形成跨领域通用技能，培养技能组合迁移能力，不断打破思维定式依赖，促进能力进化，并快速重组能力单元。组织高层管理岗位更加需要具备全局思维、战略视野、跨文化领导力。终身学习帮助人才连接行业生态，构建"学习—创新—变革"的生态闭环，通过变革需求倒逼深度思考，形成"学中做、做中学"的正反馈，突破晋升天花板。

（三）终身学习帮助人才激活创新潜能，塑造差异化竞争力

面对当前技术迭代加速、竞争边界模糊，创新潜能与差异化竞争力已经成为人才价值的核心标尺。终身学习通过重塑认知范式、打破知识壁垒、构建创新实践机制，成为激活人才创新基因的催化剂和塑造独特竞争优势的锻烧炉。终身学习帮助人才培育跨学科创新思维，通过接触不同领域的认识论和方法论，促进知识跨界融合，形成颠覆式创新的源泉。终身学习帮助人才打造个人动态知识图谱，将行业前沿理论和跨项目实战经验进行有机融合，构建独特问题解决框架，形成不可复制的知识资产组合，通过实践赋能将潜能转化为显性成果。终身学习帮助人才保持对前沿的敏感度，不仅在学术领域实现范式突破，更能在产业转化中构建技术壁垒，使个人竞争力超越技能层面，升维为创新生态构建能力，不断定义变化、创造前沿。

（四）终身学习帮助人才实现自我超越，构建可持续发展内核

终身学习作为人才持续进化的核心引擎，其终极价值在于推动人才实现从"能力迭代"到"存在升级"的质变，构建经得起时代震荡的可持续发展内核。这种自我超越不仅仅是技能的叠加，更是认知框架、价值坐标与存在方式的系统性重构，是对"认知的认知"进行持续迭代，增强抽象思维与跨维度联想，使人才逐渐掌握"拆解问题本质"的能力。终身学习帮助人才培养出"多视角认知"，既能用数据分析工具进行精准预测，又能以哲学思辨接纳不确定性，完善"执两用中"的合一型心智模式，使人才在技术狂热中保持人文清醒，实现科技

探索与价值守护的动态平衡。人才发展由此成为"无限游戏"，每一次学习不是终点，而是开启新问题空间的起点，不断拓展人类的认知边界，构建起可持续发展的"意义链条"。可堪重任的终身学习者，将成为知识火种的传递者，其个人成就将成为人类认知长河中的一环。终身学习至此升华为对人类文明的责任担当。这也是人才发展的终极价值，使人在科技算法统治的时代，依然能够保持"成为自己"的勇气。这是可持续发展的内核，也是人类最坚韧的生命力所在。

二、人才发展的有效途径：东西方文明交流互鉴

构建人类命运共同体需要培养和造就一流人才，人才发展的追求是实现人的自由而全面的发展。推进人类命运共同体建设，需要通过人才发展来实现"共同价值塑造"与"全球行动协同"。以人类命运共同体建设愿景为指引，人才发展工作便有了清晰的目标导向、能力需求和价值共识。这有助于突破地域、文明、制度的局限，培养具备全球胜任力的"新人类型人才"，使其在技术爆炸时代保持知识迭代的敏捷性，在价值多元时代坚守人类共同的精神底色。人才发展工作的有效途径源于东西方文明的交流互鉴，通过双向互补，可以破解单一文明的人才培养局限，适应全球化时代多元文明语境中的协作共事，重构终身学习的时代内涵。这将促进各类人才在全球化竞争中展现个体独特优势，在文明互信中推动组织与社会的共生进化。

（一）东西方人才发展存在底层逻辑差异

在数字时代的今天，技术革命带来的能力断层、全球化引发的文化冲突以及可持续发展需求提出的伦理挑战，使得人类共同面对一个根本性命题：必须通过东西方文明的深度交流互鉴，才能构建适应人类命运共同体需要的终身学习生态。原因主要在于东西方文明发展中形成的思维观念存在底层逻辑差异，主要体现在以下方面：

1. 知识本体论的分野：系统性建构还是批判性解构

中国文化传统中"格物致知"的思想构建起关于"知识树"的学习理论与实践：以伦理（仁）为根，以六艺（礼、乐、射、御、书、数）为干，以经史子集为枝，强调知识体系的系统性与完整性。《荀子·劝学》提出："积土成山，

风雨兴焉；积水成渊，蛟龙生焉；积善成德，而神明自得，圣心备焉。"这一论述将学习定义为渐进式的知识积累、自我完善和社会实践过程。这种思维体现在教育实践中，形成了以中国"双基教学法"、日本"金字塔式技能培训"等为代表的强调扎实基础的教育培训体系。其优势在于形成深厚的专业技术知识积累，为开展基本社会实践提供认识论和方法论的坚实储备，但也可能存在认知固化和僵化的局限。

古希腊哲学形成了以"万物皆数"的理性思维、"逻辑是理性之光"的逻辑推理、"悬搁判断"的质疑精神等为代表的思想传统，开创了"知识解构"的传统。西方文艺复兴以后，英国哲学家培根（Francis Bacon）提出"知识就是力量"，认为人的知识和人的力量结合为一，演变为工具理性思维的学习理念。工业革命对人类社会产生了广泛而深刻的影响，美国哲学家杜威（John Dewey）对社会变革、科学发展和教育冲突进行了深刻思考，提出了"教育即生活""知识即经验改造"的实用主义教育思想，把知识视为动态的关系网络而非静态体系。这种思维催生了案例教学法（Case Method）、问题导向学习（PBL）等强调知识应用的教育培训模式，其优势在于培养敏捷的问题解决能力，劣势是可能导致基础薄弱。

在当代高速发展的社会中，我们遇到了"深度学习"与"跨界创新"的冲突。以往精通单一技术领域的专家，在应用新发现新技术时，往往不如"T 型人才"灵活，暴露了单一知识观在解决复杂问题中的局限性。

2. 学习方法论的差异：内化体悟和外化验证如何迭代升级

中国历来强调内化式学习。儒家"吾日三省吾身"的反思方法、禅宗"明心见性"的顿悟方法、道家"心斋坐忘"的沉浸式学习方法，共同构成了东方学习方法论的核心——通过个人内在体悟实现知识转化。中国明代思想家王阳明"龙场悟道"后创立心学，使得这种"向内求"的学习模式达到了极致。这种学习模式在现代社会也有广泛而深入的应用。例如，中国在开展沉浸式理想信念教育时，帮助学员从沉浸中强化内心感悟；日本在匠人修行中要求学徒长期观察师傅工作而不实操，本质是培养学生深度内化的直觉能力。

西方重视外化式学习。古希腊哲学家亚里士多德"实践三段论"开创了实证主义传统，在科学革命后演变为"假设—验证—迭代"的方法论，科学思维方式成为解决科学进步产生危机的手段。美国心理学家华生（John Broadus Watson）、斯金纳（Burrhus Frederic Skinner）等人创立的行为主义学习理论，认为人类的行为都是后天习得的，学习是刺激与反应之间的连接，环境刺激决定了人的行为模式，通过创设学习环境强化学生合适行为，消除不合适行为。瑞士心理学家皮亚杰（Jean Piaget）等人在批判行为主义忽视学习内在过程的基础上创立了认知主义学习理论，认为学习是在原有认知结构的基础上主动建构心理结构的过程，通过外部行为反馈可以促进认知升级。这形成了实验教学法（Experiment Method）、模拟教学法（Simulations Method）、行动学习法（Action Learning）等外化验证工具，成为当前成人教育中应用广泛的方法。

在当代面临隐性知识显性化时，我们遇到了"经验学习"和"知识学习"的矛盾。以"大国工匠"为代表的资深专业技术人员，凭借个人感性经验开展工作，在人才培养时难以通过认知主义标准化课程进行拆解，暴露了智慧及复杂能力传承时存在的不足，而通过师徒制和认知学习相结合，可以促进更好的隐性知识转化。

3. 价值取向的分殊：伦理本位和理性本位如何更符合全球未来发展

中国学习历来重视伦理化特质，形成了以道德修养为核心、知识学习与伦理实践相统一的优秀文化传统。《礼记·学记》提出："玉不琢，不成器；人不学，不知道。是故，古之王者，建国君民，教学为先。"这奠定了学习的社会伦理导向。《论语·述而》提出："志于道，据于德，依于仁，游于艺。"将"道""德""仁"置于知识技能之上，强调学习的根本目的是修身成德，构建了理论学习与社会实践的逻辑闭环。后续逐步形成了以书院制度、科举制度等教育制度与选拔机制为代表的体制机制，进一步强化了伦理导向。这种取向确保了人才发展与社会稳定的协同，但也可能抑制社会个体创新的冲动。

西方学习形成了理性化特质，强调道德教育以理性认知为核心，而非单纯的行为规范。古希腊哲学家苏格拉底提出"美德即知识（Virtue is knowledge）"，认为道德与知识是同一的，美德并非天生，而是得自于教育，强调知识对美德的奠基作用，将理性视为学习的基础。德国古典理性主义哲学创始人康德（Immanuel Kant）认为理性是人类区别于其他生物的根本特征，人类通过理性理解世界、判断是非、制定道德规范，提出"人是目的，而非手段"的命题，为学习确立了个体价值本位。理性主义成为西方教育培训与人才发展的指导思想，并由此产生了大量理论、工具和方法。其优势是充分激发个体和组织的创造力，劣势是可能导致集体目标的分散。

在全球化时代培育新质生产力时，我们遇到了"创新自由"和"组织协同"的困境。对于国际化团队可能存在的文化冲突，单一价值取向在全球化组织中存在适应性局限，而通过追求个体创新和组织目标匹配所产生的创造性张力，可能会成为组织发展的动力所在。

（二）东西方人才发展面临的共同挑战

随着科技进步打破各国原有人才结构，社会转型急速重塑人才需求，全球化发展进一步放大资源配置的不平衡，世界各国在现代化发展进程中出现了共性矛盾。这些矛盾对教育培训与人才发展工作提出了新的挑战。

1. **知识大爆炸与认知有限性之间的矛盾：需要"根系稳固"与"枝叶繁茂"的平衡**

进入数字化时代，知识供给呈现指数级增长，全球知识量每三四年翻一番。信息洪流导致人才出现"选择困境"，海量课程、报告、案例的"信息海啸"使得人才陷入"越学越迷茫"的困境。然而，人类认知却存在线性化特点，碎片化学习削弱了深度认知，导致人才出现"点状知识丰富、体系化认知薄弱"的"认知泡沫"，缺乏对底层算法逻辑的理解，难以应对复杂问题。由于知识的加速迭代，人才能力的保鲜期缩短，培养方案被频繁推倒，人才培训成本激增。资深人才依赖过往知识储备，面对生成式 AI、量子计算等颠覆性技术时，出现了"认知锚定效应"，经验依赖与创新脱节，使得决策失误率提升。同时，随着专业细分深化与跨领域需求的冲突，人才专业学习与通融应用不断拉扯，部分人才知识结构单一化，在突破专业边界时面临"认知壁垒"，难以捕捉跨领域创新机会，限制了创新的发生。这些挑战需要培训与人才发展工作实现"根系稳固"和"枝叶繁茂"的平衡，需要人才具备具有较高自我更新能力的"元能力系统"，同时围绕核心能力实现"价值增殖生长"，促进人才从"知识容器"到"智慧生命体"的进化。在知识的湍流中锚定不变的底层逻辑，同时保持对变化的敏锐感知，让人才真正成为驾驭知识的主人，而非被知识淹没的困者。

2. 技术确定性与创新不确定性之间的矛盾：需要"标准化传承"与"敏捷性突破"的平衡

工业文明出现以来，科学理论日益成为技术创新的基石，打破了前工业时代技术经验积累的自发性，形成了"科学—技术—应用"的转化链条。通过统一规格、流程化工艺实现工业产品的大规模量产，降低成本并提升效率，使工业产品能够快速普及。现代工业技术更加依赖多学科协同，技术创新从单一发明转向系统性集成，技术发展推动工业从单一部门向全领域渗透，形成了涵盖设计、生产、运输、销售的完整产业链，甚至催生了全球范围的跨国工业协作。在这一过程中，标准化、规模化与可复制性构建起工业体系的基石。随着后工业时代的到来，信息技术领域呈现指数级进步，颠覆性技术不断涌现，形成"创造性破坏"效应。这些颠覆性技术的应用场景模糊，跨领域融合催生了一系列新问题，传统标准化流程难以覆盖，需要人才具备以"试错—迭代—重构"为特征的敏捷性，敢于突破既有认知框架，不断创造新的流程和标准。标准化传承追求"复制最优解"，而创新突破依赖"探索可能性"，二者对人才发展的知识编码方式、能力培养周期、评价标准存在天然张力。因此，需要把核心技术转化为"可复制的DNA"，把创新探索设计为"可控制的突变"，用标准化传承守住"技术确定性底线"，用敏捷性突破拓展"创新可能性边界"，最终实现"根脉深扎而不僵化，枝叶舒展而不散乱"的动态共生。

3. 个体发展与组织共生之间的矛盾：需要"自我实现"与"集体赋能"的平衡

随着工业文明向数字文明转型，人才价值的觉醒与组织系统惯性产生了激烈碰撞，个体发展与组织共生呈现出多维度、深层次的矛盾。人才倾向于在工作中寻求自我实现与社会价值，而组织往往以效率、利润等为核心目标，使得个体与组织发展目标产生冲突，个体聚焦短期任务而压缩了自主学习与创新空间。个体的天赋、兴趣与职业路径呈现高度差异化，但组织常依赖统一的培训课程与晋升通道，组织内部资源也往往倾向核心部门，使得个体差异化需求与组织标准化之间出现矛盾。个体在数字化时代更倾向于扁平化协作与自主决策，而传统金字塔式组织架构强调层级服从，使得信息传递滞后，导致员工创新效率下降，阻碍了组织整体效能提升。组织过度依赖数字化工具，可能导致个体技能退化与情感疏离，使得员工创造力和组织凝聚力下降。因此，在组织发展效率优先的前提下，实现个体和组织协同进化，需要培训与人才发展工作积极构建"双向赋能生态"。在尊重个体价值诉求的同时激活组织效能，实现从"目标对立"到"共生愿景"的价值共识，构建人才的"个性化成长"与"系统性赋能"之间的桥梁，让人才的"自我实现"反哺组织效能，促进组织从"管控型架构"到"共生型生态"进化，最终实现个人职业成就感转化为组织创新势能，组织平台资源反哺个体能力跃迁，二者实现价值共振和共生进化。

（三）东西方文明交流互鉴促进人才发展有效性提升

新时代的中国正在继续坚持和平发展道路，推动构建人类命运共同体。构建人类命运共同体，坚持开放包容，坚持互利共赢，坚持公道正义，为全球治理提供了新智慧，为美好世界描绘了新愿景。面对日新月异的世界和风云变幻的时代，人才发展亟需符合时代特征、顺应历史潮流的新研究、新理论和新实践。可以从以下五方面提升人才发展工作的有效性。

1. 理论研究深度交融：构建跨文化的知识生产体系

理论研究的核心目的在于构建系统性知识框架并深化对世界的认知，通过抽象分析揭示现象背后的内在逻辑与运行机制，通过整合零散观点形成具有逻辑自洽性的理论框架，进而推动学术进步与社会发展。跨文化知识生产体系的构建，本质上是一场理论研究范式的革命。它要求研究者超越"比较"的表层，进入"交融创生"的深层，不是用某方理论解释另一方现象，而是在东西方文明对话的"化学效应"中催生新的知识形态。这需要建立"开放—反思—共生"的理论研究生态，突破单一文化的认知框架，从本体论、认识论、方法论及实践路径上进行系统性创新，让东西方文明在人才发展的核心命题上形成共振，最终实现从"文明互鉴"到"文明共创"的跃升。未来面向人才发展的理论研究，应当进一步结合认知神经科学、心理科学、脑科学、计算机科学、系统科学、复杂性科学、网络科学、数据科学、行为经济学等和培训与人才发展工作相关的科学领域最新研究成果，实现多学科交叉融合，为理论体系搭建更加坚实的科学基础。同时，结合脑机接口、量子计算、数字孪生等技术领域的新突破，推动人才发展从"经验驱动"向"科学驱动"转型。

2. 应用理论协同创新：促进理论研究转化为实践成果

人才发展工作中应用理论开展协同创新，需要以理论框架为基础，构建跨主体、跨领域的协作机制，推动理论在实践场景中的转化与迭代，从而产生有价值的实践成果。结合本书中先贤探索形成的培训与人才发展领域经典理论框架，根据时代需求进行本土化和场景化改造，深度开发更具适配性的理论模型。协同创新在本质上是知识生态系统的重构，需要突破"理论研究"与"实践应用"的二元对立，通过跨学科理论适配、立体化协同网络、数字化转化平台、共生型创新生态、代表性应用场景的系统构建，促进从"理论供给驱动"到"实践需求牵引"的范式转变。未来，随着数字孪生、量子计算等技术的渗透，理论成果转化将呈现"预测精准化、验证实时化、迭代敏捷化"的特征，统一东西方对人才发展规律的认知，打破组织边界，整合智力、数据、场景等各类资源，通过持续迭代让理论在实践中生长，推动人才发展真正成为驱动组织与社会进步的核心引擎。

3. 研究方法创新整合：提升人才发展的精准性

人才发展研究方法的创新整合是破解培训与人才发展工作需求诊断模糊、效果评估滞后等精准性难题的关键。通过突破单一方法局限，设计混合研究范式，搭建"多维度数据融合、多范式协同验证、多技术赋能迭代"的研究体系，促进人才发展工作的科学精准。通过多源数据驱动融合，捕捉动态复杂的人才特征，整合传统数据、行为数据、心理数据等多模态数据，构建更加立体化的人才画像，并可结合人才发展阶段进行纵向追踪与动态建模。从相关研究领域汲取方法论营养，深化复杂系统视角建模，在真实工作场景中深化实验研究方法，应用行为科学方法丰富人才发展工具，实现研究范式协同提升问题解析和处理能力。深化质性研究方法，进一步挖掘人才发展的隐性需求与深层规律，深化人才深度叙事与案例追踪研究，拓展人才参与式研究和共创，深刻揭示"创新变革—人才能力缺口—发展体系迭代"的动态机制，成为可复制可借鉴的演化路径。结合数字技术发展，建立一体化研究工具整合平台，集成数据中台、方法库、模拟沙箱等相关模块与方法，建立"研究—干预—监测—优化"的人才发展实时反馈与敏捷迭代机制。

4. 工作实践融合创新：打造跨文化的能力建构平台

在全球化不断深入的背景下，人才发展工作实现融合创新、打造跨文化的能力建构平台，需要突破单一文明视角，通过理论整合、方法创新和实践迭代，构建兼容多元文明特质的人才能力发展体系。跨文化的能力建构平台，本质上是将文明差异转化为创新势能。通过理论层面的"文明基因融合"、实践层面的"场景化能力匹配"、技术层面的"智能诊断支持"，培训与人才发展工作可以从被动适应多元文化转向主动设计文明协同的新范式。在工作实践中，需要提炼不同文明中的核心能力基因，形成跨文化能力矩阵，融合文化维度理论定义跨文化胜任力核心指标，建立跨文化能力发展的理论融合框架，基于文明互动场景设计动态能力地图，标注不同文化语境下能力适配差异，进而形成有助于文明协同进化的能力培养原则，建设"虚实融合"的跨文化学习生态。通过机制创新，促进多元主体协同和文化冲突转化，培育有助于"文明共生"的组织文化土壤，实现"文明差异—创新机会"的适时转化，进而破解跨文化融合的深层障碍，有助于源源不断培养出既能扎根本土文明土壤、又能在全球网络中创造价值的高素质人才。

5. 面向未来系统进化：构建液态型组织终身学习新生态

在不确定性加剧的未来，组织需要坚持"两个结合"，同时探讨如何向"液态生态型"进化，构建起以人为核心、以终身学习为动力的动态系统。液态型组织的核心特征是流动性（适应能力快速重组）、渗透性（知识实现无界流动）、适应性（组织自主响应变化）。其终身学习新生态需要进一步通过理论重构、机制创新和技术赋能来推动构建，实现人才发展与组织进化的同频共振。液态型组织的人才发展工作关注的重点应适时转换，由人才"岗位胜任力"转向"学习发展能力"，由组织"固定型结构件"转向"学习型生命体"，从人才能力组合和能力迁移视角采取针对性发展手段，使学习从被动接受培训转向主动知识共创。液态型组织的人才发展工作面临三重目标：在个体层面，培养"T 型+Π 型"人才，具备纵向深耕专业、横向跨界拓展能力，并可以适时动态调整能力组合；在组织层面，促进形成"学习—实践—创新"的终身学习循环系统，使知识转化的周期从"年度培训"压缩至"工作场景响应"；在生态层面，突破组织边界，构建"内部人才池—外部智库—产业资源"的开放式学习网络，实现通用知识和关键能力要素跨组织流动。

根据组织未来发展对能力的需求，建立动态可调整校准的液态人才能力图谱，形成由"基础能力+场景能力+未来能力"构成的能力发展目标，确保碎片化学习单元能够整合为系统化能力体系。在组织中设立"人才发展专业岗位"，负责以组织战略为导向整合学习资源并研究制定"学习和能力转化 KPI"，确保学习和能力转化方向；以工会为基础建立"学习型小组"，赋予能力提升自主决策权，小组可根据业务需求动态申请学习预算、自主设计跨职能学习项目；建立人才"能力增值积分"，把学习创造的增值兑换为积分，可兑换"学习资源包""岗位体验券"甚至股权期权，强化"学习就是价值创造"的正向循环。构建 AI 赋能的组织智能学习中台，为人才提供能力诊断引擎、动态学习推荐、学习效果追踪，搭建虚拟办公空间和学习社区，帮助人才开展知识产品交流分享，通过数字孪生技术模拟人才能力进化路径和职业发展影响。进一步通过市域产教联合体、行业产教融合共同体等为代表的联盟机构建设，构建起跨组织、跨区域的组织学习网络，共享通用能力标准、跨组织工作经验、危机处置与响应等学习资源，共同应对现代化、全球化带来的挑战。

构建液态型组织终身学习新生态，本质是将组织进化能力编码到人才发展系统中，通过"能力可视化—学习场景化—机制正向化—技术智能化—生态开放化"五位一体进化，促进人才、组织与行业协同进化。把"终身学习"转化为液态型组织的 DNA，构建起由人才动态能力节点组成的智能网络，最终实现"个人能力升维"与"组织系统进化"的共生共荣。在这个过程中，组织需要具备"容忍模糊性"的勇气、"试错迭代"的耐心，以及"连接未来"的开放心态。唯有如此，才能在不确定的未来，让人才发展成为组织最坚韧的抗脆弱系统。

三、当代培训与人才发展工作者的使命任务：培养可堪重任的终身学习者

人才是第一资源。《中国共产党第二十届中央委员会第三次全体会议公报》提出，深化人才发展体制机制改革，实施更加积极、更加开放、更加有效的人才政策，完善人才自主培养机制，加快建设国家高水平人才高地和吸引集聚人才平台。这为进一步深化人才制度改革指明了方向。教育、科技、人才作为中国式现代化的基础性、战略性支撑，深入实施人才强国战略，统筹推进教育、科技、人才体制机制一体改革，加快塑造现代化人力资源，为培训与人才发展行业绘制了新的蓝图。当代培训与人才发展工作者加快"塔尖"人才培养，关键在于培养可

堪重任的终身学习者，坚定文化自信，确立文化主体性，重点从传承中华人才发展优秀传统和提升当代人才发展专业境界两方面协同发力，共同开展深入研究和实践。

（一）传承中华人才发展优秀传统

中华人才发展优秀传统植根于数千年的文明积淀，蕴含着深邃的治理智慧与实践方法。其核心在于通过价值塑造、制度创新、培养机制与社会协同，在长期发展完善中形成了系统且独特的人才发展体系，仍然值得我们学习传承。

1. 人才发展与时空自然互动

中国先民十分重视人与自然的和谐共生，善于从生产实践中总结经验、领悟方法、提升技能并进行自我完善。《尸子·君治》记载："燧人之世，天下多水，故教民以渔；虑牺氏之世，天下多兽，故教民以猎。"这描述了原始社会生产力水平低下时，人类顺应自然，依靠采集和渔猎来获取食物，部落首领根据自然状况教导百姓捕鱼、狩猎技能，在与自然环境的互动中积累经验、发展生产技能。《易经·系辞下》记载："包牺氏没，神农氏作，斫木为耜，揉木为耒，耒耨之利，以教天下，盖取诸益。"这描述了随着原始社会从采集和渔猎进步到农业生产时代，部落首领发明了耒耜等生产工具，并把制作技术和使用方法教给民众，促进了生产力水平的提升。《淮南子·齐俗训》记载尧治理天下："其导万民也，水处者渔、山处者木、谷处者牧、陆处者农。"这描述了父系氏族社会后期，人类改造自然出现明显分工，随着分工加剧，部落联盟领袖教育民众因地制宜发展生产，职业技能差异使得人的发展产生针对性和差异化。《文子·下德》记载："农与农言藏，士与士言行，工与工言巧，商与商言数，是以士无遗行，工无苦事，农无废功，商无折货，各安其性。"这反映了随着时代和社会发展进步，职业分工更加细化，不同职业人群根据自己所从事的行业，有针对性地交流经验和技术，方能达到更好的沟通和合作。

2. 使命驱动塑造家国担当精神

随着时代发展，中华文明的价值传统形成了将个人才学与家国命运深度绑定的特色模式，并在人才发展过程中通过多重路径进行理念传承、精神塑造和实践强化。中国古代思想家和教育家孔子，以高度的历史使命感与社会责任感，打破了过去贵族专有的官府之学，开创了私人讲学之风，并倡导"有教无类""因材施教""启发引导"等核心理念，构建了一套以德为先、学思并重、学以致用的人才发展体系，塑造了中华文明的人才培养范式，也成为全球教育哲学的重要源头。《礼记·学记》记载："古之教者，家有塾，党有庠，术有序，国有学。"这涵盖了基础教育、社区教育、专业教育和高等教育等人才发展工作体系。《礼记·礼运》提出："大道之行也，天下为公，选贤与能，讲信修睦。"这把人才发展的终极价值定义为服务天下公共福祉，而非个人功利，为人才构建起"以天下为己任"的精神坐标。《尚书·尧典》中具象化为："克明俊德，以亲九族。九族既睦，平章百姓。百姓昭明，协和万邦。"这形成了人才从个人修养发展到治理天下的逻辑链条，并在后世形成"修身、齐家、治国、平天下"的人才发展路径体系。后续以此形成以科举制为代表的人才选拔制度延续了上千年，以"伦理政治"为核心培养目标，注重"内圣外王"的人格塑造、"尽忠报国"的政治认同，按照高度标准化的教育内容，对人才进行进阶式培养，保障了行政管理工作的稳定性和规范性，涌现出大批具备家国情怀、报国志向、职业操守、奋斗精神、兼爱天下的精英人才，但也遗留了"重文轻技"的知识偏向，以及由知行割裂导致的实践能力结构性短板。

3. 师徒相承促进知识代际传递

中国先秦时期已经出现了较为完善的学徒制，强调在技艺领域进行手把手传授，并通过长期实践领悟其理论精髓。《周礼·考工记》记载了西周时期大量的手工业生产技术、工艺美术资料和一系列生产管理制度，记录了当时出现的学徒制教育。官营手工业作坊已形成系统化的艺徒训练体系。当时工匠主要集中在官营作坊，按"攻木、攻金、攻皮"等六大类三十个工种进行专业化分工，由"工师"负责技术规范制定与学徒培养。例如，铸造青铜器需遵循"六齐"合金比例，冶炼的火候控制通过观察火焰颜色变化来判断，这些经验通过师徒口传心授得以传承。这种"在官之工"的训练模式，既保证了技艺标准化，又通过分工协作提升了生产效率，成为中国古代技术教育的重要源头。《礼记·学记》记载："良冶之子，必学为裘；良弓之子，必学为箕。"这体现了民间手工艺"父传子、师带徒"的家族式技艺传承传统，确保技艺传承的代际延续性。《庄子·养生主》描述庖丁回答梁惠王肯定其解牛技艺时，庖丁说："臣之所好者道也，进乎技矣。"这反映了高水平专业技术人员必须从技术修炼上升为理论知识挖掘，才能对所从事工作产生规律性认识，使得做事更加得心应手、运用自如。

到隋唐时期，学徒制在官营手工业中进一步完善，保证了精湛的生产工艺水平。中央少府监、将作监、军器监、都水监等机构设立专门作坊，学徒按"细作""粗作"分类，学习期限从一年到九年不等。例如，少府监下属织染署的学徒需先学习基本纺织技术，再细分至绫罗、锦缎等专项技艺，期满考核合格方可出师。同时期，把经营同一行业的区域称为"行"，从业者群体组成了"行会"，管理各"行"的民间行业头领称为"行头"，这些头领负责管理市场、协调商业活动并培养行业专业人才。

4. 行业组织治理践行社会责任

随着社会发展，到宋元时期，工商业更加繁荣，行会组织在社会治理中发挥了越来越重要的作用。行会既通过行业自治功能践行社会责任，又融入社会治理体系，形成"行业自养"与"社会担当"的双重价值取向。行会通过制定行规行约，确立行业准入标准与技艺规范，间接保障社会公共利益。对学徒的选拔、培训、出师等环节进行严格管理，通过师徒制和行会学堂承担技能培训功能，培育专业人才，逐步推动人才发展走向规范化。例如，《都城纪胜》记载，宋代临安府的金银铺行会规定学徒需经"荐保制"入门，学习期限为三年。其间由师傅传授鉴别金银成色、打造器皿等技艺，期满需通过行会组织的"出职考试"才能独立执业。这种行会主导的学徒制，既保障了行业技术壁垒，又通过集体监督防止技艺外流，确保行业技术水平保持高水准。

到明清时期，随着商品经济和跨区域贸易的繁荣，商业和手工业领域的人才发展更加多元化、规范化。以徽商群体为例，学徒需要经历三年学艺期。前两年学习打算盘、记账、服务等基础技能，第三年参与实际业务实践，并接受"商德共修"教育，每日诵读《朱子家训》等做人处世方法，培养"诚信为本"的商业伦理。盐业、茶业等行业还为学徒设计了"三年出师、五年管事"的晋升体系，优秀学徒可逐步晋升为掌柜甚至参与商号管理。与此同时，手工业领域的人才发展更加注重技艺专精。例如，景德镇陶瓷作坊将制瓷工艺分解为拉坯、利坯、画坯等数十道工序，学徒需要在单一工序上长期磨炼，形成"一技之长"的传承模式。在工商业繁华的都市中，还形成了服务同乡或同业的会馆，集宗教祭祀、商务洽谈、交流学习等功能于一体，在维护商业伦理、传承契约精神等方面发挥了重要作用。

5. 经世致用点亮东方文明实学底色

19世纪中叶以来，西方工业文明对中国社会带来了巨大冲击和破坏，同时冲击了传统人才发展观念。实学思想家意识到，中国的落后在于缺乏"经世致用"的实用型人才。人才观念从宏观抽象走向具体明确，先后出现了以"中体西用、经世致用"为代表的洋务人才观，以"即中即西、中西兼学"为代表的维新人才观，以及以"中西融合、择善而从"为代表的民主主义人才观等。一批教授西方先进工业技术和科学知识的新式学堂建立起来，打破了传统教育体系，人才培养目标转变为培养适应近代工业、科技、军事、外交等领域发展的专业人才。

中华民国时期，仿照西方建立了较为系统的现代教育体系，包括初等教育、中等教育和高等教育。大学开始注重学科专业设置，涵盖文、理、工、农、医等多个领域，培养了各类专业人才。随着民族工业的发展，职业教育也得到重视，更注重为民众就业谋生奠定基础。有识之士兴办了一批职业学校和培训机构，培养了大量技术工人和初级专业人才，为工业生产和经济发展提供了人力支持。

新中国成立以后，中国共产党领导全国人民坚持实事求是的思想路线，学习借鉴苏联模式，建立起高度集中的计划经济体制，自主建立起涵盖学前教育、义务教育、高中阶段教育、高等教育、干部教育等在内的国家教育体系。建立了中专、技校和农业中学相结合的中等职业教育体系，取代了旧职业教育，为新中国建设奠定了人才基础。在人才培养方面，国家对教育进行全面规划和管理，重点发展重工业相关专业和师范教育，培养了大量服务于国家建设的专业人才。同时，实行统一的人才分配制度，根据国家建设需要，将毕业生分配到各个岗位上，保证了人才资源的有计划配置，帮助战乱肆虐的旧中国彻底转变落后面貌，加速了工业化和农村合作化进程。

6. 开放包容促进人才发展现代化

中国共产党第十一届中央委员会第三次全体会议重新确立了马克思主义的思想路线、政治路线、组织路线，做出把工作重心转移到经济建设上来、实行改革开放的历史性决策。随着中美两国政府签署《中华人民共和国政府和美利坚合众国政府科学技术合作协定》和《中华人民共和国政府和美利坚合众国政府文化协定》，拉开了东西方国家在科技和文化领域新的交流合作的序幕。开放的国门鼓励高校、科研机构和企业与国际同行开展更加广泛的交流与合作，拓宽了人才的国际视野，提升了人才的国际竞争力，也促进了人才资源的国际流动和优化配置。

改革开放以来，随着市场经济的发展，人才发展理念发生了重要变化，从"科学技术是第一生产力"到"人才资源是第一资源"，从实施"科教兴国战略"到"人才强国战略"，逐步明确了人才在经济社会发展中的关键作用，将人才发展提升到了国家战略高度。树立了更加科学的人才观，提出"尊重劳动、尊重知识、尊重人才、尊重创造"的方针，营造了良好的人才发展氛围，使人才日益得到重视和尊重。为完善人才教育培养体系，中国先后制定颁布多项法律法规，推进重点教育工程建设，建立博士后制度，增强培养高层次拔尖创新人才的能力。同时，重新建立起从初级到高级、行业配套、结构合理，能与普通教育相互沟通的职业技术教育体系，为经济社会发展培养了大批高素质技能型人才。为服务全民终身学习，促进教育公平，中国还借鉴国际上开放大学的成功经验，建立国家开放大学，体现了泛爱众、广施惠的精神境界和价值追求。逐步建立起以创新能力、质量、贡献为导向的人才评价体系，分类推进人才评价机制改革，出台一系列激励人才发展的政策措施，激发人才的创新创造活力，营造了鼓励创新、宽容失败的社会氛围，为人才发展创造了良好的社会环境。

进入中国特色社会主义新时代以来，中国通过更加开放包容的政策设计、国际教育合作、技术赋能、制度创新和社会协同，构建了"引进来"与"走出去"并重的终身学习生态。《关于深化人才发展体制机制改革的意见》等文件提出，构建科学规范、开放包容、运行高效的人才发展治理体系，形成具有国际竞争力的人才制度优势。中国共产党第二十次全国代表大会进一步提出加快建设世界重要人才中心和创新高地，促进人才区域合理布局和协调发展，着力形成人才国际竞争的比较优势。随着对人才发展理论研究和实践探索的不断深入，开放型政策体系将不断完善，国际化人才服务体系持续优化，技术发展深度赋能终身学习体系，终身学习的社会协同与生态构建将不断增强，终身学习将从"制度框架"向"文化自觉"转变，为全球人才发展提供中国方案。

（二）提升当代人才发展专业境界

当代人才发展工作既源于先贤的探索，又是一场具有新时代特色的长征。培养可堪重任的终身学习者，需要社会各界的共同努力，广泛吸收世界各国文明发展成果，不断拓展认知深度、价值高度、创新锐度、担当厚度，形成具有中国特色的人才发展之路。

中国近现代杰出的艺术教育家黄宾虹先生从中华优秀传统文化中找到了发展和超越的内在动力，提出并实践了"浑厚华滋"的美学思想，作为昭示审美理想、生命追求和艺术境界的概念表达。中国培训与人才发展专业人士，如何超越自我，把人才培养为可堪重任的终身学习者，需要在阅读、学习和应用这本书时进行更加深入的思考。在实现"两个结合"、传承弘扬中华优秀传统文化、推动当代人才发展实践上做出自己的努力，筑牢根基、创新实践，做到"三厚三华"，即厚基础以蓄势、厚实践以生慧、厚人文以铸魂，华方法以出新、华思维以破界、华生态以共生。

1. 以"浑厚"筑基：构建人才发展的三重根基

（1）厚基础以蓄势：理论学习与知识体系的深度积淀

培训与人才发展专业人士需要构建多维度、跨学科的知识体系，综合理论基础、实践技能、科技工具、行业洞察和战略思维，构筑开展专业研究和实践的基础。学习掌握成人学习理论、心理学与认知科学、组织行为学与管理学相关理论知识，通过基础理论学习，理解学习与组织发展的底层逻辑，以及与之相匹配的应用场景。学习掌握高效开展教育培训的工具方法，掌握培训需求分析与规划、课程开发与教学设计、教学交付与引导技术等关键技术，并持续提升专业技能。结合最新发展趋势开展主题阅读，跟踪科学技术发展前沿领域，不断拓展认知边界和知识领域，并通过自我反思对现有知识体系进行更新完善。

（2）厚实践以生慧：实践探索与知行合一的迭代深化

培训与人才发展专业人士需要将理论积淀在实践中检验和完善，关键是建立"实践—反思—沉淀—迭代"的闭环，将碎片化经验转化为系统化认知，再反哺于更高质量的实践，不断增长智慧，实现知行合一。在实践前要穿透业务本质锁定真问题，设计可量化、可追溯、可验证的实践锚定点；在实践中坚持以参与者和观察者双重视角沉浸式卷入，为实践设定弹性调整空间，在实践动态博弈过程中纠偏调焦并促进自我反思；在实践后坚持结构化沉淀复盘，把经验转化为可复用的方法论模型，进而在头脑中构建自主知识库；在迭代中构建螺旋式上升的进化系统，对自我知行进行校验，对组织价值进行验证，促进知识迁移和成果转化。

（3）厚人文以铸魂：文化根脉与精神境界的培育升华

培训与人才发展专业人士需要确立文化主体性，在实践中深度浸润人文精神，学习运用中华文明蕴含的思想智慧和道德理念，在传承中华优秀传统文化中推进文化创新，坚定历史自信、文化自信，坚持古为今用、洋为中用、推陈出新，以"两个结合"造就有机统一的新的文化生命体，把中华优秀传统文化根脉转化为个体与组织的精神内核，赋予中华文明以现代力量，实现从知识传递到人文价值塑造的升华。坚持以人民为中心，帮助人才建立人文价值的底层意义坐标系，实现从"工具理性"到"价值理性"的认知跃迁，并促进动态平衡。鼓舞微光，点亮灯塔。在实践中创设精神修炼场景，帮助人才寻找工作意义，促进自我洞察和自主建构，连接组织存在的终极价值，把抽象精神转化为具身体验，让中华优秀传统文化根脉与个体生命经验产生共振，实现精神境界的升华。

2. 以"华滋"创新：激活人才发展的三大动能

（1）华方法以出新：传统与未来的融合创新

培训与人才发展专业人士需要掌握和应用科学方法高效开展工作，以此为基础结合实际开展方法论创新，勇于打破文化与时代形成的认知壁垒，在东西方智慧碰撞中构建具有当代本土适应性的新范式。在实践中明辨东西方方法论的基因差异以及蕴含其中的立场、观点、原则，以系统性弥补碎片化，以结构化支撑模糊性，实现经验萃取与科学建模互补、人文关怀与理性决策并重，促进顿悟与渐修结合、伦理与效能平衡。实现方法论融合创新，需要兼具东方文化底蕴与西方方法论素养，延续中华优秀传统文化根脉，跟踪全球最新发展趋势，聚焦真实业务场景，穿透场景对方法论进行工具化转译，形成接地气、聚人气、有底气的新方法，最终让方法论既流淌着东方智慧的血脉，又具备现代商业基因，实现"源于传统，指向未来"的创新目标。

（2）华思维以破界：系统思维与创新思维的协同进化

培训与人才发展专业人士需要突破现有思维定式，将中华优秀传统文化底层逻辑与现代思维科学进行基因重组，不断提高战略思维、历史思维、辩证思维、系统思维、创新思维、法治思维、底线思维能力，为前瞻性思考、全局性谋划、战略性布局、整体性推进工作提供科学思想方法。培养元认知能力，对认知过程进行认知与调控：通过系统思维对现实问题进行整体性拆解、因果链分析，实现结构化破局；通过创新思维开展变革创新，促进零基思考、跨界迁移，实现突破框架。促进思维协同进化，通过系统建模，建立"要素—关系—目标"的结构化思维，完善跨领域知识储备，组建个人和组织"思维创新"工具箱，引进场景变量通过创新锚点对系统进行创新升级，打造有助于思维进化的生态系统，在真实工作场景中实现系统稳定性与创新突破性的平衡。

（3）华生态以共生：人才与环境的共生演进

培训与人才发展专业人士需要突破单向人才培养模式，转型为"学习生态架构师"，构建"人才—组织—社会"共生系统，形成人才与环境双向赋能、动态进化的共生体系。重塑人才发展的认知，突破"人才是被塑造者"的传统认知，建立"人才与环境互为主体"的人才发展生态观，认识到人才既是环境的产物，又是环境的共建者。因此，需要准确识别不同人才的独特价值，设计差异化发展路径，避免同质化竞争，形成"多元共生、功能互补"的生态结构。准确把握政治局势、技术变革、行业发展等环境因素的时代变化，以及环境演化与人才能力需求的实时互动性，持续实现"环境感知—能力进化—生态优化"的循环迭代。构建滋养型生态系统，在组织内部设立人才试错空间和容错机制，帮助人才感知组织目标并主动调整能力发展方向；在组织外部建立产业人才发展共同体，联合政府部门、行业协会、高校院所、专业机构等共建人才池，共享培训资源，创造让人才主动定义、改造环境的机制，实现"人才在生态中成长，生态因人才而繁荣"的协同进化，让人才在跨组织协作中推动行业生态升级。

中国大连高级经理学院于 2005 年 10 月 8 日经中央编办批复正式成立。其前身为 1980 年成立的中国工业科技管理大连培训中心（The National Center for Industrial Science and Technology Management Development at Dalian）和 2003 年在此基础上成立的国家经贸委大连经理学院。中国工业科技管理大连培训中心是改革开放之初，落实《中华人民共和国政府和美利坚合众国政府科学技术合作协定》，由中美两国政府合作举办的中国第一家政府间国际合作高级经营管理人才培训基地。在邓小平等老一辈党和国家领导同志的直接关怀和推动下，在大连理工大学、美国纽约州立大学布法罗分校等国内外高校领导和教师的共同努力下，中心遵循"以我为主，博采众长，融合提炼，自成一家"的方针，从 20 世纪 80 年代起全面引进现代西方管理理论和方法，为中国改革开放培养输送了第一批具有现代管理知识的人才，为中国现代管理教育留下了丰富的遗产，为改革开放和现代化事业做出了重要贡献。

自 2006 年 1 月 13 日正式挂牌以来，中国大连高级经理学院继承并发扬老一辈革命家和教育家艰苦创业和改革创新的精神，坚持解放思想、实事求是，全面展开教育培训、科学研究、国际合作与交流三项职能。学院坚持开放式办学、创新型办学、研究性办学，借鉴世界先进国家办学机构的好经验、好方法，吸收国内外企业培训的新实践、新理论，努力把学院办成"中国企业家的黄埔军校"。进入新时代，学院以习近平新时代中国特色社会主义思想为指导，认真学习贯彻习近平总书记关于干部教育培训的重要论述，深入贯彻落实国务院国资委党委决策部署，坚持高质量办学治院、高水平服务发展，扎实推进企业领导人员教育培训的理论创新、实践创新、制度创新。

中国大连高级经理学院杨智伟创新工作室成立于 2011 年 5 月，是学院培育核心价值、实施创新驱动发展战略的重要载体。工作室充分发挥劳模、工匠和专业技术人才在创新实践中的示范引领和骨干带头作用，着力建设知识型、技能型、创新型职工队伍，推动学院管理绩效改进、业务转型升级、创新成果转化，引领广大教职工积极投身学院高质量发展，为干部教育培训事业和中国经济改革发展贡献智慧和力量。工作室成立以来，在学院党委的领导下，发扬"爱国、创新、求实、奉献"的精神，秉持"实事求是创造核心价值"的使命，积极营造"海纳百川、追求卓越、大力协同、精益求精"的创新文化。围绕"创品牌、促发展、重协同、传帮带"的核心工作内容，通过"科技创新、模式创新、管理创新、制度创新"等工作方式，工作室先后创办了中国大连高级经理学院案例研究中心、博士后科研工作站、中国企业高管培训发展联盟、中国国有企业研究院、上海教研基地等创新工作平台，推动学院多项创新业务从无到有、从小到大。通过重大专项和群众性创新工作，为学院发展培育了各类专门人才。工作室长期致力于中国特色国有企业发展道路和优秀中国企业家成长道路的研究、咨询、教学、实践，积极服务党和国家发展战略全局，服务地方发展实际，汇聚创新力量，激发创新活力，释放创新潜能，为国资国企和社会各界培养了大量专业人才，实现了政产学研用深度融合。2018 年 6 月，大连市总工会将工作室命名为"大连市职工创新工作室"。

人才发展协会（Association for Talent Development，ATD）成立于 1943 年，其前身是美国培训与发展协会（American Society for Training and Development，ASTD），是当代全球规模最大的专注于人才发展的国际机构，长期致力于帮助培训与人才发展专业人士拓展学习发展相关知识与技能。自 2016 年起，中国大连高级经理学院研究团队曾数次赴美参加 ATD 国际会议会展，学习交流国际培训与人才发展的最新趋势，并与全球培训行业资深专家及相关从业者进行了广泛而友好的交流探讨。

《ATD 培训与人才发展指南》是一本当代全球培训与人才发展业界资深专家与大师智慧集大成的专业书籍，汇聚了人才发展协会最新理论研究和实践成果，可供培训与人才发展从业者、组织人事部门、企业经营管理者、专业研究人员等学习借鉴参考。该书第 1 版《ASTD 培训经理指南》（*ASTD Handbook for Workplace Learning Professionals*）于 2008 年出版，由超过 60 名专业领域研究精深的资深专家、几十位编辑、设计者以及美国培训与发展协会工作人员耗时数万小时完成，内容涵盖了众多方法论、最佳实践、流程、理论以及其他与职场培训管理者相关的关键信息。第 2 版《ATD 学习发展指南》（*ASTD Handbook：The Definitive Reference for Training & Development*，*2nd Edition*）于 2014 年出版，由超过 90 名杰出学者和实践者参与创作，成为当时全球培训行业最具全面性和代表性的专业参考书籍，为世界各国培训行业专业人士提供了学习参考，推动了培训行业的科学化和专业化发展。第 3 版《ATD 培训与人才发展指南》（*ATD's Handbook for Training and Talent Development*，*3rd Edition*）于 2024 年下半年出版，由超过 100 名培训与人才发展研究和实践领域的资深专家共同参与创作，ATD 全体工作人员参与联络和编辑，坚持高标准、精益求精、追求卓越，体现了当代国际培训与人才发展行业领域理论研究和业务实践的发展水平。

这本书的主编伊莱恩·碧柯（Elain Biech）女士在培训与人才发展行业拥有超过 40 年的研究和实践经验。作为培训与人才发展行业的志愿倡导者和推动者，她为行业发展倾注了大量心血。2014 年 5 月，碧柯女士应中国大连高级经理学院研究团队的邀请，参加了中国企业高管培训发展联盟主办的"名师思享汇"主题交流活动。在中粮集团忠良书院，她面向中央企业培训管理者专题交流分享了自己在领导力培训项目设计和实施方面的经验和思考，获得了热烈反响。

这本书的第 1 版和第 2 版由国际绩效改进协会（International Society for Performance Improvement，ISPI）第 57 届主席顾立民先生及培训行业资深专业人士翻译引进中国，为中国培训行业的研究者和从业者提供了专业化、科学化、精准化的培训工作指导和借鉴，帮助他们通过学习实现成长。

这本书的第 3 版由中国大连高级经理学院杨智伟创新工作室承担翻译组织工作，学习与人才发展智库的部分行业资深专家参与了翻译和审校工作。具体分工如下：亓文凯负责第一部分四章的翻译，冉爱晶负责第四部分六章和第六部分九章的翻译，张善勇负责第八部分八章的翻译，杨智伟负责其他各部分以及前言、术语表等的翻译和全书的统稿工作。此外，大连理工大学的金月、赵琦、宋钰熙、康静怡、李靖茹等研究生同学参与了部分图书的审译工作。中国大连高级经理学院的相关领导和部门为这本书的翻译出版工作提供了支持和便利条件。

为了保证这本书的顺利出版，电子工业出版社付豫波和晋晶两位老师为这本书的引进出版倾注了大量心血，所有编辑人员加班加点认真编辑，使得这本书能够以精彩的面貌，呈现给广大读者朋友。

更为值得关注的是，中国海洋石油集团有限公司原总经理、党组书记，中国石油化工集团公司原董事长、党组书记傅成玉先生；中国马克思主义研究基金会第二、三届理事会副理事长，鲁迅文化基金会首席专家，原宝钢集团有限公司党委书记、副董事长刘国胜先生；浙江大学文科资深教授，浙江省特级专家，浙江省职业经理人专家委员会主任，浙江省行为科学学会理事长，浙江大学全球创业研究中心主任，浙江大学管理学院博士生导师，中国心理学会工业心理学专业委员会名誉主任和管理心理学专业委员会名誉主任王重鸣先生；中国浦东干部学院教学研究部原主任，中国领导科学研究会学术委员会委员，人力资源和社会保障部干部教育培训师资库入库专家，心理学博士、教授赵世明先生等中国人才发展理论与实践研究领域的资深领导和专家应邀阅读了本书译稿，并结合阅读体会和自身研究工作实践为本书倾情作序，分享了对中国培训和人才发展工作的思考，使得广大读者可以更加全面地了解当代培训和人才发展的形势与任务。

在这里，向每一位关心和支持这本书第 3 版翻译出版并做出积极贡献的人士表示衷心感谢！

接到这本书翻译邀请的时候，我刚刚结束在上海的工作。记得站在滚滚东去的黄浦江畔，我思考更多的是变革的世界和开放的中国未来将要走向何方？上海，是东西方文明交流互鉴的窗口，是中国共产党的诞生地，是改革开放以来建设现代化国际都市的先行者，在这里我深刻体会到"海纳百川、追求卓越、开明睿智、大气谦和"的上海城市精神，及其对各类人才理想信念、人生目标、文化底蕴、行为准则和生活方式的塑造。

中国是国际合作的倡导者和现行国际体系的参与者、建设者、贡献者，积极参与国际治理、主动承担相应国际责任是应尽的义务。新时代的中国将继续坚持和平发展的道路，推动构建人类命运共同体。习近平主席提出的这份构建人类命运共同体的时代答卷，需要全人类共同回答。我们正在开展的培训与人才发展实践或许可以帮助不同民族、不同信仰、不同文化、不同地域人民凝聚共识，汲取多元文明融通成果，找到解答时代之问的终极答案。

在深夜伏案翻译这本书的时候，我无数次感受到心灵的共振，书中对培训与人才发展问题的深入思考和真知灼见，为曾经黑暗的夜路点亮了烛火。这本书翻译的过程，也是与探索者交流对话的过程。这本书中出现了 450 位专业人士的名字，还有更多的无名人士，他们都曾经在人类文明永续发展的长路上跋涉求索，把理想和热情融入这份事业，用智慧点亮一座座里程碑。

这本书再次翻译出版引进中国，是中国工业科技管理大连培训中心办学精神的新时代传承，是迎接中国大连高级经理学院建院 20 周年的标志性成果，也是解放思想、实事求是的新起点。希望这本书成为中国培训与人才发展行业从业者的重要参考和成长伙伴，让我们在学习中思考、在质疑中吸收、在实践中领悟、在创新中创造，把心得写在田野大地上。我们愿意与有识之士共同开启人类命运共同体建设的时代之旅，与世界各国一道，共同努力开创中华人文交流、文化交融、民心相通的新局面，让世界文明百花园更加姹紫嫣红、生机勃勃。

因为翻译时间所限，书中难免存在疏漏，诚挚邀请广大读者朋友为我们提出宝贵的改进意见。

谢谢大家！

杨智伟

于中国大连高级经理学院大连市职工创新工作室

2025 年 5 月 20 日

序

近年来，人才发展领域正经历着一场深刻的变革。这一变革源自多个方面：大规模的技能提升与再培训正在如火如荼地进行，劳动力短缺问题愈发严峻，技术变革的步伐也越来越快，同时，新冠疫情的暴发更是给这一领域带来了前所未有的挑战。面对这些复杂多变的局面，人才发展专业人士展现出了非凡的能力与担当。他们不仅致力于平衡学员、客户以及组织的发展需求，还十分注重自身的成长与进步，成功应对了这场变革，完成了令人瞩目的艰巨任务。

伊莱恩·碧柯在前言中提及，"正恰逢其时"。的确如此，她集结了逾百位该领域的资深专家，他们凭借数十年的深厚积淀，向我们提供了宝贵的实用见解。通过这些见解，我们能够洞悉行业的最新趋势，明白如何专注于个人发展，掌握推动团队前进的最优路径，以及为个人和组织的成功贡献自己的力量。

这本书是你个人成长与发展旅程中不可或缺的良伴，绝对值得纳入你的专业阅读清单，随时翻阅，常读常新。无论你是正面临全新的挑战，还是想要温故而知新，巩固已有的知识体系，只需翻开这本书，书中的 57 章内容将为你答疑解惑，指引方向。

卡尔·卡普作为这本书的合作作者，在一篇回顾往昔的 ATD 博文中，谈到 2022 年的趋势时写道："如今，我们比以往任何时候都更需要专注于自身的成长与发展。是时候静下心来，好好思考一下什么才是真正重要的事，哪些领域仍需改进，要勇敢地走出舒适区，大步向前。毕竟，不经过一番努力，我们就无法实现这一宏伟目标。"

这本书深入介绍了 ATD 的人才发展能力模型，这一模型为我们的行业知识和技能奠定了坚实的基础。第 5 章中，我们详细阐述了该模型如何为业界树立标杆，帮助人才发展专业人士为未来的职场挑战做好充分准备。通过拓宽知识领域和提升技能水平，这一模型让专业人士在工作中更加高效。如果你对这个模型还不太了解，我真心建议你花时间去学习它。掌握这一模型，不仅能够让你养成终身学习的习惯，还能为你的组织在面对未来的学习挑战时提供坚实的支撑，助力其不断稳步前行。

这本书的问世，得益于伊莱恩·碧柯长期的不懈努力与辛勤付出。ATD 对于她在本版及以往版本中倾注的心血与无私奉献，表示由衷的感激与敬意。

ATD 倍感荣幸，能将众多杰出作者与专家的心血和智慧集结于此，共同打造出这本资源宝库。我深信，当你沉浸于书中内容，与其中的专业知识深度对话时，定会收获颇丰，受益匪浅。

感谢你与 ATD 并肩同行，共同迈向一个更加美好的职场未来。

托尼·宾汉姆

ATD 总裁兼 CEO

Acknowledgments

致　谢

第三次担任《ATD 培训与人才发展指南》的编者，我深感荣幸。这样一项重大任务，单凭我一己之力无法完成。为了呈现给读者最优质、最专业的资源，我们组建了一个极其出色的团队。这个团队汇聚了众多敬业、才华横溢的专业人士，他们个个都是各自领域的佼佼者。他们不辞辛劳，即便面对紧迫的时间安排，也始终坚守高标准，追求卓越，精益求精。正是这样一个出色的团队，其付出与努力远超我们的预期，最终顺利完成了本书。

那么，这个汇聚了智慧、专注与才华的团队，究竟由哪些人组成呢？在此，我要向以下这些为本书出版倾注了数千小时精力的伙伴们，致以最深的谢意：

- 首先，我想向那 101 位受邀为本书撰写内容的作者，表达最深的谢意。你们的专业知识，是本书不可或缺的宝贵财富。特别要感谢的是，你们欣然接受了我们提出的主题，并投入大量时间进行深入研究，最终创作出既能丰富本书内容、又能满足读者需求的章节。虽然主要作者的名字已经列在目录中，但请留意，在一些章节的专栏作者和合作作者名单里，同样也有你们的名字。

- 感谢 8 位杰出的特邀嘉宾作者，他们在每一章的引言中，慷慨分享了自己的真知灼见。这 8 位嘉宾作者分别是泰茜·白翰姆、贝弗莉·凯、鲍勃·派克、埃利奥特·梅西、丽塔·贝利、基莫·基彭、肯·布兰佳以及约翰·科尼。深知你们的时间弥足珍贵，能抽出宝贵时间参与这个项目，我们深感荣幸。在此，再次向你们每一位表达最诚挚的感谢。

- 衷心感谢 ATD 的全体工作人员，是你们精心挑选了契合时宜的主题，并推荐了优秀的作者。你们不仅协助我们联络到了经验丰富的资深作者，还引荐了众多才华横溢的新晋作者，这一宝贵资源在目录中得到了彰显，更为我们的项目注入了鲜活的生命力。在此，我要特别感谢霍莉·贝茨、贾斯汀·布鲁西诺、克里斯滕·费夫·米尔斯、帕蒂·高尔、M. J. 霍尔、杰克·哈洛、詹妮弗·霍默、梅利萨·琼斯、葆拉·凯特、凯瑟琳·斯塔福德以及考特尼·维塔尔的辛勤付出与卓越贡献。

- 感谢 ATD 之外的霍华德·法费尔、谢丽尔·弗林克、乔纳森·霍尔斯、迈克尔·汉森和沃尔特·麦克法兰，这些优秀人士在我联系杰出作者时给予了大力帮助。

- 感谢每一位朋友，你们的通力合作，让本书得以代表多元化的读者群体。

- 内容创作如同基石，其重要性不言而喻。然而，将内容打磨为简洁连贯、一致且语法严谨的语言，同样是一项艰巨任务。在此过程中，编辑所扮演的角色举足轻重，他们通过策划编辑、文稿编辑、内容编辑、结构编辑以及最终校对等一系列工作，确保了图书内容的完美呈现。在此，我们要特别感谢卡罗琳·科佩尔、梅利萨·琼斯和凯瑟琳·斯塔福德的辛勤付出。她们凭借卓越的编辑才能，让每一位作者的作品都焕发出更耀眼的光彩！

- 感谢所有协助我完成细节工作的人，特别是雷妮·布罗德威尔、弗雷德·乔治-海亚特、珍妮·雷和梅利萨·史密斯。你们远超我的预期，表现得极为出色。

- 向退役上尉乔·鲁伯特表达我迟来的深深谢意。正是基于他给予的信任，诸多事务才得以顺利开展。

- 最后，也是最为重要的一点，我要向丹·格林致以最深的谢意。是他一直以来的支持与鼓励，让我勇于挑起这项重担。感谢他的无私奉献和深切信任。

当然，我还要感谢 ATD、托尼、贾斯汀、詹妮弗和考特尼，是你们为我创造机会，让我在项目中锻炼成长，发展自我，并最终成为一位终身致力于志愿服务的践行者。

前　言

自 2020 年 3 月起，世事多变。新冠疫情暴发，促使组织迅速调整运营模式，大多数员工转向远程工作。人才发展部门也紧急应对，全力探索最有效的方法以促进员工成长。尽管这些变化中不乏挑战，但许多结果颇为积极。

在短短几天间，人才发展部门就不得不仓促调整服务方式，既缺乏需求评估，也无现成计划可循。不少部门在工具配备与专业能力上都显得力不从心。但他们毅然接受了这个挑战。人才发展领域的从业者迅速行动起来，转向讲师主导的虚拟培训，大幅度精简学习内容，将其巧妙分割成一个个易于理解的小单元，专为那些在家办公、注意力易分散的员工设计了一系列趣味学习体验。在预算有限的情况下，他们更是脑洞大开，展现出惊人创造力。所有这些变革，他们在几天内就顺利完成，而非拖沓数月之久。

本书的出版正恰逢其时。书中收录了众多从业者的宝贵经验，并提供了诸多实用的工具，帮助你从容应对未来的种种挑战。

指南的意义

非常荣幸能够第三次参与编写《ATD 培训与人才发展指南》。随着时代的变迁和行业需求的不断演进，每一版指南的主题都有所不同。在本版指南中，你会发现内容结构与章布局均焕然一新，可以说是一次全面的革新。主题已经更新，重点也随之调整。

但有一点从未改变，那就是我们投入了成千上万小时的时间，只为创作出一本让你爱不释手、反复研读的实用指南。书中内容均出自你所尊敬的专家之手，他们精心编纂，旨在引导你深刻洞察在不断变化的角色中，哪些要素至关重要。

本书不仅涵盖了你当前和未来所需的知识，还带你追溯了我们职业的历史脉络，让你有机会深入探究其根源。

这本指南汇聚了人才发展领域的 101 位思想领袖，广泛涵盖了众多前沿话题。作者阵容之强大，堪称人才发展界的"群英荟萃"。指南巧妙融合了行业内最睿智的思想精华，旨在助力你塑造独特的职业形象。从每一部分、每一章节到每个主题的选择，都是紧贴你当前及未来所需的知识要点。如果要通过阅读多本图书来掌握这些关键内容，你可能需要购置数十本著作，而幸运的是，这些内容已被精心提炼，一切精华尽在咫尺之间。

的确，随着新冠疫情的暴发，我们的角色得到了拓展，但这一变化，其实早已在悄然进行，疫情只是加速了这一进程。这本指南为你清晰界定了这些变化，帮助你理解这些变化为何势在必行，并展望了人才发展的未来趋势。面对这些变化，我们需要理性的声音来指引方向，而这本指南正是应运而生，以满足这一需求。翻开书页的每一刻，你都能找到有力的依据，帮助你区分轻重缓急，辨识新旧更替。

对于许多从业者来说，无论是初入行的新人还是经验丰富的老将，可能并不熟知人才发展历史。日常工作中，紧急任务接踵而至，迫切问题亟待解决，开发机会稍纵即逝，我们很难抽出时间去深入研究这一行业的历史。在众多现有资料里，关于培训历史及其背后理论与实践依据的信息，往往难以寻觅。然而，认识到我们工作的科学性及某些方法的优越性，是极为关键的。这本指南的一个重要宗旨，便是向你揭示人才发展是如何一步步演进至今的，并向你介绍那些引领早期变革的先驱人物。

指南的内容

这本指南细分为八个部分，深入探讨了人才发展行业的核心范畴。细心阅读，你会察觉，这些内容不再局限于 ADDIE 模型，而更聚焦于你在行业中所经历的角色拓展。

尽管指南结构并非与人才发展能力模型一一对应，但我们尤为重视内容与《ATD 人才发展知识体系》的契合度。举例来说，指南的术语表中采纳了不少新词，并逐一赋予精确定义。如果这些词汇也出现在人才发展知识体系的术语表中，你会发现二者定义是保持一致的。对于备考认证的从业者来说，这样的一致性尤为关键。

每一部分的开篇，均由一位行业杰出人物担纲引言，他们不仅是业界传奇，更在所在章节核心主题的发展与引领中，扮演了举足轻重的角色。下面，让我们逐一领略各个章节的精彩内容。

1. **学习与发展基础**。如你所想，指南开篇从坚实基础着手，基于此逐步深入。我非常欣喜能与大家分享泰茜·白翰姆对于打造坚实根基的深刻洞见。她以简要之言向我们提出挑战："精准匹配业务需求与现有人才。"这一部分将助力你在组织中推动学习实践，通过回顾成人学习原理与学习科学，帮助你建立个人的坚实根基。

2. **规划人才发展职业生涯**。我们有幸邀请到职业发展领域的权威人物贝弗莉·凯来引领开篇。她关于八种人才发展思维模式的独特视角，定会让你耳目一新。本部分的其他内容，不仅详细解析了人才发展能力模型、认证体系以及终身学习的重要性，还探讨了情商和思维方式如何成为你职业成功的关键因素。特别值得一提的是，针对情商如何对你及你所服务的客户产生深远影响，珍·格里夫斯将为我们给出她的宝贵建议。

3. **培训与发展基础**。这一部分由被誉为"培训师中的培训师"的鲍勃·派克拉开序幕，他分享了自己最钟爱的模型与学习偏好连续体。在接下来的十章，我们将聚焦于 ADDIE 模型的各个环节，并提供一种全新的思考方式来看待这一经典模型。硅谷的故事讲述者南希·杜阿尔特与杰夫·达文波特的章节，实为值得一读。他们建议以故事结构来增强影响力，因为"故事最能深入人心"。此外，BBC 的获奖媒体制作人兼高管梅里·坎贝尔也贡献了一章内容，其中深入探讨了 21 世纪必备的媒体技能。这一部分的内容十分精彩，不仅涵盖了基础知识，更将带你迈向更深层次的理解与运用，绝对值得细细品读。

4. **促进与支持人才发展**。如果要找寻引领我们转变思维方式的领航者，埃利奥特·梅西无疑是最佳选择。这一部分探讨了人才发展的未来趋势，涵盖了混合式学习、无障碍学习、学习成果转化、电子化学习的关键支持工具，以及设计和交付虚拟培训的有效策略。我们倍感荣幸，邀请到了众多知名作者分享其宝贵经验与智慧。詹妮弗·霍夫曼、莫琳·奥雷、黛安·埃尔金斯、辛西娅·克莱和辛迪·哈格特等专家，都将为我们带来深刻见解与独到分析。

5. **面向未来的必备能力与态度**。在我所认识的众多具有前瞻视野的人物中，丽塔·贝利无疑是最为杰出的一位，她在本部分为我们树立了典范。她引领我们深思，在这个"变化加速"的时代，为了取得成功，我们需要具备哪些知识、技能和心态。因此，她精心准备了一份检查清单，帮助我们审视自己是否已经为未来做好了充分准备。同时，她还巧妙地将自己的跳伞经历与当前我们行业所面临的挑战相结合，为我们提供了深刻的启示。本部分还详细列出了人才发展专业人士所需的核心能力，包括与主题专家高效合作的策略、提升个人引导技术的技巧、改善与高管沟通的方法，以及如何将多元化、公平与包容（DEI）原则融入人才发展实践中的宝贵建议。

6. **人才发展专业人士的角色拓展**。这一部分的开篇，由夏威夷本土人士基莫·基彭担纲，他始终保持着乐观心态，勉励我们不断精进自我与同事的能力，保障组织的繁荣发展。你可能已经目睹了人才发展专业人士正逐步承担起一系列新角色。他们可能正指导管理者如何培养下属，支持员工规划职业生涯，或者实施辅导计划。也许你要去激发员工对自我职业生涯的责任感，或者把一个原本松散的团队转变为一个协同高效的集体。更甚者，你或许还被寄予厚望，成为一位内部咨询顾问。这些新兴的角色正不断拓展人才发展行业的边界。在本部分中，你将能更深入地了解这些话题，探索人才发展角色多元化的无限可能。

7. **匹配学习职能与组织目标**。这一部分由肯·布兰佳率先开篇。他作为这一领域备受尊敬且极具影响力的人物，引导我们探索确保组织迈向成功的路径。为了实现这一目标，我们需要成为领导者。肯·布兰佳精心提炼了一套三步策略，旨在帮助我们"成为众人追随、组织倚重的领导者"。本部分接着介绍了詹姆斯·库泽斯和巴里·波斯纳关于五大学习领导力支柱的深刻洞察。同时，杰克·曾格和乔·福尔克曼也分享了学习与发展在推动企业愿景实现中的关键作用。为了将学习功能无缝对接组织目标，你将深入了解如何构建高效人才发展架构、提升商业敏锐度、优化新员工入职培训，以及精准评估自身影响力。此外，迪恩·格里斯关于与领导成功合作的实战策略，同样也不容错过。最后，还有一章专门探讨如何在仅一人组成的人才发展部门中，独立推动工作进展。

8. 人才发展如何推动未来成功。 杰出未来学家与思想领袖约翰·科尼向我们发起挑战，呼吁我们摒弃旧有做法，超越当前挑战，为未来的明天做好准备。我建议大家读一读他对未来可能性的独到见解。本部分还着重引导我们思考如何持续推动多元化、公平与包容（DEI）的发展，并营造一个充满活力的学习文化。你将深入探索新兴技术、人员分析、工作灵活性以及组织设计实践等多个领域。值得一提的是，沃尔玛美国学习部门副总裁安迪·特雷纳在本部分贡献了他的宝贵经验。他分享了与高管成功合作的秘诀，为我们提供了宝贵启示。

本书内容丰富，囊括海量知识，一千多页的篇幅，或许会让你惊叹不已。但我仔细审阅后，觉得每个主题都很有价值，没有一处多余。随着我们行业的日益复杂化，这本指南将如同一盏明灯，帮助你拨开迷雾，厘清这些纷繁复杂的内容。如果说我对这些内容满怀激动，那是因为我由衷地期待你能阅读它，并与我分享你的见解和感受。

阅读要点

阅读本书时，你可能需要多留意一些贯穿始终的主题。同时，你也可以对比不同作者的观点，虽然这些观点各有千秋，但每一篇都是作者深思熟虑的结晶。所有作者发表的大部分图书和文章，我都细细阅读过，深知他们都具备扎实的专业知识。

我们对作者的要求，远不止于撰写 3000 字的文章，还要求他们确保其章节内容对身为读者的你来说，既实用又易于操作。我们鼓励他们根据具体情况，深入探讨多元化问题，并推荐一些额外资源，以便你深入探索自己感兴趣的主题。最后，我们请每位作者列出他们认为对章节内容至关重要的术语及其定义，以便你更好地理解内容。

我坚信，这本指南对人才发展行业的每一位从业者都具有价值：

● 你将学到学习与发展的基础知识。没有这些内容，本书难以称得上是一本指南。而这些基础知识，你都能在阅读本书时获得。

- 我们引入了人才发展能力模型。尽管我们无意重复人才发展知识体系中的既有内容，但我们确实在多个话题上进行了拓展深化。人才发展知识体系主要聚焦于"是什么"以及"为什么"的问题，而本指南则更进一步探讨了"怎么做"的实践层面。

- 本书与我们疫情期间的经历息息相关。新冠疫情及其变异株给整个商业环境带来了前所未有的动荡。每位作者都亲身经历了这一过程，并在本书中分享了相关的见解与讨论（当然，我们在叙述时省略了部分细节，以免让你过度沉浸在疫情带来的阴霾之中）。

- 本书尤为关注多样性，主要体现在以下三个方面：首先，我们设有专门的章节来深入探讨多元化、公平与包容（DEI）以及无障碍性，同时许多其他章节也提到了这些话题。其次，我致力于确保本书的合作作者具备多样性，涵盖国家与文化背景、种族与民族身份、年龄与代际差异、性别、宗教与精神信仰、残疾状况以及社会经济背景等多个维度。最后，你还将领略思想的多样性。我所邀请的合作作者，不仅有人才发展行业专家，还有来自教育、信息技术、企业管理等多个不同领域的专业人士。

以下是贯穿指南的几大主题，对于业内每位从业者，都应起到启示作用：

- 为未来做好准备。
- 学习新技能，承担新责任。
- 推动多元化、公平与包容。
- 紧跟快速变化的步伐。
- 确保组织成功。

阅读指南时，请留心这些主题。接着问自己以下问题：

- 我为未来做好准备了吗？
- 为应对组织中的变化，我需要掌握什么技能？
- 谁可以成为我的导师，帮助我提升能力、增强信心、促进成长？
- 如何成为更加出色的终身学员？

善用指南

如果你需要一些激励，不妨从约翰·科尼在第八部分"人才发展如何推动未来成功"中的精彩引言读起。他很善于鼓舞他人。在这一部分，他对未来的展望激励人心，既令人振奋，又引人深思。

如果你是行业初学者，可以在第一部分深入了解学习与发展哲学。随后，你可以翻到第三部分"培训与发展基础"，你可以探索从评估到评价过程中所需的各类技能。

你是否在寻找那一难得的"入席"机会？我们有相关资源！翻到第七部分"匹配学习职能与组织目标"，肯·布兰佳探讨了如何成为组织所需的领导者。接着，可以继续阅读杰克·曾格和乔·福尔克曼撰写的第 43 章，以及詹姆斯·库泽斯和巴里·波斯纳撰写的第 45 章，这两章将为你揭示学习领导力的五大核心要素。

如果你对从培训向人才发展的转型仍心存疑惑，不妨查阅第六部分"人才发展专业人士的角色拓展"。在这一部分，你将深入探索自己在战略劳动力规划、协助管理者进行员工辅导、推行导师制度、团队建设以及提供专业咨询等方面的职责与角色。没错，我们的角色正在悄然变化，我们也需勇于承担起随之而来的责任。请先从基莫·基彭的鼓舞人心的讲话中汲取力量，然后转到哈蕾莉·阿苏雷撰写的第 37 章，学习如何为自己的职业发展主动担责。

那么，如何才能最大化地利用这本指南呢？正如詹姆斯·库泽斯和巴里·波斯纳所言："你必须让学习常态化。"利用这本指南来拓宽你的知识视野吧。无论从哪一页或哪一章开始，每天都能有所收获。而这本指南，正是旨在让这一过程变得轻而易举。

最后的思考

自 2020 年 3 月以来，世界舞台上演了一幕幕巨变。我们所生活的时代，既充满勃勃生机，又时刻面临变革。幸运的是，我们身处一个同样充满活力且时刻准备迎接挑战的行业。培训与人才发展领域，已经历了一场颠覆性的变革，而且这一变革是永久性的。然而，我们已经屡次证明，无论面对何种艰难险阻，我们都能迅速反应，成功化解组织所遇到的难题。人才发展行业内汇聚了众多杰出的专业人士，他们总能寻得解决之道，支持并引领组织破浪前行，无论前路多么坎坷。我非常高兴能与你共同分享这本指南，希望能为你的职业发展之路点亮一盏明灯，引领你迈向更加辉煌的未来。

伊莱恩·碧柯

CPTD 杰出会员

美国弗吉尼亚州诺福克

2022 年 5 月

Contents

目　录

01

第一部分
学习与发展基础

名家视角　我们的使命是引领突破性时刻

泰茜·白翰姆

崩溃还是突破

谭雅在一家航空制造公司供应链管理部门工作。作为一名个人贡献者，她以卓越的表现和预见问题的能力脱颖而出。因此，她获得了晋升，迎来了职业生涯中第一个领导职位，并幸运地调往佛罗里达州工作。此时的她既感到自豪，也对即将到来的挑战充满信心。这无疑是她的高光时刻。

然而，上任第一天，谭雅与她的团队会面时，情况却急转直下。她的团队由一群经验丰富的资深成员组成。谭雅热情洋溢地表达了自己能够领导团队的兴奋与荣幸，并肯定了每位成员在组织中的独特价值。起初，一切似乎进展顺利。"他们微笑，点头，还提出了很棒的问题。"谭雅回忆道。

随后，轮到她倾听了。

团队成员逐一汇报项目进展、取得的成就以及遇到的瓶颈。一位成员谈到了寻找新供应商的情况，另一位分享了库存管理系统的进展。接着，一位同事分发了团队的月度看板——这是一份常规报告，当天早些时候已经分发给运营团队。当谭雅看到这份报告时，她的情绪瞬间失控。

就在那一瞬间，谭雅毁掉了她之前所做的一切努力。

"什么?!?!"她的尖叫声瞬间打破了团队的轻松氛围，将每个人拉入了一种防御状态。"这份报告已经送到老板手上了吗？团队中还有谁看过这份报告？"谭雅回忆起她那时大发雷霆，"语法、图表、格式和数据，全都被我抱怨一通，几乎无一幸免。"她还当众斥责那位同事竟然让这样一份文件流出。

在多年后一次领导力培训课程中，谭雅分享这段故事时——时而掩面、时而深呼吸，尽管时隔八年，那次错误带来的痛楚仍然历历在目。"团队成员给我贴上了'急性子'和'完美主义者'的标签。"她说，或许还有更尖锐的评价，只是她没有听见罢了。

> 20 次"做得好"的赞美，也难以抵消一次"搞砸了"的指责。然而，有时即使 20 次努力赞美也无济于事。

仅仅一瞬间的崩溃，就足以毁掉她的声誉。而要重建声誉，她却花了数年时间。

我们都有意外惊诧、情绪失控的时刻。而正是在这些时刻，培训的价值才得以体现。通过正确的培训，我们可以重新塑造自我，做得更好。

作为学习与发展专业人士，培训是我们赠予他人的礼物。我们帮助人们，特别是像谭雅这样的领导者，培养扎实的基础技能，让这些技能成为他们工作中不可或缺的助力。有些时刻他们不知所措、急需帮助，我们就是他们的生命线和教练，帮助他们应对那些重大、可怕、高压的时刻，以便他们下一次更轻松地走向成功。

当培训发挥作用时，崩溃的时刻就转变为突破性的时刻。我们帮助人们不再耗费数年去弥补一个糟糕的时刻，同时赋予他们工具，让他们能够利用每次经历实现成长。

根基之裂

我们面临的挑战可以用一句话来概括："将业务需求与现有人才相匹配。"为实现这一清晰目标，我们倾注了整个职业生涯。我们构建了强大的人才梯队愿景，确保随时有合格人才迎接各种挑战。

这是否可行？答案毋庸置疑。根据 DDI 发布的《2021 全球领导力展望》，约有 11% 的组织表示其后备人才"强大"或"非常强大"。然而，大多数组织并未达到这一水平。实际上，后备力量已下滑至过去 10 年来的最低点。那么，其余 89% 的组织在哪里出了问题？

当你深入"学习与发展基础"这一部分时，你会发现在实践和项目中存在三个关键差异，这些差异对于打造稳健的领导力梯队尤为重要。这一结论基于对1700 多家组织成功率研究而得出：

1. 缩短转型时间，帮助领导者快速胜任新角色。理想情况下，转型时间应不超过 90 天。

2. 通过高质量测评，为领导者提供自我洞察，激发其发展潜力。

3. 提供个性化且切实相关的领导力发展体验，以在关键时刻支持领导者成长。

上述每一主题都足以单独成章，甚至写成一本专著，或作为一学期的大学课程。但在你继续阅读前，不妨先停下来进行一次自我反思。如果要为公司对这些原则的应用程度打分，你会给自己评为 A 级优秀生，还是 C 级普通生（或者更低）？这又如何影响你完成"将业务需求与现有人才相匹配"这一使命的速度和质量？

接下来，让我们来探讨这三项核心内容的综合影响。

成功转型的紧迫性

谭雅的故事让我们看到，在新角色的第一天，你可能犯下错误，而这一错误可能长期困扰你。然而，企业往往难以意识到支持领导者角色转型的紧迫性。这也正是我们基础培训的第一项核心内容，即提供转型支持。如下是我们在领导者转型研究中的一些发现：

- 平均而言，新晋领导者需要等待四年时间才能接受培训，使得他们只能依靠自己摸索前行，成败未卜。

- 领导者适应新角色所需的时间越长，他们所承受的压力就越大。超过三分之一的各级领导者表示，他们在转型期感到不堪重负或极度紧张。5% 的人经常梦见辞职。

- 这种压力并非暂时的。无论转型已经过去多久，那些转型时间漫长且承受高压的领导者，工作参与度普遍较低。相比于那些转型期间压力较小的同行，其职业倦怠的可能性高出三倍以上。更令人担忧是，这些领导者对成为团队优秀领导者的责任感较低，并认为自己的工作缺乏意义和目标。

长转型期的成本

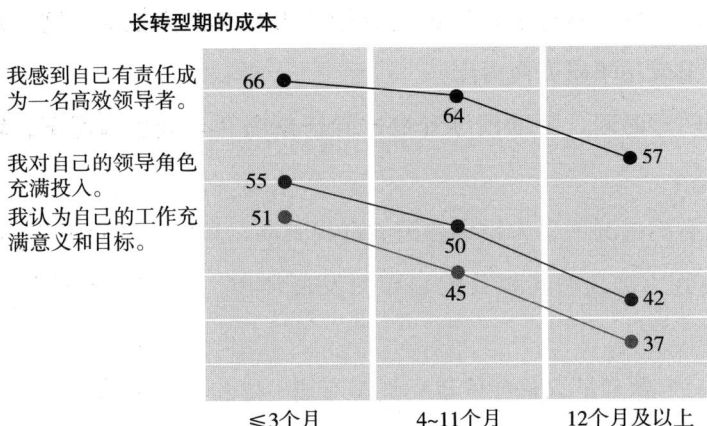

我感到自己有责任成
为一名高效领导者。 66 64 57

我对自己的领导角色
充满投入。 55 42

我认为自己的工作充
满意义和目标。 51 50 45 37

≤3个月　　　　4~11个月　　　　12个月及以上

你会听到这些情况吗？或许不会。对于许多人，尤其是领导者来说，承认自己在工作中挣扎似乎风险太大。如果上级因此对他们心生不满怎么办？如果团队对他们失去信心怎么办？如果因此影响他们升职加薪怎么办？

于是，他们选择面带微笑，保持沉默。他们认为问题出在自己身上，因为其他人似乎都游刃有余（尽管其他人也经历相同）。最终，他们选择离开，留下了另一处人才梯队缺口。

离职的风险不仅限于领导者个人，还会波及整个团队。一位缺乏投入的领导者会引发组织的连锁反应，他们的领导不力可能导致有才华的员工在领导者离职之前先行流失。

作为学习与发展专业人士，这正是我们能够改变的地方。

> 如果你等到有人主动寻求培训时再采取行动，可能已经为时过晚。

我们的使命是预见领导者未来可能面临的挑战，并设计发展体验，以帮助他们避免陷入困境。在他们意识到需要帮助之前，我们就要为他们打下坚实的基础。

"认识你自己"

步入新角色，就像被要求驾驶飞机，尽管此前从未有过经验。或许你曾乘坐过飞机，或在支持性岗位上工作过，又或了解飞机的工作原理。但当你坐在驾驶座上时，猛然意识到，自己要对机上数百条生命负责。这是一种截然不同的体验。

不了解自己是否有能力胜任某项任务，确实存在风险。仅仅依靠"假装你很行，直到你成功"是行不通的。领导者可能不仅缺乏关键技能——甚至此前的直觉也可能是错误的。他们可能需要摒弃那些过去岗位中视为优势的行为，因为这些行为在新角色中变成了劣势。

领导者不愿盲目飞行。他们希望确认自己能否承担起责任。如果存在弱点，他们渴望改正。失败是他们最不愿面对的，尤其是在团队面前。

这正是我们第二项核心内容如此重要的原因，即高质量测评与反馈。

事实上，测评是领导者最希望从雇主那里获得的支持之一。

然而，并非所有测评都具有同样效果。领导者向我们传达的信息非常明确，他们希望获得关于自身技能的客观反馈。根据我们的经验，高质量测评应该具备以下特征：

- 基于能力导向。
- 客观剖析优势和发展项。
- 明确定位领导者在能力范围内需要关注的具体行为。
- 洞察对未来角色的胜任度。
- 评估结束后继续支持领导者发展。

高质量测评数据提供深刻的洞察，推动领导力发展计划成功实现。领导者理解他们为何需要发展，以及发展如何在工作中实现相关性。他们可以通过了解哪些方面需要调整、哪些方面需要集中注意、哪些方面需要新增内容来完善其领导力，从而加速自身成功。

结果是显而易见的。平均来说，将高质量测评与任何发展项目相结合，可以增加30%的后备力量。此外，具有强大正式测评计划的人力资源领导者表示，有关键岗位空缺时，56%的岗位能够迅速填补，而其他组织的数据为43%。

简而言之，测评帮助你回答一个核心问题：我们的发展策略是否有效利用现有人才以满足业务需求？如果你进行过测评，应该能够轻松回答这个问题，这也彰显出在学习和领导力发展上进行投资的价值。

为关键时刻创造体验

如前文所述，打造强大领导力梯队的第三项核心内容，在于提供个性化且高度相关的领导力发展体验，以支持领导者在关键时刻的成长。当我们与多数学习与发展客户谈论这个话题时，他们首先想到的是可能使用何种技术。

技术固然是重要一环，但它并未触及问题的核心。领导者并不是在寻找一种能够让学习变得个性化和更相关的技术。他们更关注的是，当下是否有与他们当前问题直接相关，同时又具有个人意义的学习内容。

这听起来或许有些基础，但这是我在企业中看到最常被忽视的学习基本原则之一。面对纷繁复杂的学习选择，我们往往会迷失在细节和策略中，却忽视了我们真正的目标，即对领导者的生活及关键时刻带来真正的影响。

他们究竟在什么地方遇到了困难？我们又该如何设计学习体验，不止于传递信息，而是在这些关键时刻真正推动行为的改变？此外，如何衡量这些关键时刻所产生的影响呢？

对于领导者来说，这些关键时刻可能是重大而深远的变化，如承担新角色或推动组织转型；也可能是需要迅速应对的短期事件，如解决团队冲突；或者是紧急重大的危机应对。

然而，企业常犯的一个错误是采用单一的学习方式应对所有场景。例如，企业可能仅提供现场团体课程，这种方式非常适合在重大变革时学习主动技能，但往往无法及时解决紧急问题。或者，企业可能完全走向另一个极端，只提供按需课程或微学习。这些方法虽然能快速提供建议，却不足以帮助建立深层次的核心技能。

简单来说，这就像钟摆效应，两极之间摆动。此外，一些企业虽然会提供多种形式的培训内容，但这些内容往往来自不同的来源。例如，他们可能为主动作为时刻开发一些内部课程，同时利用在线学习资源库进行补充。问题在于，如果这些内容缺乏一致性，领导者很可能获得相互矛盾的信息。

与其在数字学习和课堂学习两端之间摇摆，学习与发展专业人士更应找到平衡点，聚焦关键时刻，设计既能满足学习需求，又在时间和形式上灵活适配的内容。接下来，让我们通过几个例子来具体说明。

数字学习与课堂学习的钟摆效应

全课堂
• 主动驱动
• 小组学习
• 阶段性集中

全数字
• 被动响应
• 个体学习
• 按需随选

关键时刻一：初任领导角色

第一次走上领导岗位，标志着职业生涯的重大转折，意味着职业道路的改变。在这一关键时刻，领导者需要充分的支持，才能顺利适应并成长。

帮助新晋领导者在关键时刻成长的几点考量：

• **小组还是个体？** 理想情况下，新晋领导者能够从小组学习中获益良多。这种方式不仅有助于与其他领导者共同应对面临的挑战，还能建立长期的支持网络。然而，迅速组建有效的学习小组往往充满挑战。因此，可能需要考虑优先提供个体学习，而后再组织小组学习。

• **速度如何？** 谭雅的经历告诉我们，速度至关重要。如果已事先确定某人为高潜领导者，你可以在其正式上任前开展技能培养。而对于临时提拔或决策迅速的情形，务必在第一时间启动培训计划，帮助他们尽快适应新角色的要求。

• **新技能复杂程度如何？** 领导力的培养需要学习重要的新技能，领导者需要投入大量时间来掌握它们。仅靠理论学习远远不够，还需要有实践的机会。

• **个性化程度如何？** 对于新晋领导者而言，建立一套核心技能体系并确保与组织的领导文化保持一致至关重要。然而，个人洞察同样不可或缺，因为他们正处于塑造个人领导风格的关键阶段。此外，每位领导者可能面临特定的个人挑战，需要针对性学习。

许多企业通过精心设计的入职培训项目来满足这些需求。理想的方案通常包括初期的测评，以确保学习内容的个性化，随后通过数天或数月的集中学习与实践环节，帮助领导者逐步掌握并应用新技能。

然而，我建议学习与发展专业人士务必重视培训的"时效性"。目前，部分企业每年仅安排一次入职培训，或需等待足够人数才能启动项目，这无疑延迟了新晋领导者的发展进程。在此背景下，最佳的应对之策是在早期提供按需学习资源，确保领导者能够迅速上手，即使在后续阶段会有更加系统化的培训。

领导者在这个关键时刻得到支持，可能改变他们在企业中的职业生涯轨迹。然而，许多企业常犯的一个重大错误就是只停留在基本培训上。

关键时刻二：立即解决团队冲突

尽管主动学习对领导者的成长裨益良多，但新问题总是层出不穷。例如，领导者可能面临团队冲突，需要一些指导来帮助他们解决。这些突发问题给学习与发展专业人士带来了"谷歌问题"。通常来说，每位员工遇到问题时的第一反应是直接在浏览器中输入问题，并点击第一个搜索结果。问题在于，他们可能得到五花八门的答案，可能是不恰当的建议、过时的信息，或与企业文化不符的方法。

这些时刻非常普遍，值得我们特别关注。我们要比谷歌做得更好，根据领导者需要，提供可信赖的资源，帮助领导者度过这些时刻。以下关于领导者发展的问题，让我们看看新领导者会如何回答：

- **小组还是个体？** 当前倾向于个体学习，尽管未来领导者可能需要或希望组内一同练习技能。

- **速度如何？** 现在！越快越好！

- **新技能复杂程度如何？** 领导者应在基础技能上进行扩展。只要学习内容与核心技能建设计划保持一致，领导者便能轻松扩展技能。

- **个性化程度如何？** 并不需要完全个性化，但提供帮助领导者快速自我评估的工具或许非常有用。例如，需要解决冲突时，领导者可以通过工具迅速评估自己的处理方法。

因此，现在是展示所有数字工具的最佳时机！如何利用 10 ~ 15 分钟的微课程快速建立技能？数字工具可以帮助员工理解自己的方法，并快速实践新技能。

最重要的是，必须确保所提供的内容经过验证，如此领导者才能信任自己在关键时刻所学的内容。否则，他们或许会自行寻找解决方案。

让发展成为一种工作方式

这里提到的仅是领导者经历的众多时刻中的两个例子，但这两例展示了几个关键原则：

- 首先考虑需求时刻及其解决方法。

- 内容和方法应基于相同的基本原则，以避免领导者收到混淆的信息。

- 根据当前情况灵活调整学习方式，而非强制规定。过于偏向钟摆的任何一端都会留下巨大的发展差距。相反，可以灵活调整学习方式，以适应目前需要的学习速度和类型。

当你成功做到这些时，便达成了一个重大目标：让发展成为一种工作方式。在领导者需要帮助的关键时刻——无论大小——为他们提供支持，引导他们如何将学习真正融入工作，而不是将其视为额外负担。

我们的使命是引领突破性时刻

在本部分的后续内容中，你将深入了解学习的基础知识，包括科学原理、历史沿革和实施策略。但当你深入其中时，我希望强调我们所做的一切中"人的时刻"的重要性。

作为学习与发展专业人士，我们的使命远不止于传递信息。我们致力于在学习中创造那些能够深刻影响个体的突破性时刻，改变对自我、工作以及（职场上更多是职场外）人际关系的看法，减轻艰难时刻的压力，并为实现卓越成就做好准备。

当我们成功做到这一点时，我们所做的远远超过了有效建立技能。我们改变了个体的生活，激发对学习和不断进步的渴望。不仅在个体层面，在组织层面中我们同样成功做到这一点时，我们能够改变整个企业的成功轨迹。

我们拥有世界上最棒同时也最具挑战性的工作之一，上述内容便解释了原因。

作者简介

泰茜·白翰姆（Tacy Byham）热衷于为领导者赋能，帮助领导者发现自己的真实价值，并在职业生涯的每个阶段，从初级到高管，激发领导者的影响力。泰茜女士是 Development Dimensions International（DDI）的 CEO，DDI 是一家全球知名、荣获各类奖项的领导力咨询公司，致力于帮助世界顶级企业重新定义领导者招聘、发展及加速成长的方式。作为国际知名的领导力演讲者，泰茜女士与他人合著了全球畅销书《领导力的精进》，并在《福布斯》、《快公司》和《创业家》等杂志上发表专题文章，同时通过福布斯教练委员会在领英上发布了多篇博文。泰茜女士还发起了 #LeadLikeAGirl 运动，为女性提供实用策略和现实智慧，点燃她们职业生涯的火花。

参考文献

DDI. 2019. *The Frontline Leader Project*. Pittsburgh, PA: DDI.

DDI. 2021. *Leadership Transitions Report*. Pittsburgh, PA: DDI.

Neal, S. , J. Boatman, and B. Watt. 2021. *Global Leadership Forecast 2021*. Pittsburgh, PA: DDI.

延伸阅读

Byham, T. M. , and R. S. Wellins. 2015. *Your First Leadership Job: How Catalyst Leaders Bring Out the Best in Others*. Hoboken, NJ: John Wiley & Sons.

Paese, M. J. , A. B. Smith, and W. C. Byham. 2016. *Leaders Ready Now: Accelerating Growth in a Faster World*. Pittsburgh, PA: DDI Press.

第 1 章 人才发展的演进

罗莉·莱金斯

学习、培训和人才发展的理论与实践在人类历史长河中不断演进，成为推动社会进步的重要力量。其正式的培训框架和方法，可追溯到古埃及、古希腊和古罗马时期。讲故事（包括今天的案例研究、TED 演讲、访谈、课堂教学和导师在职辅导等）是知识和技能获取与传承的基础。

随着时间的推移，培训行业最初聚焦于技能培训，逐步扩展到个人发展、系统理论与组织发展领域，随后转向学习领域的深化，直至最近聚焦于绩效改进与人才发展。

本章要点

△ 探索培训、学习，以及人才发展理论与实践的历史根源。

△ 了解人才发展行业的演进历程。

当今组织的学习与发展部门，是近年来深刻且持续变革的缩影。它已经从单一的学习内容创造与交付中心，转变为一个灵活多元的人才发展平台。培训师充当引导师、教练、顾问和内容策划者——越来越多地整合企业各个层面的用户生成内容。

随着学习变得更加触手可及，而且能够根据个人的能力、天赋和潜力进行个性化调整，组织文化也随之发生转变。例如，人才招聘专业人士开始以全新的视角审视人才——摒弃了以往根据僵化的知识和技能要求筛选候选人的过时做法，转而关注候选人的学习敏捷性。

随着 CEO 和高管团队认识到培训、学习与发展给业务带来的底线影响，学习与发展专业人士的身份和角色，包括汇报条线、职位名称、职责范围等，也在不断变化，并在全球范围内呈现多元化的趋势。

培训部门及其专业人士可以被称为：

- 学习与发展
- 学习与人才发展
- 学习与绩效管理
- 学习与人力体验
- 人才与员工体验
- 人才与组织效能
- 人才管理与组织发展
- 人才、学习与文化
- 人才与包容性

尽管上述列表并非详尽无遗，但它显示了人才发展职业的演变历程及其角色扩展，尤其是在人才管理领域的核心地位。这种管理强调从整体上关注员工生命周期中个体的发展，同时也关注增强和维持组织整体员工队伍的能力。

接下来是培训与发展的历史演进概述。借助这些知识，你可以更好地理解我们从哪里来、如今的现状以及未来可能的发展方向。

早期的学习模式和实践

最早有文献记载的培训形式是在职培训，其历史可追溯至古埃及、古希腊和古罗马时期。在职培训有时被称为"边赚边学"或"坐着跟学"场景，是指通过观察经验丰富的员工在工作环境中执行任务来学习。这种方式在某些行业中依然受到欢迎，部分原因在于其简便易行。

学徒制

学徒制被称为"在职培训"的黄金标准——九成学徒完成学徒期能够顺利就业，平均起薪超过 50000 美元。学徒制是雇主获得高技能和忠诚员工的可靠途径，而学徒的终身薪资可能比同龄人高出 30 万美元。

学徒制的概念从最早的历史记载延续至今，几乎没有变化，即师傅把行业、手艺、艺术或专业的精通技艺传授给初学者。这种更为正式的在职培训安排，可以从保存在罗马占领古埃及 600 年期间的纸草合同中得到证据：公元前 18 年，赫拉克利德斯成为一名钉子铁匠学徒；公元 155 年，帕内科托斯与师傅签订了为期两年的速记学徒培训契约。

学徒制在中世纪应用深入，其间这类安排形式多样，且在教学合同和学徒合同之间有所区分，有时还包括师徒契约。后者通常包括师傅提供食宿衣物，因为学徒的工作直接促进了师傅生意的收益。虽然学徒一般认为只适合手工工艺者，但也没有被限制在这类工作中，学徒制同样适用于医学、法律和教育行业。

在某些社会阶层中，学徒制备受青睐，因为它常被视为确保生计、提升社会地位的重要途径，且这种机会通常伴随着社会地位的提升。例如，英国律师公会从 14 世纪起为年轻人提供法律教育。学徒住在律师公会，阅读讨论法律图书，每日参加法庭审理，以学习法律实践。律师公会还成为文艺复兴时期英国的知识和社交活动中心。虽然许多学徒最终成为执业律师，但也有不少人通过公会的平台，与上层社会建立了广泛的联系，从而极大地改善了自身的职业前景。

学徒制在美国殖民时期扮演着举足轻重的角色。随着殖民地社会的发展和商业活动的增加，法律服务的需求也随之上升。法律学徒通过自学法律图书（有时是酒馆老板借出的）并在律师的指导下学习，最终参加律师资格考试。

如今，美国的学徒受到美国劳工部的保护，该部门确保员工平等参与学徒计划的机会，并为赞助商、就业和培训社区提供就业和培训信息。学徒制正在经历复兴——根据美国劳工部报告，2010—2020 年间，注册学徒的数量实现了 64% 的增长。

学徒制依然是许多国家职业培训的首选方法，根据世界银行 2013 年的一项调查，学徒制在全球范围内呈现增长趋势。如今的学徒是受薪雇员，他们致力于掌握某一特定行业或职业所需的技能。在德国，学徒制项目是其成功教育体系的重要组成部分，该体系把学徒制和职业教育结合起来。

行会

行会制度同样从中世纪的英国发展起来，是由"利益和追求相同或相近的人组成的行业协会，其基本目的是互相保护、扶持与利益共享"。为确保产品质量，行会不仅制定了严格的标准，还负责监管被授权的生产者。学徒制度亦纳入行会的管理范畴，由行会评估并决定工人何时达到特定的技能水准。此外，行会还严格规定了工人的工作时间、工具、价格和工资，并要求所有工人享有相同的权利，遵循相同的工作方法。

职业和手工学校

工业化的浪潮极大地推动了商业的快速发展与持续变革，同时也催生了培训与学习方式的深刻转变。正是在这一时代背景下，职业与手工学校应运而生。

职业教育或职业教育和培训，也称职业和技术教育或"职业学校"，本质上是非学历教育，旨在为学员踏入特定职业领域做好准备。学习周期通常为一至两年，其间学员将深入钻研某一行业或职业，涵盖焊接、管道铺设、护理、消防、烹饪艺术、法庭速记或机械维修等多个领域。纽约共济会大旅馆于 1809 年创办的学校可视为早期职业与手工学校的典范；1824 年，位于纽约特洛伊的伦斯勒理工学院成为第一所技术学院；1828 年，俄亥俄州的辛辛那提迎来了俄亥俄机械学院的成立。

职业学校在美国的受欢迎程度有所波动。根据美国国家教育统计中心（2021 年）的数据，1999 年，有 960 万名学生就读于职业学校，但到 2014 年，这一数字已增至 1600 万名。职业学校在培训领域是一股重要力量，尤其是在欧洲，欧洲在建立欧洲共同体的《宪法条约》草案中包含了职业培训。

农业与机械教育

19 世纪 40 年代，美国通过赠地学院开始了农业与机械工艺的高等教育。这一倡议归功于乔纳森·鲍德温·特纳，他是一位古典学者、植物学家和政治活动家。他的思想和倡导促成了 1862 年内战期间《莫里尔赠地法案》的通过，该法案规定，联邦政府将土地赠送给各州，州政府有权出售这些土地，将所得款项用于创办农业与机械学院。亚伯拉罕·林肯总统签署该法案，使之成为法律。这一举措彻底打破了以往教育仅为富人专享的陈规，为普通民众敞开了接受高等教育的大门。

1890 年，第二次《莫里尔法案》通过，要求各州必须证明招生不以种族区分标准，或者为有色人种设立独立的赠地大学。如今，许多历史悠久的黑人学院和大学的起源可以追溯到这一法案。

然而，赠地法案的遗产并非没有批评和持续的争议，因为用于该计划的许多土地是从美洲原住民那里夺取的。

工厂学校和新技工培训

19 世纪 70 年代，纽约市的 R. Hoe & Company 印刷机制造公司开创先河，成为首家为员工提供现场课堂学习的公司。该公司被描述为"一座夜校，专为公司的学徒设立，每年运行六个月……配备了适合的图书和教学设备，并聘请了才能相当的讲师。根据学徒的不同需求和学习能力，将普通的英语教育细分为多个方向，为学员提供个性化的指导。而对于那些能够进一步提升的学徒，公司还会教授他们数学和机械制图"。

20 世纪初，一种创新的培训方式——新技工培训应运而生，有效地应对了传统课堂培训所面临的一些挑战。新技工培训让新员工在高度仿真的工作环境中学习。例如，航空公司飞行员在模拟驾驶舱中接受训练，这种培训方式正是新技工培训的一个典型应用。新技工培训通常被应用于那些实际设备操作风险较高，或者实际工作环境不利于新员工学习的场合。

20 世纪：世界大战与系统培训

美国历史学家认为，20 世纪的培训与发展在第二次世界大战期间逐渐成形。这一时期，大量经验丰富的工人被征召入伍，产品需求激增。战时经济的扩张、技术创新以及对训练有素工人的迫切需求，共同推动了培训和学习行业的快速发展，促进了员工培训与发展的增长，同时也推动了美国劳工运动的兴起。

在战争中，男性被征召入伍，导致大量未受过专业训练的女性和 40 岁以上的男性进入劳动力市场，取代那些被招募的参战者。职业学校教师供应不足，战时人力资源委员会下属的产业服务培训机构开发了名为工作导师培训的项目。该项目旨在教授一线和二线主管如何将他们的技能传授给员工。这些培训者的培训项目后来被称为 J 项目，并扩展到人际关系、工作方法、安全性以及项目开发等主题。对这些培训主题产生影响的，包括亚伯拉罕·马斯洛的《人类动机理论》和库尔特·勒温的首次群体动力学实验。

为配合系统培训，系统化的教学设计方法随之产生。在第二次世界大战期间，军方采用了系统的方法进行学习设计，这种方法成为今天教学系统设计的前身。斯金纳关于操作性条件反射的研究与理论，对这些培训项目的设计产生了显著影响。斯金纳的理论聚焦于可观察的行为。培训设计师将复杂的任务拆解为多个子任务，以此为基础来设定学习目标。培训的设计不仅旨在奖励正确的行为，还注重纠正不正确的行为。

斯金纳（1904—1990）

斯金纳是行为心理学领域的杰出代表，也是行为主义学派的重要倡导者。行为主义，作为心理学的一个重要流派，在两次世界大战期间尤为盛行。

斯金纳认为，要了解人类本性，最佳途径是在受控的科学研究中探索生物体对来自外部环境或内部生理过程的刺激所做出的反应。他的学术追求深受多位心理学先驱的影响，如伊万·彼得罗维奇·巴甫洛夫、伯特兰·罗素及行为主义的创始人约翰·沃森。斯金纳的主要作品包括《有机体的行为》《瓦尔登第二》《科学和人类行为》。

斯金纳研究发现，在大多数学科领域，通过及时且逐步加强的强化手段能够实现最佳的学习成效。学员因展现出被认可的行为而获得即时强化，也称为奖励。在程序化教学中，应该使用教学机器向用户呈现问题，要求用户作答，并立即提供正确答案。作为一种教育技术，程序化教学分为两大类：线性规划和分支。线性规划对有利于学习目标达成的学员反应给予奖励，而忽略其他反应。在整个程序中，正确的响应会推动学员不断前进。

此外，业界逐渐认识到培训主管的重要性。正如斯坦梅茨所言："管理层发现，如果没有技能培训，主管就无法为战争和防御进行生产。有了技能培训，老年人、残疾人和缺乏经验的女性也能建立新的生产方法。"领导力培训的需求变得显而易见，因此，培训总监的职位在管理层越来越普遍。1942 年，在路易斯安那州新奥尔良召开的一次美国石油协会会议上，美国培训管理者协会（American Association for Training Directors，ASTD）正式成立。

除了培训职能的领导力开发，组织也意识到更广泛的领导力发展需求。这促使了首批管理发展项目的出现。这些项目由大学和学院资助和指导，提供大学水平的管理和技术课程。

20 世纪 50 年代：教育和行为心理学的影响

第二次世界大战后，战时生产需求推动的行业效率提升为和平时期的重建注入了强劲动力，促进了经济的蓬勃发展。然而，一些曾助力效率提升的方法，尤其是科学管理，开始显现出对员工积极性的不利影响。因此，人际关系培训逐渐流行起来，企业主管纷纷接受心理学培训。

进入 20 世纪 60 年代，随着教学设备的广泛应用，个性化教学得以实现自动化，为基于计算机的培训奠定了早期基础。这种教学模式能够让学员形成自己的学习节奏，给予学员纠正错误的隐私空间，缩短培训时间，降低工作中的错误率。然而，个性化教学材料的制作成本高昂，内容受限于设计者的视野，同时要求学员能将所学知识应用于实际工作中。在 20 世纪 50 年代，教学系统设计领域迎来了另一项重要发展，即布鲁姆教育目标分类体系的引入。1956 年，本杰明·布鲁姆提出了这一能够全面描述认知、动作和情感结果的分类学习目标。具体而言，这六个行为层次包括知识、理解、应用、分析、综合和评估。

认知结果，即知识，是指智力技能的发展。动作结果，即技能，是指完成任务的实际运动、协调和运动技能的使用。情感结果，即态度，是指个体处理情绪的方式。这些类别的目标通常被称作 KSA（知识、技能和态度），与确定学习目标的方式紧密相关，旨在明确所需完成的学习活动种类。例如，知识目标可用于阐述第二次世界大战期间产量增加的需求如何影响培训和学习领域。

20 世纪 50 年代末，美国培训管理者协会在《美国培训管理者协会杂志》（后为《T+D》，再后为《TD》）上发表了唐纳德·柯克帕特里克有关四级评估的文章，为该领域引入了一个新的主题——测量。

本杰明·布鲁姆（1913—1999）

本杰明·布鲁姆是一位教育心理学家，他对教育的贡献主要体现在其人才发展模型以及在认知领域的教育目标分类法上。他的研究重点聚焦于教育目标的探索。他提出，任何既定任务都可以归入三个心理领域之———认知、情感或动作：

- 认知领域：以有意义的方式处理和运用（作为衡量标准的）信息的能力。
- 情感领域：学习过程中形成的态度和感受。
- 动作领域：操作技能或身体技能。

布鲁姆广受赞誉，在教育发展中起到了重要作用，推动了教学重心的转移，从单纯教授知识转向教授学生如何运用所学知识。

20 世纪 60 年代

培训测量领域与 20 世纪 60 年代兴起的一个主题——"需要去了解企业"紧密相连。早在 20 世纪 50 年代，越来越多的文章就开始强调在培训中纳入高管的重要性。1960 年，时任美国培训管理者协会执行董事的戈登·比利斯积极鼓励协会成员承担"更广泛的责任"，并理解"用于反映利润的话语"。为了体现这一更为宽泛的关注焦点，美国培训管理者协会于 1964 年进行了更名（美国培训与发展协会），将"发展"一词纳入其中。

另一个标志培训行业视野拓展的重要事件是组织发展概念的引入。根据组织发展网络（一个组织发展实践者专业组织）做出的定义，"组织发展是一种基于价值观的方法，旨在推动组织和社区的系统性变革。其核心目标是提升组织或社区的能力，使其能够实现并维持一个新的、理想的状态，从而不仅造福自身，还能惠及周围的社会和环境"。组织发展植根于行为科学领域，依托于库尔特·勒温、道格拉斯·麦格雷戈、恩西斯·李克特、理查德·贝克哈尔德、威尔弗雷德·比昂、埃德加·沙因、沃伦·本尼斯和克里斯·阿吉里斯关于组织变革、系统论、群体和个人的理论研究。

对业务结果更为广泛的专注，也与人力绩效改进或人力绩效技术等新兴领域的出现有关。绩效改进是一种系统化、整体化、以结果为导向的方法，旨在通过提升员工的工作表现，帮助组织实现其目标。托马斯·吉尔伯特、盖里·朗姆勒、唐纳德·托思蒂和戴尔·布雷索的研究，将职场学习从单一的集中培训拓展到各种改善业务成果的活动。

这一时期更为流行的是，影响、激励和态度转变的心理学研究。与新兴的美国民权运动有关的主题，如工作场所的多元化，也变得越来越普遍。

20 世纪 60 年代，在学习理论和设计领域，瑞士的发展心理学家让·皮亚杰提出了一个四阶段的认知发展模型：

- 感知运动阶段（出生至 2 岁）。
- 前运算阶段（2~7 岁）。
- 具体运算阶段（7~11 岁）。
- 形式运算阶段（11 岁及以上）。

他的理论为 20 世纪 70 年代和 80 年代兴起的建构主义的发展奠定了基础。

同时，罗伯特·马杰在 1962 年出版的《准备程序化教学目标》中提出了他的教学目标模型。该模型指出，教学目标应包含三个要素：行为、条件和标准。即目标应描述培训所要实现的具体、可观察的行为，说明完成该行为所需具备的条件及理想绩效。这种类型的目标也被称为行为目标、绩效目标或标准参照目标。

罗伯特·马杰的目标理论最初是为程序化教学设计的。20 世纪 60 年代，机电教学设备能够高效提供程序教学，因而被普遍使用，程序化教学变得越来越自动化。与此同时，另一项技术也在迅速发展。自 1965 年起，微型计算机开始迅速且广泛地应用。

罗伯特·马杰（1923—2020）

罗伯特·马杰提出的标准参照教学（Criterion-Referenced Instruction，CRI）框架，是一套全面的用于设计和提供培训项目的方法。其关键组成部分包括：

- 目标/任务分析：确定需要学习的内容。
- 绩效目标：准确说明需要完成的结果及评估结果的标准。
- 标准参照测试：根据目标中指定的知识和技能评估学习情况。
- 根据既定目标开发学习模块。

运用 CRI 框架开发的培训课程，通常采用自学进度模式，融合了多元化的媒体资源，如工作手册、教学视频、小组讨论以及计算机辅助学习材料等。学生可以按照自己的节奏学习，并通过标准参照测试检验自己对各模块的掌握程度。课程管理员负责课程的整体管理，并帮助学生解决问题。

1965 年，罗伯特·加涅在其出版的著作《学习的条件》一书中，描述了八类学习水平和九步教学法。罗伯特·加涅认为，学习有不同的类型和层次，因此需要不同的教学方法与之匹配。他进一步提出，知识技能的学习可以根据复杂性构建学习层级结构：信号学习、刺激-反应学习、连锁学习、言语连接学习、辨别学习、概念学习、规则或原理学习和解决问题学习。这一层级结构的主要意义在于，它能够帮助教育者识别出完成每一层级学习所需的先决条件。这些先决条件是通过对学习或培训任务进行任务分析来确定的。学习层级结构为教学的顺序提供了依据。

罗伯特·加涅（1916—2002）

学习的条件理论：

- 吸引注意力（接收）。
- 告知学习目标（期望）。
- 唤起先前知识（检索）。
- 呈现学习内容（选择性感知）。
- 提供引导（语义编码）。
- 诱导学生表现（回应）。
- 给予反馈（强化）。
- 评估学生表现（检索）。
- 加强记忆和迁移（概括）。

20 世纪 60 年代也开创了企业大学的新时代，这一时代始于 1961 年麦当劳公司创立的汉堡大学。汉堡大学专门为麦当劳公司及其独立加盟商的员工提供有关业务和运营各方面的培训。到 20 世纪末，汉堡大学已经在英国、日本、德国和澳大利亚等地设立了分校。其他企业很快也效仿了麦当劳的做法。

20 世纪 70 年代

20 世纪 70 年代，社会技术系统理论广泛传播。该理论认为，社会和技术因素的相互作用，会对组织的成功运作产生支持或阻碍影响。培训师逐渐认识到，为了实现最佳绩效，必须同时关注并优化组织的技术和社会要素两个方面。这一观点与 20 世纪 60 年代兴起的组织发展领域及人力绩效改进领域更广泛的关注是一致的。

20 世纪 70 年代，种族主义、性别歧视、其他弱势群体歧视等社会问题，以及政治、环境问题，成为流行文化的焦点，并开始影响组织内培训方式的改变。

敏感性训练，是这一时期出现的另一个焦点，也称实验室方法，是一种在小组中进行人际关系培训的形式，旨在提高参与者的自我意识，深化对团队动态的理解，促使参与者适当调整自己的行为。该方法遭遇了一些强烈质疑，反对者认为此类帮助"管理者获得真实性和培养自尊"的培训并不适宜，而美国国家训练实验室的克里斯·阿吉里斯是敏感性训练的主要捍卫者。

20 世纪 70 年代开发的新型培训中，案例教学法是最为主要的一种。这种方法此前曾在商学院中使用过，但并未推广到培训项目中。案例教学法通过使用案例研究来探讨某个话题。此外，讲故事培训师也开始讲授目标管理法，引入期望理论作为预测员工行为的一种方式。

学习理论也经历了几项重要发展。马尔科姆·诺尔斯于 1973 年出版的《成人学员：被忽视的群体》一书中提出了成人学习理论。虽然马尔科姆·诺尔斯并不是第一个指出成人学习不同于儿童的学者，爱德华·林德曼早在 1926 年出版的《成人教育的意义》一书中就对"教育学适用于成人"的观点提出了质疑，但是马尔科姆·诺尔斯创造了"成人教育学"这一术语，并提出了影响成人学习方式的关键原则。

大约在同一时期，罗伯特·加涅和莱斯利·布里格斯在 1974 年的著作《教学设计原理》中第一次提出了九项教学事件（九步教学法）。这九项事件代表了一种新的学习理论，即认知主义。相比行为主义关注外部行为，认知主义则关注信息在大脑中的处理、存储和检索方式。

20 世纪 70 年代出现的另一种新兴学习理论是建构主义。建构主义源于让·皮亚杰关于认知发展的理论，认为学习是一个建构新知识的过程。杰出的建构主义理论家杰罗米·布鲁纳，将学习视为"一种社会过程，学员基于现有知识建构新概念。学员选择信息，建构假设，做出决策，以将新体验整合到现有的思想结构中"。在建构主义学习理论中，学习设计的动力是创造能够让学员发现并建构学习内容的体验。

马尔科姆·诺尔斯（1913—1997）

马尔科姆·诺尔斯，被誉为"成人学习之父"，为人力资源发展的理论和实践做出了卓越贡献。其最为人所知的贡献是推广了"成人教育学"这一术语，意指成人教育的艺术和科学。成人教育学认为成人学习不同于儿童，因此在课堂上需要采用不同的方式对待成人。1973 年，马尔科姆·诺尔斯在其著作《成人学员：被忽视的群体》中提出了关于成人学习的四个假设。这些假设在 1984 年的修订版中扩展为六个：

- 成人需要在学习之前明白学习为什么重要。
- 成人具有自我意识，拒绝他人强加意志。
- 成人拥有丰富的知识和经验，并期望这些知识和经验得到认可。
- 成人认识到学习能够帮助他们解决实际问题时，会愿意学习。
- 成人希望了解学习对他们的个人生活有何帮助。
- 成人会对外部激励做出反应，如晋升或加薪的机会。

20 世纪 80 年代

20 世纪 80 年代，美国生产增速放缓，许多企业经历了大规模裁员。与此同时，全球经济竞争成为各企业面临的最大商业挑战。这些变化导致组织更加密切关注培训预算，迫使许多培训与发展经理将重点转向培训预算和底线，以及证明培训对组织的价值。在这一背景及其他原因的共同作用下，成本效益分析和投资回报率的概念日益成为热点话题。

此外，20 世纪 80 年代女性以空前的比例进入培训与发展领域。到 1989 年，女性会员已占美国培训与发展协会（ASTD）会员总数的 47%。这一时期，自信训练大为盛行，与此同时，行为建模、团队合作、授权、多元化、冒险学习、反馈、企业文化和培训师胜任力等培训主题也蓬勃发展。

培训师胜任力成为 20 世纪 80 年代两大能力模型的主题，将培训与发展领域纳入人力资源工作的更广泛范畴。《追求卓越模型：ASTD 培训与发展研究的结论和建议》一书是首次对培训与发展进行定义的现代尝试，捕捉到了培训角色在这一时期的延伸现象。到 1989 年，职业发展和组织发展也被加入培训与发展的范畴中，如《人力资源开发实践模型》中所述。该报告借用了伦纳德·纳德勒在该领域提出的术语"人力资源开发"，将其定义为"培训与发展、组织发展和职业发展的整合运用，以提高个人、团体和组织效率"。

在技术方面，第一批电子工作站于 1981 年问世。随着激光影碟开始用于培训，为视频片段提供即时访问，培训群体变得更加倾向于使用多媒体来吸引学员学习。不久后，笔记本电脑出世，随后更小型、交互式、用作存储媒体的磁盘格式出现（IBM 的 Ultimedia 和飞利浦的 CD-i，最终为 CD-ROM 所取代）。这些技术的兴起彻底革新了组织中学习的设计、教授及管理方式。

20 世纪 90 年代

1991 年的夏天，蒂姆·伯纳斯-李发布了后来被称为万维网的代码，标志着科技和人类进步的一个转折点。互联网的横空出世开启了信息触手可及、无限获取的时代。电子化学习、基于计算机的培训和在线学习的倡导者宣称，课堂学习迎来终结。早期的电子化学习沿袭了 20 世纪 50 年代程序化教学和 20 世纪 60 年代学习机器的行为主义模型，学员按照一系列步骤学习，随后根据回答的正确与否，继续到下一个学习单元或者按要求返回重学。

这种方法的优势也与早期类似：学员可以按照自己的节奏学习，犯错并获得反馈而不感到尴尬，同时可以重复学习直到掌握内容。电子化学习相比程序化教学和学习机器还具备更多分支能力：学员可以自动跳过已掌握的部分，集中精力解决问题领域。多媒体功能通过刺激多重感官，吸引不同类型的学员，进一步提升了电子化学习的效果。最后，电子化学习通过削减培训相关的差旅费用，减少因参加培训而耽误的工作时间以及降低各种培训设施的使用，大大提高了培训的可及性。

然而，早期的电子化学习也面临一些挑战，例如，由于程序设计粗糙，学员的参与度较低。同时，尽管基于系统的电子化学习在形式上有巨大改变，但在培养人际交往能力方面，电子化学习并不适用。控制成本和程序更新也是一个问题。

对此，越来越多的企业采用电子化学习与现场课堂培训相结合的混合式学习策略。学员可以先通过电子化学习完成必要的基础培训，这样在课堂培训开始时，所有人都处于同一水平，从而减少用于同步进度的时间，并最大化学习新技能和知识的时间。此外，尽管异步培训成为早期电子化学习的主流，基于技术的同步培训也逐渐流行起来，使学员无论身在何处，都能在线上模拟课堂环境。

人力资源开发领域的另一进展是"学习型组织"的概念。彼得·圣吉在 1990 年出版的《第五项修炼》一书中提出了这一概念：学习型组织致力于发展一系列学科，使其具备创造未来的学习能力。学习型组织的核心思想包括系统思考、心智模式、自我超越、共同愿景和对话。

最后两个主题——绩效支持和学习型组织——是 20 世纪 90 年代流行的培训主题。其他热门主题包括业务流程再造、工作重组和转型、客户导向、全球性组织、愿景规划、平衡工作和家庭。

21 世纪

在学习理论中，行为主义仍然对学习设计产生着巨大的影响，认知主义学习理论和建构主义学习理论则采用了罗伯特·加涅的九步教学法和发现式学习。马尔科姆·诺尔斯的成人学习理论影响着大多数培训，其强调学习的相关性，利用学员的经历作为学习的平台，并给予学员一定的自主权，决定学习的内容和方式。

尽管基本的教学系统设计模型发展如常，行业也开发了适用于不同情境的新型教学设计模型，并有不同的侧重点，如快速成型法和学习模块。然而，20 世纪 50 年代和 60 年代的传统理论，即布鲁姆的分类法和马杰的学习目标模型，依然影响着学习目标的制定，首先明确学习类型（知识、技能或态度），然后规定行为、环境和程度。

测量是在培训与发展领域的又一重要主题。柯克帕特里克的经典四级评估模型，即反应、学习、行为和结果，以及杰克·菲利普斯和帕蒂·菲利普斯关于投资回报率的研究，依然主导学习内容的测量和报告方法。

2010 年，一群行业思想领袖和杰出实践者联合起来，制定了学习与发展的标准，为培训业提供了模板，使其能像商业一样运作。最终成果是人才发展报告准则。2012 年，非营利组织"人才报告中心"成立，作为人才发展报告准则的永久承载机构。从那时起，世界各地已有数百个组织采用了人才发展报告准则，人才报告中心也根据早期采用者的反馈，进一步完善了原则、测量和报告。这一指导包括一个简单而全面的框架，用于规划、收集、定义和报告关键结果、效能和效率衡量标准，以交付成果并为组织的成功做出贡献。

学习领域的显著进步还包括在企业范围内广泛采用的社会化学习和非正式学习，以及利用用户生成内容进行学习。根据创新领导力中心的研究成果，培训部门已逐渐从企业内容的唯一提供者，转变为促进组织内部知识共享的推动者与人员连接者——这一转变恰是对业界常引用的 70-20-10 框架的生动诠释。在 i4cp（企业生产力研究所）和 ASTD 的一项研究中，97% 的受访者认为，非正式学习在组织中获得了不同程度的认可；27% 的受访者表示，非正式学习占组织正在进行的学习活动总数的一半以上（2013）。

技术在学习领域占据了中心地位。易于使用的内容生成工具使得员工能够在以绩效支持为中心的环境中分享知识和技能。随着移动设备和互联网连接的普及，移动学习的应用得以加速，信息的即时获取也变得更加便捷。这种变化进一步拓展了绩效支持的概念，对于新一代员工而言，这种便利是他们成长过程中习以为常的，并且也是他们所期待的。当然，技术的重要组成部分之一是能以简单、快速、移动的方式提供学习的能力，这反映了我们所有人都习惯于日常进行的即时连接和交易。微学习、高度定制化学习，以及提供辅助聊天机器人和日常提示的应用程序，吸引了各个年龄段的工作者。

技术的持续发展和进步，要求不断进行技能提升和再培训。根据 i4cp 的研究，先进工作自动化（包括人工智能、机器学习和机器人技术）的快速普及，已经导致知识和技能方面的显著能力差距。该研究发现，只有 16% 的受访组织表示他们有针对性地开展了技能提升或再培训项目，以弥补这一能力差距。

人才管理的出现

1997 年，麦肯锡发表了一篇题为《人才争夺战》的开创性文章，其核心议题是组织必须为人才而竞争。尽管互联网经济泡沫破灭和 21 世纪初的经济衰退使人才竞争有所降温，但人才管理的概念自此诞生。

在《人才管理整合高管指南》一书中，合著者凯文·奥克斯和帕特·加拉根认为，学习专业人士往往扮演着合作伙伴的角色，他们与其他团队成员或部门领导并肩作战，支持对人才的整合管理，或作为推动者，为人才整合工作提供指导和支持。这一思维方式上的转变赋予了学习专业人士在组织内部发挥领导作用的新机遇，助力人才的发展与管理。

大多数组织的人力资源部门运作相对孤立，部门间鲜少共享数据或协同作业，难以形成对人才的全局视角。如下是通常存在于人力资源部门但独立运作的一些战略领域：

- 人才获取（招聘、选拔、评估）。
- 总报酬（薪酬、福利）。
- 多元化、公平与包容。
- 参与度（员工体验）。
- 领导力发展。
- 学习和培训。
- 绩效管理。
- 继任计划。

近年来，组织迅速整合这些职能，以创建对当前人才的统一视图，并实施战略性劳动力规划。这一整合过程引发了以下思考：

- 员工队伍具备哪些技能、能力（包括语言能力、背景、专业知识）和相关经验？
- 当前技术和专业能力相较于未来一至三年的需求存在哪些差距？
- 现有职位在未来三至五年内将如何受到自动化技术的强化或替代？

社会化学习和协作学习

i4cp 和 ATD 的一项研究将社会化学习定义为在网络（包括员工和外部人员）中，利用互动讨论、对话交流、社交媒体、内部网络平台以及其他促进社会互动和沟通的技术手段（如博客、论坛、内外部社交网络和视频分享），实现信息、经验的分享，以及协作和共同创造。研究发现，尽管大多数组织鼓励并支持内容共享，但能够跟踪用户生成内容，或对那些定期分享内容的员工给予适当奖励的组织却寥寥无几。

组织愈发关注如何在整个企业范围内实施持续学习。这一目标的实现，离不开精心策划的用户生成内容（由学员为其他学员创建，可能包括文本、视频或图像等多种形式），组织也积极促进协作，允许员工（无论是面对面还是通过虚拟方式）与内部主题专家建立联系，以便迅速获取教程或接受指导。这一转型的一个重要方面，是组织开始更加关注用户体验，减少对投资回报率的跟踪和报告，认识到社会化学习是一个持续发生的过程，且大部分是不可追踪的。

目前衡量社会化学习常规做法是跟踪学习活动本身，而非学习质量或实际效果。然而，要跟踪和衡量社会化学习的具体环节和效果，据此调整或重新设计学习方法，在很大程度上仍然是一个愿景。随着社会化学习逐渐不再被视为一种自我导向的学习方式，而更多地被看作与增强协作、创新和提升人才发展绩效相关的战略，这一状况可能会发生变化。除了跟踪特定学习资源的访问，社会化学习的其他常见衡量标准包括在线学习社区中的活动、特定社交媒体工具的使用、共享内容的受欢迎程度、共享内容的类型以及分享内容的用户数量。然而，越来越多的组织可能开始衡量高绩效组织更倾向于衡量的内容：跟踪在线学习社区中的活动、跟踪员工在社交媒体上分享的内容类型，并衡量当社会化学习与员工的个人绩效目标挂钩时所产生的结果。

未来会怎样？未来，学习设计将更加注重通过社交媒体进行知识传递，并将社会化学习与组织的业务目标紧密联系起来，同时准确衡量通过社交媒体进行学习的成果。我们可以预见，将社会化学习与具体业务目标联系起来、衡量相关的关键绩效指标的做法将得到广泛应用。同时，社交媒体能力将更加普遍地融入能力模型中，作为一种工具，鼓励员工贡献社会化学习内容、共享知识和信息，并在项目中进行协作。

技能提升与再培训

员工能力是企业的命脉，直接关系到企业在竞争市场中的表现、战略执行、关键岗位、领导力梯队、组织敏捷性等重要因素。因此，随着市场、客户偏好、技术革新及潜在破坏性事件的频繁变动，提升员工技能与开展再培训项目已成为众多企业不可或缺的人才战略。

在 2015 年国情咨文中，奥巴马总统呼吁美国雇主采取或加大额外措施投入，帮助一线员工获得所需的培训和证书，以便晋升到薪酬更高的职位——其中包括支付大学教育费用、提供职业发展的在职培训，以及增加技术辅助学习工具的获取机会。次日，美国技能提升计划正式启动。

为了支持技能提升计划，i4cp 与阿斯彭研究所携手合作，研究了员工发展问题。研究发现，当一线员工充分利用发展机会时，会显著提升企业的经营效益。然而，大多数组织的实际行动与理想状态之间存在显著差距，尤其体现在确保这一关键员工群体的发展方面。该群体往往是组织与客户之间最直接的联系纽带，但获得的发展最为有限。

轮岗计划作为一种技能提升方式重新受到关注。通过轮换不同的工作或任务，员工能够积累新的经验和技能。这些计划在培养新领导者方面历史悠久，而在技能快速变化或面临过时风险的当下，对于一线员工而言更是一次难得的学习机会。借助人工智能技术驱动的内部人才市场，雇主能够精准跟踪和分析员工的技能状况，并为他们提供在组织内部其他部门轮岗的机会。

员工准备度

新冠疫情带给我们的教训之一，便是凸显了增强组织敏捷性的重要性。如今，预知变化、适应变化并迅速做出反应的能力，已不再是额外的优势，而是组织不可或缺的核心竞争力。组织敏捷性的关键之一，是建立并鼓励持续学习的文化，而这种对持续学习的需求将会愈加紧迫。

例如，世界经济论坛在 2020 年发布的《未来就业报告》中提到的两项发现，就强调了这一点。报告指出，到 2025 年：

- 员工有效履行其职责所需技能中的 44% 将发生变革。
- 公司希望将近 50% 的因技术自动化和增强而被替代的员工重新调动到内部其他岗位。

人才短缺已成为雇主面临的一个日益严峻的挑战，而雇主也意识到，单纯依赖招聘已难以满足当前及未来的技能需求。提升技能和再培训的需求愈发迫切且持续增长，这对于确保组织的持续发展和员工的竞争力至关重要。因此，理想的做法是，组织应将现有资源从单纯追踪学习活动，转向更有效地监测和提升员工的整体准备度，因为这才是推动组织长期成功的真正动力。

最后的思考

最具效能和韧性的组织，往往是那些将持续学习视为核心价值，并将其融入组织使命和文化中的企业。人才发展在打造强大学习文化方面的作用不可低估。一个在工作中学习被视为常态、知识得到广泛共享且在个人和组织层面上不断提升绩效的环境，正是推动组织建立、投资并扩展学习文化的动力源泉。当知识能够自由流通并受到重视时，组织就能变得更加具有竞争力、敏捷性和参与度。

从古代的纸草到课堂、社会、移动、虚拟及基于绩效的学习，每一次学习方式的演变背后，都有着追求新知识和技能的共同驱动力。

在后疫情时代，组织将寻找新的方法，使培训与发展更加可及、灵活、个性化，并成为员工体验的核心部分。高绩效的组织将继续投资并拓展这些学习机会，不仅能够提升员工的能力，也将为吸引和留住所需人才提供竞争优势。

如今，雇主比以往任何时候都更加意识到培训对于组织整体发展和组织文化建设的重要性。由此，学习与发展专业人士在组织中的地位愈发凸显。这一领域不断书写新的历史，而未来的趋势无疑是继续在我们无法想象的地方不断变化与发展。你比大多数人更具备才能，不仅能够想象未来的学习蓝图，更能勇敢地引领这场变革，激励他人实现曾经看似遥不可及的目标。

◆◆◆

作者简介

罗莉·莱金斯（Lorrie Lykins），i4cp 研究副总裁，i4cp 致力于帮助组织更有效地预测、适应并应对不断变化的商业环境。在加入 i4cp 之前，她曾在人力资源研究所担任研究分析师，在《坦帕湾时报》担任记者和专栏作家，并与他人合著了《ATD 人才发展基础：启动、利用与领导组织的人才发展工作》和《ASTD 领导力指南》。自 2003 年起，她一直在佛罗里达州圣彼得堡的埃克德学院成人教育项目中任兼职教授，现居纽约市。可通过邮箱 Lorrie. Lykins@ i4cp. com 联系她。

参考文献

ATD and i4cp. 2013. *Informal Learning: The Social Evolution.* Alexandria, VA: ATD Press.

ATD and i4cp. 2016a. *Building a Culture of Learning*. Alexandria, VA: ATD Press.

ATD and i4cp. 2016b. *Social Learning Developing Talent Through Connection, Contribution, and Collaboration*. Alexandria, VA: ATD Press.

Berners-Lee, T. 2000. *Weaving the Web: The Original Design and Ultimate Destiny of the World Wide Web*. New York: Harper Business.

Bloom, B. 1956. *Taxonomy of Educational Objectives, Handbook 1: Cognitive Domain*, 2nd ed. Boston: Addison-Wesley Longman.

Cantor, J. 2015. *21st-Century Apprenticeship*. Westport, CT: Praeger.

Chambers, E. G. , M. Foulon, H. Handfield-Jones, S. M. Hankin, and E. G. Michaels III. 1997. "The War for Talent. "*The McKinsey Quarterly* 3.

Cooper, P. 2021. "Apprenticeships Have Risen by 64% Since 2020. How Should Policymakers Support Them?"*Forbes*, May 7.

Friedman, L. 1985. *A History of American Law*. New York: Simon & Schuster.

Gagné, R. 1985. *The Conditions of Learning*, 4th ed. New York: Holt, Rinehart & Winston.

Gagné, R. M. , and L. J. Briggs. 1974. *Principles of Instructional Design*. New York: Holt, Rinehart, and Winston.

Haneberg, L. 2005. *Organization Development Basics*. Alexandria, VA: ASTD Press.

i4cp. 2021. *Accelerating Total Workforce Readiness*. Seattle, WA: i4cp.

i4cp and the Aspen Institute. 2016a. *Developing America's Frontline Workers*. Seattle, WA: i4cp.

i4cp and the Aspen Institute. 2016b. *Rotation Programs as Upskilling Strategies*. Seattle, WA: i4cp.

Knowles, M. S. 1973. *The Adult Learner: A Neglected Species*. Houston, TX: Gulf Publishing.

Knowles, M. S. 1984. *The Adult Learner: A Neglected Species*, 3rd ed. Houston, TX: Gulf Publishing.

Law, J. 2009. *A Dictionary of Business and Management*, 5th ed. New York: Oxford University Press.

Lee, R., and T. Ahtone. 2020. "Land Grab Universities." High Country News, March 30.

Lewin, K. 1948. *Resolving Social Conflicts; Selected Papers on Group Dynamics*. New York: Harper & Row.

Lewis, N. 1983. *Life in Egypt Under Roman Rule*. New York: Oxford University Press.

LII (Legal Information Institute). n. d. *7 U. S. Code § 323. Racial Discrimination by Colleges Restricted*.

Lindeman, E. C. 1926. *The Meaning of Adult Education*. New York: New Republic.

Mager, R. F. 1962. "The Evolution of the Training Profession." Chapter 1 in *Preparing Objectives for Programmed Instruction*. Belmont, CA: Fearon Publishers.

Mager, R. 1975. *Preparing Instructional Objectives*, 2nd ed. Belmont, CA: Lake Publishing Co.

Martin, K. 2020. "Workforce Readiness: The Learning Metric That Leads to Real ROI." Institute for Corporate Productivity.

Maslow, A. H. 1943. "A Theory of Human Motivation." *Psychological Review* 50 (4): 370–396.

McLagan, P. A. 1983. *Models for Excellence: The Conclusions and Recommendations of the ASTD Training and Development Study*. Alexandria, VA: ASTD Press.

McLagan, P. A. 1989. *Models for HRD Practice*. Alexandria, VA: ASTD Press.

Miller, V. A. *2008*. "Training and ASTD: An Historical Review." In *The 2008 Pfeiffer Annual Training*, edited by E. Biech. San Francisco: Pfeiffer.

Morgan, K. 2001. "The Early Middle Ages." In *The Oxford History of Britain*. Oxford: Oxford University Press.

National Center of Education Statistics. 2021. "Postsecondary Education: Undergrad Enrollment."

Northern Illinois University Center for Innovative Teaching and Learning. 2020. "Gagné's Nine Events of Instruction." *Instructional Guide for University Faculty and Teaching Assistants*.

Oakes, K. , and P. Galagan. 2011. *The Executive Guide to Integrated Talent Management*. Alexandria, VA: ASTD Press.

Pasmore, W. A. 1988. *Designing Effective Organizations*. New York: John Wiley & Sons.

Schrager, A. 2018. "The Modern Education System Was Designed to Teach Future Factory Workers to Be "Punctual, Docile, and Sober. "*Quartz*, June 29.

Schugurensky, D. 2009. "1961: McDonald's Starts First Corporate University. "History of Education: Selected Moments of the 20th Century.

Senge, P. 1990. *The Fifth Discipline*. New York: Doubleday.

Shaw, H. W. 1994. "The Coming of Age of Workplace Learning: A Time Line. " *Training & Development* 48(5): S4–S12.

Shay, C. 2019. "The History of On-the-Job Training. "OJT. com, May 15.

Shrestha, P. 2017. "Ebbinghaus Forgetting Curve. "Psychestudy, November 17.

Skinner, B. F. 1953. *Science and Human Behavior*. New York: Macmillan.

Steinmetz, C. S. 1976. "The Evolution of Training. "In *Training and Development Handbook*, edited by R. L. Craig and L. R. Bittel. New York: McGraw-Hill.

Stone, T. 2019. "Work Automation and AI: Mind the Three Gaps. "Seattle, WA: i4cp.

Thanasoulas, D. 2002. "Constructivist Learning. "Teaching Learning.

Torraco, R. J. 2016. "Early History of the Fields of Practice of Training and Development and Organization Development. "*Faculty Publications in Educational Administration* 15.

Tucker, S. D. 1973. *History of R. Hoe & Company*, 1834–1885. Worcester, MA: American Antiquarian Society.

Turner, M. C. 1961. *The Life of Jonathan Baldwin Turner*. Urbana: University of Illinois Press.

Vance, D. , and P. Parskey. 2016. "Introduction to Talent Development Reporting principles(TDRp). "Center for Talent Reporting, November 9.

Westermann, W. L. 1915. "Apprentice Contracts and the Apprentice System in Roman Egypt. "*Classical Philology* 9(3): 295–315.

World Economic Forum. 2020. *The Future of Jobs Report 2020*. WEF, October 20.

第 2 章 关键成人学习基础的实践应用

贝基·派克·普鲁斯

基础，听起来像可以略过的一章，尤其是对于你这样已经在学习与发展领域辛勤耕耘多年的专业人士。然而，试问自己：多年的累积是否只是对同一年经验的反复？有时，回归基础不失为重新点燃培训热情的有效途径，对行业新手而言更是如此。这不仅是为"卓越"构筑基础的必要步骤，也是开启职业生涯新篇章的绝佳起点。

本章要点

△ 探索以培训师为主导、学员为中心学习法及其实践路径。

△ 发掘互动内容的"核心"要素，并从 36 个即刻可用的想法中精选实用方案。

△ 审视培训师所扮演的六种不同角色。

当我在贝瑟尔大学就读时，最初修读的是预科医学专业。同时，我还担任助教、校园导游，并且是田径队的一员。日程越是忙碌，我就越利用"空闲"时间确保自己在所有课程中都能取得优异成绩。大约在大三的一天晚上，我突然经历了一次深刻的顿悟。那时，我正在和同学一起学习，注意到他们对这些概念掌握得轻松自如，而对我而言，却需要付出艰苦的努力才能获得相同（甚至更低）的成绩。那一刻，我问自己，在这个小组里，你希望谁成为你的医生？答案很显然——不是我。我希望我的医生是那个愿意付出努力、更加刻苦练习、取得优异成绩，并对自己所做的事情充满热情的人。

尽管我付出了很多努力，但其他人天生在医学学习上更具天赋和热情。那天晚上，我流着泪给妈妈打电话，告诉她我决定转专业，改学 K-12 教育。她的回应大概是："我早就知道你会意识到，教学才是你的天职。"

当你阅读并深思本章中的每个概念时，也许会迎来属于自己的顿悟时刻。你是否在正确的领域，教授真正热爱的内容？你是否愿意付出超常的努力，追求卓越？你是否已经不再满足于过去的成就，决定重新出发，焕发活力，不断进步？这些概念是为你而设计的，但关注点在你的学员身上。

认知神经科学与认知神经心理学

神经科学和神经心理学之间是否存在差异？在教学和学习中，哪一个更为重要？简而言之，认知神经科学主要研究大脑及其结构。功能磁共振成像通过监测与血流变化相关的信号，测量大脑活动。大脑在不同活动过程中会有不同区域被激活，科学家据此来解析大脑的工作原理。相对而言，认知神经心理学则更关注思维和行为。举例来说，当学习分布在较长时间段内并采用多元化的学习方法时，能够更加有效地保持知识。认知神经心理学也涉及学习的社会性，包括独立学习和与他人协作学习。

改善大脑和行为的一个简单方法是在课堂上营造积极氛围。你可以在门上挂上欢迎标志，播放轻快的音乐迎接学员，制作幻灯片介绍自己并建立联系。或者，你可以融入谜题或图片，激发学员的好奇心，迅速吸引大脑的兴趣。例如，在每个座位上放置一份打印好的字谜或其他类型的智力游戏，以便那些喜欢独自工作的人在等待期间有事情可做。神经科学和神经心理学在教育中都扮演着重要的角色，但在 24 年的教学和培训生涯中，我可以肯定地说，演讲时我运用了更多心理学的知识，但掌握神经科学的基础知识无疑为我设计那些工作中易于记忆、便于应用的课程提供了坚实的基础。

两个电台频道：WII-FM 与 MMFG-AM

你主持的每一堂课程中，都有两个电台频道：WII-FM（What's in It for Me? 这对我有什么好处？）和 MMFG-AM（Make Me Feel Good About Me，让自我感觉良好）。WII-FM 频道在课程开始之前就已经启动。无论面对什么培训对象，也无论演示使用什么形式——从主题演讲到工作坊——都不重要。学员报名参加课程时，他们未必会阅读课程描述，因此如何迅速引领他们进入 WII-FM 频道，就显得尤为重要。帮助他们发现课程价值的一个方法是提供一份讲义，让他们利用一分钟时间快速浏览，大致了解即将学习的内容，并标注出自己最感兴趣的部分。毕竟，在你开始授课时，他们也可能翻阅讲义，那何不主动安排这一环节，鼓励他们与身旁的伙伴分享一两页内容呢？

以下是帮助学员进入 WII-FM 频道的一些建议：

- 利用日程概览，确保尽早引导学员进入 WII-FM 频道，在课程伊始为学员奠定成功的基础。

- 提供议程安排，虽然无须精确到分钟，但一个条理清晰的议程能够让学员对即将展开的内容一目了然。这样能够同时兼顾特定学员和一般学员的需求，并赋予每位学员一份小小的掌控感。

- 如果某些部分的内容需要比其他部分投入更多时间讲解，不妨在课程开始时就告知学员，以免他们在感觉进度滞后时产生恐慌。

- 当学员真正投入并理解所教授的内容时，他们会感到备受鼓舞。尽量将各个概念呈现为单一的思想，避免让学员在内容中迷失方向。

- 丰富教学方式，确保在概念教授方式上有足够的变化。通过故事讲述、小组讨论、游戏化、实践应用、组员合作等方式交替进行，方法可以有很多种。

- 使用学员能够理解的语言。

- 选择与学员专业领域紧密相关且适用于他们岗位角色的案例。

培训也有其社会和情感维度，这正是另一电台 MMFG-AM 发挥作用之处。首先，通过称呼学员的名字与他们建立联系。鼓励他们分享个人经历或培训所得，以此表达对他们体验的尊重。MMFG-AM 与大脑中的海马体相关，海马体在学习和记忆中起着重要作用。海马体也是通往前额叶皮层的路径，前额叶皮层是大脑负责认知、批判性思维、问题解决和专注力的部分区域。在帕特里克·斯威尼对哈佛神经科学实验室的莫·米拉德的采访中，米拉德解释道："相比抹去过去的恐惧记忆，我们培养勇气，直面恐惧，实际上是在前额叶皮层中写下新的、更强大的记忆，获得更积极的结果。"当大脑遭遇恐惧、焦虑、压力、不安、不确定性或紧张情绪时，海马体会设立屏障，限制对前额叶皮层的访问，以保护前额叶皮层。作为培训师，我们的职责不仅限于教授理论或指导学员发现并运用信息，还包括减少课堂紧张气氛，从而提高学员的知识保持率。

以下是一些帮助学员进入 MMFG-AM 频道的建议：

- 在学员进出教室或讨论时，播放音乐作为背景音。
- 采用来自学员的例子。
- 观察学员的兴奋程度或无聊程度，并根据学员的节奏调整内容的进度。
- 解释内容背后的"为什么"和"怎么做"，确保学员充分理解。
- 提问时先从事实入手，再引向情感。
- 活动前随机指定团队领导，以便学员明确任务预期。
- 培养勇气直面恐惧，从两人一组到三人小组，接着到小组合作，最后过渡到大组活动。
- 分步骤下达活动指令，每次仅包含一至两步。
- 面对新内容或难点，采用小步前进的策略，逐步引导学员掌握。
- 与学员共同设定，而非为学员设定延伸目标。
- 在培训中安排练习时间，确保学员在课堂内首次实践所学内容。

以培训师为主导、学员为中心学习法

今天，我能够担任演讲者、培训师和顾问的角色，部分归因于我的双重素养：既拥有在千人面前自信演讲的勇气，又怀揣着深知讲台并非自我展示台的谦逊。优质的培训课程始终聚焦于学员，及其将要传授给他人的知识。我们的目标是，每位学员至少要教会另一位学员。三重转移，即学员将培训师所授内容再传授给其他学员，是最终目标。40 年来，鲍勃·派克集团一直秉持着以培训师为主导、学员为中心（ILPC）学习法，实现三重转移。

我的父亲，鲍勃·派克，深信"没有枯燥乏味的内容，只有枯燥乏味的呈现方式"。换言之，作为培训师，我们需要确保技术内容具有相关性，并在整个过程中增强互动和参与，这样学员才能看到学习的个人回报。大脑在发言时就是在学习，因此，培训师必须旁观引导，让学员承担主要工作。构建以学员为中心且学员始终积极参与的课程虽需磨炼，但其回报颇丰。

ILPC 学习法包含多个要素，但在此，我们化繁为简，专注于三个即刻行动便能带来巨大改变的核心环节。

- **实践 = 学习，行动计划 = 知识保鲜**。这一概念的核心在于，培训过程中应预留充足时间供学员进行专注练习。研究表明，世界级运动员、音乐家及棋手的卓越成就，往往建立在至少十年不懈练习的基础之上。鉴于学员离开课堂后，其知识应用情况难以保证，因此，我们必须为他们创造实践机会，并辅以同伴或讲师的反馈。尤其是当讲师提供的反馈积极、具体且富有建设性时，反馈具备相当价值。学员通过写日记、制定行动计划进行自我反思是另一种选择，如果学员能将自己的成果与至少一人分享，效果更佳。此外，提供丰富的选择选项也有助于提高学员的参与度。

- **人们不会与自己的数据相左**。ILPC 学习法倡导利用学员的过往经验和专业知识，以加速他们对学习内容的认同过程。鼓励学员分享个人经验，能够激发他们批判性地回顾过去的指导、学习方法及策略，促使他们进行自我分析并倾听他人的见解。为了更深入地挖掘这一点，通过大量提问引导学员达到顿悟时刻。提出以"如何"为引导的问题，激发学员的认知处理，而不仅是被动接受讲座内容。这种做法不仅彰显了对学员个人经验的尊重，也重视了他们所能提供的独特视角。毕竟，每个人都会以自己最得心应手的方式学习。

- **人拥有不同的学习偏好**。观察图 2-1 我们会发现偏好和风格之间的细微差别。学习理论、风格、方法和智力有成千上万种。我们该如何拨开迷雾，找到真正奏效的方法？乔治·奥杰曼通过电刺激标测对超过 100 个大脑进行了研究，其结果并不意外——每个大脑的标测都不同——独一无二。正因为没有两个大脑是相同的，所以也就不存在一种放之四海而皆准的最佳教学方法，这也就引出了"偏好"的概念。在设计和呈现内容时，应考虑两极的多元化。无论是信息性还是实用性，具体性还是一般性，反思性还是参与性，通过引入多元化的互动方式，我们能够撒下更宽广的网，以满足不同类型的学习需求。

深入培训的核心

我喜欢参加能够即刻掌握实用技巧的课程，而不是仅仅停留在理论层面的学习。如果你和我的喜好相同，那么你一定会满意这些能够帮助你开始实施 ILPC 学习法的活动。

学习偏好连续体

参与者姓名：_____

信息型学员	实践型学员
为信息型学员提供丰富的"值得探索"的额外信息，如更多示例或拓展阅读材料	针对实践型学员，只需提供"必须了解"的信息，助力他们掌握所教授的具体内容

具体型学员	概括型学员
为具体型学员构建详尽的结构化安排，明确告知课程规划与目标，设定具体的时间节点，帮助其了解教学内容与练习的流程	对概括型学员，提供一个宏观的内容框架，概述将要探讨的主题，同时允许他们根据自己的方式来构建信息

反思型学员	参与型学员
给予反思型学员适当的时间，让其独立学习和思考，鼓励他们阅读并反思，解答他们可能产生的疑问	对于参与型学员，组织大量的讨论与实践活动，以保持他们的参与感

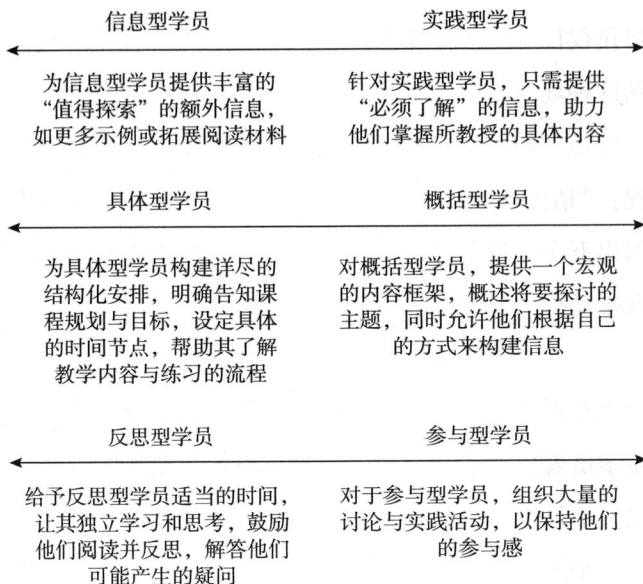

图 2-1 学习偏好连续体

"核心（CORE）"是一个缩写词，它概括了每堂课程中希望包含的四个互动要素。这些要素并非为了互动而互动，而是基于其对提升记忆保持率和学习成效的显著作用而精心挑选的必要组成部分。你可以根据课程的时间安排，灵活选择最适宜的活动，并合理分配各个要素的时间。只需你不要自欺欺人，总认为时间不够。

总结（Closers）

一个有效的总结是什么样的？

结束课程有三个关键要素，其首字母巧妙地缩写成 TIE：

- 串联内容（Tie Things Together）。
- 全员参与（Include Everyone）。
- 审视后续行动（Examine Next Steps）。

一个有效的总结应当体现这三个要素——总结不仅引导学员思考如何应用新学到的知识，还要肯定学员在课程中付出的努力。同时，总结还应帮助学员将新信息与既有知识相联系，厘清并整合新内容中任何松散的部分，形成一个完整、清晰的总结。

培训师如果仅仅以"最后，总结一下……"作为结束语，这无疑是个重大的失误，每次想到这种场景，我不禁蹙眉。因为这样的收尾，往往让培训师成为学习的主角，而非学员。相比之下，一个优秀的 ILPC 学习法的培训师会以这样的方式来结束课程："请大家利用接下来的四分钟，与桌上的团队成员一起进行头脑风暴，共同列出五个你打算如何应用今天所学技能或理念的具体计划。"这样的做法是在积极推动行动计划——为学员铺设道路，启发他们思考如何将所学转化为实际行动。

培训师的角色是设计活动，而学员则是自己学习成果的决定者。这段反思和计划时间，促使学员聚焦于他们因所学内容而即将采取的不同行动。通过这短暂的规划过程，他们不仅在与课程内容互动（从而促进记忆保持），相互交流，更加清晰地界定下一步的行动，并且对如何应用所学内容建立更积极的态度——这一切发生在他们走出课堂之前。

总体来说，我发现培训师往往更容易做一个有效的开场，而较少做一个扎实的总结。以下是一些建议和几个快速的总结示例：

- **行动想法清单**。这是学员手册中的一页空白页，学员可以记录未来可能用到的重要点子。将这一页设计成独特的颜色，便于学员快速找到它。

- **一取一予**。学员带着他们的行动想法清单，和另一位学员见面，分享他们到目前为止学到的最佳想法，同时获取对方的最好点子。接着他们换另一个伙伴，分享第二好的想法。以此类推，直到规定的时间结束。

- **击掌回顾或脚尖触碰**。学员两人一组，当培训师提出问题时，他们相互讨论并做出回答。一旦有了充分的答案，他们就击个掌（如果有社交距离要求，则用碰脚尖代替）。

- **写作反思**。给学员时间以自己的话写下概念和想法。提供指导，确保学员能有效地在课堂主题上做总结。

- **关键概念**。以小组形式分享学习课程中的关键概念、思想或收获。

- **一句话总结**。每位学员分享一个词，描述这次培训对他们的意义，或者他们学到了什么，或者他们对今天的感受如何。

- **投票**。使用物理空间、书面卡片或虚拟工具，提出有针对性的问题或陈述，以了解哪些行动想法对学员最重要，以及学员将首先运用哪些概念。

- **快闪**。一位学员站起来，简短地分享一个想法，然后坐下。接下来的学员也按同样的方式进行，依此类推。

- **坐立**。学员开始时站立。培训师分享一个事实或信息。如果这个信息对学员来说属实，他们就坐下，再站起来。

开场（Openers）

什么是开场？一个强大的开场环节，目的在于迅速引领学员进入学习状态。如果你习惯以测试或课程简介进行开场，请停止！诚然，课程目标与议程安排至关重要，但首要之务应是打破学员的固有思维，激发他们的兴趣，赢得他们的全心投入。当然，在某些情况下，培训师需要首先介绍安全程序。如果你面对这种情况，那么开场活动应该紧随安全须知之后进行。

开场活动，是与课程内容紧密相连、目标明确的活动。我们判断一个活动是否达标，可依据以下三个标准，我们称之为提高 BAR。活动是否：

- 打破思维定式（Break Preoccupation）。
- 促进互动交流（Allow for Networking）。
- 内容紧密相关（Stay Relevant to Content）。

如果你对这些问题的回答是肯定的，那么这个活动便超越了简单的破冰游戏，成为一个真正意义上的开场活动。

开场时，要传达最重要的信息，并给予学员自我感觉良好的机会。例如，称呼他们的名字，认可他们的经验年限，分享一些个人故事（如果合适的话），并在他们分享了一个好主意时表达感谢。在课堂上，当学员与伙伴合作时，我可能要求他们给对方击个掌、握个拳、碰个肘，或者简单的"谢谢"以示感激，帮助他们建立自信。

如果想吸引学员的注意力，则要在开场时立即"捕获"他们。听众通常会在演讲的前几秒钟内就会决定是否对演讲内容感兴趣。因此，在口头演讲中，开场白必须立竿见影，用最初的几句话迅速抓住听众的注意力，激发他们继续倾听的兴趣。

以下是一些能迅速吸引观众注意力的开场活动：

- 概述一桩事件。
- 观众举手互动。
- 抛出一个反问。
- 引出一个讨论问题。
- 做出一项承诺。
- 发表一条引人注目的声明。
- 引用不寻常的统计数据。
- 利用视觉或道具。
- 运用隐喻或类比。
- 分享一段引人入胜的故事。

通常，开始演讲时应避免以下做法：

- 道歉。
- 以笑话开场。
- 承认准备不足。
- 询问演讲时间。

首因效应的科学原则表明，人们最容易受到首先接收到的信息的影响，并且记忆最深刻。一个有力的开场活动对任何演讲的成功都至关重要。开场要有冲击力！

复习（Revisiters）

复习是学员主动参与的过程。在这一过程中，学员投入时间将所学内容联系起来，并构建框架，以便理解所学内容的真正含义。复习不仅是回顾内容，更是一个分析和综合的过程，有助于培养批判性思维能力。虽然复习和回顾可以在不同的时间和场合进行，但在 ILPC 学习法的培训中，我们特别强调复习环节，以确保学员在学习过程中始终保持积极参与。

复习有助于间隔学习，强化关键信息，促进信息从短期记忆转移到长期记忆。当学员没有机会运用新学知识时，知识很容易被遗忘。

为了确保复习环节的有效性，相关活动需要精心设计和执行。在设计复习活动时，记住 DO IT 这一缩写：

- 不必事先宣布，直接付诸实践（Don't Announce It，Just Do It）。

- 以行动为导向（Oriented to Action）。

- 全员参与（Includes Everyone）。

- 注重强化学习（Think Reinforcement）。

课程中设计的内容通常会实现，因此要确保在计划中就加入复习环节。信息要转移到长期记忆中，反复的努力必不可少。虽然随着时间间隔回顾信息是最有效方法，但在课堂上进行复习同样重要。

学员通常讨厌被动学习，同样也往往不喜欢枯燥的复习方式，如突击测验或制作闪卡。因此，复习环节应当有趣、富有创意。单独复习、搭档复习或小组复习，增添复习的趣味性。当采用游戏形式时，确保每个人都有机会参与和互动。仅仅旁观他人复习，其实只是回顾而已！你需要设计并引导复习环节，确保每位学员都能参与其中，保持积极互动。

激活（Energizers）

激活是那些能促使学员离开座位，活动身体，并为后续工作做好准备的有趣活动。如果你曾经见过我，想必不难猜出，激活正是我最热衷的事情之一。我充满着能量，并且乐于与他人分享这份能量——以至于常有人打趣，问我能否将这能量瓶装出售。虽无法实现，但激活无疑是最贴近的传递方式。

一项出色的激活活动可以同时唤醒大脑和身体。这种活动适用于课间转换、打断冗长讲解，或在测验之后进行。尤其当课堂氛围略显沉闷，如在上午或下午较晚的时候，特别是在学员享用零食或用餐之后，身体逐渐感到疲惫之际，激活活动显得尤为重要。

激活活动不必和教学内容相关，但也可以相关。有时候，我引导大家起身，用大拇指和食指按摩耳垂 30 秒。除了感觉良好，这个动作还能促进身体的放松与注意力的集中。若选择与内容无关的激活活动，确保其简短精悍即可。

如果与已授内容相关，激活则成为一种身体力行的复习方式。无论激活是否与内容相关，以下是一些通用的小建议：

- **行动想法清单**。学员在工作簿的空白页上记录下希望在未来实践的重要想法。最好将这一页标记为独特的颜色，方便查找。

- **实地考察**。学员到课堂外的环境中，探索概念和学习内容。

- **四个角落**。用 A、B、C 或 D 标记教室四角。提出问题，引导学员走到最符合自己答案的角落。
- **画廊漫步**。张贴内容海报于墙面，学员在教室内走动，回顾信息，并为已学内容增加新的见解。
- **人体队列**。让学员在想象中的直线上按经验深浅排队，如经验丰富者站右，经验较少者站左，通过交流确定位置，这是视觉调查的一个实例。
- **人体拼图**。分享信息标准后，让学员两两配对或多人小组交流，限时内尽可能多地结识新伙伴。
- **配对连接**。学员从一系列选项中挑选，将不同想法连接起来。
- **镜像比赛**。让学员两两配对，一个人做领队，另一个人跟随。告诉领队在教室内活动，跟随者需要尽力模仿他们的动作。随后交换角色，重新开始。这个活动也可以和教学内容结合起来。
- **助记符号**。韵律、视觉图像或缩写等记忆工具。
- **坐立反应**。学员站立，培训师分享信息，若认为信息正确，则坐下再站起。
- **十大清单**。让学员以小组或个人的形式列出与当前主题相关的十大想法或概念。这个活动有助于聚焦最重要的概念。
- **触摸三面墙**。为了提高教室活力，指令学员："触摸三面墙，给两位同伴击掌，然后尽快回到座位。开始！"
- **墙面图表**。让学员站起来，在墙上的图表或白板上写下内容。

运用得当时，复习与激活将帮助学员恢复到学习状态，使身体焕发活力，头脑重新集中。大多数学员会意识到活动与其目的之间的联系——即促进学习过程。

学习的社会性

你或许曾经参加过一门课程，结束时不禁思考："虽然我学到了很多，但跟我一起上课的那些人，我竟然都不熟悉。此刻，我多么希望能有个人与我一起探讨、交流这些想法。"与人联系、融入社群十分重要，如果忽视了这一点，就错过了学习的一个重要环节。事实上，一项研究发现，通过一些简单的建立关系的活动来开启一天的学习，如在教室门口热情迎接每位学员，这样的举动能够将学员的学术参与度提高 20%，同时将困难行为减少 9%。联系也能促进人与人之间关系的建立。

在鲍勃·派克集团，我们开发了 CIO 模型，即控制、包容和开放（Control, Included and Openness）。通过多元化的选择，赋予学员控制权，获得归属感。这些选择不必具有重大影响。在挑选时，不妨结合你的个性与培训对象的实际情况做出最适合的选择。以下是一些简单的例子，供你参考：

- 独立或搭档工作。
- 在白板或工作簿上写下你的想法。
- 选择一个团队领导。
- 写下个人目标。
- 完成练习后站立伸展或坐下伸展。
- 使用点击器或智能设备回答投票问题。
- 在课堂上收集积分。
- 听播客并汇报。
- 独立或搭档完成测试。
- 选择自己的座位。
- 制作名牌，写下两个最喜欢的消遣活动和希望从昨天的课程中应用的一个想法。

为学员提供上述选择，创造一个安全的环境，让学习得以发生，并建立持久的关系。有目的地创造联系的时刻，促使学员相互了解。如果为学员提供时间写下并分享个人目标，他们或许会发现一些共通之处，有助于加深联系。学习的社会性有助于减少紧张情绪，给予学员控制权，让他们更愿意学习。此外，提醒学员制定行动计划并与彼此分享，以增强他们的责任感。从这些计划中，学员可以根据相似的想法分成更小的组，进行进一步的交流。人们往往倾向于与自己相似的人交往，而这正是建立超越课堂的持久联系的一种方式。

培训师的多重角色

我初涉培训工作时，"引导师"这个词对我来说与"讲师"或"演讲者"并无二致。以下是这些角色的主要区别：

- **演讲者**（Speaker）。这一身份常与主题演讲紧密相连。演讲可以是正式的，也可以是寓教于乐或激励性的。提及我心目中的演讲大师，珍妮·罗伯逊女士无疑占据一席之地。她是一位真正的幽默家和讲故事的人！我希望有朝一日能够成为她。演讲者可以通过多种方式传达信息，但通常是一种由思想领袖主导的单向交流。

- **培训师**（Trainer）。他们展示事情是如何完成的。本章大部分内容都围绕这个角色展开。学习之旅始于观察培训师的示范，通过课程内容本身，以及与同伴间的相互学习而不断深化。

- **引导师**（Facilitator）。与客户合作时，我时常需要询问他们所说的"引导会议"是什么意思。引导（Facilitation）这个词源于拉丁语"facilis"，意为"让某事变得更容易"。尽管这个词常常与演讲、讲座或培训会议混为一谈，实则并不相同。引导情况下，你不是内容的拥有者，而是负责提出问题者，引导小组推进过程，直到达成最终结果。需要牢记的是，引导师不是在分享个人观点或偏见，不是令人感兴趣的人，而是对学员感兴趣的人。

- **教练**（Coach）。稍作停顿，想想你最喜欢的教练是谁。那一定是一位你通过间接的方式学到很多的人。你扮演这一角色时，你为学员提供指导，通过提出好问题，让学员找出答案，助力学员达成目标、挖掘潜力。

- **导师**（Mentor）。你或许会认为导师是一对一的关系，但导师也可以是许多人心中的榜样。例如，我的"创意培训技巧"播客就是我作为导师广泛影响的方式。

- **作者**（Author）。对于演讲者而言，作者这一角色或许显得相对小众，如果你是一名员工，这一角色可能并未进入你的视野，然而作者角色确实可以成为你与他人不同的一个标志。我建议从小做起，从创建个人博客或发布短文章开始。互联网使我们能够轻松地发布文章，并提供一个以书面形式策划内容的平台。例如，在互联网上，你可以创建内容并快速发布帖子，也可以花些时间将其写成文章。尽管在社交媒体上有很多"噪音"需要突破，但关键在于从小事做起，帮助建立信心。一旦你树立起自己的影响力，不妨尝试在行业杂志或电子期刊上发表专业文章，这将助你成为该领域的权威。本书便是一个很好的例证，它展示了即使不撰写完整的图书，也可以通过单一主题出版。虽然引起注意可能需要付出不少努力，可一旦成功了，这一切都是值得的。

最后的思考

当然，你可能是一位经验丰富的人才发展专业人士。但我仍期望，在本章探讨基础知识的尾声，你能够获得一些新的启发。我始终坚信，回归基础是非常有益的，它能促使我们稳固根基，再次激发内心的热情。对你及你的学员而言，这都是至关重要的，因为没有什么比扎实的基础更能帮助你构建一场充满行动和体验的学习课程了。

◆◆◆

作者简介

贝基·派克·普鲁斯（Becky Pike Pluth），教育硕士，认证演讲专家，是一位独树一帜的演讲者。她拥有超过 24 年的培训交付、设计及业务运营经验，并且在过去 8 年中一直担任鲍勃·派克集团的所有者。她设计并交付了 5000 多场互动网络研讨会、面对面培训和主题演讲，涉猎销售、客户服务、培训师培训、绩效咨询以及虚拟演讲技巧等多个主题。作为美国国家演讲者协会的认证演讲专家，过去 15 年来她在《培训》杂志和 ATD 主办的会议上吸引了满座的观众。她还是《创意培训：培训师实地指南》及其他 9 本具有影响力的图书的作者。她的《创意培训技巧》播客提供了超过 375 期免费学习课程。

参考文献

Anand, K. S., and V. Dhikav. 2012. "Hippocampus in Health and Disease: An Overview." *Annals of Indian Academy of Neurology* 15(4):239-246.

Anderson, M., and S. Della Sala. 2013. *Neuroscience in Education: The Good, the Bad, the Ugly*. New York: Oxford University Press.

Cook, C. R., A. Fiat, and M. Larson. 2018. "Positive Greetings At the Door: Evaluation of a Low Cost, High-Yield Proactive Classroom Management Strategy." *Journal of Positive Behavior Interventions* 20(3).

Ericcson, K. A. 2006. "The Influence of Experience and Deliberate Practice on the Development of Superior Expert Performance."In *The Cambridge Handbook of Expertise and Expert Performance*. New York: Cambridge University Press.

Kostyrka – Allchorne, K. , A. Holland, N. R. Cooper, W. Ahamed, R. K. Marrow, and A. Simpson. 2019. "What Helps Children Learn Difficult Tasks: A Teacher's Presence May Be Worth More Than a Screen."*Trends in Neuroscience and Education* 17(December).

Litman, L. , and L. Davachi. 2008. "Distributed Learning Enhances Relational Memory Consolidation."*Learning Memory* 15(9): 711–716.

Pluth, B. 2016. *Creative Training: A Train the Trainer Field Guide*. Minneapolis: Creative Training Productions.

Riley, H. , and Y. Terada. 2019. " Bringing the Science of Learning Into Classrooms."Edutopia, January 14.

Sweeney Ⅱ, P. J. 2020. *Fear Is Fuel: The Surprising Power to Help You Find Purpose, Passion and Performance*. London: Rowman & Littlefield.

Thomas, M. S. C. , D. Ansari, and V. C. P. Knowland. 2019. "Annual Research Review: Educational Neuroscience: Progress and Prospects." *J Child Psychol Psychiatry* 60: 477–492.

🏛 延伸阅读

Pluth, B. *Creative Training Techniques*. Podcast, The Bob Pike Group.

Pluth, B. 2018. *Training Difficult People*. Minneapolis: Creative Training Productions.

Pluth, B. 2021. *Webinars With WOW Factor*, 2nd ed. Minneapolis: Creative Training Productions.

Pluth, B. , and R. Meiss. 2014. *SCORE! for Webinar Training*, vol 5. Minneapolis: Creative Training Productions.

Pluth, B. , and R. Meiss. 2017. *CORE Activities and Games for Face–to–Face Training*, vol 3. Minneapolis: Creative Training Productions.

第3章 学习科学策略：深化人才发展的影响

乔纳森·霍尔斯

医生在提供用药建议时可能解释服用原因、起效原理，并说明潜在的副作用。大多数人信任医生的处方，是因为他们的专业性。而医生之所以有信心开出这个处方，则是基于科学诊断。那么，问题来了。当你为客户和利益相关者提供学习解决方案时，是否像医生开药时一样有信心？我们所说的"信心"是指你是否能保证这些解决方案有效果？

本章要点

△ 探索什么是学习科学以及我们为什么需要它来深化人才发展。

△ 讨论学习是如何发生的，并借鉴其认知框架。

△ 厘清学习科学思维对我们的工作学习方式和人才发展方式的影响。

在本章中，我们将探讨学习科学（Learning Science）这一新兴领域，以及学习科学如何增强人才发展专业人士的信心，以提供能够有效推动绩效提升的学习解决方案。鉴于该领域的广泛性，我们将把焦点对准学习科学的一个具体方面，探索学习是如何发生的，并进一步思考那些可能深化我们组织中人才发展影响的心态变化。关于学习科学的讨论，往往聚焦于教学活动本身，例如，如何使内容更加通俗易懂、便于记忆，尽管如此，学习科学也为高管及组织内的其他利益相关者提供了与培训师和教学设计师同样丰富的见解。那么，学习科学究竟是什么呢？

学习科学是一个跨学科的研究领域，旨在深化对学习、学习创新和教学方法的理解。它融合了神经科学、认知科学、教学设计、数据分析、人类学、语言学、计算机科学、心理学和教育学等多个学科，探索如遗传学、环境、大脑化学以及其他可能促进或抑制学习的因素。由于学习科学是一个跨学科领域，科学家能够从多个角度探索学习问题，从而形成对学习更加丰富的理解。

科学

"科学（Science）"一词来源于拉丁语"scientia"，其字面含义为"知识"。"科学"通常用来描述特定领域的知识体系，如环境科学或生物学。它也描述了研究人员获取知识的过程，这一过程通过理论来体现，而理论为可观察到的现象提供了合理的解释。科学理论的一个关键特点在于，有大量证据的支持。

确凿可靠的证据非常重要。设想一下，一位新晋培训师被指派教授一门课程。基于个人多年的经验，他发现自己在聆听古典音乐时工作效率能达到最佳状态。于是，他决定在课堂上播放巴赫的《勃兰登堡协奏曲》，让学员在完成练习时聆听。乍一看，这似乎是个不错的主意，甚至很有创意。但他如何确定这一做法真的有助于学员发挥最佳水平呢？毕竟，他依据的仅是自己的个人主观经验。他是否知道听古典音乐对其他人也同样有效？科学理论要求对观点进行客观观察和测量。为确保观点的普遍适用性，必须在足够广泛的人群中进行测试，同时测试需要多次进行，以确保结果能够复现。

学习科学为我们揭示了学习的运作机制，使我们能够更好地向学员和其他利益相关者解释教学活动及背后原因。尽管学习科学是一个相对较新的领域，但基于证据的学习方法在培训领域早已不是新鲜事物。例如，露丝·科尔文·克拉克、帕蒂·尚克、克拉克·奎因和伊莱恩·碧柯等作者和学习权威人士一直在倡导基于证据的学习方法。然而，我们的领域仍然时常受到一些缺乏严谨科学研究支持的理论的影响，如学习风格、左右脑理论以及多任务处理等。

诚然，并非所有科学都是完美无缺的。运用科学时，我们需要审慎辨别。科学理论随着新证据和新测量方法的出现而不断演进。另外，科学同任何涉及人类的活动一样，也容易受到偏见、欺诈和误解的影响。30 年前，科学家认为饱和脂肪会导致心脏病，而今天他们认为糖才是元凶。理论是不断发展的。欺诈和草率的研究也是严重问题，许多研究未能通过可复制性测试。总体而言，研究为我们提供了信心，让我们相信某个理论或技术已经历了必要的检验，并具有较高的有效性。

学习

自从柏拉图和亚里士多德时代以来，哲学家和研究者就一直在尝试定义学习，这一过程往往受到学习发生的背景、目的以及各自哲学框架的影响。我们所依据的框架是职场中的成人学习。马尔科姆·诺尔斯——或许是成人学习领域最有影响力的思想家——曾将学习描述为获取知识或专业技能的过程。但学习并不是偶然发生的。理论家罗伯特·加涅认为，学习是一个有意图的过程，不仅意味着成长，还涉及在一段时间内保持技能发展。因此，我们可以将学习视为有意构建职场技能的过程，将学习科学理解为从多个学科中收集基于研究的理论和技巧，用以描述学员如何有意构建职场技能。

20 世纪 50 年代以来，认知科学一直指导成人学习。彼时研究人员开始利用先进的数学建模技术探索注意力和决策过程，从而推动了这一领域的发展。从宏观上看，认知科学研究的是记忆与认知过程。

其中一个对记忆研究影响深远的模型，是理查德·阿特金森和理查德·希弗林于 1968 年提出的多贮存模型（见表 3-1）。该模型将记忆划分为三个结构性组成部分：感知记忆、短期记忆和长期记忆。许多理论学者采用这一模型，用以描述记忆的功能机制，不过在教育领域，多数学者将短期记忆称为工作记忆，这一命名源自艾伦·巴德利和格雷厄姆·希奇于 1972 年进行的后续研究。

表 3-1 多贮存模型

感知记忆	充当大脑接收信息的守门人
短期记忆	充当思维空间，将新信息与现有记忆连接，以构建理解。其容量非常有限（现在多称为工作记忆）
长期记忆	充当文件柜，将记忆按照图式进行组织和储存。目前尚不清楚其存储容量是否有限

感知记忆好比信息进入大脑的守门人。感知信息可以是我们看到、听到、尝到、闻到或感觉到的任何信息，尽管大多教育研究集中在视觉和听觉信息上。工作记忆则像计算机的内存，负责处理信息，理解世界，执行日常任务。其容量极

其有限，只能同时处理三到五个新的信息块。长期记忆如同一个文件柜，存放我们所有需要保留的记忆。据说长期记忆有无限的容量，至今尚未发现其容量的实际限制。

记忆不仅在认知科学中重要。马尔科姆·诺尔斯的成人教育理论中，成人的经验被视为优先考虑的内容，约翰·杜威则在《经验和教育》一书中，将记忆视为知识构建的关键基石。

一个极具影响力的认知理论主张，记忆是被称为"图式（Schemata）"的心理表征。我们可以将图式想象成大脑中关于事件、任务执行方式或概念细节的示意图。

图式理论最初源于德国哲学家伊曼纽尔·康德的构想，随后在 1934 年由剑桥心理学家弗雷德里克·巴特利特提出。该理论进一步得到了瑞士心理学家让·皮亚杰的推广。近年来，图式理论为教育心理学家大卫·鲁姆哈特所研究。图式也被称为心智模型。

图式理论认为，为了生存，大脑会对记忆进行组织和分类，以便在需要时轻松访问。鲁姆哈特把记忆称为认知的构建组块，将这些组块描述为"存储在记忆中的通用概念的数据结构"，如同大脑用来思考和执行任务的计算机程序。从某种程度上讲，人们很容易认为学习专业人士的工作是传递学习内容。但从认知的角度来看，我们真正的工作是帮助学员构建执行工作的图式。

理解学习

为了探究这些因素是如何协同作用的，我们可以将学习分解为三个独立步骤：

- **理解**如何执行任务。
- **记住**如何执行任务。
- **掌握**任务，以在工作中高效、创造性、低错误率地执行。

理解任务：建立联系

大多数情况下，对任务的理解是执行任务的前提。乍一看，这似乎是一个单向过程。学员听讲解或观看示范后，似乎就能理解了。然而，实际上，学员在认知层面是将新接收的信息（如讲解内容）与现有知识，即存储在长期记忆中的图式建立联系。因此，课堂讲解并不是学员理解一项技能或任务的唯一方式。实验、实地考察、批判性反思以及对话，同样能够有效促进新思想和新任务的理解。关键在于，将新体验中的新信息与现有记忆联系起来，进行处理，以创建新记忆。

如果你参加了一个关于职场紧张的课程，重点探讨了角色不清晰如何加剧压力的问题，你可能回忆起自己曾经因职责界限模糊而倍感工作压力的亲身经历。当培训师谈论这一话题时，你会自然借助自己的经历，分析并理解培训师所讲的内容（见图 3-1）。

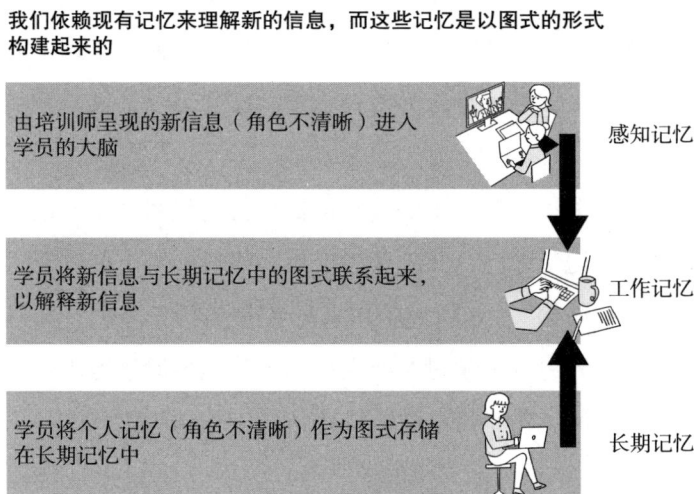

图 3-1　建立理解

这一过程需要付出相当大的努力，工作记忆中进行如此处理所需的能力称为认知负荷。当我们学习一个几乎没有先验知识或经验的新任务时，认知负荷会显著增加，可能导致学员感到迷茫、困惑。这便是认知负荷理论的核心内容。该理论由教育心理学家约翰·斯维勒于 20 世纪 70 年代提出。认知负荷理论在 K-12 教育领域广受欢迎，得到了大量研究的支持，详细阐释了如何帮助学员更轻松地建立理解。

在认知负荷理论中，有两种主要的认知负荷类型。内在认知负荷，指学习主题本身的复杂性。实际的复杂程度受学员先验知识或经验的影响。外在认知负荷，指培训师传达信息的方式、教学材料以及学习环境中的其他因素（如干扰）。我们可以减少外在认知负荷并优化内在认知负荷，从而使理解新信息的过程更加容易。

认知负荷理论提供了一系列基于研究的技巧，旨在有效减轻外在认知负荷，这些技巧包括管理信息冗余、合理分配注意力、处理瞬时信息以及运用双重编码等。至于优化内在认知负荷的策略，则涵盖了合理安排任务顺序以及将教学方法与学员的技能水平相匹配。将技能水平与教学相匹配的做法，其依据是专业反转效应理论，这一理论验证了许多培训师的一个疑虑，即将不同经验水平的学员混合在同一班级中，其教学效果往往并不理想。

记住任务：付诸练习

要在工作中执行一项新任务，学员不仅需要理解任务，还需要记住如何执行任务。通过练习来有意地构建记忆。

人类并不擅长记忆事物，无论是新结识的某人名字还是电话号码都容易被遗忘。赫尔曼·艾宾浩斯在 1885 年通过一系列实验，得出了这一重要发现，其中他引入了遗忘曲线的概念。近年来，对艾宾浩斯实验的复制研究表明，尽管我们有遗忘的倾向，但采用规律性的间隔复习法，可以遏制记忆衰退。

我们将记忆从长期记忆中提取到工作记忆的次数越多，记忆就变得越牢固（见图 3-2）。这恰恰是练习的核心所在，或许这一点并不让人感到意外，特别是对于有过学校话剧表演经历或学习外语经验的人来说。反复练习能够记住台词，抽认卡（Flash Card）可以用来学习一门新语言。然而，单纯无意识地重复某件事，这个过程称为集中练习，并不足以形成长期记忆。集中练习或许对短期记忆有效，例如，为了应对考试突击复习，但这些记忆很快就会消退。艾宾浩斯发现，在练习之间创造间隔时间，能更有效地促进长期记忆的保持。

我们可以运用间隔练习等技巧帮助学员记住任务。间隔练习，要求在每次练习之间设置间隔——可能是一天、两天，甚至几小时——以反复练习一项任务或技能。交错学习，也称"混合式学习"，虽然在实施过程中可能给人一种稍显杂乱的感觉，但实际上极为有效。举个例子，假设你正在学习三项任务，与其分别花一小时练习任务 A，然后是任务 B，再是任务 C，不如在三小时的窗口期内，

我们通过重复或练习将长期记忆中的图式提取到工作记忆中，从而构建记忆。我们越有意地进行练习，记忆就变得越强

工作记忆

我们通过在工作记忆和长期记忆之间提取和储存记忆，从而构建长期记忆

长期记忆

图 3-2　建立记忆

交替练习这三项任务。提取练习，涉及将长期记忆中的图式提取到工作记忆中，并进行处理。

企业培训中有多少包含练习时间？我们投入大量精力到演讲准备当中，但给予学员进行自我反思和绩效提升的时间又有多少？科学表明，单纯的内容呈现或信息分享是远远不够的，我们需要为练习预留时间。

引导师提示：为学员提供足够的时间与空间，充分练习所学内容。如果缺乏练习，他们很可能遗忘大部分呈现的信息。

掌握任务

理解如何执行任务，要求我们将新信息与现有知识结构相联系并加以操作。记住任务，要求我们进行练习。但要做到出色，需要的是什么呢？那就是刻意练习。

专业知识和专家表现的科学为我们提供了洞见，揭示了成为某一领域专家所需的付出。专业知识科学的领军人物之一安德斯·埃里克森指出，顶尖表现者之所以在各自的工作中表现出色，是因为他们投入了大量的时间练习，而且是以一种非常特定的方式进行的。这种方式被安德斯称为"刻意练习"。要达到专家的技能水平，通常需要成千上万小时的练习，有时甚至是 15000 到 25000 小时。刻意练习超越了交错练习或提取练习，它专注于提升表现较弱的领域，通过设定目标推动学员走出舒适区，并通过直接且往往严苛的专家反馈确保学员沿着正确的路径前进。关键点是，要想成为任何领域的专家，通常都需要艰苦的努力和大量的时间投入。

如果人才发展的目标不仅是培养执行者，而是旨在塑造高绩效的执行者，那么一个不可忽视的事实便是，学员需要投入大量的时间。无论这一过程发生在课堂内还是课堂外都无关紧要。诚然，实现高绩效可能不需要达到成为专家所需的庞大时长，但仅靠一个为期两天的学习活动（10~14 小时）提供所需时间，显然是不现实的。遗憾的是，这并不是许多主管愿意听到的——很多主管喜欢将员工送去培训项目，就像把车送到洗车场清洗一样，希望员工焕然一新，满载技能而归。

深化人才发展的影响

"深化人才发展的影响"究竟意味着什么？尽管我们只探讨了学习科学这一广阔领域的冰山一角，但仍然可以从中汲取一些有助于加深人才发展影响的见解。许多见解要求我们对培训思维方式进行革新。以下是一些初步的思考。

以学员为中心的心态

许多人在面对培训和人才发展时，往往抱有单纯传授内容的心态。这导致大量的精力被倾注在培训师的工作表现上，而学员的知识保留率普遍偏低，同时缺乏改进表现的机会。实际上，学习是一个将新信息与既有知识体系相融合，再通过实践应用和刻意练习来不断深化的过程。这并不意味着要削弱培训师角色的重要性，通过讲解传递信息仍然是培训的重要部分。然而，如果我们能够引导学员主动参与到这一学习过程中，而不仅是被动地接收信息，那么我们所能产生的影响将会更加深远。从"讲台上的圣人"转变为"边上的向导"是一个十分贴切的比喻，培训师不再只是一位小型主题演讲者，而是更像一位专业的理疗师。

研究的心态

许多培训师因缺乏必要的资源，难以发展出基于实证的教学实践，结果他们只能依赖从他人处观摩或在会议上听闻的技巧。我们需要投入时间从研究的视角出发，深入反思我们所采用的教学技巧——这不仅局限于认知科学，还应广泛涵盖学习科学领域内的其他学科。例如，竟然还有许多培训师沿用已被明确证实对学习效果无实质性影响的学习风格理论。这要求我们必须摒弃那些缺乏可靠研究支撑的教学方法，转而采纳以证据为导向的新方法，如认知负荷理论中提出的方法。我们还应从研究的角度审视人才发展的各个方面，因为这不仅能够为具体战术提供支持，也能够为宏观战略提供指导。

人才连续性心态

培训往往被看作一种零售式体验：主管翻阅培训目录，派遣下属参加课程，并期望他们带着新技能返回工作岗位。当然，他们可能带回来一些基本技能，但这些技能不足以将他们塑造成高绩效的执行者。我们不应将学习视为一次性教学事件——一天的课程或一小时的在线学习模块，而应将学习视为一个持续数月、数年甚至贯穿整个职业生涯的连续过程。培训师不必是这个过程中每一时刻的关键组成部分，但他们应该是重要的影响者。这一想法确实令人生畏。虽然计划并控制一个为期两天的教学事件很容易，但学习过程的连续性心态包含了许多不可预测的动态变量。作为专业人士，我们的任务是探索如何在学习型组织的框架下践行这一理念，深入理解研究揭示的真相：要想培养出高绩效的执行者，员工需要远超课堂时间的投入，且有意识运用各种方法。

学习生态系统心态

当今行业中另一个普遍的心态是，认为学习发生在课堂或在线模块中。然而，事实是，学习可以发生在任何地方，任何能够促使学员建立联系、进行练习和精炼技能的事物都会促进学习。我们无须为每一种学习情境都安排课堂、工作坊或实验室。事实上，工作场所本身就提供了更多能够支持学习的生产性资源。或许，是时候采用一种学习生态系统心态了，将整个组织视为课堂，组织成员为培训师，设备为教学资源。我们应当如何利用这一学习生态系统？又应如何借助彼得·圣吉的学习型组织理念来支持这一系统呢？

专业学员心态

正如之前所述，科学永无止境。不断涌现的新数据和解读这些数据的新方法，持续地在拓宽我们的认知边界。学习亦是如此，即便是那些经验最丰富的学习专家，也坦言他们无法掌握关于学习的全部知识。因此，学习专家同样需要拥有专业学员的心态，不断探索如何帮助他人更高效地完成任务。科学家对于任何理论都不会感到满足，而是会持续地进行评估，并试图推翻或证实它们。我们也应当以这种不断探索和积极进取的态度来面对学习与人才发展。

太阳底下没有新鲜事

坦白说，这些并非全是新建议。成人学习理论历来都主张学员应积极参与，重视从经验和解决问题中学习，而非仅仅依靠正式讲授的方法。尽管近十年来，"学习生态系统"的概念已被广泛热议，但"学习型组织"的理念其实早已有之，距今已有 30 年的历史。然而，学习科学为我们带来了全新的视角和深刻的洞见，还提供了一个深化实践的理论框架。它与学习理念相辅相成，为我们提供了一个绝佳的机会，让我们能够重新思考并优化我们的实践方法。

人才专业人士的挑战

学习科学并非仅针对那些设计个性化学习体验的专业人士，它对于组织内部所有渴望提升绩效的成员，无论是学习与发展部门的高层管理者，还是实际参与学习的个体，都具有重要意义。学习科学既涵盖战略层面的思考，也涉及具体执行策略。以下是人才管理领域不同岗位人员需深入考量的问题，以明确自身职责所在。

学习和人才高管

作为学习与发展的领航者，学习高管通常具备推动重大变革的能力，因此，在推广学习科学理念的过程中，承担着举足轻重的责任。他们或许需要自问：

- 我将如何引导培训师与教学设计师依据研究成果，对既有教学实践进行反思与优化？
- 我是否应当为他们提供持续的学习机会或充裕的时间，以确保他们能够紧跟知识更新步伐，掌握新兴教学技术？
- 我将如何助力培训师与设计师，尤其是各领域的专家，在传授信息时更加自如，实现从传统讲授向实践指导的思维转变？

- 我将如何向整个组织中的利益相关者传达这样的理念：学习是一个贯穿人才发展全过程的持续活动，他们同样能够对此产生深远影响？

- 我将如何为整个学习生态系统中的成员赋能，使他们掌握必要的技能，以确保他们的影响力是积极而有效的？

- 我是否能够对培训师或教学设计师的角色进行重新界定，使其更加全面地融入人才发展全过程与学习生态系统理念？

- 在我的决策过程中，以及我为团队提供的实践支持与反馈中，我应如何身体力行，成为学习科学理念的践行者？

培训师和教学设计师

在一些机构中，培训师和教学设计师是分开的两个职位；而在另一些机构中，这两个职位被整合为一。他们是直接影响职场绩效提升的关键人物。他们需要自问：

- 我该如何深化自己对当前学习领域研究的认识？这不仅局限于认知领域，还应扩展到更宽的范畴，如生物学、人类学或数学？

- 我该如何通过细致的规划、学习辅助资料的准备以及采用巧妙的引导技巧，来有效管理课堂上的认知负荷？

- 我该如何精心设计学习体验，帮助学员激活记忆、进行实践并提升表现，从单纯的内容传授者转变为绩效提升者？

- 我如何将建设性的学习扩展到课堂之外？

- 我该如何在组织内部构建更紧密的联系网络，以确保所有资源都能被充分挖掘和利用，共同促进人才的发展？

组织

许多创新项目往往起步时满腔热忱，却常常因组织的冷漠态度而夭折。在组织层面，我们应该如何思考，才能将人才发展从单纯提供课程清单，提升至一个旨在长期提升绩效的战略高度？对此，组织需要自我反思以下几个问题：

- 我们是否需要调整现有的评估和个人发展计划相关政策？这是否意味着我们要改变这些政策的执行方式，或者为现有工作人员提供更多支持，以便更有效地实施这些政策？

- 我们是否需要启动一项由领导层引领的文化变革计划，以此强调学员掌控自身学习进程的重要性？

- 我们是否应该重新审视与绩效发展相关的奖励机制？

- 在组织中，有哪些政策、资源、基础设施或其他方面可能阻碍我们在这一新方向上取得进步，需要进行调整或考察？

最后的思考

那么，学习科学在推动人才发展方面究竟扮演着怎样的角色呢？它能否为你的组织在人才发展方面带来更为深远的影响？全球范围内，已有不少组织在人才培养上取得了不俗的成绩，但也有一些组织仍在摸索中前进。有些组织已经找到了他们认为是提升绩效的良策，因为他们确信这些方法都是基于科学的研究；有些组织则已经取得了显著的成效。学习科学绝非只是会议记录或培训师工具箱里的一堆理论那么简单。它代表了一种思维方式，让我们更加坚信自己的工作能够产生深远的影响。同时，它也提升了我们的公信力，帮助我们更加清晰地解释自己的工作，而客户和利益相关者也能看到实实在在的效果，就像我们信任医生开的药方一样。

❖❖❖

🗐 作者简介

乔纳森·霍尔斯（Jonathan Halls）致力于帮助学习与发展领域的领军人物重振其培训和人才部门，重点在于提高他们在利益相关者眼中的可信度。他在学习科学和数字媒体内容支持方面颇具专长。作为前英国广播公司学习部门高管，他在过去 30 多年里，已与 25 个国家的客户建立了合作关系，并担任了 ATD 新推出的人才发展能力模型的顾问小组成员。他拥有成人教育硕士和学士学位，同时在乔治华盛顿大学担任客座教授。他为学习与发展领域的专家举办专业发展研讨会，并出版了多本著作，其中包括《企业培训师的心声》一书。

📖 参考文献

Applied Learning Sciences Team. 2017. "What Is Learning Science?"McGraw Hill, February 28.

ATD(Association for Talent Development). 2020. "Talent Development Body of Knowledge. "Alexandria, VA: ATD Press.

Atkinson, R. C. , and R. M. Shiffrin. 1968. "Human Memory: A Proposed System and Its Control Processes. "In *The Psychology of Learning and Motivation*, vol. 2, edited by K. W. Spence and J. T. Spence. New York: Academic Press, 89−195.

Baddeley, A. D. , and G. Hitch. 1974. "Working Memory. "*Psychology of Learning and Motivation* 8: 47−89.

Cleveland Clinic. 2017. "Why a Sweet Tooth Spells Trouble for Your Heart. "Cleveland Clinic, Health Essentials, April 6.

Colvin Clark, R. 2015. *Evidence − Based Training Methods*. Alexandria, VA: ATD Press.

Cowan, N. 2010. "The Magical Mystery Four: How Is Working Memory Capacity Limited, and Why?"*Current Directions in Psychological Science* 19(1): 51−57.

Dewey, J. 1938. *Experience and Education*, 1997 reprint. New York: Free Press.

Ebbinghaus, H. 1885. *Memory: A Contribution to Experimental Psychology*. Translated ed. 1913. Teachers College, Columbia University.

Ericsson, K. A. , M. J. Prietula, and T. T. Cokely. 2007. "The Making of an Expert. "*Harvard Business Review*, July−August.

Erricsson, K. A. , and R. Pool. 2016. *Peak: Secrets From the New Science of Expertise*. New York: Mariner Books.

Gagné, R. 1970. *The Conditions of Learning*, 2nd ed. New York: Holt, Rinehart & Winston.

Halls, J. 2019. "Trainers Aren' t Keynote Speakers. "ATD blog, May 1.

Harvey, L. 2020 "Research Fraud: A Long − Term Problem Exacerbated By the Clamour for Research Grants. "*Quality in Higher Education* 26(3): 243−261.

Kalyuga, S. 2003. "The Expertise Reversal Effect. " *Educational Psychologist* 38 (1): 23-31.

Knowles, M. S. , E. F. Holton, and R. A. Swanson. 2005. *The Adult Learner: The Definitive Classic in Adult Education and Human Resource Development.* New York: Elsevier.

Lovell, O. 2020. *Sweller's Cognitive Load Theory in Action.* Woodbridge, AU: John Catt Educational.

Lu, D. , and G. P. Lu. 2013. "An Historical Review and Perspective on the Impact of Acupunctureon U. S. Medicine and Society. " *Medical Acupuncture* 25(5): 311-316.

Malmberg, K. J. , J. G. W. Raaijmakers, and R. M. Shiffrin. 2019. "50 Years of Research Sparked by Atkinson and Shiffrin(1968). " *Mem Cogn* 47: 561-574.

Murre, J. M. , and J. Dros. 2015. "Replication and Analysis of Ebbinghaus' Forgetting Curve. " *PLoS One* 10(7): e0120644.

Olson, S. 2004. "Science Produces Explanations That Can Be Tested Using Empirical Evidence. " In *Evolution in Hawaii: A Supplement to Teaching about Evolution and the Nature of Science.* Washington, DC: National Academies Press.

Rumelhart, D. 1980. "Schemata: The Building Blocks of Cognition. " Chap. 2 in *Theoretical Issues in Reading Comprehension*, edited by R. J. Spiro, B. C. Bruce, and W. F. Brewer. New York: Routledge.

Samarrai, F. 2015. "Massive Study Reports Challenges in Reproducing Published Psychology Findings. " UVA Today, August 27.

Science of Learning Institute. n. d. "About Us. " John Hopkins University.

Senge, P. 1990. *The Fifth Discipline: The Art & Practice of the Learning Organization.* New York: Doubleday.

Theodotou, M. 2020. "Learning Ecosystem: Why You Need One, How to Build It. " ATD Blog, December 14.

延伸阅读

Biech, E. 2016. *The Art and Science of Training.* Alexandria, VA: ATD Press.

Erricsson, K. A. , and R. Pool. 2016. *Peak: Secrets From the New Science of Expertise*. New York: Mariner Books.

Kirschner, P. A. , and C. Hendrick. 2020. *How Learning Happens: Seminal Works in Psychology and What they Mean in Practice*. New York: Routledge.

Quinn, C. 2018. *Millennials, Goldfish & Other Training Misconceptions: Debunking Learning Myths and Superstitions*. Alexandria, VA: ATD Press.

第 4 章　人才学习的商业论证

普里提·阿南德

早在 21 世纪初，学习与发展领域的领导者便敏锐地洞察到他们在推动业务战略实施中的巨大潜力。然而，彼时众多企业的 CEO 及业务领导者尚未充分认识到这一领域的价值所在。时至今日，情况已大不相同。如今的商业领袖对学习与发展如何为业务战略增添价值充满好奇，而且这种兴趣正持续升温。

本章要点

△ 认识关键商业趋势的演变及其对组织运作模式的影响。

△ 探讨 CEO 对学习与发展部门的具体期待，以及要成为他们的战略伙伴所需具备的条件。

△ 识别前瞻性学习与发展战略的关键成功要素。

当前，正值学习与发展步入商业成功核心舞台的关键时刻。行业振奋之余，外界对其职能也寄予厚望。融合对当前商业环境的深刻洞察与未来发展的前瞻视野，我们得以对学习机制展开一次极具说服力的深度剖析。那么，究竟发生了哪些转变？为何我们成为众人瞩目的焦点？我们的起点何在？又该如何最大限度地发掘其潜能？本章将细致解答这些疑问，通过揭示商业世界的根本性变革，阐述这些变化如何为学习构建了一个强有力的商业论据，并探讨我们如何积极作为，助力企业蓬勃发展，保持其在市场中的竞争优势。

商业世界：有何变化

想象一下，在 20 世纪 20 年代，对于一家公司的 CEO 而言，所面临的行业选择相对有限，市场竞争显著较小，而且劳动力市场上供大于求，法规很少变化，商业模式几十年如一日地稳定。然而，当我们跨越至 2020 年，CEO 所处的商业环境已经发生了翻天覆地的变化。我曾听到有人认为，过去当 CEO 比现在容易得多，因为现在是前所未有的时代，充满了颠覆性变化。但如果我们回溯至 20 世纪 20 年代，便会发现那是一个真正充满颠覆的时代——工业革命浪潮汹涌澎湃，大规模生产模式悄然重塑消费格局，科学管理原则应运而生，这些无一不是对工作模式乃至生计的巨大颠覆。同样，到了 20 世纪 80年代与 90 年代，计算机的横空出世更是前所未有的变革。因此，从历史的视角来看，商业革新早已是我们的"老朋友"，我们早已在经历并适应着这些深刻的变化。

另一种观点认为，相较于当今，20 世纪 20 年代的市场竞争相对缓和，这让当时的 CEO 能够较为安稳地执掌帅印，不必过分担忧职位被取代的风险。然而，从另一方面来看，正是由于那个时代成为 CEO 的机会相对稀缺，许多怀揣此类梦想的人们未能如愿以偿。

我坚信，在评估 2020 年这一特定时期 CEO 的事业环境时，以下两点至关重要：一是深入细致地比较两个不同时代 CEO 所面临环境的微妙变化，二是清晰而准确地把握 2020 年 CEO 所处的具体境遇。这样的分析不仅有助于我们深刻理解这一群体的职业挑战与成就，还能为学习与发展部门提供一个坚实有力的商业论证基础。以下列出的几个关键成功要素，在构建当前商业环境图景，以及伴随而来的种种挑战与机遇中，扮演着重要角色。

- **技术驱动增长**。技术已经成为我们日常工作和生活不可或缺的一部分。几乎每一项任务都能找到相应的应用程序来辅助完成。在这样的时代背景下，企业迎来了众多通过技术实现发展的良机，如转变运营模式、重塑价值主张、创新产品和服务，以及创造新的商业模式等。这也意味着，如今的 CEO 日益意识到，如果竞争对手率先采用了最新技术，自己就可能因此处于不利地位。技术的发展步伐远远快于我们掌握技术的速度。所以，对于 CEO 而言，拥有丰富的想象力，或许比深入了解技术本身的运作机制，更能帮助他们在激烈的商业竞争中占据优势。

- **创业门槛降低**。20 世纪 80 年代，当我的父亲在寻找工作机会并考虑是否要在印度某个城市定居时，他的选择相当有限，基本上只能在两家公司之间做出决定。然而，时至今日，我所居住的这条街上就已经有三家公司驻扎！（值得一提的是，其中一家公司还是从一个小小的车库起步的，因此我开玩笑说，得赶紧在他们成长为技术巨头之前与他们成为朋友。）如今的创业环境无疑变得更加友好与便捷，这主要得益于几个关键因素：融资渠道的简化、政府提供的税收减免与补贴等优惠政策，以及（尽管这一点常被忽视）我们获取信息的途径日益多元化。

市场壁垒的不断降低对所有企业的 CEO 而言都至关重要，因为它预示着市场竞争将会更加白热化。这一趋势提醒着新兴企业必须保持高度的灵活性，迅速响应市场的每一个细微变化。因此，对于商业领袖来说，紧跟时代步伐、持续学习与适应变得前所未有的重要。

- **价值链解构**。初闻这个短语，我感觉它像电影《少数派报告》中汤姆·克鲁斯可能说出的台词。事实上，如今它已成为商业策略中不可忽视的关键要素。让我们对比一下过去与现在财务管理的不同之处。大约 15 年前，我们的财务管理活动几乎完全依赖于银行：支付靠支票、汇票和电汇，投资则选择债券，贷款以抵押贷款为主，而收入则存入银行账户。然而，如今审视支付领域，我们会发现市场竞争异常激烈，银行已不再独霸市场。众多参与者，包括众多科技公司，纷纷涉足银行业务链的某一环节，不仅如此，它们还致力于为客户提供更加便捷、迅速且优质的服务体验，彻底改变了原有的竞争格局。例如，谷歌推出的自动驾驶汽车对丰田等传统车企的市场份额构成了影响，而谷歌支付也在逐渐蚕食传统银行业务的市场份额。由此可见，持续创新已不再是企业的附加优势，而是关乎企业能否生存的必要条件。

- **利益相关者影响力增强**。利益相关者在企业运营中历来扮演着举足轻重的角色。然而，几十年前，当 CEO 提及利益相关者时，他们主要指的是客户或股东，因为这些群体直接关联着企业的业绩表现。时至今日，我们步入了一个新时代，在这个新时代里，利益相关者的影响力在商业领域中显著扩大。克劳斯·施瓦布在其著作《利益相关者资本主义》中谈到，公司正逐渐从仅为股东创造价值的传统模式，转变为致力于为所有利益相关者带来长期价值的全新模式。简而言之，员工、客户、合作伙伴、政府及其他利益相关者对企业的期待，已不仅局限于获取经济利益，更包括他们对人类和地球产生积极影响的计划。这一转变促使企业更加关注多元化、公平与包容原则以及可持续性计划等议题。在实践层面，企业正从过去单纯的短期慈善行为，转向将慈善与商业战略紧密结合的做法。例如，汇丰银行设定了一个宏伟目标：在 2050 年前，助力其整个客户群实现净零碳排放，并计划提供高达 7500 亿至 1 万亿美元的融资，以支持客户的转型之路。

新的学习范式： CEO 希望你了解的内容

尽管面临诸多挑战，众多 CEO 仍成功引领企业在这个"新常态"中蓬勃发展。这一成就的背后，营销、运营及研发领域的大规模转型功不可没。如今，CEO 的目光已转向那些能进一步驱动转型的关键职能，以充分挖掘他们最大的资产——人才的潜力。然而，学习与发展部门的需求已与几年前大不相同。事实上2021 年一项针对《财富》500 强 CEO 的调查显示，有 71% 的领导者表示其转型工作重点是围绕人力和人才发展展开的。接下来，让我们深入探讨，在设计学习与发展部门的商业论证时，CEO 希望我们了解些什么。

商业论证的新焦点

如果要用一个比喻来描述 CEO 领导企业的方式，我可能将其比作在高速跑步机上行走（是的，拜新冠疫情所赐，我已经完全忘记了室外散步的感觉）。在跑步机上行走时，每一步都是五秒前计划的结果。每一步踏出，思维便已跃向下一步，如此周而复始，目光始终锁定在前方。面对商业环境的复杂性，CEO 愈发倾向于将资源投向未来布局，而非仅仅应对眼前的挑战。正如量化未来学家艾米·韦伯在其著作《信号在说话：为什么今天的边缘是明天的主流》中所阐述的，通过系统化评估新兴技术理念以洞悉未来，此类图书在商业领袖中越来越受欢迎。因此，学习职能战略应具备面向未来的思维。

CEO 所推崇的学习与人才发展战略，既要为企业应对当前绩效挑战提供解决方案，又要拥有与企业愿景相匹配的未来愿景。为实现这一目标，学习工作的领导者正采取多种方式：投资于未来技能的识别与发展，探索人工智能和机器学习技术以增强学习效果，致力于打造可持续的学习文化，设计转型项目以重新构想未来的学习职能。

财务影响

坦白说，学习工作的领导者通常不会在咖啡桌旁谈论财务，但我们都知道，财务敏锐度对于将我们的职能定位为企业的战略部门至关重要。而这里的关键不仅是对财务报表专业术语的掌握，更要深入解读并理解这些报表背后的意义。财务报表能够展示企业全貌，许多专家仅凭一纸报表便能洞悉企业的运营之道。这种财务专业知识无疑对我们大有裨益，同时，了解组织内部的财务情况也有助于我们站在 CEO 的视角看问题。

让我们通过一个例子探讨这个问题：卡马拉是一家跨国企业学习与发展部门的负责人。尽管公司所处的市场竞争激烈，但收入依然连年稳健增长。然而，运营成本也随之增加，导致利润率下降，促使 CEO 将重点转到提高组织整体成本效率上。卡马拉得知这一情况后，与同事深挖造成高运营成本的原因。他们发现，由于业务需求激增，两个不同的制造部门分别在假期和春季进行了大规模招聘。卡马拉和同事提议对两个部门的大部分员工进行交叉培训，打造一个灵活的人力资源池，从而避免招聘成本。这个解决方案得到了各方的高度认可，卡马拉因此被委任领导一个由人力资源、学习与发展以及运营部门组成的专项小组，负责执行试点项目。项目实施的第一年，招聘和入职培训成本降低了 75%，同时两个业务部门的员工参与度也大幅提升。卡马拉的 CEO 现在希望他们为企业制定一项大规模的跨技能培训战略。卡马拉的解决方案之所以能成功，正是因为她把握了其中的关键因素，并巧妙优化了解决方案，成功影响了运营成本。如今，卡马拉已经成为 CEO 的战略伙伴。

作为学习与发展专业人士，我们在把握企业财务上的职责不止于传递价值，更在于以量化的形式明确展现这一价值。如今，每个业务部门都必须报告其项目的财务影响，以合理申请更多的资金支持。作为学习工作的领导者，我们也应具备构建坚实商业论证的能力，并以强有力的数字作为支撑。例如，菲利普斯的投资回报率方法为我们在这条道路上起步提供了一个绝佳的框架。当我们考虑衡量培训的影响时，成本效益分析往往是首选的方法。然而，企业领导者在评估影响时会采用多元化的方法。因此，深入理解组织内部常用的财务指标，对于准确描绘学习项目的财务影响至关重要。掌握内部收益率、净现值和投资回收期等财务指标，并将其应用于具体的学习项目，将帮助企业领导者快速理解我们所展示的财务影响。因此，学习工作的领导者或许可以考虑设计有意义的看板，呈现学习职能的量化影响。

企业对技能和技能培养的需求

我之所以热爱成为这个时代的学习专业人士，原因之一是如今围绕技能、再培训、技能提升和交叉技能培养的热烈氛围达到了前所未有的水平。尽管技能培养对企业领导者来说可能是个新词，但对我们来说这个词已经存在几十年了。那么，为何如今技能会突然成为众人瞩目的焦点呢？在这个竞争激烈、技术日新月异的时代，我们深知，组织的敏捷性是其最宝贵的竞争优势。以往建立一个敏捷的组织通常意味着拥有敏捷的流程、敏捷的战略或引入更多技术。然而，近年来，一个敏捷性概念开始流行开来，那就是拥有一支能够迅速适应变化、随组织发展而不断转型的灵活劳动力。组织很快意识到，采用以技能为核心的方法可以为这一潜在无序的过程带来秩序。

技能具有客观性，可以被标记和分类，从而形成一个可以大规模管理的本体。约什·贝辛在他的博客上解释道，"技能技术（Skills Tech）"（帮助组织管理、评估、分析和发展技能的工具）有着庞大的市场，因为"每当 CEO 想要带领公司朝新方向发展时，技能和能力是执行的基础"。许多 CEO 对这一理念倍感振奋，因为这是他们第一次能够洞察人力的实际能力及其发展轨迹。

技能本体论之所以日益重要，主要有两个原因。首先，技术的进步不禁让我们对许多现有工作岗位乃至职业体系的基本价值产生质疑。自动化和机器学习的广泛应用，使得大量岗位的人力操作变得不再必要。因此，组织纷纷推出再培训计划，帮助员工为新兴职位做好准备。全球范围内有许多成功的案例，例如，瑞典的一家公私合营企业成功地将航空机舱工作人员再培训成助理护士，以缓解疫情期间医院的巨大压力（2020）。其次，更为普遍的现象是，随着工作方式的日益敏捷、组织流程的不断变化和技术影响力的持续扩大，工作岗位本身也在经历着快速的变化。这导致传统上每两年才审查一次职位描述中的技能和能力要求的观念，已成为过去式。我们需要系统地把握不同岗位成功所需技能的变化，并赋予实时采取行动的权力。许多人力资源和学习平台已经开始向未来聚焦，集成基于技能的引擎，为决策提供智能洞察。

成功学习战略的关键要素

在深入了解当前的商业环境以及 CEO 对学习与发展部门的核心期望后，现在让我们来挖掘那些对于学习战略的制定和成功实施至关重要的因素。

解决当前及未来的业务需求

业界众多专家和领导者发起了一系列关于学习与人才发展的创新举措。有的举措充满开创性，有的则以巧妙而精炼的方式应对业务挑战。在研读这些案例时，我们或许想要在自己的组织中复制这些成功模式。然而，任何一位商业领导者都会提醒我们，简单的"剪切—复制—粘贴"在商业战略中并不奏效，它远比这更加错综复杂。我认为，我们必须密切关注所在领域的最新趋势，同时也要紧跟技术、心理学、商业战略以及竞争对手的动态。但请注意，这些趋势应当成为我们行动的灵感火花，而非一成不变的行动指南。为了让我们的学习与人才发展战略真正发挥效用，我们必须为组织提供量身定制的解决方案，确保这些方案与组织战略的紧密契合。同时，我们还需要明确当前如何为组织创造价值，以及如何为组织的未来发展奠定坚实基础。

设计思维：学习和领导的新范式

一些全球最具前瞻性的组织已经采纳了"以人为本"的设计和设计思维，致力于从客户的独特视角出发，精心打造量身定制的产品和服务。该框架的亮点在于，它能够引领我们深入挖掘设计产品或提供服务的原因，并激励设计师不断思考实现的方法。

以 Z 公司的学习与发展规划场外会议为例，该公司正处于一场深刻的数字化转型之中，其所有流程、程序及工作方式均面临着根本性的变革，预计有近 60% 的工作岗位将受到波及。领导者向学习与发展团队提出了明确要求，希望他们提交一份详尽报告，阐述如何通过学习与发展来支撑这场转型。然而，此时学习与发展团队却刚为学习管理系统的概念验证投入了大量资金，并购置了三个庞大的内容库，旨在提升那些即将被淘汰岗位所需的技能。该团队由 10 名培训师、3

名学习商业伙伴、2 名教学设计师以及学习与发展部门负责人共同组成。经过长时间的激烈讨论后，团队成员终于达成了一致共识：他们决定摒弃传统的匹配方法，转而采用一种全新的视角来审视问题。他们在白板的一侧详细列出了所有数字资产和资源，而在另一侧清晰标注了商业战略文件中的各个关键要点。随后，他们开始以一种富有创意的方式，尝试将这些要点巧妙"融合"在一起。我相信，你们中的有些人在阅读这个例子时可能感到有些尴尬，但我也敢肯定，你们中的一些人或许也曾经历过类似的场景。显然，这不是一条正确的道路。设计思维可以为我们提供一条充分利用现有机会、实现业务目标的途径。就像它曾经帮助企业扭转产品和服务的收入一样，如果我们以开放的心态接纳设计思维，它也能帮助我们实现迫切需要的转变。

学习团队的技能与能力

前文提及的实例，进一步凸显了学习战略中一个极为关键的要素——学习团队的技能与能力。我们积极倡导为企业实施大规模的技能重塑与提升计划，然而，在推进这些外部变革的同时，我们却时常忽略了对自身团队能力进行重塑的重要性。尽管我们深知数字化正带来前所未有的变革，但团队中真正能够在数字化环境中高效工作的人才凤毛麟角。众多组织都在致力于提升其学习与发展团队的技能，但也有一些组织因资金限制而难以推进。现在，是时候正视并强调（这看似有些讽刺）为那些引领组织技能重塑计划的人员进行技能重塑的必要性了。这应当成为我们职能战略规划的核心组成部分，并且是一项不可或缺的投资，因为已有众多研究充分证明了其对企业的深远影响。IBM 在 2019 年发布的《人力资源 3.0》研究报告中指出，那些拥有世界级人力资源技能的公司，其相较于同行实现显著更高盈利的可能性高出 5.5 倍，同时，相较于其他公司展现出显著更高创新性的可能性也高出 6 倍。因此，如果我们能够助力企业领导者认识到技能重塑计划的核心目标在于支撑企业战略，并清晰展现其潜在的积极影响及经济效益，那么这一转变的实现将指日可待。

从管理者到学习推动者

"技能半衰期"大概是我在过去五年中听到的最有趣的概念。它指的是一项工作技能在失去价值之前仍能保持其相关性的时长。以打字技能为例，它曾在过去至少二十年间都保持着高度的相关性。然而，如今工作技能的半衰期平均仅为五年，这意味着一项技能在五年后，其价值将减半。作为职能部门，我们生产学习内容和课程的步伐显然无法跟上技能变化的速度。因此，在这种背景下，我们促进学习的最佳途径，是从"命令与控制"的学习模式转变为设计和推动一种全新的学习文化。如今，越来越多的人开始接纳社会化学习、员工间的互助学习项目以及自我主导的学习平台，逐渐远离了传统的学习管理系统。同样，越来越多的组织也开始重视培养员工的学习敏捷性。

科技带来无限可能

曾经，我们将科技视为执行战略的手段加以探索。如今，就连 CEO 和商业领袖也开始深入钻研技术的方方面面。当今的科技为我们提供了远超想象的无限可能，这些机遇助力我们发挥最大优势，从而在竞争中脱颖而出。我们必须将学习系统的潜力和技术的能力作为学习战略的核心要素进行深入探索。无论是人工智能、机器学习、区块链技术，还是自然语言处理，都能极大地提升我们对业务的价值创造能力。

合作伙伴关系和利益相关者

在我职业生涯的初期，人力资源、市场营销、学习与发展以及运营等业务支持职能之间，界限分明。然而时至今日，这些界限已变得模糊不清。相反，众多学习项目往往是与一个或多个支持职能携手推进的。部分项目甚至还跨越了组织边界，实现了跨组织合作。我们已然迈入了一个超级协作的新时代，这或许正是我们能够迅速取得诸多成就的关键所在。因此，明确我们的关键利益相关者并制定相应的管理计划，对于达成我们职能部门的目标至关重要。实际上，一些学习组织已经与公共倡议、非营利组织、供应链上的其他企业，甚至是同行及竞争对手建立了合作伙伴关系，共同推动组织学习，助力组织成功。

最后的思考

1966 年，罗伯特·肯尼迪曾说过："不管你喜欢与否，我们生活在一个有趣的时代。这是一个充满危险与不确定性的时代，但也是人类历史上最具创造性的时代。"如今，时间已至 2025 年，这句话似乎可以作为过去几年的真实写照。新冠疫情的暴发，让我们的生活环境发生了翻天覆地的变化。对于个人而言，它帮助我们重新审视了生活中的轻重缓急，尽管有许多艰难时刻，但也让我们见证了人性中最光辉的一面。对于组织而言，疫情则成为检验其战略计划韧性的试金石，技术在此过程中发挥了巨大的支撑作用。几年前，我们已踏上了转型之路，而疫情无疑加速了这一进程。未来究竟如何，无人能确切知晓。但我坚信，未来几年将是一个充满悖论的时期，因为我们将努力更好地理解并适应新的常态。例如，在探索数据和技术的无限可能时，我们也将意识到这些可能性所带来的伦理道德问题，甚至可能在它们完全实现之前就不得不放弃。

这将是一个真正有趣的时代，因为我们可能面临一些前所未有的问题。（事实上，一些组织已经开始向我们提出这些问题。）例如，如何构建并维持一个学习型组织？你的技能提升计划有哪些伦理考量？你将采取哪些措施来消除偏见，使学习系统更具包容性？你能预测哪些新兴技能对我们的商业计划至关重要吗？人类如何学习与智能机器协同工作？你计划如何培训机器人流程？你能提出一个方案，帮助提升机器人面对客户时的情商吗？当大部分工作实现自动化后，我们应如何构建专业知识体系呢？能否展示一幅实时热力图，让我们清晰看到团队中哪些关键行为技能能够提升或拖累绩效？学习部门在推动全球可持续发展目标方面又能发挥怎样的作用？你是否能从提升组织能力的角度，提出对商业模式进行重塑的建议？我们的潜力是无穷的。

◆◆◆

作者简介

普里提·阿南德（Preethi Anand） 目前担任汇丰银行运营技术培训学院的副总裁，是一位在学习与发展领域拥有超过 12 年学习战略与解决方案设计经验的资深专家。她的职业生涯涵盖了 AIG、Polaris 以及 Intellect（一家金融科技初创企业）等多家知名公司，其间成功管理了多个项目组合，内容广泛，从能力映射与发展到学习职能的品牌建设等均有涉猎。她不仅拥有英语文学学士学位和社会工作硕士学位，还刚刚完成了康奈尔大学的高管管理课程，进一步提升了她的专业素养。此外，她还获得了美国项目管理协会敏捷认证实践者的资格。作为《人才发展》杂志与英国《培训杂志》的特约撰稿人，她在行业内的影响力不容小觑。她曾荣获 2017 年《培训杂志》颁发的全球学习与发展专业人士年度铜奖，并在 2019 年被 CNBC（美国消费者新闻与商业频道）与 Jombay 联合评选为"40 岁以下 HR 精英"之一。

参考文献

AP（Associated Press）. 2020. "Coronavirus: SAS Airline Employees Train to Assist in Health Care. "USA Today, April 2.

Bersin, J. 2021. "Understanding SkillsTech, One of the Biggest Markets in Business. " Business Trends, April 18.

Deloitte. 2021. "2021 Fortune/Deloitte CEO Survey. "Deloitte, Fall.

Kennedy, R. F. 1966. "Day of Affirmation Address. "University of Capetown, Capetown, South Africa, June 6.

Kolk, M. , R. Eagar, C. Boulton, and C. Mira. 2018. "How Hyper−Collaboration Accelerates Ecosystem Innovation. "*Strategy and Leadership* 46(1): 23−29.

Schwab, K. 2021. "What Is Stakeholder Capitalism?" World Economic Forum, January 22.

Wright, A. , J. Mertens, D. Gherson, and J. Bersin. 2020. "Accelerating the Journey to HR 3. 0: Ten Ways to Transform in a Time of Upheaval. "IBM Institute for Business Value and Josh Bersin Academy.

延伸阅读

Anand, P. 2017. "Executive Dashboards to Win Over the C − Suite. " *TD at Work*. Alexandria, VA: ATD Press.

Horowitz, B. 2014. *The Hard Thing About Hard Things: Building a Business When There Are No Easy Answers*. New York: Harper Business.

Iansiti, M. , and K. R. Lakhani. 2020. *Competing in the Age of AI: Strategy and Leadership When Algorithms and Networks Run the World*. Boston: Harvard Business Review Press.

Roose, K. 2021. *Futureproof: 9 Rules for Humans in the Age of Automation*. New York: Random House.

02

第二部分
规划人才发展职业生涯

名家视角　人才发展思维模式

贝弗莉·凯

　　如果你正考虑投身于人才发展事业，可能自然而然地认为这项工作主要涉及教育和技能。毕竟，你可以通过攻读教学设计、领导力发展、组织心理学或成人学习等领域的学位，也可以通过学习与发展认证考试来提升专业技能，确保自己紧跟行业动态，熟悉行业角色和职责。当然，你还可以参考 ATD 的人才发展能力模型，了解在组织中发展自己和他人所需要具备的个人、专业和组织层面的技能。这些技能包括商业洞察、技术应用和学习科学等硬技能，服务心态、说服力、灵活性和创造力等软技能，以及我所说的"魔术贴技能"，即同时掌握前两种技能，如终身学习、文化意识和包容性。因此，虽然学位、证书和技能对于人才发展职业生涯至关重要，但你为这一行业带来的价值，远远超出了你的简历和技能所展示的范畴。

能力与态度

　　你确实可以考取教练证书并将其写进简历，但如果你缺乏热情和积极性，不相信行为能够改变，没有耐心为团队或他人进行个人指导，那你可能不适合走教练这条路。同样，虽然你的教育背景可以为你提供解决业务问题的方法论，经验也能告诉你哪些策略曾经奏效，哪些没有，但如果你在解决问题时缺乏好奇心、没有远见，也不投入精力，你可能难以成为一个成功的商业伙伴。在人才发展领域取得成功不仅依赖于你的能力，还关乎你的态度。所谓态度，是指个体对特定对象所持有的稳定的心理倾向。这种心理倾向一般会产生一定的行为倾向性。我认为，某些特定的心态对于从事人才发展的专业人士来说尤为重要，它们能决定一个人是仅仅胜任工作还是拥有卓越表现。我总结了八种重要的心态，供你参考。如果你想进行一项能够促进行动的练习，不妨根据这些心态对自己进行评估，或征求他人的意见以获取反馈。

探究者

探究者通常有非常强烈的好奇心，乐于提出问题，并且能够评估答案的有效性。如果你是探究者，你将具备以下特点：

- 对自己的未来、所代表的企业的未来以及你的同事充满好奇。
- 不会在战略规划会议和其他关键决策场合忽略重要问题的提问。
- 相信总有更多东西需要学习。
- 乐意且能够快速进入自我观察者的角色，从中获取有关自己能力、热情及最满意的方面的有用信息。
- 想要知道他人对自己的看法，对反馈持开放态度，愿意且能够审视这些反馈的真实性。
- 关注自我形象与所获反馈之间的差距。
- 会反思自身行为意图对他人造成的影响是否与预期一致。

构想家

构想家能够想象出目前尚不存在的事物。如果你是构想家，你将具备以下特点：

- 不局限于肉眼所见，不让自己困于狭隘的视野。
- 能够构想自己和组织所需的变化。
- 能够展望自己在未来人才发展领域中的工作情景。
- 能够想象自己置身于那个未来的场景中，清晰地构想成功会呈现出怎样的形态，带来什么样的情感体验，伴随怎样的声音，以及实现它时内心的滋味。
- 在做出决定前考虑多种可能性。
- 乐于接受更广阔、更全面的环境所带来的挑战，愿意走出当前舒适区，适应新模式。
- 能够预见到未来自己与同事之间的灵感交流、相互信任和尊重，这会成为激励你追求事业的动力源泉。

不确定性偏爱者

不确定性偏爱者能够在不确定的情况下保持从容，而不急于逃离这种状态。

如果你是不确定性偏爱者，你将具备以下特点：

- 比他人更能容忍不确定性，甚至可能享受它，因为你深知不确定性是变化的亲密伙伴。
- 即使不清楚下一步将走向何方，也能够迈出第一步。
- 明白过去与未来的差距越大，你就越有时间来精心策划最佳方案。

脉搏监测者

脉搏监测者时刻保持警觉，关注重要的信号、趋势和潜在威胁。如果你是一个脉搏监测者，你将具备以下特点：

- 感受到自己的创意源泉随着公司的节奏一起涌动。
- 随时留意那些"顿悟"的时刻，一旦出现，便充满热情和感激地抓住它们，并进一步探究。
- 从每一次会议和每篇文章中借鉴不同的视角，看看这些是否能改变你对某些想法或局势的理解。
- 定期检查自己的"脉搏"，确保自己依然全情投入。

有意识的连接者

有意识的连接者天生能够发现看似无关的概念和想法之间的联系。如果你是有意识的连接者，你将具备以下特点：

- 发现他人未能察觉的潜在关联。
- 积极与那些能为你提供反馈或为你带来新机遇的人建立联系。
- 给你的个人关系足够的时间，让他们分享他们的智慧，同时你也会提供自己的知识。
- 敏锐捕捉人才趋势，并寻找将其转化为组织优势的方法。

结果导向者

结果导向者在处理问题、做决策和推动项目时，通常采用商业案例的思维方式。如果你是结果导向者，你将具备以下特点：

- 计算一项计划或创新的投资回报率，并将这些信息应用于你所做的决策和你提出的变革上。

- 以商业战略和目标作为衡量自己工作成功与否的标准。
- 像企业的主人翁一样行事，而不仅是一名员工。

追求变革者

追求变革者既能应对变革，也能主动推动变革。如果你是追求变革者，你将具备以下特点：

- 敏锐捕捉到影响工作的商业环境的变化，并做出恰当的反应。
- 在必要时推动变革，以实现商业目标。
- 明白自己的声誉不是一成不变的，并愿意通过调整态度和行为，维持他人对你的积极看法。

人脉构建者与维护者

人脉构建者与维护者能够识别并维系对个人成功和组织发展至关重要的关系。如果你是人脉构建者与维护者，你将具备以下特点：

- 寻找并培养有助于推动参与和创新的联系，以此拓宽或影响自己的观点。
- 邀请同事挑战你的思维。
- 对所有帮助过你的人践行"互惠互利"的原则。
- 注意并建立以下方面的联系：
  - 计划与实施计划所需的技能。
  - 个人与团队的技能差距，以及最佳的学习资源、方法和途径。
  - 人才资源问题及其解决机会。

最后的思考

成功并非一项技能。在你的人才发展职业生涯中，可能专注于吸引和留住员工、识别发展差距、制定弥补差距的策略，或设计和实施绩效管理、领导力发展或员工评估项目。无论你选择什么方向，可以肯定的是，你的学位、证书和技能将帮助你展现自己的能力，但如果没有像本文所提到的那些积极的态度，你的成功是无法得到保证的。如果说机会是偶然与有准备的头脑相遇，那么人才发展的职业成功就是能力与态度的紧密结合。

◆◆◆

作者简介

贝弗莉·凯（Beverly Kaye）是国际公认的在职业发展、员工敬业度和留任领域的顶尖专家之一，以其深厚的专业知识和实际影响著称。她对这一领域的贡献包括《华尔街日报》畅销书《爱或失去：留住优秀人才》，该书现已推出第六版。她的最新著作有《向上不是唯一出路》《帮助他们成长还是看着他们离开》，这些图书旨在帮助管理者将职业对话自然地融入日常管理中。

2018 年，她因其杰出贡献荣获 ATD 终身成就奖，并被学习专业人士协会授予思想领导力奖。次年，管理研究学会也授予她终身成就奖，以表彰她在管理学领域的卓越贡献。

第 5 章　人才发展能力模型

摩根·赫特

人才发展能力模型是基于全球研究得出的框架，旨在帮助人才发展专业人士明确成功所需的核心知识与技能。该模型通过收集全球 3000 多名来自不同角色和组织的专业人士的意见反馈而制定，旨在提升人才发展职能在组织成功中的关键作用。

本章要点

△　回顾人才发展能力模型。

△　阐述人才发展能力模型的价值。

△　将人才发展能力模型应用于个人职业发展、团队建设和组织管理中，以提升人才发展实践的效能。

人才发展能力模型为该领域设定了新的标准，通过拓展所需知识和技能范围，帮助人才发展专业人士为未来工作做好准备。该模型不仅能帮助组织应对即将到来的变化，还为人才发展专业人士自身提供了迎接这些变化的准备。自 1978 年以来，ATD 一直在开发胜任力模型。每个模型都专注于人才发展领域所需的特定技术技能，从而为人才发展专业人士建立了一个坚实的技能基础。然而，在 2019 年开发新框架时，ATD 决定调整方向——从胜任力转向能力。胜任力这个概念已经变得有些过时且被动，因为它强调的是个人当前的状态，即拥有完成工作所需的知识和技能。相比之下，能力更注重整合知识和技能，并根据未来需求进行适应和灵活调整。通过从胜任力模型转向能力模型，ATD 正在帮助人才发展专业人士将其知识和技能应用于创造、创新、领导、管理变革以及展示影响力上。

模型的开发过程：最新研究

自上一个模型发布以来，社会和商业环境发生了重大变化，2019 年能力模型的研究正是基于此。通过全面的文献综述、专家访谈和咨询小组讨论，研究人员总结出了这些重大变化，其中涵盖了商业、技术、学习、科学以及人才发展领域本身等多个领域，并将这些趋势变化直接纳入研究范围，以评估它们对未来从业人员技能需求的影响。

研究结果明确表明，人才发展专业人士的角色已经超越了传统的培训设计和交付范畴。有效的人才发展需要采取积极主动的商业合作伙伴模式，预测并应对变化的需求，同时利用个人能力来支持组织战略并创造竞争优势。收集到的研究数据为 ATD 起草能力表述奠定了基础。由于这是第一次以"人才发展"这一名义进行的研究，界定该领域的完整范围成为研究的关键目标。

随后，这些能力表述被纳入一项职业调查中，这也是 ATD 有史以来规模最大的一次调查。该研究确定了哪些能力表述将包含在最终框架中。通过广泛的数据收集，ATD 得出了结论，即人才发展专业人士的工作具有全球性特点，不同地区、不同规模、不同行业对于成功所需的知识和技能几乎没有差异。该研究涵盖了不同职业发展阶段的从业人员（而不仅是中层职级），确保了所有人才发展专业人士都能提升自己的技能，并打造更具流动性的劳动力队伍，从而为人才发展实践建立了一个国际标准。

模型及其结构

根据 ATD 的胜任力研究，未来的工作将要求人才发展专业人士不仅具备专业技能，还需要运用人际交往能力，作为真正的业务伙伴来帮助实现组织目标。研究结果显示，绝大多数受访者认为，与业务合作相关的任务以及那些影响组织战略和成功的任务，其重要性与传统上被视为学习与发展领域的必要任务（如课程设计、培训与引导）相当，甚至在某些情况下更为重要。同样，像沟通技巧、商业敏锐度和全球视野等过去被视为"基础性"或"支持性"的知识和技能也得到了高度评价，这表明了这些人际交往能力对成功的重要性日益增加。由此创建的人才发展能力模型包含三个同等重要的实践领域，围绕三个关键维度展开：个人技能、专业知识和促进组织成功。在这三个维度中，所需培养的知识和技能没有主次之分。人才发展专业人士需要充分利用这些维度内的主题，以实现最大的成功和最高的效率。在这三个主维度下，共有 23 项能力，详细说明了可用以产生最大影响的具体知识和技能（见图 5-1）。

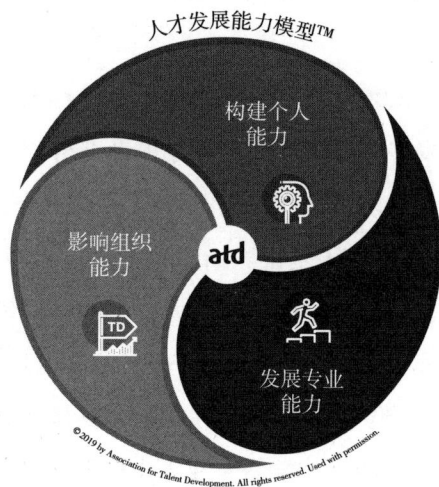

图 5-1　人才发展能力模型

构建个人能力

这一实践维度涵盖了所有职场人士为了在职场中有效工作应具备的基础性能力或支持性能力。这些能力主要是人际交往技能，通常称为软技能，对于建立有效的组织或团队文化、信任和员工参与至关重要。

具体来说，构建个人能力维度包括以下几方面能力：

● **沟通**。随着人才发展专业人士成为重要的商业伙伴，他们需要向特定受众清楚传达相应信息。

● **情商与决策**。情商和良好的决策能力是职业成功的关键。调节自己的情绪并正确解读他人言语和非言语行为的能力，有助于建立和谐关系和信任。

● **协作与领导力**。领导力是指具有影响力和远见，这也有助于促进协作。擅长协作意味着具备营造环境、鼓励团队合作和相互尊重的能力，特别是在跨部门合作时，优秀的领导者能激发员工和团队的信任与参与度。

● **文化意识与包容性**。在当今全球化的商业环境中，文化意识和营造包容性工作环境的能力是必不可少的。要做到这两方面，就必须尊重不同观点、背景、习俗、能力和行为规范，同时确保所有员工都能得到尊重，并充分利用其能力、洞察力和见解，使每个人都能参与其中。

- **项目管理**。有效的项目管理要求在有限的时间内规划、组织、指挥和控制资源，以实现特定的目标和任务。
- **合规性和道德行为**。合规性和道德行为是指我们希望人才发展专业人士正直行事，并遵守其工作和生活地的法律法规。
- **终身学习**。终身学习有时也称为持续学习、敏捷学习或学习驱动力。其特点是自我激励、对知识永不满足的好奇心和理智的冒险精神。人才发展专业人士应以个人和职业发展的理由追求知识，树立终身学习的榜样。

这些领域对人才发展专业人士尤其重要，因为他们需要有说服力地传达解决方案，并以包容的方式引导个人和团队提升绩效。许多研究也支持对这些知识和技能领域的关注和提升。例如，IBM 发布的《未来工作报告》指出："有技能的员工是推动全球经济发展的重要力量。虽然数字技能依然至关重要，但高层管理人员表示，软技能的重要性已经超过了数字技能。"

发展专业能力

这一实践维度包括人才发展专业人士应具备的知识和技能，可以帮助他们创建流程、系统和框架，以此促进学习、最大限度提升个人绩效，以及发展员工能力和潜力。这一维度包含的核心专业技能，如教学设计、效果评估和培训交付与引导，仍然是该领域的基础，同时，学习科学和技术应用等新扩充的技能也已成为新模型的重要组成部分。发展专业能力维度包括以下几方面能力：

- **学习科学**。实施过高效学习项目的组织会融入学习科学的关键原则。学习科学是一个跨学科的研究领域，致力于深化对学习、学习创新和教学方法的理解。
- **教学设计**。教学设计是有效学习的基本要素。通过创建学习体验和材料，帮助学员获得并应用知识和技能。
- **培训交付与引导**。培训交付与引导是人才发展专业人士帮助员工通过学习新技能和知识来提升工作绩效的手段。人才发展专业人士在其中起到催化剂的作用。
- **技术应用**。技术带来的颠覆将继续对组织和人才发展职能产生影响。人才发展专业人士必须具备识别、选择和实施正确的学习与人才开发技术，为组织及其人员谋取最大利益的能力。

- **知识管理**。知识管理是对知识产权和组织知识的明确和系统管理。在知识经济中，机构知识缺失会给组织带来高昂的人员流失、招聘和培训成本。

- **职业和领导力发展**。在组织内营造职业发展文化可以成为竞争优势。要有效促进职业和领导力开发，就需要建立组织与员工之间有计划的交互流程。

- **教练**。教练是一项训练和实践活动，也是任何人才发展专业人士必不可少的能力。其作用是激励学员实现突破，提高个人、团队和组织绩效。

- **效果评估**。评估人才发展项目的效果与学习成果和业务成效密切相关。人才发展专业人士应该实施多层次、系统化的方法来评估学习项目的效果和投入。

这些专业技能对于识别、开发和提供有效的学习解决方案至关重要。即使是那些不直接参与开发和实施的从业者，如果理解这些人才发展领域的关键要素，也能成为更好的业务伙伴和支持者。

影响组织能力

这一实践维度体现了人才发展专业人士所需的知识、技能和能力，以确保人才发展成为推动组织绩效、生产力和运营成果的主要机制。人才发展专业人士具有独特的地位，对组织的劳动力有深入的了解，并且能够将这些人力资本与实现业务关键任务和目标最需要的技能联系起来。如果所有人才发展专业人士都具备作为商业伙伴的知识和技能，无论他们的角色如何，组织都能更快速、更有效地实现其目标。

影响组织能力领域包括以下能力：

- **业务洞察力**。业务洞察力指了解影响一个组织的主要因素，如组织现状、行业或市场对组织的影响，以及影响其增长的因素。拥有业务洞察力对战略性参与高层管理，确保人才开发战略与总体业务战略保持一致来说至关重要。

- **咨询和业务合作**。人才发展专业人士应以成为有价值的业务合作伙伴为目标。咨询和业务合作利用专业知识、影响力和个人能力建立双向关系，促进组织做出改变或改进。

- **组织发展与文化**。若要保持相关性，组织就必须不断发展其能力。组织发展的重点在于通过协调战略、架构、管理流程、人员、奖励和绩效指标达成一致，来提高组织能力。

- **人才战略和管理**。人才战略和管理的作用是通过实施和整合人才招聘、员工发展、留任和调整流程，培养组织文化、敬业度和能力，确保这些流程与组织目标一致。

- **绩效改进**。提高人员绩效有助于提升组织竞争力。绩效改进是一种整体和系统性的方法，通过发现和消除人员绩效差距来实现组织目标。

- **变革管理**。人才发展专业人士的位置有利于推动变革，因为其工作就是连接人员、流程和工作。变革管理是指利用结构化的方法促使个人、团队和组织从当前状态转变为未来状态，从而在组织内推动变革的能力。

- **数据和分析**。数据和分析是提高组织绩效的关键驱动要素，同时也是人才开发的驱动要素。这涉及实时收集、分析和使用大数据集来影响学习、绩效和业务的能力。

- **未来准备度**。根据变革的节奏，需要劳动者不断提升原有技能层次及深度，以及获取新技能。要想做好准备，就需要具有求知欲，并不断审视周围环境，以便跟得上塑造商业世界、员工及其期望和人才发展专业的新兴力量。

这一领域所包含的知识、技能和态度证明了人才发展专业人士可以用高层管理者易于理解的方式展示数据，展示学习与发展部门并不是可有可无的，而是实现竞争优势和商业成功的关键驱动因素。所有人才发展专业人士，无论地位高低、经验多少，都应该清楚人才发展工作与组织成功有着非常紧密的联系，对于组织成功起着非常重要的作用。

虽然人才发展能力模型为人才发展专业人士需要掌握的知识和技能提供了一个新的框架和标签，但这些概念在以前的模型中其实已有体现。不过，以前这些概念并没有以一种能让专业人士重视的形式呈现出来。新的能力模型则要求人才发展专业人士在上述三个维度及每个能力之间融合知识和技能，只有这样才能发挥最大效能。即便是初级专业人士，也开始意识到与关键业务部门合作、挖掘业务真实需求以及有效展示与组织目标相关的想法和解决方案的重要性。如果人才发展专业人士能够根据这一新的标准来培养自己和团队，就能更好地推动学习议程，帮助组织应对未来的挑战。

使用人才发展能力模型

除了引入新的可视化框架来展示人才发展能力，ATD 还开发了一系列工具和一个交互式网站，任何人都可以免费使用。这个网站旨在帮助专业人士探索能力模型，根据新标准进行自我评估，识别技能差距和发展领域，浏览有助于个人职业成长的资源。

人才发展能力模型对卓越的标准进行了定义，并通过帮助专业人士提升技能，使组织能够战略性地将学习与发展机会与业务成果对接，从而引领这一行业。然而，能力模型的真正价值在于其应用。从业者和组织必须投入资源增加技能提升机会，量化人才发展的重要性和影响，并提升自身在组织中的信誉。个人可以利用该模型探索有助于角色或职业发展的技能，或者为职业认证做准备。学术机构、专业团体以及其他从事人才发展教育的组织，可以借助该模型进行课程对标与调整。人才发展管理者和领导者则可以通过该模型确定需要填补的岗位以及员工所需的技能。不同的利益相关者群体在使用该模型时，会有不同的需求。

人才发展能力模型就像一个行业内的"通用语言"，让大家都能够用统一的方式来进行讨论。它不仅帮助那些想要进入或进一步发展职业生涯的人更好地了解这个行业涉及的范围，还向公司的领导层和全体员工展示人才发展工作的重要性和价值。

对于个人

这个互动网站为个人提供了一个探索模型的机会，帮助其理解如何将不同领域的知识和技能融合起来，提升自己的实践能力。各个领域和能力互为补充，同时也深入探讨了从课程设计、组织发展到技术应用等多个实践领域。内置的自我评估工具鼓励专业人士将当前的知识和技能水平与这一新标准进行对比。评估结果能够帮助识别知识和技能上的差距，并将其保存到用户的 ATD 个人资料中。

用户可以根据识别出的差距优先考虑需要加强的领域，并直接链接到 ATD 提供的资源进行学习。各种学习路径帮助用户实现各自的目标，并针对这些目标设计了专门的知识和技能培养路径。用户可以选择基于角色的路径，这有助于在整个职业生涯中深化实践，也可以选择为准备职业认证而设计的路径，或者定制个性化路径，让用户创建自己的学习计划。任何时候，用户都可以回到自我评估环节，重新评估并更新学习目标。

自我评估工具不仅能帮助专业人士了解自己的职业如何随时间发展，还能预测他们未来可能感兴趣的工作岗位，并明确这些岗位所需的技能。对于经验丰富的专业人士来说，这个模型可以帮助他们在职业生涯中探索未曾接触过的领域，进一步提升自己的知识和技能。此外，随着行业和社会的变化，他们还可以通过这个模型学习新技能。

ATD 认证学院目前的两项资格认证也以此模型为基础。APTD 适用于那些刚刚起步的职场人士或人才发展工作只是其职责一部分的专业人士。CPTD（前身为 CPLP）适用于经验更为丰富的从业者，以及那些希望在组织中承担更具战略性角色的人。两个认证考试都会对相应资格所需的知识和技能进行考核。

可堆叠证书

通过自我评估识别出具体的知识和技能差距后，专业人士可以选择有针对性的培训项目来提升自己。这些项目聚焦于特定的知识或技能，可以通过多种资源和活动来实现，如阅读图书、参加会议或网络研讨会、阅读专业文章等。针对这些技能的专项课程可以逐步深入或者结合在一起，最终获得某个特定能力或实践的高级证书。

对于那些希望深入学习，或希望通过结业项目来展示自己能力的人来说，可以选择参加包含这些元素的评估型证书项目，如 ATD 培训大师认证课程。最终，可以通过 ATD 认证学院颁发的 APTD 或 CPTD 职业认证来证明所学知识和技能在实际工作中应用的能力。

对于管理者和团队

管理者还可以使用新模型来设计工作角色，构建团队、部门和人才发展职能。该模型能够帮助管理者了解哪些人才发展能力是业务经理、行业专家以及其他负责培训教育的非从业者所需要的。模型的灵活性允许从业者根据自己的需求个性化选择关注的重点领域。

管理者可以使用互动模型，让团队成员完成自我评估，找出共同的知识和技能差距，并据此制定团队学习计划。ATD 提供的一系列资源，如《人才发展》杂志文章、工作辅助工具、可下载的图书、网络直播，以及教育培训课程，都与需要提升的知识和技能领域紧密相关，方便管理者为个人或团队找到合适的学习解决方案。

此外，该模型还可以作为模板，帮助人才发展管理者和领导者明确当前和未来的成功标准。它能够用来设定绩效期望，并激励员工拓展和提升技能，以达到这些期望，从而提升该职业在商业领袖中的形象和信誉。能力模型中对于个人、专业和组织影响能力的整合，让它在传达人才发展职能战略价值方面尤为有效。

对于组织及其领导者

该能力模型为各级领导者（包括人才发展团队经理、资深人才领导者、高层管理者）提供了一个有价值的框架，因为它能够帮助领导者了解人才发展在组织中所扮演的多种职能。模型还阐明了这些专业人士如何通过促进学习、提升绩效以及支持组织应对变革，为组织创造显著价值。领导者可以利用这一模型支持关于提升人才发展团队技能的讨论，通过展示人才发展与组织绩效之间的关联，来证明其重要性。

一旦组织确定了其人才发展团队将执行的具体职能，就可以使用能力模型来制定团队成员所需的知识和技能路线图。职位描述可以根据这些技能进行调整，从而用于提升现有团队成员的能力或招募具备互补技能的新成员。

由于该能力模型设计得非常灵活，涵盖了一系列知识和技能，它还可以用来识别辅助角色所需的技能，如行业专家、技术团队成员，以及从事数据分析或人力资源工作的员工。这些人的工作通常与人才发展有交集。采用一套共同的语言和标准来描述所需的能力和期望，能够提升学习与发展部门的整体表现。

最后的思考

人才发展能力模型定义了卓越的标准，通过帮助专业人士提升技能，帮助组织战略性地将学习机会和人才发展机会与业务成果对齐，从而引领行业发展。该模型不仅能捕捉当前以及未来人才发展专业人士最需要的能力，更为重要的是，通过评估、制定个性化学习计划以及直接链接到学习解决方案，该模型显示出巨大的潜在应用价值。该模型将个人和组织置于核心位置，鼓励他们根据自身需求应用模型或定制模型内容。专业人士和组织必须充分利用技能提升机会，量化人才发展的重要性，并在组织内部提升自身的信誉。人才发展能力模型为人才发展专业人士提供了一个共同的语言和标准，帮助他们发展知识和技能，从而最大化地发挥专业能力，推动组织成功。

作者简介

摩根·赫特（Morgean Hirt）是 ATD 的认证总监，负责 ATD 认证学院的整体管理和领导工作。她在人才发展能力模型的开发过程中发挥了关键作用。她一直致力于通过建立行业标准来推动专业领域的发展，在能力开发实施及项目认证方面具有战略领导力和技术专长。她曾带领多个组织建立行业标准，涉及领域包括临床研究、K-12 教育技术领导者以及医疗信息系统。在加入 ATD 之前，她曾担任国际注册筹款人认证体系 CEO，负责在全球六大洲建立统一的筹款实践标准，并提供国际支持。她目前居住在弗吉尼亚州亚历山大市，并积极参与卓越认证研究所的相关工作。

参考文献

La Prade, A. , J. Mertens, T. Moore, and A. Wright. 2019. *The Enterprise Guide to Closing the Skills Gap*. IBM Institute for Business Value.

Vital, C. , M. Hirt, and P. Galagan. 2019. *Capabilities for Talent Development: Shaping the Future of the Profession* Alexandria, VA: ATD Press.

延伸阅读

"Talent Development Body of Knowledge. "Association for Talent Development.

第6章 通过认证助力职业发展

里奇·道格拉斯

哈佛大学校长德里克·博克曾说过："如果你认为教育的成本高昂，试试看无知的代价。"请问问自己："谁在关注你的职业发展？"人才发展专业人士总是专注于客户、员工和组织的成长，但谁来关注他们自己的成长和发展呢？谁来培养这些培养者？答案显而易见：我们自己。

本章要点

- △ 明确人才发展成为一项职业所需的核心条件。
- △ 区分职业成长与发展之间的关键差异。
- △ 描述三种专业认证类型。
- △ 选择与你职业发展最相关的认证。
- △ 讨论获得专业学位对职业发展的潜在影响。

你的教育背景在你履行工作职责时可能起到至关重要的作用，但通常仅凭教育，往往不足以在竞争激烈的职场中脱颖而出。让你的雇主、客户以及培训对象知道你所掌握的内容同样很重要。虽然你可以通过各种途径获取知识，但你需要通过认证来向他人证明你已经完成了相关的课程或培训。

接下来，我们将探讨一些职业认证的选择，帮助你提升职业生涯及在人才发展领域中的地位。我们会讨论职业构成的基本要素，个人成长与发展之间的区别，以及三种认证类别，并对其中之一进行深入探讨。在此过程中，我们还会听取一些已获得人才发展认证的从业者分享他们的经验，看看这些认证对他们职业发展的影响。最后，我们将提供关于获取认证的一些疑问及解答。

人才发展：职业还是专业

你是否认为自己作为一名人才发展从业者已经达到了专业水准？人才发展究

竟是一个专业领域，还是仅仅是一份职业？本节将解答这些问题，阐述为什么你应该成为一名人才发展专业人士，并提供一些成为人才发展专业人士的途径。

> 我的经理介绍我加入 ATD 后，我获得了大量参考资料，意识到这个职业领域有着多维度的丰富内涵。——帕特里夏·托雷斯，APTD

职业将不同工作类型加以区分，如收费站工作人员、邮递员或泳池清洁工。而专业有所不同，包括三方面要求：知识体系、准入要求与认证、专业组织。

- **知识体系**。你的职业是否拥有独特的专业知识体系？这套体系包括从业者认为有效实践所需的关键技能、能力和价值观。人才发展领域确实有这样的知识体系。ATD 发布了首个专业知识体系，该体系围绕 ATD 的人才发展能力模型，涵盖了人才发展专业人士所需的知识。人才发展专业知识体系描述了人才发展从业者需要掌握的个人、专业和组织能力，这些能力是人才发展专业人士在其职业生涯中达到顶尖水平所必须掌握的。例如，个人能力包括情商、沟通技能和终身学习；专业能力则包括学习科学、课程设计和培训交付；组织能力则涵盖业务洞察、咨询和变革管理。综合来看，这些能力集合了人才发展专业人士所需具备的能力。

- **准入要求**。通常，一个专业领域会有一套明确的准入标准。某些专业如医学和法律由政府严格管控，而像人才发展、人力资源和教练等领域，则由行业内成员自行规定和管理。由于这些领域不受法律严格控制，任何人理论上都可以自称"人才发展专业人士"。

为了确保专业性，人才发展领域通过认证和组织会员资格来设定其准入标准。

- **认证**。认证过程是区分你是否属于一个专业领域而非普通职业的重要标志。你所在领域的从业者是否因为他们的知识、能力和价值观而获得行业的认可？美国人才发展领域有两个认证，是由 ATD 认证学院颁发的，即 APTD 和更高级的 CPTD。这两个认证都需要通过满足标准并成功通过认证考试才能获得。以下是对于它们的简要描述：

  ◦ 人才发展师（Associate Professional in Talent Development，APTD）。APTD考试涵盖的是人才发展的基础知识和技能，这些内容是专业人士每天工作中都会用到的，无论其在组织或公司的层级如何。

增加。人才发展认证专家（Certified Professional in Talent Development，CPTD）。CPTD 是面向拥有至少五年经验的人才发展专业人士提供的高级认证。它涵盖了广泛的知识领域，评估专业人士在整个人才发展能力范围内的知识掌握和技能应用情况。

- **专业组织**。ATD 成立于 1943 年，旨在推动全球培训师和开发者的工作实践。作为该领域内全球最大的组织，ATD 拥有来自 120 多个国家的超过 30000 名会员，并设有 100 多个地方分会。该协会引领行业发展，不仅制定了该行业的实践标准和认证要求，还推动了全球人才发展的实践。

> CPTD 考试只是我迈入学习与发展领域的第一步。——玛德琳·姆贝，CPTD

显然，人才发展已经具备了专业的特征。那么，你是不是一名人才发展专业人士呢？这个问题并没有绝对的答案。不过，有很多方法可以帮助你在人才发展领域中确立自己的专业地位：

- 加入 ATD 和你所在地的分会。参与活动并利用会员可用的资源。
- 在人才发展领域的某个方向获得更高学位，如培训与发展、教练或组织发展。
- 获得认证。无论是 APTD 还是 CPTD，证书或其他学位，都能让你作为人才发展专业人士的能力得到认可。
- 成为最优秀的人才发展专业人士，推动行业进步（也助力自己的职业发展）。选择人才发展作为职业是有充分理由的。了解职业生涯发展路径极其重要。那么，如何专注于自身的成长与发展呢？

成长与发展

成长与发展这两个术语经常被放在一起，但它们是两个不同的概念。在准备考取有助于职业发展的认证时，明确自己侧重于哪一方面是至关重要的。

- **成长是横向的，注重当前的需求**。想象一下你刚换了新职位。当然，你已经具备了很多技能——毕竟公司雇用了你，对吧？但通常，你还需要学习很多新东西才能胜任这份新工作，包括你需要掌握的知识、技能以及需要秉持的价值观。只有在这一层面上完全胜任后，你才能准备好迈向下一步的发展。

- **发展是纵向的，着眼于未来的进步。**从职业角度来看，横向成长专注于巩固当前岗位所需的能力；而纵向发展意味着提升你的整体能力并承担更大的责任与机会。

你可以把自己想象成一个可以装满能力的桶。纵向发展就是增加你的能力，也就是把桶变得更大。通过关注成长（用更多能力填满桶）和发展（通过提升能力来扩大桶的容量），你可以在人才发展领域中不断进步。

> 尽管我作为一名职业教练和培训师，工作上富有成效，但我很快意识到，自己和那些专职从事人才发展工作的人并不总是用同一种语言交流，这突显了我在行业专业知识上的不足。——克雷格·恩斯特罗姆，CPTD

资格证明

资格证明指的是对个人在某一领域内知识掌握及相关成果产出的文件或资料，通常由外部机构颁发。它们可以看作能力的代表，也就是说，即使你不在现场，它也能替你展示你的能力。无论是放在简历、网站、名片、图书封底还是 LinkedIn 页面上，它都能展示你的能力、经验和专业水平。证明的类型、颁发机构以及你为获得证明所做的努力，在很大程度上都能够帮助界定你在人才发展行业中的地位。

对于专业人士来说，资格证明是至关重要的。最常见的类型包括证书、职业认证和学位。我们将逐一详细介绍。当你在选择证明类型时，也可以借助"证明选择工具"帮助你确定需要考虑的因素。

> 像许多人才发展领域的从业者一样，我是所谓的"偶尔培训师"。之前我还是一名建筑师，转眼间，我就进入了学习与发展领域。晋升后不久，我开始考虑考取认证，但总是犹豫不决，怀疑自己没准备好，直到我听说了 APTD 试点项目。对于未知的兴奋以及为更大事业做出贡献的想法吸引了我。——阿雅·麦德哈特，CPTD

证书

不要将证书与认证混淆。证书证明的是完成了一个学习项目，这些项目可以短至一天，长至数月不等。任何人都可以颁发证书，且没有严格的规定或标准。证书的价值取决于所有者和看到它的人如何评估。例如，你可能不会在简历或 LinkedIn 页面上列出公司内部的安全培训证书，但如果参加了为期三个月的常春藤盟校高管发展项目，那一定要重点突出！

认证

认证与证书有显著的区别。首先，认证通常由政府机构（通常称为执照）或专业协会颁发。其次，虽然证书可能涵盖与职业相关的某个主题，但认证代表了对整个职业所需的知识、技能和价值观的全面掌握。最后，获得认证通常需要通过考试，展示丰富的职业经验，并遵守职业道德规范。此外，认证还需要通过持续教育或积累经验来维持，并定期更新。如果所在的职业领域提供认证（人才发展领域确实有），成为该领域的专业人士意味着你应该获取并保持这一认证。

因为没有相关学位并且经验有限，我发现自己很难获得机会。即使找到了培训相关的工作，也往往是初级职位，因为公司看不到我能为他们带来的价值。当时，CPLP 认证对我来说似乎有些高不可攀，觉得不太适合自己。当宣布推出 APTD 试点项目时，我毫不犹豫地抓住了这个机会，并努力学习。我认为 APTD 是一个量化我多年经验的好机会。——罗布·霍伊特，CPTD

之前，我提到了由 ATD 认证学院颁发的两种认证——APTD 和 CPTD。但人才发展专业人士相关的专业认证绝不只有这两种。以下是一些其他值得考虑的认证：

- SHRM-CP/SCP。人力资源管理协会（Society for Human Resource Management）颁发的两种证书，分别针对经验较少的从业者（人力资源管理专家，CP）和更有经验的从业者（资深人力资源管理专家，SCP）。

- **PHR 和 SPHR**。一些人力资源专业人士持有人力资源认证协会（HR Certification Institute）颁发的证书——PHR（Professional in Human Resources，人力资源管理师）和 SPHR（Senior Professional in HR，资深人力资源管理师）。

- **PMP**。由项目管理协会发起的项目管理专业人士（Project Management Professional）认证。作为人才发展从业者，经常需要负责创建学习项目，这涉及计划安排、人员配置、沟通协调、风险管理等多方面的工作。拥有坚实的项目管理背景——尤其是在获得 PMP 认证后——可以显著提升人才发展项目的成功率。

- **ICF**。在蓬勃发展的教练行业中，国际教练联合会（International Coaching Federation）是最知名的专业协会，提供三个级别的认证教练：助理教练、专业教练和大师级教练。教练对于人才发展有着重要作用，因为其不仅限于课堂（或线上）教学，还能帮助客户将学习成果转化为实际工作绩效，解决学习转化的困难。

学位

另一种专业认证形式是学位。与证书（几乎任何人都可以颁发）和认证（由专业协会管理）不同，学位只能由学院和大学授予。获取学位通常需要一到数年的全日制或非全日制学习。获得一个与你职业相关的学位非常有价值。虽然学位种类繁多，但主要有以下三种类型值得考虑：

- **学士学位（Bachelor's Degree）**。学士学位通常需要四年时间学习（或等同学力），涵盖专业知识领域（主修）以及广泛的通识教育内容。获得学士学位表明你已经掌握了该专业的基础知识，当然这前提是你的学位与职业相关。

- **硕士学位（Master's Degree）**。通常需要在取得学士学位之后学习一年或更长时间。硕士毕业生在其专业领域内掌握了一定的技能和知识。与学士学位不同，硕士课程的全部内容都集中在主修专业上。

- **博士学位（Doctorate）**。在硕士学位之后学习两年或更长时间，完成博士学位意味着不仅掌握了本领域的现有知识体系，还创造了新的知识或实践，推动了整个专业领域的发展。

资格证明和人才发展专业人士

人才发展专业人士追求更高级别的资格证明，如证书、认证或学位，将会获得许多好处。以下是其中一些：

- **提升人才发展的重要性**。我们这个领域几十年来一直在争取在组织文化中获得应有的尊重和关注。通过提高从业者的认证水平和专业素养，有助于推动这一目标的实现。
- **改善组织成果**。如果我们认同人才发展能够提升绩效这一观点，那么提升从业者的专业能力也会带来更好的组织成果。
- **竞争**。作为人才发展专业人士，无论走到哪里都会面临竞争。你需要从高层领导那里争取认可和尊重，从而获得更大的影响力；你需要争取预算和其他资源，还需要为未来的机会竞争。相关的证明以及由此带来的知识增长和认同感，能够让你在实践中更具竞争力。

> 我是一名牙医，有相关的科学背景，同时对教育和知识分享有着强烈的使命感。我有强烈的动力，并通过认证不断提升自己。曾经我考虑过重新认证回到临床工作，但现在我对自己职业的转变感到非常兴奋。现在，我不仅是一位牙医，还是一位人才发展师，能够以符合成人教育原则的方式，分享关于牙科产品临床应用的知识。——帕特里夏·托雷斯，APTD

然而，获得证书的好处并不仅局限于人才发展专业人士。招聘经理能够更好地在求职者之间做出区分。雇主能够从更有才华和能力的员工那里获得更好的成果——无论是人才发展专业人士本身还是他们所培养的员工。最后，你努力培养的所有员工也会从你增加的知识和能力中获益。

> 谁掌握了培训的基调和教育的叙事，谁就在组织中具有最大的影响力。——谢尔梅恩·佩里-奈茨，CPTD

专业博士学位的特殊情况说明

大学的博士学位主要分为两类：学术博士和专业博士。［第三种类型称为一级职业博士（First-professional Doctorate），它针对的是医学、法律等特定领域，这不在我们此次讨论范围内。］

学术博士通常会授予哲学博士学位（Doctor of Philosophy，PhD）。这类学位主要是为了让学者对某一学科领域做出原创性贡献，并为他们进入学术界做好准备。不过，很多人获得 PhD 后也会进入职场工作，也有很多已经在职的人选择攻读 PhD。

专业博士与学术博士类似，但有三个主要区别：

- 该学位主要是为了满足在职专业人士在职业生涯中持续发展的需要。
- 研究通常以实践为导向，而非学术或理论。
- 专业博士学位的授予并不是以哲学博士命名，而是根据专业领域来命名，如教育博士（Doctor of Education，EdD）、工商管理博士（Doctor of Business Administration，DBA）或社会科学博士（Doctor of Social Science，DSocSci）等。

一个人可以同时拥有学术型和专业型学位。例如，我就同时拥有 PhD 和 DSocSci 学位。那么，为什么人才发展专业人士或其他职场专业人士会考虑攻读专业博士学位呢？让我们来看看以下几个原因。

- **成为思想领袖。**如果你有这个志向，完成博士学位可以为你提供更多的机会和平台，让你分享自己领域的见解。通过深入掌握专业知识，你不仅能与行业内最具前瞻性的人士建立联系，还能理解推动该领域发展的基础理论，从而塑造行业的未来。
- **为行业做贡献。**攻读专业博士不仅能让你掌握该领域的专业知识，还能让你为领域的发展做出贡献。在专业博士课程中，你会开发出其他从业者也可以借鉴的方法和思维，推动整个行业的进步。
- **实现自我发展。**在攻读博士学位的过程中，你会学到很多东西，不仅来自课程内容，还包括你为课堂作业和论文进行的研究。这会促使你突破自己专业的局限，去探索更广阔的领域。

- **促进职业发展**。获得博士学位可以促进你的职业生涯。一些雇主会对你的研究内容和所学知识感到好奇，并认为你是值得合作的人才。

- **开启独立执业之路**。无论是出于退休、想要摆脱激烈的职场竞争，还是希望以自己的方式定义和开展自己的业务，总有那么一个时刻，你会觉得为别人工作不再有意义，而是应该开始为自己工作。获得博士学位可以帮助你明确自己未来的身份和目标，这是了解你将如何执业的关键。此外，在与客户打交道时，博士学位还能增加你的可信度。

攻读专业博士学位是否适合你？如果你想更全面地了解某个研究领域，并为其发展做出贡献，那么攻读与人才发展相关的专业博士学位可能是一个不错的选择。

从业者的故事

在人才发展领域，专业人士各自拥有不同的资格证明经历。以下是一些精彩的故事。

- "虽然我每天都在工作中扮演一定的角色，但我对一个组织的真正了解并不多。在这个行业里，我有 10 年的工作经验，而其中的 4 年，是在获得 APTD 认证后，我开始以更加开放和具有情境感知的视野来看待工作。现在，我意识到每个员工都需要了解自己对业务目标的贡献。员工对组织愿景和使命有明确认识的组织，其绩效往往更高。社会和组织的变革与转型，离不开成员的投入和奉献。我的 APTD 认证让我更深入地理解了企业的本质，以及每个员工如何为组织的成功和社会进步贡献力量。"——帕特里夏·托雷斯，APTD

- "在获得 APTD 认证并担任现在的职位后，我重返校园，在亚利桑那大学全球校区完成了教育学学士学位的学习。去年，我还参加了 CPTD 的试点项目，并成功获得了这一资格认证。对我来说，获得这两个资格认证的最大价值在于，它们让我有了自信，能够向现在的和未来可能的雇主展示，我将成为他们团队中不可或缺的宝贵资产，为他们未来的成功贡献力量。"——罗布·霍伊特，CPTD

- "APTD 和 CPTD 这两个资格认证给我带来的远不只是一个头衔那么简单。它们为我指明了方向，让我有了发言的机会。我或许仍然不确定自己未来的具体目标，但我知道自己现在所处的位置。准备工作让我清晰地认识到了自己的优势和需要发展的领域，这让设定下一个学习目标变得更加容易。经历了这一切之后，我可以自信地说，这次经历教会我的最重要的一课就是'现在就是行动的时刻'。"——阿亚·麦德哈特，CPTD

- "在我看来，完成 APTD 和 CPTD 认证让我变得更加勇敢。在他人眼中，这给了我工作的合法性。而勇敢和合法性对于持续成功来说是一个绝佳组合。"——克雷格·恩斯特罗姆，CPTD

- "很少有人说'我长大后想成为一名学习与发展专业人士'。我们都来自不同的背景，这让我们这个领域充满了美丽的多元化。我们是一个充满激情的团队，每个人都有自己的故事，致力于帮助他人成功。现在我可以坚定地说：'我长大后想成为一名学习与发展专业人士。'"——玛德琳·姆贝，CPTD

- "考取 CPTD 让我对这个领域有了更广阔的视野。学习与发展既复杂又简单，它融合了艺术与科学。这一资格认证对我的学习产生了深远的影响，激发了我对知识的渴望，点燃了我对贡献研究的热情。"——谢尔梅恩·佩里-奈茨，CPTD

问题与解答

关于资格证明，你是否仍有疑问？以下是一些额外的思考点。

获得资格证明需要具备什么条件

这取决于你想获得哪种资格证明以及从何处获得。但以下是一些基本准则：在追求资格证明的过程中，你需要付出两样东西，同时也会收获两样。首先，你需要付出辛勤努力和金钱。而回报则是教育和认可（包括证书、认证或学位）。你可以在任何地方接受教育，例如，坐在一根木头的两端与导师讨论问题。但你需要前往相关机构才能获得资格证明。证书往往是最容易获得且成本最低的，认证通常更昂贵且难度更大，而学位是获得时间最长且成本最高的。但个人选择差异很大。

我应该选择哪种凭证

这是一个复杂的问题。你选择的认证类型主要取决于两点：你当前的专业经验和教育背景，以及你希望通过认证达到的目的。那么，为什么你可能选择每种认证呢？

• **证书**。这些证书能帮助你快速获得高度专业化的学习——有时只需要一天或几小时。短期证书有助于巩固你当前的工作角色，而长期证书有助于你为未来的角色和责任做好准备。然而，证书并不总是强有力的证明——雇主和客户可能不会认可它们，甚至可能不知道你有这些证书！

• **认证**。成为专业人士意味着了解该行业的知识体系并参与其活动、成长和发展。你可以通过获得该行业的一项资格认证来实现这一点。因此，雇主往往会知道并了解各行各业的认证。获得一项资格认证可以成为强大的职业助推器，有时甚至与获得学位一样有效。

• **学位**。学位是最广泛认可的证书。虽然拥有学士学位可能对你的职业生涯作用不大，但没有学士学位则可能带来很大的负面影响。另外，拥有硕士学位可以让你在从业者中脱颖而出。博士学位呢？它的影响因人而异——学位本身可能不会直接提高你的职业前景。但在博士课程中获得的知识和产生的成果将有助于你在未来的职业生涯中清晰地定义自己和自己的定位。

总的来说，如果你没有学士学位，请先攻读一个。如果你已经有了学士学位，考虑获得硕士学位或所在行业的认证。如果你有初级认证，考虑去争取高级认证。如果你有特定的学习需求，可以查看培训公司、组织和大学提供的证书课程。最后，如果你希望在自己的专业领域占据顶尖地位，可以考虑攻读专业博士学位。

谁会为我的证明支付费用

在支付资历认证费用时，有多种经济援助途径可供选择。有些雇主会进行学费报销或支付计划。学院和大学也经常能提供经济援助，包括贷款和助学金。每种情况都不同，因此你需要准备好与雇主协商支付和支持你的职业目标。同时，你也应该做好为自己的资格证明付费的准备。如果你看到了它的价值，那就投资自己吧。这是你应该做的事。毕竟，如果你都不愿意为自己投资，那别人又怎会为你投资呢？

最后的思考

人才发展是一项专业工作。为了在这个领域找到自己的位置并尽可能发挥效能，你需要考虑获取资格证明，如证书、资质认证或学位，这些都能提升你的能力和整个行业的水平。

◆◆◆

作者简介

里奇·道格拉斯（Rich Douglas），PhD，CPTD，是一位绩效顾问，也是里奇·道格拉斯咨询公司的创始人。他在公共和私营部门都有丰富的培训、管理、领导和人才发展解决方案提供方面的经验。他曾在多所高校任教。拥有联合学院与大学非传统高等教育专业的哲学博士学位，以及莱斯特大学人力资源开发专业的社会科学博士学位。此外，他还获得了 SPHR、CPTD 和专业认证教练的资格认证。他与妻子保拉居住在亚利桑那州的凤凰城。

参考文献

"Association for Talent Development."

"HR Certification Institute."

"International Coaching Federation."

"Project Management Institute."

"Society for Human Resource Management."

延伸阅读

Bear, M., and T. Nixon. 2006. *Bear's Guide to Earning Degrees by Distance Learning*. Berkeley, CA: Ten Speed Press.

Biech, E. 2021. *Skills for Career Success: Maximizing Your Potential at Work*. Oakland, CA: Berrett Koehler Publishers.

Douglas, R. 2020. *Purposeful Leadership Development: Advance Your Leadership for Results That Matter*. Self-published.

Phillips, J. , P. Phillips, and T. Elkeles. *Chief Talent Officer: The Evolving Role of the Chief Learning Officer*, 2nd ed. New York: Routledge.

Smith, N. -J. 2008. *Achieving Your Professional Doctorate: A Handbook*. Berkshire, England: Open University Press.

第7章 职业生涯中茁壮成长：终身学习的强大计划

凯瑟琳·隆巴多齐

你是否曾驻足思考，身为人才发展专业人士，肩上承载着多大的荣耀与艰巨的挑战？我们的日常工作，总是处于推动他人生活重大转变的核心地位——无论是帮助他们开启新职业生涯、提升技能以适应时代、掌握新工具和新方法，还是精炼所需的技能组合。组织期待我们能为成功实施项目、达成重要目标提供必要的助力。组织领导和员工也依赖我们，帮助他们发挥出最佳水平。

为了提供有效的支持，我们必须全力以赴，追求卓越。我们的角色是成为学习动态的专家，并精通我们行业的工具与技术。鉴于学习理论、工具和技术在不断进步，精通我们的行业便成为一项终身的任务。就像我们服务的对象一样，我们也必须在一个常常充满挑战的环境中，持续每天学习。

本章要点

△ 阐述人才发展专业人士的终身学习实践。

△ 提供指导，帮助制定在快速发展的行业中多元化职业生涯所需的自我发展计划。

我们需要在学习的技术和实践方面树立榜样，并率先垂范，展示如何管理具有挑战性的个人学习计划。因此，我们需要将我们在工作中所运用的学习专业知识、设计能力和工具应用到我们自己的学习计划制定上。本章将为你提供实用的建议与深刻的洞见，帮助你掌握这一方法。

终身学习的做法

终身学习：指贯穿人们一生的正式与非正式学习机会，旨在持续提升知识与技能，为就业和个人成就做准备。——《柯林斯英语词典》

终身学习的实践相辅相成，让你逐步成长为所需的专家。不出所料，这些实践反映了一个有效学习与发展项目的整体流程，从设定目标开始，到提升绩效结束。

以下就是你应当采纳并付诸实践的策略，本章后续内容将对这些策略展开详尽的论述。

- **追求卓越的专业素养**。为自己的职业发展腾出空间需要极大的动力。你需要清晰地构想自己希望成为什么样的专业人士，并承诺致力于达到这一专业水准。

- **确定发展目标**。优秀人才发展专业人士所需的技能差异很大，因此，你首先需要明确在你的角色和环境中需要发展哪些技能。取得进步的关键在于专注于特定的知识或技能，以便加强对你来说最重要的领域。

- **制定学习计划**。如何提升技能取决于目标技能的性质、你的项目、工作环境以及时间投入。你可能发现，针对不同的情况，有几种方法可能非常有用（这些方法将在本章后面介绍）。无论采用哪种方法，你都需要研究和筛选最适合你需求的资源和活动，并规划如何有效利用它们进行学习。

- **应用学习技能**。当你学习材料时，需要激活学习过程，以便将这些知识转化为指导未来行动的指南。成功的自主学员具备一系列特定的品质和技能，这些是你需要培养的。

- **展示精湛技艺**。最终，你的目标是用你的技能帮助他人成功。作为一名专业人士，你应该有一些证明自己精通的证据，如项目成果、作品集和推荐信等形式的佐证。

追求卓越的专业素养

从事某一职业意味着你需要专业知识作为支撑。虽然许多职业要求从业者具备深厚的学术背景才能入行，但人才发展（培养）并非如此。不过，从事人才发展工作的人员仍需深入学习相应的基础理论并掌握高超技巧。这正是终身学习发挥作用的地方。

大多数人才发展专业人士都会自主管理学习进程。他们会根据自己的职业需求明确所需的知识和技能，参与必要的培训与发展活动来为自己的工作奠定坚实基础。他们还通过实践学习和积累实际经验来提升自己的技能，并为此感到自豪。这些都要付出一定的热情和敬业精神。在追求个人发展的道路上，你的第一步是设想你为了有效完成工作需要达到的知识和技能水平，然后成为你的客户、商业伙伴、学员以及同行所期望的专家。

在人才发展领域，专业卓越究竟是什么样的呢？我们领域的专业组织已经投入大量精力来梳理和记录所需的能力，并制定了全面的能力清单和标准。这些分析清楚地表明，要想在该领域取得成功，专家不仅需要具备人才发展的专业技术能力，还需要掌握核心的专业和商业技能。

你可以利用这些能力清单来评估自己当前的技能水平，并找出有待提升的领域。虽然一位专业人才可能只需要掌握这些技能中的一部分就能胜任工作，但这些能力清单为我们领域各个方面设定了理想目标，激励我们不断追求卓越。

- **人才发展协会的人才发展能力模型**。该模型将能力分为 3 个维度：个人能力、专业能力和组织能力，共定义了 23 种能力。

- **学习与绩效研究所的能力地图**。该地图定义了 25 种能力，围绕 5 个实践维度：战略与运营、设计与开发、学习促进、绩效与影响和学习支持。每种能力在 4 个专业水平上（基础、熟练、高级、战略）都有相应的行为锚定。

- **亚太学习与绩效协会的学习与发展能力框架**。该框架定义了 6 个维度下 18 种能力的关键行为，其中 6 个维度包括专业属性、战略与规划、设计与开发、执行与交付、评估与反馈和商业智慧。

- **国际培训、绩效与教学标准委员会**。该委员会为教学设计师、讲师、培训经理和评估人员提供基于角色的能力和标准。

此外，一些专业人士可能还想了解人力资源领域的更广泛能力组合。以下是几个值得关注的。

- **英国特许人事和发展协会的新职业地图**。该地图定义了 6 个核心知识领域、8 项核心行为以及 9 个专业领域的知识。这些专业领域包括学习与发展、人才管理、组织发展与设计、人员分析、多元化与包容性、员工体验、员工关系、人力资源配置以及薪酬福利。每个知识领域、核心行为和专业领域都通过基础级、入门级、专家级和资深专家级的标准进一步定义。

- **美国人力资源管理协会的能力和知识体系。**该能力组合提出了在 3 个领域（领导力、业务和人际交往）中的行为能力，以及在 15 个人力资源职能领域的技术能力，包括学习与发展、组织效能与发展以及多元化与包容性。该知识体系在核心和高级水平上确定了熟练度指标。

- **美国人力资源认证协会。**这些能力组合涵盖了 5 个职能领域，具体权重和细节因所追求的认证类型而异，包括商业管理与战略领导、人才规划与招聘、学习与发展、薪酬体系、员工与劳动关系以及员工敬业度。该协会为人力资源领域和其他专业领域的专业人士和高级专业人士提供认证。

确定发展目标

如果你对已发布的能力清单、质量审查清单和职位描述进行分析，就会发现人才发展所需的技能组合极其多元化，几乎不可能由一个人全部掌握。因此，你在管理个人职业发展时的首要任务，就是明确个人发展目标，并确保它们与你的实际情况和职业发展轨迹相吻合。你的目标选择受到多种因素的影响，而且往往不止一个方面。

- **职业意向。**考虑你想担任的角色或想从事的工作类型。查阅该职位的职位描述，或与招聘经理或该职位的在职人员交谈，以此了解成功所需具备的条件。根据这些标准评估自己，并记录需要加强的方面。

- **反馈。**参考你的绩效评估，或向同事、上级和客户寻求更详细的反馈。如果你因为缺乏某个关键领域的技能而受阻，应将其视为优先改进项。反之，则应寻找那些你已具备但仍有提升空间、能助你迈向更高水平的技能领域。

- **优势。**马库斯·白金汉的研究指出，人们在自身擅长的领域成长最快——这里的优势指的是让你感到自信并助你进入心流状态的技能。思考那些能让你充满活力的活动，并设定提升这些技能的目标，以便在工作场合创造更多价值。

- **技能叠加。**你的独特性在于拥有特定的技能组合和经验。可以考虑在不同领域增强你的知识和技能，这可能让你拥有独特的专业优势。例如，你可以结合一系列技能（如咨询与电子化学习设计），或专注于特定行业或角色（如护士培训）的实践，将你的发展目标与这些技能的增强相结合。

- **能力发展。**你可以参考上一节提到的任何能力框架来评估自己，并根据这一分析选择发展目标。同时，你的组织可能也提供能力模型来指导你的自我评估。

● **趋势分析**。关注职业发展的动态趋势。或许你想学习如何在设计学习体验中使用虚拟现实或增强现实等技术，或许你想学习其他任何新兴的专业领域。这个领域处于不断变化中，总有机会让你站在前沿。

一旦你对想要深入研究的主题有了初步认识，为你的学习项目列出一些引导性问题将大有裨益。你无须制定正式的学习目标；在大多数情况下，你可能对该主题的背景了解尚浅，难以确定正式目标。你应该先决定你想要探索的内容，然后用它来指导你选择学习材料和活动。

在追求复杂或长期目标时，还需考虑以下两点：一个要点是明确你为何踏上这段旅程。你希望用这些知识或技能实现什么？你的动力源泉是什么？要实现个人发展，必须有一个足够强大的动力，才能支撑你持续前行。另一个要点是设定一个衡量标准，方便你跟踪自己的进展。你可以把自己的成长想象成一条从初学者到专家的连续体，范围从 0（完全没有知识或技能）到 10（专家水平）。然后，标记出你现在的位置，以及在完成这个项目后希望达到的水平（注意，不一定非要达到专家级别）。每次重新评估时，你都可以通过这个标准来检查自己的进步。

制定学习计划

一旦明确了自己的学习方向，你就可以制定计划，开始探索你选择的领域。计划的具体内容会根据学习项目的性质有所不同。一般来说，计划可以分为三种类型。

● **技能提升计划**。这是一个集中且高效的计划，旨在学习一项新技能，或者大幅度提升现有的技能。整个过程包括明确学习需求、筛选学习资料、制定学习计划、进行学习、应用所学，并进行自我评估。

● **持续职业发展计划**。这是一个长期且持续的学习过程，帮助你不断关注自己职业发展中的最重要领域。制定这一计划时，首先需要明确一个你希望随着时间逐步提升的知识点或技能，然后搜集相关的学习资源（如找出在该领域发布高质量内容的机构或个人），并设定信息获取的渠道（如期刊、社交媒体、网络提醒等），最后要保持对相关领域新闻和进展的关注，从而不断丰富自己的视野。这类计划通常包含更多的持续活动，除了学习资源，还涉及社交学习、定期参与专业交流活动、不断地反思和实践。

● **即时学习计划。**这种计划适用于你的工作中临时出现的学习需求和好奇心驱动的兴趣。即时学习是一个相对简单的过程，通常只需要快速搜索相关资料、判断其可信度，学习并将所学知识立即应用到实际工作中。这种方式一般只需要选取少数几个高质量的资源就能见效。

事实上，很多专业人士常常会同时进行多个学习计划。例如，一名设计师可能既想提升电子化学习设计的技能，又要保持自己在核心教学设计方面的能力，还可能需要快速复习一下某个电子化学习开发工具的功能。

这三种学习计划的基本元素是相似的。例如，你需要一套学习资源；通过一定的活动来消化和实践新学到的知识与技能；需要社交支持，如共同学习的伙伴、讨论的对象、老师和反馈提供者；同时，还需要有方法来应用所学，并确保自己确实掌握了相关的概念和技能。在这个过程中，你也需要不断评估自己是否达成了目标，必要时调整学习方向和方式。

筛选学习资源

在寻找学习资源和拓展人脉网络的过程中，不应局限于网络搜索结果的前几页，而应主动寻找多元化的特定资源，以丰富和深化你的学习内容和实践活动。在此过程中，确保既有丰富的输入（如阅读资料、视频课程和在线课程）又有实践性输出（如与同行交流、完成作业和参与实际应用项目）是非常重要的。

在选择资源和活动时，要根据你当前在某一特定知识领域或技能上的水平来判断。对于处于从初学者到熟练者阶段的人来说，正式的培训或教育可能更为有益。而对于已经具备一定能力、接近专业水平的人来说，更多的社交和实践学习可能更有效。虽然我们鼓励选择多元化的资源和活动，但你同时也要明确希望从每种资源中获得什么，从而优先选择最合适的内容。

在进行资源选择时，既要投入足够的时间，也要明白你找到的备选材料可能远远超过你能完成的数量。因此，筛选是非常必要的。筛选时，要评估材料的质量、深度、与自己需求的相关性，以及来源的可信度。（即使你只是执行一个临时学习计划，也一定要审慎评估你的来源！互联网中不乏错误的建议。）利用你的专业人脉来征求建议，帮助你评估各种选择。表 7-1 为筛选指南。

表 7-1 筛选指南

类型	描述	建议
学习材料	图书、文章、视频	• 寻找提供细微差别和细节的引人入胜的长篇资源 • 检查作者的可信度
持续学习资源	广播、专业杂志、学术杂志、社交媒体	• 寻找那些经常讨论你感兴趣的话题的人 • 检查作者的可信度 • 建立专业学习网络
社会化学习	同伴、共同学员、合作者、行业专家、榜样、教练、监督者、教师、反馈提供者、导师	• 与那些你可以进行全面、坦率的对话并从中学到很多的人互动 • 考虑你在该项目中需要的社会化学习类型，并相应地安排人员 • 确保从其他专业人士那里获得支持，安排会议，并在社交媒体上关注他们的工作 • 确保有一个问责伙伴——一个会催促你保持进度的人
行业聚会	会议、本地行业会议、供应商网络研讨会	• 寻找对话题感兴趣、演讲有质量、内容有深度的会议 • 通过与他人交流，了解他们在这些场合中的经验，从而帮助你明智地选择并参与这些活动 • 对潜在的来源偏见保持敏感（如那些更关注推销产品或服务而非专业教育的人）
认证和培训	研讨会和扩展开发项目，其中一些可以对特定知识或技能的掌握做出认证	• 查看专业组织和知名专家提供的资源或项目 • 调查评论、讲师的可信度和所提供证书的市场价值
教育	学术学位和证书项目	• 建立人脉，了解最适合你需求的学术项目 • 查看 Coursera 和其他 MOOC 平台，寻找可以免费访问的内容（通常你需要支付费用才能获得 MOOC 的结业证书）
反思活动	处理所学知识并准备应用于行动（如讨论、写作日志、辅导、制作清单和工作辅助工具）	• 认识到这是学习过程的关键部分 • 养成反思的习惯
应用活动	在实际情境中应用所学知识和技能的项目或任务	• 从小型项目或特定任务开始 • 如果可能的话，向他人寻求反馈或给自己设定质量标准

制定计划

在你清楚自己要在计划中包含哪些内容后，就应该像处理其他项目一样，为自己设定任务和截止日期。根据常见的组织原则来安排活动的顺序（例如，可以先整理一般性资料，再逐步深入具体内容，或者根据不同的学习方式交替进行）。

确定每周投入多少时间进行学习，并为这些固定的时间段设定具体的目标和任务。这样可以避免浪费时间在如何开始上。把你的计划和责任伙伴分享，听取他们的意见或建议。如果可能，也可以和上级分享，寻求他们的支持。

如果你的计划中已经明确了目标，挑选了优质的学习材料，找到了积极互动的学习伙伴，设计了深入反思和巩固的活动，并且安排了具有挑战性的实际应用机会，那么你就可以确信自己已经制定了一个切实可行的好计划。

应用学习技能

项目中最重要的部分就是执行计划。在执行你所规划的各项活动时，始终牢记你的核心目标和指导性问题。记下你的进展，并在每个阶段观察自己的变化。

成功执行自我导向学习计划，需要具备一定的技能和心态。关于自我导向学习的研究一再强调以下几种关键品质。

- **动机**。在面对众多其他任务的干扰时，规划并专注于自己的学习项目需要投入大量时间和精力。最强大的动机源于内心——你自身的愿望和自我认知。你需要这种内在驱动力，在遇到挑战时坚定不移。

- **自我效能**。你相信自己能够学会某个技能的信心，通常是受具体情境和资源的影响。你需要拥有成长型心态作为基础，但更重要的是，培养相信自己努力会有回报的信念，坚信最终能达成目标。

- **自我评估**。管理自己的学习需要诚实地评估自己当前的能力水平。你将运用这种能力来明确自己的学习目标，并不断监测自己的进展。需要注意的是，人们往往不擅长准确评估自己的表现，因此，一定要寻求反馈，并认真听取他人的意见。

- **足智多谋**。尽管现在上网查找信息或联系同行变得更加方便，但在海量资源中筛选出真正有价值的内容依然充满挑战。你需要提升自己的数字技能和人际关系管理能力，学会找到并善用最合适的资源。不断锤炼你的搜索能力，拓宽人脉，并始终保持一种心态，即每当一扇门关闭，另一扇窗总会打开。

- **规划技能**。在制定时间表时，应充分考虑自己学习节奏的特点，设计出一套高效的活动流程。最关键的是，要提前为自己预留足够的时间，并合理规划如何利用这些时间。为了避免浪费时间，事先制定一个明确的计划会更有效。但与此同时，你还需要具备灵活调整计划的能力，以应对可能出现的变化，同时始终关注自己设定的截止日期。

- **学习技能**。自我导向学习要求你全面运用各类学习技巧，包括讨论、做笔记、反思、记忆、批判性思维、问题解决和综合能力等。然而，最重要的能力是将所学知识转化为指导实际行动的能力。

同时，你还需要评估自己是否具备完成这个项目所需的能力和特质。如果发现自己在某些方面有所欠缺，可以在学习计划中加入有针对性的活动来提升这些能力。例如，制定自我评估的行为标准；为你计划阅读的图书或长篇文章设计反思问题，并花时间记录自己的思考；或者在开始制作检查清单时，快速回顾一些推荐的最佳做法，然后根据你收集到的信息开始创建。

在学习和记录的过程中，要思考如何将新学到的内容应用到未来的行动中。如果可以，最好将这些新做法转化为习惯。培养习惯需要你做到：

- 清楚地知道自己想要做什么，并理解这样做的原因。
- 为自己设立提醒，时刻提醒自己对这一行为的承诺。
- 尽量将实施这种行为的难度降到最低。
- 设定积极的结果来鼓励自己（如奖励自己）。

关键是，要明确如何将新知识和技能融入你的工作方式中，确保它们不会被遗忘，而是能够持续发挥作用。

管理自己的学习计划有一个优势，就是你可以随时反思和调整。定期评估自己的进展，留意是否出现了意外的偏离，并评估这些偏离对整个计划的影响。如果某些资源或活动未达到预期效果，及时进行调整，确保能够获得你所需要的深度和挑战。

如果（准确来说是"每当"）计划出现偏差，要仔细分析原因。巩固支持，减少障碍，确保自己能够尽快回到正轨。努力恢复进度，并评估这种延误对未来计划的影响。

展示精湛技艺

许多成人学习项目都是为了让你掌握某项技能或能力而设立的。因此，衡量你学习成果的最终标准，便是你能否展现出对所追求知识和技能的精通程度。而真正的验证方式，是将这些知识和技能应用到实际生活中。

正如前面提到的，你的学习计划应该包含实践项目。你可以从项目的小部分或某个具体流程的任务开始，或者你可以加入一个团队，与团队成员共同分担工作。如果你目前没有机会参与实际工作，那么你可以通过创建模拟项目来丰富你的作品集。在练习或应用的过程中，从专业人士那里获得反馈，往往比仅凭自己可能并不准确的判断要更有价值。

作为专业人士，你应该有一个作品集来展示你的能力，这个作品集不仅包含明显的项目成果和推荐信，还可以包括其他内容。例如，你可以通过深入实践或演示项目来证明你对某项技能的掌握程度。你也可以考虑开设一个公开的博客，或以其他方式分享你的工作成果。这不仅能为你的专业领域贡献知识，还能展示你日益增长的专业技能。为专业会议和期刊投稿也能达到同样的效果。总的来说，拥有一个数字形象，就像一份简历或一张名片，让人们能够轻松地了解你的能力和贡献，这是非常明智的。

最后的思考

在我们的行业中，通常将成果和表现置于首位，但常常忽略了深度学习对于支撑卓越工作的关键作用。身为学习领域的专家，我们更应当成为其他同事学习的榜样，精通学习之道。在策划和执行个人学习计划时，我们应充分利用自己对成人学习原理、学习策略、设计技巧以及优质学习资源的了解。

人才发展工作涵盖了各种角色和工作成果。在你的职业生涯中，专业方向可能多次转变。同时，人才发展领域的工具、技术以及我们在工作中面临的挑战也在不断演进。这种不断变化的需求要求我们不断提升自己的能力。

学习是个人茁壮成长的不竭动力，无疑这是一个持续终身的过程。在这个过程中，你会在彼此加强的循环中找到源源不断的灵感和动力。你的学习能够不断改进自己推荐给客户的学习和绩效发展策略，而这些策略又反过来促进了人才发展措施的提升，从而增强组织成功所需能力。

学习从你开始，学习永无止境。

作者简介

凯瑟琳·隆巴多齐（Catherine Lombardozzi）是一位终身学习与发展领域的专家，也是 Learning 4 Learning Professionals 的创始人。她的工作主要通过提供教练、咨询、研讨会和发展项目，帮助设计师、培训师、教师、顾问以及学习领域的领导者提升专业能力。她拥有近 35 年工作经验，长期活跃于职场学习领域，经常在专业会议和学术期刊上发表贡献，同时她还教授成人学习、教学设计、数字学习和咨询等研究生课程。她是《学习环境设计》一书的作者，并拥有乔治华盛顿大学人类与组织学习博士学位。

参考文献

Lombardozzi, C. 2020. *Self-Directed Learning: Essential Strategy for a Rapidly Changing World*. Santa Rosa, CA: Learning Guild.

延伸阅读

Biech, E. 2021. *Skills for Career Success: Maximizing Your Potential at Work*. Oakland, CA: Berrett-Koehler Publishers.

Cohen, D. J. 2016. *Developing Proficiency in HR: 7 Self-Directed Activities for HR Professionals*. Alexandria, VA: Society for Human Resource Management.

Lombardozzi, C. 2021. *Charting Your Course Workbook and Guidebook*. Wilmington, DE.

McLagan, P. 2017. *Unstoppable You: Adopt the New Learning 4.0 Mindset and Change Your Life*. Alexandria, VA: ATD Press.

第8章 不可或缺的成长型思维

瑞安·戈特弗雷德森

作为一名培训与发展专业人士，你肩负两项主要职责：一是个人持续学习与发展，二是帮助他人学习与发展。你能否有效履行这些职责，很大程度上受到一个看似微不足道却至关重要的因素的影响——你的思维模式，也就是你看待世界的心理视角。在本章中，我将分享一些有趣的研究来证明这一点。

本章要点

△ 阐述思维模式的定义，以及它们如何成为影响人们行为的关键因素。

△ 探究固定型思维与成长型思维之间的差异。

△ 阐述成长型思维对于培训师和开发者取得成功的重要性。

△ 解释成长型思维所带来的赋能效果，以及如何帮助他人也做到这一点。

我们先从几个研究案例讲起，看看你能从中对成长型思维有哪些新的认识。

研究1：促进自我学习与成长

多项研究揭示了人如何自我学习。其中一项研究中，研究人员给参与者做了一项思维模式测评。得分较低的被归为第一组，得分较高的被归为第二组。接着，研究人员给所有参与者安排了同样的任务：一场包含8道简单题目和4道难题的考试。目的是让他们体验从成功到失败的过程。研究人员想要观察，不同思维模式的参与者对失败的反应是否有所不同。

结果确实如此。他们发现第一组的参与者在回答前8道简单题目时颇为自信，但一遇到难题，情绪就迅速低落，开始消极地自言自语。他们也不再认真思考，开始胡乱猜测答案，甚至想要逃避任务。

而第二组的反应截然不同。遇到难题时，他们更加努力地钻研，保持积极的自我对话，乐观面对，并继续努力寻找正确答案。

那么，你认为哪个组更有可能实现学习与发展呢？是遇到难题就沮丧的第一组，还是面对挑战更加努力的第二组呢？

研究 2：帮助他人学习和成长

在另一项研究中，研究人员将三组不同的样本分开，以探讨思维定式是否会影响管理者帮助员工学习与发展的效果。在前两组中，研究人员让管理者进行思维模式测评，然后让员工评估他们的管理者在有效辅导实践中的表现（例如，提供明确的绩效期望和建设性反馈，帮助解决问题，以及激励员工潜力）。研究结果发现，得分较高的管理者更有可能采用有效的辅导方法。

在第三组中，研究人员设计了一个实验，目的是看是否能够通过思维训练帮助那些得分较低的管理者提高他们的辅导能力。因此，研究人员将得分较低的管理者分为两组。一组接受了安慰剂训练（这组训练并未涉及思维模式），另一组则接受了针对特定思维模式训练。六周后，研究人员播放了两段谈判表现较差的视频，并要求参与者针对要点列出他们认为视频中的员工应该如何改进谈判表现。结果发现，接受思维模式训练的参与者提供的反馈比安慰剂训练组数量更多也更有水平。

因此，研究表明，无论是那些思维模式测评得分较高的人，还是接受过思维模式训练的人，都更有能力帮助他人学习和成长。

从研究中获得的启示

这些研究主要关注两种思维模式之间的差异：固定型思维（较为悲观）和成长型思维（较为乐观）。研究揭示了一个事实，即你作为培训与发展领域专业人士的工作效率，实际上取决于你的思维模式——你如何看待和解读这个世界。

值得注意的是，参与这些研究的人可能都没有意识到自己是固定型思维还是成长型思维。但他们每个人可能都认为自己正在以最佳方式观察并回应这个世界。

如果你想要提升作为培训与发展领域专业人士的工作效率，那么首要任务是审视你当前思维模式的质量。之后，如有必要，你需要努力调整自己的思维模式，以便更好地激发内在的学习与发展动力，并帮助他人也做到这一点。

本章的目的是帮助你利用成长型思维的力量，让你能够更加出色地完成培训与发展专家的两项核心任务。通过审视和改善自己的思维模式，你将更加愿意并能够不断地自我提升，同时也更有效地促进他人的发展。

什么是思维模式

大多数人认为思维模式就类似于自己对某件事的态度。但实际上，思维模式远不止于此。心理学家和神经科学家都认为，思维模式是我们行为背后的最根本原因，决定了我们为什么做出某些选择和行为。

这是我最认同的对思维模式的定义：思维模式是心理透镜，它们选择性地组织和编码信息，帮助个体以一种独特的方式理解体验，并引导个体采取相应的行动和反应。

虽然思维模式常被描述为"心理透镜"，但它们实际上是跨越大脑三个主要区域（爬行动物脑、哺乳动物脑和人类脑）的长距离神经连接。这些神经连接主要承担三项基本功能。

- **它们将独特的信息过滤到我们的大脑中**。实际上，我们的身体向大脑发送的信号远远超过我们能处理的范围。因此，我们需要一个过滤器，只允许最重要的信息进入。我们的思维模式就充当这个过滤器。在第一项研究中，当参与者遇到四个难题时，他们的思维模式可能让他们意识到这些问题比之前的问题更具挑战性。

- **它们以独特的方式解读过滤后的信息**。为了有效应对我们所遇到的情况，我们需要一个机制，能够迅速且自动地为事物赋予意义。我们的思维模式就是这个"意义制造者"。当两个人对同一件事赋予不同的意义时，我们就能感受到他们的思维模式（或他们的"意义制造者"）之间的差异。在第一项研究中，第一组的人将自己面对四个难题时的困难解读为自己能力不足的标志，而第二组的人则将其视为学习和成长的机会。

- **它们激活其他个人特质。**通过调动我们的个性特质或自我调节策略，思维模式根据过滤进来的信息和对其的解读，帮助我们更好地应对遇到的问题。在第一项研究中，第一组参与者将自己的困难解读为能力不足的表现，这激活了防御反应（放弃或停止努力），以保护自己免受负面情绪的影响；而第二组参与者将困难视为学习和成长的机会，这激活了积极应对反应，促使他们深入挖掘并继续努力。

因为我们的思维模式在大脑处理信息时发挥着这三种基本作用，所以它是我们最根本的元素。理解这一点对我们个人的成长以及我们与他人合作时的成长都有重要意义。如果我们想要优化自身行为，或激励他人改进其行为，最为高效的途径便是从根源着手——调整我们的思维模式。反之，如果我们忽视了对思维模式的审视，而单纯尝试改变行为，往往会遭遇阻碍，因为固有的思维模式会自然而然地抗拒我们所力图促进的行为转变。

固定型思维和成长型思维

研究人员根据不同人对相同情境的解读和反应，识别出了不同的思维模式。通常，这些思维模式可以分为两种，代表一个连续体的两端：一种思维模式导致较为消极的解读和反应，另一种则带来更积极的解读和反应。

在过去 40 年里，最受关注的思维模式是固定型思维和成长型思维。研究反复证明，这两种思维模式在一个人学习与发展的效果中起着至关重要的基础性作用。

基于这项研究，我们可以将固定型思维定位在连续体的负面端，将成长型思维定位在正面端。随着你对这两种思维模式差异了解的逐渐深入，信息可能显得比较简单明了，似乎非黑即白，但实际上，情况要复杂得多，存在着一系列灰色区域。换句话说，人们实际拥有的思维模式通常位于这个连续体中间的某个位置，很少有个体会完全位于某一端。

固定型思维

当一个人陷入固定型思维模式的桎梏时，他们深信自己的才能、能力或智力是恒定不变的。在他们的世界观中，自己被视作一个不可塑的实体，无法接受根本性的转变。对他们而言，无论是五年前还是五年后，始终是同一副模样。

由于固定型思维者坚信自己无法改变，他们倾向于将世界二分为"有能力者"与"无能力者"。一旦在某方面遭遇挫败，他们便将自己归类为"无能力者"，并因深信改变无望，而永远失去了成为"有能力者"的可能。研究表明，为了规避被视为"无能"的痛苦，固定型思维者往往选择逃避失败。他们渴望置身于能够彰显自身优势的舞台，往往回避挑战，并在遭遇困境时轻易放弃。面对不易达成的目标，他们会以天生缺乏某种能力为由，拒绝付出更多努力去提升或坚持。

让我通过一个亲身经历来进一步说明这一点。在大学一年级时，我怀揣着成为医生的梦想，毅然报名参加了极具挑战性的预科化学课程。然而，课程结束时，我收获了人生中最糟糕的成绩——一个"C"。在当时的固定型思维模式下，我将这一成绩解读为，我在化学领域是个"无能力者"，且永远无法跨越这道鸿沟。于是，我选择了转专业——既然在化学上已被打上"无能力"的标签，那么继续追逐医生梦想便显得毫无意义。

成长型思维

拥有成长型思维的人认为，个人的才能、能力和智力是能够通过持续努力不断进步的。与五年前相比，他们觉得现在的自己已经有所不同，且希望变得更好，同时，他们也明白，当前的自己仅仅是未来五年内可能实现的自己之冰山一角。

由于成长型思维者相信自己有能力改变和提升，他们不会将世界简单地划分为"有能力者"和"无能力者"。即使他们在某件事情上失败了，也不会认为这就是最终的结局。他们相信，只要付出足够的努力，即使现在的自己看起来"没有能力"，未来也有可能成为真正的"有能力者"。

具备这种思维模式的人，不会过分忧虑于避免失败或仅仅追求表面的成功光环。他们更加专注于学习新知、促进个人成长及自我提升，旨在以更加卓越的状态为所属的团队、群体及组织贡献力量。对他们而言，失败往往是最佳的成长与学习契机。他们深信，成功的真谛在于不懈的努力，而非与生俱来的天赋。众多研究一再证实，正是秉持这种心态的成长型思维者，在遭遇挑战时，相较于固定型思维者，能够展现出更坚韧不拔的努力与坚持。

如今，在明晰了固定型思维与成长型思维的差异之后，我的思绪不禁飘回大一时的化学课堂，心中暗自揣度，倘若当时的我拥有成长型思维，而非固定型，我的人生轨迹是否会有所不同？假使我具备成长型思维，或许就不会把糟糕成绩视为自己在化学领域能力不足的标志，而是会将其归因于努力不足和学习策略不当（事实上，当时确实是这种情况）。那么，我可能不会轻易做出转专业的决定，更不会轻易舍弃成为医生的梦想。相反，我会选择以更加积极的态度去面对挑战，不断提升自我，勇往直前。

你当前的思维模式

你是否曾进行过思维模式的自我测评？通过这一评估，你能清晰地了解到，在固定型思维与成长型思维这一连续谱系上，你的思维模式相较于 20000 多名已完成评估的参与者，究竟处于何种位置。

你是否意识到，你的思维模式正以不易察觉的方式，深刻地塑造着你的生活？回想起大一的时光，我曾自信地认为自己的应对方式已臻至善。然而，如今我发现，那时的我深受固定型思维的束缚，未能窥见更加广阔、健康且高效的应对挑战的路径与选择。

现在，让我们将目光投向你的个人成长或职业发展之路。设想一下，如果你能够进一步培养成长型思维，它将如何为你的生活带来积极的变化？而当你拥有了更为坚定的成长型思维后，又将如何以更加积极的方式，去影响和激励那些与你并肩作战的伙伴呢？

具备成长型思维的专家一再强调，培养成长型思维是通往成功之路上不可或缺的关键一步。这是因为，人生的成功往往在于勇敢地克服所面临的挑战，而固定型思维却让我们更倾向于逃避这些挑战。

作为培训与发展领域的专业人士，你的职责不仅在于提升自身的学习和成长能力，更在于确保每个人都能发掘并提升他们的潜能。如果你未能专注于为自己及你所培养的对象构建成长型思维，那么这或许意味着你的工作尚有待加强和完善。

人们为什么会形成固定型思维

拥有固定型思维的人并不是坏人，他们只是出于一个特定且正当的目的培养出这种心态：为了保护自己。

无论他们的成长环境、生活经历，所处的文化背景如何，他们接收到的信息始终如一：一旦失败或表现得不尽如人意，便意味着他们失去了价值。这样的信息可能使他们的思维变得异常敏感，倾向于高度关注并筛选所有与失败或形象受损相关的信号，将其视为危险的征兆。因此，面对任何可能导致失败或面子受损的情境，他们都会不由自主地产生自我保护的反应。

在我的成长轨迹和受教育过程中，我无形中内化了一个观念：人生的成功在于专注那些自己最易取得胜利的领域。于是，当大一的我面临困难时，固定型思维悄然浮现，试图将我从进一步失败和失望中解救出来，同时也悄然削弱了我为改善学习技巧和习惯而倾注更多心力的决心。这种自我保护机制在当时似乎合情又合理，让我笃信"这就是我应该遵循的道路"。然而，正因为它表面的正确性，我难以意识到它其实也在限制着我。

我们如何转变为成长型思维

从固定型思维转变为成长型思维，首先需要从根本上重新调整思维模式。

理论上转变思维模式

思维模式转变所需的调整，主要聚焦于思维模式的两项核心功能：一是筛选信息，二是以独特视角解读信息。对于固定型思维而言，这意味着我们需降低对潜在失败信号的过度敏感，并优化对挑战与失败的解读方式，赋予它们更为积极的内涵。例如，我们应当学会视挑战与失败为宝贵的学习与成长机会。

这是一种独特的发展方式，称为纵向发展，区别于传统的横向发展观念。

横向发展侧重于增强个人的知识、技能与能力，其核心目的在于使个体能够胜任更多的任务。这种发展方式好比在平板电脑上新增一款应用程序——新应用无疑丰富了平板电脑的功能，使之能够执行以往无法完成的任务。然而，横向发展亦有其局限之处，那就是它并不一定能够提升平板电脑的操作效率。

另一方面，纵向发展则是提升个人在认知和情感上以更复杂的方式来理解和解读世界的能力。以下是对考试答错题目解读的两种不同方式，它们在认知与情感复杂性上形成了鲜明对比。

- 这是个人能力不足的表现。（固定型思维）
- 这是一个学习和成长的机会。（成长型思维）

纵向发展的精髓在于助力个人实现自我超越。以平板电脑的操作系统升级为例，纵向发展或许不会增加新功能，却能显著提升运行效率。

尽管横向发展与纵向发展各有其独特的价值，但思维模式的转变无疑是纵向发展的核心所在。当我们致力于转变思维模式时，实际上是在优化我们内在的"操作系统"。

尽管引导人们进行纵向发展和重塑思维模式可能看似一个艰巨的任务，但实际上远比我们想象得要容易得多。回顾第二项研究，那些原本秉持固定型思维的领导者，在接受固定型与成长型思维训练后，仅在六周内提出的改进建议，无论在质量还是数量上，都远超未接受相关培训的个体。此外，众多研究反复证实，即便是针对思维模式的小幅干预，也能产生显著效果。

实践上转变思维模式

转变思维模式，其实与学习外语时如何数到 10 的过程颇为相似。我们以一位英语母语者学习用西班牙语流利数到 10 为例，这一学习过程大致可以分为三个核心步骤。

- 首先，这位英语母语者需要拥有学习的热情与动力，并且坚信自己有能力掌握用西班牙语数到 10 的技能。
- 其次，他需要将数字与西班牙语中的对应词汇建立联系（例如，"uno"对应"一"，"dos"对应"二"）。
- 最后，他需要坚持每天投入五到十分钟的时间进行练习。经过数周的持续努力，他应该能够流利地用西班牙语数到 10。

同样地，思维模式的转变也遵循着类似的路径。

- 首先，需要具备转变思维模式的动力，并坚信这一转变是切实可行的（对于习惯于固定型思维的人来说，这一初步的认知转变可能颇具挑战性）。

- 接着，学习并理解思维模式的语言。这意味着他们需要深入了解固定型思维与成长型思维之间的区别，知道它们如何影响个人的思维方式和行为习惯，以及评估自己在固定型思维与成长型思维之间的倾向性。

- 最后，需要定期投入时间，积极锻炼并强化自己的成长型思维神经连接。通过数周的坚持与努力，他们将在重塑思维模式方面取得显著的进步。

成长型思维练习

在对思维模式深入研究的总结中，研究人员揭示了一系列有效促进思维模式转变的方法，包括引导性学习（如研读思维模式的图书或参与相关工作坊）、观赏短视频、开展日记练习、参与思维模式的讨论以及改善自我对话等。

以下是若干具体策略，旨在培养并强化成长型思维。

- 阅读卡罗尔·德韦克的《终身成长：重新定义成功的思维模式》或瑞安·戈特弗雷德森的《成功心态：改变心态，造就不一样的人生》。还可以阅读玛丽亚·波波娃的文章《固定型思维与成长型思维：塑造我们生活的两种基本思维方式》。

- 观看卡罗尔·德韦克的 TED 演讲"相信自己能够进步的力量"，或爱德华多·布里塞诺的 TEDx 演讲"信念的力量：思维模式与成功"。

- 利用日记练习自我提问：

  ○ 回想一下你在哪些技能上从不熟练变得熟练。

  ○ 回忆一下你曾经面对挑战时，最初失败，但最终坚持下去并取得成功的经历。

- 通过以下讨论问题进行反思：

  ○ 你身边有哪些人是固定型思维？他们的这种思维模式如何限制了他们？

  ○ 你更关心自己看起来有多好，还是更关注学习和成长？你有什么证据支持这两者中的任何一种？

- 改善自我对话。不要再说"我做不到"，而要说"我现在做不到，但会做到"，"我能做任何我努力去做的事"，或者"错误是学习和进步的机会"。

帮助他人培养成长型思维

协助他人习得新技能在我们的培训与发展实践中是一项核心任务。例如，我们可能想要帮助管理者提高他们提供有效反馈的能力。如果我们成功了，管理者将对他们的员工产生更积极的影响，他们的员工将更加投入，成长速度更快，工作效率也会显著提升。

我们可能考虑组织一系列的培训课程，帮助管理者学习如何有效地反馈，并给他们提供实践的机会。这种方式本质上是横向发展的。可以理解为，我们要求管理者"下载"一个"有效反馈"的应用程序，期望他们通过使用它来提高反馈效果。

然而，横向发展通常并不会像预期那样奏效。确实，有些管理者可能在反馈能力上有所进步，但这通常仅限于那些本身就具备成长型思维的管理者。对于那些持有固定型思维的管理者来说，他们可能认为，不管自己是否提供有效的反馈，员工的表现都不会有显著改善。因此，他们可能下载"应用程序"，但由于内在的思维模式问题，他们的"操作系统"却无法运行它。

如果我们希望在帮助他人发展的过程中更加有效，关键是要从基础开始——从个人内在的思维模式入手，特别是要培养成长型思维。

最后的思考

"不可或缺的成长型思维"这一章，绝非哗众取宠之标题，而是基于数十年深入研究所得出的实质性成果。那些具备成长型思维的人，往往力求让自己在职场中变得无可替代。他们的思维模式促使他们履行培训与发展专家的两项主要职责：不断学习和提升自己，同时帮助他人学习和成长。

作为人才发展专业人士，你需深刻理解思维模式对于我们所从事的每项工作都具有基础性作用。这一点将深刻影响你的个人成长以及你帮助他人成长的能力。一旦你认识到自己是如何逐渐培养出成长型思维的，你就能在指导他人成长的过程中，更加珍视并专注于培养这种思维模式。

在帮助他人塑造成长型思维的过程中，你需要牢记以下三个关键点：

- 激发他们培养成长型思维的内在动力，并让他们认识到这种思维模式是可以培养的。
- 引导他们理解并区分固定型思维和成长型思维的不同表述方式。
- 为他们提供实践机会和练习，使他们能够定期锻炼并强化成长型思维的神经连接。

作者简介

瑞安·戈特弗雷德森（Ryan Gottfredson）博士，是领导力发展领域的杰出专家、资深研究员及顾问。他专注于思维模式的研究，致力于帮助组织在领导者培养方面实现纵向发展。他是《华尔街日报》《今日美国》联合推荐的畅销书《成功心态：改变心态，造就不一样的人生》的作者。同时，他还担任加利福尼亚州立大学富勒顿分校商学院的领导力教授，并持有印第安纳大学组织行为学与人力资源管理专业的博士学位。他在《领导力季刊》《管理学杂志》《组织行为学杂志》等多个权威学术期刊上发表了超过 19 篇学术论文。作为顾问，他曾与 CVS Health、德国电信、Circle K 等众多顶尖企业的领导团队携手合作。

参考文献

Crum, A. J. , P. Salovey, and S. Achor. 2007. "Rethinking Stress: The Role of Mindsets in Determining the Stress Response. "*Journal of Personality and Social Psychology* 104: 716–233.

Diener, I. C. , and C. S. Dweck. 1978. "An Analysis of Learned Helplessness: Continuous Changes in Performance, Strategy, and Achievement Cognitions Following Failure. "*Journal of Personality and Social Psychology* 36: 451–462.

Gottfredson, R. K. , and C. S. Reina. 2020. "Exploring Why Leaders Do What They Do: An Integrative Review of the Situation–Trait Approach and Situation–Encoding Schemas. "*The Leadership Quarterly* 31: 101373.

Heslin, P. A. , D. Vandewalle, and G. P. Latham. 2006. "Keen to Help? Managers'

Implicit Person Theories and Their Subsequent Employee Coaching. *"Personnel Psychology* 59: 871-9902.

Petrie, N. 2014. *Vertical Leadership Development—Part 1: Developing Leaders for a Complex World*. Greensboro, NC: Center for Creative Leadership.

延伸阅读

Dweck, C. 2007. *Mindset: The New Psychology of Success*. New York: Ballantine Books.

Gottfredson, R. 2020. *Success Mindsets: Your Keys to Unlocking Greater Success in Your Life, Work, & Leadership*. New York: Morgan James Publishing.

Nadella, S. 2017. *Hit Refresh: The Quest to Rediscover Microsoft's Soul and Imagine a Better Future for Everyone*. New York: HarperCollins Publishers.

第 9 章　学习与发展专业人士的道德誓言

特拉维斯·沃

《希波克拉底誓言》的历史悠久，其书面记载可追溯至公元 275 年，而该理念在更早的数百年前就已深入人心。尽管现代版本的誓言只有短短 341 字，但它却对当今医学界产生了深远的影响。无论是在医学毕业典礼上，还是在电视节目和流行文化中，我们都能见到它的身影。它甚至已被写入全球各地的医学法律和法规中。作为一套指导医学行业的简单而有效的原则，它已被证明具有持久的生命力和实用性。

作为学习与发展专业人士，我们同样需要一份属于自己的誓言。然而，遗憾的是，我们的职业常常在组织中受到误解、偏离正轨或被滥用。这种情况之所以发生，是因为我们在工作中长期忽视了一个核心问题。如今，我们的行业中不乏才华横溢的专家，他们几乎能为任何你能想到的主题创造出令人瞩目的成果。但那些只是我们的工具和方法。我们必须共同决定，这些工具和方法应该用来实现什么目标。

本章要点

△　为什么学习与发展专业人士需要一份道德誓言。

△　如何在学习与发展群体中传播和强化这一统一的道德誓言。

△　如何将道德誓言中的五项基本原则融入你的日常工作中。

何谓优秀的学习与发展专家？仅仅将其定义为那些能让内容变得吸引人、促进热烈讨论或高效管理学习项目和课程的人，是远远不够的。这样的定义无法充分展现我们这一行业的变革潜力。在本章中，我们将探讨一个可能适用于我们行业的道德誓言，并讨论如何在现实的学习与发展场景中将其付诸实践。

提议的道德誓言

我们拥有改变世界的技能和地位，但要实现这些崇高的目标，我们需要的不仅是专业技能，还需要明确的价值观来凝聚我们这一行业，并激励我们在面对未来的艰难挑战和不可避免的两难抉择时勇往直前。因此，我们迫切需要一份学习与发展行业的伦理准则。

提议的道德誓言

△　我承诺将学习与发展资源仅用于推动真实且有价值的改进，并在此过程中力求资源的最大化利用。

△　我会设身处地，以我希望别人如何对待我的方式来对待我的听众。

△　我会充分利用每个项目，努力减少不平等，推动包容性增长。

△　我将消除学习道路上的重重阻碍，努力让所有人都能无障碍地获取学习资源。

△　我将在组织和社区中以身作则。

接下来，让我们来分析一下所有人才发展专业人士都会碰到的情况，以及在这些情况下，职业道德誓言将如何发挥效用。

场景一

你被安排负责规划公司所需的性骚扰培训课程。根据法律规定，该课程至少需要两小时，你需要在法定的截止日期前，通过在线自主学习的形式向所有员工推广。你会采取什么策略？

在这种外部规定的情况下，我们可能倾向于先找些内容来填满课程时间，但这会违背我们追求真实、有效改进的初衷。相反，你应该与你的专家团队和团队成员紧密合作，深入了解员工真正需要的培训。例如，你可能发现员工对旁观者介入技巧的培训非常感兴趣。或者你可能发现，公司需要改进报告机制，以便更有效地处理员工的担忧，或者领导层需要为处理这些报告做好更充分的准备。我们不能只向课程中堆砌一些显而易见的定义和案例，而要深入了解员工的需求，然后创建出真正有用的培训。

原则一

我承诺将学习与发展资源仅用于推动真实且有价值的改进，并在此过程中力求资源的最大化利用。

功利主义这一思想最早由 19 世纪初的英国哲学家杰里米·边沁提出，并由约翰·斯图亚特·密尔进一步发展和完善，尽管这一观念在伦理学领域早已有之。简单来说，如果一个行为能够产生积极效果，那么它就是有益的。这听起来就像学习与发展领域的一条实用准则，不是吗？

杰里米·边沁和约翰·斯图亚特·密尔认为，快乐和痛苦是衡量行为有益与否的标准。他们主张，如果一个行为能够最大化快乐并最小化痛苦，那么它就是有益的。更确切地说，如果一个行为的净收益（它所带来的快乐减去可能带来的痛苦）大于其他任何可行选择的净收益，那么这个行为就是有益的。

在现代职场中，我们将从投资回报率的角度来评估学习与发展项目的价值。我们的目标是，在确保每个学习与发展项目都能带来显著行为效益的同时，尽量降低其在时间、金钱和资源方面的成本。

用古老的伦理观念来解释，我们的目标必须正当且合理，能够充分证明我们所采用的手段是正当的。

如何确保项目效益最大化

如果我们精心打造的长时间课程仅仅博得了行业专家的青睐，却未能给组织或听众带来实质性的助益，那么我们的工作就有所欠缺。在接手新项目之际，我们都应积极主动地征询利益相关者的意见："这个项目将如何助力我们的世界（或我们的组织）更上一层楼呢？"

倘若项目无法为组织带来显著的进步，或者其效益过于渺小、过于抽象，以至于不值得投入资源，我们就应果断拒绝。这意味着，我们需要付出更多的心血，去探索那些能够带来实质性变革且能满足利益相关者需求的新目标，这样的付出是值得的。在我的《全面合规：以合规培训推动行为改变》一书中，我将这种分析方法命名为"机会分析"。它是将项目从空洞无物的形式主义中解救出来，转变为富有意义、合乎道德标准的学习与发展体验的重要法宝。

如何最小化成本

在追求净收益的过程中，我们不仅要关注如何增加收益，还要同样重视如何降低项目的成本。如果能够在短时间内（15 分钟）高效地完成一个目标，那么花费更多时间，如一小时，去做同样的事情就是得不偿失的。根据提议的誓言，这不仅是效率问题，更是道德层面的考量。

在我们的日常生活中，每一件事都有其成本。例如开车上班，虽然方便，但也会带来环境污染、时间成本以及金钱支出。然而，对于大多数人来说，保住工作和与同事交流所带来的价值要远大于这些成本。但如果你住得离公司很近，步行上班就是一个更环保、更经济、更健康的选择。步行上班的净收益更高，因此是更优的选择。对于一个实用主义者来说，选择步行上班是明智之举。

在将这一原则应用到日常工作中时，我们需要拓宽对成本的理解。现代人才发展项目涉及多种成本，包括直接成本和间接成本。这意味着我们有很多机会去削减成本，从而提升项目的整体效益（见表9-1）。

表9-1 学习与发展活动的成本解析（直接与间接）

受众时间	这是极其珍贵的资源，我们必须妥善利用。鉴于组织事务繁忙，我们应确保每次学习与发展活动都尽可能精简高效，不占用同事过多的时间
专家时间	在项目选择上，我们需要慎重考虑，并合理安排工作量，以充分利用有限的资源，实现最大化收益
资金	虽然学习与发展活动的预算在组织中不算多，但仍需精打细算。在追求目标时，我们应秉持节约的原则，避免不必要的开支
环保	打印纸质用户手册会破坏环境，这是一个显而易见的事实。办公室里那些被遗忘、无人问津的旧手册就是最好的证明。如果我们能通过更加环保的方式（如使用电子手册）达到同样的目标，那么我们就应该积极采取行动，节约资源，保护环境

场景二

一位委托人找到你，表示有60000美元的预算，想为团队定制一个在线复习课程。你经过分析后发现，这个项目涉及的团队成员并不多，所需内容也只有大约25分钟。但问题在于，由于系统和流程经常更新，这些内容明年就得全部推翻重来。那么，你应该怎么办呢？

与其今年花60000美元制作一个在线课程，明年再投入同样的资金重新制作，不如考虑为这个人数不多的团队提供成本更低的在线直播课程。虽然他提出的是制作教程的需求，但如果你有能力举办直播课程，那么不妨考虑一下这个更经济的方案。毕竟，如果免费的在线直播课程能达到同样的效果，那么花费这么多钱制作教程就显得有些浪费了。

原则二

我会设身处地，以我希望别人如何对待我的方式来对待我的听众。

在《圣经》的《马太福音》中，我们读到过这样一句名言："你们愿意人怎样待你们，你们也要怎样待人。"然而，这一理念并非基督教所独有，事实上，它至少比《马太福音》成书时间早了 600 年。在柏拉图、亚里士多德的著作以及公元前 6 世纪孔子的作品中，我们都能找到类似的理念。显然，这一理念影响深远，但也存在局限。

例如，如果你是一位军事史迷，那么一场关于第一次世界大战中某个不为人知的战役的讲座可能让你听得津津有味，但这并不意味着你可以要求所有同事都陪你一起听。仅仅因为你对军事史感兴趣，并不意味着别人也有同样的兴趣。

遗憾的是，黄金法则的误用在我们这一行是司空见惯的事。"当然，他们可以这样学习。"一位主题专家可能为一个内容冗长、设计糟糕的课程辩护，"我就是这样学的。"其他利益相关者可能以他们觉得细节既有趣又重要为由，主张开设越来越多的课程，暗示非专业人士也应从中看到价值。

后来的哲学家，特别是伊曼努尔·康德，对黄金法则进行了改进，使其更能防止被误用。伊曼努尔·康德提出了"绝对律令"：不要做自己不希望别人也做的事情。

在学习与发展领域，我们应该把每个项目都当作一个榜样。如果我们仅仅因为某个主题重要就开展一场冗长乏味的讲座，那么我们实际上是在说，只要内容重要，任何人都可以强制推行冗长的课程。这样一来，我们和我们的同事都会有很多不好的学习体验。

所以，我们应该这样理解绝对律令：如果你对某个主题没有特别的兴趣或专长，就按照你希望被对待的方式来对待听众。

说实话，如果你没有特别的兴趣或专长，你会希望课程尽可能简短且实用。

你会希望它不要太难，但也不要太容易。你会希望它的设计明确，让人一目了然。你会希望无论结果如何，项目的评价都是公正的，不要太过苛刻。而且，你可能还希望有权选择是否参与以及如何参与。

这些就是我们希望其他人才发展专业人士能为我们做到的。因此，我们自己也应该努力做到这些。

情景三

在这个场景中，你正在负责一个网络安全项目，并面临着是否进行模拟网络钓鱼攻击的决策。一方面，这样的攻击可以帮助我们识别出容易受骗的同事，并对他们进行针对性的培训；但另一方面，这样的做法也可能让一些同事感到被欺骗和冒犯。面对这种情况，你会怎么做？虽然持怀疑态度的同事的担忧不无道理，但如果我们能够以同理心去理解他们的感受，并在执行模拟攻击时给予他们足够的尊重和关怀，那么这次活动就可以成为一个非常有效的学习机会。想象一下，如果这样的活动是针对你自己的，你会有什么期望？

- 你会希望知道活动的具体流程，以及在收到可疑邮件时应该如何应对。
- 你也会希望有机会在活动开始前进行练习，并得到清晰明了、不带侮辱性的反馈。
- 如果第一次没有成功抵御攻击，你还希望有机会再次尝试。

因此，我们应该努力确保这次活动能够真正成为一个有趣且有益的实践机会，而不是一个让人感到被陷害和指责的陷阱。我们应该以我们希望别人对待自己的方式去对待观众，给予他们足够的尊重和关怀。

原则三

我会充分利用每个项目，努力减少不平等，推动包容性增长。

作为学习与发展领域专家，我们的任务是利用组织现有的资源，为其未来的发展铺路。为了实现这个目标，我们需要广泛吸纳各种人才。同时，我们也必须确保每位同事都能享有公平的学习、成长和成功的机会。如果做不到这一点，就会辜负组织的期望，违背我们的誓言。

　　然而，包容性增长并非易事。我们的组织就像一个小社会，在种族、性别等方面，我们仍然面临着诸多挑战。无论是在哪个领域，那些成功的人往往都在模仿过去那些成功者的做法。他们的言谈举止，也往往与他们相似。

　　从《华尔街日报》2020 年的报道中我们可以看出，在美国，种族和性别不平等的现象依然严重。例如，在美国 500 强公司的 CEO 中，黑人仅占 1%，也就是 4 人。而《纽约时报》在 2015 年对美国 1500 家大公司进行的一项调查也发现，名叫"约翰"的 CEO 的数量，竟然超过了所有女性 CEO 的总和。然而，这只是同事因歧视性政策而无法充分发挥潜力的冰山一角。

　　这种做法既不公平，也不利于我们业务的长远发展。如果我们只关注一小部分潜在的优秀人才，那么就会错过许多其他有潜力的人才。与其将资源集中在培训少数人身上，让他们承担所有工作，不如利用包容性，发掘并培养我们多元化团队中每个人的独特才能，这样不仅能提升他们的职业发展，还能推动我们业务的整体进步。

　　但是，要实现真正的包容性增长，单靠一门课程是远远不够的。在全球部分国家和地区不平等现象依然严重的背景下，我们承担的每一个项目都肩负着消除不平等现象或防止其继续蔓延的责任。

　　因此，无论项目涉及什么领域，面向什么人群，我们都必须深入思考：这个项目将如何打破现有的不平等格局，并推动包容性增长？

公平没有捷径

　　如果我们想要真正产生影响力，就必须广泛倾听利益相关者的声音，并且始终保持开放和愿意改变的态度。我们需要在各个层面——领导团队、学习与发展部门以及项目的每个阶段——都引入更多的多元化，但真正的公平不仅是一个数字游戏。如果我们的团队不愿意倾听、反思和成长，那么任何旨在增加多元化的举措都将无济于事，甚至可能产生反效果，加剧同化现象，让有害的政策继续存在。因此，我们必须保持谦逊和开放的心态，努力改变我们的旧有做法，使其能够更好地服务于每一个人。当我们提拔多元化的同事或向发展计划中加入多元化要素时，我们并不是在施舍或给予特殊待遇，而是在为组织的未来发展和生存创造有利条件。

为此，学习与发展专业人士需要将原则三深化到实际工作中，采取一种全面的方法：*我们必须将每一门课程和项目视为一个机会，来与各种形式不公平进行斗争。*

领导力发展

包容性技能不应被简单地视为领导力发展计划的附加内容，而应成为领导者必须具备的核心能力之一，并贯穿于领导力发展的整个过程。此外，我们还必须确保选拔领导者的过程是公平和透明的，以便建立一个多元化的未来领导者群体。

敏捷项目管理

我们的组织之所以未能从多元化的视角中汲取营养，往往是因为它们对于挑战现状的反馈反应迟钝。如果你教授敏捷项目管理的课程，那么不妨设计一个项目，这个项目将通过一个案例研究，展示如何根据多元化和包容性调查的反馈来优化内部流程。这样，学员就能在实践中锻炼新技能，并学会将包容性视为一项与其他业务成果同样重要的具体目标。

沟通培训

在职场上，人们对于不同种族和性别的认知存在着显著的差异。然而，关于沟通和个性风格的培训却往往强化了这种差异，因为它们总是强调说话者需要调整自己的风格来迎合听众的期望。相反，我们应该更多地培训听众，让他们学会识别和避免在感知中可能存在的偏见。

情景四

你所在的大型社交媒体公司刚刚投资了一套全新的基于 AI 的软件开发工具。你被赋予重任，要设计一个 AI 开发课程，确保公司的所有编码人员都能熟练掌握这些新工具。那么，你将如何行动呢？

这是一个难得的机会，你可以借此机会在传统技能课程中融入对公平的重视，从而使其更加丰富和完善。机器学习算法中的偏见和歧视问题已经得到了广泛的关注。在你的课程中引入这一内容，可以创造出吸引人的教学场景，激发学员的兴趣，同时培养他们真正的技能，让他们能够认识到 AI 的局限性和潜在风险。与传统的 IT 技能课程相比，这样的培训可能产生更加深远的影响，有助于消除你公司文化中以及公司推出的应用程序中的不平等现象。

原则四

我将消除学习道路上的重重阻碍，努力让所有人都能无障碍地获取学习资源。

在设计学习工具和开发项目时，我们肩负着道德重任，必须确保这些资源能够惠及每一个人。

这可能涉及为那些用母语学习效果更佳的学员提供翻译内容。或者，针对那些因数字鸿沟而被边缘化的人群，我们可能需要提供面对面的培训和工具。同时，我们要制定计划，确保残障人士能够顺利访问并充分享受我们提供的学习资源。

虽然为在线视频添加字幕是一个好的开始，但真正的无障碍访问需要我们从根本上改变设计和提供内容的方式。例如，有些残障人士可能更喜欢使用纯文本文档或 MP3 播客等替代方式，而不是那些只是在后期添加无障碍功能的在线课程。如果我们一开始就考虑到目标受众的需求，那么我们就可以创造出一个更加吸引人且有效的学习体验。

我们提供的多种学习方式让学员有了更多自由选择的空间，同时，这也可能让你的内容能够覆盖到更多的传播渠道，如那些在大堂里无声播放的视频广告。

普遍可访问性投资不仅惠及少数人，更能让我们所提供的一切对每个人都更有用。

情景五

设想一下，你经常为新员工组织一场 4 小时的入职培训。然而有一天，一位听障员工参加了你的培训。你会怎么做？

如果你没有提前为此类情况做好准备，那么你可能觉得很难接待这位同事。因此，从一开始就将全民可访问性考虑在内是非常重要的。只有当我们考虑到了所有人的需求，我们才能为他们提供公平访问所需的工具和资源。

例如，你可以学会如何为演示文稿添加字幕，并在需要时能够迅速找到手语翻译。你还可以设计一些不那么依赖口语和听力的培训环节，这样不仅可以丰富培训内容，也能让其他员工受益。

原则五

我将在组织和社区中以身作则。

20 世纪 90 年代，查尔斯·巴克利虽然是 NBA 的传奇人物，但他场外的一些行为让他备受争议，他甚至公开表示自己不是别人的榜样。然而，我们这些从事学习与发展工作的人可不能这么说。

无论我们在组织里担任什么职位，都要明白，学习与发展本身就是一种领导力。当我们选择进入这个旨在帮助他人成长进步的领域时，就意味着我们已经承担起了这份责任。大家期望我们自身已经足够优秀，能够成为他们的榜样。

我们平时的一言一行，对于组织来说都非常重要，绝不亚于我们写的文章和开发的课程。至少，我们必须了解并严格遵守组织的所有规章制度和法律法规。同时，我们还要保持诚实正直，勇于承认并改正自己的错误。最后，我们还要践行亚里士多德所说的古老伦理概念"黄金之道（Golden Mean）"，做到既不过分也不欠缺，恰到好处。

亚里士多德主张，在两个极端之间找到那个恰到好处的平衡点，才是明智之举。在我们这个行业里，保持这种平衡至关重要。要想工作顺利，我们必须保持积极心态，专注于解决问题，并时刻以客户为中心。但是，当项目出现问题时，我们也要敢于揭露组织的不足，并坚定地站在受众这一边。

我们要做到既亲切又果敢，既灵活应变又坚守原则，既迅速响应又富有策略。我们要有答应的意愿，也要有拒绝的勇气。

职业道德誓言应该帮助我们更加自信、坚定地维持这种平衡。如果我们都认同行业的规范，我们就能从这份坚守中获得力量。它为我们提供了一个清晰的界限，让我们知道何时该说"不"；同时，它也为我们提供了一个共同的话语体系，让我们能够解释为何说"不"。它让我们能够用相同的标准来审视问题，并共同寻找更好的解决方案。它让我们每次都能以身作则，成为他人的楷模。

我们可以在难以沟通时向利益相关者解释："我宣誓过职业道德誓言，我必须做我认为对的事情。"

我们应该如何使用这份道德誓言

我们越频繁地引用誓言，它的影响力就越大。根据需要调整誓言的内容，使其更加贴近你的实际情况，然后在以下场合考虑使用它。

- 人才发展、企业发展或教学设计等学位项目的毕业典礼或入职培训。
- 人才管理岗位的面试——提前分享誓言，并要求每位候选人分享他们在职业生涯中如何运用一个或多个原则来达成道德结果的实例。
- 团队会议和一对一沟通，以确定工作重点、解决利益相关者的需求并建立内部共识。
- 经验教训总结会议，以发现和解释改进的机会。

如果我们想让这份誓言成为我们行业的象征并激发我们的潜力，我们就必须经常分享它并始终践行它。

最后的思考

这个誓言涉及了一些重大且复杂的主题，如公平性、包容性和无障碍性，这些话题值得我们深入讨论，绝非一篇文章所能尽述。关于这些主题，我并非无所不知。很多时候，我甚至不知道该如何提问。然而，我不想因为自己的不自信就避开这些重要的主题。因此，我提出这个誓言的草案，希望它能作为思考的起点。

你或许感到惊讶，我这样一个普通人，怎么有资格为我们的行业起草一份职业道德誓言？这确实是一个值得探讨的问题。我不过是想抛砖引玉，希望比我更有见识和才智的人能够不断精进和完善这一倡议。

《希波克拉底誓言》随着时代的变迁而不断演变，以适应社会、技术和个人期望的变化。我也希望学习与发展领域的同行能够与时俱进，对这一誓言进行更新。这应该是属于我们每一个人的誓言，而非我一个人的。

◆◆◆

作者简介

特拉维斯·沃（Travis Waugh）是《全面合规：以合规培训推动行为改变》（ATD 出版社）一书的作者。他曾在俄亥俄州立大学攻读英语和哲学专业，后来又在佐治亚州立大学取得了教学技术硕士学位。他在人才发展领域拥有长达 15 年的工作经验，曾在佐治亚理工学院、印第安纳大学和美国电力公司担任要职。现在，他在全球顶尖的技术分销商 Tech Data 公司担任道德与合规政策、培训及沟通方面的全球经理。他经常在各种会议上分享关于行为学习设计、教学技术和行为驱动合规培训等方面的见解。他与家人一同生活在约克（英国城市）。

参考文献

Aristotle, and A. Beresford. 2020. *The Nicomachean Ethics*. New York: Penguin Classics.

Buranyi, S. 2018. "Rise of the Racist Robots—How AI Is Learning All Our Worst Impulses. "*Guardian*, February 14.

Chen, T. 2020. "Why Are There Still So Few Black CEOs?" *Wall Street Journal*, September 28.

Kant, I. , R. Stern, C. Bennett, and J. Saunders. 2020. *Groundwork for the Metaphysics of Morals* (Oxford World's Classics). Oxford: Oxford University Press.

Mill, J. S. , M. Philp, and F. Rosen. 2015. *On Liberty, Utilitarianism and Other Essays* (Oxford World's Classics), 2nd ed. Oxford: Oxford University Press.

Waugh, T. 2019. *Fully Compliant: Compliance Training to Change Behavior*. Alexandria, VA: ATD Press.

Wolfers, J. 2015. "Fewer Women Run Big Companies Than Men Named John. "*New York Times*, March 2.

延伸阅读

Cathcart, T. , and D. Klein. 2008. *Plato and a Platypus Walk Into a Bar: Under-*

standing Philosophy Through Jokes. New York: Penguin Books.

Kahneman, D. 2013. *Thinking, Fast and Slow*. New York: Farrar, Straus and Giroux.

Kendi, I. X. 2019. *How To Be an Antiracist*. New York: One World.

Shafik, M. 2021. *What We Owe Each Other: A New Social Contract*. Princeton, NJ: Princeton University Press.

Watnik, R. -L. 2021. "Operationalize a Code of Ethics." *TD at Work*. Alexandria, VA: ATD Press.

Waugh, T. 2019. *Fully Compliant: Compliance Training to Change Behavior*. Alexandria, VA: ATD Press.

第 10 章　情商对于人才发展职业有何影响

珍·格里夫斯

情商（也称情绪智力，EQ）对你的职业道路有多么重要？答案是，至关重要！情商意味着一系列重要的能力，可以帮助你更好地应对学习过程中的挑战，满足培训和开发对象的需求，从而帮助你实现长期职业目标。无论你是专注于设计培训计划、协调项目、培训指导人员，还是致力于推动学习项目的发展，深入了解人们学习和互动的方式，都是至关重要的。投入精力提升你的情商技能，会让你个人、你的团队、你的组织都受益无穷。

本章要点

△ 探讨情商技能可以为人才发展专业人士带来哪些益处。

△ 了解情商为何对组织中的每个人都至关重要。

△ 尝试运用八种情商策略，为自己的人才发展职业生涯指明方向。

情商技能让你能够与学员建立深厚的联系，引导他们获得更深层次的见解，实现自我成长。同时，情商还能帮你克服职业道路上可能遭遇的各种恐惧和不安。我们都有过这样的时刻。例如，我能否在公众面前自信地演讲？面对众多听众或公司高层时，我该怎样表现？当所有人都注视着我时，我该如何应对那些质疑者？如果我在课程设计上不够创新怎么办？面对行业未来的挑战，如优先级冲突、虚拟和电子化学习的快速发展、工作量激增，或资源谈判等，我又该如何应对？

如果你从现在开始踏上这条学习之路，并坚持不懈地提升自己的情商技能，情商将成为你职业道路上不可或缺的助力。

情商是什么

首先，让我们追溯一下情商的起源。情商的概念是在 20 世纪 90 年代中期首次被提出的，当时磁共振成像扫描技术揭示了人们在思考和感受时大脑中被激活的区域。这一发现让人们惊讶地发现，在决策、沟通等思维任务之前和进行时，大脑的情感中心会处于活跃状态。商界迅速接纳了这一科学的行为研究方法，应用情商为解决工作和人际交往中的难题提供了新的思路。基于 25 年的深入研究，以及各行业在培训与发展方面的实践，本章将为你概述在培训与发展领域必须掌握的关于情商的要点。

情商、智商与性格的差异

从澄清情商不是什么开始定义情商，这听起来可能有些奇怪。但我们要从这里开始，解答两个学员最常提出的问题：性格会影响情商吗？情商不就是智商的附属品吗？

当我们测量一个人的性格、智商和情商时，会发现这三者都能为我们揭示人们在工作中如何思考和行动的秘密（见图 10-1）。

图 10-1　情商+智商+性格＝你

性格是由稳定的"特质"组成的，这些特质塑造了每个人的独特性。你可能更有活力、情绪稳定、友好或热情，这只是几个例子。性格特质在人的早期生活中就会出现，并在成年后一直占据重要地位。你可能认为某些性格特质（如内向）意味着较低的情商，但那些能从独处中汲取力量的人，其情商并不逊色于通过与他人互动来获取能量的人。你可以利用自己的性格特质来提升情商（这可能对你有所帮助），但情商并不是由性格决定的。

智力其实就是你的学习能力。我们可以把认知智力看作你处理新信息或复杂信息的速度。这并不是说你知道多少知识——学习新的事实或信息并不会让你变得更聪明。除非发生脑损伤等严重事件，否则你的智商从出生起就相对稳定，基本不会随时间而改变。而情商是一种可以通过后天努力提升的灵活技能。智商和情商之间没有必然联系，一个人的智商高低并不能反映其情商水平。

> 情商能为我们提供独特的视角，让我们深入了解在工作中（超越性格和智商层面）人们的表现。

有些人可能很聪明，但情商不高。各种性格的人情商都可能高或低。在这三者中，情商最具可塑性，也最容易改变。你的情商会影响你管理行为的方式、处理复杂社交关系的能力，以及你做出的对个人、他人和你所在组织都有积极影响的决策。

情商的生物学根源

磁共振成像是一种脑部扫描技术，它利用强磁场和无线电波，深入探究大脑内部，揭示人们在受到刺激时的真实反应。通过这一技术，我们发现了一个惊人的事实，人们在工作时并不能完全摆脱个人情感的影响。实际上，大脑在我们还未意识到情绪的存在之前，就已经开始处理它们了。大脑中的理性区域（前额叶皮层）无法阻止边缘系统（大脑的情感中心）所感知到的情绪，但这两个区域会相互影响，并保持紧密的联系。情绪与理性"大脑"之间的这种紧密联系，正是情商的生理基础。

情商的核心在于大脑内部的沟通机制。感官信息首先会经过边缘系统，这是情感被加工和处理的地方。然后，这些信息会被传递到前额叶皮层，进行更深入的思考和分析。情商需要大脑中的理性中枢与情感中枢之间实现有效的沟通（见图 10-2）。

丹尼尔·戈尔曼在 2005 年将情商的概念引入商界时，他提出了一个令人惊讶的观点：智商并不是决定成功的唯一要素。事实上，智商最高的人往往只在少数情况下能够超越智商平均水平的人，而智商平均水平的人常常能够战胜高智商的人。这一发现让人们开始关注除智商之外的其他因素，结果发现情商在高绩效者的能力中占据了重要地位。

我们的大脑天生就容易受到情绪的影响，所以我们对事件的第一反应往往是

大脑的设计使得情感在决策过程中占据重要地位
我们的感官信息首先会经过边缘系统进行初步的处理和解读

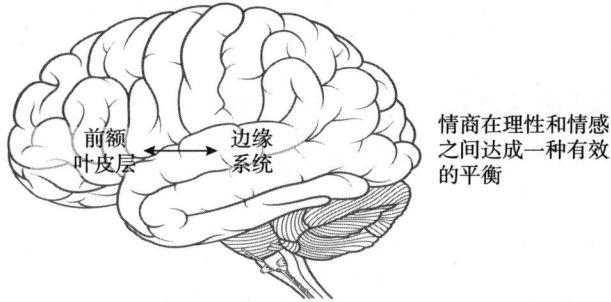

前额
叶皮层

边缘
系统

情商在理性和情感
之间达成一种有效
的平衡

图 10-2　感官信息在大脑中的传递与加工过程

情绪化的。但是，我们可以通过提高自己的意识水平来控制情绪过后的想法和行为。当有人说的话或做的事在我们心中引发强烈的情绪反应时，我们称之为"触发事件"。它会触发我们是因为我们以前有过类似的经历。当我们遇到"触发事件"时，如果能够意识到自己的情绪反应，并学会调整自己的心态和行为，就能够避免做出令自己后悔的事情。情商的核心就是学会更加了解自己的触发因素，并提高自己的应对能力。

情商的四大核心技能

情商是一系列技能的集合，包括识别和理解自己及他人的情绪，以及利用这种意识来管理自己的行为和人际关系。

这四大技能包括（见图 10-3）：

● 自我意识。

	我所见	我所做
个人能力	自我意识	自我管理
社会能力	社会意识	关系管理

图 10-3　情商技能

- 自我管理。
- 社会意识。
- 关系管理。

自我意识和自我管理是关于你个人的两项重要技能，而社会意识和关系管理更多地关注你与他人的互动。

自我意识

自我意识是情商的基础，它让你能够及时准确地感知自己的情绪，并理解自己在不同情境下的情绪模式。具备自我意识的人能够敏锐地察觉自己对特定事件和人的感受，并据此迅速做出反应。同时，自我意识也要求你能够忍受因关注负面情绪而带来的不适。

要培养自我意识，并不需要深挖自己最深层的或无意识的动机，而是要从直接追求理解自身需求、习惯、风格和优势开始。具备自我意识的同事非常清楚自己的长处和短处，了解什么能够激励和满足他们，同时也清楚哪些人和情境会触动他们的情绪。

自我管理

自我管理则不仅是抵制冲动行为或问题行为，而是利用你对自己情绪的意识来保持灵活性，并积极引导你的行为。你需要管理自己对不同情境和人的情绪反应，并在探索自己的情绪和选择时容忍不确定性。一旦你理解和适应了自己的情绪，最佳的行动方案就会自然呈现。

然而，人们面临的最大挑战是长时间地管理自己的倾向，并在各种情境中运用自我管理技能。真正的成功来自暂时搁置眼前的需求，去追求更大、更重要的目标。这需要你不断承诺自我管理和容忍等待，因为实现这些目标往往需要时间。

社会意识

作为社交能力的首要组成部分，社会意识同样是一项基础技能。它指的是你准确捕捉他人情绪并洞察其真实状况的能力。这意味着，即使你与他人的感受不尽相同，你也能敏锐地觉察到他人的所思所感。我们常常陷入自己的情绪之中，而忽略了他人的立场。社会意识则能帮助你保持专注，并捕捉到关键信息。

社会意识并非向内审视以了解自我，而是向外探索以理解和欣赏他人。它主要基于你识别和理解他人情绪的能力。在与他人互动时，关注他人的情绪将使你更全面地了解周围的环境，这会影响到你对未来事件的预测、沟通方式以及人际关系等方面。

关系管理

互动和关系之间的区别主要在于频率，同时也取决于你与他人互动的质量、深度以及投入的时间。尽管关系管理是社交能力的第二大组成部分，但这项技能依赖于前三种情商技能：自我意识、自我管理以及社会意识。关系管理是指你利用对自己和他人情绪的认识，成功地管理互动和关系的能力。

擅长管理关系的人能够与各种不同的人建立联系，并从中获益，即使他们并不喜欢某些人。他们深知，与他人的关系越疏远，就越难将自己的观点传达给他们。如果你希望人们能够倾听你、关心你以及你的工作，就必须投入精力去维护每段关系，特别是那些具有挑战性的关系。

为何情商对组织中的每个人都至关重要

除了人们普遍认同的情绪会影响个人，以及组织依赖其成员的观点，世界经济论坛的《2020 年未来就业报告》中的预测也进一步证明了情商在商业领域的重要性。全球职场正面临巨大的颠覆与变革。推动这些变革的因素包括快速发展、不确定性、远程及虚拟学习、创新、数字化转型，以及对职场包容性、公平性、健康与福祉的追求。鉴于未来必将迎来诸多变化，且人类本能地会情绪化地应对这些变化，因此情商在预测的八个关键技能组中占据两个核心位置也就不足为奇了。世界经济论坛的调查显示，超过 90% 的组织认为，与人协作和自我管理的技能对于组织而言至关重要，甚至随着时间的推移，这些技能的重要性还在不断提升（见表 10-1）。

表 10-1 组织所需的关键技能

技能组相对重要性	下降	稳定	提升
与人协作	4%	32%	64%
自我管理	7%	43%	50%

在预测的 2025 年最重要的前 15 项技能中，情商位列第 11 位，但当你浏览此列表中的其他技能时，这一排名就显得十分合理。领导他人、产生社会影响力、具备服务意识以及拥有说服或谈判的能力，这些都需要一个人具备社会意识，能够妥善管理人际关系（见表 10-2）。同时，人们也需要自我意识和自我管理的能力，才能主动出击、承受压力、灵活应变，并保持坚韧不拔的精神。

表 10-2 世界经济论坛调查结果中的顶尖职场技能及对应的情商技能

2025 年顶尖职场技能	对应的情商技能
第 5 位：创造力、原创性和主动性	<ul><li>自我意识</li><li>自我管理</li></ul>
第 6 位：领导力和社会影响力	<ul><li>自我意识</li><li>自我管理</li><li>社会意识</li><li>关系管理</li></ul>
第 9 位：韧性、抗压能力和灵活性	<ul><li>自我意识</li><li>自我管理</li></ul>
第 13 位：服务意识	<ul><li>社会意识</li></ul>
第 15 位：说服力和谈判能力	<ul><li>自我意识</li><li>自我管理</li><li>社会意识</li></ul>

在职场中，我们常常会遇到各种挑战和压力。这些压力不仅来自工作量和时间紧迫，更来自那些复杂的情绪（如感到愤怒、怨恨、失望、焦虑、沮丧、不知所措或不受尊重）。如果我们缺乏处理这些情绪的能力，就会选择逃避问题，导致冲突升级。而情商能帮助我们提升处理这些复杂情绪的能力，提升我们的自我管理和人际交往能力，从而帮助我们更好地应对职场挑战。

情商可以培养吗

让我们来看看过去 17 年的研究成果。虽然单独一项研究无法确定情商能否被培养，但综合不同时间、环境和人群中的多项研究，我们或许能够找到一些线索。马廷利和克莱格对过去 16 年间（2000—2016）关于情商技能培训的 76 项研究进行了综合分析。他们发现，这些研究中，其中有 56 个样本采用了前后对比的方法，共涉及 2136 名参与者；另有 26 项研究中的 28 个样本（共 2176 名参与者）设置了对照组。4312 名参与者涵盖了各个行业和专业背景，包括管理人员、医护人员、执法人员、销售人员、教育工作者和零售人员等。此外，研究人员还分析了本科生、研究生和专业课程中的学生样本，其中 MBA 学生占了很大比例。这些情商培养都得到了相关组织或学术项目的正式认可，且参与者并非为了获得学分而参加。无论是前后对比还是设置对照组，研究结果显示，无论男女，接受培训后，他们的情商得分都有所提升。这种提升在自我评估中也得到了体现。总体而言，情商培养确实能够提升情商水平，因此研究人员认为，情商是可以培养的。

一年内提升情商是完全可行的

在 TalentSmartEQ（一个权威的情商研究与应用平台），我们深入研究了情商提升的可能性。众多学员通过"情商评估量表"来测量自己的情商基线，然后有针对性地练习并再次测试，以观察自己的进步。在我们的数据库中，学员在 3 至 6 个月内，情商分数平均提升了 7 分（见图 10-4）。而对于那些又坚持练习几个月并在 7 至 10 个月内再次接受测试的人来说，他们的平均分数更是提升了 9 分，这标志着在短短不到一年的时间里，他们的情商技能有了显著提升。这一提升幅度是人们在相似时间段内通过正常生活经验所能带来的情商增长的两倍多。

许多职场老手常常后悔没有早些了解情商的重要性。但好消息是，无论你现在处于职业生涯的哪个阶段，提升情商都不晚。事实上，40 岁以上的学员在练习情商策略 6 至 9 个月后，情商分数平均提高了 8 分。

平均重测情商分数

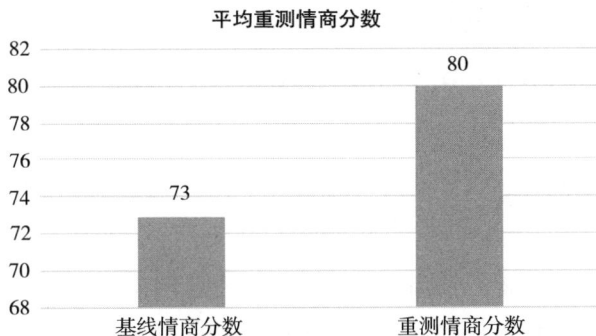

图 10-4　平均基线情商分数与平均重测情商分数的对比

注：2020 年对 1874 名受访者通过"情商评估量表"进行的自评分数，采用 100 分制标准化计算。

理解分数未提升的原因

并非所有人都会看到分数的提升。根据我们针对职场人士和学生群体的数据集，80% 的学员分数有所提升，3% 的学员分数保持不变，而 17% 的学员分数有所下降。

分数下降有两个可能的原因

- 如果一个人全心投入，他们就会意识到情商的重要性，并且会更加关注自己何时又回到了低情商的行为模式。因此，当他们再次进行测试时，他们可能比第一次更真实地评价自己，或者对自己设定了更高的情商标准。

- 他们可能在生活中遭遇了挫折，并发现自己高情商的行为变得不如以前频繁了。

提升情商需反复练习和时间沉淀

你的情绪习惯已经根深蒂固，因此要用更加成熟和高情商的方式来替代它们，就需要长期的练习和时间的积累。不要期望在短时间内就全面提升情商，但你可以通过不断努力，逐步改善自己的某些行为。每个人所需的时间都不同。如果你想要减少打断他人的次数，那么在日常生活中你将有很多机会去实践。而如果你的情商挑战在于处理冲突或自信谈判，那么你只能在遇到相关情境时才能锻炼这些技能。掌握这些情商技能可能需要一年甚至数年的时间。关键在于要持之以恒，即使在你偶尔旧习复发或在职业生涯中遇到困境时，也要坚持下去。通过定期评估自己的情商得分，你可以清晰地看到自己的进步。

个人情商技能的培养

如果你从未刻意去提升情商技能，它们会有所增长吗？如果你能够主动去学习和实践，那么你的情商一定会得到更大的提升。每个人都会有一些情商上的优点和不足，通过情商评估，你可以清晰地了解自己的情况。在职业生涯的早期就开始注重情商的培养，会让你在未来的道路上走得更远、更快。此外，你还可以借助一些经过验证的情商实践策略来提升自己的情商。以下是《情商 2.0》中 66个可操作的情商策略中的 8 个，它们特别适用于人才发展领域。这些策略将帮助你在开展人才发展工作时更好地处理情绪、人际关系和各种挑战。

培养自我意识技能

从事培训与发展工作，你将有机会近距离观察并助力同事在工作中提升自我意识。你也应该为自己开启类似的旅程，这样你才能真实地分享自己如何更加深刻地认识到工作中的痛苦与收获，以及这些经历给自己带来的深刻见解。

你很快就会意识到，自我意识的培养是一个持续不断的过程，它要求你在与他人交往、面对挑战以及经历工作中的各种情绪时，尽可能客观地观察并了解自己。自我意识的提升永无止境，因为它是一场漫长的旅程。接触并理解自己的情感和倾向需要极大的勇气。请保持耐心，给自己足够的时间和肯定，哪怕只是取得了微小的进步。当你注意到自己以前未曾察觉的事情时（哪怕这些发现并不总是好事），也意味着你正在逐步成长和进步。（见表 10-3）

表 10-3　人才发展专业人士的自我意识策略

摒弃情绪的好坏之分（自我意识策略 1）	情绪和感受只是内心的信号而已，它们本身并无好坏之分。例如，沮丧可能对你的言行产生积极或消极的影响，这完全取决于你能否及时察觉并妥善应对。因此，从现在开始，学会倾听内心的声音，理解它们想要传达给你的信息，而不是简单地将它们划分为好坏

续表

寻求反馈 （自我意识策略 14）	主动向你周围的人（包括你尊敬的人和那些对你持批评态度的人）寻求反馈，这将极大地提升你的自我意识。虽然这可能让你感到有些不适，但请给自己足够的时间去消化并思考他们的意见，然后根据自己的判断来决定如何采纳这些建议

提升自我管理技能

大家都觉得自我管理就是学会在情绪快要失控时压抑自己，或者忍住不说、不做自己真正想说和想做的事。确实，在这些情况下保持自控可能是个明智的选择，但自我管理绝不仅限于此。自我管理还包括在你不愿意的时候，仍然能够克服不适，勇敢地发声或采取行动。

记住，情绪总是先于思考和行动。要想做好自我管理，首先要准确感知自己的情绪，然后为了自己和他人的利益，采取积极的行动。这正是优秀自我管理者的独特之处。（见表 10-4）

表 10-4　人才发展专业人士的自我管理策略

掌握正确的呼吸方法 （自我管理策略 1）	当你感到紧张或焦虑时，试着深呼吸。用鼻子慢慢吸气，让气息充满胸腔和腹部，然后再缓缓呼气。重复几次，你会感到心情逐渐平静下来。这种方法在你的工作和生活中都非常实用
掌控内心对话 （自我管理策略 9）	注意你对自己说的话。是充满鼓励和希望的，还是充满批评和自责的？要想在困难面前保持坚韧不拔，就要学会在内心保持积极和乐观。写下一些鼓励自己的话，并经常对自己说，让它们成为你内心的力量源泉

培养社会意识技能

在培训或指导他人的工作中，你已经在努力提升自己的社交敏感度，专注于促进他人的成长。但关键在于，你是否在不断地锻炼并加强这种敏感度，以最大化地实现你的目标。要时刻留意各种情境下的学员。你可能看到培训参与者坐立不安或十分困惑，也可能在指导对话中感受到对方的抵触。要敏锐地捕捉这些肢体语言、面部表情、姿势和语调的变化。观察不仅是用眼睛和耳朵去看去听，而是要用全身心去感受。你可以通过情绪这种第六感，来获取更深层次的信息。你的情绪会帮助你察觉并解读他人的微妙暗示，这将有助于你设身处地理解他人的感受。

情绪、面部表情和某些肢体语言在不同文化里是通用的。它们是由人类共同的生物学因素（如紧张时的出汗和面部微表情）所触发的。然而，我们表达情感和肢体语言的方式也受到文化规范的影响，这会因不同的团队、部门、公司或地区而有所不同。如果你所处的文化中大家普遍具备良好的自我管理能力，那么人们可能就不会在无聊时表现出明显的坐立不安。但只要你努力去理解你所处的文化规范，你就可以在不同的文化中灵活运用你的社会意识技能。你的视角必须清晰，这样你才能准确地理解真正发生的事情，而不仅是你主观臆断的事情。（见表 10-5）

表 10-5　人才发展专业人士的社会意识策略

清理杂念 （社会意识策略 7）	要让自己心无旁骛，全心全意地关注当前的对象，无论是个体还是群体。内容开发者需要设计出能满足各种学习需求的内容，而不仅是按照自己的喜好来；同时，也要考虑到休息的重要性，以避免学员感到疲惫。培训师和指导者则需要学会在对方发言时保持沉默，不要急于给出自己的见解。你可以通过调整自己的注意力和姿态，更加深入地倾听和观察对方，这会对你有所帮助
了解房间内的气氛 （社会意识策略 17）	在培训和指导的场合中，你需要敏锐地捕捉到学员的能量和情绪。通过观察他们的肢体语言、声音和语调等细节，你可以了解有多少人在积极参与，以及他们的反应如何。同时，也要关注你自身的感受，因为这些信号会告诉你何时该加快速度、何时该放慢节奏、何时该休息一下，或者何时该深入了解正在发生的事情

培养关系管理技能

无论是什么样的关系，都需要我们投入一定的关注与精力去维系，即便那些看似轻松的关系也不例外。但幸运的是，我们可以通过不断练习来提升人际交往能力，并且这种能力还能与其他情商能力相辅相成。首先，你需要具备自我意识，能够清楚地认识到自己的情绪，并判断自己在关系中的需求是否得到满足。其次，你需要学会自我管理，能够理性地表达自己的情绪，并根据这些情绪来指导自己的行为，从而加强彼此之间的联系。最后，你还需要有社会意识，能够关注他人的需求和情绪，从而更好地理解他们，并知道如何满足他们的需求。

在追求职业发展的过程中，人际关系至关重要。无论是短暂的教学指导，还是在团队中共同开发学习资源、项目或工作辅助工具，抑或是与客户进行协商，或是通过虚拟方式指导他人，你都是这些关系中不可或缺的一部分。因此，你有责任去建立并深化这些关系。有两个策略可以帮助你提升关系管理技能（见表 10-6）。

表 10-6　人才发展专业人士的关系管理策略

坦然接受反馈 （关系管理策略 5）	反馈虽然有时会让人不快，但它是我们成长和进步的契机。学会如何正视反馈、消化反馈，并根据反馈做出调整，是建立和深化人际关系的关键。当你接收到反馈时，先审视其来源是否可信，再通过交流和询问具体事例来深入理解反馈的内容。无论你是否赞同，都要礼貌地表达感谢。然后，给自己一些时间来冷静思考，以便你能够明智地决定如何根据这些反馈来改进自己
认可对方的感受 （关系管理策略 10）	这一策略有助于消除那些在工作中对你或你的做法持有异议的人的疑虑。面对他们的疑虑或反对，你要保持冷静和开放的态度，通过例如"我能理解你的感受"或"我想听听你的具体想法"等表达来展现你的理解和尊重。这样的简单举动，既表明了你重视他们的观点或情绪，又没有表示完全赞同或过分渲染

最后的思考

情商出众的人，不仅对自己的内心世界有着清晰的认知与把握，也懂得如何敏锐地捕捉并妥善回应周围人的情感与需求。不妨设想，若组织中的每个人都具备了高超的情商，那么面对挑战时的坚韧不拔、适应变化的灵活机敏、有效管理压力的能力、处理复杂沟通的智慧、对变革的开放接纳以及化解冲突的高超技巧，都将成为每个人的常态。许多人其实只是缺乏引导，来有效理解和管理自己的情绪。而你，正是那位引领者。在人才发展领域内，你通过帮助职场人士提升他们的情商技能、知识储备和其他能力，帮助他们更好地成长，同时也助力他们所在组织的蓬勃发展。

◆◆◆

作者简介

珍·格里夫斯（Jean Greaves）在职场情商领域深耕 25 载，是知名的作家、演讲家、资深引导者及高管教练。她与人合著了畅销书《情商 2.0》（荣登《华尔街日报》畅销书榜），并参与开发了"情商评估量表"系列测评工具及 TalentSmartEQ 的"情商精进训练"课程体系。除此之外，她还创作了《领导力 2.0》和《情商简明手册》等作品。她的新书（2022 年出版）由 TalentSmartEQ 专家团队共同撰写，聚焦团队情商技能与策略。她拥有加州专业心理学院的工业与组织心理学博士学位，以及斯坦福大学的学士学位。如有任何疑问，欢迎向她发送邮件，邮箱地址为 inquiries@ talentsmarteq. com。

参考文献

Bradberry, T. , and J. Greaves. 2009. *Emotional Intelligence 2. 0.* San Diego: TalentSmartEQ.

Ekman, P. 1971. *Universal and Cultural Differences in Facial Expressions of Emotion.* Lincoln: University of Nebraska Press.

Goleman, D. 2005. *Emotional Intelligence: Why It Can Matter More than IQ.* New York: Random House.

Mattingly, V. , and K. Kraiger. 2019. "Can Emotional Intelligence Be Trained? A Meta-Analytical Investigation."*Human Resource Management Review* 29(2): 140−155.

Sault, S. 2021. "Davos Agenda: What You Need to Know About the Future of Work."*World Economic Forum,* January 24.

World Economic Forum. 2020. *The Future of Jobs Report 2020.* Cologny, Switzerland: World Economic Forum.

📖 延伸阅读

Bradberry, T. , and J. Greaves. 2009. *Emotional Intelligence 2. 0.* San Diego: TalentSmartEQ.

Goleman, D. 2005. *Emotional Intelligence: Why It Can Matter More Than IQ*, 10th anniversary ed. New York: Random House.

Harvard Business Review. 2015. 10 *Must Reads on Emotional Intelligence.* Cambridge, MA: Harvard Business Review Press.

TalentSmart EQ. "Articles. "

TalentSmart EQ. "EQ Trends. "

03

第三部分
培训与发展基础

名家视角　为增值与创变而培训

鲍勃·派克

　　培训的目的是什么？是为了取得成果。培训是一个过程，而不是一次性事件。培训始于人们参与学习前（无论是面授、虚拟还是电子化学习），并持续到工作中见效为止。作为一名培训师，50 多年来我的目标一直是为学员赋能，激励并帮助学员提升自信，以收获成果。

　　我认为，理解人们如何学习最有效是非常重要的，而教学设计往往忽视了这一环节。例如，ADDIE 模型（分析、设计、开发、实施、评估）侧重于内容，但完全没有考虑如何根据参与者的学习方式来定制知识获取的方法。他们怎么能达到最佳学习效果呢？

学习偏好连续体

　　20 世纪 90 年代中期，我参与完成了 Inscape 公司（现属 John Wiley 出版集团）"个人学习洞察力测评"的效度验证工作，该研究揭示了高效学习发生的机制。迄今我们已在 25 个国家评估了超过 70000 名参与者，并基于学习偏好连续体模型提炼出三大核心维度，用以解析个体最佳学习模式。这三个维度分别是：学习目的、学习结构和学习活动。

学习目的

　　学习目的反映了你想要了解某件事情的原因。你可能希望信息是实用的，能够立即应用；或者你可能更感兴趣于那些新颖且富有启发性的内容。

　　思考一下自己在学习偏好连续体上的位置。信息型学员几乎会学习任何东西！你可能看着麦片盒的背面想："哇，我也许有一天可以用到这些信息。"与此同时，实用型学员可能在想："这虽然有趣，但谁在乎呢？为什么要去读那些琐碎的信息呢？"

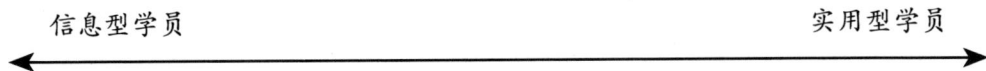

信息型学员 ←――――――――――――――――――――――――→ 实用型学员

- **信息型学员**倾向于学习新鲜有趣的内容。
- **实用型学员**倾向于学习可以立即应用的知识。

你是实用型学员还是信息型学员？实用型学员想学习他们需要知道的内容——无须花里胡哨，无须多余信息。信息型学员热爱信息——极端一点说，他们觉得所有信息都充满趣味。我们对各行各业的人进行了分析，发现大约50%的人是实用型学员，另外50%是信息型学员。那么，如何利用这样的信息来改善你的设计和授课方式呢？

我将所有内容分为三大类：必备信息类、值得了解类和自行探索类。接着要保证"必备信息类"这一部分中的80%内容是实用的，这样便可以吸引到两类学员。其余的"值得了解类"和"自行探索类"内容则满足了信息型学员的兴趣。

学习结构

学习结构反映了信息的组织方式。方式可以是具体的、循序渐进的，也可以是灵活的、更为宽泛的。也许你喜欢从一开始就按照一个特定框架来组织所有内容。一个极端的例子是问："你希望他们学到什么？在什么时候完成？有哪些可用的资源？我们如何知道他们已经学会了？学习需要多长时间？"

另一方面，通用型学员可能问："你希望他们学到什么？"然后再根据情况继续进行。越是倾向于通用的一面，就越相信学员的选择权。

特定型学员 ←――――――――――――――――――――――――→ 通用型学员

- **特定型学员**想要一个清晰的路径：我将学到什么？要如何学习？为什么要学习？如何知道自己已经学会了？我将如何应用我所学到的知识？
- **通用型学员**想要更宽泛的信息呈现方式。他们希望自行构建结构来理解信息。

你是特定型学员还是通用型学员？根据我们的分析，大约 50% 的人是特定型学员，另外 50% 则是通用型学员。

你如何将这一点应用到你的设计和授课中呢？

我制定了一个非常具体的学习结构。例如我会说："你将与一位搭档一起完成一个案例研究。这里有一张列出了步骤和预期成果的清单。"这样安排会吸引特定型学员。然后我会说："这里有四个案例研究，请与你的搭档一起阅读，并选择你们想协力完成的一个案例。"这样会吸引通用型学员，因为他们想要有所选择，而不是被分配任务。

学习活动

学习活动反映了学员希望在学习过程中参与的积极程度。这与个人是外向还是内向无关，纯粹是个人对参与方式的偏好。有些人喜欢与他人积极互动，而另一些人更倾向于独立地吸收信息并进行反思。从极端的角度来看，反思型学员可能更愿意通过在线课程来完成所有学习，因为这样他们无须与任何人直接互动。事实上，他们更喜欢通过阅读图书来进行学习。相反，如果是参与型学员参加同样的在线课程，他们可能每 15 分钟就休息一次，去茶水间或其他地方，只为能有机会与他人交流、建立联系。

反思型学员 ←——————————————————————→ 参与型学员

- **反思型学员**想要在学习时思考新信息。他们喜欢自学。
- **参与型学员**更想在学习时更加积极与主动。他们喜欢与他人一起学习。

有趣的是，我们的研究结果显示，超过 75% 的学员更喜欢与他人一起学习。我将这一点应用于我的设计和教学中，通过设计小组活动来吸引参与型学员——在面对面环境下，每组 5 到 6 人；而在线环境下，每组 3 人。随后，我会安排个人反思、配对分享等环节，这些活动更符合反思型学员的习惯。

以上三个维度，有助于更有效地设计与开展培训，以适应学员的需求。

接下来，一起来看看另外三个影响内容设计的模型，这些模型是为了确保学员的记忆和回忆效果。

模型 1　90/20/8（4）法则

我始终遵循 90/20/8（4）法则。我从托尼·博赞《开动大脑两侧》中学到，成人在理解的情况下可以听 90 分钟，但只能记住 20 分钟。

90 / 20 / 8 (4)

受我女儿丽贝卡的启发，增加了额外 8 分钟。高中演讲比赛都是 8 分钟长。当我问她为什么时，她说电视节目每 8 分钟就会因广告而中断。如果你在 8 分钟内无法讲完，就会失去听众的注意力。你知道美国学生在毕业前上过 14000 小时课，但看了 19000 小时电视吗？想象一下，在你的课堂上，成人学员已经看过 19000 小时的节目，而这些节目告诉他们，每 8 分钟就该休息一次。每个电子游戏也都设有休息时段，这些称作关卡。你先玩一小段时间，如果成功，就能升级并获得短暂的休息机会。

我会每 8 分钟让学员参与一次互动。例如，我可能提出一个问题，邀请学员与搭档讨论，或让他们写下自己的想法。而在虚拟课堂中，我将 8 分钟缩短为 4 分钟，因为虚拟环境中的干扰更多，我需要更频繁地吸引学员的注意力。

模型 2　CPR 规则

基于 90/20/8（4）法则，我将所有内容分成不超过 20 分钟的模块，因为我希望学员能够记住他们所学到的内容。实际上，很多内容模块比这还要短得多。对于每个内容模块，我会考虑内容是什么、如何让学员参与其中，以及这些内容每

隔多久需要重看一次。我将其称为 CPR［Content（内容），Participation（参与），Revisit（重看）］规则。

注意，我说的是重看，而不是回顾。重看指学员自己去做，而回顾指讲师再次讲解。重看比回顾更有力量。

模型3 培训的社会模型——CIO

我从威尔·舒茨的理论中改编了 CIO［Control（控制），Inclusion（归属），Openness（开放）］模型。每当有人进入一个学习环境，首先希望感到的是掌控或安全。这并不是说他们想要控制别人，他们只是不想被控制。一旦感到安全，他们就希望有归属感或感到被包容。当他们感到被包容时，他们愿意敞开心扉，那时他们就会分享和提问。

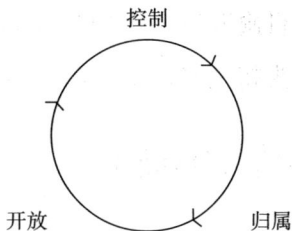

因此，我在培训中会进行开场活动，而不是破冰游戏。开场活动可以提高参与感——能够通过参与，打破学员的先入之见，提供交流机会，并且始终与内容相关。记住我们的实用型学员。

在破冰游戏中，培训师可能给每个人发卡片，并说："找到你的搭档！"接着参与者会在接下来的10分钟内试图将高个子和矮个子、盐和胡椒、花生酱和果冻进行配对。对于实用型学员来说，他们不明白这样的活动与自身工作学习的关联。他们的第一印象，可能就是我们从一个愚蠢的游戏开始，这可不是我们希望看到的效果。

最后的思考

我相信培训的一个目标是让参与者对自己印象深刻，而不是被培训师所吓倒。他们应该对自己现在所知道和能够做的事情感到兴奋，这些事情是他们以前做不到的。他们应该对自己的能力更有信心。在本部分中撰写每一章的大师都将内容集中在帮助你实现这一目标上。在我作为培训师的50多年里，我的目标一直是增加价值并有所作为。愿你也能这样做。

作者简介

鲍勃·派克（Bob Pike），CPTD 杰出会员，注册演讲师，演讲名人堂成员，被誉为"培训师的培训师"。他著有 30 多本图书，其中包括畅销书《培训大师手册》。全球五大洲超过 15 万名培训师曾参与过他的多日培训课程。他曾在 25 个国家进行过主题演讲、培训和咨询工作，其"培训与绩效论坛"电子期刊订阅量逾万份。自 1977 年以来，每次 ATD 国际会议暨博览会，他都会发表演讲，并为超过 100 个 ATD 分会主持培训项目。

延伸阅读

Buzan, T. 1991. *Use Both Sides of Your Brain: New Mind-Mapping Techniques*, 3rd ed. New York: Plume.

Meiss, R. , and L. Wheeler, eds. 2016. *CORE: Closers, Openers, Revisiters, and Energizers: Activities and Games for Face-to-Face Training*, vol. 3. Eden Prairie, MN: Creative Training Productions.

Pike, B. 2015. *Master Trainer Handbook: Tips, Tactics, and How-Tos for Delivering Effective Instructor-Led Participant-Centered Training*. Amherst, MA: HRD Press.

Pike, B. 2017. 101 *Games for Trainers: A collection of the Best Activities from Creative Training Techniques Newsletter*. Amherst, MA: HRD Press.

Pike, B. , and L. Solem. 2000. *50 Creative Training Openers and Energizers: Innovative Ways to Start Your Training With a Bang!* New York: John Wiley and Sons.

Sousa, D. 2011. *How the Brain Learns*, 4th ed. Thousand Oaks, CA: Corwin.

第 11 章　ADDIE：现代教学系统设计的起源

安吉尔·格林

教学是人类最早记载的交流形式之一。部落首领可能用史前绘画来标记狩猎动物的位置和种类，指引族人找到淡水水源，并记录宗教仪式的过程。现代教学设计的起源史，可以追溯到 100 多年前。

本章要点

△　探索教学系统设计（Instructional Systems Design，ISD）的起源。

△　对比不同 ISD 模型的异同点。

△　描述每个 ISD 模型的优点和潜在缺点。

为何起源史如此重要？随着获取历史档案更加容易，DNA 测试成本降低，越来越多的人开始追溯自己的血统和祖先，尽可能地追溯到更远的历史，翻阅教会记录、政府登记和报纸剪辑，编织出一段关于先人的故事。也许，在发现我们的起源史时，我们会觉得自己成为一个拥有共同历史的群体的一部分。我们发现了自己从未知道的血统。也许，揭开的根源让我们看到了先人所经历的艰难困苦，他们的努力让我们能够站在今天的这个位置，成为今天的我们。有时，我们有机会从我们之前的错误中学习教训。有了这些知识，我们有机会避免历史重演。个人起源史之所以有价值，原因同样适用于教学设计与开发模型的起源史——建立社区感、理解共同经历、尊重为我们铺路的先人、从过去的错误中学习。

教学系统开发模型的需求

通常，研究者、图书、文章和专家会将教学设计理论与教学设计模型这两个术语交替使用。但在本章中，我们将明确区分这两个概念。

- **教学设计理论**为教学设计师提供了证据、研究、假设和标准，帮助他们做出设计决策（如确定行为目标层次、选择培训环境和方式、安排教学干预时间和顺序、选择合适评估方法等）。

- **教学设计模型**是教学设计师或团队用来创建教学产品的过程。

对教学理论的深入理解将有助于你的设计，但如果没有具体过程作为指导，将难以构建出实际的教学产品。反之，如果仅依赖模型而不理解背后的学习理论，虽然可以推动产品创建，但这样设计出的产品可能缺乏合理性（或在教学上不够有效）。

在进入设计和开发环节前，教学设计师应该熟悉的关键学习理论包括斯金纳的操作性条件反射与程序化学习、本杰明·布鲁姆的教育目标分类法、罗伯特·加涅的九步教学法、大卫·梅里尔和查尔斯·雷格尔斯的成分显示理论，以及创新领导力中心提出的高管成功 70-20-10 框架。

通过以上理论（包括其他理论），我们开始将教学设计视为一个过程。理解并考虑这些理论，是创造成功培训产品的基石。在开始前，你需要思考以下问题：

- **斯金纳**：我们应该展示哪些行为，并且什么样的强化手段最有效？
- **布鲁姆**：学员需要对学科内容了解到什么程度？
- **加涅**：我们要如何设计程序，才能满足九项教学事件？
- **梅里尔和雷格尔斯**：我们如何优化内容的排序和分组，以更好地支持学习？
- **70-20-10 框架**：工作环境如何支持培训的实际应用？

除了上述考虑，还需要做出其他设计决策，如选择交付方式。这些决策似乎无穷无尽，并且随着新技术和新应用的不断涌现而持续扩展。预估的变化速度也是设计决策中需要考量的一个重要因素。当然，预算、地点和时间等因素同样对设计和开发有着重大影响。

由于单一培训项目涉及众多考虑因素和决策，美国军方实施了结构化的培训计划，旨在系统化管理培训的开发、交付和评估。这些计划被称为"系统化培训方法"（Systems Approach to Training，SAT）模型。SAT 模型的制定一定程度上是为了在设计和开发过程中做出基于证据的权衡，确保创建的教学内容与任务需求、问题解决、开发时间以及成本和预算相一致。每个军种都根据自身需求创建了自己的 SAT 模型，而各军种内部的不同部门也根据具体需要制定了自己的版本。到 1973 年，已经开发出了超过 100 种不同的 SAT 模型。

1973 年，美国国防部与佛罗里达州立大学的教育技术中心合作，开始评估现有的 SAT 模型，并推荐一种标准化的培训设计方法。很快，美军各军种相关部门也从这种方法中受益。因此，陆军、海军、空军和海军陆战队的首席培训官共同成立了联合委员会，旨在创建一个能够改进各军种之间培训设计和开发的通用模型，从而节省资金，并在适当情况下整合培训工作。

这一联合部队需要考虑以下内容：

- 规划框架。
- 推荐的工作顺序。
- 中央管理系统的基础。
- 基本输入、过程和输出。
- 学习接口。
- 反馈控制

教学系统开发：军种间教学系统开发程序

经过为期两年的多次迭代和修订，布兰森、雷纳、考克斯、弗曼、金和汉纳姆在 1975 年编写了"军种间教学系统开发程序"（Interservice Procedures for Instructional Systems Development，IPISD）。该系列手册被视为在军事领域教学系统设计的指导性文件（见图 11-1）。此 ISD 模型基于系统工程阶段理论——该理论作为结构化产品设计与开发的行业通用方法（如汽车制造或卫星研发），当时已被各工业领域广泛采用。

该模型的总体目标是"根据特定的工作要求进行培训，避免过度培训和培训不足带来的高昂成本"。模型的完整执行摘要，详细描述了每个阶段的目标、构成每个阶段"区块"的活动、每个区块中的管理决策及其成果。

该模型本身是一种阶段——关卡式或瀑布式的项目管理方法。正如摘要所述，"每个阶段都是一个独立的功能单元，可以由一个人依次完成，或将每个步骤分配给不同个人"。但这并不意味着不在区块内进行迭代和修订。根据文中的描述，迭代和修订在 IPISD 模型的大多数区块中都是常见的。

例如，作者在"开发阶段"中明确指出，"初稿撰写必须采用极简原则。当

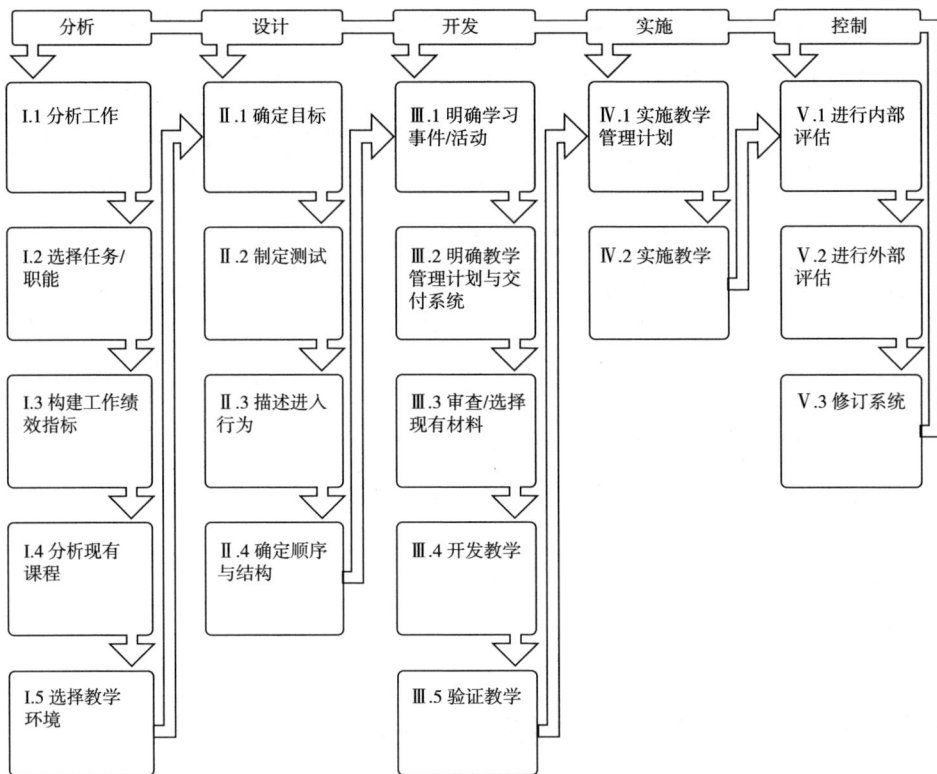

图 11-1　IPISD 模型

材料首次用于学员测试时，即可暴露出薄弱环节与偏差之处，此时再针对性地扩充内容以弥补缺陷……针对某个学习目标开发出少量教学内容后，需先抽取目标人群中的个别学员进行测试验证。由于这些材料本应以最简形式呈现，测试过程自然能揭示不足之处"。

IPISD 模型的优势

完全按照设计意图使用 IPISD 模型，可以有助于负责创建教学的人员就其创建的产品做出明确的、基于数据的决策。换句话说，IPISD 模型帮助教学设计师和管理者避免依赖个人过去的经验、对某种教学方式的偏好，或者被新颖或流行的事物所吸引来开发培训内容。正如第三阶段第二区块所述，"新的交付系统和技术常常因为它们的可用性而变得流行。在这一区块中，定义了选择一种或多种适合特定学习事件和活动媒介的程序。通过使用这种方法，传输系统可以根据明确的需求来选择，而不是基于可用性或当前流行趋势的吸引力"。

IPISD 模型的局限性

IPISD 模型是专门为 20 世纪 70 年代的军事人员量身定制的，旨在满足这一特定受众的独特需求。对于在现代劳动力市场上竞争的组织而言，完全按照这一模型操作可能适用，也可能不适用。

值得注意的是，IPISD 模型的创建者认为，无论他们开发出什么样的框架，都不可能是普遍适用的。他们曾表示，"设计一个高效、有效、通用的全能模型，就如同研发一种万能药物一样，是不太现实的"。

这一观点对于当今的读者尤为重要。回顾教学系统开发的起源，我们不难发现，从未有人期望能有一个模型能适用于所有的教学设计和开发工作。然而，在该模型问世后的几十年间，我们却目睹了许多组织将单一的 ISD 模型制度化，错误地认为一个标准模型可以并且应当普遍适用。

正如"对于任何教学问题，都可能存在两种或更多同样成功的解决方案"所言，教学设计领域也可能存在两种或更多同样有效的模型，用以构建解决方案。因此，教学设计师不仅要思考构建什么，更要系统性地探索如何设计和开发。

在 IPISD 模型实施后不久，人们就开始担忧这一标准模型在所有军种中贯彻的实用性和一致性。截至 1979 年，负责国防人力、预备役事务与后勤的助理部长办公室邀请人力资源研究组织的罗伯特·文伯格和约翰·乔伊纳，就以下问题给出解答：

- 现行各军种采用的主要指导文件所载方法，能否实现 ISD 目标？
- 当前 ISD 应用实践是否切实体现这些目标？
- 如何提升 ISD 方法体系与实践应用的有效性？

文伯格和乔伊纳对当时广泛应用的三种 ISD 模型进行了评估：

- IPISD 模型（研究者简称 ITRO 模型）。
- 海军陆战队第 P1510.23B 号命令（被描述为"ITRO 模型的极度简化版"）。
- 空军第 50~58 号手册《教学系统设计指南》（1973—1975 年版）。

此外，他们还调查了进行教学开发的 209 个单位、机构和学校，并对 57 门课程的培训开发人员进行了深入访谈，以全面了解这些课程的设计与开发流程。

　　文伯格和乔伊纳在总结报告中指出，"ISD 是一种系统化的培训开发方法，具有许多潜在的优势，但实施起来要求较高。这一方法需要在分析、设计、验证和修订的重复过程中持续投入。在尝试将这一过程制度化的过程中，往往暴露出诸多挑战"。

　　有趣的是，他们将教学系统开发描述为，"用于培训开发的程序，其特点包括：（1）从工作需求严格推导培训需求。选择培训需求，以最大限度地发挥总操作系统中培训和非培训部分的综合效用。（2）选择教学策略，以最大化培训效率。（3）在开发过程中，对教学进行反复试验和修订，直至实现培训目标"。

　　同样，回溯 ISD 的早期应用，迭代过程似乎早已被预见。正是这种迭代性，这一被他们认为是最具潜力的特色，却成了制度化过程中的最大障碍。他们进一步阐述道："理论上凭借其迭代性和推导性特点，只要严格遵循既定步骤，培训就能与工作需求紧密对接。但实际情况是，许多关键要素被忽略，导致整个过程中必要的推导环节之间的联系断裂。尤为关键的是，那些旨在确保培训与工作需求高度匹配的测试和修订步骤，往往没有得到应有的执行。因此，ISD 在使培训满足工作需求方面的巨大潜力，并未能得到充分展现。"

　　但也许研究中最具影响力的发现和建议，是他们在最后阶段——控制阶段所发现的问题。研究者指出，培训开发与评估被视为两项孤立的活动，这导致 ISD 过程在提升培训效果方面的潜力未能被充分挖掘。换言之，培训计划一旦付诸实施，教学设计团队便不再参与其中。而培训效果的评估由指挥官负责观察和测量，但这两者之间往往缺乏有效沟通。在很多情况下，教学设计师是外聘的民间合同人员，而那些能够直观感受到培训成效的人（如学员、讲师或学员的长官）则是现役军人。

　　从这一视角出发，我们不难理解为何该模型不久后就发生了变化，最终阶段的名称也从"控制"调整为"评估"。

ADDIE 的起源

　　就在文伯格和乔伊纳进行研究的同时，一位名叫拉塞尔·韦恩·沃森的博士研究生正在撰写他的论文"教学系统课程的分析与设计"。在论文中，沃森描述了自 1975 年 IPISD 模型推出以来，随着时间推移，愈发难以实现使用该模型开发所有军队培训的目标。

在成功完成论文答辩后，沃森凭借他对军队所面临挑战的理解，在一篇提交给个性化教学国际大会的论文中，进一步发展了关于 ISD 的阐释。"ISD 的五个阶段是分析、设计、开发、实施以及评估与控制，"他指出，"前四个阶段是顺序进行的，但评估与控制阶段是一个与其他所有阶段相互融合、持续进行的过程。"沃森的论文中含有一张 ISD 工作流程示意图，图中展示了第五阶段——评估与控制阶段如何对 ISD 其他各阶段产生影响（见图 11-2）。这一点与文伯格和乔伊纳对 ISD 提出的改进建议一致。

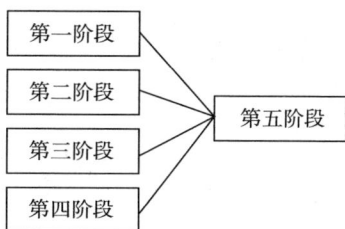

图 11-2　沃森 ISD 工作流程示意图

虽然沃森模型的主要阶段与系统工程的阶段相似，但每个阶段的支持性区块与 IPISD 模型略有不同（见图 11-3）。沃森做出的一些明显修改包括：将第五阶段的名称从"控制"改为"评估与控制"，强调在分析阶段任务分析的重要性，以及将现有课程和材料的审查从分析阶段移至开发阶段。

最后两个阶段基本保持不变，仅在第五阶段加入了"评估"一词，并去除了 IPISD 模型中的"修订系统"模块。这个修改颇为有趣，因为沃森显然理解到评估在整个过程中的重要性。然而从图示来看，修订似乎并未成为模型的一部分。

1981 年的模型经历了多版本迭代，其中一些版本将图示形式转变为循环模型，在该模型中，评估涵盖了所有其他阶段。添加的箭头表示迭代设计。

1984 年，在沃森论文发表三年后，美国国防部发布了《系统化培训方法》，再次对该模型进行了修订。此次修订将第五阶段的名称从沃森所提出的"控制与评估"简化为"评估"。由此，ADDIE 这一缩写诞生了（尽管手册中仍将该模型称为教学系统开发，即 ISD）。

第一阶段 分析	第二阶段 设计	第三阶段 开发	第四阶段 实施	第五阶段 评估与控制
收集工作和 任务数据	对每个选定任务 进行学习分析	审查并修订 现有文献	实施教学 管理计划	进行外部 评估
编写任务 总清单	为每个任务 选择培训地点	选择适当的教 学方法和媒体	实施教学	评估数据并 修订系统
明确学员目标 人群特征	设定行为 目标	开发全新课程 材料		
筛选关键 任务	编制标准 参照测试	验证课程材料 有效性		
分析每个 关键任务	安排教学 顺序	制定教学 管理计划		

图 11-3 沃森的修订模型

尽管 ADDIE 模型因其线性化特点而常受指责，但显然早期用户从未想将其设计为线性模型。例如，1984 年美国陆军野战炮兵学校的下一次迭代（见图 11-4）就能证明这一点。

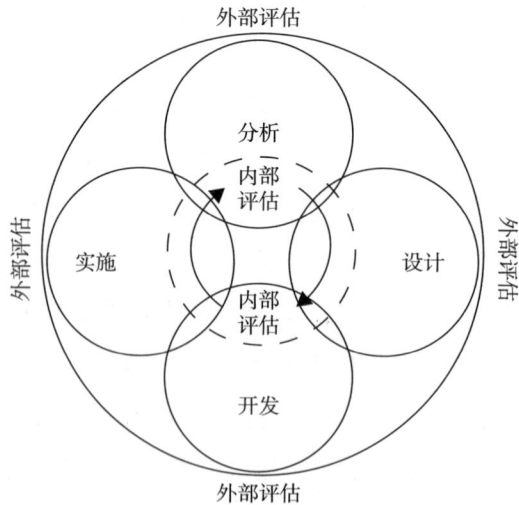

图 11-4 ADDIE 过程

ADDIE 这一术语，在近十年后首次正式出现在迈克尔·施莱格尔 1995 年出版的《教学与培训项目设计手册》中。在该手册的摘要中，他提到："本文将采取通用教学设计模型——分析、设计、开发、实施和评估（即 ADDIE）……并为每个主要步骤提供详细工作辅助工具，如评分表和检查单（电子版或纸质版）。"在施莱格尔的手册发布前，是否有其他人使用"ADDIE"这个术语来描述 ISD 模型，这一问题在教学设计领域中引发了大量争论。

无论是何时何地首次使用 ADDIE 这一术语，其在品牌推广方面无疑是成功的。作为一个易于记忆的首字母缩略词，ADDIE 有助于将教学系统设计的各个阶段传达给那些不熟悉这一过程的人。

尽管 ADDIE 的起源史并不清晰，但仍是 ISD 模型中最为人知、被提及最多的模型。但由于没有真正的"作者"，这个缩写词的解释是开放的，并且多年来为了适应现代教学系统设计的需求，这一术语也经历了不断的修订。

如今 ADDIE 几乎已成为教学系统设计的别名，像舒洁纸巾或邦迪创可贴一样广泛使用。然而不同的人在每个阶段所执行的具体活动，甚至阶段的顺序，可能有很大差异。

除了 IPISD 模型和 ADDIE 模型，还有许多其他的替代模型，数量众多，无法一一列举。正如最初的 IPISD 模型作者所说，没有一个适用于所有人的通用模型。选择使用哪个模型，可能随着时间、项目的不同或组织结构的变化而有所不同。本章接下来将介绍一些其他模型。

系统方法模型

沃尔特·迪克、卢·凯里和詹姆斯·凯里在他们 1978 年出版的教科书《教学系统设计》中，描述了一个详细的教学设计流程，称为系统方法模型。虽然 IPISD 模型和 SAT 模型在政府中较为流行，但迪克和凯里的模型在教育机构中获得了广泛认可。

在系统方法模型中，迪克和凯里提出了 10 个必要组成部分，用于设计有效教学。这一模型"不仅基于理论和研究，还基于大量的实际应用经验"。

他们还从一开始就承认，模型可以进行个性化调整，并用比喻来说明这一点：就像一位优秀的厨师，最初是从食谱开始，然后通过直觉、经验、成功与失败，逐渐将食谱转变为独一无二的创作。后来，迪克和凯里进一步指出："原始解决方案所需的灵活性、洞察力和创造力，存在于经验丰富的用户和专业人士身上，而不是在模型中。"

在他们的模型中，列出了教学设计所涉及的各个组成部分：

- 确定教学目标。
- 进行教学分析。
- 分析学员和教学环境。
- 撰写绩效目标。
- 开发评估工具。
- 制定教学策略。
- 开发和选择教学材料。
- 设计并实施教学的形成性评估。
- 修订教学内容。
- 设计并实施总结性评价。

在他们模型的示意图中，迪克和凯里用虚线区分了评估和修订的迭代周期（见图 11-5）。

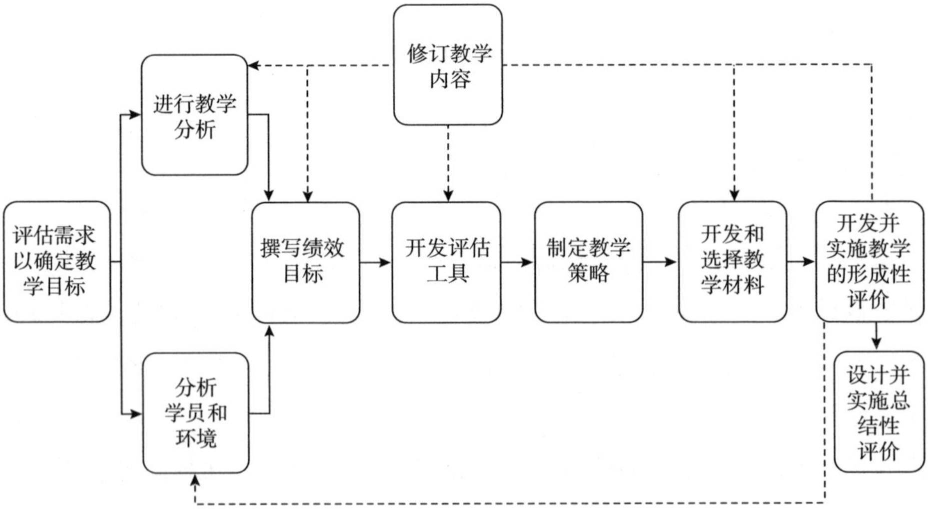

图 11-5　迪克和凯里系统方法模型

每个组成部分的解释都详细描述了其中涉及的具体活动。例如，在"确定教学目标"这一部分，作者提供了前端分析的决策树、绩效分析的主要步骤、需求评估的结构、工作和任务的分析方法，以及撰写教学目标的指导。

迪克和凯里系统方法模型的优势

迪克和凯里系统方法模型的最大优势，或许在于原作者在过去 40 年间不断对其进行完善，使之始终保持与时俱进。模型中的描述与实例，对于当今教学设计师而言，具有很高的现实指导意义。更为难能可贵的是，这一模型还拥有数十年实践经验、研究和理论的支持，这是许多现代 ISD 模型所难以企及的可信度。

迪克和凯里系统方法模型的潜在局限性

系统方法模型较为冗长。在实施过程中，教学设计师无疑会非常细致，但对于某些项目来说，整个过程可能显得过于烦琐。此外，尽管作者鼓励读者根据实际情况灵活调整，但对许多教学设计师来说，这需要一定的勇气和经验。随着企业不断压缩培训项目的时间（毕竟现在人人都可以制作 YouTube 视频），那些仍遵循模型既定步骤来进行设计的教学设计师，可能发现自己处于不利位置。

肯普模型

50 多年前，杰罗尔德·肯普在其教材《教学设计：单元和课程开发计划》中写道："规划学生的学习，应是一项具有挑战性、令人兴奋和充实的活动。"

随后，肯普在 1985 年出版的《教学设计过程》一书中介绍了他的流程的循环图表。最初被称为肯普模型，这一流程现在有时也被称为莫里森（Morrison）、罗斯（Ross）和肯普（Kemp）模型，或称为 MRK 模型（见图 11-6）。

尽管肯普已于 2015 年离世，但他的模型和教材的修订工作并未因此中断，而是由他的合著者——加里·莫里森、史蒂文·罗斯、詹妮弗·莫里森以及霍华德·卡尔曼继续推进。时至今日，《设计有效教学》一书已经更新至第八版，其中详细阐述了教学设计中九个至关重要的组成部分：

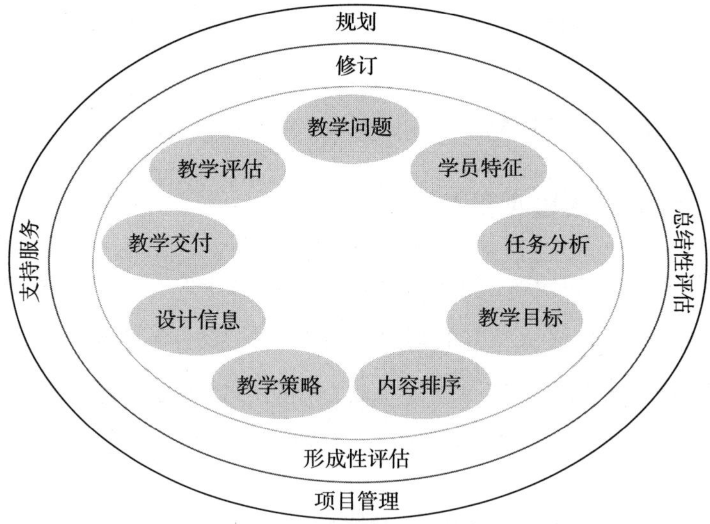

图 11-6　肯普模型

- 教学问题。

- 学员特征。

- 任务分析。

- 教学目标。

- 内容排序。

- 教学策略。

- 设计信息。

- 教学交付。

- 教学评估。

类似于其他模型，肯普模型同样秉持着一个核心观点：不存在一种能够完美解决所有教学设计问题的单一方法。作者还着重指出，设计模型必须随着教学设计师的成长和经验积累而不断发展完善。在肯普模型中，每个核心要素都配套有相应的活动和注意事项，为教学设计师和项目团队提供了宝贵的参考指南。例如，在任务分析要素中，模型详细指导了如何准备任务分析、如何超越传统的程序性分析，以及如何有技巧地有效收集和记录数据。

然而，肯普模型与其他模型在表现形式上存在一些显著差异。最引人注目的，便是其独特的图形表示——由三个同心椭圆构成，其中第三个椭圆内又嵌套了九个独立的椭圆。这种视觉呈现方式，与其他 ISD 模型中常见的线条和箭头连接框截然不同。

肯普模型的外层两个椭圆，象征着在整个教学设计和开发过程中始终贯穿的持续性因素。第一个椭圆代表了教学设计师和团队必须考虑的管理层面因素，包括支持服务、项目管理和规划等。第二个椭圆则涵盖了评估（包括总结性、形成性和确认性评估）和修订的活动。而第三个椭圆包含了代表九个核心要素的独立小椭圆。这些椭圆的独立性至关重要，旨在直观地传达出一个信念，即在教学设计进程中，各个要素既可以同时受到重视，也可以被单独关注，甚至在某些情况下，可能无须特别处理。

肯普模型的优势

肯普模型因其灵活性和非线性设计而备受赞誉。肯普模型并不拘泥于某些模型的严格框架，而是能够根据项目和学员的实际需求，灵活地扩展或精简设计流程。

在最新版本中，肯普模型还融入了精益教学设计的思想，为资源和时间有限的情况下的教学设计提供了有针对性的调整策略。这对于仍在探索阶段的新手教学设计师，特别是那些在缺乏指导时难以有效实践的人，无疑是一剂强心针。

肯普模型广受好评的另一个原因，在于其设计理念是以学员为中心。肯普模型鼓励设计师全面考虑学员的个人特质和社会背景，如文化多元化、残疾学员的特殊需求，以及企业环境中成人学员的学习特点。

肯普模型的潜在局限性

与系统方法模型一样，要向非教学设计团队成员简要解释肯普模型，是颇具挑战性的。尽管教材引言部分试图攻克这一难题，但在解释其过程时，还是找不到一个吸引人的、简单易懂的方式。

另一个潜在挑战源自其灵活设计的特性：如何判断何时应省略某个活动或元素，以及何时设计已够完善？尽管灵活设计有诸多优势，但教学设计师在不经意间可能遗漏某些关键细节，而这一个（或多个）细节若被保留，可能使设计更加出色。

渐进开发模型

由迈克尔·艾伦创立的学习内容定制化公司 Allen Interactions 研发出了渐进开发模型（Successive Approximation Model，也称 SAM 模型），该模型遵循交互式设计过程。为了助力教学设计师更高效地创作更高质量的教学内容，艾伦与理查德·赛茨于 2012 年共同出版了《从 ADDIE 转向 SAM》一书。艾伦在书中阐述了 SAM 模型的迭代特性，并直接将其与通用的 ADDIE 模型进行了异同比较。他指出，尽管 ADDIE 一词已深入人心，但其实人们在运用这一模型时，并非遵循统一应用方式，唯一共通之处或许只是都将工作流程大致划分为分析、设计、开发、实施和评估这几个阶段。而且不同组织，甚至同一组织内的不同部门，在实际应用中也存在很大差异。

虽然 IPISD 模型的设计灵感源自 20 世纪 70 年代初的系统工程模型，但 SAM 模型则是依据软件行业内流行的敏捷或迭代设计模型构建而成的。其目标在于打造一个既高效又易于管理的流程，确保团队在既定时间和预算内顺利达成项目目标，预估过程中的变更影响，最终交付符合质量标准的产品。这一非线性流程的设计，旨在解决线性模型普遍存在的问题，即在培训开发乃至实施阶段后，才惊觉那些代价高昂的设计失误。

SAM 模型还致力于简化流程。教学设计师可以根据项目的复杂度，灵活选择使用 SAM 模型的两个版本。其中 SAM 1 模型是一个极简版本，非常适合小型设计和开发团队，尤其适用于没有复杂媒体元素的项目；而 SAM 2 模型更加全面完善。

SAM 1 模型是一个包含评估、设计和开发三个阶段的迭代流程（见图 11-7）。在这个流程中，原型会历经三轮修订，最终形成一个达到生产质量的培训解决方案。艾伦提醒我们，如果迭代次数少于三轮，可能导致设计上的妥协，而超过三轮，可能陷入追求完美的无尽循环。SAM 模型所秉持的原则是"足够好"总比没有好，毕竟任何培训产品都无法做到尽善尽美。

为大多数人所熟悉的 SAM 模型及图表是 SAM 2 模型，这一版本较适用于更复杂的团队和培训项目。SAM 2 模型分为三个阶段：准备阶段、迭代设计阶段和迭代开发阶段（见图 11-8）。

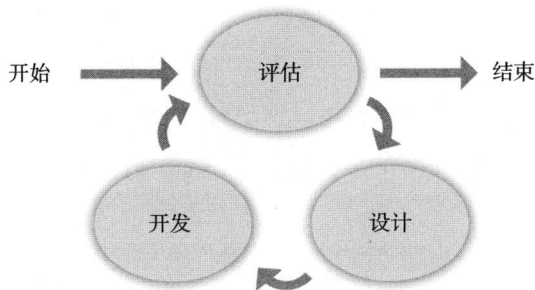

图 11-7　SAM 1 模型

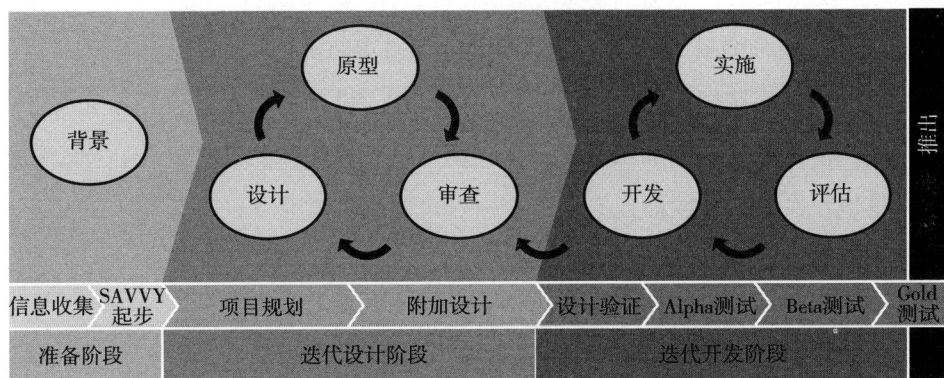

图 11-8　SAM 2 模型

　　SAM 2 模型还要求在设计中采用原型，并历经四个评审环节：设计验证、Alpha 测试、Beta 测试和 Gold 测试。在每一个环节中，开发中的产品会逐渐提升其保真度和完整性。通过审查具体的产品，而非仅仅依赖书面解释，我们便可以在开发初期就及时发现误解和错误假设，从而在成本较低的情况下进行修复。

　　与肯普模型类似，SAM 模型的设计也着重于以学员为中心。代表性学员或实际学员参与其中，不是像许多 ISD 模型那样只参与过程的开始和结束阶段，而是贯穿整个准备、设计和开发阶段。

SAM 模型的优势

　　在 SAM 模型的各个阶段中，通过原型设计，设计师可以获得来自学员和项目相关方的反馈。这与线性 ISD 流程截然不同，如 IPISD 模型的 ADDIC 流程或 ADDIE 模型中的第二阶段"D（开发）"，往往要等到流程后期，才产出可实际使用的学习产品。相反，SAM 模型设计师会立即着手开发实际产品，随后用于评估。

SAM 模型的另一大优势在于，这一模型对于非教学设计领域的人士来说也易于理解。由于许多组织在产品开发中已经采纳了敏捷和迭代设计方法，因此即使他们对 SAM 模型不熟悉，也能轻松上手。而 SAM 模型简洁易记的缩写（与 AD-DIE 模型类似）更是锦上添花，弥补了 IPISD 模型、系统方法模型和肯普模型在这一方面的短板。

SAM 模型的潜在局限性

SAM 模型面临的最大风险，可能就是过度追求完美，从而陷入不断迭代的困境，这种追求往往在过程初期就已显现。多数教学设计师并不适应在不完美的状态下作业，但过度精雕细琢原型反而会削弱乃至抵消迭代的意义。若在原型设计阶段过早地引入颜色和图形元素，讨论焦点可能从教学互动的有效性上偏移，转而纠结于图形或颜色是否与品牌形象相匹配。实际上，原型的设计应允许不完美，因为其价值在于便于修改与更替。

另一个风险是陷入无休止的开发迭代循环中。组织需要适应通过版本更新来改进培训内容的做法，这与软件或应用的版本化改进颇为相似。想想我们是如何通过手机新机型的发布、软件的更新或电子游戏新版本的推出，来不断改进用户体验并修复已知问题的。同样地，SAM 模型倡导组织在产品发布后持开放态度，视上线后的快速调整与优化为常态。

最后的思考

在众多 ISD 模型中，本章仅概述了几种在教育、政府及私人机构得到广泛应用的模型。当然，根据企业或机构的特定需求，还可以创建个性化的流程。

从这次探讨中，我们或许可以得出一个最重要的结论：在教学系统设计中，并不存在一个放之四海而皆准的模型。然而，所有模型都共享一个核心目标，即创造能够助力学员和组织提升绩效的培训内容。至于如何实现这一目标，则完全取决于个人。在设计与实施这一过程中，唯一的限制是来自自身的创造力、直觉、经验，以及所面临的（无论真假与否）约束条件。

作者简介

安吉尔·格林（Angel Green） 是一位学习倡导者，热衷于运用创新的组织设计、绩效管理和学习项目来推动业务成果的提升。在学习领域深耕近 20 年的她，亲自领导并成功打造了多个获奖项目，每个都旨在实现员工绩效的显著提升。她也热心于分享自己在同理心设计方面的专业知识与实践心得，向设计师推荐一系列实用的工具和方法，助力他们设计出以学员为中心的教学产品。作为《从 ADDIE 转向 SAM》的合著者，她在学习与发展领域发表了众多文章并进行了大量演讲。

参考文献

Allen, M. , and R. Sites. 2012. *Leaving ADDIE for SAM*. Alexandria, VA: ASTD Press.

Branson, R. K. 1978. "The Interservice Procedures for Instructional Systems Development. "*Educational Technology* 18(3). Special Issue: Military Training.

Branson, R. K. , G. T. Rayner, J. L. Cox, J. P. Furman, F. J. King, and W. H. Hannum. 1975. Interservice Procedures for Instructional Systems Development, 5 vols. (TRADOC Pam 350−30 NAVEDTRA 106A). Ft. Monroe, VA: U. S. Army Training and Doctrine Command, August. (NTIS No. ADA 019 486 through ADA 019 490).

Dick, W. , and L. Carey. 1978. *The Systematic Design of Instruction*. Glenview, IL: Scott, Foresman, and Company.

Dick, W. , and L. Carey. 2021. *The Systematic Design of Instruction*. New York: Pearson Publishing.

Kemp, J. 1971. *Instructional Design: A Plan for Unit and Course Development*. New York: Fearon Publishers.

Kemp, J. E. 1985. *The Instructional Design Process*. New York: Harper and Row.

Morrison, G. R. , S. J. Ross, J. R. Morrison, and H. K. Kalman. 2019. *Designing Effective Instruction*. New York: John Wiley and Sons.

Schlegel, M. J. 1995. A Handbook of Instructional and Training Program Design. ERIC Document Reproduction Service ED383281.

U. S. Army Field Artillery School. 1984. my Field Artillery School. 1984. Program Desi Washington, DC: US Government Printing Office.

Vineberg, R. , and J. Joyner. 1980. "Instructional System Development (ISD) in the Armed Services: Methodology and Application. "Final Report, August 25, 1977, through March 19, 1979. (Report Number: HumRROLTR-80-1). Office of the Assistant Secretary of Defense for Manpower.

Watson, R. 1981. "The Analysis and Design of an Instructional Systems Course. "A Dissertation Submitted to The University of Arizona.

延伸阅读

Biech, E. 2017. *The Art and Science of Training*. Alexandria, VA: ATD Press.

Bloom, B. S. , and D. R. Krathwohl. 1956. *Taxonomy of Educational Objectives; The Classification of Educational Goals by a Committee of College and University Examiners. Handbook I: Cognitive Domain*. New York: Longmans, Green.

Gagné, R. 1985. *The Conditions of Learning*, 4th ed. New York: Holt, Rinehart & Winston.

Lombardo, M. M. , and R. W. Eichinger. 1996. *The Career Architect Development Planner*. Minneapolis: Lominger.

Merrill, M. D. 1983. *Instructional Design Theories and Models: An Overview of Their Current Status*. Hillsdale, NJ: Prentice-Hall.

Reigeluth, C. M. 1983. *Instructional Design Theories and Models*. New York: Routledge.

第 12 章　利用证据评估绩效差距

英格丽德·格拉-洛佩兹

当人才发展专业人士采用面向系统的框架来评估需求和机会时，他们能为客户和组织带来可衡量的价值。该框架有助于明确应该提出哪些问题，以收集相关数据，进而界定问题及适当的解决方案，从而推动个人和组织绩效的提升。

🖐 本章要点

△ 讨论采用系统方法评估需求和选择解决方案的重要性。

△ 描述一个战略匹配框架，确保需求和解决方案与实际价值相匹配。

△ 检查收集相关有效证据时需要考虑的关键因素和方法。

在你的利益相关者看来，哪些学习与发展活动是值得投入的？你所在的组织里，最近一次人才发展项目投资带来了哪些具体回报和收益？

为了实现成果的最大化价值，这些问题应当在选择解决方案之前就得到回答，而不是等到实施之后再去考虑。许多关于学习与人才发展的文献往往一开始就假定有了现成的答案，特别是那些侧重于培训的方案，并预期会有正面的效果。如果我们从一个未明确问题就匆忙提出的解决方案出发，可能步入歧途。相反，如果我们在绩效数据指导下选择解决方案和采取行动，就更有可能有效地推动组织成功，并能更好地证明资源投入的价值。

> 我们之所以失败，往往不是因为解决正确问题时方法不当，而是解决了不该解决的问题。——管理科学先驱拉塞尔·阿克夫

那些最成功的人才发展专业人士，深知自己要做的远不止提供培训课程或学习材料。他们积极与管理者及其他组织成员建立紧密伙伴关系，确保员工表现与

组织优先事项保持一致。因此，他们收集、分享并利用最新相关绩效数据，帮助做出更有针对性的决策和采取行动。

一种评估需求与提升绩效的系统化方法

当我们采用系统化方法开展需求评估时，其效用和影响力将达到最大化。这种方法能够全面把握现实情况、有效区分假设与事实、验证基于证据的真实需求，并降低资源浪费风险（避免将宝贵资源投入无法解决根本问题或达成预期效果的方案，尤其是培训项目）。因此，想要提升绩效，就需要通过系统化方法来评估需求。

人力绩效系统中的评估与分析

需求评估这一术语，常与绩效评估、前端评估、绩效分析和诊断等术语交替使用。从本质上讲，需求评估构建了一个框架，用于量化绩效差距并生成相关数据，从而辅助做出明智决策，找出缩小这些差距的方法。这一过程始于提出正确问题，以便能够将合适的解决方案与实际问题对接，并制定有效的实施计划。

虽然为了解决绩效问题，我们有必要通过识别结果差距来定义需求，但这只是第一步。除了明确绩效问题，我们还需要理解为何这些差距会出现。组织方案需要精心策划，直指问题的核心根源。因此，我们使用因果分析将绩效差距拆解，找出影响或维持问题的相互关联的根本原因。值得注意的是，大部分绩效问题根源在于组织内部的循环性事件。例如，数据显示销售团队的业绩下滑，你便会迅速开始采取行动，主要采取两种方式：首先对销售团队进行再培训，确保他们掌握业内最新知识；其次提高销售目标的奖励以加强激励。但尽管付出了这些努力，销售业绩依然没有显著改善。

为什么？也许你从未问过"为什么"。你本应在发现销售额下降时立即行动。通过问"为什么"，我们可能发现，虽然员工接受了培训，掌握了所谓"业内最佳知识"，但如果他们的主管给予了相互冲突的指示、未能在工作中提供相关反馈与指导，或在员工与客户交流时阻止其运用这些技巧，那么员工根本没有机会将其所学应用于实践。

除因果分析外，人才发展专业人士还会采用其他类型的分析方法，特别是在已明确表明培训能最有效弥补技能和知识间差距的情况下。这些分析方法包括受众分析、任务分析和环境分析。

- **受众分析**通过收集相关特征数据，助力我们更好地了解目标学员群体。这些相关特征包括具体人口统计信息、背景资料，如已有的相关知识技能、工作经验及其他在培训设计和实施过程中需考虑的因素。

- **任务分析**有助于我们明确受训者需要掌握的实际技能。与其关注学员应该知道什么，不如专注于他们实际能做什么，这样可以确保培训内容与工作要求紧密相关，避免只涉及那些虽有帮助但不必要的知识。当培训内容与学员实际工作需求直接相关，并明确揭示这种相关性时，培训效果会更加显著。任务是构成某个职位职责的具体活动，任务分析的过程中需要逐一分析每个任务。任务分析的关键步骤包括：明确任务要求，将任务拆分成小的子任务，并将每个子任务进一步细化为清晰有序的操作步骤。虽然我们不能随意臆测学员已知的内容，但关键在于要拿捏好分寸，提供适量且精准的信息。在任务分析中，直接观察和采用边想边说思考方法的专家访谈，是两种非常有效的数据收集方式。

- **环境分析**有助于我们理解学员的实际绩效情境（即工作环境），从而设计一个尽可能与实际工作情境相似的教学环境。多种学习理论和有效的教学设计方法都强调，绩效线索对于帮助学员有效学习和完成任务至关重要。理解绩效线索，对于提升培训成果在工作中的转化同样非常关键。例如，如果工作要求学员使用特定工具并在时间限制下完成任务，那么培训中的教学活动应尽可能模拟这些实际条件。环境分析还可以帮助我们更好地了解目标学员的学习环境，包括他们在培训过程中可能使用的资源、培训的时间安排、偏好的学习方式以及教学策略等。

综上所述，为了消除技能缺陷和绩效差距，我们需要深入理解这个由一系列相互关联因素和动态构成的系统，正是这些因素和动态导致了问题反复出现，并使得这些问题长久存在。采用系统化方法进行需求评估，我们便能清晰界定系统应达成的目标成果，阻碍这些成果实现的根本原因或障碍，以及解决方案必须满足的条件。而这反过来，又为我们判定所提解决方案的合理性奠定了坚实基础。

战略匹配过程

战略匹配过程将所有关键要素与需考量因素，整合成一套既规范又灵活的流程，确保你的人才发展工作与组织核心优先事项无缝对接，同时为决策提供宝贵反馈，有力证明你在组织成功中所做的贡献。这一流程建立在绩效评估的基础之上，将需求分析与其他证据收集环节（包括分析、监控及评估等）紧密衔接。通过一系列关键问题与实践活动，为你提供一种切实可行的方法，助力你与利益相关者构建高效的合作关系，从而确保你全面掌握做出最优决策所需的信息。

战略匹配过程包括四个阶段，各个阶段同等重要，并且都需达到一定成果后，才能顺利推进后续阶段（见图 12-1）。

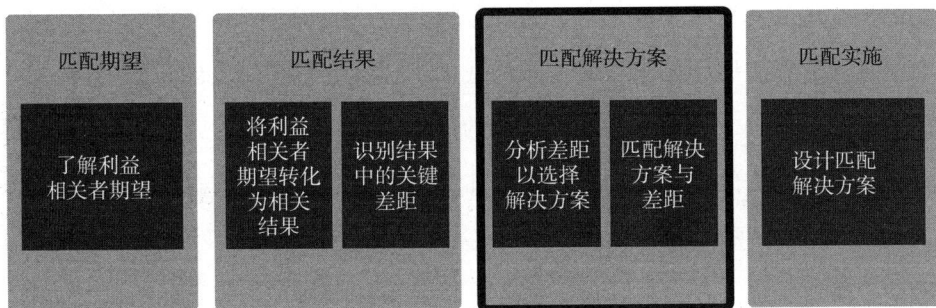

图 12-1　战略匹配过程

匹配期望

初始阶段，即匹配期望阶段，有助于我们从多角度了解各方的期望、需求以及他们对绩效要求的感知。这里的利益相关者，不仅包括最初提出需求的人，还涵盖将对选定解决方案产生作用或受其影响的人，如高层管理者、一线主管、员工以及其他相关职能部门的代表。通过整合这些不同视角，我们能够清晰地认识到，究竟是什么因素正在驱动利益相关者的决策、假设及满意度，或者将会对其产生影响。从某种程度上讲，这一阶段的开展，因其倡导人们的积极参与，并将他们的智慧聚焦于工作改进之上，而成为组织变革的序曲。这不仅有助于我们全面理解问题的本质，还能揭示那些可能对项目成功构成影响的潜在要素。

匹配结果

匹配结果阶段有助于识别组织各层级之间的可量化差距。在这一阶段，我们与利益相关者合作，将其需求与期望转化为当前及未来期望的技能水平、绩效表现、对客户和社区的价值贡献，以及关乎组织可持续发展的其他战略性成果。鉴于很多人难以清晰地将自身需求转化为具体且可量化的绩效结果，我们在此过程中发挥了桥梁作用，帮助他们明确需求并与有价值的成果对齐。这一阶段不仅为测量框架提供基础，还指引我们依据相关绩效指标来收集数据。通过收集数据，我们可以识别当前成果与期望成果之间的关键差距，这些优先处理的差距为后续分析、解决方案提出以及实施计划制定提供了坚实基础。

匹配解决方案

在匹配解决方案阶段，我们着重对关键差距进行深入分析。既然已经界定了要解决的重要问题，那么深入理解每个问题就显得尤为关键。促成这些问题的因素有哪些？这些因素之间是如何相互作用的？又是什么环境因素导致了问题的反复出现？对这些问题的解答，将使我们能够透彻理解潜在解决方案需要实现的具体转变。

寻找备选解决方案的过程，需要各方利益相关者共同参与，首先要确立一套相关且实用的选择标准。这不仅能确保决策过程以事实为依据，还能兼顾组织文化和资源的需求。随后，我们将逐一审视这些备选方案，选出其中能以最少资源投入实现最大效益的解决方案。

匹配实施

匹配实施阶段，需要以促进有效实施组织改进举措为导向，聚焦那些关键成功要素，以确保其成功执行、整合与可持续运作。该阶段运用特定策略，推动培训与开发成果转移至绩效环境。同时，精心策划的变革管理策略也至关重要，包括明确信息通报的对象、时间、方式以及如何就其他相关问题获取有益反馈。此外，我们需要制定与改进举措实施相匹配的动员策略。例如，是否需要组建一个核心团队或变革联盟来助力变革？如果需要，成员构成和参与方式是怎样的？动员策略还可能涵盖对岗位职责、反馈体系、绩效评估及流程重塑等方面的考量。最后，必须制定明确的监测计划，以跟踪改进举措的进展，包括确定追踪哪些数据、数据收集的频次、谁应在何时使用这些数据，以及如何利用数据指导纠正或改进行动。

收集相关有用证据

评估的核心前提是，要依据相关证据来确定需求并选择恰当解决方案。但遗憾的是，一个常见误区在于，人们往往试图将易于收集的或组织现有的数据，强行与我们对需求的定义进行关联。换言之，人们会先审视手头的数据，然后基于这些数据提出能够解答的问题。这样一来，那些并非直接由数据引发、本应被提出并解答的重要问题就会被忽视，而这些问题之所以未被关注，仅仅是因为目前缺乏相关数据。当然，如果首要条件是这些数据与评估问题的回答相关，那么完全可以利用现有数据（事实上，这样可以节省时间和其他资源）。

同样，我们使用的数据收集方法，必须与要获取的数据类型相匹配。数据可以指任何在评估期间记录下来的事物，如事件、绩效或结果。数据的收集通常由我们选择的相关指标来驱动，这些指标用于衡量我们想要评估的结果或现象，从而回答评估问题。例如，常见的指标包括客户保留率、员工流失率、净推荐值、客户支持工单数、员工满意度、薪资竞争力比率、收入增长、每位客户的收入以及客户生命周期价值等。

然而，在形成结论时，并非所有数据都同等重要，一些数据可能因偏见而具有误导性。正确的决策与所用数据的适宜性和质量息息相关。因此，数据必须具备以下四个关键特性。

- **相关性**。数据应当与必须回答的评估问题（总体问题和具体问题）直接相关，以便明确界定和解决重要问题。
- **可靠性**。数据应当经过严格测量，具有可信赖性，确保在各类观察中保持一致。
- **有效性**。数据应当真正能指示或关联到我们想要测量的结果，契合我们所设定的测量目标。

- **完整性**。经过系统收集、分析与整合，数据应当能帮助构建一个精确全面的现实图景。

定性和定量是两个密切相关且至关重要的概念，用于描述数据及其收集方法。定性研究侧重于深入细致的观察与描述，往往通过文字叙述而非数字来呈现结果。这类数据常通过以下方式收集：观察、访谈、焦点小组讨论、问卷中的开放性问答，以及对现有文献的细致审阅。

定量技术依据独立且可验证的观察结果，以数字化方式呈现事实。在定量数据收集过程中，常用手段包括李克特量表调查及其他经验证的量表评估，同时也包括对二级数据资源进行审核，这些数据可能源于各类自动化绩效报告和统计数据。

定性与定量并非相互排斥，而是相辅相成的。在实际操作中，结合运用这两种方法，通常能更透彻地理解需求和问题。例如，我们可以先从员工参与度调查分数下降（定量数据）入手，随后借助焦点小组访谈，收集详尽深入的员工经历描述（定性数据）。这种融合的方式能够更全面地展现组织氛围问题，为决策奠定更加坚实的基础，帮助我们解决（或至少指出哪里需要进一步探索和提供证据）问题。

确定数据来源

在制定有效的数据收集计划时，审慎考虑数据来源与收集对象至关重要。这不仅能提升数据获取的效率，确保收集工具的适用性，还能有效预防数据缺失的情况发生。随着技术的飞速发展，数据获取速度与时效性不断得到优化，组织内外的报告、数据库、专家资源等也日益互联互通。因此，充分利用这些资源对不同来源的数据进行交叉验证，对于增强数据的可靠性，以及得出更有说服力的结论和建议，具有至关重要的作用。

选定数据收集方法

我们所收集证据的质量，反映了数据收集方法的适当性和有效性。数据类型的需求以及拟采用的来源，将决定我们应选择何种数据收集方法。一个常见的误区是，仅仅因为对某个数据收集工具（如调查问卷）很熟悉，或者有过使用经验，便选定该工具。实际上，数据收集方法的选择应基于我们的目标需求。例如，要想衡量不同站点或团队的错误率，我们不必用调查问卷去收集大家对错误率的看法，直接查阅那些自动化绩效报告可能已经生成的定量数据即可。而要想深入了解员工低参与度（定量数据）背后的原因，我们可能需要采用能获取更详尽深入信息的定性数据收集方法，如焦点小组讨论或访谈。许多其他资料已详细阐述了如何有效运用各种数据收集方法，因此本章不再赘述。

数据分析

无论是定性还是定量数据，都要经过严谨分析。分析过程涉及对数据的组织、总结、质量审查及整合，目的是找出其中的规律或关联，进而深化对数据的理解，并为结论和建议提供支持。数据类型的选择，不仅对我们的数据来源和收集方法至关重要，也影响着我们要采用哪种数据分析技术。定量分析可细分为描述性统计和推断性统计两类。描述性统计常用于描绘数据的总体特征，如通过均值（平均数值）、众数（出现次数最多的数值）和中位数（处于中间位置的数值）来衡量数据的集中趋势，以及利用数据范围、标准差或方差来评估数据的离散程度。此外，频率和百分比也是呈现定量数据的常用手段。而推断性统计是一种基于小样本数据来推测总体特征的方法，这一方法使我们能够依据样本结果，推断更大范围群体的特征。

定性分析也可细分为演绎法和归纳法两类。演绎法依据既定的类别或领域框架展开，这让分析工作变得更为高效直接。当我们对研究主题已有深入了解，能够清晰地划分信息类别时，演绎法便是一个不错的选择，它能迅速帮助我们从数据中提炼出主题和模式。相反，归纳法通常需要更多时间，它更适合我们对研究主题了解不多的情况，因为这时我们需要通过更具探索性的方法来发现主题。在使用归纳法时，我们会根据主要主题对信息进行编码和组织，并可能进一步将这些主题细化为更细致的子主题。

数据收集与分析计划

构建方法论计划的实用方法之一是采用数据收集与分析规划矩阵。首先，依据初始阶段（匹配期望）所取得的成果，将每个总体需求评估问题一一列出，作为矩阵的第一列内容。随后，与相关各方紧密合作，共同确定每个评估问题的衡量指标，也就是我们需要收集的数据。针对每一个衡量指标，要具体说明数据的来源以及收集数据的方法，并预先规划好如何对这些收集到的数据进行分析。对于规模较大或要求更为全面的需求评估项目，还可以考虑在矩阵中增加两列信息：一列用于设定数据收集的时间进度表，另一列用于明确负责执行具体数据收集任务的相关责任人。

在致力于提升绩效的过程中，数据收集工作往往需经历多轮循环。首轮的数据收集与分析，不仅能回应初步设定的评估问题，还常常会触发一系列新问题的产生，这些问题多围绕差距的成因及解决之道展开，需通过后续的数据收集与解读来进一步挖掘。在最终能够整理出一份论据充分、操作建议可行的报告之前，这些衍生的问题都必须得到妥善解答。

有效沟通的重要性无论怎么强调都不为过，必须贯穿需求评估的整个流程。让关键的评估利益相关者全程参与进来，可以极大地促进评估结果及推荐行动的所有权转移。除了保持不间断的沟通，需求评估报告也是分享评估成果的一种常见形式。为了让报告更加贴合利益相关者的期望和决策需求，从而最大化地利用其中的发现和推荐的解决方案，报告的内容应与这些需求清晰对应。通常，一份完整的需求评估报告会包括执行摘要、引言、方法描述、发现、结论以及建议等部分。执行摘要是向领导层传达关键信息的高效方式，应简明扼要地概述初始情况、面临的机会或问题，明确评估目标，突出主要发现和结论，并提出具体解决方案。

口头报告同样是展示成果的一种重要方式。为了有效沟通，深入了解受众的需求和偏好至关重要，这一点和其他展示形式一样。通过构建引人入胜的故事，我们能够生动地传达核心问题，让数据变得鲜活而有力。作为口头报告的呈现者，你需要对需求评估的流程、所取得的发现以及提出的解决方案有深入透彻的理解。此外，还需做好充分准备，以便灵活应对各种提问。你的可信度将直接影响听众对需求评估结果及建议的接受度和看法。

最后的思考

需要再次强调的是，需求评估在推动绩效提升的过程中扮演着至关重要的基础角色。因此，明确实施建议的具体考量因素，并指出哪些相关方或合作伙伴最适合协助落实解决方案的各个具体环节，这将大大提升成功的概率。制定一个清晰明确的计划，能够确保我们顺利达成既定的目标成果。

◆◆◆

作者简介

英格丽德·格拉-洛佩兹（Ingrid Guerra-López）是韦恩州立大学教育学院学习设计与技术专业教授兼临时院长。她曾在多个知名组织和机构担任领导职务，包括国际绩效改进协会董事会成员、同行评审期刊《绩效改进季刊》主编、国际绩效改进协会研究委员会主席，以及多个制定教学设计与绩效改进领域标准及未来发展方向的关键委员会和工作组成员。她主导过国际发展机构、政府部门、教育机构及私营企业的重大教育与机构效能提升项目，涵盖战略规划、教育与劳动力需求评估、课程设计与开发，以及项目评估与质量保障等。在此过程中，她领导并指导过来自40多个国家的多元化学生团队、工作小组及机构领导者。如需联系她，请发送电子邮件至 Ingrid. guerra-lopez@ wayne. edu。

参考文献

Guerra-López, I. 2018. "Ensuring Measurable Strategic Alignment to External Clients and Society." *Performance Improvement Journal* 57(6): 33-40.

Guerra-López, I. 2021. "An Ounce of Good Assessment Is Worth a Pound of Analysis and a Ton of Cure: Revisiting Seminal Insights in Performance Improvement. " *Performance Improvement Journal* 60(1): 26-30.

Guerra-López, I. , and K. Hicks. 2017. *Partner for Performance: Strategically Aligning Learning and Development*. Alexandria, VA: ATD Press.

Kaufman, R. , and I. Guerra-López. 2013. *Needs Assessment for Organizational Success*. Alexandria, VA: Association for Talent Development.

延伸阅读

Dearborn, J. 2015. *Data Driven: How Performance Analytics Delivers Extraordinary*

Sales Results. New York: Wiley.

Evergreen, S. 2020. *Effective Data Visualization: The Right Chart for the Right Data*, 2nd ed. Thousand Oaks, CA: Sage Publications.

Guerra-López, I. , and A. Hutchinson. 2013. "Measurable and Continuous Performance Improvement: The Development of a Performance Measurement, Management, and Improvement System. "*Performance Improvement Quarterly* 26(2).

Guerra-López, I. , and A. Hutchinson. 2017. "Stakeholder-Driven Learning Analysis: A Case Study. "*Journal of Applied Instructional Design.*

Phillips, P. P. , and J. J. Phillips. *Measuring ROI in Learning & Development*. Alexandria, VA: ASTD Press.

第 13 章　人才发展专业人士的设计思维

莎伦·博勒

设计思维是一种解决问题的方法，而非设计手段。这一方法要求我们首要关注那些解决方案旨在服务的人。其核心在于深入探究并理解这些人的愿望、需求、环境、思维习惯及世界观。

本章要点

△　阐明设计思维的定义，以及对于人才发展专业人士的价值。

△　解释用户体验内涵，学习如何辨别用户体验的好坏，探讨用户体验概念与学习间的联系。

△　介绍六种策略及相应工具，帮助你运用设计思维的原则创造成果导向的、富有意义的学习体验。

想象一下，你和好友苏西计划一起去度假。苏西虽然非常赞同度假的提议，却不喜欢做计划。"别担心，"你安慰她说，"我擅长规划旅行，一切由我来安排。你到时候只管享受假期就好。"为了确保你俩都能度过一个愉快的假期，你们在时间（定在夏天）、气候（希望温暖宜人）、期望的活动量（要多一些）以及预算（中等水平）上达成了一致。苏西表示，她完全信任你会妥善处理好其他细节。

你开始着手规划。你在缅因州为你俩找到了一个适合徒步旅行的完美地点。由于你和苏西之前几次日间徒步旅行都玩得非常开心，因此你很有信心她会喜欢你的这次计划。你规划的一周旅行包括每日的长途徒步、帐篷露营，以及在各个徒步地点之间背着行囊迁徙。这次旅行将是一次远离日常生活喧嚣、彻底放松身心的绝佳机会。

终于，到了约定的出发日。几天前，你给苏西打了电话，告诉她机场集合的时间以及需要准备的物品，如短裤、登山鞋、袜子、T恤，以及防蚊喷雾。你没有提到其他衣物，这让苏西心里开始有点忐忑。不过，她还是没有多问，按照你的要求打包好行李，准时在机场与你碰面。

当她到达机场时，你就兴致勃勃地向她讲述整个行程的规划。但苏西的表情瞬间凝固，显然被惊到了。她坦白地告诉你，她其实很排斥露营。她之前提到的"高活动量"，其实是基于过去那些每天三到五英里轻松徒步的经历，而非这次计划中每天需徒步十英里的高强度行程。她原本憧憬的是在海滨度假村悠闲度假，骑着自行车自由穿梭，或许还能在骑行间隙找家小店品尝美食。她渴望每晚都能泡个舒服的热水澡，睡在温度适宜的房间里，远离驱虫剂的困扰。至于食物，她希望都能在餐馆享用，一点也不想自己携带。

到底是怎么回事呢？

你们两人在大体上确实达成了一致，苏西也对你规划行程的能力很有信心。你根据你们过去的共同经历，自认为对苏西已经有了充分的了解。然而，你在制定计划时，却基于一些有限的事实做了几个假设。结果，你设计了一个并不符合苏西期望和需求的假期，导致你俩的假期都不尽如人意。最终，你们都没有得到各自想要或需要的东西。

这时，你可能想："我肯定不会这样做。这完全是个不切实际的假设。显然，任何计划去度假的人都需要了解活动的具体内容，不能仅凭'高强度'这样笼统的描述。否则，他们很可能遭遇一次糟糕的旅行，完全无法满足他们的需求和期望。"

然而，在企业内部，类似的问题屡见不鲜，只是表现形式各异，这便是所谓的"业务导向型设计"。企业开发出种种解决方案，尤其是培训方案，这些方案确实回应了业务层面的需求，却可能与目标受众的真实愿望或需求脱节。这造成了企业的期望与需求（以及对工作环境的忽视）和员工的期望与需求之间产生了巨大的鸿沟。一旦这种不匹配出现，其后果便是既耗费了员工的时间，也浪费了公司的资金。

如何预防这类疏忽

设计思维原则能够为身为人才发展专业人士的你，以及你公司的利益相关者，提供一种预防此类疏忽的方法。与业务导向的流程不同，设计思维是一种"以人为本"的问题解决策略。它首先关注的是人，而非企业的盈利需求，并且自 20 世纪 60 年代以来，一直被用来应对各种严峻的人类挑战，以及设计软件解决方案和消费产品。在其最初的形式中，设计思维包含五个关键步骤：共情、定义、构思、原型制作和测试（见图 13-1）。

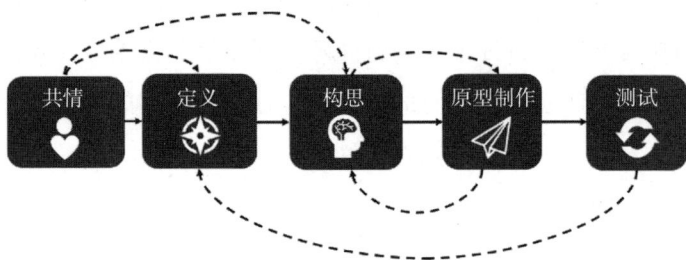

图 13-1 设计思维的五个关键步骤

在我们深入用户群体，与他们共情后，就能更精准地定义需要解决的问题。有了明确的问题定义，我们就可以和目标用户一起，组建一个跨职能的团队，集思广益，共同探索潜在的解决方案。我们会将这些想法转化为原型，并邀请那些解决方案计划服务的用户来测试它们。构思、原型制作、测试这一系列步骤会不断迭代，有时甚至需要回溯到问题定义阶段，直到我们找到最优解。

怎样才算找到了最佳方案呢？当用户的愿望和需求、组织要实现的目标，以及用户环境或商业环境中的种种限制，这三者完美融合时，即达到了最佳的平衡状态。最佳方案往往可以通过一个类似于图 13-2 的韦恩图表示。

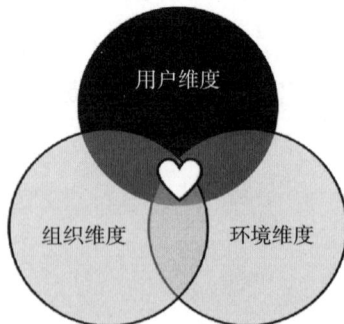

图 13-2 以人为中心的设计聚焦于寻找"甜点"

用户的"甜点"

如何界定用户体验的"甜点（Sweet Spot）"？简单来说，在讨论产品或软件时，一项出色的用户体验要满足三个标准：

- 为用户提供价值（解决他们认为存在的问题或满足具体需求）。
- 易于使用。
- 使用体验愉快。

你有没有用过 Lyft 或 Uber 这类拼车应用呢？回想一下你的使用体验，看看它们是如何满足以下三个标准的：

- **为用户提供价值**。拼车服务解决了许多出行者的一大问题——当很难搭乘到出租车时，提供了安全可靠的交通选择。
- **易于使用**。新用户或偶尔使用的用户也能在初次接触时轻松上手，应用界面设计直观易懂。
- **使用体验愉快**。回想起我首次使用 Uber 时，我很高兴能实时追踪司机位置，观察他朝我驶来的路线。而且，应用上提供的预计到达时间、司机姓名、车型颜色以及用户评分等信息，都让我备感安心。这些贴心的设计大大提升了我的使用体验，尤其是与传统的找出租车、打电话询问并焦急等待的出行方式相比，更让我对这款应用爱不释手。

这些共享出行应用中的功能并非凭空而来。Uber 和 Lyft 背后的产品团队并非一开始就洞察了用户的需求，而是真正站在用户的角度，去挖掘哪些功能最为关键。他们设身处地地考虑旅行者，思考他们在陌生地方出行时可能遇到的种种难题。为了更深入地了解用户需求，产品团队成员还邀请旅行者分享他们使用出租车或公共交通时的体验和想法。设计师更是通过人种学研究，亲自深入陌生城市，体验在早晚不同时间段前往不同地点的实际情况，从而获取最真实的需求反馈。

一旦设计团队对旅行者的需求和期望有了深刻的理解，他们便开始着手构思最佳的解决方案。通过不断推出应用的新版本，并积极收集用户的反馈，他们依据这些宝贵的意见持续优化应用的功能。旅行者的反馈让团队意识到，在应用中加入街道地图，实时显示司机的当前位置和行进路线，对于提升用户体验极为重要。他们还提出了一些令人眼前一亮的功能建议，如显示司机的姓名、用户评分以及预计到达时间。此外，旅行者还强调，能够预先支付车费，避免在乘车时手忙脚乱地找现金或信用卡，这一功能同样具有极高的实用价值。

现在，我们不妨来审视一下典型的职场学习体验。不单是组织的问题，这种体验解决了学员的什么问题呢？给学员带来了哪些独特价值？又有什么设计亮点或功能，足以引起学员的兴趣，让他们享受整个学习过程？学员是如何参与进来，识别自己最大的痛点，并提出最有效解决方案的？但大多数利益相关者和项目客户往往以自我为中心，忽视了从学员角度出发考虑问题的重要性。这种意识上的缺失，可能让你陷入一个棘手的两难境地：虽然你的直接客户是项目所有者或利益相关者，但最终评判学习成效、真正受益的是学员。你可能发现自己身处夹缝之中，既要尽力满足客户的需求，又要创造学员真正珍视的学习成果。当这两方面的需求出现矛盾时，尤其是在你与客户之间权力分布不均的情况下，你可能更容易向提出具体要求的客户妥协。但这样的做法，可能引导你偏离正确的航道，甚至走向错误的方向。

当客户未能充分认识到学员视角的重要性时，主题专家和利益相关者常常声称他们能够代表学员的立场。然而，他们往往过于自信，认为自己完全了解学员的想法、感受以及学员在面对具体绩效挑战时的反应和行为。此外，主题专家还可能自以为已经充分了解了学员必须置身其中的学习和工作环境。在这种情况下，决策往往仅基于企业的需求来制定，而学员的真实体验被完全忽视。此外，决策可能仅基于企业现有的或计划引入的技术而制定，而没有考虑学员可能更愿使用的便捷工具。最终，主题专家可能未能全面审视整个学习过程，仅仅局限于为学员设计一项单独的学习活动，如一次工作坊或一门在线课程。

理解学习之旅：开启奇妙世界的关键

用户体验设计是为了精进那些令人惊叹的体验，同时去除那些造成困扰的体验。同样地，学习体验设计也应以此为鉴：我们应努力强化那些使学习变得引人入胜的因素，同时避免那些可能让学习变得苦不堪言的因素。因此，我们必须深入了解学员在学习过程中的每一个环节，以及那些能够提升或破坏学习体验的关键因素。图 13-3 清晰展现了这一历程，而随后的表格（见表 13-1）详细解释了每一步可能带来的正面或负面情绪，这取决于你的设计水平。

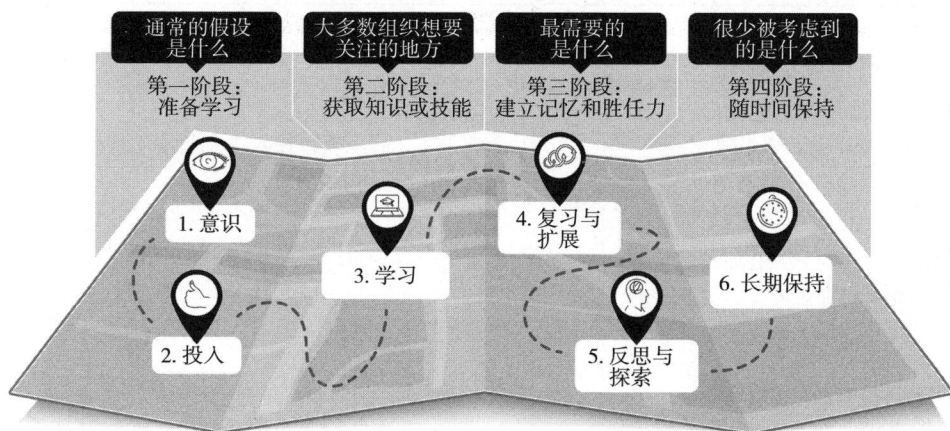

图 13-3　学习之旅的阶段与步骤

表 13-1　学习之旅的阶段与步骤详解

步骤	最佳/最差情况描述	学员可能产生的正面情绪与感受	学员可能产生的负面情绪与感受
1. 意识	**最佳情况**：学员自己意识到有学习的需求或机遇，他们认识到自己的现有知识或技能与理想状态之间尚有差距。 **最差情况**：学员仅是接收一封参加课程的电子邮件通知，缺乏对学习重要性的内在认识	着迷、感兴趣、好奇	沮丧
2. 投入	**最佳情况**：学员空出日程，投入时间和努力学习。时间留给学习。 **最差情况**：学员不主动安排学习时间，只会被动进行	积极	抗拒
3. 学习 学员参与研讨会、在线课程或自主学习，包括阅读资料、参与活动和讨论	**最佳情况**：学员发现所提供的学习材料、内容及活动相关而实用。 **最差情况**：几乎没有相关性，缺乏现实背景	好奇、投入	无聊、不知所措、不感兴趣

续　表

步骤	最佳/最差情况描述	学员可能产生的正面情绪与感受	学员可能产生的负面情绪与感受
4. 复习与扩展 要确保学习成果稳固，就必须进行复习与扩展。在这一步，学员通过更多实践机会和及时反馈来强化所学。先前介绍的简单练习可以拓展升级，增加难度	**最佳情况：**强化练习与反馈恰到好处地融入学习过程。 **最差情况：**缺乏必要的强化，学习成果难以持久	全心投入，力求精通	疏远
5. 反思与探索 与第四步并行，或在其之后进行，学员会反思自己的表现或知识掌握情况，并探索如何进行拓展，同时思考如何运用新知识和技能进行实践。在这一步中，既有自我反思，也有来自经理、同事和客户的持续反馈	**最佳情况：**有计划地鼓励学员进行反思和探索。 **最差情况：**这一步被省略	学员对自己的能力充满信心，能够积极应用新学到的知识。他们对新获得的熟练度抱有坚定信念	感到沮丧或幻想破灭，对使用新知识和技能产生抵触情绪，想要避免实践应用
6. 长期保持 到了这一步，学员已经成功地将新知识或技能融入自身，并积极地在角色履行的各个方面加以运用	**最佳情况：**学员已经顺利完成前面所有步骤，此时他们技艺纯熟且充满自信。 **最差情况：**学员未能达到这一步	支持	愤世嫉俗

设计思维可以融入各种教学设计模型中，从而助力打造非凡的学习体验。我们将这种非凡的体验定义为：

- 为学员和企业带来实质性的价值，这些体验能够产生可见成果。

- 易于使用并与学员的实际环境和限制条件相契合。

- 创造愉悦的学习氛围，即能够吸引学员的兴趣并持续保持其专注（注意这里的愉悦，并非指教育内容的单纯娱乐性，而是指学员能够从中感受到乐趣和实用性）。

将设计思维实践融入学习体验设计的六大策略

设计思维工具堪称学习体验设计领域复杂挑战的得力向导，帮助你理性探索并设计出高效的学习体验。这些工具能够协助你精准把握学员的期望与需求、达成业务目标，同时兼顾环境条件的限制。尽管我与他人合著了一本关于如何在人才发展中运用设计思维的专著，但以下六大策略将提供一个实用出发点。每个策略都配套了一个相应的工具，且多数策略都附有实例说明。

1. 明晰你试图解决的问题

这听起来或许显而易见，但实际情况是，人们往往会在尚未明确问题所在时，就急于寻找解决方案。这种现象十分普遍，特别是在利益相关者、学员和设计师对于所要解决的问题尚未达成共识的情况下。通过运用策略蓝图这一工具，你可以帮助各方对面临的挑战（或可抓住的机遇）以及如何衡量成功有一个清晰的认识。这张蓝图还能帮你清晰地了解（或意识到自身的认知盲点）哪些问题是培训可以解决的，哪些则需要通过其他途径，如流程优化、角色调整或环境改造来解决。策略蓝图主要包含以下内容：

- **利益相关者面临的挑战或人们希望利用的机会**。这些挑战或机会与特定事项相关（如新产品的销售、员工人数的增加、数据安全的合规维护、新流程的执行或新软件系统的推出）。
- **成功的标准**。如果特定挑战得到解决，利益相关者将在工作场所看到和听到什么？人们将如何行动？
- **重点领域**。为了解决问题，必须关注哪些领域？（注意：培训可融入所有重点领域，也可只针对其中一个领域。而其他重点领域，可能随着设计团队分析挑战及其解决方案时逐渐显现。）
- **要遵循的关键原则**。在执行策略时，你想遵循的关键指导点或坚守的价值观是什么？
- **具体活动**。哪些战术步骤能够帮助你解决挑战？每项活动针对的是哪个重点领域？

- **评估指标**。你将如何衡量成功？哪些量化指标能表明成功解决已识别挑战或有效利用机会？

2. 利用同理心图洞悉学员视角

另一个实用的工具是同理心图。同理心图是一种强大且简洁的工具，它能够帮助你深入理解学员的视角。在构建同理心图时，你应聚焦于学员需要完成的任务或你期望他们掌握的知识点。幸运的是，现在有许多数字工具能够辅助你创建同理心图，这使得即便无法与学员面对面交流，你也能灵活地进行这一工作。一个基础的同理心图通常会围绕以下五个维度提出问题。

- 学员在做 X 这件事时，有何**想法**和**感受**？（"X"代表学员在工作中必须做、需要学习的技能或必须了解的知识。）
- 当学员在做 X 或在工作中应用 X 的知识时，从其他人那里**看到**和**听到**了什么？
- 学员在 X 方面会**做**些什么？（例如，如果培训内容是销售某个产品，可以思考一下学员在销售过程中会做些什么。）
- 学员在执行任务或应用知识时面临哪些**痛点**？
- 学员执行任务或应用知识的**动机**是什么？

3. 创建一或多个学员角色

基于你的同理心图分析结果，你可以创建学员的虚拟形象。这些角色能够帮你更加聚焦于学员面临的核心挑战、动机以及日常生活环境。为每一个角色起一个富有描述性的名字，这个名字应能反映出该角色的需求和期望（如"速成达人"、"视觉偏好者"或"焦虑学员"）。在整个设计和开发流程中，利用这些角色来确保你的计划既真实又准确。当构建解决方案时，你可以这样自问："如果换成'速成达人'这个角色，他会如何看待这个方案？这个方案能满足他的需求吗？"当主题专家建议你纳入大量内容，而这些内容可能对某个特定角色并无太大吸引力时，你可以通过参考该角色来进行验证，自问："我们的'速成达人'角色会觉得这些内容实用或有帮助吗？"

4. 将学习视为一场旅程，而非单次事件

构建一个学习之旅地图，旨在全面探讨和规划整个学习过程，而非仅仅局限于研讨会或在线学习课程的内容。让我们再次回顾图 13-3 所描绘的学习之旅的各个阶段和步骤：学习任何新知识或技能的旅程，都是从第一步——意识到学习需求开始，一直延续到第六步——随着时间的推移，持续保持并应用所学的知识与技能。深入了解学习之旅的每一步骤，并向你的客户及项目利益相关者清晰阐述每一步的关键性和深远影响，这对于确保你能够满足他们设定的成功标准至关重要。同时，我们必须强调，如果缺乏机会对初次学习的内容进行深入解读和多次复习，学员很容易就会遗忘所学。因此，我们的策略是专注于那些能够经过多次强化和复习的内容。值得一提的是，在学习之旅中，第三步——正式学习环节，可能看起来并不起眼。然而，正是围绕这一环节的前后步骤，才是决定你努力成果能否成功的关键所在。

5. 集思广益寻求解决方案并制作简易原型

在成功界定问题之后，切勿急于求成，直接跳到解决方案上。别立刻就想"我们需要一个在线学习课程"。给自己一些时间来头脑风暴，思考各种可能的活动或解决方案。花些时间构思"学员故事"，这些故事能助你明确哪些解决方案最能有效地达成目标。随后，制作一个低保真度的原型（如用纸和笔手绘的原型），并邀请四到六名目标学员提供反馈，了解他们认为体验中哪些部分令人愉悦，哪些部分不尽如人意。让学员（而非仅限于主题专家）提出改进意见。可以对主题、活动、学习流程等进行原型化设计。关键在于倾听学员声音，并综合考虑影响解决方案的三大要素：学员的愿望和需求、业务需求以及环境限制。

6. 测试——但力求简单

测试环节经常被人们忽略。我们所说的测试，并非指先完全构建好所有内容再进行试点，而是指对早期的草案或原型进行测试。通过这些测试，你可以完善自己的构思，避免后续不得不彻底推翻那些行不通的部分。在测试早期原型时，

请确保测试团队中有你的目标学员。请他们围绕以下三个方面给出反馈：

- 你认为自己在体验过程中的参与度如何（低、中、高），并请说明原因。
- 你对所测试内容的清晰度有何评价（低、中、高），并说明原因。
- 你觉得这种体验与你的工作背景及学习需求的相关性如何（低、中、高），并说明原因。

最后的思考

设计思维能够极大地提升我们所创造的学习体验的价值。这使我们意识到，若不考虑学员的愿望和需求，以及他们所处的环境限制，我们就无法提供具有商业价值的学习内容。同时，这些原则也让我们认识到，学习是一个持续的过程，而非单一事件，这对于激发行为改变，以及促使学员从意识到学习需求，到在工作中持续展现改变后的行为至关重要。

作者简介

莎伦·博勒（Sharon Boller） 现任 TiER1 绩效咨询公司特聘顾问，此前曾担任该公司董事总经理。她于 2020 年 12 月退出全职咨询领域，转而投身慈善事业，创办了位于印第安纳波利斯的捐赠圈 "Small Things Great"。作为行业会议的常邀演讲嘉宾，她长期专注于绩效导向的学习设计、用户体验、技术趋势、学习游戏设计及设计思维等主题。她著有（或合著）三本由 ATD 出版社发行的专业图书：1995 年出版的《团队培训》、2017 年与卡尔·卡普合著的《寓教于乐：高效学习游戏的设计指南》，以及 2020 年与劳拉·弗莱彻合著的《培训与发展中的设计思维》。她的专业兴趣广泛，涵盖故事叙述、新兴技术、商业战略、领导力发展、学习设计与体验设计等多个领域。

参考文献

Boller, S., and L. Fletcher. 2020. *Design Thinking for Training and Developm-*

ent. Alexandria, VA: ATD Press.

Kalbach, J. 2014. "UX Strategy Blueprint. "Experiencing Information（blog）, August 12.

Kalbach, J. 2016. *Mapping Experiences: A Complete Guide to Creating Value Through Journeys, Blueprints, and Diagrams*. Sebastapol, CA: O' Reilly Media.

延伸阅读

Boller, S. , and L. Fletcher. 2020. *Design Thinking for Training and Development*. Alexandria, VA: ATD Press.

Brown, T. 2009. *Change By Design*. New York: Harper Collins.

Garrette, B. , C. Phelps, and O. Sibony. 2018 *Cracked it! How to Solve Big Problems and Sell Solutions Like Top Strategy Consultants*. Switzerland: Palgrave, Macmillan.

Glynn, K. , and D. Tolsma. 2017. "Design Thinking Meets ADDIE. " *TD at Work*. Alexandria, VA: ATD Press.

"Interaction Design Foundation. "

"Luma Institute. "

第 14 章　创新设计：探索可能性的艺术

布莱恩·沃什伯恩

电影技术的创新历程，经历了从影院放映的胶片电影，到短暂风靡一时的 Beta 磁带，再到 20 世纪 80 年代普及到家庭娱乐的 VHS 磁带，90 年代又逐步被 DVD 所取代，最终进化为我们现在可以在电视、电脑或智能手机上轻松观看的流媒体视频，甚至还能将其嵌入演示文稿中。

这一系列变革不仅展现了创新和创新设计成果的酷炫和实用，更揭示了它们背后的艰辛历程，如需要时间的沉淀、不断的迭代、勇于面对失败的决心、从失败中重新站起来的勇气、渴望汲取教训的心态，以及更多的尝试与改进。

本章要点

△　判断创新设计方法是否适合你的情况。

△　从创新设计的实际案例中汲取可借鉴的经验教训。

△　从培训和教学设计领域之外寻找激发创意和创新的灵感来源。

△　通过实施一个流程确保即使初次尝试未达预期效果，也不会打击创新的积极性。

什么是"创新设计"

创新常常与那些我们未曾察觉需求，但一旦接触便爱不释手的产品画等号。（回想一下，当我们习惯用翻盖手机的时候，史蒂夫·乔布斯是如何向我们推销 iPhone 的！）有时，我们甚至未能意识到创新就在眼前，但创新设计的最终结果无疑能让我们的生活更加美好、便捷，甚至可能在各个领域催生更多的创新。

在深入探讨为何以及如何将创新融入你的学习项目之前，让我们先明确"设计"与"创新设计"的概念。

就本章而言，"设计"一词指的是一种有意识的学习计划方法。该方法包括：

- 为达成学习目标而精心安排的一系列学习活动及其流程。

- 选用合适的教学媒介（如面对面授课、虚拟课堂、自主学习、混合式教学、工作辅助工具或公司内部网络资源等）。

"创新设计"是指在设计过程中采用新颖、独特或出人意料的方法。

在谈及学习领域的创新设计时，我们并不总是指最新技术的运用。你会发现，创新设计也可能是在学习过程中出人意料地引入传统材料，如将橡皮泥融入学习体验。

任何人都能在设计中创新吗

"我不知道你想让我说什么。质量保证是个无聊的话题。说到底，实验室技术人员只需要知道信息就行了。我的培训可不玩什么'感性教育'。"

我刚与我们组织的质量保证副总裁进行了一次初步交谈，他正准备开展一项新的质量保证培训计划，内容是对我们眼库的实验室进行检查和模拟审计。他对于过去自己行之有效的方法有着自己的想法，并且对我提出的关于他计划的改进或创新建议并不太感兴趣。这并不是我第一次听到那些我受邀辅导并协助其打造更具吸引力培训计划的人的反对意见。每当引入新的或不同的工作方法，尤其是当人们觉得自己用传统方法已经做得很好时，总会有人提出质疑。提出质疑是理所当然的。

其中一个质疑是："在策划培训项目时，任何人都能有所创新吗？"那些主要职责与培训或教学设计无关的行业专家呢？那些想尝试用独特或出乎意料的设计方式创造一些东西，但认为自己不够有创意的人呢？

答案是肯定的，尽管可能需要一些时间来适应新的做事方式。

在上面的例子中，我花了很多时间与我们的质量保证副总裁交谈并进行指导，帮助他摆脱传统的基于演示文稿的授课方式，转向让质量保证学员亲身参与、有所作为的培训方式。虽然我们是在酒店的宴会厅进行这次培训，但我们还是有办法模拟实验室环境的。

当我们就这个想法进行深入讨论时，他有了一些新点子。例如，我们可以把实验室材料带到宴会厅，让学员检查是否有过期物品。我们可以拍摄实验室中摆放不当或稍有偏差的物品的照片，把这些照片做成海报，挂在培训环境周围，尽可能真实地模拟实验室的检查和审计。

当我们最终启动这项培训计划时，副总裁看到了学员参与的积极性，听到了他们的问题反馈，观察到了学员在模拟环境中的表现。他完全接受了这种更具创新性的设计方式。他甚至写了一篇博客文章来反思这次经历，他在文章中写道：

"这个过程虽然痛苦，但采用了一种全新的方法——之所以说它全新，是因为在课程结构中增加了活动。我不再是那个通过演示文稿进行数据灌输的专家，而是通过活动和动手学习来教导和激励学员。教学计划完成后，我松了一口气。这个过程结束了。

"然而，随后我得知我们的流程还包括了一个为期多日的材料演练，就像是一次预演。这再次拓展了我对成功演讲的理解。

"最终，我意识到，遵循这个过程，我们提供的培训课程得到了学员的热烈欢迎，这在培训期间学员展现出的学习效果中得到了明显的体现。我计划在日后受邀演讲时再次采用这个过程，并且期待能进一步提升自己的演讲准备能力。

"说实话，我想我或许也能做到那种'感性教育'了。"

尽管人人都有潜力在学习设计上变得更加富有创新性，但我们还需要思考另一个问题：是否每个人都应该在学习设计上追求创新呢？

对于这个问题，答案虽倾向于肯定，但也需视情况而定。

在某些紧急或关键时刻，我们可能无暇追求尽善尽美，能基本满足需求也就足够了。还有一些情况下，我们有着充分的理由继续沿用以往行之有效的方法，仅仅为了创新而创新并不会带来额外的价值。事实上，它还可能让那些原本创造了某个项目并见证了其有效性的人感到不满。

然而，如果创新的设计方法能够提升学员的参与度，增加实现学习目标的概率，并改善培训效果，那么这种创新设计无疑应该被应用于实际教学中。

创新设计是什么样的

创新设计有多种形式和规模，无论是对现有课程的细微调整，还是重大革新，抑或是为新兴内容提供迅速便捷的解决方案，甚至是将全新的方法融入那些精心策划的、为期数周或数月的课程中，都属于创新设计的范畴。

接下来，让我们通过几个实际案例，来一窥创新设计的多样风采。

案例一：小小改造却带来意想不到的惊喜

一家轮胎制造公司多年来一直利用演示文稿上的技术图纸，为销售代表培训轮胎的制造过程及其独特之处。多位经验丰富的培训师和内容专家都表示，这些演示文稿至关重要，因为它们能够清晰地展示轮胎的各个部件。然而，尽管演示文稿有效地传达了轮胎的技术信息，但即便是培训师也承认，他们很难判断销售学员是否真正理解和吸收了这些信息。

虽然轮胎的构造及其独特性只是整个培训课程中的一部分，却是后续销售实践对话和角色扮演活动的基础。因此，培训团队决定尝试用一场简短的技术讲解和一个动手实践环节来取代原本基于演示文稿的技术演示。在这个环节中，学员需要使用技术图纸，并用彩色橡皮泥（不同颜色的橡皮泥代表轮胎的不同层）来亲手制作轮胎模型。然后，他们要向小组展示并解释自己的作品。

起初，这家轮胎制造公司对这一改变持怀疑态度："等一等，你是说我们要让一群五六十岁，在这个行业摸爬滚打了三四十年的销售人员在培训中玩橡皮泥吗？"

然而，在参与了一次试点活动后，他们的怀疑逐渐被对这种方法有效性的认可所取代。内部培训团队的一位成员这样说道："刚听说要用橡皮泥时，我简直有点被冒犯了。我们可不是小孩子。但当我亲身体验了那个活动后，我明白了为什么人们能够通过这种方式学习轮胎的部件。他们必须亲手制作轮胎，然后解释自己的橡皮泥模型中每一层代表什么。这无疑是整个培训计划中最有效的活动之一。"

案例二：形势所迫，从线下转战线上

一家地区性的专业护理设施连锁企业，一直采用一项广受欢迎的领导力发展项目，将各地的高管和绩效优异的员工聚集在一起，共同参加为期一周的一系列课程和交流活动。前往总部参观并与同行及组织领导层交流，对参与者而言是一大亮点。然而，新冠疫情暴发使得将学员聚集在一起的线下活动成为泡影，这时学习团队意识到，他们需要在保持项目既定质量和受欢迎程度的同时，对其传播媒介进行创新，即将项目从线下转移到线上。

项目内容需要保持不变，但设计、流程和节奏需要有所调整。毕竟，没有人愿意连续几天坐在电脑前接受冗长的在线教学，而且考虑到学员各自所在机构中随时可能出现需要他们及时处理的情况，这种做法也并不现实。因此，设计上的第一个创新点就是打造一个多周项目，将领导力发展课程分散在每周几天的两小时时间段内进行。虽然以前的项目版本只需几天就能完成，这个新版本却需要参与者和组织领导层长达两个月的投入。

另一个可以运用创新设计的领域，是对活动进行改造以适应线上环境。在每个课程开始时引入"锚点"活动，帮助参与者迅速与当前主题建立联系，与同伴进行互动，并降低他们感到无聊或分心的可能性。同时，用虚拟分组讨论室取代了传统的圆桌小组讨论。此外，还将一些部门负责人的演讲录制下来，发布到学习管理系统上。另外，还引入了基于网页的游戏平台（如 Kahoot 和在线抽奖转盘），取代了传统的基于演示文稿的学习活动。

当然，创新并不总是能立竿见影地带来完美结果，也并非所有人都能立刻接受它所带来的变化。在该项目初次启动时，虚拟分组讨论室就曾出现过故障，项目组织者也发现一些参与者退出了。然而，与此同时，数十位新领导者接触到了对组织有意培养的领导力文化的核心理念，而且培训后的评估分数也与线下版本的项目不相上下。

案例三：一项传统清单的创新应用彻底革新了整个培训项目

一群资深销售人员首次被赋予推销新服务的任务。尽管他们对所售产品了如指掌且信心满满，也已掌握大量有关新服务的资讯，但面对向老客户推销新服务的任务时，他们心中仍存疑虑。

为了深入了解学员的需求，项目经理设计了一份传统的检查清单。清单上的问题包括："你是否愿意轻松自如地与客户探讨服务事宜？""你的客户是否热衷于谈论他们的业务？"……同时，项目经理还整理了一些与新服务相关的培训资料。

　　一群教学设计师审阅了这份检查清单和其他现有材料，认为它们颇具价值。然而，该培训项目真正需要解决的问题并非提升团队对新服务的了解程度，而是消除成员在推销传统产品之外的新服务时的犹豫心理。

　　为了解决这个问题，教学设计团队决定对推销服务的整个理念进行试验。他们将项目经理制定的检查清单改造成一份"法庭传票"，并附上一份"陪审员"（即培训参与者）在进入房间时需要填写的问卷（见图 14-1）。

　　从这份初始资料开始，整个半天的培训课程都围绕着法庭主题展开。课程设计旨在让参与者判断，他们即将被要求推销的新服务，是否有助于他们作为销售人员的工作，是"无罪"还是"有罪"。因此，团队聘请了演员，并拍摄了他们分别扮演检察官和辩护律师的角色。而培训师扮演法官的角色，引导整个培训过程，并为陪审员参与者做出判断设定了框架。

　　虽然想出新颖独特的方式来呈现内容可能颇具挑战性，但找到一个恰当的主题（在本例中，即对整个理念进行"审判"，并全程贯穿法庭主题）有助于为你的想法提供清晰的框架，并指导你从头到尾设计一个完整的学习项目。

案例四：新员工入职培训的重大改革

　　一家全球性的卫生组织正迅速崛起，发现自己需要为越来越多的新入职员工介绍组织文化和其他部门。然而，招聘经理开始对现有的新员工入职培训项目表示不满。他们质疑该项目对新员工的实际帮助，以及连续三天、每天两小时，让各部门代表在新员工面前逐一讲解的陈旧方式能否给他们留下深刻印象。

　　于是，一个小型的教学设计团队开始思考，是否能让新员工入职培训变得更加生动有趣。最终，他们受经典电影《勇敢者游戏》启发设计了一个为期两天的培训项目。前一天半，新员工通过一系列简短的游戏来了解组织内的各个部门，这些游戏分别代表了各部门的工作内容。之后，他们还会与部门代表进行简短的互动问答。

　　例如，负责处理敏感信息（需经编辑或脱敏后方可共享）的部门，用一个通过电子化学习创作工具设计的游戏来挑战新员工，要求他们识别并尝试对敏感或个人隐私信息进行脱敏处理。而负责快速医疗流程的部门，采用了桌游《手术大师》的改编版本作为活动，让新员工在模拟快速操作的过程中，切身感受保持手部稳定的重要性。

日期：
时间：

一类邮件
已预分类
付费邮件部
邮编85021

陪审专员办公室
销售培训法庭
克林顿街344号3B室
大都会市，美国

陪审团传票

超级销售代表

100092292

大都会市，美国

HABCSP1 95542

陪审员停车许可证
撕下许可证并将其放在车内
仪表板上显眼位置。
此许可证不允许在私人停车场或其他受限
或有标识的区域停车。为陪审员及候选陪
审员在出庭期间提供免费停车服务，但需
停放在合法指定的停车位内。仅限计时收
费或两小时限制区域。

组号：101112

100092292

一般信息

审判时长：	你在此审判中的服务时间不会超过半天，但希望你回到工作岗位后能尽快应用你在审议过程中学到的知识。
服务期限：	服务不付费。学习本身就是一种回报。
陪审费：	根据法官的裁定，可在审判结束时提供证书。虽然你的出席可能是自愿的，但参与是强制性的。
服务证明：	本培训中使用的数字仅用于演示目的。激励措施将因地点而异。
请注意：	根据标准操作程序，任何未参与和学习的陪审员都有可能失去潜在的赚钱机会。

请认真完成此问卷。你的答案可能在服务结束时发生变化。

你是否愿意与客户讨论服务？	☐否	☐是
你目前是否会向客户或潜在客户提问以了解他们的需求？	☐否	☐是
你目前是否认为自己是一名销售人员？	☐否	☐是
你目前是否能够回答客户或潜在客户提出的每一个问题？	☐否	☐是
如果你丢失了一笔生意，但周围没有人听到，那么你是否真的丢失了一笔生意？	☐否	☐是
你是否销售产品？	☐否	☐是
你是否销售服务？	☐否	☐是
你的客户是否喜欢谈论他们的业务？	☐否	☐是
你是否销售解决方案？	☐否	☐是
你是否愿意使用咨询式销售技巧？	☐否	☐是
你是否足够了解我们的服务，以便向你的客户提供？	☐否	☐是

图 14-1　学员评估样本

各小组通过成功完成代表不同部门的游戏和挑战来累计积分。在这个培训项目的最后半天，所有参与者齐聚一堂，共同参与一款受《卡坦岛》启发的合作游戏——他们可以用累计积分兑换资源，并通过模拟该组织全球使命的协作任务来展开团队合作。

经过初步尝试和调整，这个全新的新员工入职培训项目终于向所有新员工推出。那些曾经对新员工入职培训持怀疑态度的招聘经理，现在不仅积极派员工参加，还主动要求在问答环节亲自担任各自部门的代表。

此外，新的培训设计还将新员工入职培训的时间从原来的三天缩短到了两天。

这些例子有哪些共通之处

从根本上讲，创新设计无法被预设或公式化。没有哪种简单的结构或算法能够让你反复复制创新设计（否则，它就会沦为一种常规且可大规模生产的东西，而这正是创新的反面）。然而，在这四个例子中，我们可以发现一些共通点，这些点值得我们深入研究，并可为未来的创新尝试提供借鉴。

- **从挑战或问题出发。**创新设计的初衷是寻找提升学习方案参与度和效果的方法。

- **集思广益，探索解决方案。**无论是称之为头脑风暴、创意构思，还是简单的思考，你能够提出的解决挑战或问题的想法和途径越多，你的选择范围就越大。诺德格伦和卢卡斯指出："先前的研究表明，人们的第一个想法往往不是最具创意的。想出一个突破性的想法通常需要一个漫长的头脑风暴过程，在这个过程中，你需要生成并改进大量的潜在选项，最终才能得出最具创意的想法。"如果你陷入困境，那么，与同事交流以激发新的想法会非常有帮助。本章中的所有例子都涉及了不止一个人的想法和解决方案。

- **选定一个想法。**提出想法固然有趣，但聚焦到一个想法并将其精炼为可行的解决方案需要付出大量努力。这也是疑虑可能悄悄浮现的时刻。与经验丰富的专业人士一起使用培乐多彩泥是个好主意吗？如果电子化学习模块中的特色功能出现故障怎么办？如果我们在一群人面前尝试一个学习游戏，但反响不如预期怎么办？在应用创新设计时，你不能让追求完美阻碍了你对优秀的追求，也不能陷入过度分析而无法行动的困境。选定方向，尽力完善，然后付诸实践——唯有如此，你才能真正找到这些问题的答案。

- **测试你的想法（理想情况下在低风险环境中进行）。**把你的想法从脑海中拿出来，放到其他人面前，让他们使用、找出漏洞、测试、打破或以其他方式探索，这是关键的一步，并且需要一定的勇气。你会收到反馈，而这些反馈可能并不总是积极的。理想情况下，你应该在低压力的环境下与一小群人测试你的想法（例如，邀请几位信任的同事到会议室，与他们一起进行模拟演练）。如果你能专注于倾听反馈，避免对自己的选择采取防御态度，那么从这次测试中获得的经验教训将对完善你的创新想法具有不可估量的价值。

- **迭代**。不要认为你第一次就能把所有事情都做对。进行测试的目的是找出哪些行不通，而不一定是为了证明它行得通。你需要培养一种心态：改变、修订和迭代可以使你的想法变得更好。

你如何锻炼你的创新肌肉

就像定期去健身房可以锻炼、塑造和保持你身体的强健肌肉一样，如果你想在学习方案设计的道路上取得成功，你也需要定期锻炼和培养你的创新思维。此外，下面有一些你可以采纳的方法，帮助你锻炼和培养创新思维。

用心观察，灵感无处不在

有句老话：世间并无新思想，唯有被重新发掘的旧想法。这句话在本章中提到的几个创新设计案例上体现得尤为明显，这些设计的灵感都源自人们日常生活中的点滴经历。例如，玩橡皮泥、收到法庭传票或观看电影《勇敢者游戏》，这些看似平常的经历都催生了一些独特的培训应用。但如果你没有用教学设计师的眼光去观察世界，这些日常经历可能就无法转化为创新设计的灵感。

例如，你可以从以下日常活动中汲取设计灵感，并将其应用于其他领域。

- **参观博物馆**。留意博物馆策展人是如何布置展览的（特别是儿童博物馆或互动展览较多的博物馆）。

- **玩游戏**。无论是纸牌游戏、桌游还是电子游戏，都有一些机制让玩家欲罢不能，反复游玩。不要只局限于《危险边缘》（美国一档知识问答竞赛节目）或《大富翁》这类经典游戏。去发现一些新游戏，比较一下竞技游戏与合作游戏中机制和玩家体验的不同。去二手商店买几款儿童游戏，或者从孩子的书架上挑几款游戏来玩。注意游戏的难易程度。是什么让你想继续玩下去？记住，规则复杂的游戏可能不太适合作为培训的灵感来源。

- **喝咖啡聊天**。有时，仅仅和某人一起喝杯咖啡聊聊天就很有趣。问问他们正在忙什么（无论他们的职业是什么），你可能听到一些能激发你解决最新培训挑战的新想法。

- **注意身边的标志和传单**。也许你的创新培训解决方案并不是一门课程，而是一种资源。在杂货店（想想自助结账通道和如何在付款机上正确插入信用卡的提示信息）、餐厅（用手机扫描二维码即可查看菜单）甚至公共卫生间（教你如何正确洗手的标识），你都可以找到无须正式培训即可使用的辅助工具的例子。

只要我们用心观察，创新设计的灵感就会源源不断地涌现出来。

跳出学习与发展的圈子

学习与发展领域蕴藏着丰富的优质资源——本书自然是其中之一。其他资源还包括加入 ATD（人才发展协会）国家或地方分会、参与行业峰会、研读专业刊物、观看网络研讨会、浏览博客文章或收听播客节目。然而，若仅囿于学习与发展领域获取知识与信息，我们将错失更广阔天地的灵感源泉。

以下是几个我们可以从中汲取灵感和创造力，以形成创新设计思路的行业。

- **营销与广告领域**。资深培训专家迈克·泰勒一直在积极倡导，学习与发展领域的专业人士应密切关注营销与广告界的动态。试想，当驾驶者以每小时 60 英里的速度在公路上行驶时，想要激励他们根据路边的广告牌采取行动是多么困难；又或者，在一条 30 秒的广告信息中说服消费者购买你的产品是多么具有挑战性。然而，营销与广告人士却在这方面表现得极为出色。我们的幻灯片设计、电子化学习材料的设计，以及吸引受众关注我们内容的方式，都可以从营销与广告领域中汲取有益的经验与启示。

- **艺术与时尚界**。或许你并不完全理解杰克逊·波洛克的画作所表达的内涵，或者不清楚为何有人会花费超过 3000 美元去购买一款路易威登的柔软小行李箱手袋（一款手提包），但许多著名的艺术家与设计师之所以能够在行业中脱颖而出，正是因为他们敢于突破界限，并深入挖掘受众的情感共鸣。

- **脑科学领域**。尽管这是一个极具挑战性的研究领域，但对我们深入了解人类大脑的构造及其学习机制至关重要，这也是实现有效创新的核心所在。确保我们的学习项目遵循科学原理并符合实证研究结果，可以降低风险，避免创造仅是一时风尚或无效的伪科学内容。

- **商业领域**。学习与发展并非孤立存在，我们的工作通常是帮助人们更有效地完成工作任务，以提升业务成果。因此，更广泛地了解商业动态是十分有益的，而深入了解我们所服务的具体行业的商业环境是至关重要的。如果我们无法将使用彩色橡皮泥的培训项目与具体的业务问题或目标相结合，那么我们将很难应对外界的质疑。学习理论固然重要，但如果我们只能像其他学习与发展领域的同行一样，仅仅使用成人学习理论的语言来阐述我们的观点，那么企业领导者将不会给予积极回应。

最后的思考

很多人在设计自己的培训时，往往是基于自己曾经接受培训的经历。这通常会导致培训过度依赖演示文稿来举办讲座。然而，当我们尝试将创新设计融入培训计划时，不仅能够为学员探索新知识和实践新技能提供独特且意想不到的途径，还能让他们看到培训设计所蕴含的无限可能。

这种可能性或许包含新颖的技术手段，但并非绝对。你会发现，本章所列举的例子中，并未涉及移动学习、增强现实、虚拟现实、人工智能或其他前沿技术。诚然，这些技术的适当融合确实能够代表一种创新设计，但你不应认为创新就等于技术。

我经常设计培训师培训和演讲技能培训课程，并刻意避免使用演示文稿，以此来证明，即使在没有演示文稿的情况下，我们也能开展富有成效且引人入胜的培训。一个没有演示文稿的培训课程？那才是真正的创新之举！

有时候，一种新的培训设计方法会取得不错的效果，这时我们应该庆祝。但有时候，新的方法可能遭遇失败。对于这种情况，我们应该进行审视、质疑，并从中吸取教训。如果你坚信这仍然是正确的方法，那么不妨进行迭代改进。

托马斯·爱迪生发明电灯泡并非一蹴而就，史蒂夫·乔布斯也没有一夜之间就创造出 Mac 电脑。我们不会一开始就把所有事情都做对，但是，当我们尝试应用创新设计（并不断迭代直至成功）时，我们将开启一个充满无限可能的学习新世界。

作者简介

布莱恩·沃什伯恩（Brian Washburn）是持续学习的联合创始人兼 CEO，这是一家专注于为各类培训难题提供创新解决方案的特色教学设计公司。同时，他也是 Soap box 这一开创性产品的联合创作者，Soap box 是专为讲师主导的培训而设计的首个快速开发工具。在创立持续学习之前，他的大部分时间都投身于非营利事业。他一直在探索如何运用引人入胜、成效显著的学习方法来帮助寄养儿童找到安全、稳定的归宿，协助青年获得普通教育发展证书，以及在全球范围内根除角膜盲症。他还是《你的培训公式是什么？结合学习元素打造高效培训》一书的作者，并主持一档名为《像听音乐一样享受培训》的周更播客。想要联系他，请发送邮件至 brian@ endurancelearning. com。

参考文献

Nordgren, L. , and B. Lucas. 2021. *Your Best Ideas Are Often Your Last Ideas.* Cambridge, MA: Harvard Business Review.

延伸阅读

Duarte, N. 2010. *Resonate: Present Visual Stories that Transform Audiences.* Hoboken, NJ: John Wiley & Sons.

Linker, J. 2021. *Big Little Breakthroughs: How Small, Everyday Innovations Drive Oversized Results.* Nashville, TN: Post Hill Press.

Washburn, B. 2021. *What's Your Formula? Combine Learning Elements for Impactful Training.* Alexandria, VA: ATD Press.

第 15 章　我们需要个性化、精准且即时的服务

丽莎·欧文斯和克里斯塔尔·卡达基亚

"现代学员"这个词似乎无处不在。但现代学员究竟是指谁？他们想要什么？他们又如何影响人才发展专业人士及其工作呢？

🔖 本章要点

△　描述现代学员的需求和愿望，以及他们的"动机"和对学习设计的影响。

△　使用新的设计方法来满足现代学员的需求。

△　个性化培训设计。

△　提高内容的可靠性、准确性和时效性。

△　提供即时获取所需学习资源的途径。

当我们倾听当今职场人士对于个人发展机会的迫切需求时，不禁要问，我们为何以及怎样去精准地满足他们的这些需求？学习与发展部门常常因为需要负责一系列被视为组织发展基石的必修学习项目而倍感压力，这些项目从新员工入职培训到合规性培训，不一而足。我们深知，周围环境正在经历深刻的变革。此刻，学习与发展部门正面临一个关键时刻——必须彻底改变我们的培训基础，即如何设计并实施学习方案，以便更好地满足员工和企业的实际需求。目前学习科学和大脑运作机制的新研究成果层出不穷，数字工具迅速普及，学习与发展部门已经做好了充分准备，即将迎来一次重大的变革，推出能够显著提升员工生产力和专业技能的学习产品。

那么，学习与发展部门如何在不增加额外负担的前提下实现这一目标呢？答案就是我们不再局限于传统的网络研讨会、基于计算机的电子化学习或混合式学习模式。我们的目标不是针对每个技能差距设计出色的学习路径，而是要在工作流程中和工作流程外，为不同的学员提供情境化学习内容，以满足他们在各自学习过程中的五个关键时刻的需求。同时，我们不断提升自身技能，并基于最新的

学习设计模型设定新的目标，如专注于提升用户体验或开发学习集群。

这听起来可能有些复杂！让我们逐一剖析，以便你能成为当今学习与发展组织中越来越重要的一员，助力企业和员工获得成功。首先，让我们来明确界定一下现代学员的定义。

谁是现代学员

根据简·哈特、乔希·波森等专家的研究，我们将现代学员定义为那些在瞬息万变的环境中能够迅速学习，并擅长利用各种资源寻找答案的人。

"现代"一词所涵盖的范围，远不止千禧一代或 Z 世代。现代学员既受外部环境的影响，也受他们学习方式的影响。它指的是那些在工作中必须快速适应变化的人，特别是 2020 年以来，这种需求几乎成为所有企业的共识。现代学员还是那些主动通过最适合当前挑战的方式寻求持续学习的人。现代学员是由情境和学员自身需求共同驱动的，因此，它并不是简单地引入花哨的新工具，也不是为每个设计设置固定的标准规则（例如，"所有内容都必须是微课程！"）。

现代学员所需要的内容和学习与发展部门通常提供的内容有着根本性不同，部分原因在于近年来工作环境和方式发生了诸多变化，从工作类型到交付方式都焕然一新。现在留给员工提升能力的时间越来越少，压力则越来越大，由于在家中能够接触到各种各样的技术，职场人士希望在工作场所也能有更多的选择。

但变化的不只是新时代员工的期望，反之，业务的转变也对员工提出了更高的要求（见图 15-1）。变化的步伐不断加快，远程工作需求也在增加，甚至扩展到了全球范围，与此同时，还要培养能促进团队合作的软技能。职场人口结构的变化意味着，员工、管理者和领导者在有效地将知识传授给团队或组织中的其他人之前，必须更多地了解彼此之间的代际差异。而信息的流动并非仅是从年长者流向年轻者的单行道，它同样由年轻者流向年长者。此外，各个职位正逐渐减少对人工操作的依赖，而是更多地借助数字化手段来提升效率。从纳帕谷葡萄园的田间工人利用电子系统来进行采摘，到诊所医生通过笔记本电脑记录我们的生命体征，而不再使用纸质病历，这样的数字化转型随处可见。

这些变革促使领导者不得不调整业务策略来确保企业的生存。学习与发展部门同样需要与时俱进，否则就有可能成为那个在后面追赶团队，大喊"嘿！等等我啊！"的落伍者。

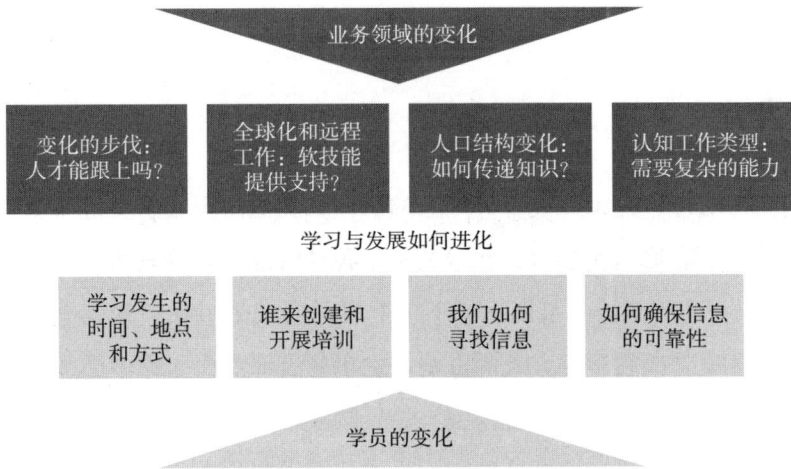

图 15-1　业务和学员的变化推动了学习与发展进化

鉴于当前的变化，员工对于学习资源的需求日益广泛，他们倾向于采用"边工作边学习"的方式，在完成工作任务的同时不断充实自我（见图 15-2）。这不仅是学习与发展部门简单应对变化期望的问题，更需要从根本上进行转变的迫切需求。

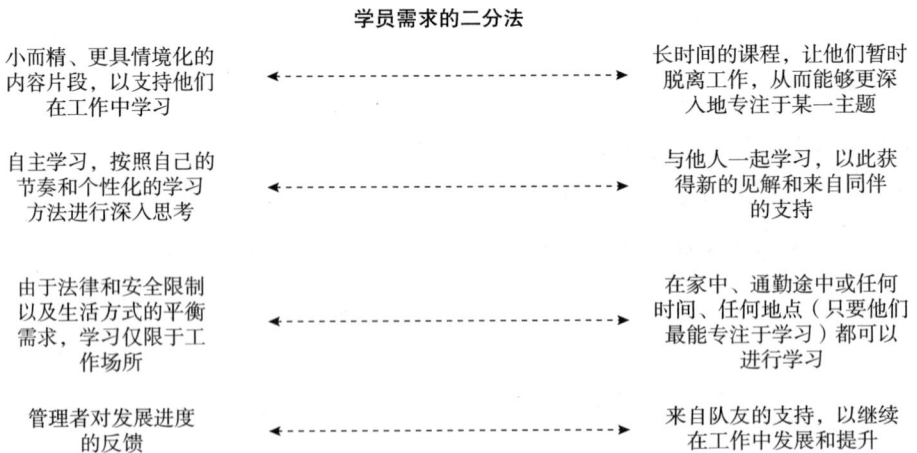

图 15-2　学员需求的二分法

当今的学习与发展部门为员工、管理者和领导者提供了多元化的学习选项，助其紧跟业务变革的步伐，持续学习。现在的学习与发展专业人士不能再局限于固定的模式或标准工具包，而必须针对每个学习挑战，灵活调整并优化其设计策略。接下来，我们一起来探讨实现学习与发展现代化的三种途径。

五个学习刚需时刻

2011 年，鲍勃·莫舍和康拉德·戈特弗雷德森着重强调了员工在课后或项目结束之后所进行的学习量，并对此给予了高度关注。虽然也有其他（如创新领导力中心的 70-20-10 框架等）模型在探讨非正式学习的方法，但莫舍和戈特弗雷德森更侧重于研究学员在课堂外进行学习的时间以及原因。他们深入分析了"刻意非正式学习"和"计划外刻意学习"，并最终总结了员工需要学习的五种最常见场景。他们将这些场景称为"五个学习刚需时刻"（见图 15-3）。

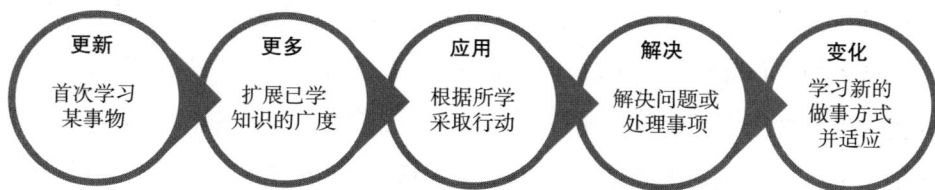

图 15-3　莫舍和戈特弗雷德森的五个学习刚需时刻

这五个学习刚需时刻没有将学习与发展局限在某些特定的教学手段，而是鼓励学习与发展部门根据特定能力的培养过程中可能遇到的各种情境，深思熟虑后，再有针对性地选择最佳方式来为学员提供学习资料。此外，该模型还让正式课程设计和之后提供的正式及非正式内容受到了同等的重视。过去，学习与发展部门主要关注的是学习需求产生的"新"时刻，通过提升对学习背景的重视程度来实现这一点。而莫舍和戈特弗雷德森推动了向更加现代的"在工作中学习"方法的根本性转变。

九个现代学习要素

即便学习与发展部门已经采纳了所有现代学习方法的建议，仍可能收到负面反馈。因此，我们并非仅仅推荐照搬这些方法，而是建议在培训项目中融入以下九个关键要素或特性，以提升参与者的学习体验：易获取性、自主性、内容模块化、时效性、实践性、个性化定制、超链接、多媒体/视觉/听觉/动觉，以及社交性。学习与发展专业人士应根据其学员调研的结果，来决定如何将这些要素融入培训中。

基于简·哈特的研究成果，这九大要素揭示了现代学员对于个性化培训、内容时效性以及交付及时性的迫切需求。与刻板的规定不同，这些要素更侧重于特殊性，为新技术的引入预留了灵活的空间。此外，在创造强大的现代学习设计的同时，也可融入更多传统方法。

在学习与发展领域，我们往往认为必须融入大量技术元素才能保持培训的趣味性。确实，有技术加持的培训更具吸引力，这一点无可争议。但事实上，即便是传统的现场培训课程，或是那些经过精心编排、易于获取、具备社交属性且能根据个人需求进行个性化定制的"专属"培训手册，也同样能取得极佳的效果。

另外，如果学习项目缺少了这些关键要素，仅仅依靠最新技术来创建项目可能以惨淡收场。例如，有些设计者尝试引入聊天机器人，结果却并不成功。他们可能把失败归咎于文化背景的差异，但深入探究后可能发现其他缺失的要素。有人可能认为，聊天机器人本质上就是"为我服务"，因为它会回应学员的评论。但事实真的如此吗？还是说它只是提供了一套固定的、无法满足学员需求的分支选项？学员是否必须切换到其他平台才能与聊天机器人互动？这都会给在工作流程中使用带来诸多不便。与任何培训设计一样，对于数字化加持的新学习项目，最好是对其小部分内容进行早期测试，以了解学员会做出怎样的反应。

学习集群设计模型

基于最新的神经科学研究，同时借鉴了莫舍和戈特弗雷德森等人的研究成果，我们开发了学习集群设计模型，以应对那些促使学习与发展领域从传统模式向数字时代转变的变化。尽管现有的学习设计模型都致力于设计优秀的培训，但大多数模型都着眼于单一成果，如课堂、课程、视频集、电子化学习项目，或学习路径。然而，现代学员以及我们的企业有着更为多元的需求。学习是灵活多变的，可以发生在不同的时间和地点，方式也多种多样，这些与学员即时的选择及其具体的学习需求密切相关。

学习集群设计模型为学习与发展领域提出了一个新的现代学习目标，即通过创造一种新的成果——学习集群，重点提升工作表现（见图 15-4）。学习集群是一系列精心挑选的学习资源，这些资源既考虑了业务需求，也兼顾了不同类型的学员特征，它们能够覆盖五个学习刚需时刻。与只关注在单个培训项目结束时交付成果和保证绩效的传统模式不同，该模型让学习与发展部门能够着眼于如何利用这些学习资源集合，共同在工作场景中发挥关键作用，从而提升绩效。

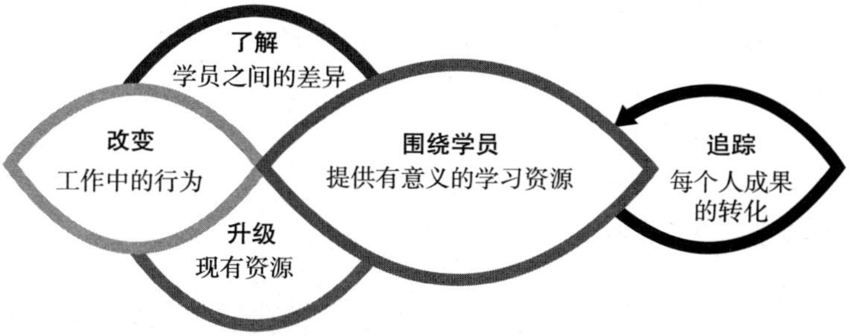

图 15-4　学习集群设计模型

学习集群设计模型还包含五项专属于学习与发展部门（而非管理者、IT 部门或招聘部门）的行动，这些行动基于学习与发展部门在"学习如何发生"这一领域的专业优势而设立。学习集群设计模型采用非线性设计，学习与发展专业人士可根据具体情境，从任意一项行动着手实施。

这些行动构成了一个易于记忆的助记词：CLUSTER。以下是每个行动的简要概述。

- **改变工作中的行为（Change）**。"改变行动"为学习集群（我们称之为战略绩效目标）确立了目标。该目标阐明了学员工作表现与期望业务成果之间的关联。这是通向"围绕行动"的三个初步行动之一。

- **了解学员之间的差异（Learn）**。"了解行动"致力于在目标学员群体中识别那些其行为改变将对业务成效产生最大影响的学员类型。这里的类型定义不仅限于人口统计和职位分类，更深入探讨了每个类型在何时、何地以及如何学习的具体情境。这一行动为"围绕行动"中的策略选择提供了有力支持。

- **升级现有资源（Upgrade）**。"升级行动"运用现代学习的九个核心要素来迅速提升现有项目的质量。另外，在此过程中发现的新学习资源创意将为"围绕行动"的工作增添新的动力。

- **围绕学员提供有意义的资源（Surround Learners）**。"围绕行动"结合了其他行动的工作成果和深刻见解，精心挑选社交、正式或即时学习资源，以构建一个满足每个学员类型需求的学习集群。这些学习资源相互补充，共同推动学员在工作上的行为改变，并带来显著的业务成效。

- **追踪每个人成果的转化（Track）**。"追踪行动"确定了能够反映学习集群影响的定性和定量指标。然后，它持续跟踪这些指标，并将结果转化为一个生动的故事，讲述学习带来的深远影响。利用这些成果，我们可以进一步改进和优化我们的学习策略。

业务和学员的三个需求

让我们更深入地了解培训个性化、内容时效性以及交付及时性——这是业务和学员的三大需求。

培训个性化

培训个性化虽然形式多样，但它们的共同点在于都以学员的选择为核心，而非仅仅满足学习与发展部门或主题专家的期望和需求。大卫·洛克在《工作中的大脑》一书中，通过 SCARF（Status, Certainty, Autonomy, Respect, and Fairness）模型阐述了如何激发个体的积极性，确保在实施过程中考虑到个体的地位、确定性、自主性、尊重感和公平性。而所谓的学员选择，关键在于培养学员的自主意识，为他们打造充满魅力的学习体验，从而吸引他们主动投入并乐于使用所学。

个性化定制既有复杂的形式也有简单的形式，你可以通过融合以下两种方法来提升个性化的效果：一是构建学员画像，二是利用三个学习触点。

简单或复杂的个性化

个性化可以是简单的，也可以是复杂的。例如，一种更为复杂的个性化服务会运用人工智能技术来监控员工的工作动态，并推荐相应的学习资源来提升他们的业绩。如果你想要实现这种复杂的个性化服务，建议你与多家软件供应商进行沟通，并在一个小型的真实业务场景中进行测试。由于这些技术每天都在不断更新，所以，通过获取推荐、与供应商面谈以及查阅在线评价等方式，找到适合你的解决方案，会是最明智的选择。

简单的个性化可能只是向学员发出参加学习课程的个人邀请或提名。通常，定制化可以做得非常简单，就是给学员提供他们想要学习的内容及方式的选项，同时给予一些起步的指导，确保学员不会感到无所适从。

学员画像

通常，我们会把学员归为一个群体，如初任管理者。然而，在这个大群体内部，还存在几个基于非人口统计学特征而具有显著差异的小群体。构建学员画像的方法多种多样。举例来说，学习集群设计模型建议在构建三到五个学员画像时，学习与发展部门应将这些差异纳入考虑范围，因为这些画像将直接关联到学习集群的设计。

- 学习需求差异（例如，是否热爱学习，是否具备自我意识，是否掌握学习方法）。
- 正在教授的主题的表现差异。
- 工作和生活差异（如学习地点、学习时间、学习时间限制、导师或即时团队教练的空闲情况）。
- 五个学习刚需时刻的差异。

不论我们采用哪种方式，只要深入了解学员，我们就能发现真正促进他们在工作场所改变行为、提升表现的方法，并助力他们在这一过程中不断发展与成长。

在深入了解学员的过程中，请思考一下，当面临学习需求的时刻，不同的学员角色会有何反应。他们是在哪里首次学习新知识，或者在哪里应用所学的知识？他们手头上有哪些资源可以用来解决问题？他们有多少时间来解决这个问题或学习更多内容？不同的群体需求各异——通过满足他们的需求，你公司的员工将在个人成长与发展的道路上感受到更多支持。

三个学习触点

营销经理会寻找与客户接触的时机和方式，即确定他们何时、何地以及如何能够向客户展示并接触到客户。学习集群设计模型将这种思路应用于学习与发展领域，并据此确定了三个关键的学习触点。与创新领导力中心的 70-20-10 框架相似，学习集群设计模型为学员提供了全方位的学习资源支持，包括社交资源、正式教育资源以及即时可用的学习资源。

- **社交学习触点**是与他人互动的环节，包括与他人面对面进行培训，或者仅仅是在社交媒体平台的评论区获取他人的观点。学员寻找多种内容，如验证信息的真实性或实用性，或者从他人的经验中获得灵感。

- **正式学习触点**是指有始有终的学习环节，学习与发展部门可以根据学员的需求，在学习结束后提供相应证书。这类学习触点通常涵盖了当今学习与发展机构产出的 90% 或更多产品。然而，随着学习与发展领域的不断进步，以及为学员提供更多元化的学习资源（这些资源充分利用了社交学习触点和即时学习触点），我们希望这一比例能够有所调整。

- **即时学习触点**是指一种无须费力搜索即可随时（无论是在工作场所的何时何地）获取的学习资源。一般来说，即时学习资源包括在线工作辅助工具、维基、可搜索数据库、活跃的交流论坛以及由菜单驱动的小型在线学习课程。

学习集群设计模型中的一个核心理念就是要在学员画像和学习与发展部门精心挑选的、跨越三个学习触点的学习资源之间，建立一种牢固的联系。韦恩图能帮助我们迅速概览一系列的学习资源，以及这些资源最适合服务的学员画像（见图 15-5）。通常，学习资源会同时涉及三个触点中的两个。例如，自学在线课程是一种正式的学习资源，它被设计成模块化且由菜单驱动的形式，因此可以立即作为课后工作辅助工具使用。学员很看重的一点是，通过利用社交、正式和即时这三种学习触点，能够拥有多元化的选择来满足他们的学习需求。

内容时效性

保持培训材料的时效性并非易事。一些学习与发展组织会安排每年或每两年对课程进行一次定期审查。另一些组织则依赖培训师、负责人或团队来决定何时

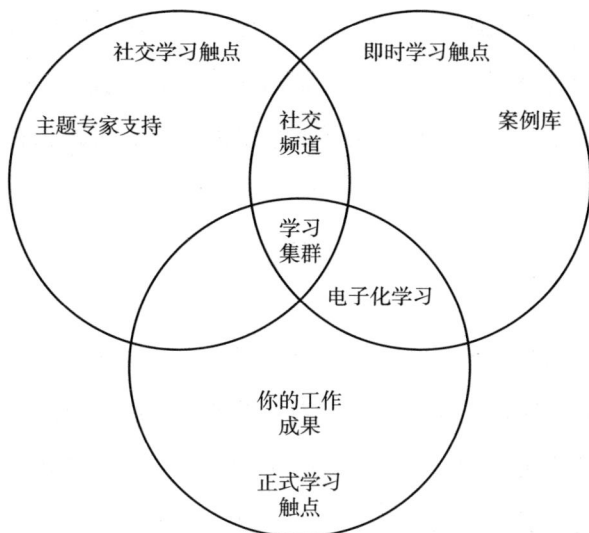

图 15-5　一个学习集群的示例——韦恩图，其中选择了跨三个学习触点的学习资源

需要更新学习资源。还有些组织会等到学员评分过低时，才着手更新课程。

　　然而，这些方法都要求学习与发展专业人士成为所培训主题的专家。但学习与发展专业人士并不总是专家，尤其是在技术主题和现代学习资源的开发与维护方面。与其亲自去做，不如采用复用、开发更新体系、众包和内部挖掘等策略。

复用

　　要充分利用每一堂课的机会来更新教学材料。例如，主题专家可以在筹备下一次授课的过程中更新材料。或者，你也可以通过活动和练习的成果进行更新——让学员找出过时的截图和说明，并对发现这些问题的人给予奖励或表彰。不用担心过时的材料会显得不好，我们都知道事物变化的速度有多快，而且大多数员工都愿意为了整体的利益去解决问题。再举一个例子，你可以组织一个开放性的活动，让学员讨论他们在日常工作中遇到的问题，并应用所学的知识来解决这些问题。这还可以为未来的课程提供案例研究的素材。

开发更新体系

　　别忘了审视你所在组织内部的学习与发展流程。你们是否为所发布的学习资源提供了反馈渠道？我们曾采访过一家大型电信公司，他们分享了如何在整个组织内构建一个由主题专家组成的网络，这些专家与学习与发展团队保持着直接的沟通渠道。组织中的员工都清楚自己的培训对接行业专家，并将所有变更信息反馈给这些专家，专家再将信息传递给学习与发展团队。这样的机制构成了一个高效的更新体系。

众包

你是否还在全权负责开发组织内的所有内容，却发现员工其实更倾向于通过网络搜索来获取外部资源？众包的核心理念是利用现有资源，而非从零开始。因此，在设计内容或学习资源时，你应该去探索员工平时都在参考哪些资料。如果条件允许（在法律框架内或通过购买），你可以将这些资料融入你的设计中。还有一种构建体系的方法是内部众包。许多组织内部都有一些未被充分利用的非正式专家和意见领袖。你可以利用 Slack、Teams 等社交平台，或者建立实践社群等更正式的方式，来发掘这些专家。学习与发展部门与这些专家合作，可以确保学习资源的实时更新。为你的学习与发展团队编制一份这些非正式专家的名单，将他们作为首选资源。

内部挖掘

一个不断发展的体制需要我们去发掘公司内部那些渴望有所作为的员工。总有一些员工暂时未得到充分利用，他们渴望拓展人际关系或继续磨炼自己的技能。如果让这些员工来监控内容的当前状况——哪怕只是审核一下众包的评论——这对学习与发展团队来说将大有裨益，同时也能让员工更加积极地参与进来。此外，还有一些员工具备的优势可以与学习与发展部门展开合作，共同受益。例如，营销和传播方面的人才可以帮助我们创建新闻简报或分享传播方面的创意。IT 部门则可以协助我们开发搜索功能和访问解决方案。有时，这些领域的员工对在其他领域运用自己的才能充满热情与兴趣。

关键在于，如果不借助他人的力量，想要确保所有内容都保持最新状态，既不合常理也难以实现。出人意料的是，我们让越多的人参与到学习工作中，公司里的其他人就越会认可和珍视学习与发展部门所提供的价值。

交付及时性

随着现代学习目标从仅提供单一的课程转变为提供多种学习资源或学习集群，你可能思考如何适应这一变化。要提供更多、更快的学习资源，有几个关键点需要注意。首先，业务部门期望学习与发展部门在需求产生时能迅速响应，提供学习资源，并且要用更少的资源（即更少的人员和预算）实现更高的产出。其次，当学习需求产生时，人们希望立刻就能获取一些学习资源，因为他们可能没有时间等待课程的开设。

更快地交付学习资源

如果你手头有一个非常符合当前业务需求但稍显陈旧的优秀培训计划，请不要轻易丢弃。虽然一门课程这样的单个学习资源并不能满足学员的全部需求，但通过升级现有资源，你可以迅速启动项目。尽管我们有很多设计和提供学习的方法，但在快速更新培训项目方面，我们往往难以找到一套一致的方法。一个可行的方案是尝试加入现代学习的九个要素中的两到三个，使其变得更加吸引人。（注意不要全部加入，那样可能适得其反。）你可以参考学习集群设计模型，对这个过程进行更深入的了解。

第二个思路是制定一个逐步推广的计划。我们要为学员提供多元化的学习资源，帮助他们应对五个学习刚需时刻。在这个过程中，要明确哪些资源是当前需要优先部署的，哪些资源可以稍后安排。领导层会很高兴看到各种学习资源能够按照既定的时间表有条不紊地推出。另外，由于这些学习资源能够在工作流程内外得到持续的支持，学习与发展部门、业务领导者和学员对最终的效果也会更有信心。

提供更多以解决业务痛点

在学习集群设计模型中，"改变行动"与"追踪行动"对于学习与发展部门而言至关重要，它们能够让我们为业务，并最终为员工提供更多实质性的帮助。"改变行动"的核心在于关注职场中期望达成的最终结果。每个学习资源的学习目标都旨在推动职场行为的积极转变。这种改变通过设定战略绩效目标来明确，具体形式可参考图 15-6。

通过提高＿＿＿＿＿＿＿＿＿＿＿＿（目标学员群体名称）的＿＿＿＿＿＿＿＿（技能或绩效差距的名称）业务将获得收益＿＿＿＿＿＿＿＿＿＿＿＿（描述哪些关键绩效指标将得到改善，如成本、数量、竞争力、时间等）。

我们将看到的工作行为改变包括（列出一个或多个期望的可观察行为）：

＿＿

＿＿

＿＿

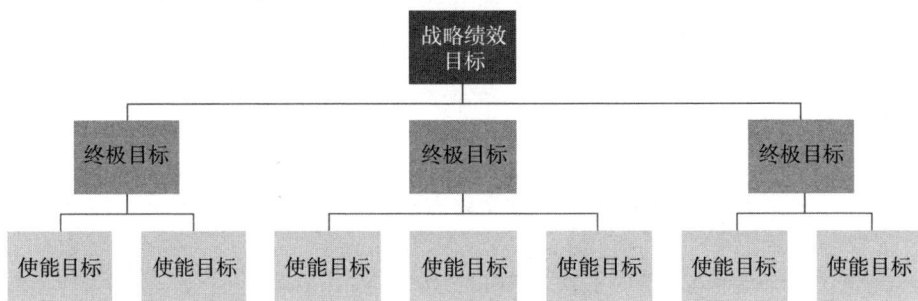

图 15-6　战略绩效目标模板

注：如果你对终极目标和使能目标不熟悉，请回顾"学习目标"，这是学习与发展和教学设计的基础要素。

成功的关键在于展开深入的探讨，发现工作中真正需要的行为改变。很多时候，人们自认为很清楚希望看到什么改变，但拥有优秀面谈技巧的学习与发展专业人士能够深入挖掘隐藏在背后的真正问题和所需的变革。这不仅局限于了解某个知识点或掌握某种技能，而是要推动职场中的实际行动改变。在每个学习刚需时刻所提供的多元化学习资源都能够支持现代学员的不断成长。工作中的实际改变才是业务最关心的问题，因此，我们需要保持对此的专注，并据此调整我们的设计。

为学员提供更多

学员面临两大难题：一是时间紧迫，无暇顾及培训与学习；二是需求迫切，渴望在需要时即刻获得知识。

众多学员常常表示没有时间参加培训。解决办法就是在他们急需学习的关键时刻，即时提供学习资源。这通常意味着，我们要在容易查找的在线平台上，为他们提供这些资源。这些资源会根据学员在工作中最常遇到的学习需求，进行分块处理。这种方式超越了传统的学习资源范畴，支持学员自我探索和即时学习。一个巧妙的方法是，将正式的电子化学习课程进行拆分，并通过带有描述性标题的菜单式界面，引导学员迅速定位到他们当前急需的一两个知识点。

面对学员时间紧的问题，另一个解决之道是精简正式学习的时间。但这并不意味着我们要把原本精彩的一天课程压缩成半天，以迎合时间压力。相反，我们需要重新组织内容，确保学员只获取他们真正需要的知识。换句话说，别再重复教授他们已知的内容了。我们应该识别出 80% 的学员已经掌握的内容，从课程中剔除，并为那 20% 尚未掌握的学员提供预习的途径。这自然会引导我们为学员制定一个优秀的内容分块策略。我们或许会将这种内容视为补习性质的，但实际上，这尊重了个体经验和知识的差异，是一种个性化的学习形式。需要注意的是，在特定的受众群体中，对于内容的不同部分，会有不同比例的人群需要这种补习性质的学习。

最后的思考

运用本章提出的理念，实现向现代学习设计的根本性转变。与其零敲碎打地应用，不如借此构建一套完整的学习策略，以针对特定学习缺口同时满足业务与学员的需求。当业界普遍追逐新潮流、不断更换设计思维时，你将掌握可持续的方法论，为未来创造实效成果。

作者简介

丽莎·欧文斯（Lisa MD Owens）是一位融汇工程思维与教学设计专长的学习专家，致力于推动企业发展的培训创新。作为《现代学习设计：超越 ADDIE 与 SAM》及《学员即讲师行动指南》的合著者，她的著作植根于前沿研究，并融合了其作为"培训设计策略"公司总裁，以及宝洁公司荣休学习科学院院长的实战经验。

克里斯塔尔·卡达基亚（Crystal Kadakia）作为 LCD 集团创始人兼独立组织发展顾问，专注于通过 LCD 模型研讨会提升学习与发展专业人士技能，并为学习与发展项目提供战略咨询。她是《现代学习设计：超越 ADDIE 与 SAM》的合著者，并著有《千禧一代的迷思：将误解转化为职场突破》。作为资深顾问与演讲者，她主要协助企业厘清文化转型与人才发展相关的复杂变革战略。她拥有化学工程学士学位及组织发展硕士学位。

参考文献

Davachi, L. , T. Kiefer, D. Rock, and L. Rock. 2010. "Learning That Lasts Through AGES: Maximizing the Effectiveness of Learning Initiatives. "*NeuroLeadership Journal* 3: 53-63.

Davis, J. , M. Balda, D. Rock, P. McGinniss, and L. Davachi. 2014. "The Science of Making Learning Stick: An Update to the AGES Model. "NeuroLeadership Institute, August 15.

Degreed and Harvard Business Publishing. 2019. "How the Workforce Learns. "Degreed and Harvard Business Publishing.

Deloitte. 2017. "Deloitte Global Human Capital Trends: Rewriting the Rules for the Digital Age. "Deloitte.

Greany, K. 2018. "Profile of a Modern Learner[Infographic]. "Elucidat, August 15.

Kadakia, C. , and L. Owens. 2020. *Designing for Modern Learning: Beyond ADDIE and SAM*. Alexandria, VA: ATD Press.

Mosher, B. , and C. Gottfredson. 2011. *Innovative Performance Support: Strategies and Practices forLearning in the Workflow*. New York: McGraw-Hill Education.

Mosher, B. , and C. Gottfredson. 2012. "Are You Meeting All Five Moments of Learning Need?"*Learning Solutions*, June 18.

延伸阅读

Kadakia, C. , and L. Owens. 2020. *Designing for Modern Learning: Beyond ADDIE and SAM*. Alexandria, VA: ATD Press.

Learning Cluster Design Group. "Learning Cluster Design Model. "Blog.

Mosher, B. , and C. Gottfredson. 2011. *Innovative Performance Support: Strategies and Practices for Learning in the Workflow*. New York: McGraw−Hill Education.

Williams, K. B. 2019. " Learner Personas: Beyond Demographics. " *TD at Work*. Alexandria, VA: ATD Press.

第 16 章　交付如同学习一样至关重要

哈迪亚·努里丁

在教学设计流程模型中，交付或实施环节往往出现在后期阶段，但学员与绩效解决方案的互动方式实则影响着整个设计过程。设计旨在通过真实体验来支撑绩效，而支撑形式会因交付方式的不同产生差异——这些不同的交付类别通常被称为"模式"。

本章要点

△　定义不同的交付模式以及它们在职场学习中的表现形式。

△　阐述每种交付模式支持职场学习的做法。

△　分析实施每种交付模式所需考虑的关键要素。

学习解决方案的体验方式通常被称为"模式"，即某种学习发生、被体验、表达或完成的形式。关于哪种学习模式能最快、最省、最优地实施解决方案，业界常有争论。但事实上，若脱离具体情境，这些模式几乎无法直接比较——衡量标准的选择本身也存有争议。例如，若仅以价格为导向选择解决方案，采取走捷径的方式很可能导致后续成本不降反升。

这种争论源于执着于模式间的横向对比，而非评估每种模式的特性是否适合向目标人群交付既定的绩效解决方案。因此，选择最适宜的交付策略需要明确理解：每种模式如何支撑绩效目标。关键不在于寻找"最佳模式"，而在于为特定场景匹配"最恰当的模式"。

适配模式，契合工作

尽管我们更希望以"能否有效支持学习"作为决策核心，但实际业务运作的客观条件能够且应当影响最终选择。例如，我们认为"面对面课程演练"是培养管理者团队反馈技能的最佳方式，但目标学员是长期出差的咨询顾问，几乎无法参与线下培训，那么面授显然就不是最优选。

模式选择通常基于四大动因：

- 学员可以参加的模式。
- 你所期望的绩效表现。
- 学员的特点和工作环境。
- 最符合目标绩效的模式。

学员可以参加的模式

亚伯拉罕·马斯洛有一句名言："如果你有的只是一把锤子，那么所有的东西看起来都像一个钉子。"我们的首要目标当然是提升绩效，但实现目标的方式却是由组织内部可用的发展和交付手段决定的。如果只依赖可用的手段来选择模式，那么或许不可避免地会出现方枘圆凿的情况。我们会为了迎合交付平台而调整培训设计，牺牲原本理想的模式。更糟糕的是，这可能带来逻辑上的混乱，例如混合使用不同的教学模式，使得原本精心设计和交付的内容变得黯淡无光，甚至让人无法理解。

你所期望的绩效表现

你制定交付策略的主要动力源于对学员表现的期待。在他们与学习方案的互动中，创造真实体验感才是关键，尽量给学员创造一个安全、低风险的学习环境，让他们自如地展现自己，无论结果是好是坏。然而，并非所有现实情境都能在学习模式中完美重现。例如，与客户互动时的不确定性反应和肢体语言，在非同步电子化学习中可能无法像线下学员间的角色扮演那样逼真模拟。当然，也需考虑特殊情况，如果学习内容存在较高的受伤风险，那么电子化学习或许会成为最佳选择。

学员的特点和工作环境

学员的特点会影响绩效解决方案的设计与实施。理想状况是，不将掌握新技能作为学员参与活动的先决条件，不将这些活动与绩效评估联系起来。否则，这会加重他们的认知压力，可能导致学员对方案产生反感，甚至不愿在工作中展现出预期的绩效表现。

学员使用绩效解决方案（如在线课程或工作指引）的地点、方式和时间也会影响其设计，而这取决于每位参与者的工作生活方式。以下是需要考虑的一些问题：

- 员工在工作中可以使用哪些技术？
- 员工的工作日程通常是什么样的？他们什么时候有时间使用绩效解决方案？
- 员工通常在哪里、如何完成大部分工作任务？（例如，他们是否一整天都在销售大厅与客户打交道？）
- 哪些政策规定了员工在工作中可以使用工具？（例如，由于工作地点的实际情况、工作性质或公司政策，员工可能无法在工作中使用电子设备。）

最符合目标绩效的模式

本章接下来的内容将聚焦于这一动因。你的首要目标是找到一个与绩效最为契合的模式。为了达到这个目标，在选择模式时，你需要充分利用自己对各种模式的了解，并且深入洞察这些模式如何有效支撑学习和绩效。

实际上，利益相关者往往会在聘请学习与发展团队之前就决定了交付模式。他们做出这一业务决策，主要可能是考虑到这样做能够降低或省去在同等条件下聘请培训师的成本。此外，员工办公地点分散或人事变动频繁也会使得传统培训模式失效。尽管这些都是我们企业当前面临的实际状况，但学习与发展团队的核心任务仍然是选择一种交付模式，以确保其在学习和预期绩效提升方面发挥最大效用。

我们当然会兼顾企业的利益，但学员的需求才是我们应优先考虑的——毕竟，员工是企业发展的基石。如果员工无法达到预期绩效，那么企业所设定的业务战略目标也将难以实现。

术语、定义和类别

在培训领域，要界定"模式"这一普遍使用的术语颇具挑战性。此外，不同的学习与发展专业人士往往会采用不同的表述来描述同一种培训模式。你是否曾与同事就电子化学习的定义进行过讨论，结果却发现讨论比预想得更加令人失望？有些人将其严格定义为仅指使用数字设备进行的非同步学习体验。这一定义有意将虚拟学习排除在外，而虚拟学习本身又是一个充满争议的术语。如果虚拟学习过程中使用到数字设备，人们也进行了学习，那它不就符合电子化学习的定义了吗？此外，一些人还认为，"培训"这个词用来描述绩效解决方案全过程已经过时且不准确。然而，由于本章无法解决这些普遍存在的争议，我们将使用最常见的定义以及"培训"这个词来探讨每一种模式。

对这些培训模式进行分类与定义它们一样具有挑战性。因为我们对培训模式的定义往往存在重叠，所以它们所属的分类也存在重叠。我们按类别分析这些培训模式，在此将使用以下定义，并接受可能存在重叠的情况。

- **讲师指导培训**是指讲师与学员在同一时间（但不一定在同一地点）进行的学习体验，属于同步培训。
- **讲师指导在线培训**是一种由讲师主导的同步或非同步学习体验。学员和讲师可能不在同一个地点。
- **非同步在线培训**是指不在同一时间进行培训和学习。培训在不同的时间和不同的地点进行。
- **绩效支持或绩效支持材料**是指为了满足在职绩效需求而提供的提供信息的纸质和数字化内容。
- **个性化支持**是一对一或小组形式的互动。这些标准化材料也根据员工需求进行了个性化调整。

让我们进一步分析这些模式。

讲师指导培训

讲师指导培训（Instructor-led Training，ILT）是指讲师与学员在同一地点进行的学习体验，属于同步培训。讲师指导培训的典型应用就是课堂体验：讲师根据课程设计指导学员使用工作手册等课程材料，讲师通常使用培训引导和视觉辅助工具来讲授课程内容，并引导学员完成课程目标。

据此，有效的讲师指导培训能够迅速进行设计和实施。大多数学员和讲师都熟悉这种模式，所以工作人员为此做准备相对省时。不过，在实施过程中，也可能面临成本高、后勤安排复杂以及筹备工作繁重等多重挑战。尤其值得注意的是，当一个讲师指导培训项目由多位讲师共同授课时，可能导致培训内容传递和学习体验上的不连贯，进而影响培训的整体效果。

以下是讲师指导培训模式支持学习的三种方式：

- **讲师可以根据学员的即时反馈调整学习体验。** 他们深知，小组内每位学员都具备独一无二的知识背景、经验和技能。尽管课前讲师会做课程设计，但他们仍会依据学员的实际需求，对课程内容、侧重点或教学进度做出相应调整。当讲师能够观察到学员的肢体语言，或者像软件培训那样直观了解学员的学习进度时，他们进行教学调整也会更容易。

- **讲师可以为学员提供线下实践操作的机会。** 虽然学员在讲师指导在线培训课程中可以参与线上实践活动，但如果能与讲师面对面交流，他们的学习体验会更加深刻。学员往往会根据他们获得个性化反馈的速度来判断学习体验的质量，因为这能让他们了解自身表现，并为未来的行为提供指导。通过讲师指导培训，学员可以在练习时即时获得这种反馈，这时反馈的效果最佳。

- **讲师可以为学员创造机会，让他们迅速深化对当下所学内容的理解，或者与同伴分享并汲取新的见解。** 当学员共同学习时，他们能够从多元视角和彼此间建立的联系中受益。尽管我们尝试在其他培训形式中加入学员间的互动，但要想复制讲师指导培训中那种学员间的体验和互动，确实颇具挑战。例如，在职培训项目中，学员确实会相互学习，但因为他们通常都在同一部门担任相似的职位，所以他们可能错过在多类型学员讲师指导培训课程中能接触到的多元化视角。另外，当老板亲自担任讲师时，员工在参加培训时会更加谨慎和投入，因为培训的"分量"更重了。

以下是一些实施讲师指导培训的方法：

- **讲座**是典型的内容导向型教学方式。这种教学方式确实可行，但它往往导致学员在学习过程中接收到大量信息，而互动机会寥寥无几。因此，讲座很少能为学员提供真正的学习体验。

- **工作坊**是一种实操性体验，旨在让学员参与实践。与讲座相比，工作坊主要以学员为中心，通过丰富的教学内容来满足学员的需求。工作坊鼓励学员结合个人需求，利用自身经验积极参与互动。经验丰富的讲师深知，尽管每回工作坊的效果可能有所不同，但这正是其挑战性所在。学员将能够收获更具意义的学习体验，掌握新技能。这对所有人来说都是有益的，学员会更加投入，讲师会更加重视学员需求，毕竟学员才应该是讲师授课的重点。

- **实验室**和工作坊一样，偏向于实操，但学员自主性更强。实验室的特点是较少的讲授和更多的实践与实验。虽然任务可能提前就定好了，但学员通常可以根据自己的需要自行安排时间，或者当下就能和讲师答疑解惑。

讲师指导在线培训

讲师指导在线培训是一种由讲师主导的同步或非同步学习体验，讲师与学员可能身处不同地点。线上授课存在两个核心差异：一是除特殊情况外，讲师与学生无法实时进行交流。二是所有人都依赖科技设备进行交流和互动。

师生同时在线的讲师指导在线培训通常也称虚拟培训或虚拟讲师指导培训。辛迪·哈格特将虚拟培训界定为"一种在线同步进行、高度互动且目标导向明确的讲师培训形式。在此培训中，学员身处不同地理位置，通过网络平台实现个性化连接，共同参与学习活动"。虚拟讲师指导培训通常依托于通信软件平台构建，这些平台能够支持所有参与者即时访问培训内容，并借助语音及文字功能实现实时沟通交流。截至本章成稿，Zoom、Adobe Connect、WebEx 等是当前广受欢迎的在线软件工具。

师生非同时在线的讲师指导在线培训过程中，课程管理员（或引导师）在一个集中的平台（如在线门户）上发布教学内容，学员则可以在规定的时间内自由访问并学习这些内容。此外，学员还需完成引导师布置的作业，而引导师会对这些作业进行细致的审阅和评分。在整个课程期间，引导师都会进行内容解析，并随时答疑。为了丰富教学内容，一些引导师还会采用预录视频来授课，或者安排在线会议，以便与学员实时分享课程知识、深入探讨课程内容，也可仅供答疑。

讲师指导在线培训通常被视为当"真正的培训"（即现场课堂培训）无法进行或难以操作时的一项简易替代方案。然而，讲师引导在线培训本身所具有的一些特质，使其成为一个可行的解决方案。

引导就像翩翩起舞

梅加纳·拉杰斯瓦尔，谷歌亚太学院教师

一切都始于一次有关舞蹈的对话。我当时正与一位同事聊着即将上一堂综合课的事情，课上学员会先在线自主学习课程内容，然后线下安排面对面的讨论和练习。当我提到我打算在课堂上提几个问题时，他说："梅加纳，你是想通过提出这些问题来让课堂更有趣，还是想证明自己已经知道这些点呢？"

"你知道吗，"他继续说道，"这就像有些舞者做了十个后空翻，虽然这样做能让他们展示自己后空翻的技能，但并不贴合音乐节奏或舞蹈韵律。"和大多数专业的引导师一样，我当然知道如何提问，但我要怎样才能更上一层楼呢？如果我能够真正地"随着音乐起舞"又会怎样呢？

答案突然之间清晰地浮现在我的脑海中：布鲁姆分类法。这个分类法几十年前就已经提出了，设计之初是为了用来制定不同层次的学习目标。布鲁姆最初提出的六个行为层次是知识、理解、应用、分析、综合和评价。我意识到我也可以利用这个分类法来构建六个不同层次的问题，而不是像往常那样，一个话题就只准备一两个简单的问题。我可以主动地使用布鲁姆的行为动词来设计问题，再根据我想要引导的讨论层次来调整它们：

- 列出……的不同类型。（知识层次）
- X 和 Y 之间的区别是什么？（理解层次）
- 在 X 情境下，你会推荐什么解决方案？为什么？（应用层次）

布鲁姆分类法既可以用于综合课堂的内容设计，也可以用于课堂总结。选择适当的层次取决于多个因素，如学员的知识水平或你想要引导的讨论层次。你可能用更简单的问题来开启讨论，让小组先热热身，然后逐步提高问题的层次，挑战小组进行批判性思维。或者，如果你面对的是一个知识水平高的小组，你可能需要准备更复杂的问题。

我们许多人其实本能地就会运用布鲁姆分类法的某些原则，但往往不自觉地受到个人风格和偏好的影响。当我们主动运用布鲁姆分类法来设计问题时，讲师的提问会变得更加条理清晰，且紧密围绕具体的学习目标进行。最重要的是，这种分类法真正将学员的需求置于首位。它帮助我们在学员的认知水平达到时，适时地抛出有深度的问题，激发他们的思考和学习热情。此外，这种方法还能显著提升我们的引导能力，使我们能够清晰地认识到自己通常在哪个思维层次上运作，并意识到可能需要在哪些方面投入更多的精力和努力，以进一步提升教学效果。

我逐渐意识到，自己之前提出的问题往往过于集中在两个极端层次上，而对于中间层次的问题则关注较少。这种新方法不仅帮助我与学员展开了更加丰富、更有深度的对话，还促使我将教学重点更加紧密地贴合学员的实际需求。我正在努力学习如何更加灵活地"随着课堂的节奏起舞"。

以下是讲师指导在线培训支持学习的五种方式。

- **学员留在自己的办公地点学习**。在熟悉的环境中，学员能够轻松获取日常工作中所使用的所有文档和工具，这对于学习来说非常重要。此外，在你自己的办公地点接受培训，有利于学习迁移，因为可以及时将所学知识应用于工作中。但缺点是，学习过程也伴随着工作带来的各种干扰。

- **在学员工作的地方学习，将绩效与培训学习挂钩**。这样做会让学员形成一种观点：学习不是一项只在特定场所（如四楼培训教室）进行的单独活动，而是学员工作的一部分。

- **学员在选择培训方式时有自主权**。并不是每个人都喜欢在封闭的房间里与其他学员一起学习。有些人更喜欢通过在线课堂工具进行沟通，而不是面对面交流。此外，当分组学习时，拥有一个相对独立的学习空间（如小型会议室或安静的角落），比在人满为患的房间里学习，受到的干扰要少得多。

- **阶段性学习（即分阶段学习或其他更有效的学习方式）对学员有益**。非同步的在线学习体验允许学员根据自己的时间安排，分阶段地参与学习和活动。正如妮伦和科斯纳所写的那样，"阶段性学习的优点，即学习同样的内容，短期课程的学习效果比长期课程的更好"。

- **阶段性学习对每个人都有好处**。除了间隔性学习带来的好处，这一策略还能满足大型培训，分散学员的个性化需求，让他们根据自己的学习效率学习知识。大多数同步课堂工具都具备录制功能，便于学员在课程直播结束后重温重点内容或整个课程内容。

讲师指导在线培训可以通过多种方式进行。

- 同步讲师指导在线培训也能完成系统的课程计划。大多数虚拟培训课程的时长要求控制在 60 至 90 分钟，这样可以确保内容紧凑，学员足够专注。因此，在设计课程内容和安排时间时，我们需深思熟虑，力求在有限的时间内高效、精准地传达核心知识点。

- 讲师指导在线培训通常还与其他非同步的教学方法配合使用。学员大部分时间根据自己的节奏学习，偶尔选择参加线上课程，帮助深化理解和掌握知识。此外，同步讲师指导在线培训也可以设置混合教学内容，课上不只学习新内容，还可以包括问答环节等互动方式，让讲师及时为学员答疑，让学员进步更快。

- 为了提升同步学习体验，设计者会将丰富的教学资料上传到网页、门户或文档中，供学员在课后进行自主学习和巩固。讲师会明确告知学员这些课外学习资源的获取途径和重要性，同时帮助学员区分主要学习内容和可选的学习内容。

- 在非同步讲师指导在线培训过程中，讲师会在学习门户上发布相关的学习材料，并利用系统跟进学员的学习进度。非同步教学内容具有高度的灵活性和多样性，可以通过电子邮件、内部网、社交媒体等多种媒介进行传递，以满足不同学员的需求和偏好。

- 无论是同步还是非同步在线教学，都离不开技术支持的保障。因此，我们需要确保自己拥有一个完善的系统，能提供详细的操作指南、文档和图表，以便为讲师和学员提供及时、准确的技术支持和指导。

- 在学术教学中，非同步讲师指导在线培训的课程已经得到了广泛应用。而在企业培训领域，如果课程持续多天，而且学员能够保证全程参与，完成自主学习，那么这种非同步培训模式同样具有巨大的潜力。当然，大多数企业培训课程的时间跨度通常在一小时到两天，在设计课程时我们就需要充分考虑时间和内容设置等问题。

- 最后需要强调的是，我们认为非同步讲师指导在线培训在某种程度上"更容易"，但这是一种误解。实际上，对于讲师和学员来说，非同步培训需要学员更自律，沟通和协作能力更强，以此确保学习效果。所以我们需要充分重视非同步培训的挑战和机遇，不断优化和完善教学模式和方法。

非同步在线培训

非同步在线培训包括数字化的交互式学习体验。尽管这种类型的培训有许多不同的实施方式，但本章的重点是电子化学习和移动学习。

电子化学习的定义经常有争议。露丝·克拉克将其定义为，"通过计算机或移动设备等数字设备进行的学习方式"。我进一步补充定义为，一种旨在支持绩效的非同步交互学习体验。

移动学习的定义则相对更加明确。人们普遍认为移动学习是通过移动设备进行的学习。查德·尤德尔将移动学习定义为，"在移动过程中使用移动设备从多种数字信息源获取信息并为其做出贡献的能力"。然而，移动学习应专门设计并优化，以适应手机或平板电脑的屏幕访问。例如，很多互动在移动设备上是无法进行的，而原本设计在 15 英寸笔记本电脑屏幕上查看的图像在 6 英寸智能手机上可能难以辨认。所以应避免强迫学员用手机进行学习。

除了方便学员随时随地查看学习内容，非同步在线培训还可以提供沉浸式体验。在线培训工具帮助讲师创建真实情境下的学习体验，达到支持学习的目的。

还有一些情况可以考虑：

- **在整个企业的范围内，学员收发的信息是一致的。** 现场讲师指导培训的挑战之一在于，企业需要通过讲师才能保证每个人收到的信息一致。但多种因素影响下，讲师往往做不到这一点。相反，非同步在线培训能够让每个人收到的信息都是一致的。虽然这更多是对企业有益，但学员可以通过求助同学来获得信息，由此提高其学习转化率。

- **学员可以按照自己的节奏进行学习。** 非同步在线培训支持学习最典型的一种情况是支持分散学习，而且学员还可以反复学习。

- **在安全环境下，学员可以参与高度互动环节，进行技能练习。** 课程设计中可以包括交互式练习，这些练习至少可以模拟学员在工作中的预期表现。毕竟真实性是关键。

从实施过程看，电子化学习并不是在电脑上进行的讲师指导培训，移动学习也不是在移动设备上进行的电子化学习。虽然决策过程存在相似之处，但设计、开发和实施的过程是不同的。

电子化学习的一个典型实践在于运用专业软件精心设计与开发学习模块。随后，这些精心打造的课程被上传至一个便于广泛访问的在线平台（如一个网络门户），使得所有有学习需求的人员都能轻松获取。当需要对学员的学习进度进行持续追踪与管理时，这些课程往往会被整合至企业的学习管理系统之中。这些学习模块在理想状态下应当具备高度的交互性，旨在全方位满足学员在掌握新知与技能演练过程中的多样性需求。课程内容既包括简短精悍、目标明确的独立模块，也涵盖了长期规划、层次分明的综合学习体验。

电子化学习的另两大实施方式是游戏化和微学习。

- **游戏化**是一种备受欢迎的电子化学习设计策略，它巧妙地将游戏元素融入学习体验之中，如设置成就等级、奖励积分等。克拉克·奎因曾说："严肃游戏或许能带来最极致的学习体验。它允许学员在虚拟环境中扮演角色，根据情境做出决策，这无疑是一种理想的学习实践。我们无须开发一个完整的游戏引擎，就能创造出非常接近这种体验的学习环境。"

- **微学习**是一种根据学习目标为学员提供精准匹配的学习内容和适量练习的策略。"微"这一概念，并非指课程的时长，而是强调学员在一次课程互动中能实际掌握的内容量。举例来说，一个包含五个学习目标的 30 分钟课程，并不能算作微学习；而一个专注于单一目标、同样时长 30 分钟的课程，却可能符合微学习的标准。无论课程长短，微学习的核心在于确保覆盖一个完整的学习任务。它与"分块学习"有所不同，后者是将一个任务拆解成若干小块，逐一攻克。微学习课程则能够作为一个独立且完整的任务存在。例如，在构建一门关于提供反馈的课程时，你可以设计一个专门教授如何给予负面反馈的微学习模块。这样，一位经验丰富的管理者就无须学习整个反馈课程，而是学习需要的部分即可。他们也可以选择参加一个 10 分钟的课程，专门学习如何应对绩效不佳的情况。

- **移动学习**具有其独特性。在设计移动学习内容时，需要确保设计能够适应各种屏幕尺寸，而不仅局限于小屏幕移动设备。这不仅关乎观感，更关乎学员的整体体验，包括他们如何完成学习活动、多媒体互动，以及如何与讲师或其他学员交流。设计应重点关注学员如何、何时以及在何处访问学习门户并参与课程互动，这些因素将直接影响设计、实施以及你会使用的沟通策略。

很多组织采纳了一种高效的设计策略，旨在实现"两者兼顾"，从而避免了为电子化学习单独开发一套课程，以及为移动学习另行创建版本的烦琐过程。这一策略通常被命名为"移动优先"方法。当学习内容是用大小屏幕兼容的工具制作时，原本用于电子化学习的内容大多也能很方便地在移动设备上查看和学习。

绩效支持

绩效支持是任何在学员需要时支持期望绩效的资源。这种需要的时刻是学员需要展示该绩效的时刻。鲍勃·莫舍写道，绩效支持的一个目标是尽可能将我们提供的解决方案"融入组织的自然工作流程中，这样我们就可以避免在可能的情况下，让人们长时间离开工作来学习"。

绩效支持在广义上涵盖了采用多种形式来切实增强工作绩效的措施，特别是这些措施在工作环境中能够轻松获取时。实际上，有些绩效支持活动更多地与运营领域相关联，而非直接隶属于学习与发展部门。绩效支持的例子包括：

- 纸质或电子文档，如工作辅助、参考指南、网站和视频。
- 为了目标绩效进行流程细化或改进流程和系统。
- 为那些团队或群体成员在职责上存在相互依赖关系的发展过程提供社会支持。

包括电子化学习和移动学习在内的非同步培训也可以归为这一类，虽然这些也称为培训，但它们通常比长课程更短，针对性也更强。

绩效支持应当是任何设计策略中的核心要素。试想，如果学员在参加培训后，回到工作岗位上却得不到任何额外的支持，那么培训的效果将大打折扣——尽管这种情况较为罕见。实际上，学员可能从其他途径获得一些支持，但这些支持往往与既定的学习目标不直接相关。为了阐明绩效支持的重要性，以下列举了其带来的几大好处。

- **学员的学习转化率会更高。**工作辅助和其他文档是随时可取的，并能帮助人们完成任务的指南、说明和记忆辅助工具。
- **学员将能够获取到与罕见技能相关的关键信息。**在判定哪些任务可能需借助额外的绩效支持时，我们通常会面临一个选择：是那些他们频繁执行的任务，还是那些鲜少发生、因而难以在记忆中留痕的任务？尽管这个问题没有绝对的答案，但绩效支持无疑可以作为记忆辅助，帮助学员应对那些因发生频率低、时间久远或复杂而难以记忆的任务。

- **学员不用重新参加培训就可以获取更新信息。** 你可以更新绩效支持材料并告知大家，就不必重新培训每个人。

绩效支持是一个涵盖广泛领域的概念，实施起来确实颇具挑战性。然而，至关重要的一点是，绩效支持的设计不应仅仅局限于课程内容或设计者自认为有用的信息上。相反，它要求设计者能够站在学员的角度，设身处地地考虑他们在回归工作岗位后的实际需求，深入理解他们的工作方式。举例来说，尽管讲师可能在课堂上通过图解详细演示了如何进行工作交接，但这并不意味着同样的图解在学员日后进行工作汇报时同样有效。事实上，学员在实际工作中可能更需要的是一种更为直接、实用的支持方式，如一个常见问题文件。

以下是实施绩效支持的一些策略：

- 深入了解学员的工作内容和环境，并考虑如何将绩效支持融入他们的工作中。例如，你的学员在商场零售区工作，工作期间他们很可能没有条件翻阅手机查询如何提高业绩。再如，接待客户时直接对照纸质材料，但这样做也不妥当。一个好的方法是，在客户视线外（如柜台内）贴张小卡片以提供及时的工作指导。

- 简化绩效支持资源的访问，避免过多密码设置，并将它们上传到学习管理系统的易寻位置。将相关信息、工具和文档等上传到类似公司内网或公告栏的地方，确保员工能够轻松发现，随时取用。

- 在给学员提供绩效支持方面你要有自己的创意。一旦遇到网站关闭、文件丢失或电子邮件被删的情况，你就需要迅速想出新的对策，确保学员依然能够获得他们所需的资料。这时，主动询问学员的需求，或者尝试其他途径来提供资料，都是有效的解决之道。除非你与学员拥有相同的工作环境和技术背景，否则你很难完全理解他们的实际需求。因此，在提供绩效支持时，切勿基于片面了解就做出判断。

个性化支持

结构化的个性化支持是涵盖范围最广的一种模式。"个性化学习"这一术语多见于 K-12 教育领域。《教学设计理论和模型，第三卷：构建共同知识基础》将个性化支持阐释为"专注学生多样性的学习需求，定制个性化学习计划，提供相应指导"。我们通过将"学习"一词调整为"支持"，并拓宽了该定义的外延，使其不仅涵盖知识的获取，更包含基于学员实时需求提供的绩效解决方案等内容。

个性化支持包括以下几类：

- 专门根据每位学员的技能或知识水平量身定制绩效支持。

- 为每位学员提供支持。虽然不一定满足所有人的个人需求，但能量身定制自我导向型的学习支持。

个性化学习可以是自学，是一对一培训，也可以寻求教练与导师辅导。每种类型都有不同的优缺点，而共同点是都能满足学员的需求。下面我们将进一步探讨。

- **一对一培训**。一对一培训通常由知识渊博的管理者或同事担任导师，针对新员工等特定群体，传授与其职位密切相关的知识与技能。尽管培训目标可能遵循统一标准，但其本质在于个性化教学，因为每位学员的需求各异，培训方法因而灵活调整。考虑到学员背景的差异，教学进度会相应调整，学习任务也会有所增减，确保所学内容能够迅速应用于实际工作中。这种培训常在职场环境中进行，故又称在职培训，但有时也会在模拟环境如会议室等地展开。在培训期间，导师可能全程陪同指导，或者安排学员进行自主学习。

- **自学**。学员拿到学习内容后自行学习。内容可以是文档、电子化学习课程、视频或其他非同步学习资料。学员也可以通过虚拟现实技术体验培训，沉浸式地模拟工作过程。尽管每个学员的学习内容可能是相同的，但自学过程是个性化的，因为学员可以按照自己的节奏，自主选择学习的时间，地点和方式无须与其他学员同步，学员可以按照自己的速度前进，并随时根据需要回顾和重复学习材料。

- **寻求教练与导师辅导**。个性化支持不仅能够帮助职场人士解决即时的工作需求，还能为他们的长期职业目标和发展提供支持。教练适合那些希望在特定领域提升自己的人士。教练可能是具备专业技能和资质的专业人士，或是拥有丰富经验和先进方法论的经理、同事，他们能提供建设性的建议和反馈，帮助学员提升绩效。导师辅导则是由经验丰富的导师与学员建立的一种指导关系。这种关系可以是正式的，通过组织指派等方式确立，并伴随着固定的指导时段；也可以是非正式的，基于学员对职业发展的思考和寻求指导的需求自然形成。教练和导师辅导是最具个性化的支持形式。学员明确表达自己的需求，导师精准做出回应，这就是对一对一培训最好的诠释。

组织、团队或个人倾向于选择个性化支持的原因多种多样。一方面，由于学员地理位置分散、参与培训的人数不满足要求，像讲师指导培训这样的群体性培训在实际操作中可能遇到困难。另一方面，如果缺乏课程设计相关的专业知识或技术，电子化学习方案也可能无法实现。尽管个性化支持的效果可能主要体现在短期内，但它通常比讲师指导培训或电子化学习更经济适用。鉴于现有的解决方案已能够持续支持非同步的线上培训，管理者自然可以灵活调配人手主导培训事宜，从而避免对每位员工入职培训进行直接监督。从长远来看，这种安排的成本明显更低。

以下是实施个性化支持的一些策略。

● **开发正式的教练或导师辅导项目**。许多导师和教练关系虽自然形成，但制定一个正式的计划，能够更有效地促进双方建立稳固的联系，追踪时间和成本的投入，并持续优化计划。

● **结合其他教学模式**。个性化支持通常与其他教学模式相结合。例如，在培训前后，为学员提供在线资源访问权限、教练辅导机会或根据他们当前的工作角色分配案例研究。关键在于，这些任务并非完成就结束了，它们应融入课程之中，作为课堂模块或单元，而非预习任务或课后作业。因为它们是课程中不可或缺的一部分。

● **利用技术实施个性化支持**。技术正在影响个性化支持的实施方式。例如，除了之前提到的虚拟现实技术，还有增强现实技术。黛比·理查兹在 *TD at Work* 杂志的文章"通过增强现实技术看到更多可能"中，提到增强现实技术：它使用"代码在现实物体上叠加虚拟元素，如描述步骤、过程或方向的指令或视频"。她指出，学员可以通过现有设备（如智能手机和平板电脑的摄像头）体验增强现实技术。与虚拟现实不同，"增强"一词表明增强现实技术是在现有环境中添加信息，而非创造一个全新的交互环境。其他例子还包括聊天机器人、虚拟个人助理（如 Alexa 或 Siri）以及在线协作工具（如 Slack 和 Teams）。学员可以利用这些工具立即获取具体问题的回答。

最后的思考

本章简要概述了多种支持学员的交付选项。现在，你对于如何选定最能帮助目标绩效达成的交付模式，应该更有头绪了。

◆◆◆

作者简介

哈迪亚·努里丁（Hadiya Nuriddin） 在学习策略、教学设计、电子化学习开发及促进方面积累了超过二十年的丰富经验。在创立 Duets Learning 公司之前，她曾在企业学习领域深耕多年。她频繁亮相于行业活动，并为 ATD 授课。她不仅拥有教育学硕士（课程研究）和文学硕士（写作）学位，还荣获了 CPTD 认证。她著有《故事训练：选择与塑造动人故事》一书。

参考文献

Ambrose, S. A., M. W. Bridges, M. DiPietro, M. C. Lovett, and M. K. Norman. 2010. *How Learning Works: Seven Research-Based Principles for Smart Teaching.* San Francisco: Jossey-Bass.

Biech, E. 2008. *ASTD Handbook for Workplace Learning Professionals.* Alexandria, VA: ASTD Press.

Clark, R. C., and R. Mayer. 2011. *E-Learning and the Science of Instruction: Proven Guidelines for Consumers and Designers of Multimedia Learning.* New York: John Wiley and Sons.

Gottfredson, C., and B. Mosher. 2011. *Innovative Performance Support: Strategies and Practices for Learning in the Workflow.* New York: McGraw-Hill Education.

Huggett, C. 2017. *Virtual Training Tools and Templates: An Action Guide to Live On-*

line Learning. Alexandria, VA: ATD Press.

Knowles, M. S., E. F. Holton, and R. A. Swanson. 2015. *The Adult Learner*. New York: Taylor and Francis.

Metcalfe, J., N. Kornell, and B. Finn. 2009. "Delayed Versus Immediate Feedback in Children's and Adults' Vocabulary Learning."*Memory & Cognition* 37(8): 1077–1087.

Neelen, M., and P. A. Kirschner. 2020. *Evidence – Informed Learning Design*. New York: Kogan Page.

Quinn, C. 2021. *Learning Science for Instructional Designers: From Cognition to Application*. Alexandria, VA: Association for Talent Development.

Reigeluth, C. M., and A. A. Carr–Chellman, eds. 2009. *Instructional–Design Theories and Models, Volume Ⅲ: Building a Common Knowledge Base*. New York: Taylor and Francis.

Richards, D. 2019. "Seeing the Possibilities With Augmented Reality." *TD at Work*. Alexandria, VA: ATD Press.

Udell, C. 2015. *Mastering Mobile Learning*. Hoboken, NJ: Wiley.

延伸阅读

Anderson, H. H., I. Nelson, and K. Ronex. 2021. *Virtual Facilitation: Create More Engagement and Impact*. New York: John Wiley and Sons.

Biech, E. 2016. *The Art and Science of Training*. Alexandria, VA: ATD Press.

Bloomberg, L. D. 2021. *Designing and Delivering Effective Online Instruction: How to Engage Adult Learners*. New York: Teachers College, Columbia University.

Huggett, C. 2018. *Virtual Training Basics*, 2nd ed. Alexandria, VA: ATD Press.

LaBorie, K. 2020. *Producing Virtual Training, Meetings, and Webinars: Master the Technology to Engage Participants*. Alexandria, VA: ATD Press.

Nuriddin, H. 2018. *Story Training: Selecting and Shaping Stories That Connect*. Alexandria, VA: ATD Press.

Willmore, J. 2018. *Job Aids Basics*, 2nd ed. Alexandria, VA: ATD Press.

第 17 章　21 世纪媒体技能：将学习融入工作

梅里·坎贝尔

人们喜欢看视频。在当今这个数字化时代，我们已习惯于通过屏幕获取信息，视频已成为培训师不可或缺的工具。根据弗雷斯特研究公司 2019 年的研究结果，员工观看视频的意愿比阅读文件、电子邮件或网络文章高出 75%。

本章要点

△　探索视频的魅力。

△　发掘微学习的价值。

△　认识混合式学习的优点。

培训行业日新月异，办公环境持续变化，相应地，培训与学习模式也必须紧跟时代步伐，充分利用当代丰富多样的教学手段。多媒体无疑已成为信息传递最为高效且有力的渠道之一，其在培训领域的应用几乎是不容置疑的必然趋势。

步入 21 世纪，媒体工具的运用不仅极大地吸引了观众的注意力，还成为个性化学习的强大支撑。当下的信息传播已摒弃了昔日的盲目性，转而呈现出高度的目标导向性。最新的媒体工具不仅促进了以个体需求为中心的学习路径定制，还能够实时追踪学习进展，实现学习成果的可视化。

视频和音频仍是重要载体，但其传播方式已发生显著改变。下面我们将重点探讨以下工具及其应用方法：

● 视频制作，包括目标受众分析、设备选型、内容设计、拍摄规划、镜头角度及后期制作等关键要素。

● 播客制作的音频技术要求。

● 碎片化学习/微学习。

● 混合式学习传播渠道，如社交媒体和应用程序。

探索视频的魅力

那么，从哪里开始呢？仔细思考你需要传达的信息，并考虑视频是否适用。视频既可作为向受众传递学习内容的完整解决方案，也可作为培训体验中的辅助环节。其交付场景可能包括培训室面授、互联网传输，乃至应用程序推送。所以，如果你想充分利用视频，你需要考虑什么？

你可选择以下方式：

● **使用现有视频**。若能直接采用现有视频，既可节省成本，又可避免重复劳动。但需注意，与其他媒介形式相同，现有视频可能因时效性问题而不再适用（更新视频远比修改讲义复杂）。

● **制作全新视频**。当今视频制作已远比过去便捷，且成本可控。即使不投入大量设备，同样能自主创作高品质视频内容。

制作学习视频

制作学习视频需要考虑目标受众、视频设备、预期时间和预算、交付平台、视频内容选项。

目标受众

目标受众至关重要，所以尽可能提前了解你的目标受众。使用在线问卷（我喜欢使用 Survey Monkey）等媒体工具，可以快速达到此目的。利用网上的免费工具或公司的学习管理系统就可以轻松地完成问卷设计。

尝试了解受众的学习偏好——我们认同每个人都有最适合自己的学习方式，学习培训应该考虑到这点。在课前问卷中，你认真准备几个问题，就会知道更多有关学员个人学习的信息。大约 65% 的人都是视觉学员，使用音视频工具会让课堂更活跃。

英国北诺福克铁路的总经理安德鲁·曼登给火车司机安排的是实践培训，因为他发现这种培训模式最有效。但他也指出"电子化学习也可以发挥其作用，电子化学习适合对包括司机、乘警和信号站人员在内的铁路员工进行理论知识测试和评估"。

视频设备

预期时间和预算将决定你拍摄的一切视频的复杂程度。预算高，你可能就会聘请专业团队。反之，你需要准备以下设备：

- 相机。
- 三脚架。
- 录音机。
- 至少一个麦克风。
- 耳机。
- 电池。
- 一个充电宝（作为备用电源）。
- SD 卡。
- 照明设备（可选）。

如果没有专业摄像机，智能手机也可以拍出高质量的照片和视频，而且录音效果还很好。你需要下载一个简单的剪辑软件用来进行视频剪辑，如苹果的 iMovie 和 Windows10 的视频编辑器在基础剪辑软件中就比较出色，而且相对容易上手。要想制作更复杂的视频，你可以购买高级的软件，如苹果的 Final Cut Pro、Adobe Premier 或 Avid Media Composer。

预期时间和预算

预期时间和预算将决定你可以制作什么类型的视频。如果你预期时间很短，那么将拍摄工作外包给专业公司几乎是不可能的。如果你要自己制作视频，那要确保拍摄计划在能力范围之内。预算也很重要。自己制作视频很明显比聘请制作公司要便宜。即便如此，有些情况下最好还是降低自我预期，付费让专业团队操刀。

交付平台

选择合适的交付平台至关重要。你可能想通过专门的应用程序发布短视频分享学习内容，或者将视频上传至公司的学习管理系统。YouTube、Vimeo 等流媒体服务平台是不错的选择。在制作视频时，务必考虑其格式——是横屏还是竖屏？横屏视频更适合在电视或电脑屏幕上观看，而竖屏视频则在智能手机和社交媒体上更受欢迎。

你的视频是不是交互式的？也就是说，观众是否需要点击视频中的内容才能触发某些动作？交互式视频可以在电脑和智能手机上播放，观众可以点击视频中的对应区域来触发相应动作。适用于苹果和安卓设备的智能手机应用程序 LifeSaver，是利用交互式视频培训用户进行急救（如心肺复苏）的很好的例子。LifeSaver 是一款通过模拟真实的急救场景来培训用户的免费软件。LifeSaver 自我导向的学习方式非常有效，既能进行实时学习，还能让用户立即运用所学知识。

视频内容选项

确定你要制作的视频类型。四种流行的类型是讲述式视频、访谈式视频、屏幕录制视频或动画视频。

- **讲述式视频**。在讲述式视频中，观众会看到演讲者正对着他们说话（如 TED 演讲的视频）。这类视频被称为"对镜讲述"。为了更好地呈现演讲效果，演讲者可以选择一个有趣的背景作为衬托。

- **访谈式视频**。在访谈式视频中，摄像机会记录双方对话过程，观众既能看到采访者，也能看到受访嘉宾或专家。（换句话说，一台摄像机对准一个人，镜头在两个人之间切换。）如果只有一台摄像机，这种视频也可以采用"过肩拍摄"的方式。此时，摄像机会放在采访者身后，镜头聚焦在受访嘉宾上（同时保持采访者的头部或肩部在前景中隐约可见）。

- **屏幕录制视频**。这种视频类型主要捕捉屏幕上的操作过程。大多数计算机和智能手机操作系统都具备屏幕录制功能。这对软件操作演示尤为实用。

- **动画视频**。要制作动画视频，你可以使用绘图（无论是电子绘图还是手绘）、图形和模型等元素。动态字幕（即使用动态文本代替静态字幕）可以为视频增添动感和节奏感。动画视频的一个好处是，你可以录制不同语言的旁白，以满足不同观众群体的需求。

视频制作规划

细致的视频制作规划至关重要，它是视频成功的关键。你需要全面考虑受众定位、故事板、镜头类型、相机角度等多个方面。

受众定位

深入了解你的目标受众及其需求至关重要。如果无法事先与目标受众进行沟通，那么构建一个受众角色模型将非常有用，可以让你从学员的角度出发，想象他们在课堂上的表现。

故事板

故事板是帮助你提前构想电影的场景，并在策划和定调时清晰地传达电影的视觉风格和氛围。通过故事板，你可以明确标注出拍摄地点、道具、镜头串联以及安全事项。制作故事板不需要你具备高超的绘画技巧，能用简单的线条和免费模板勾勒出角色形象（如火柴人）即可。在构思故事板的过程中，邀请熟悉项目的同事一同参与，他们的见解和建议往往能为创作思路带来新的启发。

镜头类型

运用不同的镜头来讲述故事，可以使故事更加生动有趣，引人入胜。

广角镜头：用于展现广阔场景的一种镜头类型。它能够捕捉完整的物体、风景或人物，并将其置于周围环境的背景之中。广角镜头通常用于为后续场景设定背景环境，引导观众了解故事发生的地点和氛围。

中景镜头：又称中距离镜头，是一种用于推进故事发展的镜头类型。中景镜头聚焦于人物的上半身，从头部到腰部，能够清晰地展示人物形象细节。

特写或极端特写镜头：拍摄对象占据整个画面。拍摄人物时，特写可以是肩膀顶部和头部（特写）或者只是脸部甚至脸部的一部分（极端特写）。这种镜头用于亲近观众。

相机角度

不同的相机角度也会影响视频氛围和风格的走向。

低角度拍摄：从被摄对象的视线以下进行拍摄，这种角度能够传达出被摄对象的主导地位。

眼平角度拍摄：模拟我们在现实生活中看待他人的视角，这种角度传达出一种平等的感觉。

高角度拍摄：相机从被摄对象的上方往下拍摄。这种角度常用于场景演示。

视频制作规划完成后，就进入正式拍摄。在此过程中，出于人身安全的考虑，依法对预定的拍摄地点进行全面的风险评估是有必要的。尤其是在涉及特殊拍摄任务时，务必确保已经取得了相关部门的拍摄许可。

选择合适的设备

你既可以用手机，也可以用专业摄像机来拍摄。如果你有意购置摄像机，那么最好挑选一款配备专业麦克风接口和可调音频控制功能的摄像机。拍摄时，请尽量用最高清晰度进行录制，4K 是最高的分辨率。即便你对分辨率没有要求，使用最高清晰度录制拍摄原始素材也能让你在后期剪辑时自由调整画面构图和重新剪辑，不至于影响视频的质量。除了摄像机，在选择设备时还需考虑其他几个方面。

三脚架

三脚架是拍摄的必需品。它能有效防止影片画面抖动，尤其适用于拍摄静态场景。单脚架与三脚架类似，但仅有一根支架可伸缩。单脚架是稳定拍摄与灵活移动的完美结合。

音频

无论视频画面拍摄得多么精美绝伦，如果音频质量欠佳，整体效果也会大打折扣。通过使用外接麦克风进行收音，可以让录制的声音更加贴近原声，同时显著提升音效品质。市面上麦克风种类繁多，关键在于根据实际需求找到最适合的那一款，以确保音频与视频质量相得益彰。正如媒体制作人杰夫·林克所说：

> 在挑选麦克风时，我们必须充分考虑实际的录制环境。常见的麦克风类型包括指向性麦克风和全向性麦克风。如果录制环境较为嘈杂，指向性麦克风将更适合。它能收录你想要的声音，屏蔽其他噪音。相反，在安静的室内或室外环境中，若需要收录多位讲述者的声音，全向性麦克风则更为合适。此外，有些指向性麦克风具有独特的"8"字形指向模式。这种麦克风能够同时捕捉来自两个相反方向的声音。通过调整"8"字形指向参数，即改变讲述者与麦克风之间的距离，你可以轻松地调整声音的强度。为了进一步提升录音质量，我们还需要为麦克风配备防风罩。防风罩能够有效防止外界噪音对录音质量的干扰。

其他类型的麦克风包括：

● **小型个人领夹式麦克风**。在进行访谈时，这类麦克风非常实用。领夹式麦克风包括有线式和无线式两种。有线领夹式麦克风的优点是可以避免意外干扰，缺点是移动不太方便。

- **枪式麦克风**。枪式麦克风属于指向性麦克风，只是收音范围更窄。
- **手持录音设备**。用手机录音很方便，收音效果也不错。在拍摄过程中，你将麦克风插入手机，按下录音键，然后将手机放入口袋就可以了。

此外，市场上还有许多小型便携式录音设备，它们相对便宜且音质上乘。这些设备主要是固态硬盘录音设备，适用于播客录制等。一些手持录音设备安装到麦架上后甚至可以当作枪式麦克风使用。当我需要在嘈杂的环境中录制声音，而又无法携带或使用个人专属麦克风时，我曾采用这样的方法：将手持录音设备安装于轻便的麦架上，放置在讲述者身旁，同时确保设备不会误入镜头之中。

视觉图形整合

你可能需要在视频中加入一些视觉图形。这样做可以加强视频沟通，丰富视频内容，表达信息的效果要比长篇大论和堆砌文字内容好。无论你是制作表格、字幕还是图片，都需要考虑以下问题：

- **契合观众**。确保你制作的视觉图形与你分享的主题相契合。
- **内容不要过多**。信息过多，学员难以迅速吸收，这并不利于学习。
- **大小一致**。当使用多个图形时，保持字体、边框等大小一致。
- **富有动态**。动态图形既增加动感又吸引观众。

考察拍摄环境

尽可能在自然光下拍摄。若是在户外拍摄，天气因素将至关重要。你可能在工厂这样的嘈杂环境中拍摄，或者在光线不佳的地方进行。掌控拍摄地点非常重要，因此，你需要至少提前一天去实地考察你拍摄地的情况。这也属于视频制作规划中的一部分。

在拍摄前，要检查拍摄地点的照明情况、电源是否可用，以及音响效果。另外，需留意背景噪音和墙壁、窗户反射回来的声音。这样，你才能决定用哪种麦克风来录制视频声音。如果你打算用有线麦克风，记得一定要用胶带或者带线保护套把线固定在地板上，防止它们成为安全隐患，让他人绊倒。

后期制作技巧：剪辑和脚本编写

完成视频拍摄后，下一步就是进行剪辑和后期制作。你可以使用智能手机、平板或电脑上的软件和应用程序来完成。

剪辑

将拍摄素材传输到电脑后的第一件事是备份你的原始文件。

打开剪辑软件，导入这些素材。首先浏览你拍摄的所有素材，并根据制作规划，选择每个镜头要使用多少素材，以及你想要使用的镜头顺序。然后，利用剪辑软件，按照你选择的顺序排列镜头，并进行片段剪辑。

完成以上内容，粗剪就完成了。接下来，你需要决定转场方式。有些片段可以很容易就衔接起来，如跳跃剪辑，但有些片段直接剪辑在一起呈现出的效果不理想。对于这些地方，有多种转场效果可供选择：

- **淡入淡出**。你可以对一个镜头进行淡入或淡出处理。这种转场效果通常是淡至黑色（或空白屏幕），但你也可以尝试淡至白色，以在场景变换中营造更多的活力。淡入可以用来表明新场景的开始，而淡出至黑色暗示了某种形式的结束。

- **溶解（交叉溶解或交叉淡出）**。在这种转场效果中，第一个镜头逐渐淡出并叠化到第二个镜头上。

- **擦除**。在这种转场效果中，镜头会被后续片段通过某种效果替换。例如，出镜镜头可以从左侧消失（左划），而新镜头可以从右侧划入以替换它。大多数剪辑软件都提供了数百种炫目的画像效果，但使用之前，请自问他们是否可以为视频加分。

此外，这个阶段也是添加表格、照片静帧、图形、字幕等元素的最佳时机。

在视频制作的最后阶段，有几个关键要素需要考虑，包括旁白、音乐以及音效的添加。如果你没有专业的录音设备，其实可以通过一个简单的办法来录制旁白：直接将麦克风连接到摄像机上。当你把拍摄好的视频素材导入电脑中时，可以选择一个仅导入音频的选项，这样你就能单独获取旁白音频文件，并把这段旁白无缝地融入视频的音轨中。

如果你打算添加背景音乐，请务必慎重挑选。因为音乐可能对某些学员产生干扰，特别是当音乐循环播放时，可能引起反感。同时，请确保音乐的音量不要过大，以免盖过了视频原声。另外，很重要的一点是，你需要核实所选音乐是否涉及播放权、版权费等问题。

脚本编写

写脚本也是视频制作规划的一部分。你可能已经预先写好了视频的文字内容，但在编辑完影片后，你可能需要加入旁白，因为旁白对于视频导入、场景衔接以及加注非常有帮助。

写脚本时，认真考虑受众需求以及你所想表达的内容，并关注以下方面：

- **语气**。旁白的语气应该贴合视频的类型，保持对话式的语气，不能太过于亲密无间。

- **清晰度**。保证视频声音清晰，没有杂音。有问题的部分可以使用软件处理，网上有免费剪辑的应用程序。

- **句子长度**。你写的句子不应该太长或太复杂。简短的句子最好，这样易于理解。

- **措辞**。除非必需情况，尽量不用晦涩的语言和行话，以免影响表达效果。

写完旁白，一边放视频一边将它大声读出来。这样可以判断旁白是否可以很好地与视频内容和图像相结合。最后，切记不要在视频中用旁白再重复介绍视频里已经清晰可见的内容。

著名作家和培训师乔纳森·霍尔斯曾经说过：

视频是一种"展示而非讲述"的媒介，因为人们往往对看到的内容比听到的内容记忆更深刻。因此，视频非常适合进行教学演示，如心理运动技能演示、操作流程模拟或工作原理展示。然而，视频对于叙事性学习，如案例学习或主题学习则不那么有效，这些内容以播客、图文的形式来呈现会更生动，效果会更好。

播客：利用音频进行学习

播客是培训学习资源的重要来源，其便利性使得培训能够随时随地进行。通过下载播客内容，学员可以灵活地安排自己的学习时间和地点，无论是作为预习材料还是复习资料，都能发挥重要作用。此外，播客以其快速的更新速度和丰富多样的内容，广泛涵盖了面试技巧、会议准备等实用信息。

录制播客需要准备一个麦克风、录音设备和剪辑软件。

像拍摄视频一样，你需要进行播客制作规划。写播客脚本与写视频脚本不同，播客是你与听众间一对一的互动，所以试想一下，你的听众会有哪些需求。做笔记很有用，笔记将帮助你分解学习目标并将其按逻辑顺序排列，从而形成逻辑连贯、有条理的信息。

写好脚本以后，需要格外注意长句子和难辨认的词语。进行一次演练将帮助你知道哪些地方需要停顿。录音时，保持对话式的语音语调，音量适中，并且确保没有背景噪音干扰。

免费的音频剪辑软件足以满足普通播客的剪辑需求，你可以自由地对音频中的错误进行删除或修正。后期处理过的音频应当呈现流畅自然的效果，确保听众察觉不出剪辑痕迹。

如果你的播客是一个系列节目，你可能想以某种方式为其塑造独特的品牌风格，如为每一集添加一个音乐开场。同样地，你也要为播客结尾设计一段固定的音乐。这段音乐不需要很长，可以只是一个简短的旋律，就像英文中所说的一段简短的"音效（Sting）"。

探索分段学习的价值：微格教学

视频是培训过程中极为有效的工具，其应用方式也颇为多样。无须在一个视频中囊括所有的培训内容，以免导致视频冗长且内容繁杂。相反，我们可以将学习内容细分为多个小段，并将其制作成一系列小型模块。这样，学员便能通过公司内部的学习管理系统轻松访问这些模块。这些模块既可以上传至专用的学习应用程序上，也可以置于公司网站上，供学员随时查阅。

微格教学（Microteaching）旨在精进个人的教学技能。你需预先规划一个时长不超过 15 分钟的小型授课环节，并邀请学员参与，对你的授课进行分析与反馈。在如此有限的时间内有效传授培训内容，无疑是对你教学能力的一次锻炼。它要求你必须高效地组织教学活动，并对课程主题有清晰而深刻的把握。你还需具备迅速吸引听众注意并维持其关注度的能力，以确保教学效果的达成。

一次成功的微格教学应当包括以下内容：

- 制定一份精炼的课程计划，其篇幅不宜过长。
- 确保教学流程中包含一个引人入胜的开场介绍、充实饱满的中间讲授环节以及一个清晰有力的总结。
- 在教学过程中融入适当的互动元素。
- 预留充足的时间供学员提问。
- 在教学结束后，主动请求学员提供反馈意见。

短时教学能够取得显著成效。在 15 分钟的课程里，你既可以播放视频，又可以穿插进行小测验。如果你打算使用 PowerPoint 或 Keynote 等演示软件，建议每张幻灯片上的内容不要过于繁杂，三到四个要点为宜。此外，务必注意控制时间，避免超时，同时要紧扣主题，确保课程不偏离主线。因此，多加练习是掌握这一技巧的关键。

混合式学习的优点

混合式学习建立在线上与线下学习结合的基础上，利用媒体技能和工具，提供最好的学习体验。

2020 年新冠疫情暴发后，很多学习与发展专业人士不得不转向使用 Zoom 和微软 Teams 等线上平台来完成教学。不久我们发现，在线上提供实时培训和在培训室中进行面对面培训之间存在重大差异。你无法再用以往的方式观察学员，与他们建立关系可能更加困难。即便你在线上培训方面有丰富的实践经验，你的学员可能仍未适应这种模式，并且在初次接触时可能觉得这些技术令人感到却步。

再次强调，成功的线上实时会议离不开事先的充分准备。网络研讨会凭借其广泛的覆盖能力，成为向庞大受众群体及公众普及知识、实施培训的理想选择。而 Zoom 平台以其强大的互动功能，更加贴合那些追求深度交流、尽管参与者数量有限但互动需求极高的小型分组讨论场景。在线上讨论空间里，你能够轻松自如地将学员分配到不同的小组，激发他们的合作精神，促进热烈讨论，并鼓励他们积极提供反馈。这一过程实质上是在无形之中搭建了一个在线团队。

在精心规划你的培训活动时，务必深思熟虑地选择并善用各类工具。Zoom 与 Teams 等平台确实支持 PowerPoint 和 Keynote 等演示文稿的展示，但过多的文字信息可能削弱学员的兴趣与专注度。尤其当学员身处家中或办公室等相对宽松的环境参与培训时，他们更容易分心。因此，深入了解这些在线交付服务平台所提供的各项功能显得尤为重要。

与大批量学员相比，管理一小部分学员更容易。在小组中，面对面交流更加容易。管理大群体更难，最好能有一个主持人来主持会议并管理分组讨论会话。

你可以使用系统自带的消息工具进行提问和答疑，也可以先收集问题以便统一回答。

敏捷思维公司是一家行业领先的提供敏捷性转型业务的咨询公司，其成员爱德华·斯科彻提出：

> 在虚拟课堂上，我们应当充分发挥培训师和互动白板的作用，通过互动提高学员的参与度。我们的培训师团队常使用的工具包括微软 Teams、Zoom 和 Mural。

使用社交媒体和应用程序

对于当今社会的许多人而言，使用社交媒体和技术已如同呼吸一般自然，成为我们的第二天性。各式各样的社交媒体平台为学习内容的传递与接收提供了丰富多样的机会。简单来说，个人可以轻松创建一个 Facebook 页面，借此平台在课前课后与学员进行及时有效的交流。此外，利用这些平台，我们还可以轻松开展课程的直播活动，并便捷地进行学员分组管理。社交媒体平台同样是发布学习提醒、分享学习材料最新链接以及激发讨论的理想场所。更进一步地，我们还可以设立个人博客，借助这一平台发布视频教程、播客等多媒体学习资源。

应用程序适用于学员没办法长时间待在一个地方的时候访问培训模块。你可以在线和离线查看它们，它们对于即时培训特别有用。应用程序可以包含短视频片段和微学习模块，并提供对图表和指令集的即时访问。如今，许多学员都熟悉在线游戏，应用程序内的游戏化是提供培训的好方法。马克·普伦斯基创造了"数字原住民"这个术语，指的是在技术时代成长起来、从小就熟悉计算机和互联网的个体。我们今天正在培训的正是这些数字原住民。

大卫·斯夸尔是数字学习设计师公司的创意总监，他表示："唯有那些既吸引人又能提供难忘体验的数字化学习内容，才能在人们心中留下深刻的印记。我们与富士通保持着紧密的合作关系，共同开发了既可在线学习又可通过研讨会形式呈现的学习材料。在此基础上，我们精心打造了一个虚拟的城市景观，该景观生动展现了富士通的运营模式。员工可以沉浸其中，观看并收集关于富士通如何运用关键技术的视频与动画，从而获得丰富的学习体验。"

最后的思考

那么，未来的图景又将如何展开呢？答案无疑指向了终身学习与技能的不断精进。虚拟现实技术为我们开辟了前所未有的机遇，使我们得以在虚拟环境中实践所学，将理论知识转化为实际技能；而人工智能的兴起，进一步推动了学习的个性化与差异化，让每个学员都能根据自身需求与特点，获得量身定制的学习体验。步入 21 世纪，媒体技术的飞速发展真正实现了学习与工作的无缝融合。我们得以借助新兴的交付平台，持续磨砺并提升已掌握的技能。作为培训师，我们的目光不仅要聚焦于那些可供利用的工具与技术，更要深刻理解并关注我们的受众及其多样性的期望。我们的培训工作应当力求全面且友好，无论面对何种背景的学员，都能提供适宜的学习体验。于培训师而言，将多媒体技术融入培训实践已成为不可或缺的一环。我们不仅要熟练掌握当前的媒体技能，更要紧跟技术发展的步伐，不断适应并引领时代的变化。

◆◆

作者简介

梅里·坎贝尔（Mhairi Campbell）是一位成就斐然的媒体制作人及资深培训师，其职业生涯荣誉满载。在担任 BBC 高管期间，她凭借卓越的洞察力与创新精神，开创了 BBC Learning 这一在线内容平台，引领了教育媒体的新风尚。2008 年，她毅然离开 BBC，凭借丰富的行业经验和无限热情，创立了自己的制作与培训公司——SqueakMedia，继续在媒体领域发光发热。

在她的引领下，SqueakMedia 不仅成功主持了迪士尼公司与剑桥大学出版社的重量级项目，还为北约组织、大英图书馆、世界报纸协会以及建筑行业培训委员会等提供了高质量的专业培训服务。她对互联网的开放性与包容性怀有深切的热忱，她与世界万维网基金会携手，共同制定了本世纪的"数字大宪章"（喻指其重要性可与历史上的 Magna Carta 相媲美），旨在推动构建一个对所有用户开放、自由的互联网环境。此后，她持续深耕新闻媒体领域，推出了一系列备受赞誉的新闻媒体大师课程。你可通过电子邮件 squeakmedia@ btinternet. com 与她取得联系。

参考文献

"Agility In Mind. "

Desq. "Fujitsu: Tech & Me. "Digital Learning Designers.

Forrester Research. 2019. "Video-Based Learning Facts You Can Use to Make the Case for a Video Platform. "Panopto, August 19.

Halls, J. 2021. "8 Point Checklist for Video Production. "The Learning Guild Publications Library, May 27.

Levy, D. 2021. *Teaching Effectively With Zoom*, 2nd ed. Self-published.

Link, J. n. d. "Broadcaster and Trainer Twitter Profile. "@ jefflinkradio.

Prensky, M. 2001. "Digital Natives, Digital Immigrants. "*On the Horizon* 9(5).

🪑 延伸阅读

Christopher, D. 2014. *The Successful Virtual Classroom: How to Design and Facilitate Interactiveand Engaging Live Online Learning*. New York: Amacom.

Diefenbach, D. L. , and A. E. Slatten. 2019. *Video Production Techniques: Theory and Practice From Concept to Screen*, 2nd ed. New York: Routledge.

Halls, J. 2017. *Rapid Media Development for Trainers: Creating Videos, Podcasts and Presentationson a Budget*. Alexandria, VA: ATD Press.

McLeish, R. , and J. Link. 2015. *Radio Production*. New York: Routledge.

第 18 章　利用故事结构施加影响

南希·杜阿尔特和杰夫·达文波特

人类被形容为"天生的叙事者"，我们的大脑结构使得我们天生就擅长讲故事。我们依赖故事来理解和诠释周遭的世界，它如同一面透镜，让我们得以窥见生活的方方面面。根据德国统计学家公司的统计，"全球消费者平均每天花费463 分钟，即超过 7.5 小时的时间在各种媒体平台上，而美国消费者的平均时长往往高于这一水平"（2020）。故事具有强大的影响力，能够深刻地塑造我们的思维、情感及行为。然而遗憾的是，在培训的过程中，我们往往忽视了故事的重要性。

🖐 本章要点

△　清晰界定并应用七个转变故事节拍，清晰观察学员的成长轨迹。

△　精心挑选那些能够鼓舞人心的故事。

△　构思并准备一系列情节连贯、逻辑严密的故事，旨在有效触动并说服决策者。

以故事为核心

在设计培训项目时，如果培训内容缺乏故事元素，培训的重点将更多地聚焦于知识，而非学员自身。这种方式可能导致学员和决策者难以真正感受到培训的价值。然而，当培训中融入故事时，它不仅能够打动学员，还能有效说服决策者。

杜雅特公司希望全球的学习与发展专业人士认识到讲故事的重要性，并将其运用于培训设计中，以创造更加具备同理心、情感共鸣和激励人心的培训体验。这种培训不仅是知识的传递，更是一场能够彻底改变学员的学习之旅。

故事化思维将带来以下优势：

- 拥有同理心。帮助你更深刻地了解学员的需求，从而更有效地为他们提供支持。

- 提升学员体验。通过故事激发学员的情感共鸣，使他们能够将培训所学的理论知识应用于实践，从而改善自己的生活。

- 赢得决策者的认可。当决策者亲眼见证故事带来的深远影响时，他们会更加认可你的专业价值。

让我们先来理解，为什么故事对学员心智有如此强大的影响力。

讲故事的三个原因

此前已有大量的研究探究过故事对人脑的影响。这些研究让我们了解到当学员在听故事时他们的大脑是如何运作的。从大量的研究中我们可以得出三个结论。

故事是人们解释世界的方式

1944 年，为了深入探究个体如何对他人行为做出评判，心理学家弗里茨·海德与玛丽安·西梅尔匠心独运，创作了一部时长仅 1 分 40 秒的动画短片。这部短片以极简的风格呈现：一个大三角形、一个小三角形和一个圆形，它们围绕着一扇半开的房门图案周旋，展开了一场无声的"剧目"（见图 18-1）。随后，海德与西梅尔将这部充满寓意的短片呈现给了一组受试者观看。观影结束后，他们邀请受试者详细叙述自己的所见所感。尽管屏幕上仅有图形的动态位移，但绝大多数受试者都不约而同地以叙事化的语言重构了这段视觉体验。尽管每个人的故事细节千差万别，但核心情节出奇一致：一个被喻为"恶霸"的大三角形，正对象征着"受害者"的圆形施以欺凌，或者企图从后者那里掠夺些什么。而就在这时，小三角形的介入转移了大三角形的注意力，并巧妙地将其囚禁于一个大矩形之中。趁着这个机会，小三角形与圆形趁机逃脱，而大发雷霆的大三角形则奋力挣脱大矩形的束缚，愤怒地将之撕得粉碎。基于这一实验观察，海德与西梅尔得出了深刻的结论：人类倾向于以故事的视角来审视周遭世界，即便面对的是最纯粹的图形运动，我们也会本能地将其编织成具有叙事弧度的情节脉络，赋予其意义与情感色彩。

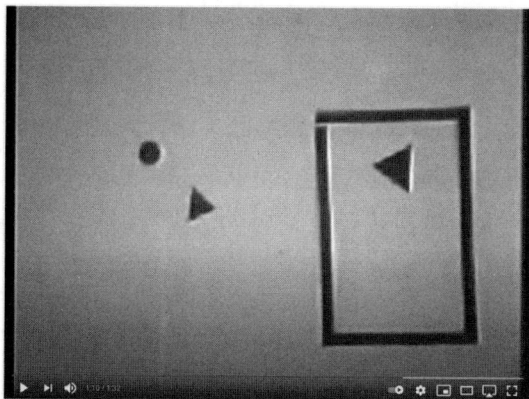

图 18-1　海德和西梅尔的电影片段

人类天生具备将所见所闻融入叙事之中的能力。假如在会议中，有人姗姗来迟，且衣衫上布满了泥点与油污，我们不会仅仅无动于衷地耸耸肩，心想："哦，他总算到了，衣服上全是泥和油。"相反，我们的大脑会迅速启动，围绕这一场景构建出一个可能的叙事框架。我们会不由自主地构思出各种背景故事，或者直接向当事人询问，以此来探寻并解释眼前所见的现象。对于从事学习与发展领域的专业人士而言，这意味着即便我们采用讲故事的方式来与学员沟通，他们也会本能地运用叙事思维来解读我们分享的数据与事实。

讲故事会给人留下更深刻的印象

为确保学员的成长与进步，关键在于他们能够牢固地记住所学内容。诚然，即时交流中，事实和数据可能给学员留下鲜明印象，但相较于故事而言，其对学员的长期记忆影响远不及后者。

奇普·希思和丹·希思在其著作《让创意更有黏性：创意直抵人心的六条路径》中，援引了一项斯坦福大学的研究作为佐证。研究中，学生在听取报告后需复述所记内容，报告内容分为统计数据和故事两类。结果显示，仅有 5％的受访者能够回忆起一个统计数据，而高达 68％的人至少能讲述一个故事。

这一现象揭示，故事以其独特的吸引力，深深植根于听众的脑海之中，其记忆留存度远超强有力的事实，证明了故事在记忆构建中的非凡力量。

让我们回顾一下你最近观看的三个 TED 演讲。演讲中或许穿插了一些震撼人心的统计数据，这些数据在初次听闻时足以让你为之一振，不由自主地挺直腰板。然而，时至今日，你是否还能精确无误地复述出那些数字呢？或许你能依稀记得它们的大致轮廓，但确切的数字恐怕已难以言表。现在，再将思绪转向那些 TED 演讲者所讲述的故事。你是否能够回想起其中的一个？即便无法复述每个细节，你也定能把握住故事的总体脉络与核心要点，对吗？根据希思兄弟的观点，相较于统计数据，我们记住故事的可能性要大得多。

对于学员而言，这一规律同样适用。在培训过程中，你所讲述的故事将在他们的记忆中留下更为持久的印记，远超过你所分享的事实、数据或单纯陈述的内容。

记住知识之所以至关重要，是因为如果学员无法牢记他们所学的关键内容，那么在关键时刻应用这些知识也就无从谈起。这种即时应用的能力被视为培训发展的一项重要标杆，也是衡量培训能否有效促进学员行为持续改变的最佳证明。

听故事促使听众体内释放特殊化学物质

当人们沉浸于听故事的过程中时，大脑的神经化学活动会发生显著变化，这种变化不仅有助于听众集中注意力、增强记忆力，还能激发他们采取行动的意愿。研究表明，当听众被故事深深吸引（或如研究人员所称的"将自己代入故事情境"），其血液中会释放出皮质醇激素。在聆听故事时，听众的大脑会敏锐地捕捉到不同角色的戏剧性冲突和紧张氛围，进而产生相应的紧张或焦虑情绪。这就是为什么当恐怖电影中的角色走进一座阴森的房子时，我们会紧紧抓住椅子的扶手，或者当男主角笨拙地试图让女孩爱上他时，我们会不自觉地皱眉。当我们观看时，我们仿佛在体验这些戏剧性情节，就好像它们发生在我们自己身上一样。

我们体内释放的皮质醇（常被称为"压力激素"），实际上在协助我们集中精神，提升专注力。这正是观看情节更加曲折跌宕的故事时，我们能够更加聚精会神的原因所在。当我们感受到紧张情绪时，皮质醇的分泌量会增加，相应地，我们的注意力也会随之提升。此外，听故事还能促使听众大脑中多巴胺的水平上升。多巴胺不仅能够为听众带来愉悦的感受（这也是我们在忙碌一天结束后，倾向于通过观看电影和电视节目来放松的原因之一），更重要的是，它极大地促进了记忆的巩固。这一点至关重要，因为正如前文所述，只有当培训项目所传达的信息被牢牢记住时，这些信息才有可能转化为学员行为的改变。

听众体内还会分泌出其他多种化学物质。举例来说，当听众沉浸于一个情感充沛的故事中时，他们体内的催产素水平会急剧上升。这一观点在神经经济学家保罗·扎克于 2015 年开展的一项研究中得到了强有力的佐证。在该研究中，被试者首先观看了一部描绘一位父亲悉心照料罹患癌症的儿子的短片，随后研究人员抽取了他们的血液样本进行分析。结果显示，被试者体内的皮质醇和催产素水平均有显著提升。扎克观察到，催产素的释放能够激励听众根据所观看的故事内容采取行动，进而促使更多人慷慨解囊，进行捐款。另一项研究同样揭示了情感故事对捐款行为的影响。研究发现，那些仅通过文字了解非洲饥荒问题的参与者所捐款的金额，尚不足那些听过非洲儿童与饥荒抗争的感人故事后捐款者金额的一半。

皮质醇能够提升注意力，多巴胺则能增强记忆力，而催产素能激发行动的可能性。这些在听众大脑内部发生的生化反应，无一不彰显了故事的强大力量——它不仅能够深刻改变听众的大脑活动模式，还能对他们的实际行为产生深远的影响。随着我们对故事力量的认知日益加深，我们可以更加有效地引导学员融入课堂氛围，帮助他们更好地掌握学习内容，并激发他们将所学知识应用于实践中的动力。然而，一个新的挑战也随之浮现："我该如何巧妙地运用故事来促进学员的学习呢？"

在构思全新的学习体验时，我们很容易落入一个思维陷阱，即过分关注"我们需要教什么？"这个问题。表面上看，这似乎是一个合情合理的出发点，因为教学内容无疑是推动课程构建和学习设计的重要基石。然而，如果我们能转换一下思维方式，不先从教学内容入手，而是从深入了解学员的个性化故事开始，那又将是怎样一番景象呢？诚然，对于一些人而言，这种以学员为中心的教学理念并不陌生，但真正将其付诸实践并非易事。

通过将学员视为各自故事中的主角，我们能够创造出更具同理心、更加引人入胜的学习体验，这些体验在推动他们行为转变的过程中，将留下更为深刻而持久的影响。

转变故事的七大故事节拍

转变类故事往往是最振奋人心的类型，通常讲述一个人或一群人踏上冒险旅程，追寻重要价值并收获宝贵经验的故事。这类故事通常包含三幕——开始、中间和结束，同时揭示了讲述故事时需要遵循的三种关键视角——你如何看待学员、学员如何看待自己、决策者如何看待培训的价值。在深入研究亚里士多德、古斯塔夫·弗雷塔格、约瑟夫·坎贝尔，以及许多小说家、编剧和剧作家的作品后，我们从数十种故事结构理论中提炼出其核心精华，并将其总结为"转变故事的七大故事节拍"。这一框架旨在帮助具备故事意识的人构建有力且引人共鸣的故事。基于这七大故事节拍，我们设计了一份实用的工作表，用于指导培训项目的设计。

七大故事节拍分别是：

- **介绍主人公**：主人公是谁？
- **揭示主人公的目标**：主人公想要达成什么目标？
- **明确主人公所面临的阻碍**：主人公的难关是什么？
- **遇到关键人物**：是谁帮助主人公攻克难关？
- **获得助力**：关键人物给主人公提供了怎样的帮助？
- **主人公面临抉择**：是否接受这个关键人物的帮助和提供的助力？
- **迎来结局**：主人公的结局如何？

七大故事节拍可以分为三类：设定节拍（开篇设定）、剧情节拍（故事发展）和结局节拍（故事结尾）。

- **设定节拍**

  ○ 介绍主人公：在这个阶段，主人公出场，并解释他是谁，包括他的性格、优点、缺点、欲望，以及他所处的故事背景。

  ○ 揭示主人公的目标：让观众理解主人公追求的目标。这是主人公对成功的定义。每个主人公都需要一个明确的目标，否则故事便无法展开。

  ○ 明确主人公所面临的阻碍：描述主人公与目标之间的障碍。如果主人公的路上没有任何阻碍，故事将缺乏戏剧性和悬念，也就不能称其为一个故事。

- **剧情节拍**
  - 遇到关键人物：这是故事中主人公遇到一位智慧且经验丰富的引导者的时刻，这位引导者能够在旅途中帮助主人公。与关键人物的关系之所以重要，是因为其提供的支持和指引对主人公意义重大。
  - 获得助力：关键人物向主人公伸出援手，为其提供继续旅程所需的"恰到好处"的工具，帮助主人公克服障碍并实现目标。
  - 主人公面临抉择：这是主人公的选择时刻——他会接受关键人物提供的工具并加以使用吗？还是会拒绝这些帮助？这个决定是整个故事发展的关键节点。

- **结局节拍**
  - 迎来结局：这是主人公做出最终决定的环节。如果主人公信任关键人物，并选择接受和使用他们提供的工具，结局通常是向好的。当主人公利用这些工具克服障碍并实现目标时，就会出现好的结局。如果主人公拒绝关键人物的帮助或虽然接受但未能使用这些工具，那么结果通常是不好的。

所有精彩的故事都包含这七大故事节拍。表 18-1 展示了迪士尼版《匹诺曹》的七大故事节拍。

表 18-1　《匹诺曹》中的故事节拍

介绍主人公	主人公是谁	木偶匹诺曹
揭示主人公的目标	主人公想要达成什么目标	成为真正的男孩
明确主人公所面临的阻碍	主人公的难关是什么	他不知道成为真正男孩需要什么
遇到关键人物	是谁帮助主人公攻克难关	木匠铺的蟋蟀吉米
获得助力	关键人物给主人公提供了怎样的帮助	吉米作为匹诺曹的良心，指引他分辨是非
主人公面临抉择	是否接受这个关键人物的帮助和提供的助力	起初，匹诺曹拒绝吉米的指导，但最后听从建议，并做出牺牲
迎来结局	主人公的结局如何	匹诺曹牺牲自己来救他的父亲，体现了他的品质，从而成为一个真正的男孩

学员是蜕变故事的主人公，而你是那个关键人物

现在，假设你正在设计一个培训项目，旨在向学员传授某些知识或技能。下面我们共同探讨七大故事节拍在培训中的应用。

设定节拍

介绍主人公：主人公可以是一个或多个学员。你会如何描述他们？他们的性格特质是什么？有哪些优点和不足？他们内心深处渴望的是什么？是什么让他们辗转反侧？又是什么让他们充满热情？他们所处的环境背景又是怎样的？

揭示主人公的目标：你的学员希望或者需要实现某些目标，否则就没有必要为他们提供培训。他们的目标是什么？是希望在职业发展中获得提升，还是希望能够更好地与上级、客户或者团队相处？是希望提升沟通技巧、管理变革能力，还是更高效地进行团队协作、服务客户？

明确主人公所面临的阻碍：如果主人公实现目标的路上没有任何阻碍和冲突，也就无法构成一个完整的故事。那么，究竟是什么阻碍了你的学员达成目标？当你仔细思考这个问题时，你可能发现一些常见的阻碍，如时间安排不合理，或者墨守成规。这些问题正是需要你去解决的！

只有在充分理解学员的情况后，你才能设计或实施真正有意义的培训，以此帮助他们蜕变。

剧情节拍

遇到关键人物：这个阶段，你和你的团队就是那个关键人物。你们提供学习指导和工具，帮助学员在关键时刻突破困境，达成目标。你们当然值得学员信赖。问问自己，学员为什么要信任你和你的团队？是因为你拥有实现类似目标的经验吗？是因为你能够真正理解并帮助他们克服障碍吗？还是因为在学员面对未知领域与全新挑战的关键时刻，你能够赋予他们更为深刻的洞察，使他们得以将所学智慧融会贯通，实践于行？

你必须充分认识到自己在学员成长与蜕变历程中所扮演的关键角色，因为他

们是如此依赖你来为他们的未来之路点亮明灯，指引方向。与此同时，你也将更加深刻地领悟到学习与发展对于公司整体发展的至关重要性，它不仅是个人进步的基石，更将在塑造与推动更宏大的企业战略中发挥出不可或缺的作用。

获得助力：在这一关键阶段，你的任务是向学员展示如何利用各类工具来跨越障碍、达成目标。这些工具可能涵盖专业知识、沉浸式培训体验、实用的工作指南，以及其他多种形式的内容。其实，工具的具体形态并不重要，关键在于你如何向学员生动地展现这些工具的价值，激发他们接纳并应用的意愿。

你向学员提供的帮助，是赋予他们一项技能、一种积极的心态、一种提升工作效率的方法，或一种优化人际互动的策略。这些工具不仅助力员工在岗位上发挥出色，更驱动他们为实现公司使命贡献力量。深入思考这些工具的内涵，你可以用这样一句话来概括：

这些工具不仅是培训学习的精髓所在，更是你作为他们学习之旅中的关键导师，为主人公成长与成功提供有力支持的重要证明。

主人公面临抉择：这是学员面临抉择的关键时刻，他们需要审慎考虑是否接纳你的援助，并将其融入实践，从而提升自身的技能、洞察力、行事风格乃至思维方式。设计学习培训的核心精髓，在于激发学员内心深处的确信："是的，我深信这些工具将成为我攻克难关、实现目标的得力助手。我甘愿摒弃过往的旧有方法，勇敢地拥抱并尝试新事物。"

结局节拍

迎来结局：当培训步入尾声时，我们满怀期待地憧憬着学员的转变与成就。我们不仅希望学员在参与培训后能够赞不绝口，更希望看到他们实质性的进步与卓越表现。作为深谙培训精髓的培训师，我们理解培训效果的真谛不在于学员的即时反馈，而在于其是否达成了既定目标。培训的效果是一个多维度、复杂交织的产物，受到诸多因素的影响，使得单一维度的评判显得尤为困难。一种行之有效的方法是，直接询问学员是否在此次培训中获得了实质性的进步。同时，从更宏观的层面来看，我们还需要考量这次培训是否为企业带来了积极而深远的影响。如果学员能够欣然接纳并灵活应用我们提供的工具与方法，进而在各自的领域内实现既定目标，那么这无疑是对我们培训成果的最佳肯定。这样的培训不仅促进了学员个人的成长与发展，更为企业注入了新的活力与竞争力。然而，倘若学员未能充分吸收培训精髓，无法将所学应用于实践，进而未能达成预期目标，那么这次培训或许就未能达到预期的效果。

七大故事节拍能够清晰地指引我们明确培训的目的和意义，激励我们为实现这些目标不懈努力。通过这些节拍，我们不仅能传授知识和技能，更重要的是帮助学员克服障碍，达成个人目标并满足组织需求。七大故事节拍加在一起让培训不仅是内容的灌输，而是更加贴近学员的实际需求和情感体验。

七大故事节拍的应用不仅聚焦于展示培训如何观察并促进学员的外在行动与行为改变，更深刻地揭示了他们正在经历的内心深层次的转变。

以一部令人难忘的电影或小说为例，主角往往经历了某种具体的、外在的事件，如赢得心上人的青睐、挽救危机、赢得战斗、打击犯罪或阻止邪恶势力。这些无疑是故事中的物质层面、外在经历。然而，若一个故事能在我们心中留下持久的印记，往往是因为主角也经历了深刻的内在转变——那些心灵层面的经历。

想象一下，一个原本害羞、孤僻的女性角色，在故事中不仅找到了浪漫的爱情，更重要的是，她学会了如何爱自己，如何接纳自己的不完美。又或者，一个固执己见、自认为无所不知的侦探，在解开谜团的过程中，逐渐学会了谦逊，因为他意识到自己的视角并非总是全面的。再来看那位以自我为中心的大亨，他原本总是出于自私的动机去做一些看似正确的事情，但在经历了一系列事件后，他意识到如果能为共同利益而努力，他将获得更加深远的满足和回报。

通过这样的例子，我们可以更好地理解七大故事节拍在培训中的应用：它不仅关注学员的外在表现，更能深入他们的内心世界，引导他们经历从外在到内在的全面蜕变。

学习体验使学员沉浸在探索知识、掌握技能或适应新系统、新流程的外在过程中。这些外在的经历不仅帮助学员获取表面的知识，更重要的是，还引领学员踏上一段内在的旅程。这段内在的旅程赋予学员更加自信、谦逊、勇敢、明智、团队协作精神、远见卓识、战略性思维和高度专注等品质。

在创造和设计学习体验时，我们必须认识到，学员所经历的不仅是简单的变化，而是一场深刻的蜕变。他们正在成长，正在成为更加优秀的工作者、更加出色的团队成员以及更加完善的个体。因此，我们的目标应该是为学员提供一个既能满足外在学习需求，又能触动内在心灵成长的学习体验。

表 18-2 展示了杜雅特创建的公开演讲研讨会平台 Captivate 如何应用七大故事节拍的案例。（注：我们研究过许多不同类型的学员，在此仅以其中一类学员为例。）

故事节拍可以帮助你发现培训工具的真正价值，了解学员应用学习工具实现目标的过程，甚至还可以帮助你描绘学员的学习轨迹，帮助他们成长和蜕变。

表 18-2　Captivate 的七大故事节拍

介绍主人公	主人公是谁	未如预期获得晋升的软件工程师
揭示主人公的目标	主人公想要达成什么目标	在会议中与上级进行沟通
明确主人公所面临的阻碍	主人公的难关是什么	他们感到紧张，要么不敢发言，要么说得过于详细
遇到关键人物	是谁帮助主人公攻克难关	Captivate 受过行为科学训练的教练
获得助力	关键人物给主人公提供了怎样的帮助	提供培训模块，帮助主人公认识自己的价值，以及为自己发声的重要性
主人公面临抉择	是否接受这个关键人物的帮助和提供的助力	面临个人成长或职业发展中的难题，需要突破自我限制
迎来结局	主人公的结局如何	声音洪亮有力，表达更有自信；通过提高自信和沟通技巧获得了晋升的机会

励志故事和警示故事可以让学员更加坚定目标

我们已经知道，故事是帮助你理解学员的有效手段；然而，故事也可以帮助学员更好地了解自己，激发他们继续在自我蜕变之路上前进。许多学员看不到培训给他们带来的帮助。你的角色是帮助他们收获这些工具，通过讲述恰当的故事将帮助他们看到价值，并激励学员应用它们。有两种类型的故事可以做到这一点：励志故事和警示故事。

- **励志故事**是那些讲述成功与成就的动人篇章。它们聚焦于其他学员——

那些与你的学员怀揣相似梦想、面临同样挑战的主人公。这些故事细腻地描绘了这些学员如何悉心聆听培训师的智慧指引，深思熟虑所提供的各种工具，并最终毅然决然地接纳并付诸实践。这一系列的抉择引领他们走向了积极的彼岸——他们不仅实现了自己的梦想，更在过程中收获了成长与蜕变。当学员在故事中看到自己的影子时，不禁会心生共鸣："我渴望成为那样的人，因此，我必须像他一样勇往直前。"

- **警示故事**则通过讲述那些拒绝培训师援手、未能把握机遇的学员的遭遇，为学员敲响警钟。这些故事深刻揭示了，一旦选择了拒绝与忽视，可能带来的种种不良后果。它们的目的是让学员从中汲取教训，警醒自己："我绝不希望成为那样的人，因此，我绝不会重蹈他们的覆辙。"

在我们的演讲开发工作坊 Resonate 中，引导者常常巧妙地运用励志故事与警示故事，帮助学员深刻洞察潜在风险，并激发他们的内在动力去接纳并实践所学知识。举例来说，他们可能分享一位过往参与者如何巧妙运用工作坊的内容撰写演讲稿，不仅成功传达了自己的观点，还因此获得了晋升的契机；或者讲述某位参与者如何凭借所学，成功促成了一笔高达 5 亿美元的交易；或者一个学员如何振奋起一支士气低落的团队。

同时，引导者也会分享那些拒绝采纳我们方法的客户的经历，他们或是主题演讲反响平平，或是交易未能达成，或是未能争取到所需的预算资金。

讲述这些故事的目的并非为了炫耀培训的价值，而是旨在让学员从他人的故事中看到自己的影子，激励他们效仿那些积极的故事，同时警醒自己避免重蹈消极故事的覆辙。

这些励志故事与警示故事可以在培训的任何阶段穿插进行。因为一旦开始讲述，它们便能为学员提供一个独特的视角，使他们能够从这个视角去审视学习工具的价值。当引导者或设计者预见到培训过程中可能遇到阻力时，这些故事便成为攻克难关的有力武器，它们能帮助参与者认识到这些学习工具的重要性。而在培训结束时讲述故事，则能让学员带着满满的能量与灵感离开，使他们迫不及待地想要将所学应用到实际中。因此，我们会在所有的工作坊结束时，以一个励志故事作为收尾，讲述过往参与者如何取得巨大成功，以此让学员看到，经历培训后的他们，同样能够迎来属于自己的转变。

请你自问:

- 什么时候讲故事可以帮助学员更好地理解自己?
- 什么时候更适合讲励志故事?
- 什么时候更适合讲警示故事?

仔细考虑什么时间以及讲述哪种故事更合适。

用故事打动决策者

故事是向决策者展示培训价值的有效手段,能够建立他们对你的信任,促使他们继续资助、提供培训,并增加培训所需的内容和资源投入。这些决策者可能是向你或你所在机构购买培训服务的外部客户,也可能是致力于自身及团队发展的内部成员。每位决策者都渴望了解培训的投资回报率,以便评估组织将从中获得的实际价值。而故事,正是将这一投资回报具象化、生动化的桥梁,使决策者能够直观感受到培训带来的切实益处。

提供关于投资回报的具体事实数据对于决策者而言无疑是极为有益的,这些数据能够清晰地展示培训如何对生产力、企业利润、员工满意度等关键指标产生积极影响。而当你在呈现这些数据的同时,辅以生动的故事作为支撑,培训的价值将在决策者心中留下更为深刻且持久的印象。

杜雅特精心编纂了一本学员成长故事集,旨在让每位读者都能从中寻觅到触动心灵的共鸣。对于那些正为简化演示文稿而苦恼的客户学员而言,我们的故事集中收录了诸多参加 VisualStory 工作坊后成功克服这一难关的实例。这些学员学会了精简演示文稿内容的精髓,最终促使他们的提案顺利获得批准。而对于那些在演讲中难以保持镇定的客户,Captivate 参与者的故事能够提供帮助。他们通过 Captivate 找到了内心的自信,展现出非凡的演讲风采,不仅赢得了上级的青睐,更为自己的职业生涯铺设了坚实的基石。

最后的思考

人类天生具备叙事本能,且极易被故事触动。决策者同样身为凡人,这意味着他们与我们无异，极可能因故事——尤其是那些辅以事实和数据的故事——而深受感动并付诸行动。因此，不妨自问：

- 你将如何运用故事作为与决策者沟通的桥梁？
- 你目前储备了多少引人入胜的故事？
- 是否拥有那些以圆满结局收尾的故事？
- 这些故事是否已整理得井井有条，确保你在任何情境下都能信手拈来？

我们观察到，当培训愈发聚焦于故事思维时，我们所创造的项目便愈发充满同理心、强大且具有变革性。我们期望你也能收获同样的成果。请将自己视为"关键人物"，积极投身于培训之中，为学员（故事的主人公）提供必要的技能与信息（他们的工具）。

同时，请抓住每一个契机，分享其他学员的故事，无论是他们因采纳或拒绝你的工具而达成目标，还是与之失之交臂的经历。这些故事将成为激励与启迪的源泉，引领学员迈向成功。

深思熟虑你讲述故事的方式，引导决策者洞察培训的深远投资回报率，展现你不仅是在传授知识，更是在助力学员实现转变与成长。通过在设计与执行培训中融入故事思维，你将开始以一种全新的视角审视学员，同时也会重塑自我认知。你将把自己定位为一位充满智慧、经验丰富的"关键导师"，为学员输送宝贵的知识与洞见。

要成为这样的导师，关键在于将自己塑造为一位不懈的终身学员与智慧的探索者。这样的自我定位将极大地增强你的自信心，因为你深知自己对每位学员所赋予的无价价值。你投身这一职业的初衷，便是为了改善生活、促进人类的福祉与进步。最终，当你秉持以故事为核心的心态时，不仅会见证学员的转变与成长，你自身也将经历一场深刻的转变与升华。

◆◆◆

作者简介

南希·杜阿尔特（Nancy Duarte），杜阿尔特公司 CEO 及六本畅销图书的执笔者，被誉为"硅谷的故事讲述大师"。她以沟通专家的身份享誉业界，与世界顶级品牌及高管携手合作，其影响力跨越多个领域。她的足迹遍布《财富》、《时代》周刊、《福布斯》、《快公司》、《连线》、《华尔街日报》、《纽约时报》、《时尚》杂志、《洛杉矶时报》等权威媒体，并多次受邀登上 CNN 的舞台。作为说服艺术的佼佼者，她精通将故事元素巧妙融入商业沟通的策略，为无数企业与个人带来了深远的影响。在个人生活中，她享受着与两个孙子及一只宠物狗的温馨时光。

杰夫·达文波特（Jeff Davenport），杜阿尔特公司的内容创作者、高管演讲导师及研讨会策划专家，拥有指导众多《财富》500 强企业高管的丰富经验。他擅长引导这些领袖在主题演讲及日常交流中发挥故事的力量，是《杜阿尔特故事基础工作坊》《Captivate 公共演讲工作坊》的联合作者。作为一名资深公众演讲家及编剧，他对故事的力量充满热情，致力于帮助全球各地的沟通者体验并掌握这一强大工具。他与妻子克里斯汀及两个女儿定居于风景如画的科罗拉多州，共同编织着属于他们的家庭故事。

参考文献

Boris, V. 2017. "What Makes Storytelling So Effective for Learning?"Harvard Business Publishing, December 20.

Gottschall, J. 2012. *The Storytelling Animal: How Stories Make Us Human.* New York: Houghton Mifflin Harcourt.

Heath, C. , and D. Heath. 2007. *Made to Stick: Why Some Ideas Survive and Others Die.* New York: Random House.

Heider, F. , and M. Simmel. 1944. "An Experimental Study of Apparent Behavior. " *The American Journal of Psychology* 57(2): 243–259.

Kay, D. 2016. "Learning Theories 101: Application to Everyday Teaching and Scholarship. "*Advances in Physiology Education* 40(1): 17–25.

Kenjirou. 2010. "Heider and Simmel(1944)animation. "YouTube. July 16, 2010.

Schomer, A. 2021. "US Adults Will Consume Almost as Much Media as Last Year, But TV Viewing Will Decline. "*Business Insider*, June 7.

Shohamy, D. , and R. A. Adcock. 2010. "Dopamine and Adaptive Memory. " *Trends in Cognitive Sciences* 14(10): 464−472.

Small, D. A. , G. Loewenstein, and P. Slovic. 2007. "Sympathy and Callousness: The Impact of Deliberative Thought on Donations to Identifiable and Statistical Victims. "*Organizational Behavior and Human Decision Processes* 102(2): 143−153.

Smith, J. A. 2016. "The Science of Story. "*Berkeley News*, August 25.

Watson, A. 2020. "Media Use—Statistics & Facts. "*Statista*, March 23.

Zak, P. J. 2015. "Why Inspiring Stories Make Us React: The Neuroscience of Narrative. "*Cerebrum: The Dana Forum on Brain Science* (2015): 1−13.

延伸阅读

Davenport, J. n. d. "These Screenwriting Principles Will Make Your Business Story More Engaging. "Duarte.

Davenport, J. n. d. "3 Situations That Demand a Story. "Duarte.

Duarte, N. 2010. *Resonate: Present Visual Stories that Transform Audiences.* Hoboken, NJ: John Wiley and Sons.

Duarte, N. 2012. *HBR Guide to Persuasive Presentations.* Cambridge, MA: Harvard Business Review Press.

Duarte, N. , and P. Sanchez. 2016. *Illuminate: Ignite Change Through Speeches, Stories, Ceremonies, and Symbols.* New York: Portfolio/Penguin.

第 19 章　实施柯氏四级评估模型

吉姆·柯克帕特里克和温迪·凯瑟·柯克帕特里克

所有培训的目的都是通过持续应用来提升岗位绩效，并对组织成果产生积极影响。柯克帕特里克模型，通常被称为柯氏四级评估模型，是确保培训得到应用并有助于实现成果的主要方法之一。

本章要点

△　四级评估的定义。

△　描述为什么在教学设计过程中四级评估是反向使用的。

△　解释为什么聚焦于第 3 级能创造最大的培训价值。

怎样将柯氏四级评估模型的应用最大化？最有效的方法是在培训的设计和开发过程中全面考虑所有四个等级。如果等到培训项目结束后，才去思考如何将所学应用于工作实践，以及如何衡量对业务的实际影响，那么这些环节往往难以得到切实执行。

在本章中，你将深入了解柯氏四级评估模型，以及新世界柯氏模型如何对其进行优化。同时，我们还将结合柯克帕特里克基本原则，为你阐述如何有效运用这些等级的实用指南。

柯氏四级评估模型

唐纳德·柯克帕特里克在 20 世纪 50 年代中期撰写博士论文期间，创立了柯氏四级评估模型。他当时的初衷是，有效衡量自己在威斯康星大学管理学院授课时管理发展项目的影响。20 世纪 50 年代末，他的研究成果被一家行业期刊发表并受到广泛关注，随后在接下来的 60 年里，该模型在全球范围内得到了广泛应用。时至今日，柯氏四级评估模型已成为评估培训项目有效性最为知名、应用最广泛且评价最高的方法（见图 19-1）。

第4级：结果	评估培训、支持及问责机制综合作用下，目标成果实现的程度
第3级：行为	评估学员在回到工作岗位后，将培训所学内容应用到实践中的程度
第2级：学习	评估学员通过参与培训，在知识、技能、态度、自信心及投入度等方面达到预期目标的程度
第1级：反应	评估学员对培训的满意度，包括培训的吸引力、参与度及其与工作的相关性

图 19-1 柯氏四级评估模型

2010 年，柯克帕特里克之子吉姆及其商业伙伴温迪对柯氏四级评估模型进行了优化，旨在实现以下目标：

- 融入唐纳德·柯克帕特里克那些被遗忘或忽视的教学理念。
- 纠正对该模型的常见误解和误用。
- 阐明该模型如何应用于现代职场学习与绩效管理。

由此诞生的新世界柯氏模型在保留并尊重经过时间考验的柯氏四级评估模型的同时，增添了新元素，帮助人们更有效地将其付诸实践（见图 19-2）。

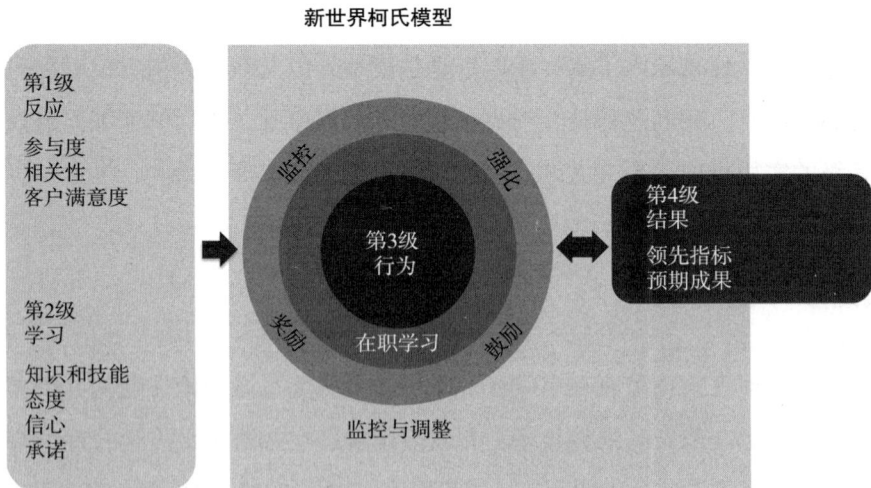

图 19-2 新世界柯氏模型

新世界柯氏模型：第 1 级和第 2 级

新世界柯氏模型的前两个等级，我们通常称之为有效培训评估。这两个等级主要评估培训的质量，以及培训在多大程度上能够帮助学员获得可应用于工作的知识和技能。培训部门通过这两个等级评估，可对自主研发及实施的培训项目进行内部质量检测。

第 1 级：反应

第 1 级主要关注学员对培训的反应，包括他们对培训的满意度、参与度和培训内容与工作的相关性。

根据 2016 年 ATD 的一项研究，88% 的组织都对其培训进行了第 1 级的反应评估。然而，目前在这类数据收集上的投入，远远超出了这一等级评估所应有的重要性，这导致对更高等级（如第 3 级和第 4 级）评估的投入不足，而这些更高等级的评估对于组织来说更有意义（分别只有 60% 和 35% 的组织进行了测试）。令人遗憾的是，在过去六年中，这一比例的增长微乎其微，仅提高了几个百分点。

新世界柯氏模型第 1 级反应层有三个维度：客户满意度、参与度和相关性。

客户满意度

客户满意度主要考察学员对培训的总体感受。例如，他们是否觉得培训过程愉快，没有受到学习之外因素的干扰？培训方式是否让他们感到舒适并有所帮助？然而，这一维度在评估中往往被过分强调，但实际上它并不是最重要的。

参与度

参与度评估的是学员在学习过程中的投入程度。学员的参与度直接影响到他们的学习效果。

在评估参与度时，我们需要考虑两个因素：个人责任感和项目兴趣。个人责任感主要考察学员在培训过程中的专注度和出勤率；而项目兴趣更侧重于培训师如何吸引和维持学员的注意力。

相关性

相关性评估的是学员将所学内容应用于工作的机会。这一维度对于培训的最终价值至关重要，因为如果学员无法在工作中应用所学内容，那么培训就失去了意义。

实施第 1 级的建议

对于学习与发展专业人士来说，在实施第 1 级评估时，需要注意以下几点：

- 第 1 级评估的投入应与课程或项目对组织的重要性相匹配。
- 第 1 级对于利益相关者来说可能不是最重要的，我们也应尽可能保持其简洁和高效。
- 在进行第 1 级评估时，可以采用多种方法，包括课堂观察等形成性评估方法。而将调查和访谈等更深入的评估方法留给更高等级的评估。

第 2 级：学习

在新世界柯氏模型中，第 2 级学习层指的是参与者通过参与培训项目，在知识、技能、态度、信心及承诺上达到的预期水平。

知识和技能

知识指的是参与者对特定信息的了解程度，常常表现为"我掌握了它"这样的认知。而技能是指他们知道如何操作或完成某项特定任务的能力，通常通过"我现在就能熟练操作"这样的表述来体现。

遗憾的是，许多组织常常错误地将绩效不佳归咎于知识或技能的缺乏。当员工绩效不达标时，组织往往认为他们不知道该如何操作，于是让他们重新培训。然而，更常见的原因其实是缺乏动力或其他环境因素。

态度

态度是指培训参与者认为将培训中学到的内容应用到工作中是否值得的程度，通常通过"我相信在工作中应用这些内容是有意义的"这样的表述来体现。

通过讨论工作中期望的表现及其原因，可以让学员更清晰地认识到你对他们的期望，从而形成正确的态度。

信心

信心是指培训参与者相信自己回到工作岗位后能够运用所学内容的程度，通常通过"我相信我在工作中能够熟练操作"这样的表述来体现。

在培训中关注信心问题，有助于让学员更接近理想的在岗表现，主动发现潜在的应用障碍，从而提前解决问题。

承诺

承诺是指学员打算将所学知识和技能应用到工作中的决心，通常通过"我承诺在工作中运用所学"这样的表述来体现。

承诺与学员的动机紧密相关，因为即使掌握了知识和技能，参与者仍需每天付出努力来运用这些信息或技能。

实施第 2 级的建议

学习与发展专业人士应该：

● 在正式培训期间，通过小测验、活动、演示和讨论来评估第 2 级的学习成效。

● 仅在计划根据预测试结果进行修改，或利益相关者特别要求此类信息时，才使用预测试和后评估。

● 在评估第 2 级效果时，要保持重点明确，确保第 2 级资源投入的重要性相比第 3 级和第 4 级相对较低。

新世界柯氏模型：第 3 级和第 4 级

第 3 级和第 4 级指的是培训效果层面，包括：

● 在职表现和后续业务成果，这些成果在一定程度上是由培训和强化措施所带来的。

- 展示培训项目为组织所带来的价值。

第 3 级：行为

第 3 级关注的是学员在培训结束后，回到工作岗位上，能够在多大程度上应用所学的知识和技能。新世界柯氏模型的第 3 级主要包含三个方面：关键行为、必要驱动因素和在职学习。

关键行为

关键行为是指那些在职场上如果得到持续执行，将对期望的业务成果产生最大影响的少数具体行动。尽管员工在工作中可能展现出多种多样的行为，但关键行为已被确认为对实现组织成功至关重要的行为。

必要驱动因素

必要驱动因素是指那些能够强化、监测、鼓励和奖励员工在职场上执行关键行为的流程和系统（见图 19-3）。

支持	
强化 ·后续模块 ·工作审查清单 ·在职培训 ·自我导向学习 ·复习 ·工作辅助工具 ·提醒	鼓励 ·教练 ·辅导 奖励 ·认可 ·奖金 ·绩效薪酬
问责	
监控 ·行动学习 ·访谈 ·观察 ·自我监控 ·关键绩效指标	·行动计划监控 ·仪表板 ·工作审查 ·调查 ·接触基层和会议

图 19-3　必要驱动因素

组织若采用问责和支持系统来巩固培训期间学到的知识和技能，可以期待在职应用率达到 85% 左右。相反，那些仅仅依赖培训活动来创造良好工作表现的公司，其成功率通常只有 15% 左右。必要驱动因素是实现培训所学内容在职场上有效应用的关键所在。同时，如果员工对执行必要行为不感兴趣，必要驱动因素还能降低他们被忽视或故意逃避的可能性。

对于任何一项举措来说，积极执行和监测必要驱动因素可能是衡量其成功与否的最重要指标。

在职学习

在职学习反映了现代工作场所的两个重要事实：

- 大多数学习都是在工作中进行的。一项 2017 年的研究显示，56% 的学习来自与工作相关的经验，25% 来自社交来源（如同事和管理者的互动），而只有19% 来自正式的培训活动。

- 个人责任感和动机是外部支持和强化措施的最佳伙伴，对于实现最佳表现至关重要。

营造一种文化和期望，即个人有责任保持和提升自身的知识和技能以提高工作表现，将鼓励个人承担责任并感到被赋予权力。在职学习为员工和雇主共同承担良好工作表现的责任提供了机会。

实施第 3 级的建议

学习与发展专业人士应该：

- 在培训开始之前，与即将参加培训的管理者进行深入交流。一起确定他们在工作中需要表现出的关键行为，让他们觉得这次培训的时间花得值。

- 围绕这些关键行为设计学习目标。

- 打造一些实用的工作辅助工具，帮助学员在实际工作中更好地执行这些关键行为。在培训期间向学员介绍这些工具，并在实践活动中加以运用。

- 准备培训材料时，别忘了设计培训后的跟进计划，以确保培训效果得以延续。充分利用技术手段设置自动发送提醒、复习资料和激励信息。

- 在日历上做好标记（或设置自动提醒），以便在学员有充足时间在工作中实践新行为后，与他们中的部分或全部进行跟进。询问他们的实践情况，了解他们是否需要额外的资源或支持来取得更大的成功。

● 将制定培训后的实施和支持计划纳入你的培训设计和开发流程中。构建这一体系将大大提高培训投入带来实际绩效提升的可能性。

第 4 级：结果

在四个评估等级中，第 4 级往往最易受到误解。它衡量的是培训、支持和问责体系对于实现既定目标的具体成效。

遗憾的是，专业人士或职能部门往往从自身在组织中的小范围、个体领域出发来定义成果，而不是从整个公司的全局出发。这种做法不仅加剧了组织内部的隔阂与分裂，更因目标的不统一而导致功能失调与资源浪费。

明确第 4 级所说的成果的真正内涵至关重要，它应是组织宗旨或使命与持续财务现实之间的精妙结合。在营利性组织中，这意味着要将产品或服务以盈利的方式推向市场；而在人道主义、政府或军事等非营利组织中，则需在现有资金、拨款或捐赠的框架内高效完成任务。每个组织都只有一个核心的第 4 级成果。检验是否实现这一成果的关键在于，对"这是不是组织存在的根本目的、交付或贡献？"这一问题，能否给出明确的肯定答案。尽管这一定义看似直接，但人们往往因难以将单个培训项目与组织使命相联系而感到沮丧。事实上，业务成果的实现是广泛且长期的，它依赖于无数人的共同努力、各部门的协同作战以及环境因素的共同作用，其显现往往需要数月乃至数年的时间。

领先指标

领先指标有助于弥合个人举措和努力与组织成果之间的鸿沟。它们被定义为短期观察和测量结果，表明关键行为正在朝着对预期结果产生积极影响的方向发展。组织有多个领先指标，涵盖部门和个人的目标，每个指标都为最高等级成果的实现做出贡献。

常见的领先指标包括：

● 客户满意度。

● 员工参与度。

● 销售量。

● 成本控制。

- 质量。

- 市场份额。

虽然领先指标是重要的衡量工具，我们仍需保持对最高等级成果的持续关注与平衡。例如，即使一家公司客户满意度极高，但如果无法保持盈利能力、遵守法律法规以及维护员工合理满意度，仍可能面临破产的风险。因此，客户满意度虽是一个重要的目标，但并不能单独作为判断"这是不是组织存在的贡献？"的充分依据。

实施第 4 级的建议

学习与发展专业人士应当：

- 在启动任何举措或培训项目之前，首先要明确你的组织负责完成的最高等级成果，并将其作为你在该举措中每项努力的目标。如果你无法清晰地阐述培训项目如何以某种方式对你的整体成果或使命产生积极影响，那么你可能已经偏离了正确的方向。

- 每项重大培训举措都应与组织的最高目标和关键指令紧密结合。以下是一些可行的方法：

  ○ 阅读组织网站上的"组织介绍"部分。

  ○ 查看使命和愿景陈述，以及办公室墙上发布的信息类型。

  ○ 向你的老板询问每个部门在该季度或该年的最高优先事项或指令。

  ○ 如果条件允许，你还可以请求参加战略和规划会议，即使是作为观察者。或者请求提供会议内容摘要。

- 一旦你明确了关键倡议和目标，就应审视那些消耗最多时间、金钱和资源的培训项目。它们是否与你的关键举措和目标存在直接联系？如果否，那么请重新评估你的培训资源是否得到了合理的分配。

柯克帕特里克基本原则

柯克帕特里克基本原则是支撑柯氏四级评估模型的核心理念：

- 以终为始。

- 期望回报率是衡量价值的最终指标。
- 建立业务伙伴关系是实现正向期望回报率的关键。
- 价值需先被创造，方能得以展现。
- 有力证据链彰显核心价值。

原则 1：以终为始

有效的培训与发展甚至在项目开始之前就已经启动：

培训师必须从期望的结果（第 4 级）出发，然后确定实现这些结果所需的行为（第 3 级）。接着，培训师必须明确决定期望行为所需的态度、知识和技能（第 2 级）。最终挑战在于，要以一种能让参与者不仅学到所需知识，还能对培训项目产生积极反应（第 1 级）的方式呈现培训项目。

至关重要的是，我们要从组织层面出发，以可量化的方式来设定结果，这样所有相关人员才能清晰地看到该项目的最终目标。只有明确了结果，我们才能更有效地利用资源，确保任务的顺利完成。

如果试图在培训举措制定和交付后再应用这四个等级，就很难甚至无法创造显著的培训价值。因此，在项目的设计、执行和评估过程中，我们必须始终将这四个等级纳入考虑范围。

原则 2：期望回报率是衡量价值的最终指标

一个成功的培训项目，其核心价值在于能够为关键业务利益相关者带来实实在在的期望回报，这直接反映了他们的期望被满足的程度。当高级管理者提出新的培训需求时，许多学习与发展专家会返回部门迅速行动起来，在自己的领域内开始设计和开发合适的培训项目。尽管有时也会进行简单的需求调研，但往往很难深入剖析，难以清晰地明确培训对于实现第 4 级成果的预期贡献。

利益相关者的期望，是学习与发展专家需要着力实现的价值所在。专家必须围绕柯氏四级评估模型的各个等级，通过提问来明确和精炼利益相关者的期望，而这一切都要从组织层面的第 4 级成果和所需培训项目的领先指标开始。确定这些领先指标，作为衡量项目成功与否的标准，是一个需要双方沟通协商的过程。在这个过程中，学习与发展专家要确保利益相关者的期望既符合他们的预期，又能在现有资源条件下切实可行。

明确利益相关者的期望之后，学习与发展专家就需要通过提问"你认为成功会是什么样子"来将这些期望转化为可观察、可衡量的领先指标。如果在项目之初，双方能就这些指标达成一致，那么后续就无须再费力去证明项目的价值了。因为从一开始大家就已经明确，只要达成了这些领先指标，这个项目就将被视为成功。

原则 3：建立业务伙伴关系是实现正向期望回报率的关键

研究表明，培训活动通常只能使大约 15% 的所学知识在工作中得到应用。为了提高应用率，进而提升项目成效，必须在正式培训前后采取额外的行动。

一直以来，学习与发展专家的主要职责都是完成第 1 级和第 2 级的评估，或者仅仅是完成培训活动。因此，他们的大部分时间也花在了这些方面，这并不奇怪。但若要实现期望回报率，就必须制定一个强有力的第 3 级执行计划。所以，我们不仅要邀请业务伙伴一同明确成功的标准，还要在学习和绩效改进的全过程中加强合作，以取得最佳成果。

在培训项目启动之前，学习与发展专家需要与上级主管和管理者携手合作，为学员做好充分的培训准备。而培训结束后，上级主管或管理者的作用则更加重要。他们需要为学员提供支持和监督，帮助他们巩固新学到的知识和技能。这种支持和辅导的力度与学员绩效的提升和积极成果的取得密切相关。

原则 4：价值需先被创造，方能得以展现

高达 90% 的培训资源都被倾注在了设计、开发与执行培训活动上，但这些活动所能带来的实际工作应用效果却仅约占 15%。实际上，培训之后的强化环节对于提升学习效果的作用最为显著，其次是培训前的准备工作，但这两类活动通常分别只占培训时间和预算的 5%。

许多培训专家都将大量的资源投入到培训流程中那些对于业务或组织成果影响最小的环节。他们相对忽视了培训前后的活动，而这些活动恰恰能够促使积极的行为改变，并带来组织所期望的后续成果（即第 3 级和第 4 级评估）。

诚然，正式的培训是提升绩效和取得成果的基础。但如果要创造真正的价值

并实现期望回报率，从业人员就必须将重心放在第 3 级评估的相关活动上。为了在组织内部实现价值的最大化，学习与发展专家必须重新定位自己的角色，并将自己的专业知识、参与度和影响力拓展到第 3 级和第 4 级评估中。

原则 5：有力证据链彰显核心价值

培训行业正面临严峻考验，企业领导指责其消耗的资源远超过为组织创造的价值。证据链由四级评估的数据、信息和反馈组成，当这些证据按顺序呈现时，能够清晰地展示一项业务合作计划所带来的价值（见图 19-4）。

第1级 反应　　第2级 学习　　第3级 行为　　第4级 结果

图 19-4　证据链

遵循柯克帕特里克基本原则，运用柯氏四级评估模型，我们可以构建一条有力的证据链，充分展示整个业务合作计划为组织创造的核心价值。这条证据链包括定量与定性数据，按顺序贯穿四级评估，清晰揭示了学习和强化活动对组织的深远影响。

当学习与发展专业人士与关键业务合作伙伴携手合作时，这条证据链便成为他们共同努力的坚实支撑，彰显了团队合作在实现整体使命中的核心价值。证据链旨在促进学习与业务职能的融合，而非将培训孤立或割裂开来。这种融合对于第 3 级评估的执行至关重要，因为正是在这一层级，组织的核心价值才得以真正体现。

在展示证据链时，请务必关注利益相关者的核心需求。他们最感兴趣的是第 3 级和第 4 级的数据。除非特别要求，否则第 1 级和第 2 级的相关数据应适当精简。

最后的思考

正确实施柯氏四级评估模型，是一种既有效又久经考验的方法，有助于促进学习成果转化，并评估培训对业务的影响。在设计和开发培训项目的整个过程中，需要考虑四级评估的每一级。明确需要哪些信息来证明培训项目提升了工作绩效和关键的组织成果。

对于至关重要的项目，应制定强有力的第 3 级实施计划和第 4 级跟踪与评估策略。而对于所有项目，在第 1 级和第 2 级的评估上，应合理分配时间、金钱和资源，避免过度投入。

遵循这些指导原则，将最大限度地增强培训效果，并在既定资源下实现最大的组织影响力。

唐纳德·柯克帕特里克在 90 岁时的寄语
写于 2013 年

20 世纪 50 年代，我在博士论文中提出了后来被称为柯氏四级评估模型的理论时，坦诚地说，我当时并不知道它将走向何方。令我十分欣慰的是，从那时起，它已取得了长足的发展。虽然我已经正式退休，但这并不意味着我不再关注该模型的发展。

过去几年里，我自豪地目睹了我的儿子吉姆、他的商业伙伴温迪，以及新世界柯氏模型的全球大使，携手将这个四级评估模型推向了新的巅峰。该模型如今已被广泛应用于企业评估、关键政策与程序制定以及个人目标实现等多个领域。每一级评估都经历了显著的改进和完善。

有人曾问我：“唐纳德，你对吉姆和温迪为四级评估模型开辟的新道路感到满意吗？”

让我直接告诉你答案吧，那是绝对满意。只要四级评估模型能够以任何方式帮助更多的人实现更显著的成长，我都会全力支持！

学习、享受并应用它吧！

唐纳德·柯克帕特里克

作者简介

吉姆·柯克帕特里克（Jim Kirkpatrick）博士是柯克帕特里克合伙公司的高

级顾问。他是培训评估领域的领军人物，也是新世界柯氏模型的创建者。他非常热衷于帮助学习领域的专业人士重新定义自身角色，使之成为战略业务伙伴，从而在职场中保持竞争力。他曾与已故的父亲唐纳德·柯克帕特里克合著了三本书，与温蒂·凯泽·柯克帕特里克合著了四本书，其中包括《柯氏四级评估》一书。如需联系他，请发送邮件至 information@ kirkpatrickpartners. com。

温迪·凯瑟·柯克帕特里克（Wendy Kayser Kirkpatrick）是柯克帕特里克合伙公司的总裁兼创始人。她凭借在培训、零售和营销领域的丰富经验，打造出既切合实际又具有影响力的项目，并能产生可衡量的成果。温迪与吉姆·柯克帕特里克共同撰写了四本书，其中包括《柯氏四级评估》。可以通过 information@ kirkpatrickpartners. com 联系温迪。

📑 参考文献

ASTD(American Society for Training and Development). 2009. *The Value of Evaluation: Making Training Evaluations More Effective*. Alexandria, VA: ASTD Press.

ATD(Association for Talent Development). 2016. *Evaluating Learning: Getting to Measurements That Matter*. Alexandria, VA: ATD Press.

Brinkerhoff, R. O. 2006. *Telling Training's Story: Evaluation Made Simple, Credible, and Effective*. San Francisco, CA: Berrett−Koehler Publishers.

Kirkpatrick, D. L. 2010. *Evaluating Human Relations Programs for Industrial Foremen and Supervisors*. St. Louis, MO: Kirkpatrick Publishing.

Kirkpatrick, D. L. , and J. D. Kirkpatrick. 1993. *Evaluating Training Programs: The Four Levels*, 1sted. San Francisco: Berrett−Koehler Publishers.

Kirkpatrick, D. L. , and J. D. Kirkpatrick. 2005. *Transferring Learning to Behavior*. San Francisco: Berrett−Koehler Publishers.

Kirkpatrick, J. D. , and W. K. Kirkpatrick. 2016. *Kirkpatrick's Four Levels of Training Evaluation*. Alexandria, VA: ATD Press.

Training Industry. 2018. "Deconstructing 70−20−10. "Training Industry, June.

📖 延伸阅读

Kirkpatrick, J. D. , and W. K. Kirkpatrick. 2009. *Kirkpatrick Then and Now*. St. Louis,

MO: Kirkpatrick Publishing.

Kirkpatrick, J. D. , and W. K. Kirkpatrick. 2010. *Training on Trial*. New York: AM-ACOM.

Kirkpatrick, J. D. , and W. K. Kirkpatrick. 2013. *Bringing Business Partnership to Life: The Brunei Window Washer*. Newnan, GA: Kirkpatrick Publishing.

Kirkpatrick, J. D. , and W. K. Kirkpatrick. 2021. "Stumped on How to Measure DEI Training?" *TD*, October.

第 20 章　项目成效与投资回报率：高管青睐的成果

杰克·菲利普斯和帕蒂·菲利普斯

在人才发展领域，许多专家往往忽视了领导层对部门成果的期望，但他们应当对此予以关注。毕竟，领导者总是以财务指标作为评判组织成功与否的标尺。因此，人才发展专业人士需要具备一定的商业敏锐度，以便更好地把握领导者的需求，并找到衡量这些需求的合适方法。

本章要点

△　投资回报率的定义。

△　描述项目成效与投资回报率对企业的重要性。

△　如何确保项目能够带来积极成效与丰厚回报。

什么是投资回报率

组织领导者通常会借助财务指标来审视运营成效。这些指标能够揭示组织在各项投资中的具体表现。需要注意的是，每个财务指标都有其特定的应用场景，并非所有指标都能直接用于评估培训与发展项目的成效。然而，有三种财务指标具有广泛的适用性，能够帮助决策者对不同项目和计划（涵盖培训和人才发展等领域）的成效进行直观比较。它们分别是：

- 效益成本比率。
- 投资回报率。
- 投资回收期。

效益成本比率

这一指标源自成本效益分析，是一种融合了福利经济学和公共财政理论的经

济评估方法。早在 20 世纪初，美国经济学家便开始运用这一方法来评估 1902 年
《河港法案》和 1936 年《洪水控制法案》下项目的合理性和可行性。如今，效
益成本比率已成为评估各类项目价值的重要工具之一。效益成本比率的计算公
式为：

$$效益成本比率 = \frac{项目效益}{项目成本}$$

投资回报率

投资回报率这一商业领域的经典概念，数百年来一直用于衡量投资机会的成
败。从最初的资本投资评估，到如今成为衡量其他各类项目和计划价值的主要指
标。这一概念的广泛应用，特别是其在人才发展和人力资源领域的兴起，要归功
于杰克·菲利普斯的开创性贡献。他在 1973 年首次将投资回报率应用于合作教
育计划的评估。随着他对投资回报率的深入研究，该概念在《培训评估与测量方
法手册》中得到了正式记载，这是美国出版的第一本关于培训评估的图书。在这
本书中，他不仅提出了一个系统的评估框架，更重要的是，还为这一框架提供了
可操作的过程和标准，这是以往培训评估概念中所缺乏的。如今，投资回报率的
应用已经超越了培训评估的范畴，成为人才发展、人力资源评估、市场营销、项
目管理、供应链管理、牧师工作等多个领域的标准做法。投资回报率的计算公
式为：

$$投资回报率 = \frac{项目效益 - 项目成本}{项目成本} \times 100\%$$

相似却各有千秋

投资回报率和效益成本比率都是评估项目投资经济效益的重要指标，两者颇
为相似。效益成本比率多用于公共部门，而投资回报率广泛应用于商业和工业领
域。然而，它们在任何情境下都同样适用。效益成本比率是将效益与成本进行比
较，而投资回报率是将净效益与成本进行比较，并表示为百分比。例如，效益成
本比率为 2∶1 意味着每投资 1 美元，可获得 2 美元的总效益。这相当于投资回
报率为 100%，即每投资 1 美元，在成本回收后可获得 1 美元的净效益（净赚 1
美元）。但有人可能算出效益成本比率为 3∶1，然后错误地将投资回报率计算为

3 乘以 100 等于 300%。这是不对的。投资回报率应该是净效益除以成本得出的结果。因此，3：1 的效益成本比率实际上相当于 200% 的投资回报率。

投资回收期

第三项评估指标是投资回收期，它衡量的是投资者预计何时能够收回其在项目上的投资。一般来说，投资回收期较短的项目会更加受到青睐。这一指标没有考虑到货币的时间价值，同时也没有考虑未来的收益。它只是简单地标明了盈亏平衡点，也就是效益成本比率为 1：1 的情况，这相当于投资回报率为零。在评估和预测培训及人才发展项目的回报时，尤其是在决定投资某个项目之前预测其潜在收益时，偶尔会用到投资回收期这一指标。投资回收期的计算公式为：

$$投资回收期 = \frac{项目成本}{项目效益}$$

何谓理想的投资回报率

投资回报率的好坏是相对的，需要与其他投资进行比较。以下是几个建议，帮助你设定一个合理的投资回报率目标：

- 你可以参考其他投资项目的回报率，将你的投资回报率设定在相似的水平上（如 18%）。
- 你也可以将你的投资回报率设定得略高于其他投资项目（如 25%），以追求更高的收益。
- 当然，你也可以将投资回报率设定为盈亏平衡点，即不赔不赚的状态（0%）。
- 另外，你还可以根据客户的期望来设定投资回报率，以满足客户的需求和期望。

为什么项目成效和投资回报率很重要

在组织运营中，项目成效和投资回报率之所以占据举足轻重的地位，主要归因于以下四点：

- 投资回报率的计算必须依赖于项目成效，二者相辅相成。
- 项目成效和投资回报率是资源分配与管理决策的重要依据，不可或缺。
- 投资回报率能够为我们提供一个清晰的答案：这样的投资是否划算？
- 高层管理者普遍对项目成效和投资回报率的结果给予高度重视，视为衡量项目成功与否的关键指标。

投资回报率的计算离不开项目成效

在计算一个项目的效益成本比率、投资回报率或投资回收期时，我们需要知道该项目对关键业务指标产生了多少经济价值，这个数值将作为公式中的分子部分。业务指标可能比较客观，如产量、质量、成本和时间；也可能比较主观，如客户满意度、企业形象和工作氛围。若要将项目成效与业务指标的改善联系起来，就必须考虑其他可能的影响因素。在评估项目影响力时，我们需要把项目的效果从其他因素中剥离出来，这是计算投资回报率时的一个关键步骤。如果忽略了这一步，那么对业务成果的断言就会站不住脚，而且项目的经济价值也可能被夸大。

如果你有了确凿的证据，证明某项改进确实是由该项目带来的，你就可以把这个改进换算成资金，并把资金数额作为投资回报率公式的分子。

例如，假设一个组织存在大量严重的员工投诉，每起投诉都要花费 6500 美元来处理。但是，在领导力项目实施六个月后，平均每月投诉数量减少了 10 起。经过仔细分析，我们发现这个项目每个月能帮组织减少 7 起投诉（这意味着其他 3 起投诉减少可能是别的原因）——这就是这个项目的实际作用。这样算下来，一年能少 84 起投诉，也就是省下了 546000 美元。如果这个项目的总成本是 425000 美元，那么它的投资回报率就是 28%。

现在，我们就以这个例子为基础，来详细讲解一下怎样计算投资回报率。（这里要特别注意，我们在计算改进的时候，只算了这个项目带来的改进，也就是每个月平均减少的 7 起投诉。）

再来看一下这个项目的成本：425000 美元。

- 计量单位：1 起投诉。

- 每起投诉的处理成本：6500 美元。

- 培训项目带来的绩效改进：每月减少 7 起投诉。

- 一年的绩效改进：7×12＝84 起投诉。

- 一年带来的资金收益：84×6500 美元＝546000 美元。

$$投资回报率 = \frac{项目效益 - 项目成本}{425000 \ 美元} \times 100\% = 28\%$$

项目成效和投资回报率在资源管理中至关重要

当组织领导者无法高效利用财务资源时，这通常意味着两种情况：

- 他们没抓住好机会。

- 他们过度使用资源，即消耗的资源超出了自身实际拥有的，这种做法难以为继。

无论是哪种情况，都表明他们在资源利用上效率低下。这一观点基于一种经济学理论，即帕累托最优或帕累托效率。要实现资源的优化配置，领导者在增加某个项目的资金之前，必须先削减另一个项目的资金。然而，在实际操作中，资金分配的决策往往受到主观意见、直觉和感性判断的影响。因此，项目成效和投资回报率在资源管理决策中扮演着至关重要的角色，因为它们能够降低主观性，增强客观性，从而帮助我们做出更明智的决策，同时最大限度地减少决策失误的风险。

投资回报率解答了一个核心疑问：这笔投入划算吗？

在购买几乎任何商品时，我们都需要权衡其带来的好处与所需付出的成本，以此来回答"这笔投入划算吗？"这一关键问题。这一问题的答案，将直接影响我们对购买价值的判断，以及是否会选择再次购买或向他人推荐。尽管单凭影响数据也能在一定程度上解答这一问题，但投资回报率能够为我们提供更加清晰的答案。为了计算投资回报率，我们需要将影响指标转化为货币形式，并将其与项目成本采用相同的度量单位进行标准化处理。这样做可以让我们通过数学计算来对比效益与成本。使用投资回报率还有一个更具说服力的原因在于，它能够将人才发展视为一项投资，而非一项可以随意削减的成本。这样一来，培训和人才发展投资的重要性，便能够与市场营销、供应链、运营以及信息技术等领域相提并论。

高管重视项目成效与投资回报率

高管非常重视重大投资所带来的直接成效，以及最终的投资回报率。这些投资包括那些与战略和运营目标相契合且涉及众多人员的高额培训和人才发展项目。2009 年，投资回报率研究所与 ATD 合作，研究各组织 CEO 对于学习投资的看法。调研结果显示，高管实际收到的衡量指标与他们认为能够更好体现人才发展价值的衡量指标之间存在明显差距。其中，描述投入、效率以及参与者对项目反馈的数据被认为是最不重要的，然而这些数据是最常被收集到的。对于 CEO 而言，成效（直接由培训项目带来的改进）和投资回报率分别被列为第一和第二重要的数据集，但仅有 8% 的人表示曾收到过成效数据，4% 的人表示曾收到过投资回报率数据。

多年来，要求人才发展部门负责人证实这些投资具有真正商业价值的呼声愈发强烈，人才发展部门负责人也在积极回应这一要求。2015 年，《首席学习官商业情报委员会测量与指标研究报告》披露，在 335 位受访的首席学习官中，有71.2% 的人已经将投资回报率作为衡量学习成效的重要标准，或计划在未来采用这一标准。2017 年，《培训》杂志"名人堂前十强"报告指出："归根结底，任何项目的成功都取决于其是否能提升业务结果。"而在 2019 年的《培训》杂志"100 强企业"调查中，至少 92% 的受访者都表示，他们使用投资回报率来衡量培训对企业的实际价值。

在投资回报率研究所 2019 年发布的标杆研究中，我们也可以看到投资回报率取得的显著进展。当被问及建议评估以衡量影响和投资回报率的最低比例项目时，受访者表示，他们评估了 37% 的项目以衡量其影响，这一比例远高于投资回报率研究所设定的 10% 的最低标准。同时，受访者还表示他们评估了 18% 的项目以计算投资回报率，也高于 5% 的最低标准。然而，对于较低层级的评估（如反应和学习），其采用率却低于建议的最低标准（见表 20-1）。

表 20-1　各层级评估的使用百分比

层级	推荐百分比* （针对大型组织每年的最低目标）	当前百分比** （2019 年标杆研究中的受访者数据）
投入	100%	100%
反应	100%	80%
学习	80%~90%	70%
应用	30%	49%
影响	10%	37%
投资回报率	5%	18%

＊投资回报率研究所建议大型组织每年对各层级评估项目的最低目标百分比。

＊＊在投资回报率研究所 2019 年发布的标杆研究中，受访者每年对各层级评估项目的实际执行百分比。

多重视角下的利益相关者价值

对于众多组织而言，共享价值是核心关注点，同时，向多方利益相关者清晰展示项目成效和投资回报率也至关重要。举个例子，一家大型金融服务公司启动了一项领导力培养计划，旨在实现价值增长。不过，该计划的一个关键环节是要求参与者将新习得的领导力技巧应用到一个非营利组织的项目中，并助力该组织实现价值提升。最终，这一计划不仅为金融服务公司带来了可观的投资回报，同时也为非营利组织创造了收益，而且，双方还因此获得了难以估量的无形资产。

确保你的项目产生积极效应并收获投资回报

全面质量管理的奠基人威廉·爱德华兹·戴明曾提出："每个系统都精准地设计出了它能产生的结果。"设计始于一个明确的问题或机遇，并以一个切实有效的解决方案收尾。该方案具备一个特性，即如果方案未能达到预期效果，将提供关于后续行动的深刻见解。图 20-1 展示了一个流程框架，它将助力你设计出既能产生积极效应又能带来投资回报的项目。该方法包含四个步骤共 12 个环节，灵活多变，适用于各种环境和各种类型的项目。

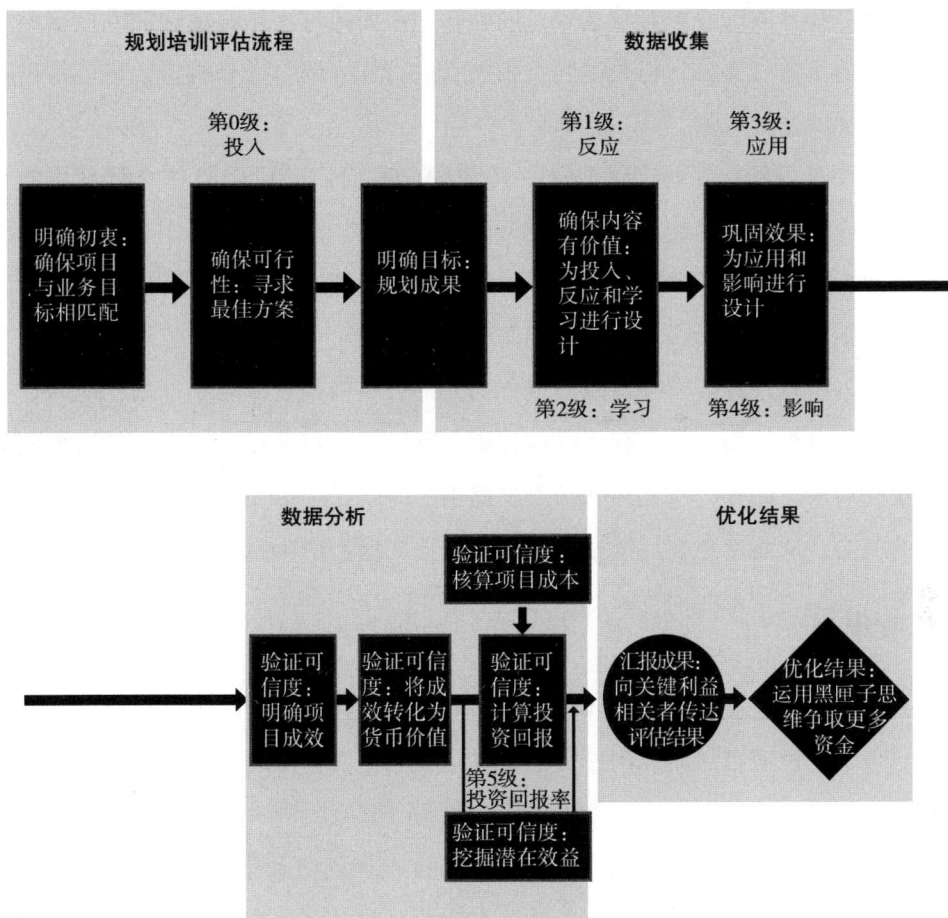

图 20-1　投资回报率评估的流程模型

规划培训评估流程

在培训项目的实施与评估过程中，规划培训评估流程是至关重要的第一步，它包括三个核心环节。

首先，我们需要"明确初衷：确保项目与业务目标相匹配"。这意味着我们需要深入了解组织的业务需求，识别哪些运营环节需要改进，以及改进后的价值所在。只有明确了这些问题，我们才能判断这个项目是否值得投入时间和精力。

接下来，我们要确定当前现状，即找出当前正在发生或未发生的变化，这些变化对于解决业务需求至关重要。在"确保可行性：寻求最佳方案"这一环节要求我们具备敏锐的观察力和判断力，以选择合适的解决方案。在这个过程中，保持好奇心和开放的心态非常重要，因为我们需要通过定量和定性的方法来深入探究问题的本质。有时，与关键利益相关者进行深入的对话和沟通，也能帮助我们找到解决问题的线索。

在"明确目标：规划成果"这一环节中，我们需要设定具体、可量化的目标，涵盖应用效果、影响范围以及投资回报率目标。将这些目标作为项目设计的核心框架，将大大提升取得积极成果的可能性。此外，若以这些目标作为评估基准，不仅能增强数据的说服力，还能简化评估流程。

在规划阶段，你需要准备两份重要的文件：一份是数据收集计划，另一份是投资回报率分析计划。提前制定这些计划，有助于你在项目设计之初就考虑到数据收集的需求。此外，这也为评估人员提供了一个在项目实施前了解并接受评估方法的机会，从而避免在后续报告阶段因流程问题而产生麻烦。

数据收集

数据收集这一步分为两个环节，每个环节都旨在为各个层级制定目标并评估成果。为了衡量项目的成效和投资回报率，我们需要在不同的时间节点上见证积极的成果。

首先，我们需要"确保内容有价值：为投入、反应和学习进行设计"，这主要聚焦在前两个层级。收集参与者的反应和学习数据至关重要，因为它们能够揭示课程内容对参与者的吸引力。在反应和学习阶段，我们常用的数据收集手段包括课程结束时的问卷调查、书面测试、实际操作演示以及模拟练习。

接下来是"巩固效果：为应用和影响进行设计"，这主要关注后两个层级。当项目结束后，新知识和技能得到广泛应用，并且我们有足够的时间观察到关键指标上的变化时，便会进行后续数据的收集。如果你在分析初期已经明确了需要提升的指标，那么在评估阶段，你将重点监测这些指标上的表现变化。因此，评估阶段使用的数据收集方法与需求分析阶段可能保持一致，这是完全合理的。

数据分析

数据收集只是开始，真正的挑战在于对数据进行深入的分析。一旦数据准备就绪，我们就需要按照事先规划好的方法展开分析。数据分析这一步包括五个环节，旨在确保整个分析流程真实、可靠。

在这一步中，"验证可信度：明确项目成效"是首要环节，它会在数据收集完成后立即进行。在评估项目是否成功时，这一环节往往被忽略，但它能够解答一个关键问题："你如何确定是你的项目带来了这些改善？"其实，这一环节并不复杂，但如果不进行这一环节，你的分析结果将难以服众。

从评估项目成效到计算投资回报率，首要任务是"验证可信度：将成效转化为货币价值"。在培训与人才发展领域，将成效转化为货币价值这一环节往往令人感到头疼。但是，一旦掌握了转化的方法和步骤，这种担忧就会烟消云散。

接下来，我们要做的是"验证可信度：挖掘潜在效益"，这些潜在效益指的是那些难以用资金衡量的影响。同时，这些潜在效益还可能包括在规划阶段未曾预料到的项目额外收益。

在数据分析这一步，我们还需要全面计算出项目的所有成本。"验证可信度：核算项目成本"这一环节，将涵盖从需求评估（如果进行）、设计、实施到评估等各个环节的成本。我们的目标是确保分析过程中不遗漏任何一项成本，以便对投资进行准确且可靠的核算。

数据分析这一步的收尾工作是"验证可信度：计算投资回报"。在这一环节中，我们将通过数学运算得出效益成本比率、投资回报率、投资回收期等重要数据，以评估项目的经济效益。

优化结果

优化结果是评估流程中的关键步骤，包含两个环节。

第一个环节是"汇报成果：向关键利益相关者传达评估结果"。若评估结果未能得到有效传达，或传达后未能引发实际行动，那么这些评估活动就形同虚设。如果没有向任何人透露项目的进展，那么你如何能够完善人才培养机制、争取更多资金支持、为项目正名以及向潜在参与者宣传你的计划呢？在数据报告方面，我们有多种方式可以选择，微观报告会详细展示投资回报率的影响研究，而宏观报告则包括计分卡、仪表板等报告工具。

无论报告的类型如何，沟通最终都要落实到行动上，而采取行动的前提是，我们需要退后一步，仔细分析从数据中得出的结论。"优化结果：运用黑匣子思维争取更多资金"是这一步的第二个环节，也是投资回报率方法论的最终环节。这一环节受到了航空业安全系统的启发，每架飞机都配备有黑匣子，用于记录飞行过程中的技术数据和飞行员的操作情况。一旦发生事故或险些发生事故，人们就会分析黑匣子，以查明事故原因，并研究如何防止未来再次发生。黑匣子思维的核心在于从错误中汲取教训，如果我们想弄清楚某个项目为何未能成功，并思考如何改进以确保获得正向投资回报率，这一点至关重要。

人才发展专业人士的工作并非仅仅是"培训"员工。相反，他们的目标是推动产出、质量、成本、时间、客户满意度、工作满意度、工作习惯以及创新等方面的提升。这是通过培养他人来实现的，而要做好这一点，就需要根据评估结果进行评估、衡量、评价并采取相应行动。

最后的思考

本章的主旨一目了然。若想让重大培训和人才发展项目获得更多的支持、重视和资金投入，关键在于向高层领导者展示他们最关心的成果——项目成效和投资回报率。这样一来，高层领导者就会将人才发展看作一项有价值的投资，而不是一笔可以随意削减、推迟、暂停、冻结、减少甚至完全取消的开支。虽然高层领导者可能不会明确要求看到这些成果，但实际上，这正是他们最期待看到的。

◆◆◆

🖽 作者简介

帕蒂·菲利普斯（Patti P. Phillips）博士是投资回报率研究所的 CEO。自 1997 年以来，她一直在全球范围内不遗余力地推广投资回报率方法论，并强调测量与评估的重要性。她凭借研究员、顾问和教练的多重身份，帮助从业者提升评估技能。她在国际人才发展、会议研究、人才报告、联合国训练研究以及国际培训与发展等多个领域都担任着重要职务。同时，她还在联合国系统职员学院执教。她的工作备受瞩目，曾受到多家知名媒体和商业期刊的报道，如美国消费者新闻与商业频道和欧洲新闻电视台。她著作等身，撰写或编辑了 75 余本专著和大量文章，其中数十篇文章涉及测量、评估、问责制和投资回报率等关键领域。

杰克·菲利普斯（Jack J. Phillips）博士是投资回报率研究所的董事长。他是一位享誉全球的问责制、测量与评估专家，为众多《财富》500 强企业及国际大型组织提供咨询服务。他著书立说颇丰，已出版或编辑图书逾百部，并在全球各地举办研讨会及发表演讲。他在航空航天、纺织、金属、建材及银行业等领域拥有超过 27 年的实战经验，这为他成为测量与评估领域的佼佼者奠定了坚实基础。他足迹遍布全球 70 多个国家，为各地的制造业、服务业及政府机构提供咨询服务。

参考文献

Freifeld, L. 2021. "Training Magazine Ranks 2021 Training Top 100 Organizations. " Training Magazine, February 8.

McLeod, K. 2019. "2019 ROI Institute Benchmarking Study. "

Nas, T. F. 2016. *Cost－Benefit Analysis: Theory and Application*, 2nd ed. Lanham, MD: Lexington Books.

Phillips, J. J. 1983. *Handbook of Training Evaluation and Measurement Methods*. Houston, TX: Gulf Publishing.

Phillips, J. J. , and P. P. Phillips. 2009. *Measuring Success: What CEOs Really Think About Learning Investments*. Alexandria, VA: ASTD Press.

Phillips, P. P. , and J. J. Phillips. 2019. *ROI Basics*, 2nd ed. Alexandria, VA: ATD Press.

Prest, A. R. , and R. Turvey. 1965. "Cost－Benefit Analysis: A Survey. " *The Economic Journal* 300: 683－735.

Sibbet, D. 1997. "75 Years of Management Ideas and Practice 1922－1977. " *Harvard Business Review*, September 28.

延伸阅读

Doer, J. 2018. *Measure What Matters: How Google, Bono, and the Gates Foundation Rock the Worldwith OKRs*. New York: Portfolio.

Grant, A. 2021. *Think Again: The Power of Knowing What You Don't Know*. New York: Viking.

Sayed, M. 2015. *Black Box Thinking: Why Most People Never Learn from Their Mistakes. . . But Some Do*. New York: Portfolio.

Sinek, S. 2009. *Start With Why: How Great Leaders Inspire Everyone to Take Action*. New York: Portfolio.

Sunstein, C. R. 2018. *The Cost−Benefit Revolution*. Cambridge, MA: The MIT Press.

04 第四部分
促进与支持人才发展

名家视角 变革时代中的人才发展变化

埃利奥特·梅西

我深感荣幸，ATD邀请我为促进与支持人才发展这部分做开场。作为一名在学习、培训、教育技术及创新领域深耕五十载的老兵，我理应更敏锐地洞察那些正悄然重塑我们行业的趋势。然而，面对未来的工作模式、职场生态以及人才发展的新图景，我的内心交织着兴奋、挑战与一丝迷惘。基于此，我提炼出了九大核心思考点，它们不仅激发了我对人才发展领域及其未来实践的深切好奇，更引领我深入探索。

在此，我向各位同人发出诚挚的挑战，让我们围绕这些议题展开深刻的自我反思，并与同事及身边人士积极交流探讨。

- 电子化学习的扩展、爆炸和演变。
- 技术赋能：人工智能、机器学习、机器人技术和生态系统。
- 我们的员工在哪里工作？
- 学员正在改变：自我塑造、规划师和行为引导！
- 职业转变与职业阶段！
- 教练能否规模化？
- 同理心至关重要！
- 新视野：健康、网络和认知。
- 数据、数据、更多的数据！

让我们进一步细化每个议题，探讨在业务和劳动力变化的背景下，人才发展可能走向何方。

电子化学习的扩展、爆炸和演变

20世纪90年代初，电子化学习这一概念走进大众视野。如果那时我们能利用新兴的互联网给为数不多的员工提供几个涵盖不同话题的学习模块，那将足以让我们欢欣鼓舞。在新冠疫情肆虐期间，数十亿的学龄儿童与数百万的职场人士被迅速推向了全面电子化学习的浪潮之中。我们利用 Zoom、微软 Teams 等平台，以前所未有的紧密程度将世界连接在一起，每周都充斥着大量的在线课程与会议。与此同时，在入职培训、合规学习、领导力培养等多个领域，也涌现出许多新方法。诚然，这些尝试并非尽善尽美，但我们已然迈过了变革的关键节点。在此背景之下，人才发展领域需要设计全新的方案，提升电子化学习的参与度、实践性、评估精准度与支持服务水平。

技术赋能：人工智能、机器学习、机器人技术和生态系统

工作和生活中的科技正经历着翻天覆地的变化。人工智能与机器学习正成为越来越多企业工作平台的核心驱动力。机器人技术正悄然改变着制造业、分销业乃至零售业的格局。我们的学习体系、人才体系、人力资源体系、绩效体系以及客户服务体系正在逐渐融合。员工的台式机或移动设备愈发紧密地将科技与员工才能融为一体。这需要我们调整选拔、培养、支持和部署员工的方式，以更加开放的心态，与更智能的技术并肩作战。

我们的员工在哪里工作

新冠疫情之后，各类组织正积极调整工作模式，尝试在居家办公与到岗办公之间找到恰当的平衡。员工的工作地点对我们的人才战略有着重要影响。设想一下，我们需要招聘、培训和管理那些从未与同事见过面的员工。这种情况在全球屡见不鲜，并产生了一些重大影响。那么，居家办公的员工与到岗办公的员工在留任率或晋升机会上是否存在差异？居家办公的员工是否得到了与到岗办公的员工同等甚至更多的来自同事的支持和工作流程协助？

学员正在改变：自我塑造、规划师和行为引导

包括你在内的每一位员工，作为学员都在不停地改变。我们希望自由掌控学

习时间、学习形式以及学习重点。每个人优化学习的方式都大不相同。例如，有人偏爱详细的视频案例，有人则喜欢简明扼要的要点流程，还有人倾向于与专家进行对话交流。如今，学员更像自己学习内容的规划师——他们希望专注于目前所需内容，并整理好资源以备将来深入学习。此外，学员并不一定愿意被贴上"学员"或"学生"的标签。许多人抗拒参加课程或研讨会，却愿意与专家聚在一起，寻求任务上的帮助。最后，我们的许多学员需要（甚至主动要求）得到行为引导，以便更好地巩固和应用新学到的知识。这些变化中的学员正在促使我们更多地采用用户体验导向的方法，并更加深入地探索和实践不同的设计形式。

职业转变与职业阶段

我的首席学习官同事纷纷表示，他们的员工在职业轨迹、职业期望和"职业阶段"上均发生了重大转变。对于大多数职场人士而言，那种从入职到退休一成不变的职业生涯模式或许已成为历史。此外，在某些行业中，员工的在职时间正逐渐缩短，这要求我们必须更快地培养出新的人才。因此，我们需要提高员工证书的可迁移性，并从入职之初就加速培养员工的领导力和团队协作能力，而不是等到日后晋升时才予以重视。这一领域急需我们大胆尝试和创新！

教练能否规模化

当被问及何种方式有助于他们发展时，许多员工都表示希望提供教练。在疫情期间，我有幸与同事马歇尔·戈德史密斯合作，这使我深刻认识到，企业完全有能力利用教练这一有力工具，不仅能帮助少数高层管理者，还能惠及全体员工。要实现其规模化，我们需要构建新的体系、开发新的项目，并重新规划教练的时长和形式。我个人一直在通过每周 10 分钟的电话会议，为三位同事提供辅导。现在，让我们打破这些固有的界限和传统，为更多员工提供成长的机会吧。

同理心至关重要

同理心是我们与同事间建立深厚联系并展现接纳态度的桥梁。它不是指简单的同情，而是认可彼此的独特性，打开心扉分享个人经历并相互接纳的过程。在人才培养的过程中，同理心可以成为每个项目和计划的核心要素。疫情期间，梅西中心（MASIE Center）携手百老汇音乐剧明星及学习领域领袖，举办了超过35场免费在线"同理心音乐会"，共同探讨同理心的重要性和需求。这场盛会吸引了来自全球各地的数千名同事参与。同理心，其重要性不言而喻！

新视野：健康、网络和认知

人才发展专业人士需要为员工和工作场所的新变革做好准备。未来，我们将致力于将这些议题融入我们的职责和项目中。

- **健康**。新冠疫情迫使我们各组织引入健康、保健及筛查体系来保障员工的健康。健康问题将持续存在，并且会成为我们人才发展议程的重要一环。虽然我们无须成为这些健康问题的专家，但未来几年，职场健康项目无论是在范围还是影响力上都会不断扩大。
- **网络**。下一场大流行病可能源自网络。全面联网和线上运营的企业也面临着网络攻击和干扰的风险。试想，如果没人能访问文件，如果客户联系不到我们，如果无法进行支付，那将是怎样一番景象？应对网络威胁并为潜在的重大网络中断做好准备是需要我们考虑的人才发展问题。
- **认知**。这是一个棘手的问题。我们的部分员工可能存在认知方面的问题，或比较独特。例如，员工可能患有精神分裂症或其他与记忆或信息处理相关的疾病。

数据、数据、更多的数据

随着人才发展领域的不断发展，我几乎每天都会思考这样一个重要趋势：我们该如何利用系统中的数据，来为我们的员工设计更具个性化和加速效果的人才发展方案？我们如何利用过往项目的经验证据，持续调整培养方案、时间安排以及参与度？如何为管理者提供关于其团队成员技能水平（以及技能差距）的可操作数据？如何打造反映每位员工当前知识水平的仪表板，并确保随着业务和岗位的变化而不断更新？人才发展领域的同事必须提高他们使用、理解和利用数据的熟练度和灵活性，以便更有效地聚焦我们的项目和计划。

上述内容只是一道开胃前菜，后续章节将介绍一些精彩故事与案例研究，讲述人才发展技能和准备程度是如何成长和演进的。如今，我们的员工在变化，我们的工作环境在变化，我们的技术在变化，我们自身的职业生涯也在变化。

为了适应这些变化，让我们一起全力以赴，增进自己的人才发展技能。未来的职场人士更加需要具备活力、胜任力和敏捷性！

作者简介

埃利奥特·梅西（Elliott Masie）是一位极具启发性、引人入胜且风趣幽默的研究者、教育家、分析师和演讲家，他深耕于职场、学习与技术等正在经历变革的领域。作为首位提出"电子化学习"概念的分析师，他在行业内享有盛誉，并始终致力于推动学习与协作技术的合理应用，以提升企业的效能与盈利能力。他是梅西创新（MASIE Innovations）这家全球性"B级"企业的领导者，该企业专注于学习、人才、技术、百老汇戏剧、社会变革与创新等多个领域，旗下拥有协作学习、梅西制片和同理心音乐会等多个知名品牌。他共出版了12部作品，其中包括《大学习数据》以及近期出版的关于学习转型和同理心的电子书。在过去的35年里，他面向全球310多万名专业人士，推出了众多项目、课程与演讲。目前，他居住于美国纽约州的萨拉托加温泉市。作为百老汇制作人，他还荣获托尼奖提名。如需联系他，请发送邮件至 elliott@ masie. com。

第 21 章　学习体验设计之旅

乔治·霍尔

学习体验设计看起来是对思维模式革新、实践方法改进以及视野拓展的一种新颖诠释，但实际上，它并非一个全新的概念。尽管许多人并未将其视为一套协调一致、综合全面的思维模式，但几十年来，一些富有创新精神的教育者已经认识到这一点。

🔔 本章要点

△　追溯创新者如何早于行业数十年开创以人为本的设计方法。

△　深入理解当前学习体验设计原则与技术的起源和发展。

一些人试图用一些常见的说法来定义学习体验设计，如"学习体验设计以学员为中心""学习体验设计承认培训并不总是解决问题的唯一方法""学习体验设计提供有意义的用户体验""学习是一个旅程，而非一次事件"。然而，这些陈词滥调已经流传了 30 多年。还有人说，体验式学习是学习体验设计的核心，但自从约翰·杜威在 20 世纪 20 年代提倡这一理念以来，体验式学习就已经备受推崇，随后本杰明·布鲁姆、霍华德·加德纳、库尔特·勒温和大卫·库伯等学者也都对此给予关注。那么，学习体验设计作为塑造学习体验的新方式，究竟是不是一个全新的概念？它的根源又在哪里呢？

从某种角度看，我们可以达成共识：教育实践中并不存在所谓的"万能答案"。艾略特·艾斯纳在 1998 年提出过一个有力的观点：

教育无法一劳永逸地解决所有问题，我们既无法取得"突破性进展"，也无法发现永远奏效的永恒真理。我们只能依赖暂时的解决方案，而不是永远有效的答案。在这里有效的方法，可能在别的地方行不通；此刻奏效的方法，可能以后就失灵了。我们的任务并非发明雷达，也不是测量真空中自由落体的速度。教育的工作受到具体情境的影响，充满了无法预见的偶然因素，需要根据不同的地方和环境做出调整，并且不仅受到教师的影响，还要考虑到学生的需求。

尽管有些雄心勃勃的教育专家宣称自己发明了学习体验设计，事实上，自 20 世纪 50 年代末期以来，已有数位极具创造力的先驱将学习体验设计原则融入他们的课程设计之中。

开始旅程

我效仿艾略特·艾斯纳的做法，开始我的旅程，并不是通过找出文献中的空白，而是通过发现一个看起来值得研究的现实情境。我如同一位踏上漫长人生旅途的旅人，漫步穿越田野与森林，欣赏着沿途的风景，同时思索着下一步该迈向何方。我并不清楚前方的道路究竟会如何延展。我能够眺望到一些我渴望前往的地方——那边，那座在远方屹立的山峰——但我尚不清楚抵达那里的确切路径，甚至能否抵达也仍未知。当然，当我渐渐靠近时，我或许会发现它并不像最初看上去那般令人向往，而另一个目的地可能更具魅力。

项目拓展和威尔伯特·麦基奇

1985 年，作为密歇根大学安娜堡分校的一名本科生，我偶然发现了一门设计得非常好的课程，叫作项目拓展。这门课程为成千上万的密歇根大学的学生提供了一种独特的服务学习体验，这在当时是绝无仅有的。我得以同时学习心理学在实践中的应用、探索自我和兴趣，并为安娜堡社区提供有意义的服务。显然，这门课程的背后有一位设计大师，他的思想远远超前于时代。我究竟偶然发现了什么？我该如何解开这个谜团？

于是，我开始研究我的老师兼项目负责人——威尔伯特·麦基奇。1945 年，在第二次世界大战太平洋战区担任驱逐舰上的雷达与通信军官后，麦基奇进入密歇根大学攻读心理学研究生学位。在密歇根大学，他曾参与过一次关键的教育体验——作为哈罗德·格茨科主讲的入门心理学课程的助教。格茨科也曾在密歇根大学获得博士学位，他对心理学、社会学和政治学等学科充满兴趣。作为教育创新的先驱，格茨科设计了许多模拟体验，融合了如今被视为"新颖"的学习设计原则。他不仅研究了这些模拟背后的教学法，还将其应用于实际设计中。格茨科最著名的作品之一是"国际模拟"，通过模拟游戏来研究国家间的关系，这类似于战争游戏，旨在帮助国家领导人和外交部长从中获得经验与技能。

"项目拓展"课程对我来说，正如格茨科的课程对麦基奇一样，是一次深刻且具有影响力的学习经历。课程内容包括在臭氧屋（一个为离家出走的青少年提供庇护的机构）担任危机辅导员的志愿者工作，然后在指导下阅读相关材料，并反思这一经历本身以及设计学习体验背后的教学法。这门沉浸式课程不仅非常全面，还富有创新性。它以人为本，具有包容性，提供了积极而有意义的学习体验，强调学习是一场旅程，依靠基于研究的发现来做出设计决策，征求学生和参与者的意见，使用现实世界的指标来衡量绩效改进，强调分享和社会参与，并具有创新和灵活性。臭氧屋是一个与密歇根大学合作的非营利机构，自 1960 年以来获得了众多奖项。目前，"项目拓展"依旧在持续发展，除了提供创新的培训项目，还设有领导力学院。

麦基奇一直在密歇根大学任教，直到 2005 年退休。他是密歇根大学著名的教育学院的创新者和中坚力量。1950 年，他开始向教学助理分发一本自己编写的手册，介绍经过验证的教学策略与技巧。这本手册最终演变成《麦基奇的教学技巧：适用于学院与大学教师的策略、研究与理论》，这本书的首次出版是在 1951 年，至 2013 年已经更新至第 14 版。

麦基奇还参与创建了教育与心理学联合项目，这成为密歇根大学最早的联合博士学位项目之一。这些项目培养了大量跨学科的杰出学者和研究人员，他们在心理学、教育学、社会学、人类学、政治学、社会工作等领域展开合作与研究。麦基奇还创立了"学习与教学研究中心"，该中心帮助将最佳的教学和课程设计实践应用到跨学科的教育环境中。

弗雷德里克·古德曼和交互式通信与模拟团队

弗雷德里克·古德曼是麦基奇的同事，也是教育领域的一位巨擘。后来，他被密歇根大学教育学院授予名誉教育教授称号，并一直在此执教至 2005 年。古德曼开创了教师培训驻校项目和实习模式的先河。他深受约翰·杜威思想的影响，后者曾在密歇根大学度过十年时光（1880—1890 年），给教育学院留下了不可磨灭的印记。古德曼努力将约翰·杜威"经验即教育"的理念付诸实践。为了实现这一目标，古德曼在密歇根大学创建交互式通信与模拟团队方面发挥了奠基性作用，该团队专门从事体验教育、游戏设计、真实评估和创业教育。他们设计了体验教育方案，开发了新的游戏设计原则，并从巧妙设计的服务学习项目中汲取灵感，这些项目体现了现代"以人为中心"的设计原则，从而得出了对以下问题的深刻见解：

- 什么问题适合采用"以人为本"的设计？
- 什么问题不适合采用"以人为本"的设计？

他们发现，"以人为本"的设计最适用于那些开放性、定义模糊的问题，这些问题的因果关系不明确，且涉及多个相互关联的因素，作为一个复杂的系统在运作。"以人为本"的设计在面对新问题时尤为有效，因为此时你可以从不同的人类视角中获得丰富的洞察。

"以人为本"的设计

在交互式通信与模拟方面，古德曼的核心团队早在业界开始朝这个方向发展之前数十年，就已率先采用以人为本的设计技术、理念和方法。他们将学习体验设计视为以用户为中心的用户研究和用户体验的一个变种，其中"用户"指的是学员。那么，用户体验设计和学习体验设计之间有什么区别呢？虽然这两个术语在 10 到 20 年前才开始广泛使用，但该团队早早意识到用户体验在学习和教育中的重要性。在进行学习设计并采用"以人为本"的设计方法时，他们认为，应该从学员的角度来考虑他们的需求，并提出以下问题：

- 学员面临的主要问题或挑战是什么？
- 如何通过学习设计帮助他们解决这些问题？

这个团队迅速发现，学员可能有多种不同的需求。换句话说，虽然学员的需求可能没有得到满足，但这些需求并非唯一需要关注的。举个例子，学员可能不仅是为了学习而参与课程，他们可能还希望取得好成绩、进入院长名单，或者被研究生项目录取，这些需求未必完全与学习本身相关。此外，还可能存在其他需求，甚至是相互竞争的需求。例如，一家公司可能认为员工具备一定的技能，但由于涉及多个利益相关者，实际的学习需求可能被忽视。即使学员参与了学习项目，他们的首要目标也未必是学习本身。

换位思考

早在 20 世纪 90 年代，交互式通信与模拟团队便已开始通过直观的实践活动，率先探索学习体验设计的原则。尽管如今他们在实践这些原则时更加有意识，但早在那时，他们就深刻认识到，设计过程中至关重要的一环是明确问题的定义，或者是以一种从用户视角出发来构建问题框架的方式。正是从这一独特视角出发，他们在服务学习项目中融入了"换位思考"的元素，这一做法为他们日后接纳并实践如今我们所熟知的人本设计理念、设计思维和设计心态奠定了坚实的基础。

在实践过程中，团队发现，设计不仅能够创造促进更深层次体验的机会，还能鼓励换位思考的践行。这些体验可以是人为精心设计的，如模拟、社交模拟或游戏等形式。值得注意的是，尽管当时这些学者可能还未曾听说过学习体验设计这一术语，但他们已经在设计中融入了换位思考的理念，并且始终将人们的需求放在首位。

基于故事的学习

该团队的学习设计通常建立在构思巧妙的故事之上，这些故事有着清晰的开头、中间和结尾。其中，"设计性激发"的理念贯穿始终，成为一大亮点。在内容编排、角色选定以及交流互动方面，团队的首要任务之一，便是通过增强学习的互动性和激发性让整个过程充满趣味。这些设计性激发措施的实施，既富有策略性又相互协调。作为选择架构的核心组成部分，它们为学员赋能，助其按照预期的方式改变他们的行为，同时不剥夺或限制他们的任何选择，也不过多改变他们的动机。

快速原型设计

我坚信，仅仅通过阅读教学设计的历史达到卓越的学习体验设计境界绝非易事。要想将所有必要的元素和视角巧妙地融合，需要发挥非凡的想象力。古德曼是交互式通信与模拟服务学习项目中著名的协调人，他总是能吸引众多才华横溢的人才加入。在介绍两个人认识时，他常说："我不知道你们有何共同点，但你们一定会发现的，去聊聊吧。"事实证明，他总是对的。从一开始，他就具备了设计思维。这种思维方式意味着在低风险的情境下勇于尝试新事物，从用户的角度出发构思原型设计，努力明确问题所在，并确定接下来要尝试的方向。

激进的研究方法论

20 世纪 90 年代的交互式通信与模拟团队之所以显得尤为激进，关键在于其开展教育研究的方法。当时，开展教育项目的传统模式是：先向美国国家科学基金会申请一笔大额资助，据此开发一款软件，然后在多所学校中启动项目，收集测试数据，撰写研究报告，并继续申请下一轮资助。但这种传统模式忽视了一个关键问题：项目基础设施的投入会制约研究人员接纳反馈的开放性。虽然研究人员渴望获取反馈，但一旦基础设施已经建成，且已投入大量资金、时间和人力进行软件开发，他们往往难以据此做出大幅调整。换言之，他们所构建、投资和需要维护的这些结构，可能削弱他们系统运用设计思维原则的能力。

敏捷团队动力

交互式通信与模拟团队天生便具备敏捷性、灵活性与高效性，他们绝不会被那些与目标相悖的方法束缚。他们熟练掌握了快速原型设计学习体验的流程。"咱们来试试看，能否截止到周末搭建出一个网站。"他们常常这样说，"我们心里都很清楚，它可能并不完美，可能出现很多漏洞，或许我们还得进行一些幕后调整，但不妨先尝试一下，看看效果究竟如何。"

这个团队能够迅速打造出高水平的原型设计，他们会收集反馈并将其融入设计之中，从而不断完善。他们极其谦逊，擅长团队协作，对所设计的原型不带任何个人色彩或过度投入。

颇具讽刺意味的是，团队之所以能够持久发展并蓬勃壮大，竟是因为他们没有获得大额资助。相反，他们资源匮乏，这迫使他们必须在资金有限的情况下进行设计，依靠口碑进行宣传，并将学习体验设计的服务学习项目融入现有的课程和项目之中。他们精心设计的课程堪称杰作，这是由一支多元化的学习与发展专家团队历经数年不断打造新原型而完成的。他们的专业技能涵盖了多个领域，包括课堂教学、在线教学、游戏设计、教学理论、教学设计、学习体验设计、平面设计和网页设计等。

精彩，但非主流

这些领域的专业知识来之不易——跨学科的洞察力整合能力通常只有在长时间专注于这些主题后才能获得。尽管这些创新的学习体验设计项目非常出色，但它们并不容易融入现有的学校体系，也未必能吸引当时大多数教师的思维方式。它们更多处于教育实践的"长尾"部分，换句话说，它们非常精彩，但并非主流。然而，尽管缺乏强有力的制度或财政支持，这些项目依然取得了成功。交互式通信与模拟团队的主要目标一直是激励更多的人发起自己的项目、游戏或活动，将这些有效的学习体验设计原则融入其中。

学习体验设计之旅

我的学习体验设计之旅已完成圆满的闭环。自20世纪80年代末从密歇根大学毕业后，我便投身于职业生涯，在迪士尼等众多公司担任教学设计师及项目经理。时光荏苒，33年后，我重返密歇根大学——那个依旧在我心中留下深刻烙印的"项目拓展"课程的起点——开始攻读学习体验设计的硕士学位。意料之中的是，我在那里发现了一个充满活力的学术社群，并被学生和资深教职员工所设计的教育模拟案例深深吸引，这些案例中透露出他们先进而成熟的思维方式。值得一提的是，他们中的许多人曾是古德曼和麦基奇的博士生。

最后的思考

在我们所目睹的学习与发展领域的众多"新兴"趋势中，学习体验设计其实并不算真正意义上的新事物。麦基奇和古德曼无疑是学习体验设计思想领域无可争议的先驱人物。幸运的是，由于他们曾引领并深刻影响了数代杰出的教育工作者，我们如今依然有机会沿着他们的足迹前行，继续传承他们开创的传统。历经数十年的发展与演变，学习体验设计如今已为我们所有人欣然接受。

作者简介

乔治·霍尔（George Hall）是一位资深的学习解决方案架构师与教学设计师，他在引领学习服务的数字化转型、开发数字化学习产品以及为全球众多《财富》500 强企业、美国政府机构、各州政府及非营利组织提供教育和学习服务管理方面，积累了丰富的经验。在业余时间，他热心公益，自愿担任一家致力于支持学校、政府组织和其他非营利机构的教育慈善非营利组织的学习行业顾问。当他不忙于教学、写作或精进自己的教育科技"超能力"时，他最喜欢与家人一起旅行、烹饪，享受家庭的温馨时光。如需联系他，请发送邮件至 george@ drive-ontheocean. org。

参考文献

Alter, A. 2018. *Irresistible: The Rise of Addictive Technology and the Business of Keeping Us Hooked*. New York: Penguin Books.

Anderson, S. P. 2011. *Seductive Interaction Design: Creating Playful, Fun, and Effective User Experiences*. Berkeley, CA: New Riders.

Brown, T. 2009. *Change By Design*. New York: Harper Collins.

Dean, J. 2013. *Making Habits, Breaking Habits: Why We Do Things, Why We Don't, and How to Make Any Change Stick*. Boston: Da Capo Press.

Eisner, E. 1998. *The Kind of Schools We Need: Personal Essays*. Portsmouth, NH: Heinemann.

Goffman, E. 1959. *The Presentation of Self in Everyday Life*. New York: Anchor-Books.

Goodman, F. L. 1992. "Instructional Gaming Through Computer Conferencing. " In

Empowering Networks, edited by M. D. Waggoner, 101 – 126. Englewood Cliffs, NJ: Educational Technology Publications.

Goodman, F. L. 1995. "Practice in Theory. "*Simulation & Gaming* 26(2): 178−189.

Kupperman, J. , G. Weisserman, and F. L. Goodman. 2001. "The Secret Lives of Students and Politicians: Online and Face−to−Face Discourse in Two Political Simulations. "Paper presented at the Annual Meeting of the American Educational Research Association, Seattle, WA.

McKeachie and M. Svinicki. 2013. *McKeachie's Teaching Tips: Strategies, Research, and Theory for College and University Teachers*, 14th ed. First published in 1951. Belmont, CA: Wadsworth Publishing.

Ozone House. n. d. "Job Training and Leadership. "

延伸阅读

Collins, A. , and R. Halverson. 2009. *Rethinking Education in the Age of Technology: The Digital Revolution and Schooling in America*. New York: Teachers College Press.

Facer, K. 2011. *Learning Futures: Education, Technology and Social Change*. London: Routledge.

Turkel, S. 2017. *Alone Together: Why We Expect More from Technology and Less from Each Other*. New York: Basic Books.

Wesch, M. 2007. "A Vision of Students Today. "YouTube video, October 12, 2007.

第 22 章　设计并交付混合式学习的关键

詹妮弗·霍夫曼

2014 年，当上一版 ATD 指南面世之际，我们仍在不懈地向各组织证明，混合式学习在时间、金钱及其他资源上的投入是物有所值的。本章将深入探讨组织为何对混合式学习持抗拒态度，并解释这种方式如何帮助你改进学习策略。

本章要点

△　阐释为何设计高效的混合式学习是制定学习策略时的关键环节。

△　剖析 10 种高效的混合式学习设计实践案例。

△　评估你的设计与实践效果的契合程度。

组织为何对混合式学习持保留态度？主要有以下几点原因：

传统课堂学习的日程安排一目了然，通过考勤记录便能轻松了解哪些学员完成了课程。相比之下，混合式学习则需要借助学习管理系统来追踪各个学习组成部分的完成情况。

混合式学习融合了多种技术和教学方法，这意味着需要在教育技术上进行投资，同时还需要对讲师进行培训，以便他们能够有效开发和应用这些技术。

混合式学习的流程可能颇为烦琐，包括观看视频、参与 20 分钟的电子化学习课程、前往教室、参加三场虚拟会议等。这些步骤通常在后勤管理上颇具挑战，且不值得投入过多精力。组织在实施过程中感到困难重重，而学员也未能给予足够的重视。

在尝试混合式学习时，效果往往也不尽如人意。学员，甚至讲师，似乎都只关注课程中最"生动"的部分。如果课程包含面对面的环节，并辅以电子化学习、视频和虚拟课堂，许多学员就会认为"核心内容"会在教室里讲授。而讲师担心学员无法完成自主学习任务，便会设法将其他内容融入现场课程中。

鉴于这些复杂性，组织课堂现场培训似乎更为简便易行。

那么，为什么要选择混合式学习呢

正如我在 2014 年出版的《ASTD 学习发展指南》中所阐述的那样："教室之所以沿用至今（历经数世纪之久！），并非因为它是教学效果最优的方式，而是因为它在当时是可以使用的技术手段。"几十年来，我们一直在组织中推行混合式学习。它有许多显而易见的优势，具体如下：

- **节约成本**。学员在自己的岗位上学习可以节省差旅费和与基础设施（教室）投资相关的成本。随着团队地理位置日益分散，工作场所愈发虚拟化，将团队聚集起来进行培训在经济上已不再切实可行。

- **灵活便捷**。尽管线上直播课程需要学员投入一定的固定时间，但个人可以根据自己的时间安排灵活学习。此外，还可以设置更多的入学选项，以便学员在方便且相关的时候参与课程。在当今的商业环境中，我们迫切需要即时培训，即在我们需要的时间和地点进行培训。混合式学习有助于满足这一迫切需求。

- **提高学员记忆力**。由于单个学习内容的持续时间较短，学员有机会在处理信息，甚至可能在实际工作环境中练习这项新技能后，再学习下一课。这种现象被称为间隔效应。

间隔效应

间隔效应基于艾宾浩斯遗忘曲线。它揭示了一个现象，即当我们分阶段学习信息时，往往能更轻松地回忆起这些内容。通过运用间隔重复的策略，我们几乎可以帮助人们掌握任何知识。从理论层面讲，以这样的方式安排学习内容，使学员得以处理和运用知识，显得颇为合理。在彼得·西曼撰写的《让间隔效应惠及在线学员》一文中，他为我们提供了几个有助于赢得认可的讨论要点。

相较于几乎所有其他学习原则，间隔效应得到了更多研究的佐证。据估算，每年至少有 10 项关于间隔效应的研究问世，且这些研究持续为这一原则提供支持和深入理解。总体而言，学习事件之间的间隔越长，重复次数越多，知识在长期记忆中的留存时间便越持久。那么，间隔多久才是最理想的呢？这一领域的研究者尚未达成共识，但似乎存在一个"最佳间隔点"，即大约一周的时间。研究者推测，最短的间隔时间大约为一天，在两个学习事件之间安排一晚的睡眠会带来积极的效果。

实施混合式学习有着诸多充分的理由，绝大多数学习领域的专家都会认同，构建一个卓越的混合式学习课程是他们孜孜以求的目标。然而，混合式学习项目并未像人们预期的那样受到广泛关注。简单来说，原因就在于混合式学习的创建与实施是一项复杂且艰巨的任务。

那些采用单一形式（如面对面授课、虚拟课堂或电子化学习）的培训项目，在设计、实施以及学员完成度方面，都更为简便易行。

此外，还有一个更为微妙且不易察觉的原因，使得我们没有将焦点放在混合式学习上：它既不令人感到兴奋，也不具备新颖性。与讨论混合式学习相比，我们更倾向于关注那些新兴技术，如虚拟现实和聊天机器人，或者热衷于开发游戏化、内容精选和模拟等富有创意的教学技巧，因为这些内容更具吸引力。然而，如果我们仅仅聚焦于这些单独的组成部分，便会忽视更为重要的全局视角。混合式学习能够充分融合各种学习方式的优点，达到最佳的学习效果。

翻转课堂

在过去的十年里，"翻转课堂"这一概念逐渐盛行，它为我们阐释了混合式学习的创建方式及其背后的原因。这一理念最初源于小学教育，那时，授课和知识传授活动通常安排在传统的作业和自学时间内进行。随后，当学生在课堂上与教师进行互动时，他们会在教师的引导下参与动手实践、实验室操作以及其他高阶思维活动。

从根本上来说，翻转课堂正是我们努力想要达成的目标。而所谓的网络研讨会教学模式——要求人们同时在线聚集，但只允许他们通过聊天功能听讲和提问——并非一种有效的培训方式。如果学员只需登录一个录播课程，就能获得与参加现场活动相同的体验，那么这仅仅是一种知识传授，而非一个完整的培训项目。

然而，如果我们能够开发出一种方法，让学员在完成自我指导的学习任务后，再进入一个充满挑战、提供实践机会以及评估严格的现场学习环境，那么我们就可以着手创建一个真正的混合式学习模式。

真正的混合式学习是什么

在互联网上随意搜索"混合式学习类型"或"混合式学习模式"，我们经常会看到克里斯蒂安森研究所的研究成果。该研究所提出的各种模式（如轮换模式、灵活模式、自由混合模式和增强虚拟模式）似乎极具吸引力，让人忍不住想将它们直接套用为企业培训的框架。然而，这些研究主要是基于学校（小学、中学等）的教育经验，而非企业培训环境。克里斯蒂安森研究所给出的定义是，假设大多数学习体验中都包含实体教室（或传统教室）这一要素。

然而，在教育机构之外的现代混合式学习中，情况却并非如此。尤其是在疫情后的经济环境中，面对面的交流和企业培训已不再是主流。各组织正逐渐采用"虚拟优先"的学习与发展模式，并要求为更传统的培训项目提供有力的商业理由。

在企业环境中，混合式学习是一种将教学技术与教学技巧相结合的框架。它旨在满足现代学员的需求，同时也适应日益移动化、全球化和依赖社交协作技术的商业环境。

当我们提到"将教学技术与教学技巧相结合"时，我们是指混合式学习的设计者需要明确课程中的每一个绩效目标（包括辅助性目标），并找到与之相匹配的最合适的教学技术。混合式学习并非仅限于正式的学习环境，它的应用可以更加灵活多变。

基本上，我们需要确保在选择合适的交付技术之前，先设计出有效的教学方法。我们应该根据以下两个方面来考量：

- 在正式培训期间，你将如何评估对特定概念的掌握情况？
- 在培训完成后，学员如何在不同的需求时刻使用学到的内容？

评估掌握情况

正如前面所说，在混合式学习项目中，包括讲师、学员及管理者在内的利益相关群体，往往更倾心于混合式学习中的"现场直播"环节，而将自主学习视为可有可无的备选。由于多数自主学习任务未能如期完成，讲师不得不挤占原定的活动与练习时间，于现场活动中穿插完成这些内容。这种做法往往导致一系列（构思精巧）的相关内容因缺乏连贯叙述而显得支离破碎，未能得到充分利用。

为规避此问题，混合式学习的各个构成部分均应设有评估完成度与掌握程度的有效手段。可以是简单的测验，将自主学习内容巧妙融入现场对话，也可以是某种综合性案例研究，将各部分内容紧密串联。我们务必避免的是，在现场课程中重复讲解自主学习内容。

评估学习目标是否达成

评估方式的选择与用于评估的技术之间存在直接关联。例如，如果你的评估工具是自控进度型，旨在测试学员对内容的记忆程度，那么你或许可以同样以自控进度的形式进行内容传授。若要求学员通过与他人协作接受评估，那么你或许需要使用协作技术来传授内容，该技术可以是实时的（如传统教室与虚拟教室），也可以是非实时的（如讨论板发帖、社交媒体发帖等）。

请记住，混合式学习不仅需要将内容与最合适的教学技术相匹配，更需要关注在绩效目标层面实现这一匹配。而评估技术正是连接这两个概念的纽带。

在学员需要时给予助力

在混合式学习中，识别绩效需求与执行者需求时需更为精确（因此，你或许能够找到更为具体的潜在解决方案）。这是因为在现代混合式学习设计中，你不仅能够在学员首次学习新知时迅速响应，还能够设计和实施影响每个学习需求时刻的解决方案。

鲍勃·莫舍与康拉德·戈特弗雷德森确定了五个关键的学习刚需时刻，帮助说明绩效支持如何辅助正式学习过程：

- 首次学习某事物（更新）。
- 扩展已学知识的广度（更多）。
- 根据所学采取行动（应用）。
- 解决问题或处理事项（解决）。

- 学习新的做事方式并适应（变化）。

这些时刻同样适用于整个混合式学习过程，因为不同的培训解决方案能够满足不同需求时刻的特定要求。

从"推动式"培训到"拉动式"学习

新冠疫情如同一剂催化剂，加速了我们从工业经济向新型知识经济的转型步伐。然而，在这一转型过程中，学习与发展模式的革新却显得相对迟缓。尽管我们早已意识到，传统的教室环境和为期一周的密集式授课不仅效率低下，而且难以让学员长期记忆所学内容，但这些模式仍然沿用至今。我们虽有意将学习内容迁移到线上，打造更为优化的混合式学习体验，但始终缺乏足够的动力来推动这一变革。

然而，如今我们的培训方式已经彻底转向了虚拟化，并且这一趋势将持续下去。

新冠疫情以及其他一系列经济因素，如全球化、数字化浪潮，以及年轻一代对于按需学习和社交网络的强烈需求，正在共同推动我们改变传统的教育模式。各组织正在逐渐摆脱以讲师为中心、侧重于内容传递的传统培训方式，这些培训往往基于集中式、孤立的内容体系。相反，他们正在向以学员为中心、去中心化的持续学习解决方案转变，这些方案更加注重学习成果的实现。

这一转变过程恰如其分地展现了"推动式"培训与"拉动式"学习之间的鲜明对比。在"推动式"培训中，无论学员是否准备（或愿意）接受，培训内容都会被强加给他们。而相比之下，"拉动式"学习则更加灵活，它会在学员需要的时候为他们提供所需的学习资源。这是一次企业文化的深刻变革，企业才刚刚开始应对这一挑战。而我们可以通过积极努力，证明增加"拉动式"学习机会的价值所在。为了满足现代学员的多元化需求，我们需要将"拉动式"学习模式作为混合式学习的重要组成部分，让学员能够在这个平台上相互连接、相互学习、共同成长。

对于大多数组织来说，引入混合式学习将是一次巨大的变革。这一变革的关键策略之一，在于思考如何改变你所在学习组织的思维方式，使其从传统的"灌输式培训模式"转变为更加主动的"需求拉动式学习模式"。

混合式学习有效实践

为帮助你实现这一转型，让我们一同剖析 10 个有效的混合式学习实践。

有效实践 1

确立并清晰传达教学目标，包括将要传授的知识点以及为何选择通过混合式学习方案来传授这些内容。

整个教学团队需对教学内容有一致的理解，并厘清学员如何从多元化的教学方法中获益。一旦这些核心信息得以明确并有效传达，团队即可着手探索设计混合式解决方案的最佳策略。

混合式学习的本质在于，它是针对特定教学目标而精心挑选的最佳教学方法的集合。它更侧重于在学习目标的框架下，满足学习群体的需求和优先级，而非单纯追求技术的先进性。通过不断提问"什么"和"为什么"，我们可以引导设计过程，并精准判断哪些元素最适合在线教学、课堂教学、电子绩效支持系统、纸质材料，以及正式或非正式的在职学习方案。

建议：

- 清晰、准确地传达学习解决方案的教学目标。
- 在提问时，务必兼顾"什么"和"为什么"两个维度。
- 对于初次尝试混合式学习教学设计的项目，请重新审视需求分析，尤其关注"为什么"这一层面，以更精准地指导设计方向。
- 编制执行摘要，详细阐述混合式解决方案的教学内容及其重要性。
- 向关键利益相关者征求摘要反馈，确保方向正确。
- 与学习设计师、开发人员、讲师和制作人共享摘要及反馈意见。

有效实践 2

进行需求分析，以确定混合式学习方案是否适合该学习项目。

需求分析是学习解决方案设计、开发和交付的基石。判断混合式学习方案是否适合当前学习项目，将对整个学习团队（及学员）产生深远影响。

需求分析与教学目标和组织目标紧密相连。在制定需求分析时，应回顾过去哪些解决方案成效显著，并深入研究组织的整体发展方向。如果分析结果显示混合式学习并非最佳选择，请返回至教学目标步骤，重新审视"什么"和"为什么"这两个关键问题。

建议：

- 在进行需求分析前，全面回顾过去、现在和未来的教学方法。
- 深入分析人们的工作、学习方式和环境。
- 在需求分析前，再次确认教学目标中的"什么"和"为什么"。
- 将分析结果与当前及未来的教学目标和绩效目标进行对比。

有效实践 3

制定可衡量的绩效目标以支持学员的成功。

绩效目标是衡量学员在培训结束时所达成能力的关键指标。花时间制定有意义的绩效目标，将有效引导学员走向成功，并确保混合式学习方案能够全面支持整体教学目标。

在制定以学员为中心的目标时，需密切关注对象、行为、成功条件和评估标准。

要设定可衡量的绩效目标，需明确以下要素：

- 确定目标受众。
- 描述学员在学习完成后应执行的具体行为。
- 指定绩效发生的具体情境。
- 详细说明用于评估学员绩效的具体准则。

可衡量的绩效目标为设计成功的混合式学习项目提供了清晰的路线图。它们不仅指导我们如何评估知识获取效果，还为学员在整个学习过程中的探索提供了明确的方向。

建议：

- 整体回顾你的学习目标体系，确保其构成一条连贯的学习路径。
- 条件允许的话，制定目标以指导从低级思维向高级思维的支架式学习。
- 若你正从面对面教学转向混合式学习，请借此机会重新审视绩效目标，确保其在新环境中依然适用。

有效实践 4

选择与绩效目标一致的交付方式和技术。

在选择交付方式和技术时，务必确保其与绩效目标紧密契合。绩效目标应作为我们考量、评估及选定技术与交付方式的核心依据。一旦绩效目标得以明确，紧接着便是确定如何衡量学员对各个目标的掌握程度。

通过这些简单的步骤可以帮助你在整个混合式学习设计过程中选择交付方式：

- 明确教学内容及对应主题中的相关目标。
- 判断这些目标是否可通过在线方式进行评估。若答案是肯定的，那么相关的学习内容亦可通过在线平台进行教授。
- 随后，通过提出以下问题，判断协作是否有助于提升与目标相关的学习效果：
  - 将学员集中起来是否确有必要？
  - 达成此目标是否需要团队的协作配合？
  - 相较于分散学习，将学员集中起来是否能取得更佳的学习成效？

通过循序渐进地完成这一过程，你将能够设计出一个最能有效实现绩效目标的混合式学习项目。

建议：

- 在探讨交付方式之前，先花时间仔细审视每一项学习活动及其对应的绩效目标。
- 绘制课程地图，清晰展现学习目标、学习内容与所选交付方式之间的关联。

有效实践 5

设计评估学员掌握程度的方法和方式，使其与绩效目标保持一致。

混合式学习不仅需要将内容与最合适的交付媒介相匹配，更需要在学习目标层面实现这一匹配。而评估技术是连接这两者的关键桥梁。

学习活动与评估的设计应以达成绩效目标为着眼点。同时，活动类型与评估方式往往与交付方式的审查过程相伴而生，共同设计。

鉴于评估类型与技术类型之间通常存在着直接联系，因此，定期回顾绩效目标，以确保你的设计始终紧扣目标导向，并时刻将学员的成功铭记于心，显得尤为重要。

建议：

- 列出与每项活动和评估相关的所有绩效目标，确保学员能够逐一达成。

- 如果支架式学习是教学目标的一部分，请绘制课程地图，以清晰展示低阶与高阶思维水平与评估方法之间的一致性。

- 重新审视交付方式的选择过程，确保所选方式能够适用于每项活动和任务。

有效实践 6

支持知识型目标的学习材料被设计为通过自控进度的技术进行传递。

知识型目标，如记忆和理解，非常适合学员自己规划学习节奏。使用"识别""列出""确定""定义""定位"等关键词的学习目标均属于此类范畴。

在构思混合式学习方案时，应着重考虑那些侧重于信息传播，且几乎无须或完全无须与其他学员（或讲师）建立联系或协作的技术。

建议：

- 重点关注以知识获取为目标的学员与学习内容之间的交互环节的设计。

- 确保学员能够获取详尽的指南，明确如何访问并完成所有自控进度的学习材料。

- 在混合式学习方案中，为学员提供反思或分享其自控进度学习体验的机会。

有效实践 7

设计实时学习活动以鼓励学员协作、解决问题、回答问题并提出解决方案。

在构建任何混合式学习方案时，为实时活动预留的时间应着重于促进协作，而非单纯的信息传递。实时活动（无论是面对面还是虚拟形式）均可精心策划，让学员回顾核心概念、提供建设性反馈，并创造契机，让小组携手攻克学习难关。

回顾混合式学习交付模式的选择历程，我们曾探究协作是否能增强与绩效目标相关联的学习成效。实时活动正是我们凝聚学员、发挥团队协同效应、借助同伴的投入与互动来实现更佳学习成果的关键环节。

建议：

- 在所有实时学习活动中，设计策略应旨在强化讲师作为引导者的角色，而非传统的讲授者。

- 提供并促进共同创建与共享学习资源的机会。

- 在混合式学习方案中，为学员创造反思或分享其实时学习体验的平台。

有效实践 8

构建课程地图以展示混合式课程中学习要素的均衡分布。

课程地图通过阐释事件的先后顺序、学习活动的类型、每项活动的预估时长及其发生时间，为整个混合式学习课程勾勒出清晰的蓝图。

课程地图为学员提供了详尽的学习之旅指南，助力他们顺利入门、找到合适的学习路径，并明确完成学习之旅所需掌握的内容。课程地图不仅为学员详细描绘了学习之旅的各个阶段，同时也为设计者提供了混合式学习方案中均衡性的宏观视角。审视课程地图将使设计者能够更精准地确定混合式学习中内容、互动与评估模式的恰当平衡与运用。

建议：

- 创建与课程地图相匹配的清单，引导学员顺利完成学习之旅。

- 在课程地图中融入时间管理技巧与工具（或直接提供链接）。

- 将课程地图融入混合式学习方案中的每个学习活动，确保学员清晰了解自己在学习之旅中的进展。

有效实践 9

设计沟通渠道和工具，为学员在整个混合式学习计划中提供进度追踪与报告提交的平台。

沟通渠道使讲师与学员在混合式学习环境中得以连接和协作。当学员独自工作或分组作业时，这些沟通渠道的价值在于促进信息与想法的交流以及新知识的创造。

沟通渠道可以帮助讲师及时监测学员的学习情况，保证其学习没有偏离目标；对于学员来说，沟通渠道则是他们报告进度的途径。这些渠道需服务于特定目的，并与绩效目标紧密相连。这种关联将确保学员能够持续进步、学习与分享。

建议：

- 在创建沟通渠道时，务必联系相应的学习目标。
- 设计包含反馈机制的沟通渠道，便于在学员学习课程的过程中给予指导。
- 在渠道内设立一种机制，以便在学习社区内通报里程碑与成就。

有效实践 10

制定评估方案以确定混合式学习方案的有效性。

对所有学习事件进行评估有助于在审查、修订与更新学习材料与传递方式等方面做出明智决策。当评估贯穿于整个混合式学习体验时，它可以帮助我们更精确地界定绩效目标、精炼学习材料，并确保满足学员的需求。

提前设计与规划评估过程可以保证学习材料与混合交付方法顺利开展。它将确保学员对课程感到满意，看到自己的学习成果，也能够让你了解他们对于所学技能的应用情况。

评估结果还为利益相关者提供了宝贵信息，助其指导组织内未来学习方案的规划。

建议：

- 提前明确进行评估活动的目的，并对其持续优化。
- 与利益相关者分享评估目的及结果。
- 向利益相关者征求反馈，并不断完善你的评估方法。

最后的思考

相较于单一的虚拟课程或面授课程，混合式学习始终拥有诸多无可辩驳的优势，然而，对于实施混合式学习方案的抵触情绪却屡见不鲜。在本章中，我们深入剖析了构建混合式学习方案所面临的挑战，以及一个构思精巧、执行得当的方案是如何将虚拟课堂与面授教学的优势完美融合的。遵循十大混合式学习有效实践，并将其融入设计的每一个环节，是确保设计方案行之有效的关键。一个高效的混合式学习设计，不仅能降低成本、提升灵活性，还能显著提高学员的留存率。

◆◆◆

作者简介

詹妮弗·霍夫曼（Jennifer Hofmann），作为虚拟课堂与混合式学习领域的先驱，同时也是 InSync Training 公司的创始人与总裁。她所创建的虚拟咨询公司，专注于设计并交付富有吸引力、创新性和高效性的现代混合式学习课程。她不仅亲自撰写了多部广受赞誉的图书，还参与完成了诸多备受推崇的著作，其中包括《同步培训师生存指南：如何成功推进在线直播课程、会议及活动》《在线与直播：虚拟课堂实用技巧与活动汇编》，以及与娜妮特·曼妮合著的《定制学习：设计契合需求的混合方案》。她的最新力作《混合式学习》则提出了一种全新的教学设计模型，旨在满足现代职场及学员的多元化需求。她经常在全球各大知名学习机构进行线下与线上演讲。

参考文献

Biech, E. , ed. 2014. *ASTD Handbook*, 2nd ed. Alexandria, VA: ASTD Press.

Christensen Institute. n. d. "Blended Learning Definitions. "Christensen Institute.

Hofmann, J. 2014. *Blended Learning Instructional Design: A Modern Approach*. InSync Training, August 19.

Hofmann, J. 2018a. *Blended Learning*. Alexandria, VA: ATD Press.

Hofmann, J. 2018b. *Blended Learning in Practice*. The Learning Guild Research Library, May 9.

Mosher, B. , and C. Gottfredson. 2012. "Are You Meeting All Five Moments of Learning Need?"*Learning Solutions*, June 18.

Seaman, P. 2017. "Make the Spacing Effect Work for Online Students. "Portland Community College Online Learning, August.

第 23 章　无障碍学习的多维设计

莫琳·奥雷

真正的无障碍学习设计，远不止创造有趣、吸引人且有意义的学习内容。它要求设计师从全方位视角重新审视学习体验——考量学员获取内容的多元方式（视觉、听觉、肢体、认知等）。传统学习风格理论在无障碍框架的检验下，已无法满足真实的可及性需求。

本章要点

△　探讨包容性设计思维。

△　创建无障碍学习环境。

△　针对特定的无障碍需求进行设计。

包容性设计思维

无障碍设计要求我们必须细致入微地关注那些因视觉、听觉障碍或身体限制而无法顺畅学习的人的需求，同时也不能忽视那些因学习风格或心理差异而在认知上遇到挑战的学员。这里要特别提醒人才发展领域的专业人士：在需求评估和设计阶段，就必须将无障碍设计纳入考虑范围。如果等到项目完成后再考虑无障碍设计，那就太晚了，你可能需要推翻重来，重新设计内容。而如果从一开始就树立包容性和无障碍的设计思维，那么你就能确保从一开始就创建出包容性的内容。

请注意，为了表示尊重和包容，本章有意减少使用"残疾"、"残疾人"和"功能受损"等术语（标签）。相反，我们更注重描述个体因医学条件或认知差异而需要采取的不同学习方式。我们深知，语言不仅是沟通的桥梁，更是塑造我们思维方式的工具。

"无障碍"一词究竟蕴含了怎样的深意

在学习设计的语境中，无障碍并不涉及网络带宽或密码——换言之，它并非关乎计算机系统的技术层面，尽管最终所有面向公众的网站和学习管理系统也必须对残障人士开放。对于学习设计而言，人才发展专业人士与教学设计师需要深入了解如何设计内容，以满足学员的各种无障碍需求。

根据《网络内容无障碍指南》的规定，内容应当具备可感知性、可操作性、可理解性和稳健性。这四个方面常被概括为 POUR 原则，下面是对它们的详细解读：

- **可感知性**（Perceivable）
  - 为非文字内容（如图片、图表）提供文字说明。
  - 为多媒体内容添加字幕和音频解说。
  - 设计能够以多种方式呈现的内容，并在保留所有相关性和意义的同时融入辅助技术。
  - 提供轻松查看和收听课程内容的途径。
- **可操作性**（Operable）
  - 确保所有导航功能正常且可通过键盘操作。
  - 为用户留出足够的时间来阅读并与内容互动。
  - 避免使用闪烁、跳动或快速闪烁的内容，因为这些内容可能引发癫痫发作或其他身体反应。
  - 优化课程导航与内容查找功能。
  - 除了键盘，设计多种输入方式，如鼠标、触摸屏或语音控制。
- **可理解性**（Understandable）
  - 确保文字清晰可读，易于用户理解。
  - 设计符合用户预期或标准的内容呈现与操作方式。
  - 提供明确的导航和界面指示，帮助用户避免误操作，或轻松纠正错误。
- **稳健性**（Robust）
  - 充分利用当前与前沿的用户工具，确保内容的长期兼容性。
  - 在保障无障碍的同时，持续维护内容的高质量水平。

合法性思维

残障保障法律体系历经多年演进。在美国，这类法律紧随 20 世纪 60 年代的民权法律之后应运而生，它们深刻反映了社会对于那些因长期机会受限而被边缘化的群体的权利和需求的关注。这些法律的核心精神，在于确保信息获取的渠道畅通无阻，从而让残疾人能够触及并学习以往无法获得的内容。

1991 年《美国残疾人法案》的第三章规定，教育和教学视频必须确保听障人士和视障人士能够无障碍地观看（这就是学习计划发挥作用的地方）。该法律适用于各州和地方政府以及一些私人组织，并规定在必要时提供适当的辅助工具和服务。

2017 年 1 月 18 日，美国无障碍委员会发布了根据《康复法案》第 508 条和《通信法案》第 255 条涵盖的信息和通信技术的最新规定。第 508 条要求，当美国联邦机构进行电子和信息技术的开发、采购、维护或使用时，必须确保公众和联邦雇员能够无障碍地访问。这些规定同样适用于联邦政府采购的以及公共领域的电子和信息技术，包括计算机硬件和软件、网站、电话系统和复印机等。换句话说，如果你为美国联邦机构工作、拥有联邦机构客户、接受美国政府的资助，或学习计划和内容面向公众开放，那么你必须确保你的内容和学习计划符合法律要求。

为了紧跟市场趋势和创新（如技术融合），最终发布的规定对第 508 条标准和第 255 条指南进行了更新和重组。此次更新还使这些要求与美国国内外其他指南和标准相协调，包括欧洲委员会发布的标准以及《网络内容无障碍指南》，后者是一项全球公认的关于网络内容和信息技术的自愿性共识标准。

预计新的第 508 条标准将要求符合《网络内容无障碍指南》2.1AA 级标准。那么，这具体意味着什么呢？《网络内容无障碍指南》2.1 的成功标准根据三个层次进行分类，提供逐步增加的无障碍程度。

- **A 级**（最低）：提供最基本的网络无障碍功能。
- **AA 级**（中等）：解决残疾人用户最大和最常见的障碍。
- **AAA 级**（最高）：提供最高级别的网络无障碍功能。

达到更高级别的要求，自然也意味着满足了较低级别的要求；换言之，如果内容达到了 AA 级的无障碍标准，那它同时也满足了 A 级标准。

A 级标准设定了无障碍的基本门槛，但在多数情况下，这还不足以实现全面的无障碍访问。而对于即将更新的无障碍委员会第 508 条标准而言，AA 级被提议作为新的标准。然而，《网络内容无障碍指南》通常并不主张将 AAA 级标准作为普遍要求，因为在某些内容中，无法满足所有 AAA 级的成功标准。

创建无障碍学习环境

全球各组织所设计和实施的学习与发展项目可以归结为以下三种基本类型的学习环境：

- 实体课堂（面对面的、由讲师指导的学习）。
- 在线直播教学（虚拟讲师指导培训）。
- 在线异步电子化学习。

每种环境都需要根据各自特点来专门考虑无障碍设计的因素。表 23-1 列出了一些关于项目设计和开发方面的初步构想。在查看这些构想时，你会发现，一些开发机会的关注点不仅在教学设计和技术层面，还包括人员因素。例如，当我们谈到构建一个包容性的文化（而不仅是满足规定要求）时，员工发展和学习的一个最重要方面就是在职培训。在对新员工进行培训时，他们的主管或管理者可能直接与他们一起工作，从而对他们的学习体验产生巨大影响，无论这种影响是积极的还是消极的。负责在职培训的人员不仅需要了解法律方面的要求，还需要知道如何妥善处理残疾员工相关需求中的人性化因素。

表 23-1　学习环境类别的无障碍考虑因素

	实体，讲师引导	在线，讲师引导	在线，异步
情境	• 课堂培训 • 教练和辅导 • 在职	• 网络研讨会 • 网络广播 • 电话会议	• 电子化学习（所有形式） • 网站和维基 • 学习管理系统
考虑因素	• 设备的物理访问 • 设计无障碍课程和材料 • 让培训师做好准备，了解参与者的任何访问需求 • 监管者的准备和意识	• 验证软件的无障碍功能 • 设计无障碍课程和材料 • 让演讲者和行业专家做好准备，了解参与者的任何访问需求	• 验证软件的无障碍性 • 设计无障碍课程和材料 • 在需要时提供便捷的帮助

无障碍与包容性的教学设计策略

弗朗西斯·培根曾说过："知识就是力量。"然而，对于劣势群体而言，他们获取学习的机会却可能在无形中受到阻碍，而这种阻碍往往是那些处于优势地位的人所难以察觉的。有些教育工作者之所以在推进无障碍学习计划时犹豫不决，很大程度上是因为他们觉得这些计划复杂、烦琐且耗时。然而，教学设计领域一直在不断演进，如今，我们有了更多新颖、富有创意的方法来实施有趣且互动性强的游戏和教学方法，以期提升学习体验。但遗憾的是，很多初步的教学设计似乎都默认学员不存在任何障碍。因此，为了设计出真正无障碍的学习内容，我们需要首先树立一种积极、包容的心态，并勇于面对这一挑战。

接下来，我们将探讨五种促进无障碍与包容性的教学设计策略。

运用设计思维探索创新之道

IDEO 公司的 CEO 蒂姆·布朗曾这样定义设计思维："它是一门利用设计师的敏感度和方法，将用户需求与技术可行性相匹配的学科。"设计思维的核心在于寻找解决方案，而非仅仅聚焦问题本身。教学设计师需要融合逻辑、想象力、直觉及系统推理，不断探索创造最佳学习成果的可能性，从而为学员带来真正的益处。在初涉设计思维时，与同事携手合作，共同探索其各个层面，或许能为你带来意想不到的收获。你可以尝试将设计思维的某一特定方面分配给团队中的每位成员，随后大家再一同探讨课程设计，这类似于爱德华·德博诺提出的"六顶思考帽"方法。这种方法之所以有效，是因为在你尚未构想出如何利用多种方法最佳地传达某一概念之前，你很难真正打造出一门具备无障碍的课程。因此，从一开始就秉持包容的心态，会让你的工作进展得更加顺利。记住，第 508 条标准或《网络内容无障碍指南》合规性绝非"事后添加"的附属品。

编写清晰简洁的学习目标

一份精心撰写的学习目标，能够明确地勾勒出你期望学员在本课结束后所能达成的表现。罗伯特·马杰曾强调，学习目标应当具体且可衡量，它们能够为教师提供指导，并助力学生在学习过程中取得进步。他提出的学习目标的 ABCD 模型，涵盖了四个核心要素：对象（audience）、行为（behavior）、条件（condition）和标准（degree）。这一模型在为残疾或无障碍需求的参与者撰写学习目标时同样适用。尽管模型的每个方面都至关重要，但在设计无障碍学习时，受众的需求以及他们在工作中需要展现的行为是尤为关键的因素。

在撰写学习目标的过程中，教学设计师常常会陷入两个误区。

- 目标过于笼统，未能聚焦于特定的期望行为。例如：
  ○ 笼统的目标：参与者将了解关键沟通要素。
  ○ 更精确的目标：参与者将能够展示进行困难对话所需的四个步骤。
- 一个目标中涵盖了过多的行为。每个目标都应专注于支持一种行为，如展示、识别、讨论或解释。布鲁姆的分类法提供了丰富的活跃动词资源，有助于我们描述所期望的具体行为改变。

创建一个有意义的课程结构

你是否曾参与过设计糟糕的课程？是否曾尝试按照含糊不清或令人困惑的指示去完成某项活动？一个条理清晰、巧妙融合了所有关键内容要素的课程结构，能够营造出积极的学习氛围，减少学员的困惑，并以易于吸收的方式呈现课程内容。在设计异步在线学习课程时，课程流程通常遵循以下顺序：欢迎环节、课程说明、学习目标、课程内容、评估测试、课程总结、后续步骤以及结束指令。在设计过程中，要始终考虑课程内容的呈现方式：它是线性的吗？是否必须按照特定的顺序来呈现？或者，你是否从最不重要的主题开始讲起，而将最重要的内容留到最后，那时学员可能已经没有足够的精力去专注学习了？

提供内容和背景信息

西蒙·西涅克凭借他的著作《从"为什么"开始》而广为人知，他在书中深入探讨了让人们理解行为背后原因的重要性。学习领域的专业人士可以从他的书中得到启示，在我们开发的培训课程中融入更多情境。你可以通过图表将意义或情感融入内容中，以此来实现这一点。此外，为图表等所有视觉元素添加有效的"Alt 文本"也十分重要。Alt 文本是一个词或短语，可以作为属性插入到 HT-ML 文档中，以便向网站访问者说明图像的性质或内容。Alt 文本会显示在一个文本框中，并且应该设置为允许屏幕阅读软件读取。

为视频添加音频解说是融入情境的另一种方式。音频解说能为视障人士提供屏幕上正在发生事情的语音概述，这与隐藏字幕为听障人士提供背景声音情境补充的效果是类似的。

针对特定的无障碍需求进行设计

接下来要考虑的方面是学员基于其身体或认知状况的个人学习需求。人才发展专业人士对学习与发展的需求评估并不陌生。然而，传统上，评估的重点一直集中在学员的主题需求或能力需求上，以及如何最有效地设计和传递内容。从本质上讲，第 508 条标准和《网络内容无障碍指南》的要求让我们在需求评估的考虑因素中增加了另一层复杂性。

每个学习环境都应考虑的四个主要条件如表 23-2 所示。

表 23-2　每个学习环境下的四个主要需求评估条件

听觉	视觉	身体	认知
• 耳聋 • 听力不佳 • 听力受损 • 认知处理 • 注意力缺陷障碍	• 失明 • 视力受限 • 阅读障碍 • 色盲 • 认知处理 • 注意力缺陷障碍	• 移动能力 • 行走能力 • 运动协调性 • 手眼协调	• 专注能力 • 学习差异 • 认知处理 • 注意力缺陷 • 压力或焦虑

在表 23-2 中，最有趣之处便是存在重叠的障碍困难。举例来说，耳聋或听力不佳的人会遇到听觉难题，但某些学习差异也包含听觉处理的问题。同样，失明或视力受限的人存在视觉障碍，而某些学习差异（如阅读障碍）也存在视觉处理方面的困扰，这些问题都可以通过相似的方式进行调节。这与 20 世纪 90 年代初《美国残疾人法案》通过后所带来的物理环境和建筑变化有许多相似之处。《美国残疾人法案》要求在十字路口设置路缘斜坡，以方便轮椅使用者通行。意

想不到的是，送货员和推着婴儿车的家长也立刻享受到了这一便利！简而言之，满足一种学习需求会惠及多种情况。事实上，你可能发现，满足不同的学习需求也会给有语言或读写需求的人带来好处。

全面整合信息

我们的概念矩阵巧妙地将三种不同的学习环境与四种核心学习需求相结合。这一矩阵可作为一项宏观工具，帮助我们识别并实施无障碍设计策略。矩阵的顶部清晰地列出了三种主要的学习环境，而左侧详细标注了四种核心学习需求。在矩阵的每一个方格中，我们都提供了一些初步的创意，旨在满足不同学习环境下的学习需求。但需要明确的是，此矩阵并非包罗万象，而是为我们提供基本的设计初步考量。

最后的思考

请务必对你关于无障碍的假设进行验证，切勿盲目地相信程序会如你所设想的那样运作。我曾听一位设计师说过，如果我们只是简单地使用 HTML 5.0 来设计一门课程，它就会自然而然地具备无障碍性。然而，现实是，在六个月后进行了无障碍性测试后，我们仍然需要对程序进行重新设计，以确保其符合法律要求。因此，在设计过程中，请务必不断测试你的流程和设计，确保它们能够按照你的预期运行。

作者简介

莫琳·奥雷（Maureen Orey），CPTD，是设计、开发并提供高影响力、包容性学习解决方案的顶尖专家。她在 2009 年创立了自己的精品企业培训和咨询公司。她的使命简单而明确：助力组织培养强大且富有韧性的领导者和员工。如需与她联系，请发送邮件至 maureen@ wlpgroup. com。

参考文献

Americans with Disabilities Act. *ADA Title Ⅲ Technical Assistance Manual: Covering Public Accommodations and Commercial Facilities.*

Bono, E. D. 2010. *Six Thinking Hats.* New York: Little Brown and Company.

Brown, T. 2008. "Definitions of Design Thinking. "IDEO blog, September 7.

Orey, M. 2017. "Designing Section 508 Compliant Learning. "*TD at Work.* Alexandria, VA: ATD Press.

Sinek, S. 2009. *Start With Why.* New York: Penguin.

延伸阅读

Lindstrom, C. 2017. *What's Missing? Best Practices for Teaching Students With Disabilities.* Lanham, MD: Rowman & Littlefield.

第 24 章　学习转化：缺失的环节

艾玛·韦伯

企业在推进培训开发与交付的过程中，始终面临着一项重大挑战，即培训课程结束后，企业能否亲眼见证员工行为上的实质性转变。

然而，遗憾的是，答案往往令人失望。要实现员工行为真正且持久的改变，必须依靠最为坚实的培训强化手段，这种手段能够促进并评估学习成果的转化。

🖐 本章要点

△　揭示学习过程中长期缺失的关键环节，并剖析其缺失的根源。

△　阐述成功实现学习成果转化所应遵循的基本原则。

△　揭示并阐述一条能够推动并实现业务成果转化的实践路径。

关于如何让培训深入人心以及嵌入式学习对组织的益处等相关议题，长久以来一直众说纷纭。这些观点固然有其可取之处，但它们更多地聚焦于个体能否记住或复述培训内容。至于这些记忆能否持久，通常并非讨论的重点。这一点与学习成果转化应明确区分开来，后者指的是通过切实可行的方式，促使个体培训结束后在工作场合中的行为发生实际改变。

接连不断的研究表明，学习方法往往只能发挥出 10%～20% 的效果。这意味着，培训所获的回报远低于其投入的金钱与时间成本。雇主常常不知道如何在培训后促使员工做出改变，无法确保有效的学习转化。简而言之，他们只能寄希望于偶然的成功。

评估学习与发展团队成效的关键指标之一是"培训天数"，这一现状无疑加剧了学习转化面临的挑战。具体而言，只要学员在培训结束时，理论上掌握了所需知识，并在课堂上展示了目标技能或行为，该指标便视为达成，而不论这些知识是否真正在职场中得到运用。即便捕捉到了转化的意愿，也并不能作为衡量成果是否真正实现的标尺。作为从业者，我们完全有能力对自己提出更高标准，着手创造并展示真正的行为改变。

每当学习与发展专业人士"灵光一闪"，意识到培训评估中的这一缺陷时，他们便清楚，提供培训只是他们工作的一半。他们还需要确保所教授的内容能够转化为职场实践，展现出真正的业务收益。

学习的缺失环节

长期以来，学习转化问题持续困扰着我们，这无疑揭示了教学设计过程中的某些关键环节缺失。既然已经认识到行为改变对于提升业务成果和学习转化的决定性作用，我们急需填补这一空白。若培训后未能实现有效的学习转化，那么无论其余流程（从需求分析至效果评估）如何精细完善，都将显得无关紧要。

为什么长期缺失

尽管教学设计过程的各个要素已逐渐趋于成熟，但培训效果始终未能达到预期，这预示着存在某个至关重要的缺失环节。那么，这一环节为何缺失呢？以下是对几个潜在原因的深入探讨。

- **责任主体不明。**教学设计过程的不同阶段往往由不同团队负责，导致各阶段之间缺乏统一的终点线，进而造成责任主体缺失。

- **目标设定偏离。**在项目规划时，经常错误地设定了与实际需求不符的目标。从一开始，这些目标往往聚焦于人们打算做什么以及在课堂上能展示什么，而很少关注培训结束后能带来的实际成果。由于目标过于宽泛且未将学习转化纳入考量，所以实现学习转化的可能性自然有限。没有目标就无法击中靶心。投资回报率工具匹配模型除了可以帮助你准备评估，还将学习目标纳入考虑范围。杰克·菲利普斯和帕蒂·菲利普斯编著的《超越学习目标：制定与底线相关的可衡量目标》是一本很有价值的参考书，有助于区分学习目标和行为目标。

- **内容至上误区。**学习与发展功能过于热衷于寻找新的创新方式来交付内容，尤其是通过技术手段。尽管初衷良好，但这种做法让人误以为只要改进内容和交付方式，就能引发行为改变，这显然是不够的。

- **评估至上偏见。**第 1 级评估（反应评估）被视为学习与发展的圣杯，但它并不能带来真正的改变，只能衡量改变的程度。别再迷信"满意度调查表"了！

- **重视学习而忽视改变**。有效的学习转化需要能够促进改变的策略。如果培训计划的主要目标不是创造行为改变，那么我们怎能期待这样的结果呢？

在教学设计过程的初始阶段，我们需要分析业务情况并确定学习是否为解决问题的最佳方案。这时我们还需要自问：我们是否需要用学习转化方案来补充学习计划？

在大多数情况下，答案是肯定的。接下来。我们需要了解近转化和远转化的概念。帕蒂·尚克于2004年在《学习解决办法》杂志上发表的一篇文章就对这一点进行了精妙的阐述，该文章名为《他们能在现实世界中做到吗？为学习转化而设计》。

这个概念被称为近转化和远转化，其实有点不太恰当，因为它是一个从近到远转化的连续体，在这个过程中可能有更高程度的转化。

近转化是指在非常相似的情境之间的转化。……近转化通常是完成常规和一致任务所需的。

远转化是指将学习应用于和学习情境略有不同甚至截然不同的现实生活情境中。当需要根据具体情况执行不同任务时，这种方法十分有效。远转化的标志是需要根据判断调整行动。

在我看来，这意味着几乎任何涉及改变的人或情境都需要考虑转化的问题。

当你不需要特定的学习转化方案，或者认为它不会带来额外价值时，确认这一点会更加容易。例如，当培训计划采取绩效支持工具的形式时，就不太可能需要转化策略，因为这个人有即时需求，所以大概率会应用这些信息。

有些人可能认为，"也许所有的学习都应该如此，我们应该总是在需要的时候学习。"对于某些技能，特别是技术技能而言，这无疑是理想的。然而，在许多学习计划中，我们谈论的是发展软技能（或我现在更倾向于称之为的"人类技能"），如倾听、领导力和沟通等。这些技能是我们固有的，需要做出判断，并超越即时的、具体的需求，有助于个人成长。

本章内容主要聚焦于一个特定问题：学习成果未能有效转化至职场实践之中，即所谓的"无效学习"或"学习浪费"，以及针对此问题的应对策略。我们的讨论建立在一个基本假设之上，即你已经构建了一项旨在促进知识转化的培训项目。在此前提下，不妨扪心自问：

- 我的学习计划是否设计得足够实用，以便能够直接应用在工作之中？
- 学员是否掌握了将所学知识付诸实践的方法？
- 在培训过程中，我是否预留了足够的时间供学员反思，并为他们提供了探索所学内容如何与个人工作相关联的机会？
- 最根本的是，学员是否已达到了能够灵活应用所学知识的阶段？

如果对上述问题的回答均为"是"，那么接下来要做的便是支持他们将这些知识付诸实践，即实现知识转化。但培训的核心在于，必须确保学员能够达到实际工作的要求。

除了为众多人群设计旨在改变行为模式的培训项目，该项目还需确保个人能够在职场环境中有效应用所学内容。倘若你或学员发现自己发出这样的声音——"这与我的工作职责无关"或"我至少要等六个月才能用上这些内容"，那么转化策略恐难见成效。此外，若某项技能每隔数月而非每周或每日使用一次，那么构建转化路径将更为艰难，可能需要另辟蹊径。例如，为那些在工作中鲜少有机会进行演讲的员工提供演讲技能培训便是如此。

对于"应对复杂沟通"之类的培训项目而言，学习转化同样面临挑战。近期，我与一位客户就他们正在开发的领导者复杂沟通能力提升项目进行了交流。转化难题在于，学员认为这是一项低频技能，因为他们可能每个季度甚至更久才需要进行一次复杂沟通。我提议，他们应将项目重心转向"有意义对话"，并涵盖各个层级随时可能发生的对话类型。

不妨这样思考：将复杂或"高风险"的对话比作举起 200 磅的重物。你刚进入健身房就挑战这一重量无疑是巨大的挑战。你需要通过反复练习，循序渐进地增加重量。随着时间的推移、实践的积累以及经验的丰富，你终将举起 200 磅。从举起 20 磅直接跳跃至 200 磅是不切实际的。相对而言，如果你未曾经历过 50 磅或 100 磅"级别"的练习，那么直接挑战 200 磅将极为困难。然而，一旦你能够做到每天或每周处理一次 50 磅"级别"的情况，那么 200 磅的挑战便不再显得那么遥不可及。

由此可见，转化成功的关键在于焦点转移，我们需要把视线从不常见的项目转移为可每周应用的项目。那么，我们如何帮助学员确定对他们而言何谓 50 磅"级别"的对话呢？答案是：询问他们。他们需要亲自识别，增强责任感和主动性。随后，在转化期间，他们可以跟踪记录自己在处理这些不同"重量级"对话时的表现。

学习转化的原则

了解学习转化的三个基本原则——反思与提醒、自主权和问责制——是制定学习转化策略的良好起点。接下来，我们分别看一下这三个原则。

反思与提醒

试图通过不断提醒来促使他人实现长远的行为改变，往往效果有限。我们都有体会：当被提醒要做出改变时，我们的注意力会转移到提醒者身上，而非改变自身的决心。无论措辞多么巧妙，提醒他人将所学付诸实践都不是能有效推动其行为改变并长久坚持下去的有效手段。

一种常见的误区是，向参与者提供额外的学习材料来深化理解并作为后续跟进的举措。然而，在构建与评估学习转化和改变的过程中，这种做法的效果有限，甚至可能产生误导。艾宾浩斯遗忘曲线及神经科学的发现已向我们揭示，间隔学习对于记忆和回忆的重要性。但在实际情境中，学习转化的核心在于促进行为的改变，而非单纯为了记忆的保持而增加学习内容。对于成人学员而言，未能将所学应用于实践，通常并非因为他们对知识一无所知。即便学员无法回忆起具体内容，他们也往往能够轻松找到相关工具进行查阅。实际上，控制我们行为的是我们的思想、价值观、情感、信念、恐惧及需求，它们要么成为改变路上的绊脚石，要么成为推动改变的助力。我们的内心对话最终主宰着我们的行为，因此，我们的目标应当是鼓励人们反思学习应用过程中的实际情况，而非仅仅回顾学习内容本身。

有效反思的关键在于采用一种内向型方法，包括内心对话与想象。当个体进行反思时，他们实际上是在与自己进行一场深入的对话。这正是聊天机器人在这一领域具有独特价值的关键所在。这种深刻而丰富的反思状态，在一对一的交流中更容易达成，而非在群体中，或在技术辅助下独自进行。通常，心理安全感越高，个体进行反思就越容易。这或许解释了为何管理者在帮助个体进行学习转化对话时，相较于外部人士或无关人员，会面临更大的挑战。

此外，需要明确的是，我们讨论的反思并非针对学习本身，而是特指对学习成果在实际应用中的反思。这包括在现实世界中实时应用所学知识。在工作中学习已成为当下的热门话题，而学习转化要求学员反思他们如何将所学内容转化为工作实践中的具体行动。

自主权

丹尼尔·平克在其著作《驱动力》中提出的观点，有力地支撑了自主性在成人学习中的核心地位。爱德华·德西和理查德·瑞安所提出的自我决定理论，深刻揭示了内在动机对于推动行为改变的关键作用，其中，自主性、胜任感与关联性构成了其核心驱动力。因此，赋予个体自主权是取得成功的关键。

安妮·巴特利特-布拉格所倡导的"支架"技术采纳理念，实质上是一种精心设计的引导与塑造过程，其精髓在于将最终决定权赋予学员。在学习转化的情境中，这一理念同样适用，旨在培养学员的自主性。以学习转化为例，我们可以鼓励学员自主决定何时开展关于学习的深度反思对话；同时，也可以让他们自主抉择在行动计划中优先处理哪些目标。这里的"支架"是指对话的框架，而"自主性"体现为学员能够自主决定如何利用时间，专注于何种工作。

同样地，为了帮助学员建立自主权，我们可以选择信任他们，让他们自主设定行动计划的目标，而非直接向他们灌输组织目标。赋予个体自主改变目标意向的权力，将极大地激发他们的潜能，帮助其实现更加有效且持久的成长。

问责制

尽管问责制在历史长河中常被赋予某种负面色彩，但这一认知很可能源于往昔那种以指挥和控制为主导的领导模式，彼时，人们习惯于遵循自上而下的指示行事。对于成熟的学员而言，仅仅告知其行事准则，绝非驱动行为转变的良策。相反，我们有机会营造一种新环境，让问责制转化为一种自我赋能的力量，促使个体主动对自我负责，而非被动接受管理者的鞭策。为了激发学员的责任感，了解他们将如何确保计划的落实，你可以向学员提问。

"你打算如何确保自己坚守承诺，直至将目标圆满达成？"就是一个非常好的提问方式（但你务必把握好语气的分寸！）。许多学员能迅速认识到，自己可以采取哪些具体措施来对自己负责。如果他们需要灵感，那么奖励机制、适时提醒以及人际互动这三个层面便是值得深入思考的切入点。

将反思与提醒、自主权和问责制这三个原则巧妙融合的最佳途径，莫过于开展一场深度对话。多数情况下，这场对话需要他人辅助个体完成与自我的深刻交流。正如前文所述，当能够触及个体内心的真实想法时，便能以最快且最稳固的方式，促进其行为的正向调整与发展。

你的学习之旅从哪里开始

为了缩小知识与行动之间的鸿沟，通过学习实现真正的业务成果，你目前可以采取哪些行动呢？选择适合你的方式，调整目标，并着手规划你的行动计划，这样你就能踏上成功的征途。当你踏上学习成果转化的旅程时，首先要明确你准备采用哪种对话方式来激发个人的自主权和责任感。

一个学习转化对话方法的示例是将学习转化为行动对话模型。该模型建议在学员消化所学内容期间，分阶段开展持续数周的对话。根据粗略指导原则（具体时长需取决于所推行变革的类型和深度），通常会在 10～12 周内进行三次 30 分钟的对话。该模型体现了结构化与灵活性之间的动态平衡，这种平衡能够提升辅导效果，也是该模型区别于其他方法的关键所在。

ACTION 是一个缩写词，代表学习转化对话必须经历的阶段，以有效促进学习成果转化和工作行为改变。

- **责任明确**（Accountability）。我们需要明确整个过程的背景和框架，以及学习转化对话的具体要求。

- **现状评估**（Calibration）。我们需要为学员当前的能力和水平，以及他们未来的目标设定一个评分标准。

- **目标设定**（Target）。我们需要明确个人在本次培训或会议中想要实现的具体目标。

- **信息收集**（Information）。我们需要收集工作场所的相关信息，并与学员一起深入探讨这些信息的背景和意义。

- **方案分析**（Option）。我们需要探讨在当前情境下有哪些可行的选择或方案。

- **后续行动**（Next steps）。我们需要制定一个详细的行动计划，明确个人将如何采取行动，逐步朝着自己的目标前进。

采用标准化方法论意味着它能够在不同的学员群体和培训项目之间进行复制应用。这种方法论不依赖于特定的项目内容，也不需要额外增加内容。对话的核心就是制定行动计划，而这个计划是由个人驱动的。无论你选择哪种对话方法论，或者是否自创一套，都要确保它的目的是帮助个人进行自我对话，从而提升责任感和自主性。

接下来，关键的一步是通过明确新的目标终点和提前设定期望来教育学员。

学习转化不是惊喜或附加项。当面对是否承担责任的抉择时，人们往往倾向于保持不变——改变虽然简单，但不改变更加轻松。而这正是人性的弱点。

在《将培训转化为商业结果》一书中，卡尔霍恩·威克、安德鲁·杰斐逊和罗伊·波洛克强调了终点线的重要性。他们指出，让学员明白学习过程并不仅局限于接收教学内容或教学指导，这是至关重要的。过去我们一贯认为学习发生在教室里。然而，随着虚拟学习的兴起，教室作为学习中心的观念开始改变。尽管如此，人们仍然认为教学内容和教学指导是学习的核心。我们需要帮助人们认识到，当他们离开学习环境时——无论是虚拟的还是面对面的——学习并未结束。这对于改变学习的终点线、推动行为改变和实现项目成果至关重要。真正的终点线是在工作场所，在那里，新知识被持续应用于改善业务成果。

最后，我们需要通过制定有意义的行动计划来搭建起项目与行为改变之间的桥梁。

行动计划是连接学习与行为改变的纽带。然而，在实际操作中，它们往往被匆忙制定、忽视或推迟，以便为更多教学内容腾出时间。一旦人们脱离了学习环境，就很难记住接下来要做的事情。尽管出发点是好的，但如果人们没有在学习活动中制定并承诺执行行动计划，那么他们之后也大概率不会完成，更不用说坚持到底了。因此，在学习阶段就明确并记录行动至关重要。

需要特别注意的是，不要等到项目结束时才开始制定行动计划。这听起来可能有些违反直觉，因为人们尚未完成学习，又怎么能制定行动计划呢？但这是一个权衡的过程。在学习项目中提前制定详尽周密的行动计划，相较于在项目收尾时匆忙拟定计划，能带来更为显著的优势。

许多引导师放弃了制定简单的行动计划，因为他们担心后续的执行问题。当然，行动计划后续的执行情况确实是确保整个过程成功的关键。

在一个健全的转化环境中，行动计划成为学习转化对话的基础文件。因此，行动计划的质量对于学习转化成果的成功至关重要。

数据与学习转化的强强联合

你所规划的学习转化策略与学习数据策略将紧密交织在一起，共同发挥作用。转化机制是推动学习成果产生的动力源泉，而数据是记录并衡量这些成果的重要工具。不仅如此，数据在学习转化的每一个环节都能发挥关键作用，帮助我们及时发现并有效降低项目成果未达预期的风险。

在 ACTION 方法论中，我们强调了在 1~10 的范围内设定并校准评分目标的重要性。这些具体的数字并非关键所在，真正重要的是我们始终保持着向更好方向前进的态势。这些评分目标可以作为数据收集的基础，通过学习转化过程中的对话与交流被捕捉下来，进而用于追踪学习进度的变化。同时，我们还可以结合基于学习成果的问题，对行动计划的进展进行更为深入的评估。

当这些学习成果在项目内容阶段结束后 10~12 周内被系统地捕捉并记录时，我们就能够清晰地描绘出学习实施所带来的积极效应和深远影响。相较于仅在学习活动结束时收集第 1 级数据的满意度调查表，这一过程无疑更为优越。它为我们提供了捕捉反映行为改变和商业效益的丰富数据的机会，这些数据在后续阶段可以用于精确计算学习的投资回报率。在收集总结性数据时，一个值得借鉴的技巧是将工具命名为"进度审查表"，而非"反馈表"。因为进度审查表为学员提供了一个宝贵的平台，使他们能够向组织展示自己的进步和成就，其感知价值远高于填写反馈表，因此也更容易获得学员的积极响应。通常情况下，在培训计划结束后 10~12 周内，超过 80% 的学员会主动与组织分享自己的进度审查数据。

猫头鹰之檐（Owl's Ledge）的崔西·乌尔重塑了我对数据与学习转化的认

知，她特别指出技术在转化过程中赋能数据采集的强大潜力。在与她的对话中，当我坚持认为聊天机器人在学习转化中的应用为规模化实施"以人为本"的转化方法创造了全新机遇时，她则洞察到聊天机器人能生成关于学习进度与成果的丰富数据这一独特价值。必须强调的是，尽管这些数据极具价值，其使用必须严格遵守数据隐私框架的法律与道德边界，包括数据聚合与去标识化处理、安全存储机制以及合规销毁流程等关键环节。

通过捕捉并深入分析这些数据，我们能够持续优化学习设计，逐步提升学习成效。利用人工智能、文本分析、趋势分析和因子分析等尖端技术，我们可以挖掘数据背后的深层信息和价值，为学习团队提供关键的数据洞察与决策依据。此外，这些数据还能帮助我们明确已取得的成果，并为组织提供具有实践意义的见解与策略建议。

教练 M 和学习转化

学习技术领域发展迅猛。相较于以人为核心的方法，与技术相关的解决方案更具可扩展性和可重复性。在选择用于学习转化的技术时，需考虑该技术是否与成功转化的原则相符。在寻找能够支持对话的技术时，实验证明聊天机器人是学习转化中的一个有效工具。参与者平均花费 20 分钟与 Lever 公司设计的聊天机器人"教练 M"进行对话。在与教练 M 交流时，参与者放慢了节奏，反思了自己制定的行动计划，分享了学习进展，并商讨克服行为改变障碍的策略。

要使用学习转化聊天机器人，你需要摒弃对聊天机器人的固有认知。大多数人都有过与客户服务聊天机器人打交道的经历，该类型机器人主要会向讲师提问。而学习转化的聊天机器人反其道而行之，它是被设计成向学员提问的。聊天机器人不具备情感，因此能为学员提供一个高度安全的心理环境。这有助于学员放慢节奏、深入思考，并与自己进行深入的对话。

教练 M 基于 Lever 公司在 12 年间收集的 12 万次真实对话，深入学习了"将学习转化为行动"方法论的精髓。教练 M 可以模拟学习成果转化的对话场景，从而充分发挥新兴技术在学习领域的潜力。

最后的思考

试着从学习转化的角度去审视那些学习中缺失的环节，这将激发你提出更多关于转化的深刻问题，而这些问题绝非一两章内容就能解答得完的。邀请你的同事加入这些讨论，共同实验，收集行为改变的实例作为证据，并持续拓展你的思维边界，超越传统的学习环境和框架。

当学员走出课堂（无论是线上课堂还是实体教室），他们会经历怎样的变化？他们如何将所学的新行为融入日常工作中？你该如何提供支持、提出挑战，并捕捉这些成果，以促进所有人的持续学习和不断进步？你该如何将这一理念融入你的职责中，并致力于实现那些能够推动业务发展的成果？

好消息是，对于大多数组织来说，这并不意味着他们需要彻底推翻并重新设计学习项目。实际上，组织通常拥有非常出色的学习设计与执行能力。在学习设计方面，他们已经做得相当好了——现在，真正决定学习和组织能否达到卓越境界的，将是那些能够开发和实施有效学习转化策略的人。那些能够认识到哪些工具可以帮助学员放慢脚步、进行反思、发展元认知能力，并在整个学习过程中提供数据支持的人，将占据真正的优势。要培养能够适应未来挑战的领导者和组织，学习领域的专业人士需要推动学员和我们自己承担责任，并对结果负责。你准备好迎接这一挑战了吗？

◆◆

作者简介

艾玛·韦伯（Emma Weber），莱弗学习转化公司的创始人兼 CEO，同时也是学习转化领域的专家。她矢志不渝地致力于在全球范围内推动学习转化的变革。面对大量学习成果被浪费的现状，她深感痛心，于是她创造了"将学习转化为行动"方法论，希望能够解决这一问题。得益于她卓越的团队和一个名为"教练 M"的对话智能程序的助力，这一方法论现已在 20 个国家以 12 种语言得到推广和应用。"教练 M"正在挑战学习转化行业对于可能性的传统认知。她通过与他人交流以及著书等方式，热情洋溢地分享着自己的专业知识和见解。她的首部著作《将学习转化为行动：实现有效学习转化的实证方法论》于 2014 年由 Kogan Page 出版社出版。欢迎通过电子邮件（emma@ leverlearning. com）与她进行更深入的交流。

参考文献

Phillips, J. J. , and P. P. Phillips. 2008. *Beyond Learning Objectives: Develop Measurable Objectives That Link to the Bottom Line*. Alexandria, VA: ASTD Press.

Pink, D. 2011. *Drive: The Surprising Truth About What Motivates Us*. New York: Riverhead Books.

Shank, P. 2004. "Can They Do It in the Real World? Designing for Transfer of Learning. "*Learning Solutions Magazine*, September 7.

Weber, E. 2014, *Turning Learning to Action: A Proven Methodology for Effective Learning Transfer*. London: Kogan Page.

Wick, C. , A. Jefferson, and R. Pollock. 2010. *The Six Disciplines of Breakthrough Learning*. San Francisco: Pfeiffer.

延伸阅读

ATD Case Study Team. 2019. "Bayer: Chatbot Coaching for Learning Transfer. " ATD Case by Case, November 20.

Dirksen, J. 2016. *Design for How People Learn*, 2nd ed. Indianapolis, IN: New Riders.

Turning Learning Into Action. n. d. "Online Action Planning Tool. "

Weber, E. 2021. "Accountability Video. "YouTube video, June 1.

第 25 章　支撑电子化学习基础的必备工具

黛安·埃尔金斯

如今，有大量电子化学习工具可供选择。那么，如何做出战略决策，选择合适的工具来创建电子化学习内容呢？虽然我们无法覆盖所有工具，但可以重点讨论那些在人才发展专业人士中需求较大的工具，特别是与自主电子化学习相关的工具。首先，你需要评估开发电子化学习所需的技术，然后再选择最合适的工具。

本章要点

△　评估电子化学习开发的技术需求。

△　创建所需工具的愿望清单。

△　确定选择合适工具的标准。

如果你曾在 YouTube 上搜索过修马桶或烤土豆的教程，那么你就已经体验过电子化学习了。从广义上讲，电子化学习的制作只需一个键盘或一部智能手机摄像头即可完成。

然而，如果要打造引人入胜、互动性强的电子化学习内容，并满足组织内员工发展需求，你的工具箱或许需要增添更多工具。

电子化学习现在主要有三种类型，每种类型所需的工具组合略有不同。

● **自主电子化学习**。也称异步学习，允许学员随时开启学习之旅。学习内容可以简单到文本网页或视频，也可以复杂到分支式学习或游戏化模拟。

● **虚拟课堂**。通常被称为网络研讨会或虚拟讲师指导培训，是一种由讲师和学员共同参与的实时在线活动。交流既可以是单向的，也可以是互动的。课程允许录制，按需播放，转化为自主学习的形式。了解更多虚拟课堂信息，请参见第 26 章。

● **小组式电子化学习**。结合了同步和异步学习的特点，讲师和学员在大致相同的时间段内共同参与电子化学习课程。课程设有清晰的起止日期，安排每周的学习内容和活动任务（同步学习环节）。同时，每位学员可以在一周内的任意时间查看内容、完成活动（异步环节）。

本章将帮助你做出战略决策，选择所需工具，创建电子化学习课程，重点聚焦自主电子化学习。需要注意的是，产品会经历诞生、重塑品牌、更新换代乃至淘汰的过程，企业会经历成立、合并、更名乃至解散。因此，尽管本章提及的具体产品名称及其描述在成书之际均为最新信息，但随着时间的推移，信息可能有所变动。

电子化学习创作工具

电子化学习创作工具是一款专为基础课程创作的软件。借助这一工具，你可以创建课程页面、添加媒体和互动，以及发布课程。几乎所有电子化学习创作工具都具备以下功能：

- 添加文本和图像。
- 插入音频和视频。
- 创建简单的测验。
- 将课程导出 HTML5 格式。
- 与学习管理系统对接。

创作工具往往在以下几个方面有所差异：

- 价格。
- 学习曲线。
- 易用性。
- 功能集。
- 创作环境。

你对最终电子化学习项目的外观和功能了解得越清晰，就越能精准地挑选出最适合你的创作工具。

你需要创作工具吗

不，你不需要。大多数电子化学习创作工具会生成 HTML5 格式的课程输出。使用创作工具，你无须自己编写代码（如 HTML5、JavaScript 或 CSS）。当然，你愿意的话，可以自己编写代码，创建引人入胜、互动性强的电子化学习课程。

编程的优势在于，完全依照个人需求打造课程，无须受制于任何可能在未来几年内淘汰的工具，往往能使课程具备长期价值（自定义编程的课程通常比使用创作工具自动生成的代码更加"干净"）。

然而，编程是一项耗时且通常需要高成本的工作。手动编写课程需要更多决策（因为没有任何内置功能），也许还需要进行更多质量保证测试（因为所有内容都是从头开始制作的）。

价格

创作工具的价格从完全免费到数千美元不等。有的工具采用一次付费、终身享用的方式，而另一些遵循订阅模式。更有像 Adobe Captivate 这样的工具，允许用户在两种定价模式之间选择。

免费工具

有些创作工具完全免费，有些是开源工具（如 H5P），有些是付费工具的限免版本（如 iSpring Free），还有些来自出于分享目的的个人或私企。

然而，免费并不意味着没有成本——你可能仍需为 IT 基础设施做预算。例如，开源的 Adapt 创作工具，虽然本身无须付费，但需要用户自行搭建服务器进行安装。如果用户没有自己的服务器，就需要考虑向第三方服务商（如 Learning Pool）支付托管费用。

另一种免费创作课程的方式是利用手头现有工具。举个例子，如果你不需要复杂的功能，可以尝试以下方法：

- 在 PowerPoint 中创建所需内容。
- 整合内部网页上的现有资产。
- 使用学习管理系统内置的创作功能。

一次性付费工具

对于一次性付费工具（通常是本地安装软件，而非基于网络的软件），只需支付一次费用，安装后即可长期使用。未来，软件可能发布更新，你可以选择是否支付升级费用（通常可享受原价 50% 的折扣）以解锁新功能，或者继续使用现有版本。

一些工具还提供可选的年度服务费，提供持续的客户支持和所有软件更新。

一次性购买协议尤其适合资金有限的情况。例如，今年你可能拥有资助资金，但明年可能就没有了。如果你选择一次性购买创作工具，即使资金用尽，仍然可以继续使用该工具。不过，一旦技术过时，最终你仍然需要对工具进行更新升级。

订阅模式工具

订阅模式工具，也称软件即服务，可以是基于网络的软件或本地安装的软件。用户支付月费或年费，只要持续支付订阅费用，就可以使用该软件。订阅到期后，将无法继续创建或编辑作品。大多数情况下，订阅结束后，可继续使用已发布的电子化学习内容，但无法进行更新。软件的升级服务通常包含在订阅费用中。

如果你期望始终能享用最新功能，基于订阅的工具或许是最佳选择。不过，请务必妥善规划好长期的订阅费用支出。

价格有多重要

选择价格最低的工具固然吸引人，但选择创作工具就像买车一样，总拥有成本才是关键考量。比软件费用成本更大的是创建电子化学习内容所投入的时间成本。如果一个工具能够显著提升内容创作速度，尽管其初期投入可能较高，但从长远来看，其综合成本可能更低。真正衡量成本高低的关键在于培训的实际效果，即有效培训与无效培训对组织产生的影响。如果一个价格较低的工具无法打造影响力大的培训，那么工具就不值得这个价格。

学习曲线和易用性

学习曲线，反映了初学者掌握工具使用的难易程度。易用性，则指掌握使用方法后，操作工具的速度和便捷程度。例如，有的工具可能初期学习时间较长，但一旦掌握技巧，便能实现非常高效的工作（反之亦然）。

　　一般来说，易于学习和使用的工具往往功能有限，而需要更长时间来学习和使用的工具则功能更加全面。例如，一些工具基于模板创作，只需从预设的内容组块或布局中选择，并填写相应的表单即可添加内容。你无须自行设置内容或设计图形。不过，创作只能在现有模板的基础上进行。例如，Articulate Rise 360 和 Gomo 就属于这种类型的工具（见图 25-1、图 25-2）。

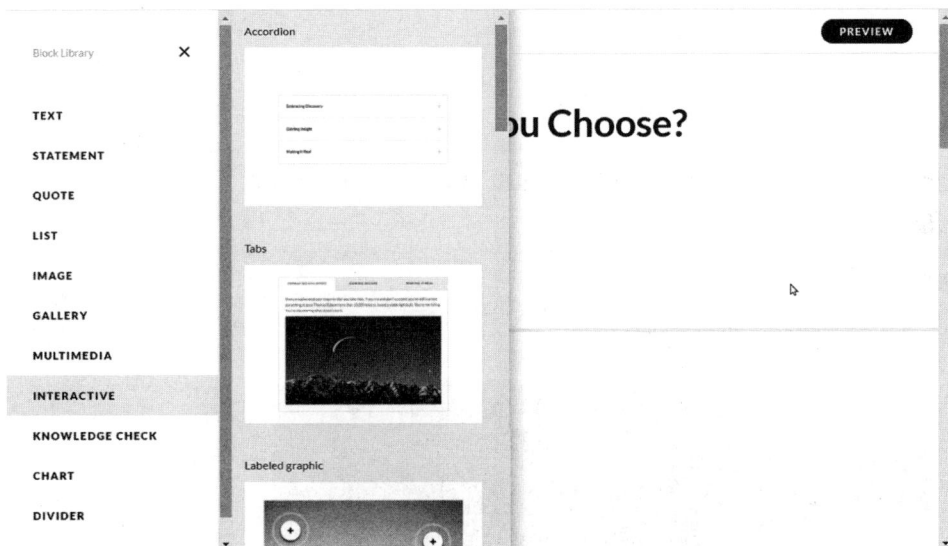

图 25-1　在 Articulate Rise 360 中添加内容组块

　　功能更为强大的工具（如 Adobe Captivate、Articulate Storyline 360 和 Lectora）能够帮助你创作任何构想中的内容（尽管有一些限制）。然而，你需要考虑如何组合、使用软件功能，以创建心仪内容，并确保外表美观（见图 25-3、图 25-4 和图 25-5）。

　　你无须在追求易用性的同时牺牲功能的全面性。在选择创作工具时，可关注如下节省时间的功能：

- 键盘快捷键和可自定义工具栏。
- 内置模板。
- 母版幻灯片。

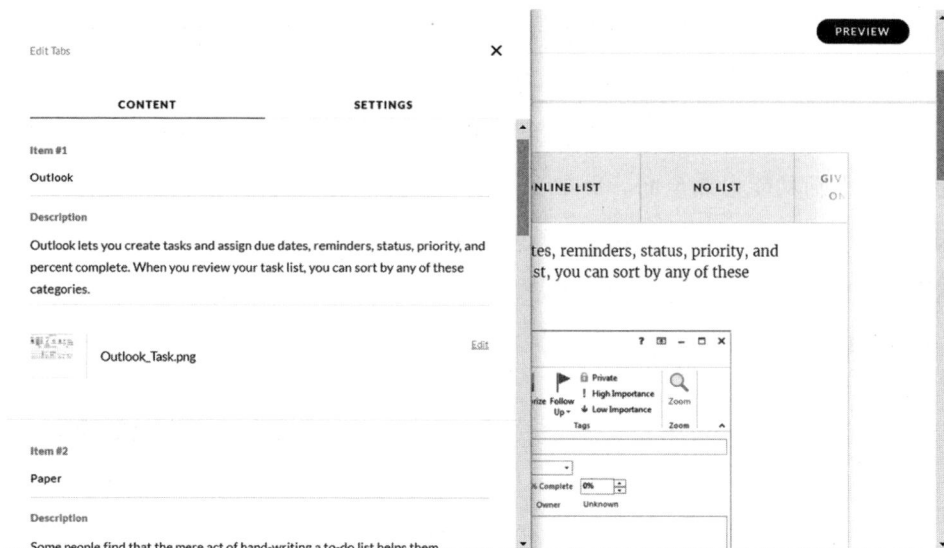

图 25-2　在 Articulate Rise 360 中配置内容页

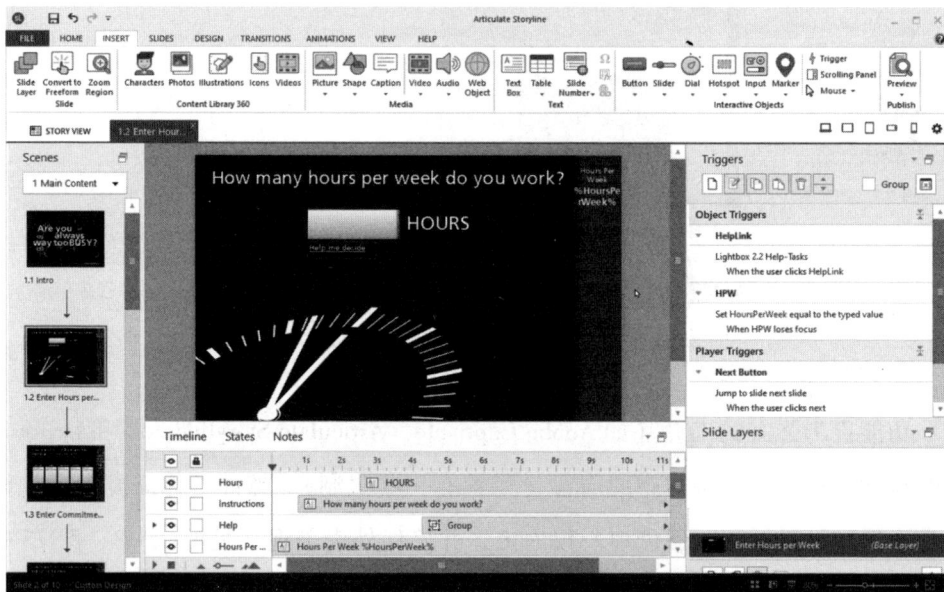

图 25-3　在 Articulate Storyline 360 中创建的时间管理交互

- 内置媒体库和编辑工具（无须切换第三方工具和平台）。

- 素材轻松复用。

- 直观的用户界面，贴近既有工具（例如，Adobe Captivate 界面贴近 Adobe，而 Articulate Storyline 360 界面贴近微软 PowerPoint）。

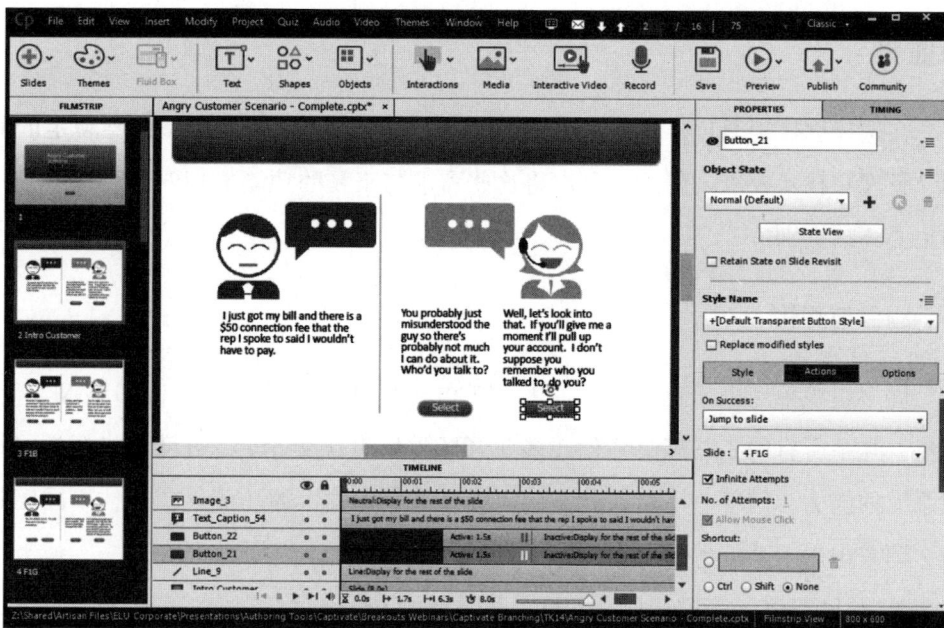

图 25-4　在 Adobe Captivate 中的分支情境

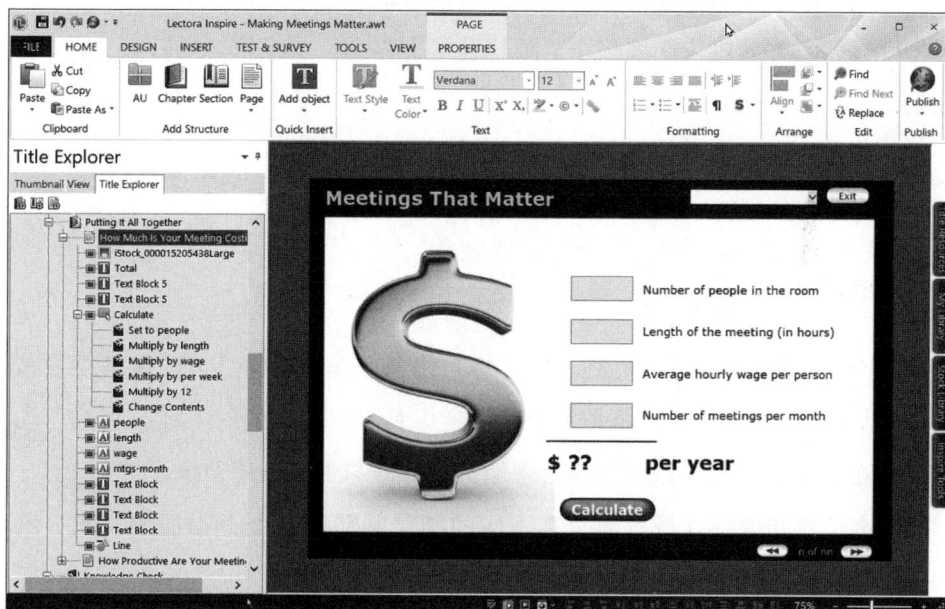

图 25-5　在 Lectora 中创建的会议费用计算器

- 提供培训（免费或付费）。

- 客户支持和在线社区。

功能集

在选择创作工具时，需要明确你想要创建的课程类型，以及需要满足的教学、管理和技术要求。随后你可以将这些需求与工具的功能集相匹配。以下是一些主要评估类别。

题目与测验

许多组织采用电子化学习，原因在于电子化学习能够轻松测试和跟踪学员。诚然，几乎所有的工具都具备创建多项选择题测验以及将学习进度同步至学习管理系统的能力，但部分工具在此基础上提供了更为强大的功能。在评估不同工具时，请考虑以下功能的重要性：

- 题目类型（多项选择、匹配、拖放等）。
- 反馈逻辑（按题目或选项提供反馈、每题多次反馈、分支反馈等）。
- 题目格式（题目和反馈仅采用文本格式还是融入丰富的媒体）。
- 随机化（随机化选项顺序、随机化题目顺序、从题库中抽题、每次随机抽题）。
- 跳过测试功能（允许学员通过预测试获得学分）。
- 特殊评分逻辑（如加权题目，答案部分得分，多次测验）。

发布课程

创作工具帮助创建课程，但最终目标是将课程提供给学员，确保最终发布的课程产品满足组织和学员的技能需求。可考虑具有以下功能的工具：

- 互操作性标准（该工具是否遵循行业标准与学习管理系统互访）。
- 浏览器和设备（课程能否在不同的浏览器和设备上正常播放，如手机和平板电脑）。
- 专有播放器需求（学员是否可以直接播放课程，而无须下载任何专有插件或播放器）。
- 学习管理系统应用程序（如果学习管理系统有移动应用程序，课程能否在应用中正常播放）。

● 播放器功能（课程播放器是否具有所需的结构组件，如菜单、术语表和音量控制）。

● 导航限制（如有合规性要求，是否可以锁定导航，确保学员必须完成每一页幻灯片才能继续）。

什么是可共享内容对象参考模型（SCORM）和体验应用程序编程接口（xAPI）标准

购买卫生纸时，你大概不会查看尺寸来确定是否适合家里的卫生纸架。你清楚尺寸会适合。为什么？因为卫生纸和卫生纸架的生产商已早已就一些规格要求达成了共识，我们通常称之为标准。电子化学习行业也存在标准，以确保使用创作工具创建的课程能够与学习管理系统良好交互。多年来，该行业已经涌现了许多不同的标准。其中，SCORM 已经存在了超过 20 年，至今仍被广泛应用。xAPI 则是一个较新的标准，能够跟踪比 SCORM 更多的学习数据。你可以与学习管理系统开发商合作，确定最适合的标准，了解如何充分利用跟踪和报告功能。

可达性

电子化学习内容带给企业的优势之一是能够触及更多学员。如果要真正覆盖所有学员，就需要考虑电子化学习课程如何为残疾人士提供服务，特别是那些使用辅助技术的人士。并非每位学员都能够看到演示文稿、听到旁白或使用鼠标。

为确保每位学员都能够访问课程，请关注以下可达性特征：

● 隐藏式字幕（手动在工具中创建，使用行业标准格式导入，或自动生成可编辑的字幕）。

● 足够的色彩对比度（尤其对于无法修改的设计元素）。

● 替代文本（为视障人士添加图像的文本描述）。

● 焦点顺序（按照逻辑顺序排列对象，如将指示列于问题之前，去除装饰性对象，避免被辅助技术捕捉）。

● 仅键盘导航（学员使用键盘而非鼠标浏览课程并访问所有内容）。

翻译

如果计划将课程翻译成多种语言，你或许希望使用一个能够简化翻译流程的

工具。许多创作工具具备导出课程中全部文本内容的功能。随后可进行翻译，并将翻译后的文本重新导入工具。（见图 25-6）

在评估工具的翻译功能时，请考虑以下方面：

- 使用行业标准格式导出文档（如 XLIFF 格式）。
- 导出所有文本（包括系统生成的文本和无障碍功能文本）。
- 支持从右到左的语言。

ID	类别	来源文本	翻译文本
VBc	页面标题	What Would You Do With Extra Time?	What Would You Do With Extra Time?
YRE	文本框	What Would You Do With Extra Time?	What Would You Do With Extra Time?
lyw	文本输入	Type your thoughts here.	Type your thoughts here.
gck	文本框1	What would you do if you had an extra two hours at work each week?	What would you do if you had an extra two hours at work each week?

图 25-6　**Articulate Storyline 360** 导出翻译

交互与自定义逻辑

你希望在设计中拥有多大的创意和灵活性？如果你使用的是基于模板创作的工具，则需要对交互模板进行评估，确定其是否满足需求。（见图 25-7、图 25-8）

如果你正在考虑功能更为强大的创作工具，以便自主设计互动内容，请关注以下功能：

- 分支（如设计"选择你自己的冒险"互动）。
- 动作类型（如为按钮添加不同功能，如播放/暂停媒体，跳转到幻灯片，跳转到时间轴上某点，显示内容，隐藏内容）。
- 条件逻辑（创建 if/then 语句）。
- 数学函数（如添加分数到总分）。
- 状态（使某个功能，如按钮，在不同情境下呈现不同状态）。
- 变量（存储信息，如学员姓名，先前问题的答案，或游戏分数，在课程其他环节使用）。

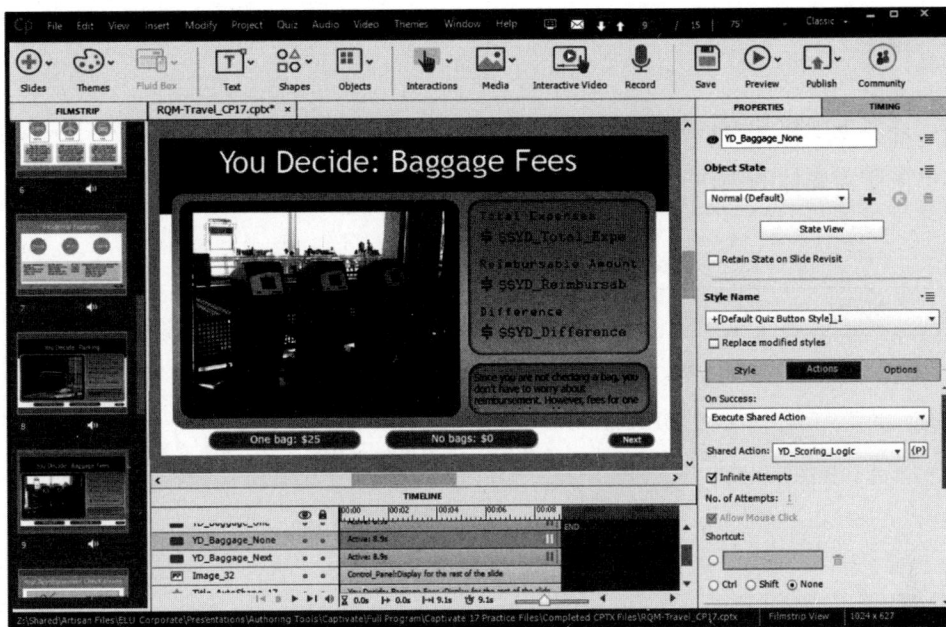

图 25-7 在 Adobe Captivate 中运用变量计算免税开支的场景

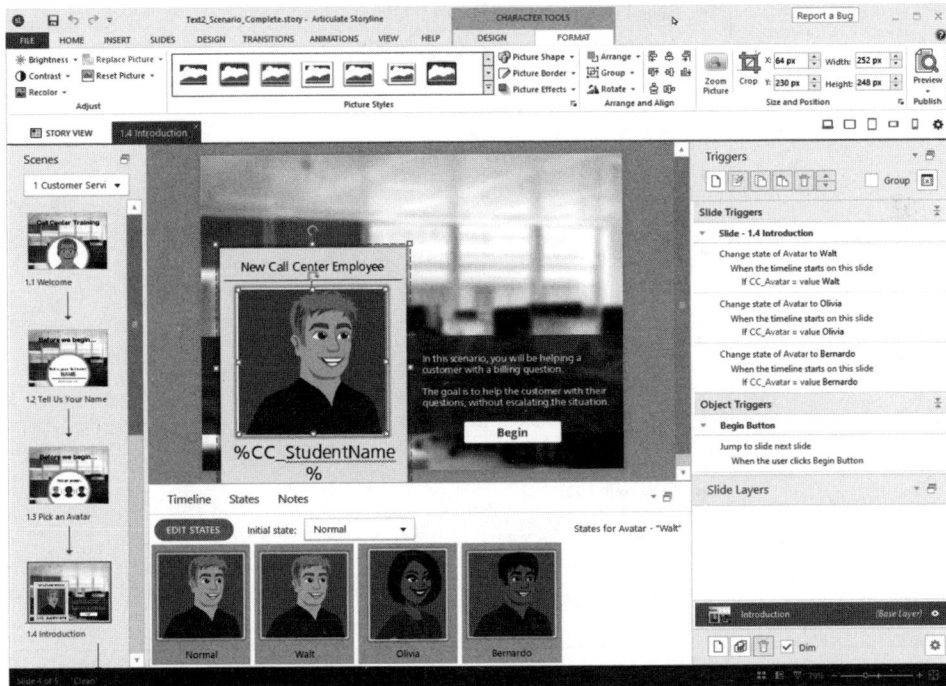

图 25-8 在 Articulate Storyline 中通过状态和变量自定义用户头像的场景

媒体

许多电子化学习课程相较于课堂培训，拥有更丰富的媒体资源，因此选择能够提供所需媒体的创作工具非常重要。表 25-1 展示了你需要考虑的因素。

表 25-1　电子化学习中的媒体考虑因素

媒体类型	功能考虑
照片和插图	• 导入各种图形文件格式 • 访问内置的图形库 • 访问内置的角色库，用于场景创作 • 裁剪和调整图像大小 • 使用回传编辑，在其他应用程序中轻松编辑图像 • 添加 360 度图片
动画效果	• 与音视频同步 • 添加入场和出场动画 • 添加自定义运动路径 • 根据屏幕上的对象位置添加逻辑
音频	• 导入各种音频文件格式 • 直接在工具中录制音频 • 编辑音频 • 处理音频，如去除噪音和调整音量 • 访问内置的音效库和开场音乐库 • 使用文本转语音生成音频
视频	• 导入各种视频文件格式 • 直接在工具中录制视频（网络摄像头） • 编辑视频 • 创建画中画效果 • 访问内置的视频库 • 添加 360 度视频
PowerPoint 导入	• 按原样导入 PowerPoint 幻灯片 • 导入 PowerPoint 幻灯片并在工具中进行操作

应该导入课堂幻灯片吗

许多电子化学习创作工具可以快速轻松地导入现有的 PowerPoint 幻灯片。如果你有大量课堂培训内容想要转为电子化学习课程，这无疑是个好消息。但你真的应该这么做吗？答案完全取决于幻灯片质量以及幻灯片是否适合电子化学习媒介。

众所周知，那种满屏文字的幻灯片在培训课程中并不受欢迎。不过，一位出色的讲师能够在课堂上弥补 PowerPoint 的不足——讲师才是视觉焦点。电子化学习中，尤其是自学式电子化学习中，幻灯片几乎承担了全部的视觉展示。课堂上优秀的讲师可以游刃有余地在同一张幻灯片上讲解五分钟甚至更长时间，而自学式电子化学习中，让学员长时间注视同一张幻灯片，五分钟也显得格外漫长。

因此，是的，你确实可以导入现有的幻灯片，加一个快速测验，随即开启课程。但仅仅因为你可以这么做，并不意味着你应该这么做。

屏幕模拟

如果你正在创建电子化学习内容，指导学员如何使用软件应用程序或网站（如 Excel 条件格式化，或新的费用报销系统），那么所有创作工具都支持导入软件截图，有些工具还具备构建更为强大的软件模拟体验的功能，如展示软件操作过程的观摩视频，以及互动式的实战演练练习。

创作环境

创作工具或安装在个人电脑上，或基于云端。对于初学者来说，PowerPoint 插件是有效的工具，而学习管理系统可以帮助收集素材。一些创作工具提供了一整套工具，组合使用非常有效。

安装软件

一些创作工具需要安装在电脑上。要确保工具与电脑配置兼容。例如，Adobe Captivate 提供 PC 版和 Mac 版，而 Articulate Storyline 360 仅支持 PC 版，Mac 版用户如果想使用，则需借助如 Parallels 这样的 Windows 虚拟环境来实现软件的运行。大多数软件许可协议允许单个用户在主电脑和副电脑上安装软件（例如，一台在工作中使用，一台在家中使用，或一台是台式电脑，另一台是笔记本电脑）。

云端工具

其他创作工具，包括大多数订阅模式的工具，通过网页浏览器访问。这意味着你几乎可以从任何电脑上使用这些工具，无论是 Mac 还是 PC。其中一些工具（但并非全部）还支持多位作者同时编辑一门课程（而本地安装的软件通常不支持此功能）。一些工具提供安装版和在线版（如 Lectora），如果你需同时使用两种版本，则需要分别购买许可。

PowerPoint 插件

如 iSpring 和 Articulate Studio 360 之类的程序支持将微软 PowerPoint 作为基础创作工具（见图 25-9）。演示型（非互动型）幻灯片可直接在 PowerPoint 中制作，而电子化学习特有的功能，如点击展开活动、测验和发布选项，则集成在安装工具后新增的功能区中。

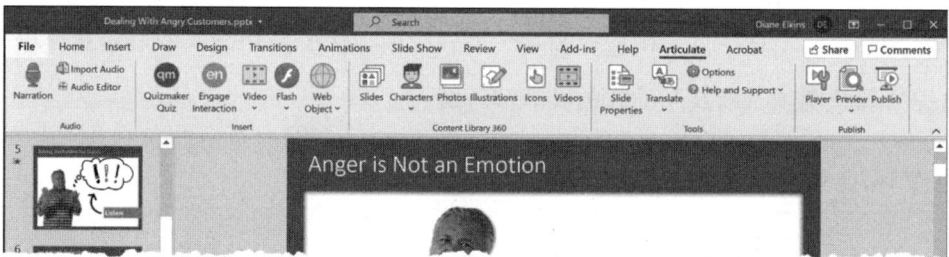

图 25-9　微软 PowerPoint 中的 The Articulate Studio 选项卡

这类工具非常适合刚入门且不太熟悉复杂软件的设计师，因为大部分制作过程可以在他们本就熟悉的 PowerPoint 中完成。不过，此类工具的功能相对有限。

学习管理系统组装

许多学习管理系统支持将各种资源组合到一门课程中。这些工具可能支持也可能不支持直接在学习管理系统创建内容，但通常支持汇集各类资源，包括视频、文章、通过外部创作工具导入的课程、测验、作业和讨论等，并按照课程结构将资源排列在一个网页上。

工具组

一些创作工具开发商提供一套工具组。例如，Articulate 360 包括三个创作工具以及一些辅助工具。又如，dominKnow｜ONE 包括一个基于模板的简易工具 Flow 和一个功能更全面的创作工具 Claro。

什么是最受欢迎的电子化学习创作工具

2021 年 6 月，Learning Guild 对 808 名电子化学习专家进行了调查，了解他们对电子化学习创作工具的使用情况及偏好。当被问及频繁使用（至少每月几次）的工具时，超过半数的受访者选择了 Articulate Storyline 360 和 Rise 360。此外，Techsmith Camtasia 和 Adobe Captivate 也非常受欢迎（见图 25–10）。

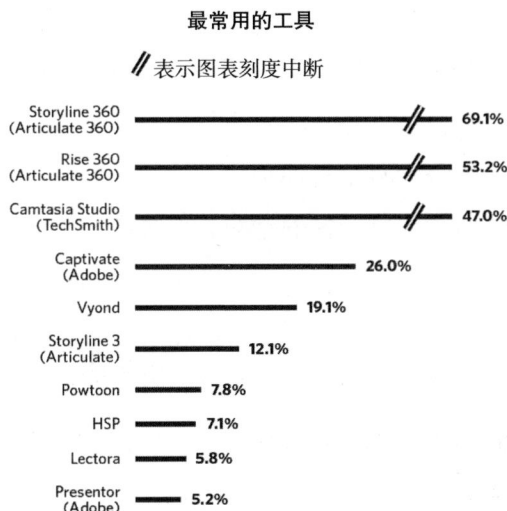

最常用的工具

∥表示图表刻度中断

工具	百分比
Storyline 360 (Articulate 360)	69.1%
Rise 360 (Articulate 360)	53.2%
Camtasia Studio (TechSmith)	47.0%
Captivate (Adobe)	26.0%
Vyond	19.1%
Storyline 3 (Articulate)	12.1%
Powtoon	7.8%
HSP	7.1%
Lectora	5.8%
Presentor (Adobe)	5.2%

图 25–10　最常用的电子化学习工具

支撑工具

主要创作工具通常是投入精力的重点，但你也可以利用其他工具补充其功能。

交互工具

设计电子化学习的过程中，你可能选择融入一些特殊功能，如模拟、分支、游戏化和软件模拟等。主流课程创作工具或许能够帮助你构建所需功能。不过，基于模板的工具（如 Articulate Rise 360）和幻灯片导入工具（如 iSpring）提供的选项可能有限。更为强大的工具，如 Adobe Captivate 和 Articulate Storyline，则提供了更多选项，以创建上述各类课程功能。这些工具甚至配备模板，帮助你快速入手。

除了内置选项，还有独立工具专为实现上述一个或多个课程功能。即使你利用创作工具即可创建，独立工具依然能发挥巨大作用。究其原因，这些专业工具能够使你更加轻松地创建所需功能（通过更多模板和内置逻辑），或相较创作工具提供更多的选项。

模拟和分支

有些工具专门为处理模拟和分支情景所需的复杂逻辑而设计。此类工具包括：

- SmartBuilder，用于创建商业模拟。
- BranchTrack，支持可视化绘制复杂分支情景。

软件培训和屏幕捕捉

适用于该功能的工具包括：

- Articulate Storyline 和 Adobe Captivate，两款工具都拥有强大的屏幕模拟功能，可用于课程和练习。
- TechSmith Camtasia，最受欢迎的一款独立工具，用于软件视频的录制和编辑（见图 25-11）。该工具提供了添加音频、过渡效果、字幕、缩放等选项，但在互动功能方面选项较为有限。
- TechSmith SnagIt，更常用于静态屏幕截图，也可以进行简单的桌面录制。
- 微软 PowerPoint，可用于制作简单的录制内容，直接在 PowerPoint 的“插入”选项卡中选择相应功能即可。

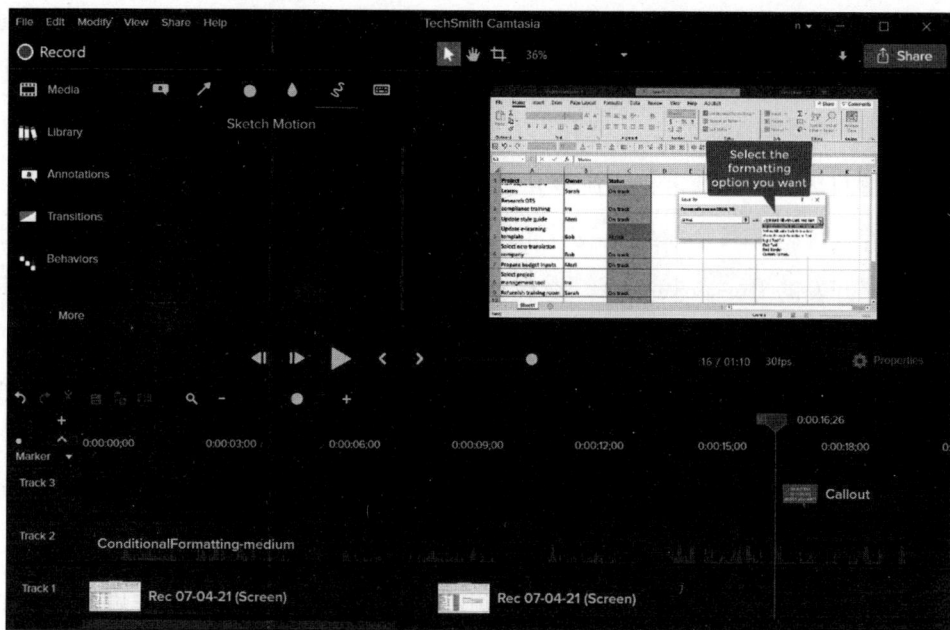

图 25-11　TechSmith Camtasia 编辑界面

游戏化

游戏化是指将游戏机制融入培训中，如添加一个或多个游戏元素，包括奖励（积分和徽章）、关卡、故事情节、游戏主题等。

用专业游戏软件创建的游戏可嵌入更宏大的课程体系中，或作为独立的学习单元发布和展示。游戏化软件选项包括：

- Raptivity，集合了基于模板的游戏（主要是游戏化测验）及其他互动。
- Training Arcade，提供基于模板的游戏，包括官方授权的《危险边缘》和《财富之轮》游戏，用于现场培训或自学培训。

测验与评估

几乎所有的课程创作工具都支持创建试题，并将得分记录到学习管理系统中。你还可以利用自己的学习管理系统或独立工具来创建测验。

- 学习管理系统测验工具。内置的测验工具通常在设计选项上不如专门的课程创作工具那么丰富，但往往能提供更详细的跟踪选项。例如，对于外部创建的测验，学习管理系统可能只报告最终分数和作答次数，但对于使用其内置工具创建的测验，则会提供每道试题的详细数据。（注意，学习管理系统能够提供外部创建课程的详细跟踪数据，但并不意味着你的学习管理系统会提供。）

- 游戏化工具，通常提供游戏化测验功能。

- 专业评估工具。如果有极其正式的测试要求，独立工具则更加适合（如 Learnosity 开发的 Questionmark）。在设计、实施以及报告方面，独立工具能够提供强大的功能选项。

- 调查工具。如果没有学习管理系统跟踪测验结果，那么在线调查工具（如 Survey Monkey）随时可以帮助你创建测验。

媒体工具

电子化学习内容虽然可以简约至纯文本形式，但往往融合了多元媒体。借助巧妙的媒体设计，电子化学习能够大幅提升其吸引力，显著增强教学效果。拥有合适的工具也非常重要。与交互工具类似，主流创作工具能够满足基本功能需求，但第三方工具或许能提供更广泛的功能选择。

图形工具

用于增强图形效果的工具包括：

- **SnagIt**：主要以其屏幕捕获功能著称，但同样擅长图像编辑，如裁剪、调整大小、添加标注以及颜色校正。

- **Canva**：提供海量模板和图像库，支持布局排版（如信息图表）。

- **Adobe Photoshop**：作为图形编辑领域的行业标杆，同时兼具插画绘制与版面设计功能。

- **Adobe Illustrator**：不同于 Photoshop 专注照片处理，Illustrator 专为插图设计而生。

音频工具

用于增强音频效果的工具包括：

- **Audacity**：一款免费软件，支持添加和编辑音频文件，也能够运行实用的滤镜和效果，如去噪。

- Descript：一款音频和视频编辑工具，借助人工智能技术实现多项功能的自动化处理，包括语音转文字或根据声音定制文字转语音模型。

视频工具

用于增强视频效果的工具包括：

- TechSmith Camtasia：除屏幕模拟功能外，Camtasia 适用于编辑各种类型的视频。
- Adobe Premiere Pro：如需更强大、专业级的视频处理，请考虑使用 Adobe 这款工具。
- Vyond：支持制作白板风格的动画视频（见图 25-12）。使用 Vyond 内置的角色、服装、场景和道具库，不是艺术家也可以打造高度定制化的场景。
- Adobe After Effects：高端动态图形和动画的行业标准。

图 25-12　Vyond "任务委派" 主题动画视频的定格画面

其他实用工具

这些工具涵盖了从故事板制作、原型设计、项目管理，到具有质量保证和审阅功能的工具。此外，还有专门用于资产和文件管理的工具，以及提供课程托管和跟踪服务的工具。

故事板制作工具

故事板，用于课程创建前的规划（及获取相关方反馈）。你可以创建宏观层面的故事板，规划总体流程，也可以制作详细的故事板，描述每个文字、图像及交互。以下工具或许有所帮助：

- 微软 Word 或谷歌 Docs。利用批注和修订功能，更加轻松地管理反馈。云端工具允许多人同时在同一文档上协作或批注。

- 微软 PowerPoint 或谷歌 Slides。有些人更倾向于使用这些工具来精心规划和呈现演示文稿的外观。另一些人则认为视觉元素可能分散注意力，因此他们倾向于先确保书面内容得到批准，而后再专注于美化设计。

- 大纲和思维导图工具。如需协助组织思路，许多工具能够帮助你完成初步大纲和设计规划（如 MindMeister）。

- 专业故事板制作工具。故事板的应用远不止于电子化学习领域，它同样适用于其他多种行业，如广告和视频制作等，让你能够轻松上手。例如，Twine 或 Boords 此类程序可以纳入考虑。

原型设计工具

故事板帮助你规划课程内容，原型则支持你设计课程外观或功能。你可以直接在课程创作工具中使用占位图，制作演示文稿，从而创建原型，或者简单地在 PowerPoint 中创建模型。你还可以考虑使用原型设计、草图和线框工具（如微软 Visio 或 Adobe XD）。

项目管理工具

项目管理工具在任何培训开发计划中都是不可或缺的一环。尤其是电子化学习开发，相较于课堂培训开发，它往往需要更多的时间投入，涉及更多的人员参与，以及包含更多的复杂环节。因此，采用一个更为正式的项目管理流程或许是明智之选。

- 进行项目管理时，你可以选择使用像微软 Excel 或谷歌 Sheets 这样简单易用的工具。但如果你希望采用更加正式专业的项目管理工具，可以考虑微软 Project、SmartSheet 或 Trello 等。

- 电子邮件往往是信息沉睡的角落。鉴于项目涉及多个环节和多方参与，你可能需要借助如 Slack 或微软 Teams 这样的工具来使沟通更加正式。

质量保证和审阅

故事板通常可以借助各类创建故事板的软件进行管理，如在 Word 中利用批注和修订功能。如果项目进入在线草稿阶段，则需要一个系统来高效收集和处理来自内部及相关方的反馈。这个系统既可以是谷歌 Sheets 这样的表格工具，也可以是软件开发领域常用的 bug 跟踪平台，还可以是专为电子化学习内容设计的审阅工具。

现在，越来越多的创作工具内置了审阅功能（如 Articulate Review 360）。你可以将已发布的课程版本上传至由创作工具供应商托管的审阅平台上（这为那些只有成品课程托管空间、却缺乏半成品课程托管环境的机构解决了大难题）。在审阅平台上，你可以向审阅人员发送链接，让其对演示文稿进行批注。审阅人员之间可以相互查看批注并进行回复。在后台管理界面，你可以轻松管理这些批注，如导出批注列表、添加更新，以及关闭批注。如果你的创作尚未具备这样的功能，还可以考虑购买第三方工具，如 Review My eLearning 或 TechSmith 开发的 Video Review。

资产和文件管理

电子化学习课程涉及大量文件，且这些文件可能体积庞大。因此，你需要考虑以下几点：

- 如何组织文件以使每位团队成员都能找到所需资料。
- 在哪里存储文件以进行安全备份。
- 如何按需高效将大文件传输给相关方或同事。

答案或许很简单，如利用现有的共享网络驱动器或借助第三方工具（如 Dropbox）。

如果你已经创建或预计创建一个大型培训库，那么使用资产管理平台是明智之举。这类平台能够管理版本控制，为特定图像添加标签并进行搜索，从而简化图像复用流程，允许在不同培训项目中重复使用内容，在单一位置更新内容，并将更改同步至所有包含该内容的课程中。

一些创作工具（如 Xyleme）及一些学习管理系统提供资产管理工具。这些工具有时被称为学习内容管理系统，尽管该术语有多种释义。

托管和跟踪

你可以通过多种渠道与受众分享电子化学习内容，包括学习管理系统、内联网页面、公开网站，甚至 USB 驱动器。整体技术生态系统应当囊括用于托管、分配以及跟踪电子化学习内容的各类工具。

最后的思考

本章为你介绍了超过 30 种不同的工具（且还有许多未提及的工具），为你在构建引人入胜且高效的电子化学习时提供了丰富的选择。面对如此众多的选项，很容易让人感到迷茫。但请记住，不要被那些酷炫的示例或华丽的演示所迷惑，而应从基础出发。首先明确哪些因素对于实现组织目标至关重要，然后根据你的学习成果来选择适合的工具。

作者简介

黛安·埃尔金斯（Diane Elkins）是 Artisan E-Learning 的联合创始人，这是一家专注于 Articulate Studio、Storyline、Lectora 和 Captivate 的定制电子化学习开发公司。她在众多重量级行业盛会如 ATD 国际会议会展、ATD 科技大会、DevLearn 和 Learning Solutions 等场合频繁发表演讲，树立了国家级电子化学习专家的声誉。她还与他人共同撰写了畅销书《解开电子化学习的面纱》系列以及 ATD 出版社出版的《电子化学习基础：实用指南》。她曾任 ATD 佛罗里达东北部和华盛顿分会董事会成员。你可以通过电子邮件 dpelkins@ artisanelearning. com 与她取得联系。

📖 参考文献

Bozarth, J. 2021. "Authoring Tools 2021. "The Learning Guild.

📚 延伸阅读

ATD. "Technology Application. "

Elkins, D. , and D. Pinder. 2015. *E – Learning Fundamentals: A Practical Guide*. Alexandria, VA: ATD Press.

Learning Solutions. "List of Authoring Tools. "

Parish, T. "E–Learning. "

第 26 章 设计与实施虚拟培训

辛西娅·克莱和辛迪·哈格特

虚拟课堂这一形式已经存在了二十余年，并且越来越受欢迎。根据 ATD 的年度行业现状报告，虚拟培训在正式培训中的占比从 2010 年的 7% 增长到了 2019 年的 19%。而在 2020 年，全球疫情暴发更是推动了线上虚拟培训的快速发展，其占比达到了 35%。

面对这一趋势，全球各地的培训师都不得不迅速适应线上虚拟培训这一新模式。传统的面授课程迅速转化为虚拟环境中的教学形式。尽管未来一些学习可能还会回归线下课堂，但虚拟培训已然成为常态。

🔖 本章要点

△ 设计有效且互动性强的虚拟培训。

△ 实施互动性强的虚拟培训。

由于虚拟培训有多种定义，我们希望明确我们所说的含义。就本章内容而言，虚拟培训是指：

> 一种由专业讲师引导且互动性强的在线同步学习课程，具有明确的学习目标，参与者来自五湖四海，并通过网络教室平台实现连接。

换句话说，虚拟培训是一种实时的在线学习体验，有专业人士进行指导，而不仅是简单的演示或录播。它鼓励参与者积极交流互动，利用平台工具深度参与，并从经验丰富的讲师那里获得宝贵的反馈。它是一个旨在帮助学员在工作中取得实际成果的项目。

一般来说，虚拟课堂课程时长在 60~90 分钟，而且大多数情况下，它是一系列课程中的一环。参与者可能在不同的时间完成这个系列的不同部分，如在周一完成第一部分，周三完成第二部分，周四完成第三部分，同时在每次课程之间完成异步且自主开展的学习任务。

成功的虚拟培训离不开有趣的互动环节和富有魅力的讲师。设计与实施是有效虚拟培训的两个核心要素，它们相互依存，缺一不可。

设置互动环节

优质的虚拟课堂不仅能让学员积极参与，还能为他们创造一个舒适、愉快的学习环境，并让他们有机会应用新学到的技能。这一切都离不开精心策划和深思熟虑的设计。它不仅是一个人在台上讲、学员在台下看的过程，而是需要用心打造的高质量学习体验。

对于想要将传统课程转型为虚拟课程或设计新课程的人来说，以下是提升虚拟课堂互动性的五个关键技巧：

- 明确告诉学员你的期望。
- 精彩纷呈的开场。
- 设计多样性的课程结构，提高学员的参与度。
- 鼓励学员之间进行互动。
- 优化幻灯片设计。

设计技巧一：明确告诉学员你的期望

由于在线活动类型繁多（常见的是会议和演讲），当要求学员在线上课程中积极参与时，他们可能感到惊讶或不知所措。因此，在线工作坊开始之前，你需要让学员清楚地知道你的期望。一个成功的虚拟课堂应该从学员报名的那一刻起就让他们充满期待。

设计人员在撰写课程描述时，应着重突出互动性这一特点。同时，在课程通信（如注册信息和通知提醒）中，也要清晰地传达对学员的期望。此外，设计人员还可以为虚拟课程的讲师准备一份邮件模板，以便其在开课前与学员联系。

参与度对于培训效果至关重要。只有学员在学习活动中全身心投入，才能更接近培训目标。例如，他们需要合作研究案例并与同伴一起练习新技能，那他们就得做好准备，积极贡献自己的力量。别寄希望于偶然。要时刻告诉他们，这是一场需要积极参与的工作坊，而非一场单向灌输的讲座。

设计技巧二：精彩纷呈的开场

在虚拟培训课程开始时，用一个引人入胜的互动环节来迅速吸引大家的注意力。先别急着放一连串的幻灯片或说一连串的开场白，而是要让学员成为焦点。要在课程的前三分钟内，让每个人都开始使用工具，并互相交流，否则就很难调动学员的积极性。

例如，当学员初次登录课程时，你可以安排一个互动环节。例如，提出一个有趣的破冰问题，或者一个与课程内容紧密相关且能引发大家思考和讨论的问题。

紧接着，在正式活动开始前，再设计一个能调动全场氛围的"开场秀"。这个"开场秀"可以是让大家通过聊天工具自我介绍，也可以是发起一个关于大家对主题了解程度的投票。总之，目的就是在活动伊始的几分钟内，让所有人都能动起来，打字、点击、交流，迅速融入氛围。

设计技巧三：设计多样性的课程结构，提高学员的参与度

一旦你的虚拟课程以互动的方式开场，就要在后续环节继续保持这种互动性。幸运的是，虚拟课堂平台提供了多种吸引远程学员参与的方式。通过巧妙运用这些工具，你可以让学员更深入地参与到课堂内容中，从而推动深度学习。而深度学习又能带来更加优异的学习成果。

例如，可以这样做：

- 利用投票功能引导话题讨论。
- 通过聊天功能促进小组内的交流。
- 借助网络摄像头进行面对面的深入对话。
- 使用白板功能进行团队协作。
- 设立分组讨论室，以供实操和反馈。

需要强调的是，我们使用这些工具并不是单纯为了使用它们，而是要让它们成为提升学习效果的得力助手。例如，在学习新技能时，可以让学员先通过投票

了解自己对技能的掌握程度，再观看视频演示加深理解，然后在白板上与同伴共同探索技能的应用，最后在分组讨论室中进行实操练习，从而巩固所学知识。

此外，为了避免让学员感到厌倦，我们还需要不断变化活动形式。如果总是让学员在聊天室里打字回复，那么他们很快就会失去兴趣。因此，设计者需要发挥创意，充分利用现有工具，设计新颖有趣的活动。例如，可以组织一场知识竞赛，看看谁答对的问题最多；或者让学员在纸上写下答案，然后举在摄像头前展示给大家看；或者想出其他独特的方式来使用这些平台工具。

设计技巧四：鼓励学员之间进行互动

由于我们所探讨的是同步虚拟培训，这时所有学员在同一时间共同学习。既然能够把大家聚在一起，我们就要充分利用这一机会。

虚拟培训的学员往往身处不同地点，彼此孤立。但根据我们的经验，积极参与的学员更容易吸收并应用新知识。因此，在设计线上课堂时，应鼓励并强调学员间的互动与交流。

此外，积极互动还有助于学员通过分享经历和深入交谈来相互学习。当他们意识到自己身处一个团队中时，孤独感会减轻。将交流和团队合作融入课堂，学员就能感受到归属感，也更愿意投入学习。相反，如果学员保持匿名状态，就可能更容易心不在焉或分心去做其他事情。毕竟，我们的目标是培养那些积极参与、乐于学习的学员。

为了增强互动性，你可以试试以下小方法：

- 鼓励学员之间的闲聊，增进彼此了解。
- 通过投票收集反馈，公开投票结果，并对学员的回应进行点评。
- 设置小组讨论环节，让学员深入交流。
- 课程期间要留出时间供学员自由交谈，避免内容过于紧凑。
- 课程开始时将学员分组，鼓励小组内合作。
- 让学员选择一个学习伙伴，在课程期间可以私下交流心得。

设计技巧五：优化幻灯片设计

在虚拟课堂环境中，文档共享至关重要，因此你的幻灯片将成为大家关注的焦点。为了提升课堂互动效果，你需要精心设计幻灯片。

幻灯片不仅要清晰展示内容，还要提供活动指导。在简短的教学环节中，幻灯片应具备视觉吸引力，并遵循以下设计原则：

- 每张幻灯片简明扼要，只传达一个核心观点，避免文字堆砌或过多的要点。

- 选择易于屏幕阅读的无衬线字体。

- 幻灯片中的图像应选用高清图片或矢量图，不要直接将图片复制过来。

在虚拟课程中，为了保持视觉上的新鲜感和吸引力，幻灯片的切换频率通常会高于面授课堂。如果一张幻灯片在屏幕上停留时间过长，学员可能感到厌倦，转而将视线移开。而每次屏幕上的内容发生变化时，都能再次引起他们的关注。

此外，幻灯片与参考资料在用途上有所不同，幻灯片主要用于辅助讲解，而非直接作为参考资料使用。对于技术性的内容，应提供专门的工作辅助工具或文档，幻灯片则用于强调和突出关键信息。

最后，考虑到学员可能使用各种不同类型的设备，且每种设备的屏幕尺寸都不尽相同，因此我们需要特别注意字体大小的选择。屏幕尺寸越小，字体就需要设置得越大，以确保可读性。一般来说，为确保在大多数屏幕上都能清晰显示，字体大小至少应为 34 磅。

转换培训模式：从面授培训到虚拟培训

在将传统的面授培训转变为虚拟培训时，要警惕并避免以下几个常见的陷阱：

- 内容泛滥。不要因为可以线上授课，就一股脑儿地将所有内容都搬上去。在安排虚拟课堂内容和学习项目主题时，要精挑细选。

- 人数超限。虽然虚拟教室理论上可以容纳大量学员，但并不意味着我们可以无限制地增加人数。

- 设计原则缺失。远程学习并不意味着就无法互动。切忌将原本充满活力的线下互动课程变成单调乏味的线上讲座。

- 工具闲置。线上平台提供了更多互动的可能性，我们应充分利用这些线上教学工具，提升学习体验。

如何实施精彩的虚拟培训课程

教学设计师完成了一个既吸引人又充满互动的培训设计后，接下来，培训师的任务就是要在虚拟环境中让这个设计变得生动有趣。如果这个设计已经包含了精彩的互动元素，那么，优秀的线上引导师就需要确保自己不仅熟悉培训内容，还要能够激发学员的参与热情，促进学员之间的协作，并确保学员能够长期记住所学知识。

以下是实现完美交付虚拟培训课程的五个秘诀：

- 精心筹备，确保培训顺利进行。
- 增强线上互动，营造真实学习体验。
- 采用协同式教学风格，促进学员间的合作。
- 鼓励共同交流，营造积极的对话氛围。
- 讲述引人入胜的故事，吸引学员的注意力。

教学秘诀一：精心筹备，确保培训顺利进行

要想让虚拟培训课程一开始就吸引学员的注意，其实需要在课程正式开始之前就做足充分的准备。为了让虚拟培训课程有一个完美的开场，引导师需要在课程开始前至少 20~30 分钟就登录教学平台。在虚拟教学环境中，我们可能不自觉地连续安排多个活动，导致虚拟教学课程紧接着上一个活动开始，但是如果等到最后一刻才匆忙登录平台，却发现自己需要重启电脑或者更新软件，这无疑会给教学的顺利进行带来不小的困扰。

优秀的引导师都深知，提前登录平台可以让他们有时间解决可能出现的技术问题，再次熟悉教学目标及课程内容，并在学员陆续进入虚拟课堂时，为他们营造一个轻松愉悦的学习氛围。此外，引导师还可以利用正式授课前的几分钟时间，与学员建立亲密的关系，进行友好的交流。如果你与助教或另一位引导师合作，可以利用这段时间再次检查教学的各项准备工作。你可以像之前提到的那样，通过一些方法激发学员的积极性，或者考虑在聊天框中向学员抛出一个有趣的问题，以保持他们在正式授课前的兴趣和参与度。

保持冷静与准备，展现虚拟课堂培训师的热情与专注。

教学秘诀二：增强线上互动，营造真实学习体验

在虚拟教学环境中，你的表现会直接影响学员的真实感受，从而影响互动和学习体验。当你主动打开摄像头，热情地与学员打招呼时，他们会感觉自己仿佛置身于线下真实教室。你给学员留下的印象越深刻、越真实，就越容易为他们创造一个充满活力、个性化的学习环境。当学员通过声音、表情和肢体动作与你交流时，他们将更加深入地感受到你的存在。

实际上，你和学员之间的互动反映了一个基于大脑的学习原则：社会化学习能够激发大脑的镜像神经元活动。简单来说就是：

> 当你观察到别人的情绪变化时，你的大脑会模仿并激活相应的镜像神经元。如果他们感到快乐，你的大脑也会"复制"出快乐的情绪；如果他们感到厌恶，你的大脑也会"复制"出厌恶的情绪。因此，在网络摄像头前展现出积极、热情的形象，有助于你打造出生动且引人入胜的虚拟学习课程。

调整网络摄像头的位置，让它与你的眼睛平齐或稍高一点。如果正在使用笔记本电脑，可以在其下方垫些东西来抬高摄像头，这样你就可以自然地看向镜头，并且画面中能够清晰地显示你的头部和肩膀。与摄像头的距离要适中，避免过近或过远，以免给学员带来不适或影响教学效果。

你可以坐在墙壁前，让柔和的光线照亮你的脸，避免被窗户的强光或身后的灯光影响。同时，要仔细挑选背景，可以选择一些美观且不会分散注意力的元素，如书架、画作、植物或照片等。要避免背景中出现可能分散学员注意力的元素，如门或窗户等。要不断尝试和调整灯光和背景，直到呈现出专业的形象。

如果你的设备或环境不太理想，别担心，现代虚拟课堂平台都提供了模糊背景的功能来帮你解决这一问题。选择背景时，尽量避免过于奇特或不常见的图案，因为真实的背景更能拉近你与学员的距离，增强信任感。如果一定要用虚拟背景，也请尽量选择简约的砖墙或木板墙，避免过于华丽或分散注意力的元素。

在进行内容讲解或引导讨论时，你可以通过直视摄像头镜头来营造眼神交流

的视觉效果。当然，在查看笔记或者浏览聊天记录时你需要移开视线。这样的视线变化会让对话显得更自然。当有学员发言时，你也应该看向摄像头，这样他们会觉得你在认真听他们说话。在倾听时，要自然地用面部表情传递你的想法，如适时点头、微笑、皱眉或摇头。虽然直视摄像头最初可能令人不适，但随着使用网络摄像头的熟练度提升，这一动作将逐渐成为你的第二本能，从而显著增强线上交流的临场感。

教学秘诀三：采用协同式教学风格，促进学员间的合作

刚开始做虚拟培训的时候，你可能觉得直接做个讲座最简单了。但是请记住，线上培训和普通的演示是不一样的。如果采用讲座式的授课方式，学员很可能分心或者直接退出课堂。很多人会把虚拟培训当成可以在后台播放的视频，简单作为背景音乐播放，自己则忙着做其他的事情。他们虽然登录了会议，但心思可能早就不在会议上了。

一个设计巧妙、互动性强的线上课程会为参与者提供大量互动的机会。你应当每隔几分钟就与其互动来吸引他们的注意力。例如，抛出一个引人深思的问题，引导大家在聊天中发表看法。或者，组织投票，让大家对比各自的答案，看看谁的更有道理。或者，通过举手表决、赞/踩等方式，了解大家是否认同某个观点。或者，进行简单的民意调查，根据大家的反馈来决定是深入讨论某个问题，还是直接跳过，进入下一个话题。此外，还可以设置分组讨论环节，让大家在小组里畅所欲言，碰撞思想的火花。在这个过程中，你要学会放手，让讨论更加自由开放，同时也要乐于把发言机会让给学员。

协同式教学风格的目标是鼓励学员与你共同创造学习体验。如果他们没有在特定时间出现在线上课堂，回应问题，参与讨论，在分会场中分享观点，以及提出他们想到的问题，那么这次体验将大打折扣。当学员在整个活动中都表现出极高的积极性时，就说明你已经成功实现了协同式教学。

"初心"在佛教中象征着一种开放的心态，它鼓励人们保持好奇心，勇于放下成见。当引导师以这种心态上课时，意味着他们不仅做好了充分的准备，更期待着学员能为课堂带来新的视角和启发。他们明白，线上课堂的价值不仅在于他们自己在某个领域的专业知识，更在于课堂内每个人所积累的独特经验和智慧。

当引导师准备充分且对内容游刃有余时，他们便能更加专注于为学员提供一个自由表达的空间。在这样的氛围里，学员的观点、经验和案例得以充分展示，与引导师的引导相辅相成，共同创造出一个更加丰富、深入的学习体验。

教学秘诀四：鼓励共同交流，营造积极的对话氛围

要提高虚拟培训的效果，一个关键的方法是将培训过程转变为一场互动的交流对话，而非单向的知识灌输。为了营造一个开放、包容的学习氛围，引导师需要鼓励学员积极发言，分享自己的想法、观点和猜测。在答案并非唯一或绝对正确的情况下，这种互动交流尤为重要。但即使面对有明确答案的话题，引导师也应保持开放的心态，允许学员表达不同的观点，甚至错误的答案。这样不仅能增强学员的自信心和归属感，还能在引导正确答案的过程中激发更多的思考和讨论。例如，当引导师需要呈现正确答案时，可以这样鼓励学员："感谢大家提出的这些精彩观点。现在，让我们一起来探讨一下这个问题的正确答案。"这样的表达方式既体现了对学员贡献的认可，又能在需要时有效地引导讨论的方向。

一位优秀的虚拟课堂引导师擅长提出启发性的问题，激发学员的思考热情，鼓励他们积极发表个人见解。你可以通过让学员口头表达或在线聊天的方式，收集到多元化的观点和观察结果。在利用聊天功能时，要尽力认可各种不同的声音，并在请人详细阐述观点时提及他们的名字。如果发现有多人表达了类似的看法，你可以总结出一个核心观点，并特别指出，如凯蒂、艾伦和马西等人都有此看法。通过点名或肯定学员的贡献，你可以更好地吸引他们的注意力，让他们更加投入。

为了避免在提问后陷入尴尬的沉默，你需要精心设计问题的措辞。你可以从一个具体问题切入，引导对话展开，并给出清晰的回应步骤。例如，你可以问："谁有过类似的经历？请举手示意。"然后邀请那些举手的人分享他们的经验。或者，你可以设置一个多选题，让学员作答，并请那些选择了某个选项的人分享他们选择的原因。利用这些工具来辅助你提问，可以有效增加你和学员之间的交流。

在对话过程中，你的好奇心将驱使你去提出富有洞察力的问题。要是有人在聊天中发表了一针见血的评论，并且你认为他们能提供有力的实例，那就直接点

名，请他们详细展开说明。例如，在管理课程的讨论中，如果某位主管写下了"要信任，但也要核实"的评论，你可以进一步追问，他们在绩效会议上是否遇到过必须亲自核实而非盲目轻信所闻内容的情况，以此挖掘出更多有价值的信息。同时，要告知他们，你是希望他们通过语音分享，还是继续在聊天框中打字交流。你乐于深入了解他们的亲身经历，这将为所有人带来更加丰富的学习体验。

如果你担心保密问题，投票或许是一个既能保护隐私又能让人畅所欲言的好方法。

投票工具可以用来：

- **进行自我评估**。例如，"请给自己的项目经理能力打分（满分为五分）。"
- **收集赞同或反对的意见**。使用李克特量表，分为五个等级：非常同意、同意、中立、不同意、非常不同意。
- **辅助决策**。例如，从四个软件包中选出你最心仪的一个。

大多数虚拟教室都配备了白板，可用于收集大家的意见。你可以安排一名记录员在白板上打字记录评论，或者直接让学员自己在白板上输入观点。另外，你也可以通过调整幻灯片格式，使其具有白板的视觉效果，并允许大家直接在幻灯片上输入内容。这样做的好处在于，防止有人想删除某条评论时，不小心破坏了整个幻灯片的格式。

聊天、投票和白板功能都是虚拟培训中不可或缺的工具，它们能够激发交流和协作。作为虚拟培训师，你的成功与否，并不取决于你个人的表现有多出色，或者内容讲解得有多流畅，而是要看学员在对话中的参与度和投入感，以及学员在共同创造学习体验的过程中所获得的知识和成长。

教学秘诀五：讲述引人入胜的故事，吸引学员的注意力

我们的大脑天生擅长记住叙事或故事性的内容。如果你回想一下，自己经历过的最难忘的学习体验，很可能那段记忆是包裹在一个吸引人的故事里的。故事能创造出模式，让我们的大脑可以有效地存储和检索信息。人类是不断追寻意义的生物，从我们小时候起，我们就一直在讲述关于这个世界的故事。

经验丰富的培训师会通过讲故事来构建他们希望学员记住的关键概念和要

点。他们还会提出问题，激发学员从自己的经历中回忆起相关的故事，从而为新知识提供背景。约翰·梅迪纳指出："当信息详细、有意义且有背景时，人们最容易记住它。"

一个好的故事通常会有一个主角（英雄）、明确的时间和地点、一个被解决的难题，以及一个结果（成功或失败），最后还会点明故事的寓意或你想要传达的核心信息。在创作故事时，你需要让主角的形象深入人心，让学员能从主角身上看到自己的影子。

理想情况下，英雄所面临的挑战更能激发人们的情感共鸣，人们都希望他们能成功。英雄用来克服困难的方法，正是学员在这个培训课程中将要学习的技巧。当然，如果英雄没有掌握这些技巧，他们可能就无法战胜挑战。无论是成功还是失败的例子，都应该以一句话的形式来概括其关键点（例如，"这就是为什么我们每张支票都需要两人共同签字。"）。

在虚拟培训中，你可以通过分享某人成功应对职场挑战的故事来设定一个培训目标。故事的结尾要明确地揭示一个道理或学习重点。然后，你可以引导学员回想自己是否也经历过类似的情况。可以邀请某位学员分享他的经历，并讲述他是如何应对困难的。或者，你也可以让学员分组讨论，共同交流和分享经验。你的任务是帮助他们用清晰、具体的语言来表达所学到的内容，这些内容将促使他们成为更加优秀的管理者、团队领导者或合作者。另外，你也可以让学员在听同伴分享故事时，在聊天框中记录下他们认为发言者成功解决问题的关键能力和素质。你还可以让学员指出发言者例子中的道理或核心点。这种边听边分析的倾听方式能够让他们更加投入，且印象深刻。

学员人数对参与度有影响吗

无论学员人数多少，优秀的虚拟学习体验总能引人入胜，充满互动。无论你是在引导一个 15 人的小组，还是面向 1000 人授课，都要充分利用网络会议平台中的互动功能。一个有效的策略是，每隔三分钟就尝试与学员互动，以确保他们在整个会议期间都积极参与。表 26-1 为你列出了针对不同规模的学员可以使用的工具。

表 26-1　不同规模的学员可以使用的工具

学员规模	可以使用的工具	目的
小型（<25）	<ul><li>聊天</li><li>投票</li><li>摄像头</li><li>标注工具</li><li>音频</li></ul>	<ul><li>分享意见和想法</li><li>对比各方观点以做出决策</li><li>增强线上课程的体验感</li><li>在白板上集思广益</li><li>讨论想法并分享案例</li></ul>
中型（25~100）	<ul><li>聊天（有指导的）</li><li>投票</li><li>点赞和反对</li><li>摄像头</li><li>分组讨论</li></ul>	<ul><li>指定人员或小组回答问题</li><li>对比各方观点以做出决策</li><li>快速了解大家的赞同或反对情况</li><li>提升引导师的形象和存在感</li><li>集中解决难题并讨论案例分析</li></ul>
大型（100+）	<ul><li>投票</li><li>问答</li><li>聊天（有指导的）</li><li>点赞和反对</li><li>摄像头</li></ul>	<ul><li>对比各方观点以做出决策</li><li>精选并回答相关问题</li><li>指定人员或小组回答问题</li><li>快速了解大家的赞同或反对情况</li><li>提升引导师的形象和存在感</li></ul>

顺应居家办公新常态，重塑培训与发展之道

詹妮弗·林奇，美国教育学院培训与发展部总监

随着居家办公从偶尔为之的调剂手段，摇身一变成为职场新常态，人才发展领域的专家必须紧跟这一趋势。尽管培训平台可能随着潮流更迭，但提供高质量学习体验的目标始终如一。在制定和交付培训时，我们应坚守以下核心原则：深入了解受众、积极与学员互动、充分利用其已有知识。从传统的面授培训到如今的虚拟培训，这一转变要求我们更加专注于这些核心原则。

考虑学员的实际情况

经验丰富的人才发展专业人士深知，成功的培训必须紧密围绕学员的实际需求。随着培训方式从传统的面授模式转变为虚拟模式，学员的生活环境成为新的培训场景。学员可能是一位忙碌的家庭主妇，也可能是一位需要兼顾家庭与工作的父亲。面对家庭琐事和工作职责的双重压力，学员更需要灵活、高效的培训方式。因此，人才发展专业人士应灵活调整培训策略，采用简短、互动性强且针对

性强的培训内容，以确保学员在忙碌的生活中也能保持专注并积极参与。

加强与学员的互动

我们部门深刻认识到，在异步培训中增加互动环节至关重要。在开发新授课方式的过程中，我们一直在思考如何在虚拟环境中进行有效互动。面对虚拟学习容易让人分心的难题，人才发展专业人士能够打造一个沉浸式的学习空间，让学员暂时忘却家中的琐事，如待洗的衣物和吵闹的宠物。我们充分利用现有资源，如开展问卷调查收集反馈、设置分组讨论促进团队协作，以及利用白板进行头脑风暴，从而进一步提升互动效果。此外，当我们部门将重心放在开发微学习课程上时，学员的参与度也显著提升。

利用学员的已知信息

不论在哪种环境下，学员都愿意分享自己所熟悉的内容。在虚拟学习环境中，人才发展专业人士需要重视并利用好学员所具备的已知信息。这样做可以使学习内容更加集中，同时激发学员的兴趣。人才发展专业人士可以通过回顾和检测，了解学员当前的知识水平，并以此为出发点，引入新的学习内容。认可并利用好学员的已知信息，可以让他们更加主动地参与到学习中，并专注于新的知识点。

虚拟学习成功的关键

我是一家线上学院的培训与发展总监，学院已经拥有了一支远程工作的员工队伍。在新冠疫情期间，我们部门开发培训的任务几乎没有受到影响。但是，现在我们不得不考虑学员在家中学习时可能面临的种种干扰与困难。我们必须确保参与度持续增长。因此，我们推出的每一项新的培训活动都必须紧扣主题、简明扼要且贴近实际。同时，我们还需要决定是采用现场直播还是线上录播的形式。我们与其他部门携手，将原本需要现场参与、通过 Zoom 进行录制的会议和培训，转换为可以随时随地观看的线上视频。

由于学员居家办公时容易分心，这对于人才发展专业人士来说，提供有效的培训是一项不小挑战。他们必须了解学员的困难、与他们互动，并充分利用他们的已知信息。尽管培训形式发生了变化，但我们提供高质量学习课程的目标不能动摇。

展望未来：虚拟学习的未来趋势

多年来，随着数字技术的不断创新和普及，人们一直认为传统线下讲师指导的时代将终结。而为了应对 2020 年的疫情，许多组织迅速调整培训模式，采用融合了视频和网络会议的虚拟培训方式，以适应员工居家办公的新常态。现在，未来的培训似乎将走向线上线下相结合的模式，即当员工共处一地时，进行线下培训；而当部分或全部员工远程办公时，则采用虚拟培训。

在虚拟培训模式中，引导师不仅可以降低成本、节省时间，还能带来诸多其他好处。经验丰富的虚拟培训师、个人学员以及协同工作的同事之间的积极互动，能够极大地丰富学习体验。主题专家可以加入实时虚拟培训课程，并分享他们的专业见解。通过角色扮演和即时的反馈，人们可以及时调整自己的行为。分组讨论可以鼓励同伴之间加强合作，共同解决实际问题。有了现场教练或专家的指导，人们对新知识和新技能的掌握会更加长久。

随着摄像头的广泛使用，新的虚拟礼仪规范也应运而生。为了减轻长时间面对镜头带来的疲劳感，团队需要制定一些规则，如确定何时开启或关闭摄像头、如何保障每位学员都能获得最佳的音频体验，以及如何巧妙地运用虚拟或实体背景来增进线上交流中的信任。例如，采用沉浸式背景设计，让每个人都仿佛置身于同一张会议桌旁，这样可以增强虚拟会议和数字化培训中的团队凝聚力。

增强现实技术巧妙地将真实与虚拟世界融为一体，让我们能够轻松操作 3D 虚拟物品，或者在真实场景中查看叠加的虚拟信息。虚拟现实技术则为我们打造了一个完全虚拟的模拟世界，让我们仿佛置身于另一个时空。这两种技术都为那些无法在线下学习新技能的人提供了安全且有效的学习途径。在当今这个数字化时代，我们几乎每天都会使用移动设备或平板电脑，而这也意味着我们每天都在与增强现实技术打交道。增强现实技术的应用无处不在，无论是网络会议、社交聊天、游戏娱乐中的趣味滤镜，还是导航出行、摄影创作、医疗诊断中的实用工具，都离不开它的身影。尽管增强现实和虚拟现实在企业培训领域的应用起步较晚，但随着新技术的不断涌现和按需学习模式的兴起，它们正在为职场人士的技能提升注入新的活力，这一趋势也将持续增强。

当学习过程离不开高阶思维技能时，虚拟讲师引导培训无疑是一个理想的选择，但培训的方法应更加多元。未来的虚拟学习将融合多种吸引人的混合式学习元素，如增强现实、虚拟现实、微学习活动和短视频等，为学员带来更加丰富的学习体验。将这些异步的数字学习内容与讲师讲解引导相结合，能使课程变得更加引人入胜，让忙碌的学员能够在工作之余随时学习。这种兼具社会化和引导式的在线学习模式，恰好满足了人们对于交流和互动的需求。

未来，虚拟学习领域需要那些具备丰富教学经验和数字技能的教学设计师，他们能够巧妙地整合多种数字和人际交流的解决方案，创造出更加高效和有趣的学习体验。同时，虚拟引导师作为培训中的关键角色，将继续发挥重要作用，他们通过引人入胜的引导，帮助学员更好地理解和掌握学习内容，实现以结果为导向的培训目标。交互式设计和引导技巧始终是构建有效学习体验的重要基石。

最后的思考

无论你是在设计虚拟培训还是在实施虚拟培训，你都希望不断提升自己的技能，而这些技能远不止我们本章所提到的内容。例如，你可能想要提升在线上课程中的沟通能力，并学会如何高效地使用摄像头。

◆◆◆

作者简介

辛西娅·克莱（Cynthia Clay）是 NetSpeed Learning 公司的创始人兼 CEO，著有《卓越网络研讨会：打造引人入胜、寓教于乐的互动学习体验》。她与客户携手，共同打造充满活力的线上及线上线下相结合的工作模式。她所在的公司与众多客户紧密合作，帮助那些希望激发员工潜能、沟通能力以及冲突解决能力的领导者提升管理能力。同时，她还专注于培养那些致力于提供高质量线上学习课程的引导者、设计师和制作人的专业技能。她对基于大脑的学习原理有深入的研究，并带领团队成功设计和制作了许多引人入胜的在线学习课程。

辛迪·哈格特（Cindy Huggett）是一位人才发展认证专家，她曾撰写了四本关于虚拟培训的权威著作，其中包括《虚拟培训工具与模板：在线实时学习手册》和《虚拟培训指南：设计、交付与实施在线学习的方法》。她积极与各类组织合作，致力于推动他们向在线学习模式转型，并亲自指导培训师掌握在线教学的技巧。她不仅具备深厚的领导力、学习和技术领域的专业知识，还擅长将这些知识融入引导、设计、撰写和演讲中。此外，她还曾在 ATD 担任要职，并是首批获得学习与发展领域最高认证之一的专家。

参考文献

ATD (Association for Talent Development). 2018. *2018 State of the Industry*. Alexandria, VA: ATD Press.

ATD (Association for Talent Development). 2021. *2021 State of the Industry*. Alexandria, VA: ATD Press.

Clay, C. 2019. *Great Webinars: Interactive Learning That Is Captivating, Informative and Fun*. Seattle, WA: Punchy Publishing.

Huggett, C. 2013. *The Virtual Training Guidebook: How to Design, Deliver and Implement Live Online Learning*. Alexandria, VA: ASTD Press.

Huggett, C. 2020. "Secrets of Master Virtual Trainers: 5 Keys to Online Classroom Success." ATD 2020 Virtual Conference Recording, May 11.

Medina, J. 2014. *Brain Rules*. Seattle, WA: Pear Press.

延伸阅读

Christopher, D. 2011. "Facilitating in the Global Virtual Classroom." *Infoline*. Alexandria, VA: ASTD Press.

Christopher, D. 2014. *The Successful Virtual Classroom: How to Design and Facilitate Interactive and Engaging Live Online Learning*. New York: AMACOM.

Clay, C. 2019. *Great Webinars: Interactive Learning That Is Captivating, Informative and Fun*. Seattle, WA: Punchy Publishing.

Huggett, C. 2013. *The Virtual Training Guidebook: How to Design, Deliver and Implement Live Online Learning*. Alexandria, VA: ASTD Press.

Huggett, C. 2018. *Virtual Training Basics*, 2nd ed. Alexandria, VA: ATD Press.

LaBorie, K. , and T. Stone. 2015. *Interact and Engage!: 50 + Activities for Virtual Training, Meetings, and Webinars*. Alexandria, VA: ATD Press.

Pluth, B. P. 2010. *Webinars With WOW Factor: Tips, Tricks and Interactive Activities for Virtual Training*. Minneapolis, MN: Pluth Consulting.

05 第五部分
面向未来的必备
能力与态度

名家视角 慢下来是为了走得更快

丽塔·贝利

　　曾经，你有多少次想放慢脚步，留出时间思考、重整思路、恢复元气？在生活和工作的疾速推进中，似乎时间总是捉襟见肘——直到新冠疫情如飓风般席卷而来，迫使一切戛然而止，我们不得不慢下来，甚至彻底停下。我们学会了转型、过渡、重新评估优先事项，最终塑造出一个"新常态"。此外，我们的工作方式、工作地点以及工作重心都发生了翻天覆地的变化。步入后疫情时代，我们有机会加固行业基石，支撑行业持续发展，并审视未来成功所需的能力与心态。

　　这让我想起了电影《敢死队》系列。前两部中，核心团队执行了任务，而第三部续作中，一批年轻新成员应征入伍，和老队员并肩作战。旧有的传统为创新实践、妥协和适应赋予了新的含义，整个团队通力合作，共同创造新的方法，战胜了敌人。

　　我很荣幸受邀作为名家分享见解。多年的历练让我的视角充满了对各种挑战的深刻体会，以及为适应不同态度、方法和技能而不得不转变思维方式的经历。疫情让我们得以窥见变革与意外的变化是什么样子，现在我们可以睁大眼睛，积极关注那些应对新前沿所必需的变化。

　　试想，每当听到或看到"在这不确定和前所未有的时代"这样的说法，就能得到一美元，恐怕已经赚了不少钱。作为学习专业人士，我们听过很多次这样的说法，而我们的责任和义务，就是成为引领变革的先锋，无论我们的角色或职位如何。总而言之，是时候提升能力，迎接挑战了。

　　18 个月前，我从未通过虚拟课堂授课，也从未在 Zoom 上主持过战略撤退会议。我的核心内容主要集中于文化、领导力和学习策略。然而，面对客户需求的转变与学习社区面临的变革挑战，我已将重心大幅转移至以人性和文明为核心的研究、内容创作与推广上，尤其重视多元化、公平与包容。这一转变极大地拓宽了我的交际网络，使我得以在足不出户的情况下，参与各类虚拟会议、工作坊、小组、读书俱乐部及讨论。

在居家隔离的日子里，我是如何做到这一切的呢？我的选择是，要么沉溺于对往昔以旅行和社交为乐的积极生活的怀念，要么调整思维和态度，拥抱未来的无限可能。正是这份心态，引领我、我的事业以及人际交往迈向了一个全新的高度。

我衷心希望，你也能在当前的危机中寻得希望之光，正如我过去两年所经历的，那是一场真正的自我重塑、焕新与疗愈之旅。

这一部分旨在激发并挑战你作为人才发展专业人士的思考，如何面对这个新的未来，引领变革之路，发展新技能与新心态，以满足那些依赖我们专业知识、指导与支持之人的当下与未来需求。

极速变化

尽管我们知道变化是永恒的，但当前我们所经历的，却是一场前所未有的加速变化。例如：

● 随着我们工作、学习和互动方式的转变，个人和职业生活愈发趋向虚拟化，这就要求我们必须适应新的培训方式、工具和技术。

● 随着人们日益关注心理健康问题及其挑战，如抑郁、社交孤立和压力，我们愈发重视员工的健康与福祉、同理心、安全、正念训练和资源，以适应员工的身心需求。

● 一些工作岗位逐渐被技术取代，需要重新培训和快速技能重塑。

● 培训和资源必须满足客户不断变化的需求和期望。

● 多元化、公平与包容原则正逐步融入人才发展的流程、课程和系统中。

● 借助移动设备、沉浸式技术（人工智能、增强现实、虚拟现实）、微学习、视频、播客和游戏化学习，人们更加主动地掌控技能和学习机会。

● Z 世代和 TikTok 学习内容的影响力日益增长。

远程工作显然有其优点和缺点。每个组织都必须权衡如何在满足员工需求和愿望的同时，做出对企业最有利的决策。上述这些变化催促着我们拓展思维，探索如何构建更加个性化的学习体验模型。埃森哲公司近期发布的《未来工作：无处不在的生产力》报告指出，"更重要的不在于地点，而在于人的潜力"。

几年前，出于一时冲动，我走出了自己的舒适区，鼓起勇气和朋友一起去跳伞。经过简短的即时培训后，我们上升到了 10000 英尺，站在机舱门口，我心跳加速，呼吸急促，恐惧感随着倒计时的推进愈发强烈。在下降过程中，自由落体的感觉似乎永无止境，而当地面逐渐升起迎接我时，我集中精力，拉动伞绳，打开了降落伞。那一刻，我全神贯注，凭借在跳伞前培训中学到的新技能，我专注保持下降过程平稳，并最终准确地降落在指定区域。分享这段故事，是因为这正是作为人才发展专业人士的真实感受。我们仿佛置身于自由落体状态，如果要生存，必须鼓足勇气、转变态度、学习新技能——我们必须走出舒适区。

这一部分里，我的同事将详细介绍，在这个日新月异的人才发展环境中保持竞争力所需的前瞻性技能和心态。领会这些要点，你就能更加顺利转型，适应新的挑战。

敢于跳伞

许多资料支持这样一种观点，即当前正是人才发展和学习与发展专业人士超越现状、跃向未来的时刻：

- Skillsoft 发布的报告《弥补差距》指出，48% 的学习与发展专业人士认为其团队目前技能不足，无法满足当今企业需求。
- Emerald Works 于 2020 年发布的报告《回到未来》发现，39% 的学习与发展专业人士感到不堪重负且资源匮乏，这一比例相比 2019 年的 29% 有所上升。
- 领英的《职场学习报告》显示，79% 的 CEO 担忧，关键技能的缺失正对组织的未来增长构成威胁。
- 麦肯锡认为，到 2030 年，"随着数字化、自动化及人工智能技术的不断进步持续颠覆职场格局，3.75 亿工人（约占全球劳动力的 14%）可能需要转换职业类别"。
- 德勤预测，未来的工作将涌现"超级岗位"，这使得技能提升和再培训愈发关键。

- 多份报告的共同主题证实了软技能正在蓬勃发展。为确保人才和人才发展专业人士在当今和未来取得成功，发展和磨炼软技能应当成为关键所在。

跳伞之前，请使用如下清单进行初步评估：

□ 我拥有应对职场变革和新挑战所必需的核心技能和工具，包括分析研究、沟通、解决问题、适应能力、同理心和倾听技巧。

□ 我具备拥抱勇气、信心及协作的心态。

□ 我知道在不同情况下我应该扮演什么角色（如专家、执行者或合作者）。

□ 我具备启动、推动乃至领导新型创新项目的能力，能够助力学习职能的发展，并确保其与组织的目标和战略方向保持一致。

□ 我在招聘、影响和指导主题专家以及其他关键资源方面表现出色，能够实现预期成果。

□ 我擅长引导内容和传达信息，以吸引学员和领导者参与。

□ 我始终将多元化、公平与包容原则及实践纳入考量，并融入所有当前及新举措、新课程中。

□ 我不断跟进人才发展及学习与发展相关的数字素养和技术变化，并且充满信心。

□ 我能为组织的技术战略或生态系统提供具有影响力的见解、知识以及创新思考。

□ 我对终身学习充满渴望和热情。

降落在指定目标上会发生什么

在我主持 ATD 培训部门管理证书课程期间，我常常抛出一个问题：学习职能的战略规划如何与组织的整体规划匹配？大多数课程参与者坦言，他们虽有年度业务或预算计划，但很少有人具备真正的战略规划。如果我们没有对未来的清晰愿景，又如何能聚焦于未来呢？即便组织内没有明文要求制定战略规划，投入时间和精力去制定仍有诸多好处。以下是其中的几点：

- 与高层管理者建立更紧密的合作关系，明确共同达成的成果。证明价值或投资回报率不再是一个争论话题，因为所有决策都与企业目标保持一致。

- 通过重新设计适用于虚拟、混合工作模式及个人贡献者的技能和能力框架，填补各个层级的领导技能差距。"一劳永逸"或"一刀切"的解决方案已不再可行。

- 学习变成了一种积极的、参与式的、富有成效的体验，个人能够按照自己的步调，将信息转化为知识、价值观和技能。

- 推动各个层级间开展真诚对话，消除个人与组织的偏见，制定支持包容文化的战略和流程。

- 数据收集提供洞察，帮助领导者判断何时何地投资于人员、计划和项目，从而推动行动。

- 组织将吸纳更多元化的代表。培训将发挥重要作用，为每个人（涵盖种族、性别、不同年龄层、残障人士及退伍军人）准备并提供必要的技能机会。

- 为下一代领导层培养接班人。

你愿意转变吗

我们真正的价值和影响力源于我们转变思维方式和态度的意愿。Emerald Works 于 2020 年发布的报告《学员智能报告》揭示了学习与发展的思维方式与实际落地操作及结果之间的脱节。行业影响力正逐渐下滑，却消耗了更多投资。

盖洛普的研究指出，人们跳槽的首要原因是缺乏职业发展机会。而在疫情之后，人们开始权衡更多因素，这进一步加剧了人才市场的竞争态势。如果组织、领导者及人才发展专业人士不转变其对待学习与发展的方式，将难以吸引、保留或维持顶尖人才或卓越绩效。

我们的思维方式和态度，无论是积极还是消极，都是所有行动的基础。那些能够创造最大价值的人，懂得放手控制，愿意与他人携手共担学习的责任，视他人为学习的积极贡献者，而非内容与培训的被动接受者。

态度决定成果。因此，如果你仅仅将自身使命视为满足合规要求或达成员工参与度，而非一项产生可衡量绩效影响的关键业务职能，那么现实也就仅仅局限于合规与员工参与度。

然而，倘若我们能够转变思维，摒弃旧有观念，为新思路腾出空间，那么就能够实现学习与企业目标的匹配。

说得更直白一些，作为人才与学习专家，我们虽提倡各种原则，但真正投入到亲身实践、改变思维方式和态度的时间又有多少呢？例如，想想史蒂芬·柯维提出的高效能人士的七个习惯：

- 积极主动。
- 以终为始。
- 要事第一。
- 双赢思维。
- 知彼解己。
- 统合综效。
- 不断更新。

马歇尔·戈德史密斯在其《习惯力》一书中深刻阐述了持续改进的理念。如果想在竞争中立于不败之地，必须具备面向未来的态度。

诚然，我们无法预测未来，但某些态度能帮助我们更好地为未来做好准备。态度，是个体面对周遭事物或他人时，做出积极或消极反应的倾向。接下来，让我们一同探讨四种不同的态度，以及这些态度下你可能听到的声音：

- **被动**——维持现状，直到被迫改变。
  ○ 我们的课程多年来一直很有效，为什么现在要改变呢？
  ○ 没有人要求改变，所以大家一定很满意。
  ○ 需求分析非常烦琐、令人不悦，真的有必要做吗？
  ○ 我们几年前尝试过，但没用。
  ○ 我对工作很满意，不想改变。
- **反应**——等待问题出现才采取行动。
  ○ 真希望时间能多一些，因为根本做不完所有事情。
  ○ 这是规定，我也无能为力。
  ○ 他们真的让我很生气。
  ○ 我需要……我必须……但我做不到……
- **前瞻**——预测未来可能发生的情况，并尽早采取措施降低风险。

- ○ 我们要在问题发生前制定政策应对。
- ○ 我们要根据竞争对手的情况制定应对计划。
- ○ 我们要考虑可能遇到的障碍或挑战。
- ○ 让我们看看其他组织疫情后是如何培训的。
- ○ 我们可以借鉴他人的成功经验。
- **主动**——在问题发生之前采取行动。
- ○ 制定战略计划能帮助我们实现目标和愿景。
- ○ 我们要指定专人作为项目负责人执行计划。
- ○ 我们要争取高层领导、主题专家或其他部门的支持。
- ○ 我会全权负责，确保任务完成。
- ○ 我们需要提高组织技能、优先级管理、保持专注和提前规划的能力。
- ○ 让我们看看替代方案。

真实评估自己的能力和态度后，你是否准备好迈入人才发展和学习与发展的未来？在追求快速进步的道路上，你又该如何放慢步伐？

作者简介

丽塔·贝利（Rita Bailey），Up to Something 创始人兼所有者，这是一家专注人性、文明和多元化、公平与包容的战略咨询网络平台。她在学习与发展领域积累了超过 25 年的经验。作为思想领袖、作者、演讲者和教练，她一直积极参与该领域的领导工作。她曾任美国西南航空企业大学校长和 ATD 前任主席。她已经走访了 40 多个国家，发表演讲并帮助组织打造更加以人为本的工作环境。

参考文献

Accenture. 2021. *The Future of Work: Productive Anywhere*. Accenture.

Bersin, J. 2020. "The Big Reset Playbook: What's Working Now." Josh Bersin, Business Trends, August 26.

Covey, S. R. 2004. *The 7 Habits of Highly Effective People*. New York: Free Press.

Emerald Works. 2020. *Back to the Future: Why Tomorrow's Workforce Needs a Learning Culture*. Mind Tools.

Hoogerhuis, M. , and B. Nelson. 2018. "Why It's Time to Disrupt the Traditional Approach to L&D. "Gallup, November 8.

Illanes, P. , S. Lund, S. Rutherford, and M. Tyreman. 2018. "Retraining and Reskilling Workers in the Age of Automation. "McKinsey Global Institute, January 22.

LinkedIn Learning. 2020. 2020 *Workplace Learning Report*. LinkedIn.

Skillsoft. 2019. *Mind the Gap: Upskilling Asia Pacific Employees for the Digital Workplace*. Skillsoft.

Volini, E. et al. 2021. *The Social Enterprise in a World Disrupted*. 2021 Deloitte Global Human Capital Trends.

延伸阅读

Goldsmith, M. , and M. Reiter. 2007. *What Got You Here Won't Get You There*. New York: Hyperion.

第 27 章　人才发展专业人士的基本技能

温迪·盖茨·科尔贝特

"人才发展专业人士"这一标签意味着我们在用于工作的技能方面已经达到了一定的能力水平或熟练程度。更基础的技能，如协作和敏捷性，支持像设计学习这样的专业技能。而影响力和全球视野等技能则使我们能够更好地在组织内部开展合作，沟通人才发展实践如何帮助实现组织目标。

本章要点

△　界定人才发展专业人士的基本技能。

△　探讨基本技能在职场中的应用。

△　思考基本技能的开发策略。

为了创造一个更加高效的世界，我们结合自身独特的才能以及所有人才发展专业人士所运用的一套基本技能，来培养我们工作场所中的人才。构建这些基本技能对于我们成功地为组织做出贡献至关重要。本章聚焦于人才发展专业人士所必备的七项技能，并提供了如何培养这些技能的建议。这些技能包括：

- 敏捷性。
- 全球视野。
- 影响力。
- 协作。
- 诚信。
- 当责与负责。
- 韧性。

当然，要成为成功的职场人士还需要掌握其他技能。本章所列出的七项技能，是基于我个人的职业经历反思，并与培训发展领域不同工作场景的从业者广泛交流后提炼而成的。这些基本技能在赋能他人方面发挥着举足轻重的作用，为本书其他章节探讨的更专业技能奠定了基础。

基本技能在工作中的体现

本章概述的基本技能贯穿日常工作的各个环节。让我们回顾几位典型的人才发展专业人士在日常工作中应用这些技能的实例。

- 在公司暂停所有国内外旅行后，大卫的学习与组织发展团队展现其敏捷性与协作技能，在短短三周内将所有原定的面对面培训项目转为虚拟交付。

- 在与高层领导的会议中，波尼塔运用其影响力技能，有力地阐述了自己的提案，成功赢得了对一项全新员工福祉计划的支持。

- 在引领团队度过充满挑战的重组阶段时，特里充分展现了她的诚信品质与强烈的责任感。

无论是在大型跨国公司、区域性组织中任职，还是经营自己的企业，本章所述的基本技能都是成功的关键。以莎伦·温格伦为例，她经营着一家小型家族式人才发展咨询与供应商服务企业。自 2002 年起，她以独立创业者的身份起步——公司仅有她一人。然而，随着业务的拓展和职场环境的变迁，她的需求也随之改变。如今，她领导着一支由全职员工、兼职员工及承包商组成的小团队。在这个过程中，协作、敏捷性、当责与负责在每一份工作中都发挥着举足轻重的作用。她信赖团队成员，要求他们按时完成所有任务，并确保工作质量符合客户要求。她期望团队成员在任务和项目中紧密合作，以便公司能够向客户交付承诺的成果，同时持续推动业务的成长。

基本技能：敏捷性

> 敏捷性：迅速适应新环境的能力，无论是面对组织内部的变化（如部门职能的调整或重组）还是组织外部的变化（如影响业务的技术进步）。

组织必须具备敏捷性，以迅速应对当今瞬息万变的商业环境。人才发展专业人士要以明确的方向、坚定的专注与决心，自信且胜任地朝着目标迈进。面对突如其来的状况，我们可能需要快速适应，改变实现目标的策略，或者完全转变方向，追求新的目标。拥有敏捷性，我们能够迅速、顺利且成功地做出这些改变。

随着人们工作方式和地点的快速变化，人才发展专业人士必须提供灵活的学习机会，以满足不断变化的劳动力需求。倘若我们无法（或不愿）顺应这一变革，就极有可能丧失话语权、影响力，以及为组织成功贡献力量的能力。

例如，伯纳黛特·科斯特洛是一位习惯于进行现场面对面授课的讲师。然而，她所在的大学在学期中途突然转向在线虚拟课堂，几乎没有给她任何预警。起初，伯纳黛特并不喜欢虚拟授课，但她采取了敏捷的思维方式，尝试了各种互动技术，这些技术能够模拟（有时甚至超越）面对面课堂的体验。这一过程中，伯纳黛特接触到了各种应用程序，使她能够继续为学生的学习能力做出贡献。

我们中的许多人每天都在锻炼或培养自己的敏捷性。敏捷性既可以应用于一些简单的情况，如调整培训项目的开始时间，以适应世界另一地区的参与者，也能在处理更复杂的情况时发挥作用，如根据市场变化，调整团队成员的工作职责，让其承担新的角色。

人类天生对变化怀有恐惧。大多数人并不喜欢变化，因此，要培养敏捷性就需要我们不断练习。面对变化，我们的第一反应往往是负面的，但这并不利于成长。为了增强应对变化的意愿和能力，培养敏捷性，可采用以下三种方法。

- **暂停片刻**。当遭遇转变时，不妨先停下来，深呼吸三次。这样的暂停能够打断条件反射，给予自己一个选择不同应对方式的机会。
- **拥抱新事物**。利用工作之外的机会，主动去适应那些突如其来的变化。试着把这些变化看作一个探索新事物的契机。
- **走出舒适区**。在工作中寻找机会，尝试一些完全不同的挑战，让自己更能适应那些不熟悉的事物。

基本技能：全球视野

全球视野（也称全球思维）：一种综合素质，帮助人们更好地与不同背景的个人及组织合作。全球思维是理解文化间的共通和差异、而不被差异所束缚的能力，是在不同环境中感到不适时也能自在自如的能力。

劳动力市场正日益全球化，无论是跨国公司还是在全球范围内运营的组织，都深受其影响。无论我们的角色如何，接纳和理解文化差异的能力，对作为人才发展专业人士的我们来说都非常有益。这样的能力使我们能够通过跨越国界、文化和代际的鸿沟，与他人有效合作，并助力他人同样做到这一点，从而在组织中产生更为深远的影响。拥抱全球思维，不仅在于理解文化和代际之间的异同，更在于将这些差异实实在在地融入我们的战略、计划和项目中。表 27-1 列举了全球思维如何在人才发展专业人士的工作中体现的实例。

表 27-1　在人才发展角色中运用全球思维

角色	全球思维影响
讲师	● 规划人才战略 ● 制定尊重文化和代际差异的政策
人才发展部门负责人	● 设定课堂预期时，意识到不同文化并保持尊重
内容开发者	● 确保媒体（如图片和视频）涵盖多元化人物形象

全球思维渗透日常工作的诸多领域。采取全球思维的一个体现是提高对不同文化和行为规范差异的认识。例如，在一个成员国籍多元、地域分布广泛的团队中，应遵循哪种文化的规范？另一个文化方面上需要注意的是课堂行为相关规范。例如，在一个学员来自全球各地的虚拟课堂中，提问是否可被学员接受？期望学员在课堂上开启摄像头是否尊重学员？当拥有全球思维的理解时，这些问题便能得到有效公正的解决。

举个例子，我曾在一家总部位于美国的公司工作，员工来自印度、委内瑞拉、爱尔兰、加拿大和美国。每个月，办公室都会举办一次百家宴午餐，员工会带来自己家乡的传统菜肴，让大家有机会更深入地了解彼此的文化和习俗。

通过以下方式培养全球思维：

● 提高自我意识。

● 培养对人与文化的好奇心。

● 增强灵活性和开放性，包容所有可能。

基本技能：影响力

影响力：改变并塑造他人观点和行动的能力。

日常工作中，我们无时无刻不在运用影响力，通过对话、电子邮件、演讲、报告和学习环境表达观点。

对于人才发展专业人士而言，能够影响组织及其领导者是发挥最大价值的关键所在。实际上，影响力是识别领导潜力的一项核心特质。提供令人信服的解释，说明为何投资于那些开发技能、促进员工成功、提高员工参与和留住尖端人才的项目，是人才发展专业人士的一个重要机会。为了能够影响商业领袖，我们不仅需要清楚地了解企业需求，还需要使用他们理解且尊重的语言进行沟通。同时，我们还必须量化项目的预期成果，提供相关的工作指标。

例如，道恩·桑德曾担任一家大型全球医疗器械公司的人才领导，其间她投入时间学习其支持部门的业务，与销售代表一同外出，亲身观察他们使用的技能以及所需的技能。她还参加了业务会议以更深入理解工作，并组织了焦点小组以清楚把握销售代表的需求。道恩的投入使她获得了对业务的宝贵见解，并凭借对领导者需求的精准理解，成功地影响了与她合作的领导者。

以下是工作中影响力可能体现的场景：

- 为你提出的新培训计划争取支持。
- 团队共同决定哪些项目应被赋予最高优先级。
- 引导培训课程时鼓励学员适应新行为。

影响力根植于真正的信任、联系与诚信之中。通过以下方式建立提升你的影响力技能：

- 始终清晰、诚实、透明地与他人沟通。
- 提供经过周密思考、辅以数据和事实支撑的详尽信息。
- 履行承诺。
- 通过倾听、展现兴趣、提出深度问题，与他人建立真正的联系。

基本技能：协作

协作：两个或两个以上的人携手努力实现共同目标的行为，各方在参与、沟通和投入上享有平等的机会。

我们在职场上并非单凭自身就能赋予他人开发人才的能力，而是通过与他人携手合作来实现的。在当今组织的各个层级中，作为人才发展专业人士，我们的工作尤其离不开协作。一旦缺乏协作，项目不仅会进展缓慢甚至停滞不前，团队成员之间还会产生挫败感，动力受到压制，最终导致参与感下降。

协作技能包括：

- 以书面和口头形式，清晰明了、灵活变通地传达信息。
- 保持开放的心态，不带偏见地听取他人的观点。
- 具有同理心，对他人的感受和经历保持理解、关注和敏感。
- 展示可靠的品质或始终值得信赖的能力。

无论是部门内部协作还是跨组织、跨部门协作，都可遵循以下指导原则，实现高效协作：

- 创建共同的愿景或目标，并确定清晰的目标作为团队建设的一部分——这将赋予团队身份认同感、凝聚力和共同的目标感。
- 制定团队或项目章程，明确沟通、当责、负责、决策制定方式及冲突解决方式。
- 提供团队成员相互了解的机会，建立信任和融洽的关系。
- 将团队目标放在首位。
- 定期召开会议或进行沟通，讨论时间线、进展、挑战和决策，以及提供建立联系的机会。
- 庆祝每一次成功，无论其大小。

运用如下三种策略，建立协作技能：

- 对于你不喜欢的结果、评论或想法，保持开放的心态——带着好奇心看待它们。

- 在对话和会议中积极倾听。
- 向团队成员寻求帮助，习惯接受帮助，同时也询问团队成员如何帮助他们。

基本技能：诚信

> 诚信：始终坚定地遵守道德和伦理准则。即使在无人监督的情况下，依然自觉做出正确抉择。以诚信为本，便是让道德成为决策与行动的风向标。

是否有人曾因你的努力而赢得荣誉？当有人不以诚信行事时，往往会产生这样的感受。你对那个人目前的信任程度如何？你有多大的意愿与他携手合作或伸出援手？缺乏诚信的行为往往会带来深远的负面影响。

你希望能够无条件地信任同事和领导，不必担心他们的道德准则。同样，你的团队、领导和学员也需要知道，他们可以信任你以诚信行事。

诚信的例子包括：

- 致力于亲手编写培训材料，而非上网搜索别人编写的内容。
- 在你的管理者面前认可团队成员对项目成功发挥的主要作用。
- 未经作者许可，绝不分享会议演讲的版权讲义，即使作者永远不会知道。

始终在道德和价值观内行事，以建立诚信。

基本技能：当责与负责

> 当责：信守承诺，履行职责，成为可靠且值得信赖的人。
>
> 负责：为自己的行为承担责任。
>
> （《韦氏词典》）

当责和负责是各行各业专业人士不可或缺且紧密联系的两项技能。一旦被贴上不负责任的标签，职业生涯将受到极大的制约，因为当团队无法相信你会履行承诺时将停止对你的依赖。同时，领导也不再信任你能够按时完成项目或达到预期质量水平。相反，当团队和领导认识到你的责任心时，信任就会增长，你对团队、领导（以及组织）的影响力也会随之提升。

当责的例子包括：

- 及时回复电话和电子邮件。

- 守时、全面、无误地完成项目。

- 参加团队会议，全神贯注，全身心投入。

负责是指按时完成所有任务，提供完全符合预期的成果。如果错过截止日期，就要为自己的行为负责，不找借口，并为延误道歉。负责可能要求你提前同步项目更新，并在无法出席会议时安排同事代为汇报。负责还包括促使他人负起责任。虽然领导者有责任让团队成员各负其责，但一个强大的团队能够使团队成员相互监督，共同负责。这意味着对那些不符合规范或未达到预期的行为进行处理。

让我们来看几个负责的例子：

- 莫拉无法参加会议，于是提前通过电子邮件发送了项目最新进度，并同项目负责人乔治商定，如分配新任务，由他跟进。

- 马塞洛为了不负团队的期望，主持好新员工入职培训，特意将自己的医生预约改到当天晚些时候。

- 拉什德联系支持团队，找到了培训中学员提问的答案，并在约定日期之前给予了反馈。

对自己和他人许下能够实现的承诺，并全力以赴地兑现承诺，以此建立当责和负责技能。要保持积极主动，一旦察觉到日程有所变动，就尽早通知相关人员。负责任的人才发展专业人士往往会谨慎承诺，但最终总能超越预期。

运用如下三种策略，建立负责技能：

- 确保为所有项目和任务设定现实可行的截止日期，如无法按期完成任务，及时告知。

- 明确任务要求，清楚了解任务的预期结果、完成日期、具体时间。

- 为自己设定高标准，主动承担需要完成的任务，确保每次按时完成，并且时常反问自己："还有什么我可以做的吗？"

人才发展专业人士必须以勇气为先，展现领导力

比尔·特雷热，大步咨询公司首席激励官，代表作《激发勇气》和《领导者开启大门》

作为人才发展专业人士，我们必须成为领导者——即使社会对领导者角色往往抱持着既崇高又相互矛盾的期待。我们深知领导者必须既理性又充满激情，既着眼战略又精通战术，既果断决策又包容各方，既自信满满又虚怀若谷。而作为人才发展专业人士，你也需要具备所有这些特质！你或许在思考："我该从哪里开始呢？"

这个起点就是勇气。亚里士多德将勇气称为第一美德，因为它是所有其他美德得以实现的基础。正是勇气铸就了像你这样的领导者所需的钢铁脊梁：开创未来、制定雄心勃勃的发展规划、直面挑战、激励他人、坦诚反馈、捍卫道德底线并支持企业盈利。这些听起来是否耳熟？这正是你每天都在践行的事。勇气必须融入你的一切行动之中。因此，在开启领导力征程之初，你首先应当致力于培养、发展并强化自己的勇气内核。

我的公司，大步咨询，是一家专注于培养勇气的咨询公司。我们的使命是建立职场中的勇气。在我们的研讨会中，最为精彩的部分莫过于深入探讨勇气在领导和开发他人过程中的核心作用。以下是我在《激发勇气》一书中提出的四个观点，或许能为你开启旅程：

- **每天寻找展现勇气的机会**。即使是小小的勇敢行为，也能带来巨大的变化。例如，追求一个能提升自己技能的远大目标，向领导者提出促进学习的建议，给予同事或学员真诚的反馈，指导经理如何开发团队成员，或者建议取消与组织目标不符的热门培训计划。

- **设定一个大胆的未来**。作为高管的可信顾问，你可以携手高管，共同开发一支契合组织战略需求的团队。勇立潮头，提供一种创新且大胆、有效且务实的员工技能提升方案。助力领导者明确构建多元化劳动力的路径，激发员工的参与，解决公平性问题，促进团队合作，最终实现组织目标。这样的人才发展领导力需要勇气。

- **练习勇气的三种表达方式**。我们认为勇气可以表现为三种行为方式：表达勇气、尝试勇气和信任勇气。举例来说，当你向领导者提供反馈，告诉他们为何员工参与度低时，哪怕反馈是负面的，你展示了"表达勇气"。当你自愿主持

一个从未讲解过的课题时，表现的是"尝试勇气"。当你让 IT 部门带头开发最适合人才发展部门的网络方案时，则展现了"信任勇气"。

- **从你自己开始。** 身为一名人才发展专业人士，你需要以身作则，展示自己希望他人践行的价值观。若想激发他人的勇气，要求他人跳下高台，你就必须是第一个跳下高台的人。这里有一些值得深思的自我发展问题：我在哪些方面太过保守？我正在追求哪些需要我展现勇气的远大目标？哪些任务我已经不再适合，应该委派给他人？我可以采取哪些行动，成为展现勇气行为的更好榜样？

一项核心人才发展目标应当是明确组织是否准备好打造学习文化。这要求你确保领导层支持学习，员工重视学习，且人人秉持学习的思维方式。尽管这是一项艰巨的任务，但你完全有能力带头推动这一进程——特别是以勇气为引领时。勇气是人才发展的生命，它激励部门迎接挑战，提出创新想法，提升生产力，并确保实现可观的投资回报。让勇气成为部门的核心，让所有人才发展专业人士参与进来，拥抱变革，寻找领导机会，实现组织愿景。勇气，是发展和领导力的第一美德。

基本技能：韧性

> 韧性：面对逆境、变化或压力时，继续前进、迅速恢复和快速适应的能力

韧性，是指即便旅途比预想得更为漫长，或者在旅途中遭遇了崎岖与阻碍，依然能够坚持下去的能力。身为人才发展专业人士，我们总有下一个培训课程要去开发或引导。工作永无止境，因为总有令人振奋的新项目在前方等待。不断变化或相互竞争的优先事项已是常态。我们从这些挑战中恢复的能力，正是保持影响力、信任度和可靠性的关键，让我们成为勤奋、可靠且成功的合作伙伴，能够迎接每一次挑战。韧性是勇气的加油站，让我们能够重新站起来继续前行。一旦缺乏了韧性，个人能量耗尽时将难以再支撑下去。

2020 年 2 月，我终于实现了将业务重心从一项职业热爱转移到另一项——从幻灯片设计和演讲咨询转移到培养组织归属感。但就在一个月后，新冠疫情暴

发，企业将重点从多元化、包容性和归属感转移到建立远程工作环境上。员工一旦适应了居家办公，组织便开始关注如何帮助员工在虚拟环境中更有效地进行演示汇报。尽管我渴望开展更多组织发展与文化建设项目，但客户当下最需要的仍是演示支持。为了持续推动归属感研究，我采取了弹性策略：在满足客户即时需求的同时，坚持通过阅读、研究和参加培训项目来深化专业积淀——这种韧性恰恰印证了构建归属感文化所需的核心品质。

以下是培养韧性的三个简单方法：

- **适时休息**。起身离开桌子，或者户外散步 10 分钟（无论是一个人还是和同事一起）都有助于恢复专注力、注意力和动力。

- **保证睡眠**。确保每晚获得充足睡眠，感到疲惫时不妨小憩片刻，有助于恢复警觉性。

- **采用缓解焦虑与压力的策略**。运用肯定句、冥想、练习呼吸法、使用舒缓精油、听音乐等方法都非常有帮助。

最后的思考

作为人才发展专业人士，我们广泛运用多种技能。本章中介绍的这些技能，能够帮助我们在各自角色中出色表现。投入时间和精力去发展这些技能，不仅对个人成功至关重要，同时也能提升我们为组织成功做出贡献的能力。ATD 人才发展能力模型中的自我评鉴，为评估这些基本技能及本书中其他技能提供了工具。你可以在 ATD 网站上找到这一评估工具。制定学习和练习计划，以掌握基本技能，成为更优秀的人才发展专业人士。

作者简介

温迪·盖茨·科尔贝特（Wendy Gates Corbett），CPTD，深信"归属感"在人与环境中的塑造力量。作为 Signature Presentations 公司总裁，她通过主题演讲、培训与咨询服务践行这一理念，指导企业突破舒适区，打造让每个个体都能获得身份认同的包容性场域。作为一名资深的国际演讲家、获奖顾问与高管级引导师，她在逾二十载职业生涯中已培训超过 10 万人。作为培训行业的标杆人物，她曾担任 ATD 董事会成员，常年受邀在全球范围内讲授关于构建归属感、提升自信力、思维清晰度及强大个人影响力的专业课程。

📑 参考文献

ATD(Association for Talent Development). 2020. "Collaboration. "Talent Development Body of Knowledge. Alexandria, VA: Association for Talent Development.

Nielsen, C. , D. Niu, and S. Meng. 2016. "Measuring Your Employees' Invisible Forms of Influence. "Harvard Business Review, November 7.

Ratanjee, V. 2019. "The Future of Leadership Development: A Global Mindset. " Gallup, February 8.

"Responsibility. "*Merriam-Webster* Online.

Thunderbird School of Global Management. 2021. "Developing a Global Mindset. " Thunderbird School of Global Management; Arizona State University, April 9.

📖 延伸阅读

Biech, E. 2021. *Skills for Career Success: Maximizing Your Potential at Work*. San Francisco: Berrett-Koehler Publishers.

Changcoco, R. , M. Cole, and J. Harlow. 2018. *Focus on Them: Become the Manager Your People Need You to Be*. Alexandria, VA: ATD Press.

Tobin, T. 2019. *Peak Leadership Fitness: Elevating Your Leadership Game*. Alexandria, VA: ATD Press.

第 28 章　启动人才发展工作

大卫·麦肯

启动一项人才发展工作，是一场既充满挑战又满载成就感的旅途。一路上会出现诸多曲折、未知与障碍，常常让人步履维艰。因此，本章精心准备了一系列实用指南，旨在帮助人才发展专业人士为此做好充分准备，并在旅途中不断攻坚克难。

本章要点

△　探索启动新人才发展工作的实用框架。

△　解决在启动人才发展工作过程中可能遇到的实际挑战。

你是否正计划在组织中启动人才发展项目或新建人才发展部门？是否感到无从下手？本章将为你揭示衡量有效启动的五大要素：目的、计划、人员、采集、生产。

目的：理解组织愿景

组织是多元且独特的，且始终处于不断变化之中。即便是在同一行业或领域内，不同组织的文化、战略和流程也可能存在显著差异。鉴于这种复杂性，任何人才发展工作的启动都必须紧密围绕组织的目的来展开。如果组织的愿景声明或组织文化尚未得到明确阐述，人才发展专业人士需要主动出击，去挖掘、识别并明确这一目的。通过深入理解组织的使命，人才发展专业人士能够更清晰地认识到自己如何在实现这一整体愿景中发挥积极作用。

在这一过程中，人才发展专业人士还需明确组织的战略性目标。通过把握组织的目的和战略方向，他们能够更清楚地认识到自己的工作将如何服务于整体大局。若组织尚未确立清晰的战略目标，人才发展专业人士可能需要主动向高层领导了解情况，通过提出一些基础性问题来寻找答案。例如：

- 他们为何同意启动这项人才发展工作？
- 为何是现在？
- 他们期望通过这次启动，如何改善组织的绩效表现？
- 如何衡量启动的成功与否？

一旦明确了目的和目标，人才发展专业人士就可以开始留意那些可能影响人才发展计划启动的其他要素。一个成功的人才发展战略，既要明确"做什么"和"怎么做"，更要深挖"为什么做"。在策划和执行的过程中，这些核心要点必须被置于首要位置。这对于构建一个积极的学习文化来说至关重要。

管理大师彼得·德鲁克有一句名言，精准而富有深意："文化会把战略当早餐吃掉。"这句话在评估组织的学习能力时尤为贴切。那些拥有强大学习文化的组织，深知持续学习的重要性及其对人力资本产生的深远影响。因此，一个有效的人才发展战略，必须直面并解决学习文化的问题。而一个真正有效的学习文化，则建立在对学员及其需求的深刻理解和尊重之上。然而，值得注意的是，人才发展专业人士有时可能过于关注大脑层面的研究（如神经科学和认知心理学），却忽略了心灵层面的探索（如价值观、愿望和梦想）。这恰恰解释了为什么许多组织难以建立或维持一种真正的学习文化——他们过于重视信息的传递，却忽视了满足学员的内心需求。

学习一直在个人与组织的日常中发生，但我们经常对此视而不见。由于对持续学习的深远意义缺乏足够认识，我们难以全面理解它对组织的正面作用。在组织中，那些被忽视或轻视的部分，往往难以进入领导者和员工的文化认知层面。这正是构建学习文化面临巨大挑战的原因所在。为了克服这些挑战，人才发展专业人士需要确保组织、人才发展部门及员工这三个层面的目标能够相互协调、保持一致（见图 28-1）。

通过构建以共同目标为纽带的桥梁，人才发展专业人士能够凸显持续学习在个人成长和组织发展方面的积极作用。将学习视为助力目标达成与使命践行的关键要素，将有助于其在组织文化中赢得更多重视，并获得进一步的发展。

示例1

	组织	人才发展部门	员工
目的	丰富客户生活	提高技能	从事有意义的工作
目标	盈利	正向投资回报率	获得更高薪酬

示例2

	组织	人才发展部门	员工
目的	富有成就感的就业	赋能学员	受到重视与赞赏
目标	规模	额外资源	职业发展

图 28-1　实现组织内目的与目标的统一

计划：长短兼顾，统筹布局

在深入考量组织的目的、目标及学习文化等核心要素后，人才发展专业人士应着手制定长期战略规划与启动计划。长期战略规划对于构建人才发展部门运作的核心模式至关重要。启动计划则是要在最初的 30~90 天内，迅速确立并执行短期战略与目标。将精心设计的长期战略规划与周全的启动计划相结合，能够极大提升成功的可能性。

制定长期人才发展战略时，首要任务必须是与组织战略保持高度一致。若无法支撑组织战略目标，必将引发矛盾甚至灾难性后果。在此基础之上，一份高效的人才发展战略还应解答以下核心命题：

- 该部门将如何助力组织发展？（愿景）
- 该部门将如何运作？（使命、价值观和文化）
- 该部门将实现什么？（目标）
- 该部门将如何衡量向目标迈进的步伐？（基准）
- 过程中该部门必须达成哪些具体成果？（里程碑）

这些问题看似简单，但寻找答案的过程可能需要大量时间和精力。长期战略规划的初步构建仅仅是个开始。目标随着时间的推移而调整和变化，这是很正常甚至是有益的。在战略推进的过程中，只要条件允许，都应尽可能让人才发展专业人士和利益相关者参与其中。多元视角与包容心态的融入，不仅能提升成果质量，更能深化各方对计划的投入感。

当长期战略规划的蓝图初现时，人才发展部门负责人需将焦点转向最初的 30～90 天的落地部署。想象太空探索的情景：为火箭规划一条从地球大气层直达火星表面的飞行路径是一个明确的目标，但如果火箭无法顺利升空，那么这一切都只是空想。这与人才发展工作中长期战略规划与启动计划的关系不谋而合。制定并执行一份详尽的 90 天计划，将为整个战略的实施注入强大的动力。

要着手制定 90 天计划，从组织一场利益相关者会议开启规划流程最为适宜。这一步骤极为关键，能让你在会议上审视并筛选出组织当前最为迫切的需求，这些需求可能与组织战略目标相一致，也可能存在出入。例如，尽管提升组织的净推荐值是一个紧迫的战略目标，但在最初的 30～90 天内，启动学习管理系统可能是最迫切的需求。邀请利益相关者参与优先级的排序和规划流程，不仅能加深他们对初期工作的投入，还能在不得不推迟某些高优先级目标时，赢得他们更多的理解和支持。

正式的需求评估和学员调研同样能为初期工作指明方向。与利益相关者会议（自上而下的方法）不同，需求评估和学员调研能够揭示组织中那些较为隐蔽的需求（自下而上的视角）。通过考量学员的需求、挑战及经验，我们能够设计出更具影响力的学习解决方案，这对于培育学习文化至关重要。将利益相关者和学员的见解相结合，有助于我们精准聚焦人才发展工作的最初 90 天的攻坚方向。

在规划 90 天计划时，一般建议避免每个月设置过多重大里程碑。这些重大里程碑通常伴随着高成本、大量人力投入或重大变革，可能需要数月时间才能完成。特别是那些涉及学员需做出与当前操作方式显著差异的行为改变的里程碑，如推出新销售流程、上线新软件平台或调整生产流程等，均属于变革密集型的重大里程碑。对于这类里程碑，我们必须审慎评估，确保其时间安排切实可行。

在规划 90 天计划时，对于次要里程碑的数量，建议每月不超过三个。次要里程碑与重大里程碑的区别，主要体现在成本、人力投入以及变革幅度上。如果感觉三个次要里程碑不够用，那可能是里程碑划分得过于细致，应考虑将它们重新归类为项目或任务。同时，要注意一个里程碑可能关联到多个项目，因此在规划时需谨慎行事，避免过度承诺。任务是分配给个人或团队的、具有明确性和可衡量性的工作成果。而项目是由三个或更多相互关联的任务所组成的集合。例如，一个任务可以是："拉贾负责联系学习管理系统供应商，并在下周结束前安排一次定价审议会议。"而一个项目可能是："A 团队需在 15 天内筛选出前三名的学习管理系统供应商，并编制一个对比分析报告。"

　　基于利益相关者和学员反馈所定的关键成果优先级列表，人才发展专业人士需逆向制定 90 天计划。这一过程涉及将成果一步步分解为具体的里程碑，随后将每个里程碑细化为一系列项目，再将项目进一步拆解为任务。在实践中，通常会借助白板、翻页挂图或头脑风暴软件来完成。这项任务乍一看颇为艰巨，但通过团队间的紧密合作、一些便利贴以及轻松愉快的氛围（如一起享用比萨饼），我们就能轻松应对各种挑战。此外，现代技术还允许我们在虚拟空间中进行远程协作，顺利完成这一规划流程。虽然可能需要多次会议来打磨和完善 90 天计划，但所投入的时间和精力将极大推动计划的后续执行。

　　在分解里程碑（以及后续项目和任务）时，核心在于确保每一项都足够详尽具体。一个缺乏细节的计划无异于空想。因此需要对每一步都进行细致的审视和评估，看其是否还能进一步被具体化或优化。当整个计划成形后，每位团队成员都应持有一份详细的任务清单，这份清单要明确列出各项任务、具体截止时间以及预期成果。同时，对于完成每项任务、项目或里程碑所需的资源和审批流程，也应给予清晰说明。这样能够迅速建立起责任追究机制，有效防止因模糊不清而导致的行动迟缓或停滞。另外，我们还建议单独准备一份资源需求清单，以便与利益相关者和领导层进行深入的讨论与评估，从而确保任务清单的顺利实施。

　　在制定启动计划的过程中，保持务实态度极为关键。许多人才发展部门负责人容易步入一个误区，那就是制定过于宏伟的计划，却往往未能察觉自己设定的期望过高，等到问题浮现时，调整已变得困难重重。此时他们会犯另一个更大的错误，那就是不去调整计划，而是盲目加大努力。这种对不切实际目标的盲目追求，往往会令团队精疲力竭，影响工作成效，并阻碍沟通。更重要的是，启动初期的 90 天将为组织人才发展职能定下基调。如果在这段时间里，该部门提供的培训质量未能达标，不仅会损害部门形象，还会对组织内部学习文化的构建产生消极影响。

　　客观而言，执行一项极具挑战性的启动计划是可行的，但关键在于如何权衡其利弊得失。如果人才发展部门负责人未能展现出足够的审慎，可能在最初的

90 天内过度消耗资源，从而为后续九个月的运营埋下隐患。同时，我们还需深思，将团队成员推向极限，迫使他们达成不切实际的目标，可能引发种种负面效应。当然，这些不切实际的目标有时也源于正当的动机，如急于展现部门价值或追求投资回报率，但在某些情形下，这些期望可能是高层领导、利益相关者、学员或主管对新部门施加的不合理压力。过高的期望不仅会对员工的身心健康构成威胁，还可能树立一个负面的典范。例如，高层领导及高管可能期望人才发展部门在启动后，能继续保持一种难以维系的高强度工作状态。实际上，这至关重要的最初 90 天将为外界设定一个预期，影响他们对人才发展部门未来运作方式的看法。

西奥多·罗斯福曾说："无论身处何境，倾你所有，尽你所能。"这一朴素而深刻的理念，正是成功启动人才发展项目所需的心态。我们可将这一理念稍作调整，为制定启动计划提供一个务实框架："在接下来的 90 天里，凭借现有人员和资源，我能达成哪些目标，以实现最大战略影响力？"通过将启动计划聚焦于战略影响力，人才发展专业人士为自己树立了快速取得成效的目标。这不仅有助于提振士气，还能赢得各方支持，同时彰显自身价值。为了实现这一影响力目标，领导者需深入剖析现有的人员结构、技能组合以及预算状况。虽然理想情境下，可以通过协商对人员编制、技能优化及预算进行灵活调整，但实际情况往往不尽如人意。无论面对何种限制，人才发展专业人士都需深入挖掘并有效利用每一项可用资源，在既定条件下实现资源效能最大化。最后，领导者需确立一系列实际可行的目标、基准与里程碑，作为最初 90 天所有工作活动的准则。

长期战略规划与启动计划初步成形之后，收集针对它们的反馈就变得极为关键。在此阶段，向组织内部那些值得信赖的顾问征询意见，无疑是一个明智的选择，特别是在规划与计划即将尘埃落定的最后关头，这一步骤显得尤为重要。为了获取有价值的反馈，人才发展专业人士需要精心挑选反馈对象，他们应当是那些能够提供客观、深入分析的个体。这些反馈提供者最好是没有直接涉足人才发展工作，但值得信赖，具备批判性思维，敢于提出问题并给出真诚意见的人。这样的角色可以是其他部门的领导或同事、导师，甚至外部的专业顾问。即便我们的规划与计划已经相当完善，这些来自不同视角的反馈仍然能够发挥重要作用，帮助人才发展专业人士预见并准备好应对可能来自组织内部其他领导者的各种质疑与关注。诚然，面对批评性反馈，我们或许会感到不适，但若能借此机会避免犯下可能付出高昂代价的错误，或者进一步优化我们的最终成果，那么这些反馈无疑是值得我们耐心倾听并虚心接受的宝贵财富。

规划与计划经过细致审阅与修订后，便到了向各方传达的阶段。在伊莱恩·碧柯的《启动人才发展项目》一书中，她深刻阐述了这一环节的重要性："这一策略犹如一扇大门，能让你积极主动地开启组织的人才发展之旅。"她接着提到，"这不仅能促进更明智的决策制定，还能确保你取得更加出色的成果"。对于构建一个成熟的学习文化而言，保持透明度与实现有效沟通至关重要。将长期战略规划与启动计划进行分享与讨论，可以激发组织内部关于人才发展的深入交流，成为推动这一领域持续进步的强大动力。

构建商业论证

伊莱恩·碧柯，作家、顾问、终身 ATD 志愿者

你的高层领导团队已经明确要求制定一个人才发展项目。在明确启动人才发展项目的初衷，并为 90 天计划收集到充足数据后，这些信息便可以用来构建一份文档，即商业论证，供组织内部成员参考。那么，为何我们需要为人才发展项目构建这样一份论证呢？实际上，商业论证在多种场合都能发挥极其关键的作用。

- 尽管高层领导团队可能已要求你推进人才发展工作，但其中部分成员或许并不像其他人那样全力支持。为了构建论证，你需要收集相关数据、明确人才发展的重要性，并提供有力论据。

- 当你准备实施计划，而高层领导团队的成员可能无法全员出席时，一个精心策划的商业论证尤为关键。一旦有新成员加入，你就能轻松地通过论证说明该计划的实施缘由。

- 即使已经获得了高层领导团队的支持，该计划仍需得到下一层级管理人员及员工的认可。准备一份详尽的商业论证，将帮助你为这些讨论做好充分准备。

- 最后，为了你自己！一个经过周密考虑的方案，能让你在面对他人询问组织为何要投资于人才发展时，更加从容不迫，占据主动。

那么，你该如何着手构建一份论证呢？以下五个步骤，将在这个阶段为你提供指导，助你做好充分准备，并在这一过程中启发你的思考。

- **参考组织战略**。很多时候，培训、学习、发展、人才及人力资源等部门都被日常琐事牵绊，难以凸显其战略价值。此刻，是时候跳出常规，从战略角度进行思考——重新审视组织战略计划，深入探究组织的客户群、竞争对手，以及组织在内外环境中的形象和定位。

- **阐述人才发展如何助力组织优先目标的实现**。组织是否有新的重点任务？在推进当前重点任务时是否遇到困难？员工需要具备哪些技能、知识和态度，以确保这些任务能够得到有效执行？这些问题可能较为复杂，涉及多个层面，所以不妨邀请更多人来共同思考。举个例子，几年前，我们帮助一个客户成功打入欧洲市场。我们意识到，员工要想在欧洲市场取得成功，必须具备文化敏感性、适应力、情绪稳定性以及开拓精神等特质。同时，他们还需要深入了解当地的传统和习俗。因此，我们的学习部门迅速启动了相关研究项目，并为那些将前往欧洲工作以及留在本土、需要与欧洲新同事合作的员工，设计了一系列有针对性的学习活动。

- **确定支持工作的评估指标**。为了证明对组织收入和利润的影响，你需要衡量成果。并非所有评估指标都能普遍适用，因此，人才发展专业人士必须综合考虑多种可能性。一些指标，如提升员工留存率，易于量化评估；而另一些，如培养员工的敏捷学习能力，则相对难以衡量。面对这些难以量化的指标，我们需要深入分析其结果的不同维度。因此，研究其他组织的成功案例、收集有效数据，将有助于预测并改进我们自身组织的状况。

- **制定总体预算方案以平衡成功指标**。不妨将其视为一个案例研究，这样大家就不会对数字的精确性过于苛求。此外，积极利用你的人脉资源去考察其他组织的实际情况。在这个过程中，你所收集到的数据和实例将是非常宝贵的资料。

- **为你的首席财务官准备一份有说服力的提案**。无论是营利性组织还是非营利性组织，关键都在于投资回报率。这意味着你的思维方式需要集中在如何创造组织价值上。要展示人才发展工作是一项投资，而非单纯的成本。如果你能提出有力的商业论证，并且有相应的衡量指标来显示人才发展如何为组织带来利润，那么你将更有可能获得高层领导的支持。如果你已经制定了一个 90 天的计划，那么你基本上已经拥有了构建论证所需的大部分信息，能够清晰地展示你的培训与发展项目如何带来投资回报。

人员：与合适的人共事

在众多决定新举措成败的因素中，人的因素最为关键。优秀的领导者和团队能够克服难以想象的困难，而平庸的领导者和无效的团队则可能轻易错失绝佳的机会。有些人或许会选择单打独斗，避开协助，但往往会在过程中因疲惫而屈服。一句古谚语对此有着深刻的警示："独行快，众行远。"因此组建一个合适的团队，对于推动倡议的进展至关重要。在构建团队时，我们常要考虑三种主要人才成长策略：培养、购买或借用。评估每种策略都非常重要，因为随着部门的不断发展，你所偏好的策略也可能发生变化。

● **培养策略**，指在组织内部发掘并培育人才。当需要深入掌握组织知识时，这一策略便会奏效。例如，如果组织引入了一套极为复杂的专用软件，用于管理客户关系和订单履行，那么培养一名精通该软件的长期员工至关重要。这是因为，相较于指导一名有经验但对该软件陌生的协调员，培养一名熟悉软件操作的新员工，往往能在时间和金钱上节省更多成本。此外，在那些高度重视工作场所文化和价值观的组织中，内部培养策略同样备受推崇。这些组织往往担忧，外部招聘可能削弱组织的文化根基。特别是当新员工需要承担组织的学习职能时，这种担忧更为深切。因为一旦新员工无法很好地融入组织的文化和价值观，可能给整个组织带来不良影响。

● **购买策略**，指从组织外部招聘熟练员工。采取这一策略的组织，往往是为了引进经验更为丰富或专业技能更为突出的人员，或者是希望减少在员工发展上的时间投入。为了成功吸引到这些更有经验和更专业的员工，组织通常需要准备更多的资金，作为吸引人才的筹码。通过购买策略引进人才，往往能为组织带来新鲜的思维与活力，助力加速人才发展部门的成长与发展。这些新员工凭借其经验和技能，能够迅速在组织中发挥作用，推动项目的进展。

- **借用策略**，指利用自由职业者、承包商或顾问等外部资源。组织倾向于采用这一策略来应对短期的人才需求，尤其是在人才发展项目启动初期，这种做法已被证实能迅速为项目注入活力，推动其快速发展。另外，与承包商、顾问建立长期稳定的合作关系也很常见，特别是当他们拥有着组织内难以掌握的特殊技能时。组织在合作中渐渐发现，与这些外部专家合作的好处，远远超过了投入的成本，因此"借用"人才成为一个很有吸引力的方案。

在选择与你的提案最为契合的人才策略时，请综合考量以下四个关键因素：时间、资源、专业度、实证。一旦人才发展工作启动，时间便开始流逝，组织内部的领导者自然期望能够迅速看到进展和成果。因此，在人才选拔的过程中，将时间因素纳入考虑至关重要。理想状况下，组织内部可能已经拥有具备人才发展所需技能的人员，他们能够轻松胜任新的角色。然而，如果情况并非如此，我们就需要考虑到面试、培训、指导以及员工发展所需投入的时间。如果预估人才培养需耗时数月而非数周，那么人才发展专业人士或许就需要考虑其他选项了。

另一个不可忽视的重要考量是资源，涵盖了薪资、奖金、福利及其他人才成本。为人才发展部门制定符合预算限制的人才策略，无疑是明智之举。具体来说，人才发展部门负责人及整个组织都需要审慎评估，自身是否有能力承担专家或顾问所提供的专业技能所需的费用。此外，在资源考量中，还可能涉及硬件和软件的投资。例如，对于那些刚刚起步或资金较为紧张的组织而言，内部制作高质量培训视频的成本，可能高得让人望而却步。在这种情况下，第一年聘请专业的摄像师，而不是自行购买相关设备，或许是一个更为经济的选择，能够帮助组织节省成本。

在平衡资源与人才专业度方面，组织往往会面临一定的挑战。有时，组织可能发现，缺乏专家级人才的助力，其人才发展工作难以推进。特别是在那些监管严格或技术门槛高的行业中，开发质量低劣或不符合规定的培训，可能带来高昂的代价，这种风险如同赌博一般，让人难以承受。而且，专家通常能在极短时间内高效完成特定任务，这远远快于经验较少的员工。在很多情况下，为了确保能够吸引并留住合适的人才，增加资源投入成为必要之举。

无论组织或部门采取何种人才策略，都应始终重视实证。什么样的证据可以证明员工、应聘者、自由职业者、承包商或顾问能够履行他们对组织的承诺呢？

进行电话背调、审查推荐信以及评估作品集，这些虽需花费一定时间，但一切都是值得的。因为未雨绸缪，以绝后患。这一点在启动新人才发展项目时尤为重要，因为新人才发展项目往往会受到更为细致的审查和评估。一旦在人才选择上出现失误，不仅会浪费资源，还会损害组织声誉，对新成立的部门造成负面影响，并给高层领导者留下不好的印象。

在考虑人才发展工作的推进是否受到人员因素的影响时，我们不应仅局限于人才发展团队内部，还需放眼于整个组织环境。每个组织都会自然形成一系列复杂的关系网络，以及正式与非正式的层级架构，这些元素交织在一起，共同塑造了一个独特的政治生态。这个政治生态宛如一个微型经济体，在其中，信任、影响力和善意成为流通的"货币"，不断地被交换与累积。对于人才发展专业人士而言，积累丰富的政治资本无疑是他们必须重视的一项关键资源。在组织的各个层级建立并维护良好的人际关系，能够为新培训计划及其他创新举措的推行铺平道路。同时，如果能在权威岗位上拥有一些支持者或"冠军"，他们将在争取项目批准、增加预算等方面发挥重要作用。但在应对办公室政治时，必须谨慎行事，努力做到给予的比索取的多。

政治资本无疑是人才发展专业人士实现目标的一大助力，但同样重要的是，构建一个涵盖主题专家与批评者的网络，这个网络在必要时可灵活调用，无论是正式还是非正式场合。主题专家的贡献不可或缺，他们确保培训材料既精确无误，又紧密贴合实际需求，且完美适配目标受众。而持不同意见者的存在同样宝贵，他们能从不同视角审视问题，揭示我们可能忽视的差距、挑战及缺陷，促使不断优化人才发展解决方案。尤其在人才发展项目启动之初，这样多元化的支持网络显得尤为重要。这一网络不仅能有效提升项目整体品质，还能大大增强项目接受度与影响力，这对于迅速展现成果、争取更多支持而言，具有不可估量的价值。

建立关系是一个持续的过程，需要不断地投入时间和精力，特别是在组织经历招聘、解雇和重组等关键时刻。在日常工作中，我们常被电子邮件、会议、电话以及种种干扰所包围，这使得关系建设很容易被忽视，甚至被搁置一旁。然而，我们必须认识到，如果缺乏对人际关系的足够重视，就无法有效地领导组织的人才发展工作。这里所说的人际关系，涵盖了人才发展部门成员、利益相关者、主题专家、学员、各级主管、承包商以及同行等各个层面。因此，在人才发展工作启动前、进行中以及完成后，都应积极地去建立和维护这些关系。这样不仅能为我们打开更多的机会之门，还能显著地提升人才发展部门在组织中的影响力。

采集：了解你的资产需求

在启动项目前，采购所需资产是至关重要的一步。这些资产形态各异，大小不一，从五层楼高的建筑到数据丰富的硬盘，涵盖了可能对人才发展工作有助或有益的一切物品。这需要我们跳出思维定式。举例来说，组织内部已经存在的印刷材料和数字资产，都可以快速便捷地转化为学习资源库的一部分，或者重新设计用于交互式电子化学习课程中。只需花费几小时进行资产的收集和分类整理，便能在后续的开发工作中节省数天的时间。

组织健康与绩效的信息，是至关重要的资产，却时常遭到忽视。在条件允许的情况下，审慎地评估组织朝向战略目标迈进的进度显得尤为重要。在此过程中，我们不仅要关注直接衡量战略目标的指标，还需明确哪些指标同样值得考量。人才发展专业人士在收集与分析数据时，往往能发掘与战略目标存在间接关联的补充性指标。举例来说，如果一个组织将降低员工流失率设为战略目标，人才发展专业人士可能揭示出，新员工的表现不佳正是员工流失的主要原因。这一深刻洞察可为人才发展工作方向提供指引。因此，采取全面撒网、数据为引领的策略，无疑是一种明智之举。

数据收集工作理应涵盖学员数据，因为理解学员的角色与责任是至关重要的。同样重要的是，我们要投入时间去了解他们的能力、偏好以及局限性，这样才能避免设计出脱离实际的学习解决方案。在收集学员数据和见解时，我们需要考虑正式学习与非正式学习的结合，以及学习方式的选择——是移动学习还是PC 端学习？是讲师引导还是自主学习？这些都是必须回答的问题。在一些组织中，学员可能来自外部，如客户、承包商、供应商，甚至社区团体。此外，学员群体、人口统计特征以及需求都可能随时间而变化，因此我们需要定期进行评估，大多数组织会选择每季度或每年进行一次。

在采集完一切有用的相关信息后，人才发展专业人士应开始着手获取更为具体的资产，包括软件、硬件、设施、办公用品等，以及任何可能需要的资源，以保障部门的顺畅运营。在启动前、运营过程中以及启动后，我们都应谨慎管理资源和支出，这是明智的选择。许多组织，特别是那推崇初学文化的学习型组织，对培训资源的投入十分敏感，将培训视为一个可削减或优化的成本项。在部门成立的前三年里，预计将面临更为严格的审查，因为高层领导和高管将密切关注并评估新部门的效能和影响力。因此，建立一个既精简又高效的部门，将为未来的成长和发展创造最大的机遇。

正确采集信息，配置软件、硬件、设施以及建立良好的关系，将极大地促进人才发展工作的顺利启动。维护这些要素对于保持前进的动力至关重要。随着时间的推移，信息和软件可能过时，硬件和设施则需要定期维护和更新。通常而言，保护和维护每个资产的成本要低于替换它的成本。因此，保持警觉，及早发现并解决问题，从长远来看将带来巨大的收益。

生产：将你的创意转化为学习解决方案

当目的清晰明确、计划制定周密、人员配置到位，并且资产采集完备时，便是着手产出成果的最佳时机。人才发展的核心，在于提供能有效提升绩效的学习解决方案。但值得注意的是，并非每一门课程都需我们亲自开发。

不同组织对绩效的评判和衡量方法各不相同。在这一阶段，明确组织对人才发展部门在最初 90 天内的期望成果至关重要。提供切实有效的解决方案十分关键，否则人才发展部门的工作成效可能迅速下滑，仿佛一切又回到了原点，毫无进展。

在从计划转向生产的这一阶段，人才发展部门开始将构想变为实际行动，驱动项目向前迈进。尽管在最初 90 天内，许多目标、里程碑和项目可能与学习解决方案没有直接关系，然而，有一些可能与其息息相关。例如，设置培训场地或与网络研讨会软件供应商签约等，这些是行政优先范畴，而非学习首要事项，但至关重要的是，我们必须确保学习解决方案占据核心地位，对其给予更多的关注与重视。毕竟，提供高效学习解决方案，是组织内部人才发展职能的核心责任与独特使命所在。

要将一个创意转化为学习解决方案，人才发展专业人士首先要从明确且简洁的目标出发。在这个过程中，这些目标可能指向单个课程，也可能指向整个项目，具体取决于解决方案的广度和深度。课程的形式多样，短到半天的研讨会，长到数月的系列课程，应有尽有。相比之下，项目则是由多个课程组合而成的更大体系。无论是制定课程目标还是项目目标，都需确保其与业务目标和预期成果紧密相连。例如，完成某门课程后，学员应能独立地在十分钟内解决五种最常见的客户计费问题，从而推动客户净推荐值提升 5%。

在明确了课程目标（这些目标最终可能演化为项目目标）之后，接下来的步骤是设定最终目标，用以衡量学员是否成功地完成了课程要求。这些目标应当与课程目标紧密相关，例如，当学员面对 15 个账单问题样例时，他们必须在五分钟内准确导航至正确的账单信用申请表，并 100% 准确地填写所有 10 个字段。

最后，在达成每一个最终目标前，学员需要掌握一些先决信息或进行相应练习。应设计辅助目标，以助力最终目标的实现。举例而言，一旦学员获取了必要的登录凭证、计算机设备及互联网接入权限，需独立完成十次登录组织内部网并进入账单门户的操作。

辅助目标如同路标，指引学员一步步迈向最终目标。通过最终目标，人才发展专业人士可以评估学员是否真正掌握了在实际工作中成功所需的各项技能和知识。同时，课程目标设定了可量化的学习成果，为评估学习解决方案是否真正提升绩效提供了依据。

这个过程的一大优点在于，既概括了课程或项目的要点，又确保了教学活动与业务成果紧密对接。制定目标是开发学习解决方案的关键一环，但其他环节也同样重要。在很多组织中，学习往往被看作一次性事件。但在学习氛围浓厚的组织内，学习则被视为一段不断前行的过程。因此，在开发学习解决方案时，我们必须将学习视为一个过程，并悉心规划学员的整个学习之旅，而混合式学习在这方面大有可为。人才发展专业人士需要思考的是，如何帮助学员为课程学习做好预热（如通过问卷调研、预习材料或自主学习），同时，也要考虑他们在结课后如何获得后续支持（如通过测评反馈、导师辅导或绩效评估）。将这些要素都纳入学习解决方案之中，无疑会大大提升学习效果。

　　如果一个组织以往没有设立过正式人才发展角色，领导者可能源源不断地提出各种需求，如讲师授课、自学课程、速查手册、微学习资料等，这会让人才发展部门措手不及。此时，如何平衡这些需求与组织长远战略目标便尤为关键。因此，建立一个需求接收机制至关重要。在人才发展部门初创期，这个机制可能就是一个简单的在线表单，员工在申请新的学习内容或讲师授课时填写即可。同时，制定一套正式的审核与批准流程，对于管理这些需求并确定优先级也非常有帮助。正式的审核与批准流程可能涵盖每月与高层领导及指定的人才发展成员进行沟通，共同商讨近期收到的各项需求。平衡新需求与组织战略目标需要深思熟虑，并且需要通过实践不断完善，因此务必谨慎行事，避免走向任何极端。

　　随着人才发展工作逐步成型，需要不断评估所有新学习解决方案的效果。在评估学习效果时，需要考虑多个因素，其中包括离职调查、影响力分析报告等。如果学习解决方案未达到预期效果（如未能改善绩效），人才发展专业人士需要重新评估学习解决方案的各个环节。同时，要避免草率行事。例如，如果一个新推出的员工入职培训项目在实施首月未能迅速提升新员工的业绩，并不意味着就要彻底否定该项目并重启。相反，应该采取更加谨慎的态度，通过深入调查、访谈了解以及小范围试验等方式，循序渐进地诊断问题所在。

　　执行与评估的不断循环，对于确保高效生产力与绩效至关重要，尤其是对最初 90 天来说。当启动人才发展工作时，时间是最宝贵的资源。通过采用敏捷开发方法，不仅能够最大化工作效率和影响力，还能通过迭代的方式在早期进行必要的调整。这种方式往往能节省大量时间和成本，进而我们可以将这些资源投入其他更具价值的项目中。

　　组织就像生物体一样，总是处在不断变化、成长和适应的过程中。在这个过程中，无论是内部还是外部的因素，都在不断地调整着组织的优先事项。因此，人才发展专业人士必须练就一双敏锐的眼睛，时刻监测这些变化的环境条件，与组织并肩转型，以最大限度地发挥他们的影响力。要培养对组织的这种高度敏感性，人才发展专业人士就能对变化做出迅速的反应，甚至提前察觉即将发生的变革需求。他们需要投入时间去评估组织各个层面的影响，这样有助于人才发展部门负责人找到最有效的转型路径，并在变革的关键时期给予组织坚实的支持。如果错过了变革的最佳时机，可能给学员带来诸多挑战，进而破坏人才发展专业人士精心构建的学习文化。只有主动适应变化，才能确保人才发展职能持续不断地产出积极的成果和价值。

很多组织目前还在努力适应工作性质的转变。随着混合办公模式和远程工作队伍的兴起，我们需要更具创新性的学习解决方案来应对这些变化。人才发展领域的领导者需要时刻关注学习领域的新趋势，如技术增强的方法（像虚拟现实、增强现实和机器学习）以及学习科学的最新研究成果。这些新的研究成果和前沿技术，可以帮助所有人才发展专业人士设计更加有效且高效的学习方案。人才发展专业人士应该保持终身学习的态度，积极寻求新的信息和见解。要建立学习文化，一个有效的方法就是以身作则。他们需要不断评估、探索，并与组织内的员工分享新知识，同时鼓励其他人也这样做。当然，并不是说新的就一定更好，但经过深思熟虑的尝试和实验，往往能够带来性能上的提升。

最后的思考

对于人才发展专业人士来说，在组织内部启动新的人才发展项目，是一项极具挑战性的任务，同时也会带来成就感。但这一困难并不是无法攻克的。通过采取一些实际可行的步骤，我们可以有效地应对这些挑战。

- 明晰人才发展职能如何与组织的整体战略框架相匹配。
- 以合理的计划来调整和完善目标，为人才发展职能构建结构与方向。
- 选择恰当的人才管理策略，组建团队，并发展良好关系，以顺利启动计划。
- 收集必要的资产与资源，为团队注入活力，推动其采取行动。
- 平衡战略和非战略优先事项，持续关注绩效，推动人才发展职能不断迈向既定愿景与目的。

在逐步推进这项挑战性任务时，我们感受到了明确的指引和实在的进展。踏出这趟有益旅程的第一步后，我们坚定地继续前行。步伐大小并不重要，重要的是在合适时机采取正确行动。这样，我们就能推动新举措的实施，让组织内的人才发展迈上一个新的台阶。

◆◆◆

作者简介

大卫·麦肯（David Macon）身为一位人才发展认证专家，在人才发展领域拥有超过 15 年的丰富经验。作为一位出色的促进者、学习设计师和顾问，他擅长推动敏捷学习与发展部门的建立，以帮助组织实现其目标。在他的咨询公司里，他与客户紧密合作，共同开发出高效的学习方案，尤其在新员工入职培训、销售技能提升及领导力发展等方面成果显著。此外，他还积极助力人才发展专业人士精进技能，帮助他们在各自组织内成长为战略领导者。

参考文献

Biech, E. 2018. *Starting a Talent Development Program*. Alexandria, VA: ATD Press.

Lauby, S. 2018. "How to Create a Recruiting Strategy: Buy, Build, and Borrow." SHRM, May 11.

Ulrich, D., J. Allen, W. Brockbank, J. Younger, and M. Nyman. 2009. *HR Transformation: Building Human Resources From the Outside In*. New York: McGraw Hill.

延伸阅读

Biech, E. 2018. *ATD's Foundations of Talent Development: Launching, Leveraging, and Leading Your Organization's TD Effort*. Alexandria, VA: ATD Press.

Kirkpatrick, J. D., and W. K. Kirkpatrick. 2016. *Kirkpatrick's Four Levels of Training Evaluation*. Alexandria, VA: ATD Press.

Macon, D. 2021. "Successfully Build an Essential L&D Department." *TD at Work*. Alexandria, VA: ATD Press.

第 29 章　与主题专家有效合作

格雷格·欧文-博格和戴尔·路德维希

在人才发展的职业道路上，你会遇到与主题专家合作的机会。这些专家以他们独有的方式，极大地丰富了我们的培训体验。他们凭借丰富的经验和深刻的洞察力，提供了那些难以从别处获取的深厚知识。从最基本的角度来看，主题专家会为我们提供大量的信息。不过，更为关键的是这些信息背后的商业逻辑及其实际应用价值。

🔔 本章要点

△　明确主题专家在促进学习中的角色与职责。

△　协助主题专家理解其在促进学习中的角色与职责。

△　与主题专家发起并管理有效且高效的学习交流。

△　支持主题专家发起并管理有效且高效的学习交流。

当主题专家在面授或面对面虚拟课堂中取得佳绩时，他们不仅是内容的权威，更是品牌形象的传播者、公司历史的讲述人以及现场互动的引导者。

他们的角色举足轻重，然而，将主题专家融入学习与开发流程却是一项挑战。尽管他们专业知识渊博，但以易于理解并能引导学员在工作中实践的方式进行沟通却非易事。因此，人才发展专业人士需要在以下三个方面为主题专家提供支持：

- 协助他们认清自己作为学习推动者的角色定位。

- 为他们和学员准备辅助学习材料。

- 指导他们如何有效且高效地掌控培训流程。

在深入探讨这些职责的具体内容之前，我们先来探讨如何选择合适的主题专家。

选择主题专家

一般来说，与你合作的主题专家需要掌握一定的沟通技巧，或者具备提升这些技巧的能力，以便有效地传递知识，确保学员真正理解并将所学应用到工作中。最好是能挑选那些既拥有专业知识，又擅长沟通，并且愿意学习如何成为一名优秀培训师的人。

不过，事情往往没有想象中那么简单。很多时候，选定主题专家的标准，仅仅是因为他们有经验或方便参与。此外，正如我们在《有效的主题专家》一书中提到的，"根据我们的经验，教学设计师和主题专家之间有时会存在一定程度的不信任。主题专家可能质疑教学设计师的专业性，而教学设计师也常担心主题专家不按计划行事。双方都需要建立信任，保持开放心态，愿意相互学习"。

遗憾的是，主题专家的选拔决策往往不在人才发展部门的掌控范围内。我们认为，选错人的风险极高——这不仅会影响主题专家的个人声誉（如果他们在课堂上表现不佳），长期来看，还会对人才发展产生负面影响。在《有效的主题专家》一书中，我们创建了一个名为"指导性主题专家选择标准"的辅助工具，以帮助你影响主题专家的选择决策。

与主题专家展开合作

我们首先从两个基本前提展开讨论：其一，所选的主题专家需为一位既具备合作意愿又拥有合作能力的伙伴；其二，参与学习计划设计与实施工作的每位成员，在其专业领域内均为佼佼者。第二点在查克·霍德尔 2013 年所著的《从基层做起的主题专家》一书中得到了深入阐述。查克·霍德尔提醒我们，尽管所合作的主题专家在其专业领域内造诣深厚，但也需记住的是，你也是自己领域的专家。你和你的人才发展同事在学习设计、虚拟教学平台应用、成人学习理论及辅导策略等方面具备专业知识，这些对于确保学习成效至关重要。

当然，你面临的主要挑战在于，如何找到让不同专业背景的人高效协同工作的最佳方式。这首先要求你向合作的主题专家明确，你的首要任务是帮助他们在课堂上取得佳绩，并且你会全力以赴，为他们以及学员打造一个高效且顺畅的学习体验。

以下是三个你所要面临的基本挑战：

• 在培训项目策划与实施之间，存在一个微妙的平衡点。尽管培训内容与结构需预先准备，但在实际教学过程中，却需以自然的、互动式的方式展现。专家与学员间的互动，应当是一次默契的对话，双方均能在这段对话中自如地交流表达。

• 当主题专家参与进来后，也常会面临一个矛盾：他们虽然专业知识丰富，但不一定能把这些知识讲解清楚。亚当·格兰特在《纽约时报》上发表的文章《能者未必善教》中提到，阿尔伯特·爱因斯坦虽在科学领域天赋异禀，在教学上却显得有些力不从心，他的课堂常让人感到缺乏启发，且条理不够清晰。其实，爱因斯坦的情况并非个例。格兰特在文章中强调，往往越是专业精深的人，在将知识传授给他人时，难度也越大。

• "培训"常呈现为一份演示文稿，而演示文稿只是一种展示工具，难以体现培训精髓。作为人才发展专业人士，你深知其中差距。在准备培训内容时，你知道这需要深入研究，精心设计互动环节，引导讨论，安排角色扮演，还要给学员留出反思的时间，其中的用意与最佳时机，都经过你的周密计划和严谨思考。但遗憾的是，主题专家很多时候只能看到最直观的——那份演示文稿。主题专家过往的学生经历，是造成这种认知偏差的一个原因。他们可能习惯于学校那种冗长且单调的教学形式，由于他们对这种形式最为熟悉，于是就不自觉地进行沿用。

那么，面对这样的挑战，我们究竟该如何应对？

学习对话

在与商业演讲者和培训师合作时，我们体会到，一开始就明确所面对的沟通类型，对后续工作大有裨益。正如我们在《有序对话：重新定义商业演讲》中所提到的，"有序对话"，或者说是课堂上的学习交流，是一种目标导向的沟通模式。这一模式基于充分准备与精心组织而开展，通过灵活互动的对话形式进行。这种沟通不是刻板化的剧本，也不是毫无约束的自由漫谈。

通过为培训制定明确的实施方式，我们更能关注其核心特质。一方面，我们确保培训拥有清晰目标、详尽计划与合理结构；另一方面，我们也融入了自然流畅、引人入胜的对话环节。这两个方面都是构建高效、紧密相关、以学员为中心的培训所不可或缺的。这种对话极大促进了培训师与学员间的联系，对培训师具有重要意义。这一做法，促使培训师将关注点从单纯的内容传授，转移到学员的实际需求上。实际上，这让学员成为对话的主导者。当这一转变发生时，培训师的工作性质也随之发生改变，不再是单纯的内容灌输，而是持续的互动反馈过程。在这个过程中，培训师需要随时根据学员需求进行调整与适应。尽管这些调整可能看似只是些微差别，但绝非无足轻重的细节。相反，正是这些差别，将平庸的培训与充满活力、成效显著的培训截然分开。

在基础教育领域，这些调整被称为即时教学调整。一名优秀的培训师能依据学员需求，灵活加快或减慢授课速度。他们还会巧妙进行举例，述说个人故事与经历，以此丰富教学内容，这也是主题专家在培训中尤为珍贵的原因。

成人学员更适应这种类型的对话，他们对效率和相关性的高度重视，使得这样的交流变得必不可少。试想，如果爱因斯坦能够摒弃传统的讲授模式，转而与学生进行深入的学习对话，那么他或许会成为一位更加出色的教师。

主题专家如何平衡有序对话中的矛盾

有序对话既注重规划性，又不失自发性，因此，探讨每位主题专家如何在这两者之间找到平衡点，是至关重要的。了解主题专家的习惯、假设、对整场对话或其中有序部分的个人偏好，是深入理解主题专家优势与局限的关键。掌握这些信息，对你来说大有裨益。

不妨通过以下例子加以说明。

米凯拉是公司的财务总监，每当她给会计人员培训政策和程序时，就担当起主题专家的角色。由于她在公司经验丰富，资历较为深厚，自然成为培训最佳人选。她做事井井有条，还特别注重细节。因此，她都是自己亲力亲为，编写培训材料，提前反复练习，喜欢在不受学员打扰的情况下进行授课。她总将提问环节放到最后，认为这样能让课堂更有序，问题也会相应减少。她补充道："再说了，我是在培训会计师，他们能理解我的。"

米凯拉很享受培训过程的有序部分。但她面临的挑战是，自己的授课方式可能让学员感到沮丧，他们也许会因为她的讲课风格而害怕、无聊、反感甚至失去兴趣。

安东尼在一家生产远程医疗设备的公司工作，是团队中的顶尖销售之一。他性格外向，魅力十足，能和任何人聊得来。他的上司恩里克认为，安东尼的性格和产品知识非常适合担任新用户培训的讲师，因此安排他负责这项工作。该培训面向刚购买产品的客户，旨在为那些未参与采购流程的人员提供产品介绍。培训内容以信息传递为主，重点介绍产品的功能和使用方法。在首场培训开始前一周，恩里克询问安东尼是否已做好准备。安东尼回答："我其实没做什么计划，就当是产品演示吧，这种事我闭着眼睛都能做。"

安东尼的做法，是在课上发挥他作为销售人员的优势。的确，他拥有成功所需的知识和个性，但他似乎忽略了一个关键点：他现在是在进行培训，而非进行销售。他的听众是产品的用户，而非买家。再者，虽然销售交易已经完成，但可能在他的培训对象中，有人希望他们公司能选择其他产品。因此，安东尼的方法对他们来说可能并不奏效。

在后续讨论中，我们将探讨如何助力米凯拉和安东尼走向成功。

从专家到培训师

帮助主题专家理解自身角色的一个有效方式是向其说明：在进行培训时，他们实际上戴着两顶帽子，承担着两个内容不同、但同等重要的职责。首先，可以称第一顶帽子为"主题专家帽"，代表其专业知识、丰富经验、独到见解与多年积累的智慧。正是因为这些，他们才得以参与到培训工作中。这顶帽子对他们而言，可谓量身定做。

当他们戴上这顶"主题专家帽"时，便能游刃有余地：

- 传授展现其专业知识的内容。
- 举例佐证。
- 分享个人经历。

- 利用专业工具实操演示。

第二项帽子，我们称之为"培训师帽"，对主题专家来说可能不太适应。这个角色需要他们去管理实际学习过程，其中可能需要用到一些他们之前未曾涉足或运用的技能与技巧。在与主题专家合作时，请让他们知道，不适应"培训师帽"是正常现象。

一旦他们适应了这顶帽子，我们的学习体验便会更为丰富，也更具价值。因为这时，主题专家不仅能够：

- 清晰简洁地传授专业知识。
- 举例说明，让复杂信息通俗易懂。
- 讲述个人故事，为培训内容添彩。
- 借助专业工具演示，助他人技能提升。

还能够：

- 引导学员参与高效的学习交流。
- 保持开放与好奇的心态，接纳学员的经验。
- 设定情境，突出学习内容的实际应用价值。
- 强调培训内容对学员职业发展的重要性。
- 在各个知识点间搭建桥梁。
- 推动全员参与，促进有益且深入的讨论。
- 对学习活动进行有效规划、执行与总结。
- 简化学习过程。
- 提出问题，鼓励讨论。
- 创造思考契机。

当主题专家适应了这两个角色时，他们便能有效引导学习对话，并借此达成既定学习目标。

主题专家只能独当一面？

鉴于风险之高，而且主题专家可能面对重重困难，你或许应考虑与他们携手合作，以确保成功。团队合作的形式多种多样。以下是一些实例：

- 让主题专家专心发挥其专业优势，即戴上"主题专家帽"，展现他们的风采。这时，人才发展专业人士则戴上"培训师帽"，负责构建学习情境，串联知识点，确保活动顺利进行，促进富有成效的讨论，并引导学员将所学知识应用到实际工作中。

- 人才发展专业人士应引领培训整体流程，同时邀请主题专家参与，借助他们多年职场中的亲身经历、宝贵经验和深刻教训，为培训增添亮点，深化内容层次。若培训活动频繁，不妨将主题专家的分享录制成视频，便于日后回放，既能为主题专家减负，又能惠及更广泛的受众。

- 设计一个类似小组讨论的培训活动，邀请几位主题专家，让他们在人才发展专业人士引导下参与问答，这对学员而言相当有趣。采用这种方式，主题专家无须投入大量宝贵时间进行准备，从而减轻了他们的压力。

- 将大型培训项目细化为一系列小单元，邀请各主题专家分别承担不同教学内容。

正如之前所明确的，充分发挥专家优势，让其展现才华，也是你的主要职责。

如何协助主题专家发起与管理学习对话

尽管高效的学习对话往往发生在知识传授的瞬间，但在准备阶段，你也可以采取一些措施，使这一过程更为顺畅。在本章中，我们将探讨以下三个方面：

- 搭建学习对话框架。
- 设计引导者手册与幻灯片备注。
- 设计幻灯片。

搭建学习对话框架

这个框架，虽在培训一开始就会介绍，但绝非只是例行的"开场白"，而是承担着向学员传达重要信息的作用——他们即将学习的内容，对其工作至关重要且紧密相关。同时，框架还清晰设定了具体学习目标，并提供了一个富于条理的、易于遵循的结构。在构建框架的过程中，我们应着重考虑四个要素：当前情境、目标、流程与益处。（见表 29-1）

表 29-1　框架四要素

	要素功能	解答学员问题
当前情境	设定学习背景，帮助主题专家根据学员实际情况进行教学	• "我为什么在这里？" • "我为什么需要学习这个？"
目标	明确学习目标，帮助主题专家设定清晰期望	• "当这一环节结束时，我将学会什么或掌握什么？"
流程	传达课程结构，确保学习方向明确且高效	• "这是如何安排的？" • "是否容易理解？"
收益	说明学员与企业将如何从学习中受益	• "学习主要收获是什么？" • "这对业务有何帮助？"

在策划培训项目时，如果需要结合幻灯片，那么运用幻灯片来辅助框架呈现，无疑是一个明智选择。不妨为培训核心步骤分别制作一张幻灯片，共计四张，这样既确保内容条理清晰，又促进学员理解吸收。当然，在具体操作时，也可以灵活调整，例如，将相关联的步骤整合为同一张幻灯片，或不用幻灯片直接呈现某些步骤，但在引导者手册里详尽阐述，以便培训师参考。

设想这样一个情境：你成功说服了我们远程医疗销售团队的安东尼，使其愿意投入精力开发培训内容。于是你们共同设计了一个培训框架，旨在助其顺利转型为培训师，并为后续高效开展培训活动奠定坚实基础。

表 29-2 列出了安东尼在介绍其培训框架时可能表述的内容。

表 29-2　恰当框架示例

要素	安东尼的讲稿
当前情境	大家下午好！很高兴能与各位一起，共同开启新设备的学习之旅
目标	今天，我的主要目标是帮助大家熟悉设备的基本操作，确保明天我们能够顺利开展实际操作练习
流程	今天课程将围绕以下三个重点展开： • 每台设备的基本功能介绍。 • 每个产品在网络环境中的运作机制。 • 三种用户支持方式，包括如何利用设备内置的帮助功能、如何在线查找支持信息，以及如何联系实时的用户支持专家
收益	完成今天的学习后，大家将能够： • 更加了解新设备的各项功能。 • 在使用新设备时更加得心应手，同时明白未来有充足的用户支持资源可供大家利用

阐明培训框架能够引导学员融入培训对话，让他们感受到培训的关联性和高效性。这同时也能帮助主题专家将其专业知识置于学习过程的语境中，而不是孤立地呈现。

在这个情境中，安东尼接受了你的建议和支持。但如果我们假设他有所抵触，你可以通过提供框架来帮助他。完成之后，就可以把事情交给他自己处理了。

虽然框架要具备足够的稳健性，但也要拥有良好的适应性。举例来说，当培训需要多次面向不同学员群体进行时，由于学员间存在差异，框架应针对每一次培训做出适当调整。不同群体的经验与知识水平可能不同，其培训目标或受益点便有所区别。这些调整可能是由主题专家顺势而为的，但所有正在进行的调整，都要及时传达给学员，这样他们便会感到自己的视角正在被关注与考量。

你会发现，每个框架的目的都与学习目标相关，但又有所不同。根据我们的经验，如果在培训课堂上直接引入学习目标，学员往往会开始走神。这并非说学习目标没有价值——它们确实很重要。作为人才发展专业人士，我们需要依靠学习目标来确保教学设计得当。然而，这些目标通常采用过于正式且十分具体的表述方式，对学员而言往往缺乏实际帮助。

举例而言，表 29-2 中构建的课程学习目标可能是：

- 学员会列出每台设备的功能。
- 学员会解释每台设备如何在整个系统中协同工作。
- 学员会获取三种用户支持途径。

相反，我们应将目的视为一个宽泛指引，适用所有学习目标，并让主题专家聚焦于此。

框架的重要性，不仅体现在会话或模块的开始阶段。无论是模块之间的转换，还是从休息中恢复过来开始新的学习，抑或是设置活动环节时，都可以引入一个新框架来引导学习。每当学习情境发生变化，学员都会感激有一个新框架来帮助其更好地理解和参与。

你也可以请主题专家来开发专属内容。不过，在这种时候，我们建议你协助他们制作框架幻灯片，毕竟这对他们来说，可能不是件轻松的事儿。

设计引导者手册与幻灯片备注

为了帮助主题专家摆脱培训本质只是演示的观念，可以为其准备一份实用的引导者手册或幻灯片备注（如果培训会使用幻灯片）。不论是用手册还是备注，都要确保能从两个方面为主题专家提供支持。一方面，这些工具可以帮助他们提前准备培训会议，熟悉培训内容；另一方面，主题专家在培训进行的过程中，也可以将其作为工作助手使用。

此外，务必在关注设计目的时，也关注设计结构，这对你的主题专家会有两方面助益：

- 一是解答了"为何如此安排"的疑问，帮助主题专家全面把握培训整体框架、设计流程与目的。有时同样重要的是，明确哪些内容不属于设计范畴，这能大大提升他们的自在感。

- 二是为主题专家提供了很大的灵活性。只要他们能够着眼于达成学习目标，而不仅限于正在传授的具体内容，那么他们就可以自由地以自己的方式来教授这些内容。

无论你为主题专家提供何种协助，都应切记不要为他们撰写脚本。即使你是为了帮助他们阐述幻灯片要点，或者提供一种可能的教学表达方式，撰写脚本反而可能适得其反。一旦有了脚本，主题专家可能过度依赖它，试图完全遵循、照本宣科、死记硬背，甚至严格按照脚本上的问题提问。或者，更常见的情况是，主题专家可能完全忽略脚本，将其视为一种束缚。无论哪种情况，学习设计者都没有为主题专家在培训中提供真正需要的帮助。

在条件允许的情况下，设计时应为主题专家提供多元化选项。你可以准备一系列有助于阐释学习重点的范例，让主题专家自行选择使用，或者鼓励他们自备素材。同时，还可以提供幻灯片，供他们自己选择。对于某些幻灯片，主题专家可以依据个人偏好来决定是否采用。此外，你还可以针对同一知识点准备不同呈现形式的幻灯片，主题专家可以在其中进行选择。例如，有的主题专家倾向于使用设备绘图，因为具备高度准确性；而其他专家更倾向于使用设备照片。对学员而言，这两类幻灯片各有千秋，都能有效地传授内容。

我们应鼓励主题专家分享其亲身经历和故事，因为讲起故事来，原本枯燥的培训会变得生动有趣。在准备引导者手册时，可以适时地加入一些提示，让主题专家穿插讲述这些故事。

设计幻灯片

在与主题专家合作制作幻灯片时，最常碰到的难题和不满，往往出在幻灯片的设计上。这完全可以理解，因为无论是培训师、主题专家还是其他人，一开始都不会太适应去讲解别人设计的幻灯片。

有时，问题在于幻灯片设计得过于繁复。幻灯片中可能包含太多颜色、加粗文字随处可见、动画效果泛滥、图形元素堆砌、项目符号列表冗长。尽管这样的设计，本意是让幻灯片内容更加一目了然，但结果往往事与愿违。

另一种极端情况是，有些幻灯片缺少足够的关键信息，令人费解。这些幻灯片可能标题不明确，图形标注混乱，比喻使用不当，或者项目符号列表毫无条理，让人看得一头雾水。

在着手设计幻灯片时，我们应确保其易于讲解，也易于理解。在确定了培训计划的内容，并整理成幻灯片后，需要从以下方面进行调整：

• 幻灯片标题的设计，应兼顾学员的实际需求与主题专家的指导需求。通常而言，幻灯片标题只是简单指出幻灯片中的内容，所以我们需要对其进行调整，以彰显这些信息的重要性，或者说明学员如何在工作中应用这些知识。例如，"提高生产线速度与准确性"这样的标题，相较于简单的"生产线"，就更能有效地传达信息。

• 简化项目符号列表，使其简洁清晰、一目了然，保持结构的平行一致。为了达到这种效果，每个并列的项目符号最好都从相同的词性开始，例如都是名词、动词或形容词。

• 当幻灯片在实时、面对面的环境中展示时，建议减少动画的使用数量。而如果是在虚拟环境进行展示，则可以适当增加动画，以此让学员保持专注。此外，我们一直建议主题专家提前以幻灯片放映形式预览整个文稿，这样在正式演示时遇到动画，便不会感到突兀。

我们不应期待主题专家能像专业培训师那样，对培训内容做到万全准备。这并非他们不够勤奋，而是因为他们没有接受过人才发展方面的专业培训，也缺乏相应的实践经验。再加上时间和精力的限制，他们无法对每个细节都深思熟虑。所以，幻灯片和引导者手册对他们来说，就如同即时的工作助手。他们只需匆匆一瞥幻灯片标题或手册页面，就能迅速回想起要讲述的内容。这与为人才发展专业人士准备材料的方式大相径庭。

如何指导主题专家进行培训授课

作为人才发展专业人士，与主题专家合作的重要环节就是示范如何进行有效培训授课。本章内容显示，这通常需要对主题专家进行教练式指导，帮助他们完成从"知识讲授者"到"学习引导者"的角色转变。

在培训过程中，主题专家需要高度关注信息的接收情况。他们需要展现出同理心，并不时询问学员的理解情况。毕竟，学员可能正被繁重工作压得喘不过气，或者担心自己在理解上的欠缺，会引来他人的负面看法，故而羞于在众人面前显露自己的困惑。

因此，主题专家的一个重要使命就是将困惑视为一种正常现象，让学员能够坦然接受自己对内容的不确定性、沮丧情绪甚至抵触心理。将这些感受和顾虑融入学习交流中是极其关键的。这不仅是主题专家展现其对学员深切理解的重要方式，而且超越了单纯展示个人专业知识的层面。

为了帮助主题专家更好地对学员展现同理心，可以协助他们做到以下几点：

- 理解学员的经历与担忧。
- 在倾听时保持无偏见的态度，并在需要时进一步询问，以获取更多信息。
- 连点成线，帮助学员既能看到全局，又能关注到细节之处。
- 将学员的错误或困惑视为宝贵学习契机，通过剖析背后的思考过程来推动其成长。
- 意识到勇于认错的重要性，这样能加深信任，增强同理心。

让学员参与对话

对于主题专家而言，最基础却也往往最具挑战性的一项任务，便是与学员展开真正的对话。当这种真正的对话发生时，我们称之为"参与"。当主题专家与学员相互参与时，他们全神贯注于当下，专注于对方，彼此间建立起连接。换言之，他们像日常闲聊那样即兴交流。

我们建议主题专家从培训课程之初就注重学员参与度，特别是在介绍课程框架时。这是因为，从广义上说，课程框架就是对话的启动器——它以学员需求为中心，通过"我们齐聚在此，现在开始"的宣告式表达，为后续内容定下基调，犹如发出共同探索的邀请函。基于这一特性，主题专家需要重点掌握两项促进师生连接的技能：

• 眼神接触，作为面对面交流不可或缺的一环，应在培训课程一开始就有意识地加以运用。通过良好的眼神交流，培训师能敏锐捕捉到每个学员的表情与态度，这种细腻的观察力，使得他们能够依据接收到的反馈，做出恰当的回应。反过来，这也促使主题专家从个人思绪中抽离，更加专注于当前进行的对话。需要明确的是，眼神接触并没有一个固定的"神奇时长"。如果仅是为了达到某个预设时间而刻意为之，反而会错失交流的重点。关键在于，应让每位学员都感到自己正被关注着，就像在进行一对一交流一样。如果主题专家在沟通时回避眼神接触，或者仅仅草率地扫视全场（可能是听了一些误导性建议），我们应建议他们放慢节奏，适当延长与每位学员的眼神交流时间，即便这超出了他们最初认为必要的程度。这样做，能帮助他们更自觉地运用这一技能，并使其发挥更大效用。

• 对主题专家来说，暂停让他们有时间去思考、保持专注，并有效回应他人话语。而对学员来说，暂停则为他们提供了消化信息的时间，以及在需要时提出问题的机会。

有时候，主题专家可能担心自己在运用技能时用力过猛，例如，眼神交流显得太过直接，或者暂停的时间稍微长了点。这时候，你可以告诉他们，其实并没有那么夸张。特别是如果你通过视频录像帮助他们进行预演，这些细微之处就会更加显而易见，也更容易进行调整。

引导活动

引导活动，无疑是开展学习活动时最为棘手的一环。每当培训项目出现问题，往往是因为活动设计得不够清晰，令人困惑不已。培训师在向小组介绍完活动要求后，常能听到这样的疑问："等等，接下来我们具体要做什么？"这一现象不仅考验着经验丰富的培训师，对主题专家来说，更是难上加难。因此，如果安排主题专家负责学习活动或角色扮演练习，我们必须格外留心。

学习活动的根本目的在于检验学习成效并深化理解。鉴于此，我们应鼓励主题专家：

- 为每个活动赋予意义与背景，使其更加贴近学员需求。
- 在活动结束后进行总结，以此强化学习成果。同时，发现并探讨可能存在的疑问与困惑。
- 坚信活动能够达成既定目标，这往往需要一定的耐心。

此外，主题专家不必独自承担所有责任。如果资源允许，你可以亲自参与活动的策划与执行，同时让主题专家在活动中提供指导，并在总结阶段分享他们的宝贵意见。

进行试运行

我们鼓励培训师在启动新培训计划时，将试运行归入日常工作内容。在学员到来前，通过试运行，培训师可以提前发现潜在问题。例如，活动设计是否过于复杂，或者对幻灯片内容的编排是否理解透彻。试运行的核心目的不在于追求完美的展示，而是确保：

- 理解每个模块或元素如何助力实现学习目标。
- 清晰掌握流程与时间。
- 探索多种表达方法，以便在实际授课时根据学员的反应灵活调整。
- 找出需要特别关注或改进的环节。
- 找出在时间不足时需要精简的内容要点。

同时，试运行也是你向主题专家提供细致指导的契机。

规划虚拟培训流程

当你的主题专家准备进行虚拟培训时，试运行环节是不可或缺的。请提醒他们，试运行的目的不在于追求完美，而是熟悉虚拟平台，解决技术难题，根据现有时间合理调整培训内容，培养虚拟环境中的灵活应变能力。同时，我们强烈建议你在培训过程中，为主题专家配备一位虚拟主持人（或称制片人）。这位主持人将专注于处理虚拟技术相关的事宜，从而让主题专家专注于培训内容，确保学习效果的最大化。

向主题专家提供反馈

在试运行阶段或培训结束后，你有机会对主题专家进行指导，或向他们提供反馈。但值得注意的是，不论何时给予反馈，对主题专家来说都可能构成一定的挑战。防御心态、缺乏耐心、时间压力以及过强的自我意识等因素，都可能阻碍他们欣然接受反馈，哪怕这些反馈是出于善意的。

为使这一过程对双方都更加轻松且有效，以下是一些建议：

- 指导和反馈的核心，在于帮助对方建立自我意识。相较于直接评价他们的表现，指出你所观察到的具体现象往往更为有效。例如，指出"在讲述客户安全协议的部分时，你似乎有些偏离主题了"会比"你讲得太快了"更有帮助。

- 我们要敏锐地察觉主题专家不同的教学风格。有些主题专家，如本章前面提到的米凯拉，可能过于严格地遵循培训计划；而另一些人，如安东尼，则倾向于即兴发挥。对于第一类专家，他们需要在灵活性方面有所提升；而对于第二类专家，则需要他们信任学习设计，以保持培训的专注度。这两种方式都有其合理性，但了解每位主题专家的偏好对我们来说是非常有用的。

- 在每次指导会议的开头，不妨先让主题专家进行一次自我评估。问问他们，对于自己刚刚的培训授课有何感想。他们的反馈可能是正面的，也可能是负面的，可能觉得培训很有成效，也可能觉得效果一般，甚至可能自己也说不清楚。但不管他们的反应如何，你都可以以此为出发点，构建你的反馈意见。这样做的好处在于，能让你避免陷入那种千篇一律、刻板僵化的指导模式，而是将重点放在帮助他们增强自我意识、提升能力上。以米凯拉为例，假设你正在和她一起进行试运行。你一直在鼓励她不要过于拘泥于脚本，要学会适时地即兴发挥。当她第二次展示同一张幻灯片时，你引导她先让学员对图形有个初步的印象，然后再深入讲解细节。等她展示完后，你可以问问她："这次感觉怎么样？"如果她回答"挺不错的"，那就意味着她在灵活性方面已经有了不小的进步。如果她回答"不太好"，那你就知道，还需要尝试新的方法帮助她。

- 在给予指导时，务必让建议简洁而可行，这不仅适用于所有指导场景，在与主题专家现场合作培训时尤为重要。比起仅仅指出"你的语速有点快，有些学员可能跟不上"，更好的做法是具体建议："不妨在重点内容上稍作停留，给学员一点消化的时间。"或者"尝试提出更多开放性问题，促进学员的思考与互动。"这样的反馈既直接又贴心，更容易被主题专家接受并付诸实践。

最后的思考

主题专家拥有无可替代的深刻见解和丰富经验，能为学习过程增添独特价值。但要在培训中脱颖而出，他们也需要我们的助力。作为人才发展专业人士，我们的职责就是确保主题专家在培训时感到自在，并能高效发挥作用。因此，我们会采取以下措施：

● 帮助主题专家认识到，培训不仅要他们精通自身专业领域，还需掌握其他技能。

● 协助主题专家构建他们的培训课程，包括每个模块，确保内容对学员既相关又高效。引导学员参与学习对话，这是主题专家的职责所在。

● 为主题专家准备引导者手册，作为其即时的工作助手。避免编写脚本，而要专注于每个模块的意图。

● 设计易于讲解与理解的幻灯片，要求标题抓人眼球，图表清晰直观，项目符号简洁而富于条理。

● 指导主题专家时，避免刻板化、规则化的反馈，基于观察而非假设提出建议，提供具体可行的反馈。

遵循以上原则，不仅能更有效地助力主题专家成功，还能让整个合作过程更加轻松愉快。

作者简介

格雷格·欧文–博格（Greg Owen–Boger）和**戴尔·路德维希**（Dale Ludwig）是 Turpin Communication 公司的所有者，其总部位于芝加哥。这是一家专注于通信培训的公司。他们和团队成员一起，致力于为商业演讲者、会议引导者和培训师提供专业培训与指导。戴尔·路德维希于 1992 年创立了这家公司，旨在提供顶级的商业沟通技巧培训。公司始终秉持这样一个核心理念：高效的工作沟通能力是每位职场人士都可以掌握的。在培训过程中，公司的培训师总是尽力去了解每位学员所面临的独特挑战，并寻找最简单、最实用的方法来帮助他们提升。他们与主题专家的专业合作经验，是通过多年来与众多主题专家团队的无数次合作建立起来的，这些合作经验助力主题专家在课堂上取得了成功。

参考文献

Grant, A. 2018. "Those Who Can Do, Can't Teach. "*New York Times*, August 25.

Hodell, C. 2013. *SMEs from the Ground Up*. Alexandria: ASTD Press.

Ludwig, D. , and G. Owen−Boger. 2014. *The Orderly Conversation: Business Presentations Redefined*. Minneapolis: Granville Circle Press.

Ludwig, D. , and G. Owen−Boger. 2018. *Effective SMEs: A Trainer's Guide for Helping Subject Matter Experts Facilitate Learning*. Alexandria, VA: ATD Press.

Popham, W. J. 2011. *Transformative Assessment in Action*. Alexandria VA: ASCD.

延伸阅读

Owen−Boger, G. , and D. Ludwig. 2016. "Dual Role. "TD, April 1.

第 30 章　完善引导技能：引导型培训师

迈克尔·威尔金森

众所周知，培训的核心绝非仅仅向学员展示吸引眼球的幻灯片。真正有能力的培训师深知，培训的本质在于引导学员主动学习，并确保他们能够在课程结束后将所学知识有效地应用于实践之中。

本章要点

△　学习引导型培训师的心态和教学方法。

△　练习鼓励学员的策略，让他们以最快的速度进入学习状态。

△　学习在整个培训课程中保持高互动和高参与度的技术。

△　学习有助于确保学习成果转化的收尾方法。

我们都有过这样的经历：报名某个培训课程时，发现课程标题与你所想的不谋而合，每一个学习目标都与你的期待完全一致，甚至连授课讲师的简历都在暗示你，这堂课一定会满载而归。

然而，实际情况却往往令人深感失望。开课的前 15 分钟都在进行一些与课程毫不相关的互动，这让你心中早早埋下了一颗疑惑的种子。再后来你发现，引导师不过是在机械性地提问，且多半是在自问自答，这份疑虑愈发加剧。课程介绍中说"这是一个互动课堂"，但很快你就明白了所谓"互动"就是引导师一直提问，偶尔穿插小组讨论环节。

虽然这门课程既浪费金钱又浪费时间，但课程内容看起来还是不错的。你需要注意到一点，课程体验不好其实与课程内容无关，毕竟这正是你想学的东西。问题出在授课环节上，这门课程学员参与感不强，互动性低，从课堂学习到工作实战这一步的学习转化率低，最终整体效果必然不好。

> 好的引导帮助实现更高的学习转化，更高的学习转化代表着好的学习结果。

针对上述问题，你应当如何行动呢？如何有效提升学员的学习主动性？如何使课堂互动变得更为丰富多样？如何才能帮助学员抓住机会将所学应用于实践？这就是本章将要探讨的内容。

本章的论述将大量借鉴我们在为期三天的工作坊"具有人格魅力的培训师"中阐述的诸多原则与实践经验，接下来我们将围绕培训引导中的四个关键话题展开讨论：

- 引导型培训师的心态。
- 始于影响。
- 全程参与。
- 圆满收尾。

成功的引导始于准备工作。作为培训引导师，你必须确保客户充分理解培训的"6P"，即目的（Purpose）、成果（Product）、参与者（Participants）、潜在问题（Probable Issues）、流程（Process）和地点（Place）。其次，成功的引导还要求培训师对群体动力学具备深刻的理解，并能有效预防、准确识别以及妥善应对各种功能障碍行为。不过，本章将不对上述两项内容进行详尽阐述。

引导型培训师的心态

我们采用的课程设计框架基于一个简洁公式：PDI［实用（practical）、动态（dynamic）、交互（interactive）］。通过系统方法论与实践经验和研究的结合，我们将最佳实践提炼成易于理解和应用的标准化模块。在此基础上，运用成人学习原理设计出高度动态化、交互式的课程单元，持续保持学员的专注度与参与感。"引导型培训师"这个术语可以用来描述培训师创造 PDI 体验的过程。引导型培训师主要具备以下四项职责：

- 培训推广。
- 聚焦四个核心元素——内容、方法、价值和参与。
- 保持活力。
- 全程参与互动。

职责一：培训推广

你的学员应当在培训过程中就能掌握所学知识，确保在关键时刻援引所学内容。当他们达到技能成熟、经验积累的阶段，且内心涌动着将所学付诸实践的强烈愿望时，他们必将学有所用。

- **机会**在职场和生活中随处可遇，培训师应该向学员展示知识的应用实例，讲解资料和工具的使用方法，帮助他们做到学用结合。

- 确保学员真正理解各种概念，掌握各项技巧，并通过多次实践，在经验教训中不断成长，才算真正掌握某种技能。

- **个人意愿**同样至关重要。即便机会就在眼前，即便学员已经掌握所需技能，但如果他们缺乏付出行动的想法，那么所学的知识也只能停留在理论层面，无法转化为实际工作中的战斗力。

因此，客户聘请培训师的目的，绝不仅是让他们给员工上一堂课那么简单。他们更希望培训师能够传授新技能，激励学员将这些技能积极应用于实践，从而带来改变。从这个角度来看，培训师同时也是激励者！他们必须深刻认识到自己在引导学员过程中发挥的关键作用。

> 我们就是激励者！我们必须深刻认识到自己在引导学员过程中的关键作用。

你将如何激励学员，让他们实现自我改变？你要让学员知道培训师的角色及其所传授的内容同样至关重要。

让我们来看一个例子。你是否曾经问过一个问题，结果得到的是完全彻底的沉默？这很不舒服，不是吗？而且也有点尴尬，尤其是对参与者来说，因为他们觉得他们应该知道答案。那么，你是否知道，当你问一个问题却得到沉默时，可能是因为你问了一个错误类型的问题？表 30-1 展示了我的意思。看看这两个问题。哪个更好？

在培训实践中，我们时常遇到这样的场景：当培训师抛出一个问题时，教室里却陷入了沉寂，这种沉寂不仅令人感到不自在，甚至略显尴尬，尤其是当问题对部分学员来说本应是力所能及的时候。但是，你有没有想过，学员避而不答可能是因为你问了一个错误类型的问题？表 30-1 展示了两种问题类型。这两种问题类型中，哪种比较好？

表 30-1　两种问题类型

A 类问题	B 类问题
"我们首先要讨论输入项，排程流程的输入项有哪些？"	"假设你现在要制定培训计划，思考需要准备哪些材料和信息？具体需要哪些工具来协助排程？"

为什么 B 类问题更好？因为 B 类问题能够引导听众在脑海中勾勒出一个具体画面，如"它们放在我前面的桌子上"，而 A 类问题只是提出了问题。

A 类问题只是直接询问你想知道的信息，而 B 类问题则通过设定具体场景或描述，让听众能够在心中形成画面。一旦听众在脑海中构建了这样的画面，他们就能更迅速地给出回应。相反，当你提出 A 类问题时，因为你未能给听众提供足够的背景信息，他们就会花更多时间自己思考，以至于不能及时回答问题。

引导学员就培训主题展开讨论，让他们了解所学技能的重要性。这一点很关键，只有做到学员具备了学习意愿才可以开始下一步的引导，即传授技能。教学的方式多种多样，你可以采用技能演示，同步练习，经典案例学习，错误示范，分组练习，或者其他任何教学策略或技巧。

多花些时间去阐述"为什么"，完成后再提供技能。

职责二：聚焦四个核心元素——内容、方法、价值和参与

培训交付需要聚焦下列四个核心元素：

- **内容**：学员需要明确所传授的核心概念或技能本质。
- **方法**：指导学员将所学内容转化为实践应用的具体路径。
- **价值**：阐释所学内容对学员工作实践的价值所在。
- **参与**：设计参与机制，使学员在体验中感知所学内容的应用价值。

表 30-2 展示了学习引导中的内容、方法、价值和参与四个核心元素，可以帮助你进行概念解析。

表 30-2　四个核心元素的组成框架

内容	方法	价值	参与
检查任务点	在每个新模块之前，回顾检查任务点： ● 回顾我们刚刚做了什么。 ● 预览我们即将做什么。 ● 解释我们即将做的事情如何助力整个培训课程的目标	做好沟通和衔接工作，并让每个人都清楚我们即将要做什么以及为什么这很重要	设置议程，并让每个团队至少有一个人负责完成议程里的一个任务点

这四个核心元素共同构建了引导型培训师的专业胜任力模型，使其能够打造并持续维护一个高度参与、激发思考的 PDI 学习场域：通过充满活力的方式传授实用工具与策略，并在强交互、高参与的环境中实现知识转化。

职责三：保持活力

拥有一个饱满的精神状态十分重要。以最佳的精神状态开启你的培训课程，并利用好每次休息的机会恢复体力。只有当培训师本人活力在线时，才能让学员受到感染。我并不是说培训师都要成为像游戏节目主持人那样活力四射的人，我只是以他们为例，引出下面要提到的活力 3E（Engage，Energize，Elevate）原则。

● 你的高能量能够吸引整个团队。当然，听一位活力在线的培训师讲话肯定比听一位毫无生气的人讲话更有趣。

● 你的高能量能够为课堂主题注入活力。无形之中你已经向学员传递这样一种信息，这个主题肯定有趣，因为培训师似乎认为它是有趣的。

● 你的高能量提升了你作为引导师的形象。你的活力与自信会鼓舞学员去追随你。

职责四：全程参与互动

想要让学员在多日培训中保持清醒，保持高效率的学习状态，就需要他们积极参与活动和各类互动。培训师的第四个职责就是让课堂变得活跃，并及时根据课堂情况进行动态调整。这一点之后会详细探讨。

始于影响

在上一节中，我们主要讨论了引导型培训师的心态，接下来我们将介绍一些具体的方法。培训课程的前 15 分钟为接下来的内容奠定了基调。你需要在这段时间内向学员传达你对这次培训的愿景，以及他们可以从这次培训中获得什么。因此，你应该精心规划并充分利用好这段时间。

经验丰富的引导型培训师深知，在培训课程开始时，他们必须出色地完成以下四项任务：

- **告知**学员这次培训的整体目标。
- 通过明确指出这次培训对学员的具体好处来**激发**他们的热情。
- 通过分享学员在培训期间所拥有的权利来**赋能**他们。
- **调动**学员参与到一个有助于培训成功的活动中。

让我们以部门经理和主管学习如何主持高效的会议为例，一同探究培训师是如何开启这次培训的。

早上好，各位。我是迈克尔·威尔金森，非常荣幸能与大家共同主持此次培训。让我们直接进入正题，从课程目标开始。

本次培训的整体目标是提供一些策略，帮助大家提高会议的效率、活跃度和成效。（告知）

那么，这究竟有什么令人兴奋的呢？请思考一下，你或你的团队成员每周需要参加多少次会议。再考虑一下，有多少时间被浪费在了无效、不必要的会议中，或者因为会议组织不当、执行不力而白白流逝。现在，你有机会学习，无论你是会议的领导者还是参与者，都可以运用即将学到的技巧来改进你所参与的会议。当你的团队成员看到经过努力，会议真正变得高效且成功时，他们也会希望运用同样的策略来改进他们参加的会议。随着时间的推移，你可以在公司内部掀起一场"会议革命"，彻底改变公司每天的会议方式。而这一切的起点，就是你现在的学习，以及之后对这些关键策略的应用，它们将带来颠覆性的变革。（激发）

我想与大家分享的工具和技巧有很多。但请记住，今天的工作坊是以你们为中心的。你们每个人都选择来到这里，一定有自己的期待，因此我想确保这堂课能够尽可能地解答你们的疑问，并覆盖对你们最为重要的问题。我们的内容主要分为八个模块，但每个模块具体花费多少时间，将由你们来决定。所以，如果你觉得在某个与小组不太相关的主题上花费了太多时间，请举手告诉我："迈克尔，我觉得我们可以快速跳过这个部分。"随后，我会征求小组的意见，如果小组同意，我们就快速跳过。或者，如果我讲得太快了，也请提醒我，我会再次征求小组的意见。为什么呢？因为你们才是今天工作坊的主角。我将竭尽全力，确保每个人都能学到所需的知识，为公司的会议变革之路添砖加瓦。（赋能）

在我们深入探讨之前，我需要明确了解大家的学习目标。你在会议中遇到过哪些问题，又希望掌握哪些策略来应对这些挑战呢？考虑到小组的规模，我们将通过分组讨论的方式来进行。让我来解释一下具体的操作方法。

接下来，我们聚焦于关键问题。请大家回想一下过去一两个月内参加过的会议。在这些会议中，经常遇到哪些问题，又有哪些障碍影响了会议的高效进行？（调动）

我们发现"激发"这个技巧通常是培训师最容易忽视的。你有没有数我在上面讲话部分中使用"你"、"你们"或"你的"的次数？我说了 10 多次！当你想要"激发"学员时，要经常使用"你"、"你们"或"你的"，因为这有助于确保你在描述对他们有什么好处。

引导型培训师使用 IEEI 模式［告知（Inform）-激发（Excite）-赋能（Empower）-调动（Involve）］，以强有力的开场开始每次培训课程。

全程参与

虽然使用 IEEI 模式可以打造一个积极参与学习的开场，但不能就此结束。每个培训模块开场时都要安排一个互动活动，让学员参与进来。然后，在培训的每 20~30 分钟就进行某种形式的参与者互动。

注意：互动不应该是随机选择的破冰活动；相反，它应该与培训模块的主题有关。例如，如果你的培训课程与举办高水平会议有关，那么让学员分享最近一个假期的感悟将是无益的。相反，更适合的主题是成功举办高水平会议的实践经历，或者探讨为什么会议经常办得不好。

除了常见的学习参与策略，如问答、角色扮演、小组合作和头脑风暴，你还需要拥有一整套参与策略，根据需要随时使用。

表 30-3 列出了你可以在下一次培训课程中使用的学习参与策略。由于篇幅限制，无法详细介绍每种学习参与策略，因此让我们仅详细探讨其中之一：分类和归类策略（见表 30-4）。

表 30-3　培训课程的参与策略

名称	类型	目的
基础头脑风暴	创意生成	激发大量创意
分组头脑风暴	创意生成	通过团队协作激发更多创意
分组讨论	创意生成	通过任务分解提高参与度并节省时间
简短接触	问题探讨	让参与者就疑问获取他人见解
点投法	决策制定	精简清单或进行选项筛选
分类和归类	创意生成与归类	收集信息并进行系统分类
两人/三人组	创意生成	通过小组形式产生创意或答案
强制类比	创意生成	用创新方式探索问题解决方案
礼物和钩子	破冰活动	在系列会议初始阶段促进成员熟悉
群体提问	问题探讨	提升问答环节参与度并聚焦关键问题
信息归类	分类整理	将信息进行系统性分组
多数人知情	决策制定	对无须全体共识的事项进行快速决策
自我介绍	破冰活动	促进参与者相互了解
最后的赢家	创意生成与归类	在活跃氛围中筛选最具独特性创意
游说	决策制定	就若干方案达成共识并提升执行意愿
增减需求分析	创意生成	帮助识别组织变革中需加强/削减的要素
轮转白板	内容回顾	展示分组讨论成果并收集详细反馈
开始/停止/继续	创意生成	明确应对变革需开始/停止/继续的措施
思考-配对-分享	创意生成	两人组快速收集并简明分享信息

表 30-4　分类和归类策略

名称	分类和归类
类型	创意生成与归类
目的	收集信息并进行系统分类
描述	各团队先记录对列表活动（例如，招聘流程包含哪些步骤？本次会议的目标是什么？）或头脑风暴（例如，公司外出活动可选哪些地点？）的反馈。这些内容被集中记录（分类阶段）后分类整理（归类阶段）
优点	能在较短时间内让多人参与大量意见的收集和分类工作
准备	提前准备两张分别划分四格或六格的矩阵图用于粘贴便利贴
示例词（目的，必要时举例，一般指引，特殊例外，问题，开场问题）	• 清晰描述目的：让我们列出本次会议要实现目标必须解决的关键问题。我们将分组进行，现场已分成红队（红队准备好了吗？）、蓝队…… • 选择队长：为了更有效地推动团队工作，每组需要一位志愿者协助流程推进，请志愿者起立。请志愿者一手持便利贴本和荧光笔，另一手轻拍一位队员肩膀——这位就是本环节的队长。请将工具转交给队长后，志愿者可回座。 • 提供指导和提出开场问题：现在说明队长和队员的任务： ○ 队长任务：你和你的团队有两分钟时间尽可能多地列出与培训目标相关的问题，规则如下： － 只能使用发放的便利贴本和笔。 － 每个便利贴上只能写一个问题，但你可以根据需要准备尽可能多的便利贴。 － 两分钟结束时，钟声会响起，此时请务必盖上笔帽；否则，你的团队将失去两个问题的记录资格。 ○ 队员任务：请花一分钟思考一下我们的目标、我们做得好的地方以及我们需要改进的地方。如果我们想要在这一领域取得进步，我们必须解决许多问题。我们希望把这些列出来。有什么问题吗？请记住，数量和质量都很重要。我们需要解决的关键问题是什么？队长，计时开始…… • 颁发数量奖励：接下来，让我们看看每个团队的表现如何。每个团队队员在介绍时，请报出你的名字和所属团队。我们从红队开始，从队长的左侧队员依次进行，直至回到队长位置。之后，队长将告诉我们团队共提出了多少问题。[暂停等待团队回应] 经过统计，数量奖励授予 [团队名称] 队，让我们为他们送上热烈的掌声！ • 授予质量奖励：接下来，让我们从数量的比拼转向质量的考量。我们先从数量奖励的获胜团队开始分析。他们的第一个问题是 [插入问题]。这个问题可以归入哪个类别？这个类别下还可能包含哪些类似的问题？让我们逐一审视他们的每个项目。[浏览并讨论获胜团队列表中的每个项目，然后转向下一个团队，重复此过程。] 现在，所有的便利贴都已被归类。从统计结果来看，红队在 [插入数字] 个类别中有所贡献，蓝队则在 [插入数字] 个类别中……因此，质量奖励授予 [团队名称] 队。让我们再次为他们献上热烈的掌声！

圆满收尾

上面我们深入探讨了培训过程中的学习参与策略，接下来，让我们聚焦于如何有效地结束培训，以确保学习成果的实现与转化。作为一名引导型培训师，在培训课程即将落幕之际，如何以一种既具影响力又引人入胜的方式收尾，想象一下：

你刚刚完成了一次极为出色的培训课程，学员对培训主题展现出了极大的热情与投入。他们提出的问题不仅深刻，而且反映出他们正在深入理解和掌握所提供的工具与策略。在实践环节中，他们更是成功地将这些新技能付诸实践，取得了令人瞩目的成果。

现在，培训即将结束，你渴望以一种富有成效的方式来画上这个完美的句号。你希望这个结尾不仅令人难忘，还能确保学员能够将所学知识真正转化为工作中的实际行动。那么，该如何实现这一目标呢？

表 30-5 为我们概述了六种旨在让团体培训圆满收尾的策略。每种策略都有其特定的适用条件和场景，因此，在选择时，请务必根据你的培训目的和学员需求进行权衡与选择，以确保所选策略能够最大程度地满足你的期望与需求。

表 30-5　六种让团体培训圆满收尾的策略

名称	目的
感恩致谢	通过让参与者表达感谢之意，为会议画上积极圆满的句号
写给未来的信	激发参与者对后续行动的承诺意愿
电梯演讲	帮助参与者提炼会议成果或关键信息的简短陈述
日志记录	促进个人深度参与、投入度及学习成果转化
发言棒	通过仪式化发言机制推动深度讨论与倾听
轮圈发言	为每位参与者提供简要分享观点或感受的机会

下面将详细讲解电梯演讲，我最喜欢的一种。

电梯演讲

目的

• 让参与者设计一个简短的陈述，概括一场课程的收获或其他信息。电梯演讲的时长约为电梯从一层到达顶层所需的时间，大约 30 秒。它应当能够抓住听众的注意力，并用简练的语言传递关键要点。

过程

• 清晰地描述目标。随着我们即将完成培训课程，一个关键的时刻即将到来：当你走出教室，人们可能好奇地询问："课程怎么样？"这正是你展示 30 秒电梯演讲的舞台。

• 介绍电梯演讲。电梯演讲，顾名思义，是在电梯从一层升至顶层（大约 30 秒）的时间内所做出的简短而有力的陈述。它旨在迅速吸引听众的注意，并用精炼的语言传达核心信息。现在，我们将各自构思并打磨自己的电梯演讲。

• 确定关键点。在开始创作之前，让我们先明确电梯演讲的两大核心功能：通知与激发。你需要通过"通知"来告知听众课程的主要内容，而"激发"则是通过分享你最为兴奋的点来引发听众的兴趣。

• 给出指导。为了帮助你更好地构思电梯演讲，以下是一个实用的框架——O WOW 模式：

○ 总体（Overall）：总体上，这是一次关于……

○ 我们做了什么（What We Did）：在培训期间，我们深入探讨了……

○ 一件事（One Thing）：对我来说，最重要的一件事是……

○ 接下来是什么（What's Next）：展望未来，我将……

• 现在，你有四分钟的时间来根据 O WOW 模式构思并写下你的电梯演讲要点。请记住，虽然演讲只有约 30 秒，但你需要确保每个要点都精准有力，能够迅速抓住听众的心。

• 分享与修改电梯演讲。完成写作后，请在四人小组内分享你的电梯演讲，并听取其他成员的意见和建议。让小组成员依次朗读自己的演讲，并共同选出其中一个与整个小组分享。

建议时间： 16 人小组要留出 20~25 分钟

- 4 分钟用于介绍电梯演讲的概念和 O WOW 模式。
- 4 分钟用于个人构思并写下电梯演讲要点。
- 4 分钟用于小组内分享和修改电梯演讲。
- 4 分钟用于选择一个代表在全班面前分享小组精选的电梯演讲。
- 4 分钟用于总结本次活动的收获和反馈。

补充思考

- 我总是被学员在创造和分享电梯演讲时的热情和创意所打动。看着一张桌子上的人们争先恐后地想要分享自己的演讲，我深知这种简单而有效的方式已经激发了他们的创造力和表达能力。
- 除了小组内的分享，你还可以鼓励每名学员站在全班面前发表他们的电梯演讲，让更多人听到他们的声音。
- 同时，请确保在每名学员分享后给予热烈的掌声和鼓励，让他们感受到被认可和鼓舞的力量。

最后的思考

引导型培训师深知创造和维持课堂氛围的重要性，因为这会让学习效果和学习转化得到最大程度的提高。本章的关键内容包括：

- 培训推广，让你的学员自发将培训学习的知识应用到工作中。
- 在你的指导中，聚焦四个核心元素——内容、方法、价值和参与。
- 以最佳的精神状态开启课程，用活力感染学员，焕活培训主题，同时提升培训师的影响力。
- 在开场、收尾等每个模块的开头，或者每 20~30 分钟，采用多样性的互动策略调动学员的积极性。

在接下来的几个月里，考虑尝试一种或多种策略，以进一步提升你的影响力和培训效果。

◆◆◆

作者简介

迈克尔・威尔金森（Michael Wilkinson）是 The Facilitation Company 的 CEO 和管理策略总监，这是一个专门从事团体引导培训、有效培训技术、咨询技能、领导技能和会议技能的组织。他的精英团队不仅擅长运用专业引导技巧助力企业实现战略规划、问题高效解决、焦点小组讨论及多种商业活动的成功举办，还致力于成为各组织成长道路上的得力伙伴。他不仅是六本著作的作者，其中包括广受好评的《引导的秘密》与《引导型领导者的八大核心法则》，还是 FindaFacilitator 数据库的开创者，并在国际引导学院的董事会中担任重要职务。凭借深厚的专业底蕴和卓越的成就，他荣获了认证大师级引导者的称号，并在 2016 年荣耀入选国际引导名人堂，这彰显了他在引导领域的杰出贡献和影响力。

延伸阅读

Kaner, S. 2014. *Facilitator's Guide to Participatory Decision-Making*. Philadelphia: New Society, 1996.

Pike, R. 2003. *Creative Training Techniques Handbook: Tips, Tactics, and How-To's for Delivering Effective Training*. Amherst: HRD Press.

Schwarz, R. 2002. *The Skilled Facilitator: A Comprehensive Resource for Consultants, Facilitators, Managers, Trainers, and Coaches*. San Francisco: Jossey-Bass.

Wilkinson, M. 2012. *The Secrets of Facilitation*, 2nd ed. San Francisco: Jossey-Bass.

第 31 章　与高层领导沟通以赢得支持

黛安娜·布赫尔

如何赢得高层领导的支持？通过三十多年来聆听领导者对汇报者的评价，我总结出一系列人力资源专业人士在与高层领导会面时应遵循的"要"与"不要"——无论是与本公司高层领导会面、参与供应商会议，还是出席行业论坛都适用。

本章要点

△　14 种说服高层领导的可行之策。

△　使用适当的逻辑、细节安排、时机、语调、措辞和引导技巧，向高层领导团队提出有说服力的建议。

△　学会向高层领导提出建设性问题，也要学会化解他们提出的尖锐问题。

我们时常听到，甚至自己也曾发出这样的感慨："我的电子邮件总是得不到回复。""我的建议似乎总是被忽略。""下次再遇到那个问题，我一定要让它迎刃而解！"这些言辞往往出自那些向高层领导做汇报的人之口，字里行间流露出一种遗憾与无奈，而背后共同的原因是，他们未能完成某些至关重要的步骤。

无论是在正式的演讲场合，还是在会议室的讨论中，乃至在走廊偶遇高层领导的简短交流中，想要赢得高层领导的支持与批准，我们都应深思：究竟需要做到哪些关键之事？

谈论投资回报率

销售团队聚焦于收入，因为这直接决定了他们的佣金多寡。营销团队则重视增长，因为这一指标易于量化，通过为期三周的活动，便能清晰统计潜在客户数量及转化率。运营团队则关注每小时生产的小部件数量以及因质量缺陷导致的次品成本。然而，高层领导的视角更为全面，他们同时关注支出、收入与增长，这些要素共同构成了整体盈利能力和投资回报率的关键比率。事实上，如果不能有效控制相关支出，即便收入和增长有所上升，也可能导致组织面临破产的风险。

因此，作为人力资源合作伙伴，若要以专业语言进行有效沟通，你必须探讨所提供服务的利润率，对比总体人员成本与生产力，或传达与战略合作伙伴合作的整体价值而不仅局限于成本考量。这一切的核心，都在于深刻理解并传达投资回报率重要性。

可以说"换言之"

一些资深的专业人士往往过于沉浸于自己的职能角色和专业术语中，以至于他们误以为数据本身就能清晰传达信息，但事实并非如此。一个善于沟通的高手会在对话中巧妙地运用"换言之"来进行解释。例如，他们可能说："去年我们的利润率低于 2%，换言之，为了改善现状，我们需要从预定的培训预算中削减至少×××美元。"

一个更为通用的表达公式可以是：

> "我们的数据显示 X 的现状是……，换言之，我们公司当前正面临……的情况。"

将主题作为论证要点

简化所有表格和图形，减少冗长文字描述。因为高管时间紧迫，无法深入理解数据密集的幻灯片，因此，应使用明确的标题直接表达核心观点，避免模糊的主题（如"人力成本"）。它应该明确表达你要阐述的观点。

图形也是如此：不要将大量数据集中在一张幻灯片上，而应分成几张，每张突出一个关键点，便于高管快速理解。

手头要有数据，但不要只依赖它

当你向高管进行工作汇报时，他们希望你拥有支持你观点的指标数据。但这并不意味着高管总是愿意听取大量的数据细节。将所有证据一一展示给高管可能考验其耐心。高管期望你能从研究中提炼出核心结论，并分享这些结论，而不是详细汇报数据收集和验证的每一步。

对于你的建议、提案及观点，数据支持是必需的，但仅凭数据并不足以支撑整个论点。更重要的是，阐述这些建议或提案可能带来的影响：你正在报告的是怎样的情况？长期来看，会有哪些潜在的影响或可能错过的机会？这些将如何促使公司政策或策略的调整？预算的增减将如何影响员工士气、工作效率或外部合作？此类变化又将如何塑造公众对公司的看法？

为了增强汇报的说服力，你还应融入人文维度的思考，例如，通过具体的例子或故事讲述，突出这些变化对员工士气、工作效率、员工留存率、招聘效果或合规性等方面的实际影响，从而使你的汇报更加生动且易于高管理解。

考虑时机

即便如同军事将领般善于多线作战的智者，也会审慎避免在所有战线同时开战。在你的工作环境中，如果危机频发，几乎成为日常，那么选择恰当的时机向领导团队提出你的建议就显得尤为关键，以确保能够引起他们的充分重视。请铭记，无论人们对美食晚餐的渴望多么强烈，当头顶有"火焰喷射"（紧急且迫切的问题）时，他们很难分心去思考和规划长远的"美食盛宴"。因此，精准把握时机，让你的建议在领导团队最为关注且能有效行动的时刻脱颖而出，是至关重要的。

了解塑造良好的个人形象的重要性

三十多年以来，我持续进行了深入的调查，旨在探究高管期望员工提升个人形象时所关注的技能、特质、态度和习惯。与此同时，我也频繁地与客户公司的 CEO 及高管层展开对话，他们常常委托我协助其团队成员实现个人风采的"升华"。

通过多年的积累，我发现他们提及的特质可归结为以下四大维度：

- 外在形象（肢体语言、着装、仪态）。
- 表达方式（音质、措辞、说话模式）。
- 思维方式（压力下清晰有力传递观点的能力）。
- 行为特质（品格、价值观、技能与综合能力）。

个体步入成年阶段后，其品格、价值观与核心能力通常已基本定型。因此，提升重点往往集中于肢体语言、表达方式和思维方式。以下是一些提升个人形象中视觉（肢体语言）与声音表现的有效策略：

- 尽可能站直，就好像你要把头穿过天花板一样。
- 在保持挺拔姿态的同时，确保身体放松，避免僵硬。
- 停止任何随意、急促的手势。自然地使用你的手，可以设计手部动作。
- 用肩膀带动而不是肘部或手腕带动做手势。
- 如果有其他听众在场，选择与三到四人进行深入交流，同时以眼神和微笑关注其他听众，营造包容与参与的氛围。
- 放慢语速，以彰显从容与自信，避免语速过快导致的紧张感。

通过巧妙地运用肢体语言与声音变化，能够显著提升你展现专业自信的效果，从而在与高管团队的交往中留下深刻而积极的印象。

无论是口头还是书面汇报，表达都应该简洁

高管的时间有限，因此他们偏好直接而高效的沟通。因此，在撰写电子邮件、可行性研究报告、建议书时，应将核心信息置于首位，力求一语中的，避免冗长赘述。

在动笔之前深思熟虑，而非边写边摸索。深入理解读者的关注点：他们渴望获知的内容、必须掌握的信息、已具备的知识基础，以及可能的反应。基于此，精准地选择与组织信息细节，确保每一字每一句都切中要害，且避免重复他们已知的信息。

当需要以口头形式进行汇报时，务必做好充分准备。以自信而可靠的语态传递信息或建议，表现大方自然，不要紧张、焦躁，语言不要单调乏味，要确保信息传达既有力又有效。

在过去三十年的沟通指导实践中，我反复聆听高管在接收进度汇报、预算说明或员工调查结果时，对汇报者抱有的某些共性不满。让我们一同探讨这些常见的抱怨。

抓不住重点

高管渴望迅速捕捉到汇报的核心观点，而非仅仅了解汇报的主题范围。他们不希望听到"接下来二十分钟我将讲述 X、Y、Z 三个主题"这样的开场，而是期待在最初的 30~60 秒内，就如同辩论者那般，直接而有力地陈述你的立场或结论。随后，再利用剩余时间深入展开细节。

汇报者往往希望高管能给予更多耐心，因为他们深知自己为研究课题、理解内容并提出解决方案所付出的努力。因此，他们觉得用寥寥数语概括全部内容极为受限，更倾向于先介绍背景、提出警示、展示数据，再得出结论，认为这样可以减少听众的质疑与反驳。

然而，不应被这种先入为主的观念所束缚，认为必须在呈现结论之前先铺陈背景。相反，你应当直接从你的核心信息或关键词入手！

不懂得沟通，只会自说自话

众多才华横溢的员工在进行汇报时，旨在争取预算以支持其研究或推动热门提案的实施。他们怀揣着杰出的创意，智慧超群，且对演讲内容精雕细琢，视此为在组织中提升知名度的绝佳契机，因此难免兴奋不已。

他们精心规划了 25 分钟的正式演讲，仅预留 5 分钟用于提问环节。然而，最终收获的仅是礼貌性的掌声，这令他们惊讶且失望。

问题的根源何在？高管所期待的，是一场对话，而非单向的独白。遗憾的是，部分员工在汇报过程中，会因提问"打断"其演讲流程而感到不适，这种观念实则大谬不然。正确的做法是，在整个汇报过程中巧妙地引导这些位高权重的高管，激发他们的好奇心，促使他们主动提问，而非仅限于最后的问答时段。

技术讲解晦涩难懂

高层领导期望你能够把握项目的技术精髓，但这并不意味着他们需要听取详尽无遗的技术阐述。实际上，除非他们同样具备技术背景，否则对于更为细致的法律、合规等细节，他们往往兴趣不大。

然而，一旦高层领导向你提出技术相关的问题，你应当给出既准确又具备说服力的回答。试图回避或伪装，可能让你失去在高层领导面前展示能力的宝贵机会。

与此同时，高层领导确实期待你能够将你的技术专长以更广泛的方式传播出去，包括那些不在你专业领域内的同事。在部门内部汇报时，表格、图形、关键绩效指标和流程图等工具可能非常有效。但在面对高层领导时，你需要进一步提升语言表达的层次，确保那些非专业人士也能够理解你的工作内容、你的方案如何支持整体战略，以及它的重要性所在。

坚守立场——在倾听高管意见的同时表达自我

在你所擅长的领域内，面对关键问题，务必坚守你的立场。在高管团队中，你的职责不仅是传递信息，更重要的是，要说服他们接受你的观点。然而，在表达不同意见时，务必审慎选择时机与方式。你手握大量信息，对内容了如指掌，那么为何不在恰当的时机，向高管团队充分展示你的见解呢？

一个擅长说服的沟通者，往往能像《了不起的盖茨比》中的叙述者尼克·卡拉威那样，通过倾听周遭的轻浮谈笑、悠闲消遣以及看似不连贯的对话，敏锐地捕捉到人物性格与动机的蛛丝马迹。作为一名优秀的倾听者，你有时会发现，在对话中保持低调，坐在边缘位置，鼓励他人畅所欲言，反而能收获更多。这些对话将成为你制定后续策略的重要信息来源，帮助你更好地争取高管团队的支持，特别是那些原本不太愿意参与讨论的成员。

有意识地提问

律师遵循着一条格言："如果未知答案，勿于法庭上发问。"一些能力不足的公司领导在质疑员工时，也会采用类似策略，意图使员工陷入窘境并羞辱他们。然而，真正擅长说服的沟通者向领导提问是出于积极目的：他们旨在打开沟通渠道，而非将其关闭。

他们提出的问题能够引导高管团队进行自我反思，考虑例外情况和潜在风险，并促使团队调整方向。这些问题不仅揭示了当前的局限性，还发现了额外机遇，促使团队思考更广泛的内容。这些难题或许能在看似不可能的梦想中开辟新的可能性，留住激进派成员，避免对声誉造成无法挽回的损害，重申公司价值观，或者挑战现有研究及传统智慧。

以提出难题而著称的说服力强的人力资源领导，所提问题往往令人难以迅速作答，促使人们深思熟虑，有时甚至激发人们更加努力地工作。

那么，你提出难题所期望达成的最有价值结果是什么？或许是让某位高管改变原有想法和方向，放弃对你计划的反对，最终批准你的方法、预算及政策建议。

直面问题

避免使用含糊其词、缺乏明确性的语言来回避问题。即便是告知高管你尚未找到答案或无法即刻采取行动，也应迅速回应他们的疑问或请求。务必明确告知他们，何时能够获得你的全面答复。

巧妙化解左右为难的问题，重新确定问题焦点

这个经典的"你是否停止打你的配偶"难题，生动地揭示了"是或否"问题的棘手之处：无论怎么回答，都可能陷入困境。

在与高管团队的会议中，类似这种让人左右为难的问题可能听起来像这样：

- "你能否在11月1日之前为新设施配备好人员？"
- "你确定我们能以低于10万美元的价格安装这个企业系统吗？"
- "说到底，加里能否胜任这份工作，还是我们应该另寻他人？"
- "哪个方案更佳——是等待漏洞被修复，还是利用两周后即将结束的折扣？"

当然，如果你能对这些包含双重选择的问题给出明确且自信的答案，那就毫不犹豫地去做。但这类左右为难的问题的难点在于，你往往对 A 或 B 选项都感到不适或缺乏信心。你心中警铃大作，意识到"正确"的答案可能既不是 A 也不是 B。

针对这种情况，你实际上有四种策略，可以清晰且恰当地回应高管团队的左右为难问题。

- **坚定立场，选择你认为正确的路**。当面临左右为难的抉择时，若你对自己的见解充满信心，就应勇敢地坚定立场。清晰阐述你认为正确的选项——无论是确切的日期、金额、人选还是最佳方案。高管通常会欣赏你的积极参与，只要你的回答或建议最终被证实为明智之选。然而，若事情发展不如预期，你的信誉可能受到影响。

- **重新定义问题的核心**。也就是说，重新设问，提出你认为更为关键、重要或紧迫的问题。例如："在我看来，与 11 月 1 日前全面配备人员相比，找到理想的工程团队更为紧迫。寻找具备特定经验的工程师可能需要更多时间。"

- **拓展左右为难问题的边界，引入新视角**。对于"你能否在 11 月 1 日之前为新设施配备好人员？"这样的问题，你可以这样扩展回答："我相信我们可以在 11 月 1 日前填补所有职位，但找到最合适的人在最佳岗位上可能需要更长时间——可能长达六个月。考虑到当前就业市场的实际情况……"

- **请求时间以探索新方案**。高管或许并不喜欢延迟，但当你提出这一请求时，可以巧妙表达。你可以这样说："你提到的两个选项似乎都不太理想。但如果我能花几天时间深入研究，我相信我能为你带来一个更符合我们目标的方案。你能否给我一周时间，让我找到最佳方案？"

要摆脱高管设置的左右为难的陷阱，需要坚定的信心。在培养和展现这种信心后，你会发现自己的付出是值得的。

出现冲突时，识别并传达共同目标

来自不同部门或分支机构的高管领导，在项目执行和职责履行上拥有各自的方法，这是十分自然的。然而，当这些方法产生分歧时，明智的领导者会持续聚焦于双方所共有的目标，如达成共同的营收指标、降低产品拒收率、培育并提拔内部人才，或从相关行业招募杰出人才。

要如何增强对共同目标的认同感呢？关键在于清晰阐述使命与衡量标准。需以多种方式及形式，频繁地重申这一愿景。这个共同目标必须得到不断的强调、衡量、表彰与奖励。

简单总结

在某一关键时刻，杰出的人才发展部门负责人需要将我们在本章探讨的所有技能融会贯通，并掌握一项至关重要的额外能力：他们必须整合所接收的信息，从而清晰地向广大听众传达核心结论与建议的概要，这些结论既可以是他们个人的见解，也可以是整个小组在讨论过程中共同形成的结论。

给出后续行动建议并提供后续参考资料

在与高管对话时，切勿在未明确说明后续步骤的情况下就结束，这是你所需要关注的。通常而言，将后续步骤以书面形式整理在一张纸上是一个极佳的做法，这样高管在决定推进项目后，可以方便地指派他人执行这些实施步骤。

最后的思考

人才发展专业人士在高管会议中常借助一系列表述来争取一席之地，例如：

- "我们的投资回报率已超预期。"
- "该计划因与我们的企业文化不符而被否决。"
- "我们的团队将深入剖析数据，确立行业基准。"

然而，要想作为杰出的沟通者脱颖而出，赢得高管的支持，选择合适的言辞、策略及流程至关重要，这极大地影响着他人对你能力的评价，更不用说他们是否愿意压上自身的声誉与退休金。虽然你或许并不直接与他们的退休金计划选项有关。你对高管团队的提议，如果包含推动人才流失的政策建议，可能使组织陷入困境；反之，则能稳固人心。

因此，分析、访谈和综合研究自然不可或缺。但关键在于，你必须确保以引人入胜而非触怒他人的方式，展示你的洞见与知识。

◆◆◆

作者简介

黛安娜·布赫尔（Dianna Booher）致力于组织沟通，并通过帮助高管培养高贵气质提升其个人影响力，同时还出版图书。她是 49 本畅销书的作者，这些著作被译成了 62 种语言。她的最新图书包括《更快、更少、更好的电子邮件》《像领导者一样沟通》《创造个人存在感》《我还能说什么?》《自信沟通》。客户包括超过三分之一的《财富》500 强企业。像《早安美国》、《今日美国》、《华尔街日报》、彭博社、《福布斯》、BBC、FOX、CNN 和 NPR 这样的国家媒体都就职场沟通采访过她。与许多其他领导力沟通专家一起，她出现在 Richtopia 的"世界 200 位最具影响力的作者"和"全球大师前 30 名沟通者"（2012—2021）的名单上。

延伸阅读

Booher, D. 2011. *Creating Personal Presence. Look, Talk, Think, and Act Like a Leader*. Oakland, CA: Berrett-Koehler.

Booher, D. 2015a. *Communicate Like a Leader: Connecting Strategically to Coach, Inspire, and Get Things Done*. Oakland, CA: Berrett-Koehler.

Booher, D. 2015b. *What More Can I Say? Why Communication Fails and What to Do About It*. New York: Penguin Random House.

Cialdini, R. 2006. *Influence: The Psychology of Persuasion*, rev. ed. New York: Harper Business.

Kouzes, J., and B. Posner. *The Leadership Challenge*, 6th ed. New York: Jossey-Bass.

第 32 章　将 DEI 融入人才发展计划

玛丽亚·莫鲁基安

多元化、公平与包容（Diversity，Equity and Inclusion，DEI）近年来受到了越来越多的关注，但这并不是一个全新的话题。数十年来，各类组织在推动 DEI 方面已经付出了不同程度的努力，并取得了多种形式的进展。从以平等就业机会法规为核心的合规培训，到平权法案政策的推行，再到多元化团队的管理和无意识偏见的应对，DEI 的实践在组织中留下了深刻的印记。这些努力确实具有一定价值，但往往呈现单一维度，影响力也因此受限。人才发展专业人士的独特之处在于，他们能够系统地将 DEI 融入组织的方方面面，实现更全面、更深远的影响。

本章要点

△　探讨 DEI 对人才发展专业人士的重要性。

△　确定将 DEI 整合到人才发展计划中的最佳方式。

近年来，社会发生了巨大转变，文化日益多元化，尤其是在过去几年一系列重大事件的推动下，问题愈加突出。新冠疫情的暴发加剧了对妇女、种族及少数族裔群体的负面影响。乔治·弗洛伊德及其他多起黑人遭警方暴力致死事件，激发了全球范围内对系统性种族主义的广泛关注和反思。此外，性少数群体权益问题也引发巨大争议，而#MeToo 运动及全球对性别歧视和厌女症的关注，进一步彰显了这些社会问题的紧迫性。越来越多的组织开始从更系统和全面的角度审视 DEI 的重要性。

随着对 DEI 工作的需求不断增加，组织也面临着更大的压力，要求在可见性和可持续发展方面取得实际进展。人才发展专业人士在推动这一变革过程中扮演着至关重要的角色。

本章将探讨 DEI 融入人才发展计划的基石，并为人才发展专业人士提供实用的技能和策略，为他们将 DEI 融入人才发展和培训的方方面面提供助力。

什么是 DEI

多元化（Diversity）是构成我们身份的所有维度，这些维度塑造了我们独特的个性特征，如信仰、价值观、世界观和理想观念，这些特征会影响我们的沟通和行为方式，进而影响我们与他人建立联系的方式。

公平（Equity）是通过为所有人创造公平的竞争环境来推动公正。这意味着确保人们获得职业发展机会、取得与其贡献相匹配的报酬与认可，并对影响自身的决策享有平等的发言权。

包容（Inclusion）是一种实践，旨在营造一个让所有人因其独特性而获得同等重视和尊重的环境。包容的环境能够确保每个人都能充分参与组织活动，并拥有公平的机会来施展才华、发挥技能和实现潜力。

为什么 DEI 对组织可持续发展至关重要

世界上每个国家在种族、民族、语言、宗教和文化等方面都有自己的特色。随着争夺顶尖人才和吸引不同群体的竞争日益激烈，多元化已成为各组织发展过程中越来越重要的议题。

在过去的几十年里，随着全球移民人数不断增加，世界各地民族和文化多元化程度不断提高。生活在多元化程度更高的地区人们往往对多元化持更开放的态度，偏见也更少。

几乎每十个美国人中就会有四个认同自己非白人种族或少数族裔的身份。实际上，预计到 2043 年，美国将成为全世界少数族裔占多数的国家。女性占美国人口的一半，并且受教育程度高于男性。世界性少数群体人口过去十年有所增加。年轻一代的社会规范发生变化，这一状况可能继续变化。

多元化帮助组织取得更佳成果

一个公司在管理层中拥有更多女性和有色人种时，相较于其他竞争对手更易脱颖而出。这种多元化不仅赋予了团队更明智的决策能力，还激发了更多创新想法的产生。此外，多元化团队因其成员各自独特的知识、观点和经验，相较于同质化专家团队展现出了明显的优势。

公平和包容对成功至关重要

在高度多元化的组织中工作，员工在包容和公平等问题上仍可能产生负面情绪。具体而言，仅有不到 30% 的员工对此持有积极看法，而高达 60% 的员工对平等、开放和归属感表达消极态度。仅仅依靠招聘不同背景的员工来确保组织多元化是远远不够的，因为如果组织文化和结构中存在不公平、不包容的现象，反而可能加剧问题的严重性，导致更糟糕的结果。研究指出，曾在职场遭遇歧视的员工更倾向于提出离职。而对于那些虽受歧视却选择留下的员工，其对组织造成的潜在损失可能更为巨大。这些员工的工作专注度降低程度可能是其他员工的三倍，由此导致的经济损失高达 4500 亿~5500 亿美元。

多元化、公平与包容并非相互排斥的概念，而是组织繁荣发展中需要共同考量的关键因素。

为什么一些 DEI 计划效果不佳

组织在 DEI 上花费了大量的时间、精力和金钱。一份报告估计，各大公司每年在 DEI 培训上的总支出高达 80 亿美元，但取得具体成果却并非易事，在某些情况下这样做甚至适得其反。

以下是影响可持续 DEI 实践推进的几大常见挑战：

● 尽管 DEI 培训能够提升员工对内隐偏见、刻板印象及种族歧视问题的认识，但如果这类培训仅仅停留在泛泛而谈的层面，而未能将其深度融合到组织的整体战略之中，那么它就不太可能带来持久且深刻的行为转变。

● 单纯的个体培训难以触及那些根深蒂固的系统性障碍和不平等问题，这些问题持续地为社会特权者提供优势，而使无特权者处于不利地位。为了真正实现 DEI 的愿景，员工需要将 DEI 理念内化为日常组织生活的一部分，并建立起对彼此及组织的强烈归属感与责任感。

● 缺乏明确目标和量化指标的 DEI 往往难以转化为可持续的变革。因此，我们必须设定清晰的 DEI 目标，并制定可衡量的成功指标，以确保我们的努力能够朝着正确的方向前进。

- 为了强化 DEI 知识和技能的学习，我们需要在整个学习环境中加以推广。同时，组织内部的系统和政策也应以 DEI 为核心进行设计和调整，并建立相应的问责机制。

将 DEI 与人才发展计划相结合

DEI 培训绝非一次性事件，而应当深度融入培训与人才发展的整体框架之中，无论是在内容构建还是交付方式上。这意味着，我们必须在培训项目中强化 DEI 理念，确保内容的多元化，并致力于在培训方式上实现公平参与和全面包容，让每个人都能毫无障碍地融入学习进程。为了成功实践 DEI，人才发展专业人士需要身先士卒，成为 DEI 的践行典范。他们应积极邀请并倾听多元化的声音，持续提升个人技能，并掌握有效管理偏见的方法。

要想实现 DEI 与人才发展计划的有效结合，人才发展专业人士必须考虑的三个关键因素如图 32-1 所示。

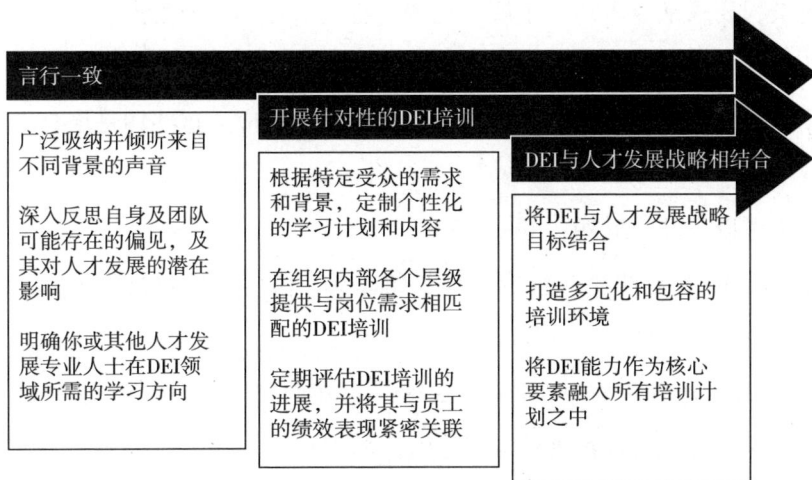

图 32-1　实现 DEI 与人才发展计划有效结合的三个关键因素

言行一致

培训内容设计与交付的首要考量在于深刻反思人才发展团队的构成多元化及

每位成员的个人 DEI 经历。持续的自我省察与深入探索，对于推动 DEI 工作的有效实施至关重要。美国培训与发展领域内，高达 83% 的从业者属于白人群体，而女性占比则为 57%。这一现象揭示出，负责制定培训基础框架及管理学习与发展各项事务的人员往往源自一个相对同质化的群体。

人才发展团队成员的构成

- 哪些人的意见、观点被遗漏，哪些人的需求被忽视？
- 谁是培训设计的第一负责人？谁负责监督设计过程，谁有最终话语权？
- 遗漏了哪些人的意见、观点，忽视了哪些人的需求？
- 这对培训内容设计和交付有何影响？

人才发展专业人士必须致力于在 DEI 方面进行自我反思与技能提升。诚然，识别他人身上的盲点与偏见相对容易，而洞察并正视自己内在的盲点与偏见则是一项艰巨的任务。作为这一领域的从业者，他们肩负着挑战个人信念与预设的重任，需要不断审视决策过程，剔除潜在偏见，并持续树立包容行为的典范。DEI 工作之复杂，要求从业者深入了解并正视自身的潜在偏见与盲点。

在此过程中，犯错与不完美是在所难免的。因此，对自己及他人保有同情心，鼓励深入且审慎的对话，妥善处理分歧与情绪反应，这些均是培育 DEI 文化不可或缺的一环。

深入思考以下几个问题：

- 你身份的多元维度，包括你的出身背景、信仰体系及行为模式，共同塑造了你看待世界的方式。

- 你的身份是否在某些方面为你带来了自然而然的社会优势或特权？（如种族、性别、年龄、社会经济地位、身心健康状况等）

- 回顾过往，有哪些经历深刻影响了你对"可持续发展教育"的理解？是否曾因自己身份的某些特征而遭受不公或排斥？是否亲眼见证过与自己身份相同群体的人遭受歧视？又或者目睹了其他身份群体成员遭受的歧视？

- 积极坦率地参与涉及 DEI 议题的对话，即便面对的是你尚未深入了解的话题。

- 在分享自身身份相关的个人故事时展现出适度的开放性，特别是当这些故事涉及因身份某些方面所经历的歧视、骚扰或偏见时。

- 勇于承认错误，乐于接纳反馈并从中汲取教训。我们虽怀揣善意，却未必总能察觉自身行为对他人的潜在影响。面对他人因为你展现出的排他性或偏见行为而对你提出质疑时，你是否有处理这种情况的能力与技巧？

设计针对性的 DEI 学习

尽管所有 DEI 培训都有一些共同的基础概念和策略框架，但至关重要的是，要根据组织的特定需求来定制你的方法。切勿将 DEI 培训视为一种放之四海而皆准的体验，而应积极投身于数据收集的过程中，以明确组织内部不同利益相关者群体的知识水平、态度倾向以及技能状况，从而确保你有效地定制 DEI 项目，精准对接他们的个性化需求。

DEI 学习应该根据不同个体为实现组织的 DEI 目标所应展示的具体能力进行定制。

回顾评估方法

考虑适当的评估方法，以收集你想要定制学习方法的信息类型。

- 与多元化的利益相关者进行**个别访谈**，可以深入了解组织内与 DEI 相关的个人视角和经验。这些访谈汇聚了来自组织各个层面的鲜活故事与深刻见解，为评估提供了丰富的素材。

- **焦点小组**讨论，作为另一项定性数据收集的强大工具，不仅深入探讨了个体对 DEI 的认知深度，还搭建了一个互动交流、分享见解与经验的平台。此类讨论不仅促进了深度思考与学习，还为评估过程提供了不可或缺的数据资源。

- **调查**的价值在于其普及性，确保组织内每位成员都能参与到评估流程中。通过量化衡量观点与意见，调查提供了坚实的"硬性"数据支撑。同时，调查还能揭示不同人口统计群体间的差异与共性，为深入理解 DEI 现状提供重要线索。

- **政策和文件审查**则聚焦于评估现有语言、培训、政策与实践对组织 DEI 的推动或阻碍作用。通过这一过程，能够锁定亟待解决的关键领域，并揭示实践、政策、规范及沟通层面的广泛组织变革趋势。

- **基准研究**通过对比分析规模、范围或行业相似的其他团队或组织的 DEI 实践，为识别适用于本团队或组织的最佳实践提供了有效借鉴。

- **个人技能评估**则旨在衡量员工队伍在 DEI 相关领域的认知程度、知识积累与技能水平。对于高层领导者与管理者而言，这一点尤为重要，因为他们在设定组织基调与示范 DEI 行为方面发挥着关键作用。在此，推荐两种经过深入研究与验证的评估工具：跨文化发展量表和全球竞争力指数。跨文化发展量表专注于评估个体在与不同身份群体互动时所展现的态度与能力，而全球竞争力指数则旨在衡量个体在跨文化环境中有效发挥领导力的能力。

开展针对性的 DEI 培训

DEI 培训旨在为全体员工构建共通的语言体系和行为准则，其设计与交付方式对于彰显组织对 DEI 的坚定承诺至关重要。

倘若培训只是一项合规任务，仅仅需要敷衍了事而后迅速抛之脑后，那么它不仅无法有效促进 DEI 文化的形成，反而可能带来负面影响。只有当培训内容紧密贴合组织的价值观与目标，并针对特定受众进行个性化定制时，才能最大程度地发挥其预期效果。

因此，最有效的 DEI 培训应当具备以下特点：

- 与组织文化保持高度一致。
- 运用与受众紧密相关的场景与语言。
- 融入相关且经过严谨验证的研究成果。
- 提供真诚对话、故事讲述与换位思考的机会。
- 传授实用的技能，助力实现细微但意义重大的行为转变。
- 将个人与团队行动规划考虑在内，促进承诺兑现。

一个全面的 DEI 培训计划必须根据特定受众精心定制。例如，根据管理层级、工作职责、地理位置或人口统计特征等因素，设计差异化的课程。

此外，DEI 学习应当循序渐进，为参与者留出充足的时间来反思并实践新技能。一种推荐的做法是，将 DEI 培训分散在数周或数月的时间内，针对特定的参与者群体进行。每次短期培训聚焦于特定的 DEI 知识与技能，培训前后都设置实践任务和反思作业，以此增强行为改变的责任意识。通过这样的安排，参与者能够有更充足的时间在探讨身份、偏见、特权及系统性不平等话题时去适应可能产生的情感不适与认知冲突。

将 DEI 与绩效联系起来

人才发展专业人士在提供学习支持方面发挥着关键作用，这些支持是个人示范 DEI 和实现绩效目标所必需的。需要与人力资源部门及高层领导合作，制定将 DEI 纳入个人绩效指标的策略。

首要步骤是将领导的绩效与 DEI 紧密相连。组织需要明确传达其坚定承诺，并确保组织内最具权力和影响力的人士将 DEI 置于优先地位。

随后，人才发展专业人士需要与团队紧密协作，确保培训与发展项目能够充分为领导者和管理者配备所需的知识与技能，以便他们能够有效推动 DEI 进程并达成个人绩效目标。

接下来，应将 DEI 能力加入全体员工的绩效考核。尽管这些能力与领导能力存在部分重叠，但不同工作岗位可能需要独特的技能和行为指标来展现员工对 DEI 的践行与承诺。

DEI 与人才发展战略相结合

DEI 并非一项一蹴而就的任务，而是一个持续演进的过程。在达成目标、跨越里程碑之后，仍需持续努力，以保持已取得的成就并设定新的追求。

人才发展专业人士应当将 DEI 置于其人才发展战略目标的核心地位，并自觉地从 DEI 的角度出发，参与人才发展基础框架的策划、设计与实施。

制定战略性 DEI 目标的量化指标

当 DEI 缺乏监测机制，或未能与具体的量化绩效目标相关联时，它往往显得动力不足，甚至被边缘化。因此，将 DEI 纳入人才发展战略之中，并与人才发展领域内那些明确界定的目标紧密结合，显得尤为重要。在规划人才发展项目时，我们应当深入思考其 DEI 目标如何与组织的 DEI 愿景及长远目标相契合。这不仅要求我们在制定战略时，确保 DEI 理念贯穿始终，更要明确这些战略将如何具体推动组织向前发展。

组织环境和文化中的某些指标或许易于量化，但同时也存在难以精确量化的模糊指标，而这些模糊指标同样占据着举足轻重的地位。

选择学习与发展领域内可量化的 DEI 指标时，以下方面值得考虑：

- 参与组织 DEI 活动的积极性。
- 自我感知到的 DEI 相关能力的提高。
- 员工对领导者及管理者 DEI 表现的满意度增长。
- 被选中参加领导力培训计划的少数身份群体增加。
- 参与辅导或指导计划的个人背景的多元化程度有所增加。
- 员工对歧视、骚扰、恶性竞争、欺凌或区别对待等不良办公行为的投诉减少。

跟踪更广泛的组织绩效指标也很有帮助，这些指标可能显示人才发展工作如何对更广泛的结果做出贡献。例如：

- 提升领导和管理职位中代表性不足群体的比例。
- 在高曝光度或对外职能（如销售与运营）中增加代表性不足群体的成员。
- 在职业加速发展计划中纳入更多代表性不足的身份群体。
- 促进代表性不足身份群体的人员晋升。
- 降低员工流失率。
- 提升员工参与度评分。
- 提供公平的薪酬与福利方案。
- 在涉及 DEI 的全面员工绩效评估中获得正面反馈。

在学习与发展内容中体现多元化

在设计培训方案时，确保每位学员都能顺利参与并获取培训的核心内容及材料至关重要，这就要求我们营造一个包容性极强的学习环境。如果培训材料查阅或使用不便，远程参与者将面临参与障碍。同样，如果学员在培训中无法自如地公开发表见解，不仅学习成效会大打折扣，还可能引发他们的负面情绪，如沮丧、尴尬乃至逃避。

在培训内容的策划初期，我们就应深刻意识到多元化的重要性，并将其体现在图片人物、人名选取、引用素材的作者背景及个人故事，以及案例研究中的角色分配等多个维度。

在挑选培训中使用的名字时，我们是否过于依赖如"Mary"或"Bill"这样的传统选项？或许，是时候引入更多元化的名字，以反映社会的真实面貌。同样，在选择图片等视觉元素时，我们是否不自觉地陷入了刻板印象的陷阱，例如，总是将中年白人描绘成领导角色？

培训材料中的图片往往充斥着浅肤色、健康体态以及二元性别的呈现，男性常被置于领导或权力的高峰。即便是在展现种族多元化的图片中，也往往局限于穿着西方商务服装、笑容满面的瘦削或健康体态的人物。引用的专家、作者及思想领袖也多为白人、男性，且多来自西欧或北美地区。这些故事、情境及语言的使用，无形中强化了刻板的文化印象。

除了图片元素，文本的可读性同样不容忽视。字体大小是否适宜？文本难度是否与受众的阅读水平相匹配？是否存在对非母语者而言晦涩难懂的俚语表达？

关于提升内容多元化的具体建议如下：

● 在挑选图片时，请深思熟虑其所代表的对象，以及这些图片是否能真实反映员工、客户或服务社区的人口结构。

● 积极主动地采用有色人种、残疾人士、不同年龄层及不同体型人士的图片，以展现多元化的社会现实。

● 在图片中细致描绘具有文化敏感性的手势、服饰、表情及互动场景，以彰显文化的多样性和丰富性。

● 仔细考量所展示的服装与发型是否具备代表性，并符合文化适宜性原则。

● 在设计情境或案例时，务必确保角色的分配在文化层面具备能力与公平性。通常，我们习惯于将男性设定为管理者，尤其是白人男性担任高级管理者。但请思考：谁扮演行政助理的角色？谁是工程师？会计师由谁担纲？总法律顾问又是谁？

● 此外，在情境与案例中，应有意识地融入代表性别、取向、种族、族裔、年龄及国籍等多元化的姓名与角色，以呈现更加全面和多元的视角。

● 如果使用视频素材，请确保演员、演讲者及学者的多元化。除了单纯的代表性，更需注重视频内容的文化适宜性，避免偏见与刻板印象的呈现。

- 仔细审查可能含有排他性的短语或词汇。例如，"off the reservation" 在美国俚语中常用来形容某人违背期望，但其起源却与美洲原住民被迫离开故土的历史紧密相连，用以描述他们不遵守限制其留在保留地的新法规。请务必避免使用此类具有历史遗留问题的词汇。

避免使用的措辞

以下是一些常见的英文短语，它们蕴含着排他性的历史背景或文化内涵，因此在培训材料中应避免使用。

- "Sold down the river"（被卖至远方）这一短语源自美国奴隶制时期，意指奴隶若不服从管理，便可能被转卖给更南方的买家，从而面临更加严酷的待遇。

- "Spirit animal"（灵魂图腾）一词在现代语境中常被用来形容个人强烈认同的某种动物、人物或物品。然而，对于土著文化而言，灵魂图腾是一种神圣的精神象征，其被挪用可能构成文化上的不尊重与伤害。

- "One of the guys"（男生中的一员）这一表述有时被用来形容女性参与了传统上被认为是男性领域的活动或与男性群体建立了亲密关系。然而，这种表述可能带有贬义，因为它暗示女性需要表现出更多的"男性气质"才能获得接纳，从而强化了性别刻板印象。

- "Drama queen"（戏剧女王）或"diva"（歌剧女神）等词汇常被用来形容某些女性情绪化或要求苛刻，以此吸引注意力。这些表述不仅延续了女性不理智的刻板印象，还传递出一种错误信息，即表达情感是不被社会所接受的。

营造包容的学习环境

除了内容设计，学习环境也可以促进 DEI 发展。

多类型的培训师

当学员抵达培训场所时，他们首先会留意到房间内的其他人员，包括培训项目的导师、主讲人及客座嘉宾。为了确保多元化，我们应有意识地从这些人的性别、种族、族裔、年龄、残疾状况及其他相关身份维度上展现多元化。

在进行 DEI 培训时，确保你的团队能够代表多元身份至关重要。这不仅有助于建立与不同背景学员之间的信任与联系，还能在培训环境中出现冲突或情绪反应时，为具有共同身份背景的人提供相互支持与帮助。

在选择主持培训会议、参与小组讨论或担任特邀专家演讲者时，应慎重考虑其多元化。无论培训的主题是什么，我们都应努力寻找多元化的领导者和主题分享专家。这一点在人口结构相对同质的行业或培训研讨会中尤为重要。例如，在男性占据主导地位的工程、执法或制造业技术培训中，我们应积极邀请女性和特殊身份的嘉宾与演讲者，以提升多元代表性。

包容性互动

将内隐的联想和偏见带入课堂的情况在所难免。因此，你必须时刻留意自己所传递的信息，确保每位参与者都能感受到被重视和被包容。以热情洋溢的方式迎接每位参与者。尽力确保你能正确发音并记住每个人的名字。如果条件允许，不妨提前研究一下学员名单，对即将出席的学员有所了解，并练习一下他们的名字发音。在学习过程中，要时刻警惕并管理好自己的内隐联想和偏见。关注每一位学员，避免过度聚焦于某个个体或小组。

请留意你的社交信号，以及自己是否通过改变语调、给予某些学员更频繁的眼神接触和鼓励等微妙方式传递出不同的信息。培训师有能力激发或抑制学员的参与度和积极性，而这些往往就体现在这些看似微不足道的细节之中。

最大程度提高培训参与度

学员的类型及融洽程度均为影响培训学习体验的关键因素。如果条件允许，培训计划中应合理编排学员组合。例如，面对需要坦诚探讨职场困境的会议，在管理者与员工互信薄弱、员工缺乏安全感的公司环境中，将双方分开进行对话或许能收获更佳效果。

在能力所及范围内，确保培训参与者的多元化。尽管公开课程实现此点或有难度，但如果主导集体学习并负责召集学员，则应努力在性别、种族或族裔背景（在了解的前提下）、年龄或工龄等方面促进培训多元化。

项目伊始，即应确立小组学习规范，鼓励积极参与，并贯彻尊重与包容的核心理念。无论培训内容多么紧凑，都应考虑在项目初期预留几分钟时间，用以介绍行为规范或指南。

可通过一些微妙而巧妙的方式，进一步增强学习环境的包容性，如要求各小组指定一位平时较少发言的学员进行展示，对每位学员的贡献给予肯定，即便他们非小组主导者，并将这种机制常态化。

DEI 培训不会让任何人掉队

保罗·西诺雷利，顾问，培训师，作者，代表作《利用社交媒体改变世界》

学习培训课程，本意在于深化对 DEI 的认知与实践，却也可能不经意间让学员感受到伤害而非支持。这类培训往往能揭示个体的不足，让人因未能积极促进正向互动与高效合作而背负罪恶感、尴尬乃至抵触情绪，然而，这同样潜藏着转变为积极且具有启发性经历的契机。

两位同事的亲身经历便是这一转化的生动例证，证明了采用恰当的培训策略能够滋养信任、坦诚与合作的精神土壤。

首幕故事，源自一场我亲自策划的多元化培训。培训以 DEI 基础术语的导入拉开序幕，随后，主持人引领我们观看了一段短片。短片以尖锐的快速剪辑与特写开场，一位黑人男性面无表情地直视镜头，背景音乐紧张悬疑，瞬间勾起对犯罪联想的恐惧。旁白缓缓铺陈，隐约指向他与刑事司法的关联，直至片尾，真相揭晓——他竟是一名警察。这一转折激发了深刻而新颖的探讨，让我们反思自身的预设偏见如何阻碍工作与合作的顺畅。会议尾声，主持人意外分享了自己虽不明显却影响职场互动的残疾身份，进一步加深了共鸣。

另一幕，则是我邀请的一位备受推崇的主持人在一家大型公共机构解决跨性别议题——特别是保安人员对洗手间使用权争议的案例。培训前，他提前抵达，以非正式交谈预热氛围。培训伊始，他通过情景模拟引入话题，逐步引导学员分享各自面临的挑战。问题被逐一提出，并得到了积极应对。会议将结束时，他的主持才华赢得满堂彩，帮助学员直面并解决了长期困扰的难题。此刻，他坦诚了自己性别转换经历，至少一位学员表示这次会议改变了他的生活，众多参与者也肯定了主持人循序渐进的引导方式，既理解他们的不适，又指明了改变之道。

我们矢志不渝地追求着：通过每一次培训，改写人生轨迹，留下影响深远的印记，让每个人都能学会如何更加出色地助人与共处，共同编织一个更加和谐包容的世界。

将 DEI 相关理论和技能融入其他人际技能培训

通常而言，DEI 不仅可以而且应当被整合进所有侧重人文关怀的培训项目中，以此强化 DEI 的核心原则，并为参与者提供实践学习及掌握额外技能的宝贵机会。个体的认同视角、核心价值观、信仰以及个人经历等，这些与其社会身份及所处环境紧密相连的维度，深刻影响着我们的相互理解方式和沟通模式。具体体现在以下几个方面：

- **沟通**。我们的身份显著塑造了我们与他人的交流方式及我们对他人沟通的解读。

- **向上管理和非正式影响力**。通过洞察领导者和管理者不同的身份背景，我们能够进行角色互换式的思考，构建信任桥梁，并有效影响他们的决策过程。

- **冲突管理**。最具挑战性和破坏力的冲突往往源于身份认同的差异而非技术性问题。有效管理冲突的关键技能涵盖理解大脑在身份冲突中的反应机制、认识不同的冲突解决策略，以及开展深入对话的能力。

- **反馈机制**。从文化视角出发，个人给予和接收反馈的方式对工作效率和职场关系产生深远影响。理解自己和他人的视角、情感动机及反馈偏好，能够显著提升反馈过程的效果。

- **创新与创造力**。DEI 对于激发创新和创造力至关重要，因为创新文化的基石在于接纳并探讨多元化的观点和想法，创造一个安全的环境，鼓励人们直言不讳，积极参与讨论与辩论。

- **变革管理**。人们对于变化的反应各异，处理组织变革的情感态度也不尽相同。了解并有效应对变革时期不同个体的需求，能够更顺畅地推进过渡，实现可持续的组织转型。

- **团队建设**。团队由各具特色的个体组成，他们拥有不同的身份、动机和需求。在团队中培养信任与和谐氛围，鼓励成员自由展现个性与经历，是构建团队蓬勃发展的基石。

- **客户服务**。客户拥有独特的经历、观点、沟通风格及需求。为了提供优质服务，我们必须意识到自身身份视角及潜在的内隐偏见可能如何影响与客户的沟通方式。

- **领导与管理**。领导、管理及监督技能的培训在推动 DEI 方面扮演着重要角色。各级别的领导或管理培训计划，包括有潜力的领导者及高层管理人员在内，都应强化 DEI 相关的知识与技能。

将 DEI 融入所有人才发展的专业角色

DEI 的融入不仅局限于"人际技能"培训范畴，它在提升各类人才发展专业人士的技能方面同样扮演着至关重要的角色。具体而言，以下几个领域尤为关键：

- **人力资源**。人力资源培训应涵盖全面的知识与技能，旨在有效管控偏见，确保每位员工都能得到公平且包容的对待，并在全公司范围内积极推广 DEI 理念。尽管这一目标在理论上易于阐述，但在实际操作中，人力资源专业人士往往缺乏来自组织内部的支持，难以获取推广 DEI 所需的充分信息。

- **数据分析与决策制定**。即便是在基于数据分析做出决策的过程中，内隐偏见也可能悄然影响最终结果。因此，分析培训内容需强调学员识别并减轻潜在偏见的能力，确保所收集的数据能够充分代表不同群体，并紧密贴合组织的 DEI 目标。

- **项目管理**。项目经理需具备洞察和管理自身在任务分配、职责委派及团队协作过程中可能存在的假设和隐含偏见的能力。同时，他们还需深入了解组织的 DEI 目标，并学会如何将项目管理目标与组织的 DEI 战略相结合，实现更广泛的协同效应。

- **合同与采购**。在合同团队管理、绩效监控、质量控制以及与承包商的交往中，合同与采购专业人士必须意识到自身偏见和假设可能对与承包商的互动产生负面影响。此外，他们还需掌握引导承包商共同参与推动 DEI 的方法与策略。

- **绩效管理**。绩效管理培训同样需要融入 DEI 视角。所有参与绩效管理流程的人员都应学会如何有意识地管理自身假设和偏见，并在员工绩效管理的各个阶段积极促进 DEI，这包括从目标设定、职责委派到监控评估的全过程。

将 DEI 融入所有学习与发展活动

组织拥有多种策略来推广并深化 DEI 的学习目标。通过充分利用这些活动和资源，我们可以进一步将 DEI 融入组织的语言和文化之中。以下是一些具体的实施策略：

- **会议与研讨会**。如果组织定期举办年度盛会，如大型会议或专题研讨会，应将 DEI 设为不可或缺的主题。邀请具有多元化背景的客座演讲者，或组织贴近受众需求的工作坊。在策划这些活动时，应以 DEI 为核心理念，确保演讲嘉宾的多元化，活动地点的便捷性，以及提供满足各类需求的多样性资料。

- **场外拓展与战略规划会议**。将 DEI 设为固定议程，确保不同背景的参与者能够充分融入，无论在时间安排还是地点选择上都要考虑周全。积极鼓励代表性不足的群体发声，贡献他们的智慧。

- **学习管理系统与在线资源**。许多组织通过专用的学习管理系统或内部资源库为员工提供持续学习的机会。应审查这些资源，确保其紧密贴合组织的 DEI 目标，并有意识地为员工提供超出正式培训范围的持续学习内容和提示。例如，利用 LinkedIn 学习平台上的短视频课程，涵盖 DEI 等主题。此外，还可以参考谷歌的免费指南，开发易于实施的"微课程"或"小贴士"电子邮件模板，发送给经理和员工，以强化特定技能的实践，如通过 DEI 小贴士提醒经理在团队和一对一会议中鼓励多元化的观点和想法。

- **通讯、博客与播客**。组织通常会制作各种内容，与内部员工分享，有时也与公众或特定利益相关者分享。在这些通讯中加强 DEI 的宣传力度——不仅要突出多元化的个人和群体，还要深入探讨 DEI 对组织、行业以及服务对象的重要性，传递积极向上的价值观。

最后的思考

随着我们的组织在 DEI 领域持续迈进，人才发展专业人士的角色日益凸显其不可替代的重要性。他们不仅是评估与战略规划的核心参与者，更是引领变革的关键力量，致力于确保通过学习与发展路径，采取一种全面且可持续的方法来深化并强化 DEI 的实践。人才发展专业人士需引领各项努力，推动组织在 DEI 的道路上稳步前行，为构建一个更加多元、公平且包容的工作环境奠定坚实基础。

◆◆◆

作者简介

玛丽亚·莫鲁基安（Maria Morukian），MSM 全球咨询公司总裁，一直致力于组织文化变革和领导力发展，专业领域包括 DEI 和跨文化能力。她与组织合作，将 DEI 融入组织结构。她是 TEDx 演讲者和《福布斯》撰稿人，并且撰写了《培训师的 DEI：在工作场所培养 DEI》。她在美国大学国际服务学院获得了硕士学位并留任教员。她还在密歇根大学获得了组织研究和西班牙语学士学位。她目前与丈夫和两个女儿住在华盛顿特区。

参考文献

Bai, X. , M. R. Ramos, and S. T. Fiske. 2020. "As Diversity Increases, People Para-doxically Perceive Social Groups as More Similar. "*Proceedings of the National Academy of Sciences*, June 9.

Dixon-Fyle, S. , K. Dolan, V. Hunt, and S. Prince. 2020. "Diversity Wins: How In-clusion Matters. "McKinsey & Company, May 19.

Dobbin, F. , and A. Kavel. 2016. "Why Diversity Programs Fail: And What Works Better. "*Harvard Business Review*, July-August.

Frey, W. H. 2020. "The Nation Is Diversifying Even Faster Than Predicted, According to New Census Data. "Brookings, July 1.

Gallup. 2013. *State of the American Workplace: Employee Engagement Insights for U. S. Business Leaders.*

Hanson, M. 2021. "Education Attainment Statistics. "Educationdata. org, June 20.

Hewlett, S. A. , R. Rashid, and L. Sherbin. 2017. "When Employees Think the Boss Is Unfair They're More Likely to Disengage and Leave. "*Harvard Business Review*, August 1.

Jones, J. M. 2021. "LGBT Identification Rises to 5. 6% in Latest U. S. Estimate. "

Gallup, February 24.

Morukian, M. 2022. *Diversity, Equity, and Inclusion for Trainers: Fostering DEI in the Workplace*. Alexandria, VA: ATD Press.

Page, S. E. 2008. *The Difference: How the Power of Diversity Creates Better Groups, Firms, Schools, and Societies*. Princeton: Princeton University Press.

Poushter, J. , and J. Fetterolf. 2019. "A Changing World: Global Views on Diversity, Gender Equality, Family Life and the Importance of Religion. "Pew Research Center, April 22.

Rock, D. , and H. Grant. 2016. "Why Diverse Teams Are Smarter. "*Harvard Business Review*, November 4.

Stillman, J. 2017. "Google's Tiny Secret for Actually Impactful Employee Training Want People toActually Change Their Behavior Based on Your Training? Then Make It Way Smaller. "Inc. , December 21.

U. S. Bureau of Labor Statistics. 2021. "Labor Force Statistics From the Current Population Survey. "BLS, last modified January 22.

📖 延伸阅读

Livingston, R. 2021. *The Conversation: How Seeking and Speaking the Truth about Racism can Radically Transform Individuals and Organizations*. New York: Penguin Random House.

Morukian, M. 2022. *Diversity, Equity, and Inclusion for Trainers: Fostering DEI in the Workplace*. Alexandria, VA: ATD Press.

Parker, P. 2018. *The Art of Gathering: How We Meet and Why It Matters*. New York: Riverhead Books.

Winters, M. −F. 2020. *Inclusive Conversations: Fostering Equity, Empathy, and Belonging across Differences*. Oakland: Berrett−Koehler.

第33章　数字时代对人才发展专业人士的要求

亚历克斯·亚当普洛斯

为了融入新的虚拟现实环境，我们需要迅速调整策略以适应市场需求，首要任务就是学习并采用新的工作方式，从而拉近培训师与技术的距离。

📖 本章要点

△　采用工作本位学习原则，适应现代工作模式。

△　制定高效流程和操作方法，打造灵活精益的学习和工作模式，以适应数字时代对速度和规模的要求。

△　加强组织内部的沟通、协作与协调，激发员工的持续学习热情。

我们当前所处的数字时代，再次突显了人才发展领域长期以来所遇到的挑战。其中最为关键的是，如何加速个人与团队的学习进程，使他们能够灵活应对不断变化的环境。

众多企业迅速觉醒，意识到灵活多变的工作模式与快速响应的决策机制，对于维持增长动力和确保产品服务的持续供应具有举足轻重的作用。这些宝贵的进步成果，企业自然不愿舍弃，更不愿退回原有的状态。举例来说，更快的决策效率、明确的组织新使命、以人为本的核心理念以及企业责任感的切实展现等，都日益凸显出其重要性。同时，为了弥补人才短缺问题，对技能提升和再培训的需求也在持续攀升。

在这个充满变数的时代，每个组织都急需一套经过更新优化的工作原则，并通过实际行动和能力来践行这些原则。同时，面对工作规范可能受到的干扰，组织还需具备全局协调能力，确保有条不紊地应用这些原则。如今，我们比以往任何时候都更加需要确保自己掌握正确的技能和能力，以便迅速部署并充分利用技术来扩大市场份额、提高收入并增强盈利能力。

虽然这些商业理念听起来很有道理，但关键在于如何将其转化为既实用又易于理解和应用的内容。因此，我们可以从改进教学方式和学习方式入手，摒弃陈规陋习。工作本位学习为我们提供了一个绝佳契机，让我们能够彻底改变帮助他人理解和应用新技能的方式。

什么是工作本位学习

颇具讽刺意味的是，有些我们在日常生活中自然而然就懂的事情，一到职场培训中反而被遗忘了。例如，如果你想提高演讲能力，老板可能让你去参加一天的培训课程，或者你可能上网寻找一些小技巧。这两种方法确实都有一定的作用，但效果远远不如在同事面前实际演练，或者频繁地进行演讲来得直接。

如果我们想学习新技能，而这些技能又能从根本上改变我们的工作方式，那么通过实践来学习就显得尤为合理了。

在工作本位学习模式下，培训师会先向学员介绍相关的原理和概念，随后让学员通过一系列活动立即将这些知识付诸应用。这些结构化的活动为学员提供了一个安全的支持性环境，让他们大胆尝试、练习，并对结果进行评估，然后再进入下一个阶段。这种模式之所以有效，是因为它是根据学员自身的独特情况量身定制的。此外，由于你和同事都在处理真实项目，工作本位学习模式还可以让整个团队共享学习经验。这种学习模式被描述为一种元能力，即不是简单地获取知识，而是学会如何学习。

回想一下我们过去是如何开展培训的。大多数情况下，培训都是在教室或会议室里进行的。尽管现在有了创新实验室和各种大师班，可以让人们进行互动、开展活动和游戏来促进技能传授，但学习仍然局限于教室之内。现在，让我们来看看一个已经存在了一段时间并基于创新领导力中心四十多年研究的框架：70-20-10 框架（见图 33-1）。

70-20-10 框架

70-20-10 框架强调了在日常工作中为员工提供支持的重要性，同时，它还提供了远程辅导和指导的能力，以支持在线培训。

为什么如今这一框架的重要性日益凸显？事实上，大多数学习是在工作中完

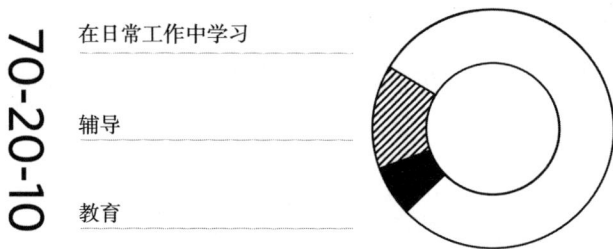

图 33-1　70-20-10 框架

成的，单纯的课堂培训是远远不够的。因此，为了满足客户需求，采用更加灵活和个性化的方式（如远程方式）进行教学变得至关重要，这并不奇怪。

　　经验丰富的培训师深知，即使在正常时期，许多团队也是在一起工作的。实际上，多年来，团队和培训师一直在适应现实世界的情况，为分布式交付、离岸或近岸交付以及跨国公司提供支持。新冠疫情的暴发则进一步证明这一点。工作本位学习通过将重点放在团队的工作内容和目标上，使学习变得更加灵活，并且已经证明，远程学习的效果与面授学习一样好。

　　在和企业紧密合作的多年里，我们观察到了一些相似的模式。我们利用这些观察结果，通过一系列成果导向的学习模块、精选的在线课程以及基于角色的教育路径，为学员提供定制化的学习体验，这些知识和路径会随着时间推移而得到应用。

　　如果你是企业领导者或人力资源专家，那么在充满不确定性的时期，你最关心的问题之一可能是如何保持员工的高昂士气，同时寻找能够促进更好沟通、协作和协调的方法和工具。

比较培训和工作本位学习

　　工作本位学习理念已经存在几十年，它一直受到学术界的深入分析和众多企业的采纳。随着人们对传统培训效果欠佳或难以量化的失望情绪日益加深，工作本位学习方法正逐渐崭露头角。这一点至关重要，因为我们都知道，提升员工的技能是我们取得成功的关键。根据美国人力资源管理协会于 2019 年发布的《全球技能短缺》报告，83% 的受访企业在过去 12 个月里难以招募到合适的候选人，超过三分之一的受访企业表示申请者的整体素质有所下降。另有 45% 的受访企业表示，特定职位的申请者质量出现下滑。

工作本位学习为员工技能提升提供了一个成本效益更高的宝贵途径。然而，我们必须明确一点，这并非单纯为了降低成本而设计的电子化学习方案。那些依赖网络研讨会、汇报展示以及数字内容的虚拟课堂，尽管在某些方面试图革新传统培训模式，却仍然面临着与传统培训相似的局限性。诚然，减少转型成本是工作本位学习的一大优势，但其真正的价值在于能够有效提升效果。（见表33-1）

表33-1　传统培训的不足与工作本位学习的优势

传统培训的不足	工作本位学习的优势
<ul><li>培训通常以固定的方式向集体传授，因此包含一些与实际情况不相关的内容。</li><li>人们很难一次性吸收大量的新信息和新知识，这可能让人不知所措，因此很快就会被遗忘。</li><li>在教室里保持专注和精力集中是一件困难的事情。</li><li>培训可能变成一种走过场的形式，而不是提升能力的机会。</li><li>由于培训项目的名额有限，因此知识主要集中在少数员工身上，而不是整个团队。</li><li>培训专业人员通常缺乏特定主题的专业知识和可信度。</li><li>很少使用客观的结果或业务价值来衡量培训的有效性。</li><li>培训侧重于那些很快会过时的事实或工具，而不是批判性思维。</li><li>由于需要实体场地、交通、培训师以及相关材料，成本通常非常高</li></ul>	<ul><li>互动活动要求员工在正常团队中参与真实项目，这样员工可以立即应用所学知识，并在实践过程中进行调整。</li><li>这种经历能够立即产生价值。即使员工不能立即完美掌握新技能，也会有所提升。此外，如果发现某种做法对组织不适用，那么这也是一种有价值的发现。</li><li>由于员工会立即运用所学知识，因此知识保留率会大幅提高。</li><li>员工可以按照自己的节奏学习，这通常是由团队需求驱动的，是一种即时获取知识的方式。</li><li>知识在团队中传播得更广，而不是集中在某个人身上。</li><li>资格认证是可选的，但它们与走过场截然不同，因为所有任务都需要在真实项目上完成。它们侧重于从过程中积累学习经验，而不是测试你对理论解决方案的记忆程度。</li><li>培训成本大幅降低</li></ul>

敏捷的工作方式关乎心态而非方法

当谈及精益与敏捷时，众多评论家和专家都不遗余力地强调，这两者更多体现为一种思维方式，而非单纯的方法论。（见表33-2）

表 33-2 敏捷和精益

敏捷和精益能够：	敏捷和精益并非：
<ul><li>为整个组织提供哲学指导。</li><li>促进团队合作，赋予员工权利。</li><li>以客户为中心。</li><li>推动持续改进</li></ul>	<ul><li>一套实施工具。</li><li>成功的秘诀。</li><li>特定管理流程</li></ul>

表 33-2 揭示了一个至关重要的信息：如果连"如何制作 Excel 图表"这样具体的内容都难以通过传统培训课程有效传授，那么想要传授那些旨在彻底改变我们软件开发方式的哲学理念，其难度可想而知。精益与敏捷理念绝非一次性培训课程所能涵盖，无论这些课程的时间长短如何。许多组织会选择聘请教练和导师来协助实施这些理念，但这不仅成本高昂，而且错误地将组织成功的责任转移到核心团队之外的人员身上。

"敏捷"这一概念首次出现是在《敏捷宣言》中，该宣言清晰地表明："我们通过亲身实践敏捷，并助力他人实践，不断探寻更优秀的软件开发路径。"工作本位学习的核心在于，我们在实践中学习，在实践中发现。"敏捷"一词本身就凸显了它所珍视的能力——应对变化、适应环境并持续进化的能力。因此，任何敏捷课程都应着重于原则的传授，而非仅仅教授工具或具体方法。举例来说，理解我们为何选择增量交付（选择这种方式的根本原因），远比掌握如何编写用户故事、迭代周期应持续多久等具体操作细节更为重要。

诗人鲁迪亚德·吉卜林曾在一首诗中描绘孩子无尽的好奇心，概括了探索精神所需的态度：

> 一百万个"怎么"，两百万个"哪里"，还有七百万个"为什么"！

作为培训领域长期以来的主要推动者和受益者，英国政府对培训中存在的挑战与机遇有着深刻的认识，这似乎也在情理之中。

据预测，转向在线学习之后，仅就公务员培训一项每年就可为政府节省经费高达 9000 万英镑（折合超过 1.23 亿美元）。其中，英国税务海关总署在推动员工参与电子化学习方面尤为突出。然而，国家审计署指出，仍有很大的提升空间。国家审计署希望英国税务海关总署在技能培训方面的投入能够与其整体业务目标紧密挂钩。遗憾的是，最终仅有 38% 的员工认为培训提高了他们的工作业绩。

这也就解释了为什么工作本位学习仍是最受青睐的方式。因为员工能够在解决实际工作问题的过程中培养技能，有助于员工和管理者评估培训对业务的影响。虽然没有任何培训能够确保成功，但工作本位学习强调对实际成果的评估，并且能在工作中自然地促进技能发展。

如今，市场上涌现出了许多优秀的工具，旨在帮助人才发展专业人士找到新的工作方式。其中，Emergn 公司推出的 VFQ［价值（Value）、流程（Flow）、质量（Quality）］就是基于敏捷和精益原则的工作本位学习项目的一个例子。VFQ 既全面又实用，对工作场所中可立即实施的解决方案进行了深入剖析。课程涵盖了 Scrum、Kanban 和 XP 等流行方法论背后的理念和原则。它首先向团队提出 12 个基于 VFQ 原则的问题，旨在帮助团队迅速明确最需要改进的领域。

积极的学员是最有效的合作者

那么，数字素养与激励员工之间有什么关系呢？新闻报道与统计数据频频揭示，众多数字化转型项目未能如愿以偿，新技术的应用效果也未能达到组织的预期。这背后的原因，往往与员工对变革的认知不足，以及对自己在变革中角色和适应能力的不确定密切相关，这些因素共同成为阻碍项目成功的绊脚石。

随着远程工作与学习的浪潮席卷而来，商业领袖、人力资源专家以及人才发展专业人士开始担忧员工的动机与生产力水平。在分散的工作环境中，员工难以保持紧密的互动与联系，专注度也大幅下降。沟通、协作与协调的难度倍增，尤其是缺乏自然与非正式的交流机会，使得团队效率大打折扣。

面对这一挑战，我们该如何应对，才能做得更好呢？尽管远程培训与学习正蓬勃发展，受到了前所未有的关注，但研究表明，新冠疫情对我们的心理与生理健康产生了深远的影响，尤其是在财富、身心健康方面。因此，人才发展专业人士的首要任务应当是激励员工采取更有效的沟通与协作方式。

积极性高涨的员工或团队往往能更迅速地吸纳新知，也更有潜力引领组织迈向成功。不过，由于每个人的内在动机不同，所以很难进行操作。因此，人才发展专业人士工作的重点不应是激励某个单一行为或某个员工，而应全面审视影响员工表现的多元因素，探究这些因素是如何助力或制约个人绩效的。通过点燃员工内心的火种——我们内心深处那份为有价值的事业贡献力量的深切愿望——我们可以为企业源源不断地注入活力与创新能力。

关键考虑因素：

- 工作是我们实现自我价值、实现伟大目标的重要途径。

- 对目标的强烈动机和承诺能够激发我们的潜能，让我们超越自我，为整个组织带来利益。

- 扪心自问：人们是否有适合高效学习的工作环境？他们是否拥有正确的工具？

- 日程安排是否切实可行？我们都在努力适应新的虚拟现实环境，要确保合理安排时间，使个人的学习能力最大化，免受干扰。

- 明确责任分工和问责机制。

- 如果动机不足的主要原因是个人因素，在提供帮助时要保持敏感——一旦恢复，个人的承诺和忠诚度将会提升。

- 针对需要培训与发展的个人，探索多元化的培训内容。

在数字化生态系统中，随着对员工技能与能力要求的不断提升，通过团队沟通、协作与协调来提供支持显得至关重要。

我们都被期望成为优秀的团队成员，但我们也深知合作并非易事。合作的障碍多种多样，包括认知差异、沟通障碍、信任缺失以及目标不一致等。在采取应对措施之前，我们需要深入思考哪些障碍在特定个体或团队中最为突出。因为克服这些障碍需要提高意识、投入资源并付出努力，因此明确优先关注点至关重要。

总体而言，虽然指挥与控制式管理在协调大型团队活动、明确决策者和沟通渠道方面具有一定优势，能够降低沟通、协作与协调的管理需求，但在复杂多变的情境中，这种方法往往显得力不从心。我们需要寻找更加灵活、适应性更强的管理方式，激发员工的内在动机，促进团队合作与成功。

协作的障碍

- 我们常常见到这样的场景：管理者不愿采纳下属（哪怕是一线人员）的意见或解决方案。同样，一些极富创意的新方案也可能仅仅因为出自"高薪顾问"或其他外来者之手而被忽视。团队往往会掩盖问题，因为他们不想显得能力不足或担心奖金受到影响。而有时候，我们只顾着操心自己的事儿，压根儿没想过找人帮忙，于是干脆就不跟别人交流了。

- 在这种情况下，即便别人开口求助，人们也会故意回避。这话听起来有点夸张，但在那些部门或团队为了争夺资源和地位而相互较劲的公司里，这种态度其实并不少见。当然，这也不一定是出于恶意。例如，你正在和另一组人竞争项目资金，你或许喜欢他们，但现在你得明确表态，他们那个疯狂的增强现实项目和你的精彩项目比起来，既模糊又冒险。

- 公司规模越大，业务部门分布得就越广；信息量越大，处理起来就越棘手。我们常常给人们提供工具来帮助他们查找或接收信息，结果却让他们感到应接不暇。

- 当有新成员加入团队时，你需要帮助他们学习各种东西。但问题是，他们需要的很多知识并不容易传授。这属于隐性知识，是通过多年的实践和共同的经历逐渐积累起来的一种理解。很多人会落入这样一个陷阱：他们抱怨说"哦，我自己做会更快"，于是从未尝试传授自己所知的内容。

另一个与之截然不同的风格是鼓励团队或部门内部成员拥有高度自主权，但这样的做法同样可能带来诸多麻烦。如果每个"自我组织"的团队都按照自己的方式制定流程、工作方法和实践规范，而这些又各不相同、无法匹配，那么就可能导致混乱，进而造成巨大的协调失误，这对优化业务运作和提升其价值创造能力都是极其不利的。一个统一的流程、术语以及一套工具或指标，能够帮助避免这些协调上的失误。

图33-2展示了学习的四个核心领域，它们与本章所讨论的内容紧密相关。对于大多数培训师和学员来说，他们通常会将重点放在前两个领域上，但要最大化学习效果，并帮助人们迅速适应眼前的变革，还离不开后两个领域的支持。那么，这一切对于人才发展专业人士而言为何如此重要呢？原因在于，如果他们在

开展现代技术和数字战略方面的工作时没有充分考虑到行为和心态的微妙差异，那么这些信息就无法真正深入人心。

基于技能	实践评估	文化与心态	态度
侧重于培养所需的技能，而非仅仅进行基于角色的培训	基于实际工作的学习能够带来即时且持久的好处	挑战传统思维，赋予人们更多的力量	建立更加紧密的协作关系和社区意识

图 33-2 学习的四个核心领域

另一种看待这个问题的角度是，对比许多组织在学习和变革方面所采取的固定方法与探索方法。表 33-3 对这两种方法进行了比较，并清晰地显示出，与过去十年相比，右侧一栏所代表的方法现在具有更大的影响力。大多数现代框架和方法论在开发新产品、服务和软件时，都以发现的心态为基础。将新想法转化为现实需要应对许多复杂的因素，这要求我们采取新的工作方式、团队领导方式和风险缓解策略。

表 33-3 学习的两种方法：固定与探索

固定	探索
• 方法论导向。	• 结果导向。
• 遵循现有标准。	• 考虑情境。
• 优化孤岛和职能。	• 透明和协作。
• 围绕专长组织。	• 组建跨职能团队。
• 遵循既定的工作流程。	• 持续改进工作流程。
• 以解决方案为中心。	• 以客户为中心。
• 抵制标准变化。	• 拥抱变化。
• 按指示行事。	• 挑战现状。
• 按期交付。	• 实验、发明和创造。
• 计划驱动且固定	• 发现与成长

我们通常按照表格左侧一栏所示的固定方法来构建组织和开展工作。我们习惯于制定标准，并确保始终遵循这些标准。但在任务开始之前，我们往往只关注

于需要做什么、何时做以及如何做，却容易忽视了一个非常重要的环节：沟通我们为什么要做这件事，以及我们希望最终能够达到什么样的结果。

在当今这个快速变化的时代，工作需要我们不断适应外界的变化。过去的标准可能已经过时，不再适用。现在，我们需要与过去可能没有合作过的部门（如IT 部门或采购部门）携手并肩，共同作为一个团队来开展工作。

让学习成果持久化

那么，作为人才发展专业人士，我们如何融入正确的原则，以确保学习成果持久呢？总结来说，我建议重点关注以下三个核心原则和三个关键实践，这些都可以利用本章前文分享的 VFQ 知识体系来实现。

- **核心原则**
  - 尽早且频繁地创造价值。将工作细化，以便更好地确定优先级、管理风险与回报、获取真实反馈，并更快地为客户带来价值与创新。反过来，这也能让你更快地创造和交付价值。
  - 优化端到端流程。通过审视整个价值流，消除浪费，提高端到端工作实践的效率和有效性，从而改善整体价值流动。
  - 利用快速反馈提升质量。在产品开发的各个阶段融入快速获取反馈并改进产品的能力，公司就能交付客户所需的优质产品，同时注重产品的简洁性和可用性。
- **关键实践**
  - 实验是理解我们自身环境和世界的核心。通过实验，我们可以发现自身价值，找出最有效的工作组织方式，获得必要的反馈，从而做出正确决策。
  - 明确价值定义。这有助于我们确保自己专注解决用户需求问题，并确保这些需求值得我们付出努力。
  - 实现可视化。由于我们的大部分工作都是隐性的，而且交流太少且距离太远，因此可视化变得尤为重要。它将帮助我们进行更有效的交流、促进更多协作，并确保我们的工作对团队来说是清晰可见的。

遵循这些原则和实践，学员能够体会到我们所传授的关键优势，这些优势对于任何数字化推广与变革项目都至关重要。具体优势包括：

- **降低依赖性**。组织的成功离不开员工的技能与能力。推动他们快速学习并采用现代实践方法，同时减少对外部培训与咨询的长期依赖。只需获取必要的帮助，其余部分由团队自主完成。

- **提升掌控力**。你的工作方式将直接影响组织的成效与结果。将原则与实践恰当结合，将帮助你找到最适合的方法，以加速和控制业务成果。

- **优化决策**。决策方式在很大程度上塑造了企业文化。采用最有效的方法与技巧，将使组织能够更好地优化创新，并迅速将最有价值的想法推向市场。

- **具备可扩展性**。在组织转型的关键阶段，确保每位员工都能获得必要的支持是极为关键的。我们必须防止培训资源分配不均，避免一些人获得过多的培训，而另一些人几乎得不到培训。同时，这种支持还需要具备成本效益，且其覆盖范围应当灵活扩展。借助多元化的交付机制，我们能够支持各种规模和位于不同地点的公司。这样一来，我们可以实现多重目标的平衡，即在深度学习项目、按需学习材料、自学资源之间找到恰当的平衡点，同时注重在不同地点和角色中培养内部教练和培训师的能力。而且，所有这些都能在确保预算范围的前提下实现。

最后的思考

正如管理大师彼得·德鲁克所言："文化会把战略当早餐吃掉。"因此，让我们铭记于心，无论内容与培训多么精良，唯有促使人们转变工作思维，方能真正为学员及其所属组织带来最佳成效。

作者简介

亚历克斯·亚当普洛斯（Alex Adamopoulos）在科技产品与服务领域精耕细作 30 余载。2009 年，他创立了 Emergn 公司，并在众多全球知名企业、顾问委员会和思想领袖项目中担任过领导职务，收获颇丰。他深信，要将价值观转化为具体行动，首先要关爱人才并对其进行投资。他的工作经历让他得以向业界和生活中最出色的领导者学习，尤其专注于打造高效团队，以及助力人才发挥最大潜能。如需联系他，请发送邮件至 alex@ emergn. com。

📑 参考文献

Lombardo, M. M. , and R. W. Eichinger. 1996. *The Career Architect Development Planner*, 1st ed. Minneapolis: Lominger.

📖 延伸阅读

Adamopoulos, A. 2018. "Five Mindset Shifts to Get the Most Value From Your Organization. "Forbes, August 20.

Adamopoulos, A. 2021. "You Upgrade Your Technology, So Why Not Upskill Your IT Staff?"Forbes, June 1.

Angelo-Eadie, S. n. d. "Why VFQ Develops a Growth Mindset. "Emergn.

Seggebruch, A. , M. Alter, and R. Webb. 2020. "Scaling Transformative Businesses. " *The Emerging World of Work*. Emergn Podcast, Season 2, Episode 12.

SHRM. 2019. *The Global Skills Shortage: Bridging the Talent Gap With Education, Training and Sourcing*. Alexandria, VA: Society for Human Resource Management.

06

第六部分
人才发展专业人士的
角色拓展

名家视角　未来成真：展望未来，重塑人才发展新定位

基莫·基彭

近年来，人才发展领域迎来了显著变革。技术日新月异，深刻改变着人们的工作与生活模式。在这场变革浪潮中，人工智能、机器人技术和自动化成为引领力量，正逐渐渗透至各行各业，取代人力劳动的趋势愈发明显。面对这一形势，人才发展专业人士责无旁贷，既要不断提升自身技能，也要积极促进员工技能升级，最大限度地为所在组织创造成功机遇。

再者，人才发展领域的角色数量不断增多，类型不断演变。随着各行业对高技能或专门技能人才需求的不断攀升，人才发展部门负责人需采取更加富有战略性、全局性的策略。他们要依靠精准的人才战略蓝图，预先洞察业务未来走向，确保企业在关键时刻拥有足够且技能匹配的人才，这对于企业的成功与持续发展来说，具有举足轻重的意义。

当前，企业对于提供培训及强化职业导向教育的需求，比以往任何时候都要迫切，旨在营造一个鼓励终身学习的文化氛围。这一文化的构建，实则是企业的一项战略决策，其重要性不言而喻，因为这促使我们重新审视并明确对人才及其成长的态度。我的脑海中至今保留着一段深刻记忆，那是与一位上级共同参与的一次高级领导人才评估讨论。会议尾声，他分享了自己的观点，认为每一次与领导的交流，都是一次评估与了解的宝贵机会。我对这一看法表示赞同，同时，我也提出了自己的观点，认为这样的互动不仅是对被评估者的考验，也是领导自身成长和提升的契机。上级听后回应说，一个有效的评估机制能帮我们发掘并吸引如"迈克尔·乔丹"般的杰出人才。我对这一点深表赞同，但紧接着，我提出了一种新人才观。我以高尔夫界的传奇人物泰格·伍兹为例，问道：泰格·伍兹

是何时开始接触高尔夫的？在他成长的过程中，是谁对他高尔夫才能的启蒙和塑造起到了关键作用？答案不言而喻：泰格·伍兹自幼年起，便与高尔夫结下了不解之缘。而他的父亲，则是他成长道路上不可或缺的导师。他父亲用日复一日的耐心指导与鼓励，为他提供了宝贵的比赛技巧改进建议。因此我认为，成功的秘诀，在于二者的完美融合——既要建立一套科学有效的评估体系，又需要制定个性化的培养计划。在那次与上级的对话中，他着重强调了评估的重要性。这一次意义非凡的交流，至今仍清晰地刻在我的记忆里。

我对未来满怀憧憬。这无疑是投身人才发展的黄金时期，我愿将其比作我们职业生涯中的"光辉岁月"，其核心聚焦于员工及其体验。自初涉管理领域起，我便深信，唯有真诚地关怀员工，方能激发他们以同样的热情去对待客户。这一信念犹如一条主线，引领我走过整个酒店行业的职业生涯。我的历任上级总是不遗余力地强调，员工关怀是成功的关键。只有当员工感到快乐、安全、自信，接受了完备的培训，并配备了必要的工具时，他们才能提供卓越的客户服务。而优质的客户服务，又会增强客户的忠诚度和满意度，从而推动业务的稳步发展，吸引更多客户的青睐。那么，作为管理者，我们该如何达成这一目标呢？关键在于营造一个充满心理安全感、归属感和包容性的工作环境。这样的文化氛围能够激发员工责任感，培养他们的自我管理意识，让他们意识到，自身成长与职业发展完全掌握在自己手中。在这一过程中，人才发展部门的作用举足轻重。这一部门凭借专业的辅导、指导和卓越的领导力，帮助管理者成长为人才培养的佼佼者。

在商业领域，有效利用他人力量来推动事务进展，并达成预期成果，是成功的另一大法宝。而与团队合作，则如同维持组织活力与繁荣不可或缺的"润滑剂"。回想职业生涯早期，我曾参与了一场别开生面的培训，那是一场名为"鹰与鸽"的模拟游戏。在这个游戏中，参与者需在紧迫的时间限制内，通过买卖（甚至偷窃）武器来赚取尽可能多的积分，而这里的积分，象征着财富。需要说明的是，这是很久以前的事，当时人们的敏感度与现在有所不同。我们团队倾尽全力，只为从其他团队手中夺得积分。然而，遗憾的是，我们当时并未意识到，如果我们能通力合作，就能更高效地"玩转"游戏规则，收获更多积分。直到游戏尘埃落定，大家一起坐下来审视成果时，才恍然大悟团队协作的意义。这次经历对我而言，是一次深刻的洗礼。当我静下心来反思自己的行为时，我逐渐领悟到，要想在团队中发光发热，首先要建立深厚的信任，学会宽容以待，并不断修炼自我认知。

身为管理者，我最为珍视的一段经历，便是能与一位杰出的领导者共事，并从中受益良多。在我的职业生涯中，曾遇到一位极为严厉的老板，或许是我迄今为止遇到过的最严苛的上级。他总是不断鞭策着我挑战自我，追求更高的成就，但从不曾针对我个人有过半句苛责。他总是将注意力集中在工作上，思考如何带领整个部门更好地服务于我们的客户与员工。他让我深切地领悟到"长远眼光"的至关重要——生活与工作，更像一场考验耐力的马拉松，而非一场追求速度的短跑，每个人的步伐节奏都不尽相同。记得有一年，在制定预算的关键时期，我们面临着时间紧迫的巨大挑战。我鼓起勇气，向老板提出，希望他能牺牲周末的时间来办公室一趟，给予我一些宝贵的反馈和指导，确保预算按时顺利完成。他爽快地答应，并在周六与我会面，共同与我完成了这项任务。然而，在会议结束之际，老板却以温和亲切的语气告诉我，他希望以后尽量避免这样的情况发生。他语重心长地说，要学会更好地规划自己的"马拉松之路"，不要因一时紧迫，而将他人也牵扯进自己的"短跑"之中。他强调道，我们在生活中，都要找到一个让自己感到舒适的平衡点，学会提前规划，保持高度自律。

现如今，我们的工作越来越依赖远程协作，因此，良好的协作能力和高效的虚拟团队建设，便显得尤为重要。在虚拟工作环境中，协作确实不易实现，因为在分散的网络里顺畅合作，具有一定挑战性。在日复一日的 Zoom 会议中，我深刻感受到，要想达成目标，必须严格管理时间，设定明确目标。事情不会自动完成，得靠我们主动推动。与此同时，还需精心规划，细心组织。每周，我都会主持多场虚拟会议。我发现，在远程工作模式下，定期安排会议并提前分享议程，是至关重要的。在议程中，我会设计一些引导性问题，鼓励大家积极参与，提升会议效率。同时，我也清楚，会议不应局限于既定议程，还需预留自由讨论的时间，这样大家才有机会倾听、分享并协作。此外，利用技术平台也非常有利，不仅方便我们协同工作、实时共享文档，还能随时保持沟通。

当你展望未来，憧憬着晋升与成功的自己时，不妨将自己设想为一名内部顾问。在传统意义上，顾问是企业聘请的专业人士，他们负责评估当前状况，制定可行策略，推动变革并提升组织绩效。当你以内部顾问的视角审视自己时，便能运用同样的逻辑和思维方式为部门和上级创造更多价值。那么，到底什么样的内部顾问才称得上出色呢？或许，最关键的品质，就是他们卓越的工作能力。这意味着，他们总能主动寻找机会，不局限于日常工作范畴，展现出自己如何为组织带来更大价值。

你的职业生涯，如同一件艺术作品，可以改写你的人生轨迹，带你邂逅令人惊叹的机遇与经历。回想我的职业生涯早期，我曾站在人生的十字路口：是坚守那份稳定且前途光明的工作，还是去往世界各地，追寻充满挑战而激动人心的全新机遇？

我反复思考，权衡再三，最终，一个念头在我心中回响：如果与这次放手一搏的机会擦肩而过，我会不会后悔？答案，几乎是脱口而出——会，而且会是一生的遗憾。于是，我毅然决然地跨越重洋，来到了一个语言全然陌生的国度，开启了一段前所未有的职业探险。而这段经历，悄然成为我人生画卷上最为绚烂夺目的一笔。这段经历深刻地启示了我：只要勇于踏出冒险的一步，坚持不懈地努力，保持一颗终身求学的心，人人都有能力书写属于自己的辉煌篇章。因为，在这个潜能无限的世界里，一切皆有可能。

衷心祝愿你的生活一切顺遂，身体健康，事业成功，平安喜乐，还有最重要的一点，让爱围绕在你身边。愿你以一颗热忱之心，尽情享受每一天！

作者简介

基莫·基彭（Kimo Kippen），一位夏威夷本地人，目前于波兰华沙与夏威夷檀香山两地间往返居住。他是一位思想领袖、演讲家与学习倡导者，曾任希尔顿和万豪酒店的高级管理人员。2015年，他荣获《首席学习官》杂志评选的"年度首席学习官"称号。早在2007年，他便担任了ATD董事会主席一职，还曾担任APIA学者基金会主席、人才报告中心与CTDO Next董事会成员、美国成人教育与学习中心顾问委员会成员、国防采购大学首席学习官顾问，以及战略教育公司、Gnowbe、罗切斯特理工学院、全球行动学习研究所和GP

Strategies 等多家机构的顾问委员会成员。他目前是美国会议委员会人才与组织发展执行委员会和欧洲学习与发展委员会的项目总监。此外，他还在美国天主教大学和乔治梅森大学担任兼职教授和顾问。在学术背景方面，他持有罗切斯特理工学院硕士学位和夏威夷大学学士学位，并完成了克利夫兰格式塔研究所研究生课程。

第 34 章　构建组织学习技术生态系统

杰迪·迪伦

技术无疑是每个组织人才发展战略中不可或缺的一环。想象一下，你可能身处一个 300 人的团队，肩负着为遍布全球的 40 万名员工提供技术支持的重任；又或者，你仅凭一己之力，作为强大的学习与发展团队的核心，为 200 人的企业保驾护航。在这两种情况下，选择恰当的技术，无论是软件还是硬件技术，都是至关重要的。这些技术是为组织配备的得力助手，确保组织拥有日常高效工作所需的工具与资源。

本章要点

△　将现代学习理念融入数字学习策略。

△　构建以角色为核心的学习技术生态系统。

△　评估学习技术投资的价值。

学习技术正以崭新的姿态，为学习与发展部门解决诸多常见难题提供强大助力。为了充分发掘这些技术的潜力，确保投资获得可观的回报，我们必须在技术选型与应用策略上精心策划。须知，即便最顶尖的工具，如果未能妥善运用，也只能带来平平无奇的效果。此外，技术日新月异，我们既要敏锐捕捉数字市场的最新动态，又要时刻关注并评估技术生态系统所发挥的实际效能。总而言之，构建一个理想的学习技术生态系统，并确保其有效实施与持续维护，离不开持之以恒的努力、灵活多变的创造力、紧密无间的团队协作，以及矢志不渝地提升团队数字技能的决心。

数字学习思维

构建一个高效且有影响力的学习技术生态系统，并非从单纯的技术引进开始，而是源于思维的革新。整个组织，尤其是那些在技术决策中起到关键作用的合作伙伴，需要就学习技术的真正目的及其核心价值达成共识。我们不能仅仅因为一个工具新颖、创新，或者它在别处取得了成功，就盲目地采用它。相反，学习技术生态系统的每一个组成部分都应当在学习策略中占据一席之地，要能够明确且有效地提供用户所需的现代学习要素。

成功实施现代学习生态系统，需要做到以下几点：

- **及时、一致且可靠的沟通。** 如果想让员工在工作中取得佳绩，他们就必须掌握最新资讯。鉴于工作场所和社会变革的加速发展，组织应将沟通与知识共享视为现代学习生态系统的核心要素，并将其置于战略首位。

- **核心工作知识与技能培训。** 每位员工都需要接受针对其岗位职责基础的有效培训，以及日常所需应用的知识与技能培训。此类培训需紧密贴合员工个人的学习进程，助力他们迅速弥补知识与技能上的不足，确保每日工作都能发挥最佳水平。

- **按需获取绩效支持。** 每位员工都应知晓如何在必要时寻求帮助。对于初入职场或尚未掌握解决问题方法的员工，或者面临特殊挑战需外界协助的员工，一个可靠的绩效支持平台至关重要。

- **持续的实用指导与反馈。** 在持续的指导过程中，每位员工都渴望得到及时且切实可行的反馈。这些宝贵的反馈可能来自管理者、同事、培训师，或者其他在日常工作中能够给予指导的指定人员。他们将协助员工认清自己的长处，并挖掘潜在的发展空间。

- **持续的实践与强化。** 每位员工都应获得机会来不断精进自己的知识与技能，确保在关键时刻从容应对。因此，需要在日常工作流程中合理安排时间，让员工能够在安全无忧的环境中，通过实际操作进行学习和提升。

- **新技能的开发与应用机会。** 每位员工都应把握机会，参与到有助于他们为学习之路的下一步做好铺垫的活动和资源中，进而积累日后所需的知识，提升相应的技能。

面对这些核心学习与发展需求，各个组织会采用不同工具和策略予以应对。无论所属行业、目标受众或战略方向如何，一个契合需求的学习技术生态系统，都必须包含实现上述活动所需的各项要素。

应用学习技术的七个理由

市场中技术选项繁多，涵盖了学习管理系统、学习体验平台、学习内容管理系统、创作工具、虚拟现实、增强现实、虚拟教室、社交平台和微学习工具等众多选项。

每个组织都独具特色，同一工具可能在不同组织中的效用截然不同。与此同时，平台技术正日新月异，不断演进。原本专注于课程管理和交付的学习管理系统，如今可能已吸纳了学习体验平台的功能，如内容策展与聚合，这导致各类平台间的界限变得模糊不清，为选择合适工具增添了难度。另外，我们还需要对"单一平台谬误"保持警觉。无论应用程序多么庞大、功能多么完备或价格多么不菲，都无法满足所有需求。对于需求相对简单的组织，单一平台或许是个不错的选择。然而，对于那些业务范围广泛、劳动力分散于多个职能部门的公司而言，构建一个融合了多种精选技术的混合生态系统，将能展现出更大的优势。

确立一个明确的数字学习愿景，对于指导技术工作至关重要。无论是刚着手构建技术生态系统，还是旨在提升现有工具集的价值，这一点都不可或缺。这一愿景不应仅限于某些特定技术类别或功能，而应聚焦于确立学习技术生态系统的整体目标和方向。现代学习技术能够以多种方式助力组织提供个性化学习体验，具体来说，主要有以下七种途径。

二十多年来，速度、规模和一致性一直是推动学习技术实施的三大核心战略支柱。

- **速度**。技术如同加速器，助力信息迅速从"知道的人"流向"需要的人"。工作与社会的变迁日新月异，远远超出了传统培训手段（如课堂授课和在职培训）所能适应的速度。相较于安排全员参与培训师引导的培训课程，向受众部署电子化学习模块无疑更为迅速。

- **规模**。技术拓宽了资源覆盖的广度，让更多人受益。一名课堂培训师所能面对的受众和所能组织的课程数量毕竟有限。而数字学习则让学员可以随心所欲，在任何时间、任何地点，通过联网设备获取学习资源。从此，空间大小、行程安排等后勤因素不再是束缚。一名培训师利用数字工具，在同样的时间内，能够触及的人数，从寥寥数次面对面授课的受众，跃升为数万乃至数十万之众。

● **一致性**。技术助力我们打破"墨守成规"的局限，确保每位受众都能接收到完全统一的内容。无论受众人数是一百还是十万，这一原则始终如一。技术还显著减少了信息传递过程中的偏差，使得每次信息传递都能尽可能准确无误。因此，借助数字手段，每个人都能参与到同样的课程中，阅读相同的文章，观看相同的视频。

然而，速度、规模和一致性的理念，是基于 20 世纪 90 年代至 21 世纪初的数字水平。在随后的几十年里，技术如雨后春笋般迅猛发展。如今，移动设备、社交平台、高级分析以及人工智能等前沿科技，已经成为日常解决问题的得力助手。为了充分利用这些技术进步带来的红利，组织必须重新审视并构建其数字学习的愿景。面对现代劳动力需求的快速变化，学习技术战略还需融入以下四大驱动因素：情境、个性化、联通和公平。

● **情境**。技术让学习更加贴近工作实际，成为职场人士日常不可或缺的一环。每个人的学习内容，自然而然地围绕着他们的职业角色展开，而学习方式则深受个人工作习惯的影响。得益于技术的飞速发展，我们能为不同职业群体量身定制贴合其日常实际的数字学习体验。想象一下，无论是杂货店店员、仓库叉车司机，还是远程办公的市场经理，都能在自己最需要的时候、最方便的地点，获取到与工作内容相关的学习资源。

● **个性化**。技术让我们得以突破传统电子化学习内容"一刀切"的束缚，为学员提供个性化、自适应的学习体验。每个人的背景、经历和成长路径都独一无二，因此其学习需求也各具特色。现代学习技术通过捕获、分析并应用数据，以精准把握每个人的学习节奏和需求，为他们在恰当的时间提供恰到好处的资源，满足组织规模的需求。

● **联通**。技术让数字学习成为一种双向互动的体验。社交媒体和通信平台的兴起，已经彻底改变了我们日常分享与协作的方式。学习与发展部门必须紧跟时代步伐，充分利用这些新兴功能，为人们提供更多与同事和组织交流的机会。这项技术为现代学习策略注入了新的活力，如用户生成内容等创新形式，允许真正了解运营流程的人分享他们的见解和经验，以相互支持、共同进步。这使得学习与发展部门得以从聚光灯下退居幕后，专注于建立更加紧密的联系和沟通渠道，促进大规模的知识共享。

● **公平**。借助技术的力量，公平在每位学员的学习与发展的体验中更为彰显。但请注意，公平并不等同为所有人提供相同的体验。过度追求学习路径的一致性，可能忽略个体独特的学习需求。现代技术的精髓在于，确保每位职场人士都获得日常工作所需的培训与支持，从而携手共创一个更加公平、公正的职业成长环境。

一个契合需求的学习技术生态系统，必须确保在这七个方面都能为组织带来实在的效益。一旦其中任一驱动因素未能落实，你的数字学习策略就可能存在不足之处。

如何构建合适的学习技术生态系统

组织就技术如何促进学习与发展达成共识后，就可以开始构建学习技术生态系统。最终设计将包括各类工具与平台，部分由学习与发展部门管理，部分由其他合作伙伴运营，但都需融入数字体验。记住，即使工具未被归类为学习技术，也可能有助于解决问题和提升技能。

以下这套 10 步流程，无论对于哪个行业、哪种应用场景、何种规模的组织，或者拥有怎样技术配置的环境，都是普遍适用的。我们的最终目标始终如一，那就是为所有成员提供一个公平的学习与支持体验，这一目标不因地点或支持对象而有所改变。在执行这套流程时，你只需依据组织的具体需求，适时做出恰当决策即可。

1. 构建用户画像

知识和技能的需求源于个人的职责、角色和任务。而他们的学习方式，则深受其工作方式的影响，包括时间的分配、优先级的处理以及资源的获取途径。遗憾的是，这一现实在许多组织中并未得到足够重视，从而导致学习与工作体验之间的脱节。

用户画像的设计旨在使学习体验与支持对象的日常生活相契合。尽管组织中的每个人都各具特色，但用户画像能够提炼出影响学习策略的共同特征。相比职位名称或角色，用户画像的管理更为简便，因为组织中的职位代码可能多如牛毛。然而，当我们将关注点从人们的工作内容转向工作方式时，可能发现只有寥寥几个不同的员工画像。例如，杂货店店员和客服中心的客服虽然职责大相径庭，但在某些方面却存在相似之处，如由于持续的运营需求，他们的培训时间都非常有限。

在构建用户画像时，请考虑以下因素：

- **功能**。这个用户画像是否独立作业，或者直接与客户、产品进行互动？
- **基础**。这个用户画像是凭借专业技能被录用，还是正在接受相关职业培训？
- **规模**。这个用户画像代表的是一个独特岗位，还是众多员工共有的工作类型？
- **时间**。这个用户画像能否自主安排工作节奏，还是工作量受到严格管控？
- **位置**。这个用户画像是在固定场所工作，还是分布在多个办公地点？
- **访问**。这个用户画像能使用哪些设备来访问学习资料和获取支持？
- **动机**。这个用户画像更侧重于职业发展，还是满足基本生活需求？
- **测量**。这个用户画像的绩效结果是以主观评价，还是以客观标准衡量？

你的学习技术生态系统及其所带来的体验，应与各用户画像界定的特性相匹配。一旦发现你的员工群体中存在多个独特用户画像，那么，构建一个既灵活又满足各群体需求的生态系统，显得至关重要。

2. 明确组织优先事项

在规划学习策略或选定技术前，需先明确组织对成员的期望。这意味着，成员所需的工作知识与技能，须与管理层设定的短期和长期优先事项相契合。一旦明晰了组织的优先事项，你便能据此判断，成员究竟需要何种学习经历与资源，以助其提升工作表现。（见图 34-1）

与组织内各利益相关者合作，包括运营、信息技术、人力资源、合规及安全等部门，共同明确他们未来三到五年的优先事项。为了解人才发展如何助力这些优先事项的实现，可提出以下一系列问题：

- 在短期至长期时间内，你希望在你的职能领域取得哪些可衡量的成果？
- 员工需如何调整他们的工作行为，以帮助你实现这些成果？

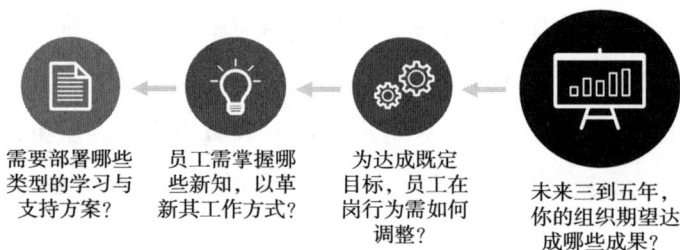

图 34-1　基于结果的学习策略设计方法

- 员工需具备哪些知识和技能，才能持续有效地执行这些行为？

- 员工需哪些学习和支持资源，以提升在这些领域的知识和技能？

结合以上答案及员工画像，有助于构建一个兼顾组织目标与员工个人需求的生态系统。

3. 设计学习体验

既然已经明确了支持对象及其需达成的目标，便要着手设计一个契合的学习体验。这一步旨在解答："在这个组织中，个人应获得怎样的学习体验？"

无论个人担任何种具体职务、身处哪个行业，工作场所的学习体验都应涵盖以下六大核心要素：

- 核心工作知识与技能培训。

- 及时、一致且可靠的沟通。

- 按需获取绩效支持。

- 持续实践与强化。

- 个性化指导与反馈。

- 探索新技能、为未来职业蓄力的机会。

你的学习体验设计需融入一系列活动，这些活动需适应受众的工作流程，并契合他们的知识与技能预期，从而激活各个组成部分。

图 34-2 示例展示了如何将多样活动纳入体验设计中，让概念变得鲜活。随后，需基于学习技术的七大支柱（速度、规模、一致性、情境、个性化、联通、公平），明确技术在实施这些活动中的定位。尽管个人在每个活动中未必直接使用数字工具，但学习技术生态系统会影响解决方案的提供方式。

图 34-2　学习体验设计示例

4. 构建学习技术生态系统

现在，是时候将技术元素融入其中。到目前为止完成的步骤，将指导你如何将多元化工具整合至学习技术生态系统中，以实施最佳学习策略。通过分层法来构建这一生态系统，能最大化技术投资效益，同时简化每个用户画像的数字学习体验（见图 34-3）。

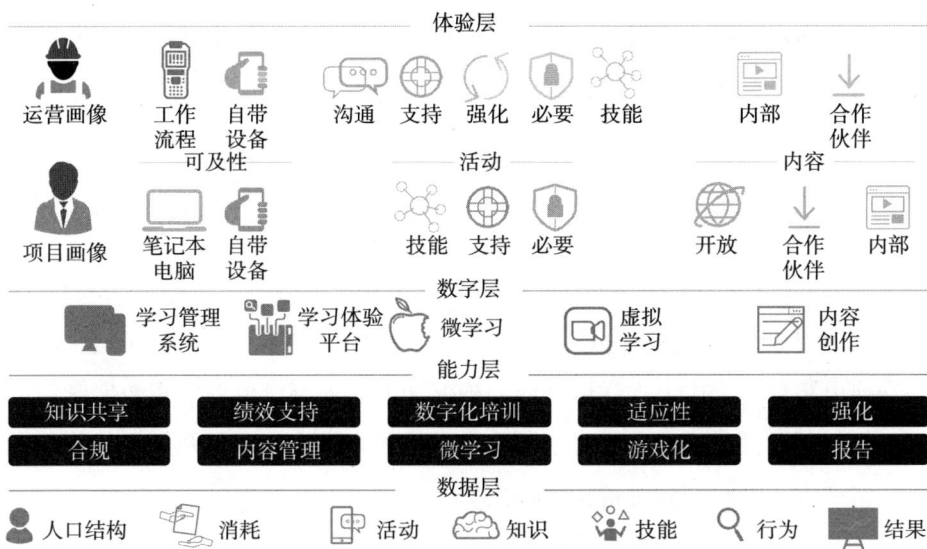

图 34-3　基于用户画像的学习生态系统设计

数据层

现代学习技术生态系统始于数据，亦终于数据。数据在学习策略实施的每个阶段都发挥着至关重要的作用。数据助力我们以组织的规模和速度，为每位学员提供个性化且适宜的学习体验。同时，数据是评估培训计划成效的重要依据。因此，在构建生态系统架构时，我们必须以数据为核心。

需要思考以下几个问题：

- 在设计学习体验时，需要哪些数据作为支撑？
- 在开展数字学习活动时，需要收集哪些数据？
- 除了系统内部数据，还需要从外部获取哪些数据？
- 生态系统如何支持数据的采集、存储、分析及应用？

提前明确这些问题的答案，将为我们后续的技术选择和整合决策提供有力指导。

能力层

你的学习技术生态系统需要具备哪些能力？要实现组织内的学习体验设计，需要哪些功能与特性作为支撑？不妨列出一个清单。但请注意，这不是一份愿望清单。对能力层而言，应当聚焦于基于用户画像的学习体验设计紧密相关的数字能力。具体来说，清单可能涵盖以下方面：

- 数字内容创作。
- 移动优先用户体验。
- 适应性内容传递。
- 社交协作与知识共享。
- 仪表板报告与数据导出。

在列出需求时，应力求详尽全面，确保功能需求可以覆盖实现数字学习愿景所需的一切。这一层的信息，对于你接下来选择合作伙伴，以及制定任何信息请求或提案请求，都将起到关键指引作用。

数字层

这一层负责将所需能力与具体数字工具相连接。工具的数量及选择会依据学习愿景、体验设计以及需求清单而有所不同。如果你所支持的是一个拥有众多用户画像的大型多元化组织，这一层可能包含十个或更多工具，每个工具都针对一个特定的应用场景。相反，如果你支持的是一个小型企业，用户画像有限，那么可能只需要两到三个通用工具。很少有单一的平台能够满足学习技术生态系统的所有需求。

将所需数字能力匹配到特定技术平台，有助于界定每个工具的用途。在你的工具组合中，可能有不少功能存在重叠。这对于试图将这些工具融入日常工作的用户而言，可能带来一定困扰，因为他们难以确定哪个工具适用于哪个任务或目的。为了规避这一问题，请确保每个工具都有其明确应用场景——为何要将这一工具纳入你的生态系统中，并在后续实施过程中，始终坚守这一原则。

你的数字层涵盖了现有学习系统。当现有工具无法满足所需能力时，就要启动新的采购流程来填补技术栈中的空白。但在此之前，有一点不容忽视：学习技术生态系统还应包含那些非人力资源或学习与发展部门直接负责管理的工具。举例来说，尽管你的内网可能归公司运营或通信团队维护，但在构建学习体验方面，扮演着至关重要的角色。一个平台，即便不被正式定义为学习技术平台，也能有效提升员工工作表现。

体验层

你已筛选出精准数据，并将能力需求与数字工具包相匹配。接下来，便要运用技术栈激活学习体验设计，阐述人们将如何在工作流程中利用所选工具获取培训与支持。这一层旨在解答以下三个关键问题：

● **用户画像如何访问其数字工具？**你的学习软件必须能够便捷地适配工作流程中的硬件设备。如果用户画像工作时常用手持设备，那么你的数字体验便要适配该设备。如果他们常用笔记本电脑和个人智能手机，体验设计则需兼顾这些设备的使用情况。

● **用户画像将参与哪些学习活动以丰富其学习体验？**规划所选定的平台与功能如何有效激活学习与支持体系。列明可供用户参与的活动类型，包括但不限于虚拟课堂会议、实践模拟训练以及社交协作等，保证所有活动均对使用这些工具的用户开放。

- **使用这些数字工具的用户画像将获取到哪些内容？** 学习技术的效果取决于所传递的内容。尽管随着知识和技能需求的发展，使用的具体主题将随时间变化，但明确将要访问的内容来源是至关重要的。举例而言，部分用户群体可能主要依赖于内部的专有内容，而另一部分用户则可能更倾向于获取网络上的开源学习资源。

为受众中的每位用户画像勾勒出体验细节，将技术栈与个性化学习体验紧密相连，实现无缝对接。

5. 选择技术供应商

在构建学习技术生态系统的数字层面时，你可能察觉到技术栈中存在的不足，或者对现有平台产生疑问。如果你认为现在是时候做出一些改变或增加，那么，到目前为止，这一流程应当已经为你提供了寻找合适合作伙伴所需的明确愿景。同时，你所整合的信息也将有助于你更高效地推进组织的技术采购流程。

在寻找新学习技术时，很多组织经常走进的一个误区是，太过看重功能的全面性。团队往往追求的是一个满足所有潜在需求的全能型工具，却忽视了那些能提供增值功能的合适工具。

因此，在提交信息请求和提案请求时，应避免列出你听说过的每一个功能（甚至那些毫不相关的功能）。相反，你应该向技术供应商发起挑战，让他们展示他们如何将你的学习体验变为现实。将他们的数字能力与你的生态系统设计相匹配，进而确定哪些用户画像能够从他们的产品和服务中获益。

在选择合适技术供应商时，除了考虑功能与相关学习体验，还需兼顾以下因素：

- **实际成效**。他们的技术能否为客户带来可量化的成果？尽管演示期间的功能展示可能令人眼前一亮，但他们真正助力组织达成的成果才是更关键的，这将为你的投资提供有力依据。

- **用户口碑**。不要仅限于阅读案例研究，更要直接与组织内使用相同技术的专业同行交流。这样，你才能真切了解与这家供应商日常合作及使用其工具的实际体验。

- **支持体系**。学习技术绝非仅是偶尔进行在线培训的场所，而是现代工作场所生态系统的关键业务应用。因此，技术供应商必须提供便捷的自助问题解决资源，并在遇到需要升级处理的问题时，提供可靠的技术支持，其中包括与专业技术人员直接沟通的途径。

- **安全保障**。你的技术决策将对组织的整个数字基础设施产生重大影响。因此，在监督供应商严格遵守安全和数据管理标准方面，IT 部门承担着举足轻重的责任。

- **赋能培训**。技术供应商如果能帮助你的团队不断精进知识和技能，便能实现从供应商到合作伙伴的角色转变。在挑选时，应注重那些不仅涵盖工具基础操作教学，还提供更深层次教育产品的供应商。

- **发展路线**。技术日新月异，应当寻找那些能持续创新并引领市场发展的合作伙伴。仔细研究他们未来 12~18 个月的发展路线图，以便明确组织将如何通过此次合作，实现数字能力的显著提升。

- **总体成本**。技术投资不仅是软件许可证和硬件设备的开销。在进行购买决策时，还需将总体成本纳入考量，其中涵盖了实施、迁移、培训、定制、管理、维护以及升级等一系列相关费用。

6. 建立治理流程

既然你已经明确了生态系统的发展方向，接下来就可以着手确定如何高效管理技术栈。治理流程需全面支持所有利益相关者，包括工具使用者、IT 部门、合规团队、管理层以及学习与发展部门等群体。请确保你的指导原则解答以下问题：

- 我们系统的最终责任人是谁？
- 谁将担任我们系统的主要管理员？
- 我们的系统需遵循哪些既定的标准与组织规定？
- 我们的系统面临哪些主要风险？
- 遇到问题或需要支持时，谁负责与我们的技术合作伙伴沟通？
- 如何监控系统正常运行时间，并应对突发系统停机情况？
- 关于停机时间、故障排除及其他问题，我们与技术合作伙伴的服务级别协议具体如何？

- 系统停机情况（计划内与计划外）将如何通知利益相关者？
- 我们的系统灾难恢复流程是怎样的？
- 如何记录我们的系统和相关流程？
- 从系统中收集并在系统内应用的数据将如何存储，相关保留政策是什么？
- 系统升级将如何管理，并如何通知利益相关者？
- 与系统相关的及时付款流程是怎样的，谁负责执行？
- 系统权限将如何分配，授权标准是什么？
- 实施和维护我们的技术栈需要哪些 IT 资源？

一个健全的治理流程不仅能助你规避风险，更能最大化技术生态系统的价值。

7. 确定集成策略

学习技术，仅仅是组织数字生态系统中的一个组成部分。你必须界定学习技术生态系统如何与人们日常工作使用的其他工具实现有效集成。同时，在学习技术生态系统内部，集成也是一个重要的考量因素，因为可能采用多个系统来协同促进员工的知识与技能提升。通过实现工具间内容与数据的无缝流转，你可以为受众带来更加便捷的体验。

构建系统集成，如将学习管理系统与客户关系管理工具进行连接，往往需要大量 IT 资源投入。即便那些内置集成选项的系统，其设置与维护同样离不开 IT 工作的支持。然而，由于 IT 资源通常较为有限，可能拖慢甚至限制你的生态系统架构发展。因此，我们不应一味等待 IT 资源变得充裕，而应从两个不同视角来审视集成概念（见图 34-4）：

- **战略集成**。虽然各系统独立运行，但管理时以简化多个工具间的用户体验为明确目标。
- **技术集成**。系统通过应用程序接口和软件开发工具包连接，以实现数据、内容和功能的深度融合。

在规划时，我们应优先考虑那些能够迅速构建并维护，且能为用户及组织带来显著价值的技术集成方案。其中可能包括单点登录、用户配置或合规性报告等

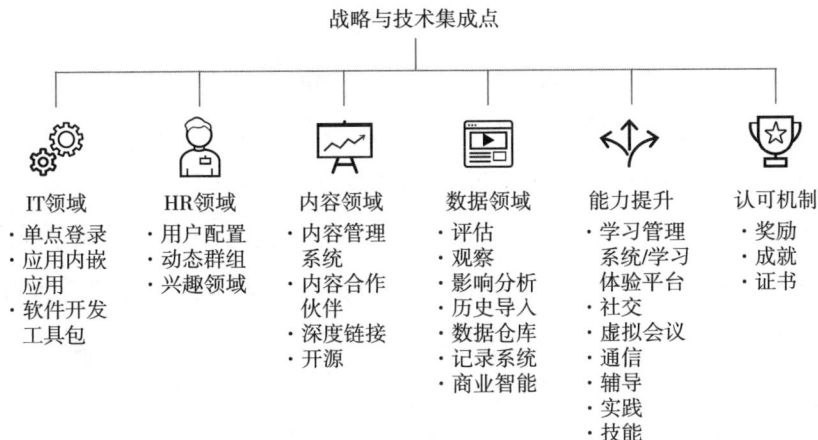

图 34-4　学习技术的潜在集成点

关键要素。对于其他剩余系统，应采取战略性整合策略，确保用户在恰当时间轻松访问所需工具。例如，可将各工具链接置于显眼且便于访问的位置，同时保证相同应用程序因其特定功能而被统一使用，这样用户就能清楚地知道该去哪里找到所需工具，以及何时进行使用最为合适。

8. 实施

技术实施流程会根据生态系统的复杂度而有所不同。启动组织首个学习管理系统，不同于在已成型的技术栈中添加新的单点解决方案。此外，支持实施所需的时间和资源也会极大地影响流程。不过，无论引入哪种具体技术，都应考虑以下步骤：

* **组建跨职能团队**。学习与发展工作的技术实施，不应孤立推进。应当组建一个包含高层支持者、一线管理者、终端用户及各部门骨干的利益相关者团队，他们在确保流程顺利推进中发挥着关键作用。

* **确立明确目标**。启动工具运行只是第一道关卡，还需规划如何在短期与长期内评估实施效果。同时，在实施进程中设立里程碑，确保团队稳步前行，不偏离正确方向。

* **分阶段推进**。不论组织大小，一次性向全员推出新工具都是项艰巨挑战。除非有特殊考量，否则，分阶段、分群体逐步推出工具是更为明智的选择。这样既能将工作量分散至更长时间段，又便于在过程中持续学习，并适时

调整策略。

- **预留测试时间**。如果新工具在初期出现故障，人们可能对其失去信任，即使问题得到解决，也可能再难挽回。实施过程往往不会一帆风顺，但可以在整个实施计划中预留足够时间进行实际现场测试，从而降低这一风险。

- **强化沟通机制**。如果员工不清楚新工具的存在，或者不明白为何要加以采用，他们就无法获得新工具带来的益处。此时，我们应携手拥护者和利益相关者，一道宣传新工具的价值所在。关键在于，要将新工具定位为破解公司当前工作难题的利器，而非仅仅局限于学习与发展部门所关注的范畴。

- **继续优化**。初步实施计划或许与最终敲定的流程有很大出入，因此，请预留调整的空间。在推进过程中，需根据不断积累的经验与知识对计划进行持续优化，同时，要确保顺利达成既定的里程碑。

9. 测量

测量应作为学习技术战略中持续进行的一环，其核心在于密切关注生态系统中每个工具的实际应用情况。随着组织的不断进步，你需清晰把握当前工具在满足组织需求方面的有效性。而测量技术有效性的具体方式，则要根据生态系统的构建特点来确定。在此过程中，你需要不断收集各类数据，其中包括与技术应用相关的用户反馈调查和关键绩效指标。

在构建测量策略时，请考虑以下六点因素。不仅要对每个单独的工具进行评估，还要对整个生态系统进行评估。

- **影响力**。这一工具是否在推动预定工作场所变革的过程中起到关键作用？

- **参与度**。人们是否按预期的频率使用这一工具？

- **情感**。人们是否愿意将这一工具纳入他们的工作流程中？

- **灵活性**。这一工具是否增强了整个学习技术生态系统的效能？

- **教育**。你的技术合作伙伴是否助力提升你团队对组织的支持力度？

- **创新**。这一工具是否推动了你的数字学习战略向前发展？

接下来，你需要将上述因素与你的技术投资，即技术栈的总体成本，进行综合考量，以此来判断你的生态系统是否为你带来了预期的价值。如果某个系统的成本超出了在这些因素方面所产生的效益，那么你或许应该考虑做出调整。

10. 迭代与实验

构建学习技术生态系统是一个循环往复的过程，而非一次性工作。可能你已经成功部署了一项新工具，但技术战略却是一个永无止境的探索之旅。生态系统必须与时俱进，与组织变革和技术创新的步伐保持同步。正因如此，在战略规划中融入灵活性变得尤为关键。请将重心放在为你所服务的人群打造贴合需求的体验上，而非仅仅局限于当前采用的具体工具。

在你的年度计划中，请专门预留时间和资源用于持续的实验探索。在全面变革到来之前，不妨先尝试一些新工具。与那些展现出持续创新决心的技术伙伴合作，与他们并肩前行。此外，依据组织的长期战略蓝图，制定属于你自己的学习技术路线图。

紧跟技术创新步伐

生态系统犹如一个活生生的、不断呼吸的生物群落，总是处于持续的变迁与进化之中，以满足其中生物的各种需求。正因如此，"生态系统"这一概念与学习技术战略高度契合。在竭力平衡自身角色的连续性需求时，要跟上数字创新的步伐绝非易事。人才发展市场上工具繁多，且这一数量还在持续增长。因此，你必须制定一个更新计划。否则，你将很快落后，你的生态系统也可能因此陷入困境。

以下是一些保持数字学习意识的建议：

- **与数字领域专家建立联系**。有一些知识渊博、值得信赖的专业同行，会定期整理并分享技术见解。找到这些人，在社交媒体上与他们取得联系，并在探索数字学习选项时向他们寻求建议。

- **重视技术技能的提升**。确保提升数字技能是你及团队成员专业发展的首要任务。积极参与那些展示最新技术创新成果的在线研讨会与行业论坛，借此不断精进大家的数字技能。

- **指定数字领导者**。选择具备数字化学习经验或愿意深入学习的团队成员，将其对创新技术的调研与成果分享纳入岗位核心职责。

- **勇于尝试**。永远不要停止对新事物的探索。即使目前看起来，某些新想法与你的生态系统架构不完全契合，也应预留时间和资源去尝试。

最后的思考

最终，构建一个契合需求的学习技术生态系统，其体验与使用智能手机有着异曲同工之妙。你会安装数十乃至上百个应用，来解决各式各样的问题。这些应用中，有的相互集成，协同工作，有的则特立独行，自成一体。那些能长时间占据你手机屏幕的应用，无一不是凭借其在某一方面的出色表现，提供了不可或缺的价值。一旦发现某个应用无法满足需求，你便会毫不犹豫地将其卸载，转而寻找新的替代品。在如此众多的选择面前，你往往会向朋友、同事或技术专家请教，听取他们的意见和建议。

通过应用本章所述的方法，数字化学习会变得简单顺畅，进而实现高效学习体验——就如使用智能手机一样。

作者简介

杰迪·迪伦（JD Dillon）在运营与人才发展领域精耕细作二十余年，其间服务于包括迪士尼、Kaplan 和 AMC 等多家充满活力的企业，逐渐成为学习和赋能领域的专家。作为职场学习社群内备受尊敬的作者与演讲嘉宾，他现任 Axonify 首席学习架构师，继续运用他的热情，帮助全球各地的职场人士在日常工作中发挥最大效能。此外，他还是 LearnGeek 的创始人，这是一个专注于职场学习洞察与咨询的机构。你可以通过电子邮件 jd@ learngeek. co 与他联系。

延伸阅读

Dillon, JD. 2022. *The Modern Learning Ecosystem: A New L&D Mindset for the Ever-Changing Workplace*. Alexandria, VA: ATD Press.

Taylor, D. 2017. *Learning Technologies in the Workplace: How to Successfully Implement Learning Technologies in Organizations*. New York: Kogan Page.

"The Modern Learning Ecosystem Framework. "LearnGeek.

Udell, C. , and G. Woodill. 2019. *Shock of the New: The Challenge and Promise of Emerging Learning Technologies*. Alexandria, VA: ATD Press.

第 35 章　助力管理者成为人才发展大师

温迪·阿克塞尔罗德

人才发展的最终目标在于构建一支出类拔萃的团队，推动企业达成既定的短期及长期目标，取得辉煌成就。这是一项艰巨又重要的任务，在实现目标的过程中，人才发展部门将起到核心驱动作用。通过精心策划各种创意无限的项目，如员工成长计划、个人发展计划、入职培训、绩效评估、员工敬业度调研、继任规划等重要项目，人才发展部门正引领组织稳步迈向成功。然而，仅凭这些并不足够。要达到高水平绩效，必须依靠各级管理者的悉心指导与全力支持。他们不仅是员工成长道路上的见证者，更是推动者。因此，管理者必须具备发展人才的智慧与能力，才能不断引领团队砥砺前行。

本章要点

△　认识到实现人才发展需要与管理者建立伙伴关系。

△　了解人才发展大师需要采取哪些行动。

△　采取行动将普通管理者转变为人才发展大师。

△　获取有助于将管理者转变为人才发展大师的工具。

实现人才发展需要与管理者建立伙伴关系

当今社会，管理者的工作充满种种挑战，但他们的首要任务仍然是培养员工。管理者要给员工分配工作任务，给他们提供反馈和指导，增强员工自信心，帮助他们克服工作中的障碍，并提供适合员工成长的最佳环境。一项涵盖全球39000名雇主的调查显示，在不久的将来，管理者掌握人才培养技巧的需求将日益增长。但是，尽管大多数管理者都迫切希望做好人才培养工作，但在实际执行中，他们往往难以充分发挥员工的潜力。

你可以成为改变这一现状的人。这是本章的核心内容。

在撰写《人才驱动业务：卓越管理者如何在达成业绩的同时培育人才》一书期间，我们发现许多企业管理者有一个共同点，那就是他们都为员工营造出一种以促进个人成长为核心的工作环境。在这样的环境里，员工的技能水平远远超越了当前岗位对他们的要求。他们积极向上级寻求严格反馈，并渴望接受更具挑战性的任务。这些人才发展大师成功的秘诀是什么呢？关键在于，他们将员工发展工作视为重中之重，并且深知，唯有将所学知识应用于实践，才能实现真正的进步，因为个人发展正是在工作中实现的。这些管理者始终贯彻着一条既简单又深刻的准则——无论其员工身处一线，还是在大型企业掌舵领航，都要将工作、绩效与个人发展紧密结合，以此推动人才队伍的卓越发展。

在深入探讨作为一名管理者应如何发挥关键作用之前，让我们先探究一下这些杰出人才培养者的核心特质。

发展型管理者需要做什么

如果你遇到过并观察过那些非常擅长培养团队成员的管理者（我希望你有过这样的经历），你是否注意到他们有哪些与众不同的地方？我发现，他们之所以能成为真正的人才发展大师，是因为运用了一系列行之有效的策略。心态决定一切——时刻准备抓住每一个或大或小的发展契机。

以乔茜为例，她是一家医药支持服务公司的数据分析经理，在管理层中声誉极高，被视为优秀的发展型管理者。虽然她一直关注人才发展工作，但这并没有给她增添工作负担，反而促使她以全新的视角审视部门当前及未来的工作模式。在乔茜眼中，部门的整体发展能够为人才发展提供源源不断的资源。她了解每位员工的优势、兴趣、职业抱负以及发展需求。在与员工建立良好关系的过程中，她认为与员工建立信任，需要管理者自身做出努力，而非一蹴而就。

乔茜会仔细为每位员工安排能够促进其成长的任务。在分配新增或扩展任务时，她有了一套独特的方法，即向员工明确指出，在执行任务时，哪些方面对他们的个人发展更为重要。例如，她可能这样说："丽莎，我希望你平时在制作市场预测报告时，能加入一些关键意见领袖的观点。所以你必须直接采访三到四位这样的意见领袖。我知道这需要你学习如何了解并采访杰出领袖，我们不妨先讨论一下可能遇到的问题，以及你该如何完成这项任务。"

随后，乔茜会运用多种策略来帮助员工为接下来的新任务做好准备。更重要的是，她还会定期与员工跟进交流，了解他们的任务进展，从而提出哪些方面需要进一步的练习或调整，以及为了巩固新技能可以进一步给他们分配哪些任务。研究表明，这种持续跟进的方式能极大提高员工掌握新技能的概率。在这个过程中，乔茜既鼓励员工表达担忧、提出建议并面对挑战，还不断激发他们的自信心。因此，她的员工总能全情投入到工作中，这也就不难理解为何公司会将她视为吸引并留住人才的强大磁石了。

以下是像乔茜一样成功的发展型管理者践行的五条准则。借助以下内容，你可以了解如何与管理层携手，将他们的培养策略推广开来。

- **借助个人发展计划、绩效管理和月度一对一交流等公司项目作为起点。**擅长培养人才的管理者深知如何有效利用公司的这类项目，以确保工作始终朝着目标前进。他们通过对话深入了解员工的优势、需求、兴趣以及职业追求。但行动远不止于此。他们与员工共同挖掘那些在完成公司项目的同时，能够积累实践经验的成长机会。例如，有位员工希望成为一支充满活力的多学科项目团队的领导者。因此，他首先参加了公司提供的培训课程。随后，在其管理者提供的支持和指导下，他逐步接手团队的部分管理工作。管理者鼓励他克服挑战，并且为他安排了与其他团队成员进行思想交流的机会，不断扩展他的团队管理职责，以帮助他在这一复杂领域中持续成长。

- **将部门工作视为汇集个人发展机会的宝库。**管理者会灵活运用多种策略规划员工的职业发展路径。有些管理者会先明确列出部门要达成的各项成果，以及实现这些成果所必需的技能。接着，他们会思考怎样把员工分配到那些能让他们获得成长的任务中。每当有新任务出现时，他们都会综合考虑各种因素，将其分配给合适的人选——有时是因为他们具备完成任务的专业能力，有时则是为了让他们在实践中得到锻炼和成长。岗位轮换也是管理者常用的一种策略。这就像我们使用 GPS 一样，除了系统推荐的那条既快又熟悉的路线，其实还有很多其他选择。你可以选择穿过城市中心的直线路线，但可能面临交通拥堵的风险；你也可以选择绕远路，穿过风景如画的乡村。虽然两条路线都能带你到达目的地，但过程大相径庭。关键在于,管理者不能只着眼于谁能最快、最好地完成工作,更要从长远出发,为所有员工安排能够促进他们职业发展的任务。

- **将人才发展融入日常工作中。**优秀管理者会巧妙利用工作,让员工得到锻炼。在确保业务目标顺利达成的同时,他们会调整并完善员工的日常工作,为其提升自身技能创造空间。他们还会精心设置工作难度,确保既能提升员工技能,又不会给员工带来过大压力,导致他们失去信心。我喜欢用这样一个比喻来概括:员工在完成一项任务时,就像在终点线同时撞断两根彩带——一根代表目标的达成,另一根则象征着个人的成长。这样一来,发展就不再是一项额外任务,而是被自然而然地融入工作之中。一开始,发展型管理者可能觉得这种做法有些冒险。但随着时间的推移,他们能熟练运用这项技能,并在实践中真正做到将人才发展融入日常工作中。

- **把握人才发展契机。**一旦发现培养人才的机会,就不妨主动了解、积极讨论。发展型管理者明白,员工的个人发展契机往往蕴含在工作之中。他们会鼓励员工定期停下脚步,回顾并思考自己所学内容。管理者深知,员工在任务完成后主动提升自我认知并积极进行自我反思,对个人发展是极为重要的,特别是当他们有机会与他人共同复盘时,但这一过程常被忽视。这些管理者还擅长运用合适的技巧给予反馈,并确保反馈被很好地接受(例如,关注员工的行为表现而非个性特征,在互动对话中保持诚实,频繁提供反馈,而不是等到专门开会时才说)。在这一过程中,他们不只强调纠正不足,还会给予正面反馈,明确指出员工带来的额外价值,增强员工的自信,鼓励他们勇于尝试,迈向新的台阶。将反馈常态化是高绩效组织的一大特色。这些管理者还会巧妙提问,引导员工拓宽思路,规划后续行动,例如:"下次你会采取什么行动,以便更早赢得客户认可?"

- **创造以人才发展为导向的企业文化。**发展型管理者将个人发展视为组织的一项长期目标,并将其融入日常互动中。例如,他们会激发员工的好奇心,让其主动探索解决问题的新途径;鼓励员工在员工大会上分享学习心得;组建多元化的工作团队,让团队成员能够互补优势、相互学习;颁布工作惯例,对每个项目进行复盘学习。他们擅长将错误转化为宝贵的学习机会,并让这种转化潜移默化到员工的日常工作中。在任务出现偏差时,他们也能从中发现有价值的地方。他们还会定期向团队强调技能提升是如何影响成果产出的。此外,许多管理者还会巧妙增加工作的趣味性，例如，举办与部门工作紧密相关又贴近实际生活的知识竞赛等。

我们已经了解了这些发展型管理者会采用哪些策略，接下来让我们探讨一下如何帮助其他管理者成长为人才发展大师。图 35-1 展示了基本路径。

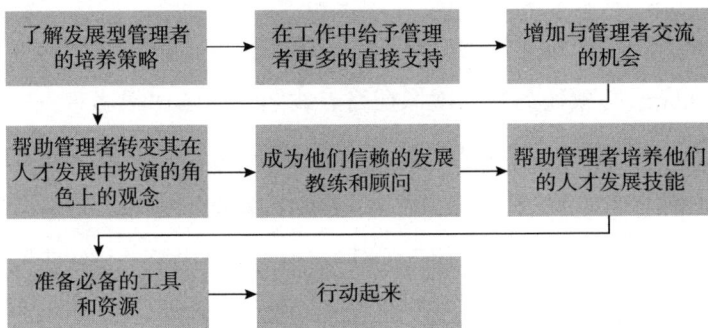

图 35-1 普通管理者成长为人才发展大师的基本路径

拓展角色以培养更多发展型管理者

不管是混合式学习专家、继任管理专业人士，还是学习与发展部门的领导，在人才发展方面都应有深厚的专长，这是管理者所必需的。处在这样一个至关重要的位置，这些人肩负着激励管理者、赋能其成为实现终极人才发展目标的重要合作伙伴这一核心使命。

以尼娜为例，她在一家金融公司的学习与发展部门工作。原本，她的工作主要是为管理者提供指导以满足绩效管理的要求，审核他们的个人发展计划，并参与员工敬业度调查。尼娜觉得，自己的工作性质更倾向于传递信息和监督，她渴望有一份新的工作，让她有机会与管理者展开更具前瞻性和战略性的交流。然而，尼娜并没有选择跳槽，而是与其导师一起探讨并寻找解决方法，以期在与管理者的交流中，更多地探讨一些深层次话题。在一些原本用来监督和检查管理者工作的会议上，她争取到了几分钟的时间，让管理者可以探讨团队未来的发展方向。出乎意料的是，很多管理者都对此表示出浓厚的兴趣，这也让她有机会以全新的方式与他们交流。尼娜的工作不再局限于阐释公司的规章制度，她开始与管理者探讨有关培养部门发展所需要的技能的长期规划，以及管理者如何提升这些技能。这不仅让谈话内容有所丰富，也改变了管理者对她的看法。如今，尼娜已经晋升到了一个更具战略性的职位，管理者经常向她寻求咨询和辅导。

像尼娜一样，你也可以帮助管理者以人才发展为目标进行管理，并将该理念融入日常工作中。以下是人才发展专业人士可以重点关注的四个准则，旨在帮助管理者成为真正的人才发展大师。

- **在工作中给予管理者更多的直接支持。**要做到这一点，需要保持自律。每周都要为此专门安排一些时间（哪怕只有短短 30 分钟），明确目标，并跟进工作进展。想清楚近期要做出哪些新的改变。为了这些改变，需要放弃哪些原有的做法？又需要提升哪些方面的能力？例如，你可以努力增强自己在人际关系中的信任感和安全感，提升自己的影响力，或者锻炼自己的耐心、灵活性和协作能力。你可以像尼娜那样，通过记日记、阅读相关图书、与同事或导师交流等方式，重点关注这一成长过程。

- **增加与管理者交流的机会。**这可以带来各种实实在在的新机遇。无须每个月都与所有管理者联系一遍，而应把精力集中在那些有潜力或正处在团队变革关键时期的管理者身上。主动花几分钟时间与他们进行有针对性的深入交流，并事先准备好有价值的问题、实例以及你能带来的好处。可以结合公司惯例与他们保持定期沟通，主动跟进讨论结果（无论他们是否主动要求）。只有保持定期交流，他们才会更加信任你，并主动向你寻求建议。如果你的工作不太允许你直接与管理层对话——例如，你是教学设计人员——你可以申请与即将采用你的设计项目的管理者进行一次面谈。一年中，你可以定期与相同或不同的管理者进行这样的交流，以增加你们之间的接触机会。让他们知道，你随时准备成为其团队发展的智囊，为他们提供帮助。

- **帮助管理者转变他们在人才发展角色以及行动上的观念。**还记得你上次努力说服一个观念固执的亲友改变想法的情景吗？当时，你觉得可能只要表达清楚自己的观点，对方就会接受。但结果往往不是这样。所以，要记住，帮助管理者转变观念是一个循序渐进的过程。在这个过程中，你要向他们展示其他部门或公司的成功案例和积极成果，让他们看到实实在在的好处。让管理者主动设想好的结果，即员工能够得到发展，而不局限于用公司的工具作为唯一的发展手段。

接下来，让我们探讨一下如何达到这个目的。例如，通过委派具有挑战性的任务、岗位轮换等方式促进员工成长。要让管理者明白，他们完全可以在推动部门目标实现的同时，促进员工的发展。要有耐心，因为当他们开始尝试一些新举措、主动担起这些举措带来的责任，并实时看到成效时，他们的观念就会发生转变。

- **成为他们信任的人才发展导师和顾问。** 要做到这一点，需要不断学习新知识，尝试新策略，采用新方法。坚持下去，因为你的支持会给管理者的生活带来很大帮助。如果你想提升自身并与管理者一同成长，以下是你需要关注的：

  ○ 了解你正在合作的管理者，了解他们的发展潜力以及他们管理的业务领域。针对每个人的特点，采取个性化方法，让自己成为他们寻求建议时最信赖的伙伴。

  ○ 不要想着替他们解决所有问题，这不是你的任务。当他们想要现成的解决方案时，你要鼓励他们如何结合自身管理风格、与员工的互动方式以及一些资源来解决问题。这样得出的方案会更有影响力，影响也更持久。

  ○ 帮助他们设定成为人才发展大师的个人目标。协助他们尝试与员工一起采用新的行为方式（如改进任务分配和汇报方式）；反思他们与员工互动时的行为（例如，问问他们，哪些行为带来了改变？他们需要克服哪些困难？他们的行为产生了什么影响？下次他们想要怎么做？）；关注他们的进步；并在此基础上不断调整未来计划。

  ○ 把交流方式从单一解释转变为多方位提问。多提出启发思考的问题，让他们思考各种可能性以及他们的行动会带来什么影响。例如，"你打算怎么跟雅各布说，才能让他有信心在网络研讨会上尝试学到的新工程流程呢？"或者，"艾莎需要掌握哪些特定的技能才能给项目团队带来更好的影响？她可以通过哪些方式来练习这些技能呢？"

  你可以利用教练提问工具，它提供了很多引导管理者成长的问题，可以帮助管理者进一步学习。它还可以为他们筛选各种学习资源，以便他们快速上手，提升技能。此外，还要鼓励管理者多向其他有经验的人寻求帮助，如部门里的资深人士或其他部门的同事，不要埋头苦想，一条路走到黑。

帮助管理者成长为优秀人才发展者所需的技能

我们对未尝试过的事一无所知。如果管理者过去并未将员工发展纳入他们的工作内容中，而且认为自己一直遵循着公司以发展为导向的要求，他们可能错误地以为自己已经在做这件事了。

以下是一个来自马科斯的故事，他是一家大型软件开发公司的员工，有志于成为一名"发展型管理者"：

> 一开始，我让每位员工填写了一份个人发展计划表，然后和他们一起讨论职业发展目标。随后，其中几个人参加了培训项目。然而，几个月过去了，我几乎看不到任何实质性的进展，而公司即将推出的新产品让我更加焦虑。这时，我意识到，要真正帮助员工成长，我必须先提升自己的能力。于是，我开始专注学习倾听和提问的技巧，这明显改变了我与员工的互动方式。我还积极寻找机会，让员工每天都有一定的进步，如在一对一沟通、团队会议以及外出活动中。我也更加依赖学习与发展部门的负责人，这不仅是为了帮助员工成长，也是为了提升自己。随着时间的推移，当我再次询问员工的感受时，他们自豪地告诉我，他们现在能够胜任更多的工作，并且对迎接更大的挑战充满信心。这种转变让我非常震惊，也让我深刻体会到人才发展的巨大力量。

与要养成能够改变人生的好习惯一样，这离不开持续的付出、练习、自我反省以及实际应用。马科斯坚持不懈的精神让人钦佩不已。他促进个人成长的能力，是一项宝贵的技能，这将伴随他整个职业生涯。

我们要学会发现管理者的优点和有待提升的地方，这样才能给予他们更有力的支持。下面列出了人才发展大师共有的 10 项技能：

- **树立人才培养观念。** 要形成一种观念，即在日常工作中有多种培养人才的方法，要把人才培养融入人员管理的多个环节中。
- **展现自我意识。** 了解自己的长处和进步空间，在与他人互动时善于自我观察，并对自己的影响力有所认识（这会增加员工对你提供的指导和反馈的接受度）。

- **建立信任关系**。在人际交往中展现你的诚实、可信、可靠与细心，确保对方在与你交流时有充分的安全感，能够畅所欲言。

- **评估员工技能**。了解员工成功胜任其职位所需的技能，知道如何确定员工的真实技能水平。

- **专心倾听**。鼓励他人分享想法。在对方说话时，既要关注其言语内容，也要体会其背后的情感态度。保持专注，不要在对方说完之前就在心里构思如何回应。

- **有效提问**。提出有针对性的、引人深思的问题，鼓励员工思考并发现新的思维和行动方式。用问题打开新的视角，形成更具战略性的观点。在对方开始讲述后，可以继续提问，深入挖掘，但要避免用问题来阐述自己的观点。

- **以发展为核心进行任务分配**。清楚告诉员工他们需要学习什么，以及预期达到的成果。给出足够详尽的说明，确保员工完全理解你的意图。通过提问来确认你们是否意见一致。

- **让会议成为学习的平台**。无论是单独会议还是团队会议，都要利用这些机会帮助员工学习新的观念和方法。多向员工提问，而不是一味解释或直接给出解决方案。定期询问员工从工作中收获了什么，以及他们还想探索哪些领域。

- **慷慨反馈，助力成长**。就员工表现突出之处或有待改进的地方进行及时交流。让对话成为双向互动，把重点放在提升员工的自我认知和学习能力上，而不是单纯指导他们应该如何改变行为。

- **细心跟进，持续推动成长**。对员工发展保持积极乐观的态度。在任务执行及任务完成阶段，要积极与员工复盘，讨论他们的学习成果。定期检查他们新掌握的实践技能，并寻找应用这些技能的机会。同时，提供必要的资源支持。

你可以利用这份清单来评估你自己以及管理者在培养他人成为佼佼者方面的进展如何。帮助他们准确找出需要进一步练习和调整的地方。对于正处在自我学习阶段的管理者，要给予鼓励。这需要时间、实践和与人交流的经验……下一个成功的人可能就是你。

如果你想要帮助其他管理者成为人才发展的佼佼者，这份技能清单也同样适用。那么，何不精进你希望进一步发展的技能呢？

准备必备的工具和资源

当管理者向你寻求指导和资源时，你要胸有成竹，有备而来。一旦他们提出请求，你就应十分自信地分享那些经过验证的可靠方法，并与他们探讨如何快速掌握这些方法。你可以为他们设定一个学习目标，鼓励他们大胆尝试新策略，从旁观者获取反馈，持续进步，不断提升他们在这方面的能力。如果你具备他们可能采用的各种有效方法，那么这对你和管理者来说都将大有裨益。

不过，请注意一点重要提示，不要只是把这些建议丢给管理者！你也不希望让这些建议变成另一种枯燥的模板或硬性要求，因为那样会削弱你在问题解决过程中的作用。相反，应该把这些建议当作一个跳板，方便你进行进一步的指导或咨询，这样才能丰富他们的体验，并使他们的技能得到更全面的提升。

以下是在准备各种必备工具和资源时你可能用到的建议。记住，这些项目不仅在他们自己应用时非常有用，对你指导他们也同样有帮助。

- **如何展开人才发展对话**。这包括设定对话的目标和预期效果；管理者要选择适当的对话时机；如何准备对话，包括如何获取员工支持、制定一个实用的对话大纲、列出需要提的问题、如何总结对话并确定后续方案。它帮助管理者从发展的角度思考如何进行工作分配以及在整个过程中管理者应持续扮演怎样的角色（任务分派给员工后，不要就此放手不管）。它也包含一些实用建议，例如，如何指导员工而非仅仅解决眼前问题，怎样处理员工的工作焦虑，以及后续跟进工作如何增强员工信心并确保其产生长远影响。

- **管理者指南——如何运用自身经验发展他人**。本指南旨在帮助管理者理解和实施一系列行为，从给员工或团队分配的任务中最大限度地促进个人成长。具体涵盖以下方面：

  ○ 评估成长需求。如何确定员工想要提升的技能。

  ○ 创意任务设计。管理者与员工如何共同构思能够助力技能提升的工作任务。

  ○ 任务分配的智慧。在分配任务时，管理者应考虑哪些因素，以确保员工理解任务不仅是为了完成工作，更是为了提升特定技能。

◦ 准备阶段的助力。管理者可以提供一系列问题清单，帮助员工为应用新策略做准备，同时与员工一起采取具体的前期准备步骤，如进行角色扮演练习。

◦ 职场伙伴支持。为员工提供工作中的资源支持，如导师或伙伴，协助他们学习并实践新策略。

◦ 持续辅导对话。建立管理者与员工之间的定期辅导交流机制，共同反思成长进展，应对挑战，并规划下一步行动。

● **人才发展小组会议**。这是一个持续进行的月度会议，管理者可以分享他们在成为优秀人才发展者道路上的进展以及遇到的挑战。对我个人而言，这是助力管理者不断提升的一大法宝。每次会议，小组成员都会轮流分享他们的学习心得、在员工中尝试的新策略，以及他们希望从小组内获得的帮助。小组成员积极提问、拓宽视野，共同为管理者提供辅导。而且，主持会议的人才发展专业人士（如你）还能为讨论增添更多有价值的内容。

● **视频与 TED 演讲资源**。其中包括我们精心挑选的一系列视频和 TED 演讲链接，它们覆盖了管理者需要学习的各项技能以及员工可能感兴趣的主题（大致分为两个独立单元），其中一些话题涉及如何影响他人、打造精彩演讲的方法、让工作充满发展机会、高效主持团队会议的策略等。

● **同伴辅导项目**。该项目旨在让更多员工参与到个人发展中。提供清晰的指导至关重要，因为很多员工可能误以为自己已经掌握了辅导他人的方法。值得注意的是，虽然有效的辅导方法有很多，但也有一些方法可能带来负面影响。如果管理者认为所有人都知道如何辅导他人，那么这个项目可能逐渐失效。我们应该把重点放在那些真正有助于他人学习的技巧上，而不是单纯依赖导师的个人经验上。最好能让同伴相互辅导时遵循相同的指导原则，人才发展专业人士可以在这方面提供宝贵建议。

以上五个建议可以作为你策划及测试人才培养资源的起点。有了这些内容，你和你的同事已经是创造人才发展资源的行家里手，所以请勇往直前，不断创新！

最后的思考

想要达成人才发展的最终目标，无疑需要与管理者紧密合作，他们也必须精通人才培养模式。你的任务在于，深入了解那些优秀的人才开发者具备的特质，协助他们转变思维，让他们认识到自己在人才培养上的职责，并通过悉心指导，引领他们踏上学习并实践这些技能的旅程。这一步将成为你和你的公司脱颖而出的秘诀。在这条成长之路上，随着工作重点的调整和新技能的习得，与管理者的互动也会愈发频繁，你将逐渐成为他们坚实的后盾和可以信赖的导师，见证他们的蜕变。

你是否已经把将管理者培养为人才发展专业人士视为你的未来规划？我真心希望如此。因为在这条路上，你将收获满满：管理者在员工培养和激励上将取得显著进步，员工将获得更多成长机会，整个部门将呈现积极向上的工作氛围。而对于你来说，这将是你留给组织的一份永恒的宝贵经验，因为它推动了一场深刻的变革。

作者简介

温迪·阿克塞尔罗德（Wendy Axelrod）是一位全球公认的作家、高管教练和人才发展专业人士，她致力于帮助组织迅速发展以及大幅提升业绩表现。她是《人才驱动业务：卓越管理者如何在达成业绩的同时培育人才》和《成功指导的10 个步骤》的作者，并在 ATD、世界大型企业联合会、人力资源规划协会和亚洲人力资源峰会等会议上发表演讲。她热衷于直接指导管理者和导师，帮助他们成为杰出的人才发展大师。她激励他们不要只为员工提供解决方案，而应提高他们工作的可发展性。她引导管理者和导师采用重要的人才发展技能，建立自我意识、增进信任，从而让与他们共事的人不断探索新视角、突破障碍、提升能力。这种方法往往能为管理者、导师以及他们所支持的人带来具有转变性的成果。可通过邮箱 wendy@ wendyaxelrodphd. com 与她取得联系。

参考文献

Axelrod, W. 2019. 10 *Steps to Successful Mentoring*. Alexandria, VA: ATD Press.

Axelrod, W. , and J. Coyle. 2011. *Make Talent Your Business: How Exceptional Man-*

agers Develop Talent While Getting Results. Oakland, CA: Berrett-Koehler.

Goldsmith, M. , and H. Morgan. 2004. "Leadership Is a Contact Sport: The ' Follow-up Factor' in Management Development. "*Strategy +Business*, Fall.

Ledford, G. E. , Jr. , and B. Schneider. 2018. *Performance Feedback Culture Drives Business Impact*. Institute for Corporate Productivity and the Center for Effective Organizations.

ManpowerGroup. 2018. "Solving the Talent Shortage Build, Buy, Borrow and Bridge. "2018 Talent Shortage Survey.

延伸阅读

Biech, E. 2021. *Skills for Career Success: Maximizing Your Potential at Work*. Oakland, CA: Berrett-Koehler.

Kaye, B. , and J. Winkle Giulioni. 2019. *Help Them Grow or Watch Them Go*, 2nd ed. Oakland, CA: Berrett-Koehler.

Stainer, M. B. 2016. *The Coaching Habit: Say Less, Ask More & Change the Way You Lead Forever*. Toronto: Box of Crayons Press.

第 36 章　人才发展在战略劳动力规划中的作用

芭芭拉·戈尔茨基

战略劳动力规划是要确保组织在合适的时间、以合适的成本，找到拥有相应技能的人才，以满足业务发展的需要。虽然听起来简单，但是许多组织要么没有进行这一规划，要么做得不够好。如今，组织对新技能和技能升级的需求日益增长，而具备这些技能的人才却日益稀缺。因此，制定有关人才发展的战略劳动力规划变得极为重要。本章将深入讲解战略劳动力规划的重要性，以及人才发展专业人士在其中扮演的关键角色。

本章要点

△　学习为什么战略劳动力规划对组织的成功至关重要。

△　制定战略劳动力规划的具体步骤。

△　认识到人才发展在战略劳动力规划中地位的显著提升。

战略劳动力规划是组织用来全面分析当前人员队伍，并预测未来人员需求的一种方法。它涉及预测为实现组织目标所需的人才种类和数量，并对照当前人员能力和劳动力市场的未来供应情况来评估这些需求。在制定战略方向、设定新的战略目标或业务环境发生变化时，组织会定期进行战略劳动力规划。一般来说，为了能够准确判断长期的业务需求，并提前制定计划，确保有充足的人才储备，这个规划的时间跨度是三到五年。

与此相关的还有运营人力规划和劳动力规划，它们与战略劳动力规划相似，主要区别在于规划的时间范围。运营人力规划更侧重于预测下一年的人才需求，劳动力规划则更关注日常、每周或每月所需的人员数量。

阻碍有效规划未来人力需求的因素

组织在规划未来所需人才时，往往会遇到各种难题，导致规划不够有效。这些难题主要包括：

- 缺乏准确的数据来合理预测将来需要什么样的人才。
- 外部环境不断变化，给组织带来挑战，使得预测变得困难重重。
- 盲目认为一旦需要人才，就能轻松招聘到。
- 组织在规划时各自为政，缺乏整体性。

如果组织不进行周密的战略劳动力规划，就可能错失达成重要战略目标的机会。根据《哈佛商业评论》2016 年的报道，由于劳动力规划不足，绝大多数组织难以实现其业务目标。下面将简要分析导致战略劳动力规划不到位的一些原因，以便揭示其中存在的问题，同时分析人才发展参与到这一过程中的挑战和机遇。

数据不足难题

组织之所以难以制定周全的人才规划，其中一个关键原因是缺少足够的数据来准确预测未来的人才需求。根据 2016 年《哈佛商业评论》的一项调查，大多数组织在以下四个关键领域对自家劳动力的情况了解不够：

- 人才招聘和流失的具体状况及其背后的原因。
- 人才规划是如何助力业务计划取得成功的。
- 人才结构变化如何导致组织的实际成果与计划产生偏差。
- 为了达成业务目标，需要哪些岗位和人才。

人才管理部门在这方面有着得天独厚的优势。它们可以通过提供人才分析数据（如离职率、退休情况、技能掌握率等预测情况），协助组织制定行之有效的人才计划。如果人才管理部门没有提供过这类信息，那么自然会导致数据不足。因此，人才管理部门需要不断展现自己对人才和业务状况的了解，来体现自己的价值，进而才能真正成为战略劳动力规划中不可或缺的一环。

持续变化

除了需要掌握足够的人才信息，组织也处于不断变化中，这阻碍了战略劳动力规划的有效实施。工作岗位在变化，执行这些新岗位所需的技能也在变化。2020 年，各组织预计有 40% 左右的员工需要接受为期六个月或更短时间的再培训，而其他员工则需要更长时间的再培训。员工进行再培训以及技能提升的机会窗口也越来越小。组织根本无法以足够快的速度对员工进行再培训，以满足未来的人才需求。

那些可能继续留在当前岗位的员工也需要这种再培训。对他们来说，未来五年，当前工作中核心技能所占比例将达到 40%。再加上知识半衰期的迅速延长（在大学课程、培训项目或工作经验中获得的知识变得过时之前所持续的时间），再培训就成为一项战略要务。

随着技术、市场和人口结构的不断变化，组织的战略和运营模式也在不断调整。这种情况虽然并不罕见，但突如其来的冲击还是带来了不少麻烦。特别是在新冠疫情期间，美国劳动力市场上的人才流失情况急剧恶化。据统计，仅在疫情暴发期间，就有约 320 万婴儿潮一代的美国人选择退休。从 2019 年 10 月到 2020 年 10 月，由于失业、学校关闭、托儿服务短缺以及薪酬不平等问题，女性劳动力减少了 220 万人。与此同时，与非大学学历的劳动者相比，拥有学士学位或更高学历的劳动者失业率相对较低。人才的严重流失，给组织成功带来了巨大挑战。

盲目假设人才唾手可得

缺乏战略劳动力规划，组织往往会陷入被动应对的境地，只能随着业务状况的变化而不断招聘和解雇员工。在这种循环中，组织的关注点（和压力）将更多集中在人才引进上，而忽视了人才发展。随着组织中新岗位的出现和对新技能需求的不断增加，具备相关技能且可供使用的劳动力将持续减少，进而导致组织过度依赖人才引进。然而，事实表明，能够满足组织需求的人才（如重症监护室护士、数据科学家等）供不应求。组织再也不能想当然地认为，一旦需要，就能招聘到所需的人才。

流程脱节

导致组织无法合理进行未来人才规划的另一个原因是实施流程上的孤立性。很多时候，人力资源部门或人才管理部门是通过分析人才数据，并根据过去的经验进行未来预测，从而确定组织的人才需求的。而业务领导者则是根据他们对业务未来的看法来预测所需员工数量，并不将人力资源部门或人才管理部门纳入考量中。如果有一个由业务和人力资源或人才管理领导者组成的跨职能团队共同制定战略劳动力规划，结果就会更好。可以通过决定谁来监督规划的执行来确定谁是该项规划的最终裁决者。

如果你的组织目前尚未开始这一流程，或者该流程存在脱节现象，你可以主动与利益相关者（如业务领导者、人力资源部门或财务部门）沟通，营造紧迫感，并讨论制定和维持这样一项规划的好处。随着组织对人才需求的持续增长，所有领导者都必须认识到，未来人才规划对于组织而言至关重要。

构建战略劳动力规划的常规流程

构建战略劳动力规划是一个循序渐进的过程，包含三个阶段：首先是部署，其次是评估，最后是计划（见表 36-1）。整个过程被细分为六个具体步骤，旨在帮助组织高效实现人才规划。

表 36-1　制定战略劳动力规划的阶段和步骤

部署阶段	评估阶段	计划阶段
1. 了解组织的长期战略	3. 通过评估现有员工队伍了解人才供应状况	5. 确定如何填补已识别出的人才缺口
2. 明确组织实现战略目标过程中的关键角色和技能需求，以及这些角色的未来需求	4. 将预测的需求与当前员工队伍进行比对，组织就能判断是否存在人才缺口，以及缺口有多大	6. 监控计划并根据情况做出相应调整

聚焦：第 1 步

要深入了解组织的长期战略，就要仔细研究它的愿景、使命、价值观以及具体的战略计划。人才管理专业人士必须与业务领导者保持紧密联系，清晰把握组织在未来规划期（通常是三到五年，具体依行业而定）的发展方向。同时，人才管理专业人士还需明确实现这些战略计划所需的人才资源。积极主动地参与进来，能让你在规划过程中发挥重要作用，从而制定切实可行的战略劳动力规划。

如果你之前从未参与过组织制定的战略劳动力规划，那么现在你需要先了解什么是战略规划，以便了解组织未来的发展方向。如果暂时无法获取有关战略规划的详细资料，你可以与业务领导者进行交流，了解他们对企业未来的规划和展望。

在进行人才需求分析时，通常会提出以下问题，这些问题有助于收集和分析数据，进而确定人才培训需求以及进行战略性人员分析：

- 在未来的三到五年内，你预计你的业务领域会有哪些变化？
- 你正在考虑对哪些产品或服务进行调整或转型？
- 你认为你的业务领域在未来要取得成功，相应人才需要具备哪些技能和胜任力？
- 技术变革将如何影响你的业务运营？
- 你预见了哪些重要的变化或趋势？
- 我们应如何与你合作，共同培养你需要的人才？

聚焦：第 2 步

这一步的核心目标是明确组织实现战略目标过程中的关键角色和技能需求，以及这些角色的未来需求。

关键角色可以被定义为对组织保持长期成功至关重要的职位。这些职位是战略计划成功实施所必需的，有时也被称为战略职位。当然，并不是所有职位都被视为组织成功的关键角色。其他可能的职位包括：

- 核心角色，对于实现当前业务战略相关的成果至关重要。
- 基础运营角色，支持并负责日常业务运营的基础角色。
- 事务性角色，对于业务战略并非关键，主要负责实现运营目标。

在你了解组织中的各个角色后，就可以着手估算组织内部的人才需求了。方法多种多样，选择一种或几种，取决于你所在组织的规模和结构复杂度。预测未来需求便是一种估算方式，但这项工作具有挑战性，因为要基于大量假设来进行，而这些假设最终可能正确也可能不正确。

在制定战略劳动力规划时，组织往往会考虑各种未来情景，以便在任何情况下都能为人才规划做好准备。例如，情景规划在估算未来人才需求时就十分有用，而且它不像预测那么苛求精确。当然，还有其他一些估算方法，它们各有千秋。归根结底，这些方法都是为了明确组织为取得成功需要哪些特定技能和职位。

至于你的组织到底需要什么技能，就要看现在或将来产品和服务会发生怎样的变化以及行业进步需要哪些职位。要想知道这些职位需要何种技能（特别是关键职位的技能），必须深入研究劳动力市场情况，了解竞争对手的需求。在你的行业中，如果某些技能（如数据科学）需求量很大但供应有限，那么你的组织可能就要着手培养内部人才。

另外，预测分析和算法也在帮助雇主确定所需的技能。不过，研究表明，即使没有这些技术辅助，在所有职位中，除了数据科学和网络安全等专业技术技能，沟通技能以及灵活应变能力等软技能或"人文"技能也是当下最需要的新能力。

此外，有些你认为重要的职位对组织来说可能并非如此。许多现有的工作岗位会继续保留，但将经历显著的变革。随着自动化取代人力完成越来越多的日常任务，员工也需要执行新的或不同类型的任务，这就要求他们掌握新技能。因此，在制定战略劳动力规划时，应当考虑当前员工需要掌握的所有新技能。

评估：第 3 步

接下来，需要通过评估现有员工队伍了解人才供应状况。这需要按照前面提到的职位分类来审视这些员工，特别是那些处在关键职位的。在评估时，我们不仅要关注不同职位员工的数量，还要关注他们的质量。

• **数量**。可以利用人才分析数据来考察每个职位的员工人数、员工年龄、员工性别等基本信息，这些职位的预计离职和退休情况、填补岗位空缺和达到生产力所需的时间，高潜力人才的数量，认证和执照的数量，以及其他相关数据。这些数据将帮助我们全面了解员工状况。

• **质量**。此外，我们还可以通过以下几种方式获取数据：人才管理或其他流程（如绩效管理、人才评估、评估工具、个人发展计划、领导对技能差距的感知评估、员工敬业度数据等）以及可能揭示人才缺口的其他组织流程（如工作提案竞标）。人才发展专业人士还可以将学习项目（如课后技能测试）中的反馈纳入战略劳动力规划中。培训课程也是了解学员掌握新技能情况的重要数据来源。

在数据分析方面，人才发展专业人士发挥着举足轻重的作用。作为这些数据的主要持有者，他们比大多数其他部门更有可能深入了解组织的人才状况。无论是正在使用的正式评估工具（如霍根性格测试、360 度评估），还是未来可能通过在职数据收集获得的在职衡量指标，都能帮助诊断绩效和技能差距。

评估：第 4 步

将预测的需求（即所需人才）与当前员工队伍（即人才供应）进行比对，组织就能判断是否存在人才缺口，以及缺口有多大。通过按职位（如高级软件工程师或重症监护室护士）查找缺口，可以帮助组织确定需要优先采取行动的地方。人才发展部门可以做出的贡献是，审查那些人才供应充足的职位，并判断其中一些技能是否可以转移到人才供应较少的职位上。同样，人才供应数据的来源包括美国政府发布的报告以及独立的行业调查。

计划：第 5 步

接下来，要确定如何填补已识别出的人才缺口。以下决策至关重要，不仅有助于制定战略劳动力规划，还有助于制定人才战略。大卫·乌尔里希在 2009 年提出了"6B"理论，即通过以下六种投资提升组织内的人才素质，填补人才缺口。

- **购买（Buy）**。通过人才招聘，从组织外部或其他部门引进员工。这种方法的一个优势是，当内部没有时间培养人才时，它能迅速引入新的想法或技能。
- **培养（Build）**。通过人才发展举措培养员工。这种方法的好处是，它让现有员工通过掌握所需技能而有机会担任新职位。
- **借用（Borrow）**。与其他方合作，获得所需的技能和知识。借用人才的一个优势是，这些工作者不被纳入正式员工，因此他们只在特定时间段内被聘用，这有助于降低成本。高德纳公司认为，32% 的组织正在用临时员工取代全职员工，以节约成本。在使用借用策略时，必须谨慎做决定，即如何将临时员工整合到人才战略中。

- **绑定（Bind）**。通过激励措施或其他留任工具留住高潜力和高绩效员工。

- **晋升（Bound）**。让员工在组织内部晋升到更高职位。还包括一些其他旨在留住人才的优秀计划和福利，如居家办公、专属福利等。

- **调整（Bounce）**。将低绩效员工安置到更合适的职位或将其从组织中剔除。

以"6B"理论为指导，并不意味着在所有职位或业务领域中都只采用其中一种策略。大多数情况下，针对不同职位或业务领域，必须采用不同的方法。关键职位需要比其他非关键职位投入更多关注和资源。当这些投资策略应用于不同职位时，人才细分策略才能得以展开，即根据职位的关键性和独特需求，制定不同的人才吸引、发展、奖励和保留策略。

这些投资策略还为具体目标的实现以及资源配置奠定了基础——没有适当的资源配置，这些目标往往会停滞不前，组织也会因此受损。应与人才管理部门的同事就不同的人才细分策略展开合作，以确保大家目标一致、重点突出，并了解总体目标和资源分配情况。

管理者通常不关心人才的来源。他们之所以经常使用"购买"策略，是因为急需人才，并声称没有时间培养人才。随着熟练且有能力的人才数量不断缩减，组织将不得不通过培养内部人才来满足未来的业务需求。购买人才并不总是成本效益最高的选择，事实上，培养人才可能更具成本效益。然而，培养人才需要时间，因此需要一个稳健且长期的战略劳动力规划来指导这项投资。此外，"培养"策略还有助于吸引和留住那些可能因缺乏晋升机会而离职的员工。

计划：第 6 步

监控计划并根据情况做出相应调整。一旦制定了战略劳动力规划和人才细分策略（包括具体目标和资源配置），就应持续跟进和分析，以确保计划得到妥善执行。一旦业务条件发生变化或发生其他意外情况，就要对计划进行调整以满足新的需求。应每年进行一次正式审查，确保按计划实现目标。所有利益相关者之间的沟通是确保目标达成或对目标做出调整的必要条件。战略劳动力规划的负责人（负责管理和监督计划执行的人员）将确保该计划得到应有的重视。

技术赋能，强化战略劳动力规划之路

科技飞速发展为构建战略劳动力规划提供了前所未有的机遇。举例来说，新一代的学习管理系统内嵌了完备的技能分类数据库，这不仅能精准评估在职员工的技能水平，还能依据战略需求进行精准招聘与培训，有效填补技能空缺。随着职场环境的迅速变迁，构建能力模型和正式职位描述的难度日益加大。而这些先进技术系统深入挖掘员工数据，进而洞悉组织内部员工技能的大致发展趋势。它们依据员工的过往经验、绩效评估、学习模式等多维度信息，智能推断员工技能。这为整合数据资源，并将其完美融入战略劳动力规划提供了宝贵契机。

进一步来说，随着一体化人才管理系统得到广泛应用，我们可以全面整合并分析来自各系统的数据，从而对员工情况形成全方位认知。若你已配备此类一体化系统，可依据人才职位差异将其细分为不同群体，并综合考量该群体的规模、员工所具备及所需技能、离职率、绩效表现、敬业度等多个维度。拥有一套强大的系统无疑能简化战略劳动力规划的流程，但值得注意的是，这并非制定一个稳健规划的必要前提。

如果你的组织正寻求合适的技术支持，请务必谨慎选择，找到既能预测分析、模拟多种情景，又能有效追踪计划进度的工具。如果你的规划团队由多方利益相关者构成，则需寻找便于团队间无缝协作的解决方案。但请谨慎选择那些更侧重于满足财务部门而非人力资源部门所需的业务规划工具，因为它们可能无法充分响应组织人才团队或社区的特定需求。

如果你的组织尚未具备能够支撑全面战略劳动力规划的技术基础，那么不妨从小规模开始尝试，例如，从单一的业务单元开始做起，或者只在关键角色中先行尝试，从而逐步迈向更加完善的规划体系。

人才发展在培养人才方面的作用

随着众多组织逐渐从传统的层级化、职位导向结构向扁平化模式转型，明确达成业务目标所不可或缺的关键技能和核心胜任力变得愈发重要。人才发展战略需聚焦于培养那些能够在短期内迅速见效，同时在长期内持续推动组织绩效提升的技能与胜任力。

人才发展工作必须秉持战略性思维，并在实践操作和流程上具备灵活性。正如组织的其他组成部分一样，人才发展工作要随着组织战略的调整而迅速灵活地做出改变。在此背景下，人才发展迎来了诸多机遇，以构建符合组织业务需求的人才队伍。以下列举几个实例加以说明。

实习机会

与教育机构携手合作，提供实习岗位，不仅能帮助学生在毕业后顺利过渡到全职工作，而且能够与教育工作者建立联系，共同明确组织所需的关键技能。面对日益扩大的技能缺口，可以主动询问教育工作者是否能制定一套课程，专门培养组织未来亟需的特定技能。实际上，美国的 STEM（科学、技术、工程和数学）教育计划便是在这样的背景下诞生的。当年美国劳工部预测工程专业毕业生数量将无法满足市场需求，因此激发更多美国学生对这些领域的兴趣便成为一项重要任务。实现这一目标，要靠教育工作者和企业领导者之间的紧密合作，他们共同明确了推动教育计划成功所需的关键技能。

入职培训

新员工必须迅速适应其岗位。因此，组织应制定学习计划来辅助入职引导过程，帮助员工了解其岗位职责、弥补技能缺口，并快速熟悉组织。人才发展部门还可以为新员工打造实践社群，让他们相互学习，建立同事关系网。此时也是为新员工分配导师或同伴教练的好时机，以帮助他们了解岗位的各种细节。通过入职引导来帮助新员工，是与他们建立关系、培养其持续学习心态的关键第一步，这有助于他们取得成功并继续留在组织中。请记住，优秀的组织认为入职引导应涵盖新员工入职的前六个月到十二个月，这是留任问题的关键时期。

技能提升与再培训

随着工作环境的转变和技术的日益普及，员工必须掌握新型的多元化技能。然而，技能和能力培养可能耗费高昂成本。在此背景下，人才发展部门可以通过转变学员认知来提供支持，将学习从孤立事件转化为工作场景中的持续过程。在此转型过程中，技术可以发挥巨大作用。人工智能、虚拟现实和增强现实技术在学习领域日益普及，可深度融入员工工作流程。当然，员工应用的技术越复杂，相应的技术培训需求就越迫切。

人才发展部门还可根据员工岗位特性定制学习内容，员工可通过智能化学习平台获取相关资源。其中，关键岗位人员的培养应作为重点，通过匹配相应的学习资源，使其掌握岗位转型所需的新技能，从而为组织未来发展提供人才保障。

职业发展

员工渴望职业上的流动性，期望能在现有组织中不断进步，或探索其他机遇。高德纳公司 2020 年发布的未来工作趋势报告强调，企业应着眼于员工未来所需的技能，而非局限于特定职位。报告倡导，企业应激励员工培养那些能为他们的职业发展铺平道路的关键技能，而不仅是让他们为下一个特定职位做准备。长久以来，员工一直呼吁拥有更加透明的职业发展路径，然而，人才发展部门在提供这些路径方面始终面临挑战。与此同时，在组织模式日益扁平化，组织结构更加复杂的背景下，职业发展路径变得不再清晰明确，员工的垂直晋升空间也可能受限。人才发展部门应凭借其独特优势，识别员工所需技能并为其提供学习这些技能的途径，助力员工的职业发展。

绩效管理

组织不断探索优化绩效管理的方法，正经历深刻的变革。绩效管理被赋予了多重使命——它不仅关乎薪酬决策，如加薪与晋升，还与寻找弥补技能鸿沟的有效途径密不可分。然而，正是这些多样性的目标导致绩效管理流程的不连贯与低效。因此，众多组织正积极构建新流程，聚焦员工辅导与成长。在这些新方法中，对绩效的即时反馈弥补了以往对绩效关注不足的情况，对技能与能力发展的大力关注也取代了传统的薪酬决策模式。人才发展部门扮演着至关重要的角色，它帮助管理者掌握辅导与培养员工的技巧。此外，正式的辅导计划与导师制度也为员工技能的提升提供了强有力的支持。人才发展部门始终致力于满足绩效管理流程中明确的学习与发展需求。即便你不直接参与绩效管理流程，仍能在弥补技能差距方面发挥举足轻重的作用。

管理和领导力发展计划

领导职位通常被视为至关重要的战略角色，因此，人才发展部门必须高度重视这一人才群体的学习与发展。大多数组织都为这些关键角色制定了管理与领导力培训课程，课程设置包含各项能力，掌握这些能力对组织走向成功至关重要。随着领导所需能力的不断变化，企业必须不断更新这些职位的能力模型以及培养管理者和领导者的课程体系。同时，教练与导师项目在培养领导者方面也发挥着举足轻重的作用。

高潜力人才培养计划

在人才发展的广阔领域，识别和培养那些具备成为关键岗位领导潜力的个体，始终占据核心地位。无论是通过遴选潜力新星群体，还是实施人才梯队战略规划，组织都能为其提供合适的高潜力人才培养计划。此类计划通常关注具备卓越领导力的个体，但其范畴可拓宽至各类关键岗位。随着人才储备的日益缩减，以及保留顶尖人才的紧迫性日益凸显，组织愈发意识到尽早识别和培养年轻高潜力人才的重要性——包括为初出茅庐的大学毕业生量身打造发展计划，以此提升他们未来所需的长期能力。这些发展计划必须精心设计，确保提供与未来岗位需求相匹配的宝贵经验。与此同时，教练和导师制度在培养高潜力人才方面也发挥着举足轻重的作用。

发展潜在劳动力

与当地及外部组织合作是培育本土劳动力、满足组织未来需求的有效途径。双方携手，共同确定并培养所需技能，有助于从社区中不断引入优秀人才。根据你的行业特性，学徒计划或许能为你的组织培养所需人才，并为那些需要技能转型的人员提供就业机会。与社区合作伙伴进行积极的外联是吸引潜在雇员的又一良策。包括让新员工以及其他员工或领导在公开场合发表演讲，激发他人加入组织的热情。同时，鼓励这些员工在当地董事会任职并积极参与当地组织的志愿服务，也能在潜在雇员中树立良好的公司形象。

最后的思考

　　所有与人才发展相关的流程和项目都必须关注如何为组织的未来发展打造人才队伍。领导者培养内部人才的需求逐步提升，人才发展在战略劳动力规划中的作用也变得愈发关键。理解它为何如此重要、如何实施以及你在其中的角色，可以帮助你创建合适的项目和流程，从而确保打造一支具备优秀技能和才能的人才队伍。

◆◆◆

作者简介

　　芭芭拉·戈尔茨基（Barbara Goretsky）的整个职业生涯都致力于人才发展和人力资源领域。在多个组织和行业中取得职业生涯的成功后，她开始创立自己的咨询公司，专门从事人才发展、团队建设、变革管理、领导力发展以及高管培训等业务。她推动 ATD 实施了多个项目，并参与了《人才发展知识体系》的撰写工作。

参考文献

Association for Talent Development. 2020. Talent Development Body of Knowledge. Alexandria, VA: ATD.

Baker, M. 2020. "9 Future of Work Trends Post-COVID-19. "Gartner, April 29.

Bersin, J. 2020a. "HR Predictions for 2021. "Josh Bersin.

Bersin, J. 2020b. "The War of the Skills Clouds. "Josh Bersin, January 17.

Congressional Research Service. 2021. *Unemployment Rates During the COVID-19 Pandemic*. CRS, August 20.

Harvard Business Review. 2016. *Tackling Talent Strategically: Winning With Workforce Talent*. Boston, MA: Harvard Business Publishing.

Lawler, E. 2017. *Reinventing Talent Management: Principles and Practices for the*

New World of Work. Oakland, CA: Berrett−Koehler.

Matuson, R. 2021. "How to Stop the Mass Exodus of Women Leaving the Workforce Due to COVID−19."Forbes, March 19.

Shepherd, E., and J. Phaup. 2020. *Talent Transformation: Develop Today's Team for Tomorrow's World of Work*. Talent Transformation Press.

Ulrich, D. 2009. "The Six' Bs' Overview."The RBL Group, Tool 5. 1.

World Economic Forum. 2020. *The Future of Jobs Report* 2020. Cologny, Switzerland: World Economic Forum.

延伸阅读

Gibson, A. 2021. *Agile Workforce Planning: How to Align People With Organizational Strategy for Improved Performance*. London: Kogan Page.

Lawler, E. 2017. *Reinventing Talent Management: Principles and Practices for the New World of Work*. Oakland, CA: Berrett−Koehler.

第37章 从被管理到管理：
培养员工职业发展主人翁意识

哈蕾莉·阿苏雷

在工业时代，雇员与雇主之间的关系（建立在长期的彼此忠诚之上）与现在有所不同。然而，对雇员而言却暗含着某种无力感，因为除了领取薪水和享受基本福利，对工作提出更多期望在当时几乎是不被允许的。但只要你工作表现良好，便可以安稳享有这些待遇直至退休，并且还能依靠养老金安享晚年。这样的雇佣关系已成历史。

本章要点

△ 探究工业时代关于雇佣关系的观念为何不再适用，以及应该采用何种观念。

△ 发掘并掌握实际可行的方法，主动把握自己的职业道路与职业发展。

△ 认识到提升和培养个人能力及职业价值的重要性。

在工业时代的大背景下，雇主鲜少会因员工不满现状、未实现个人价值或技能停滞而感到潜在的离职危机。雇员也大多接受这样的事实：他们只需坚守岗位，勤勉尽责，专注本职工作。他们深知不应有过多的奢望或要求，只需心怀感激，知晓组织会给予他们应有的关照。至于个人职业发展，大家都心照不宣地认为培训应由组织根据实际需求选择和提供。雇主自然而然地扮演着管理者的角色，而雇员则是被管理的一方。

谈及实现梦想和抱负？似乎遥不可及。为自己的职业道路设定方向？更无从谈起。雇员只需安心做好本职工作，其余的都交由组织来安排。

20世纪80年代的经济衰退

然而，20世纪80年代的经济衰退引发了一场大规模的裁员风暴。这场风暴给职场带来了翻天覆地的变化：组织与雇员之间原本就脆弱的信任、承诺和忠诚更荡然无存。雇员与雇主的关系逐渐挣脱了工业时代的枷锁，雇员也开始意识到，他们必须适时调整自己的职业发展心态，以适应这一新变化。

传统的雇主与雇员关系已成过往

在过去二十年间，雇主作为管理者而雇员作为被管理者的雇主与雇员关系已然土崩瓦解，许多雇员逐渐认识到，与雇主之间那种"白头偕老"式的绑定关系，不过是美好的幻想。然而，不少雇员依然难以转变思想，寄希望于公司能主动培养其才能。

这一裂痕正不断加深，旧有观念的残余在当今职场仍随处可见。但有一点必须明确——那个时代已经一去不复返。我们都需要拥抱一个全新的职场世界，这个世界正由新一代具有颠覆性创新的职场人引领，且充满着各种可能。

如今的员工，特别是年轻一代，渴望在工作中实现自我价值。正如丹尼尔·平克在其著作《驱动力》中所阐述的那样，员工渴望追求更宏大的目标，不断提升专业技能，享受自主决策的权利。一旦他们在当前组织中感受到这些需求得不到满足，便会选择另谋高就。

根据乔希·伯辛于 2018 年在领英平台上进行的一项研究，当被问及离职原因时，受访者普遍认为，"学习和成长机会的重要性远超加薪，几乎是加薪的两倍之多，同时这一因素的重要性也远超与上级的关系"。

在新职场环境中，任期缩短、信任减弱已成为常态。虽然在本书其他章节中也谈及造成这一现象的诸多因素，并促使雇主重视这一点以确保为员工提供发展机会，但所有员工也必须主动承担自己职业生涯和发展的管理者角色，而不再将这一重任完全托付给雇主。

成为义务工作者抢占发展先机

米歇尔希望从项目管理领域转型至教学设计领域。尽管她刚取得了教学设计专业的硕士学位，但她的雇主更欣赏她担任项目经理的出色能力，对于她的转型意愿迟迟不做回应。为了把握职业生涯主动权，米歇尔毅然采取行动，回复了我们协会（ASTD，现已更名为 ATD）在当地分会发布的一则关于董事会职位空缺的招聘消息。尽管她与我们当时想要招募的人选并不完全契合，但她所展现出的智慧、精湛的技能以及积极进取的态度，让我们无法忽视。于是，我们特意为她增设了一个董事会职位。（毕竟，在一切工作均基于自愿原则的前提下，预想并不能成为阻碍。）

米歇尔成为我们分会的首位技术总监。这让她有机会在领导岗位上积累经验，并在专业协会中作为核心联系人获取众多宝贵机会——专业协会往往汇聚着新工作机会、新发展趋势以及急需解决方案的重大行业挑战。在全新的岗位中，米歇尔不断成长，释放出耀眼的光芒。如同许多求职者一样，随着新职位的涌现，她不断尝试着不同的角色。当然，这一切都是在不影响她本职工作的前提下进行的。即便在日常工作中，也能明显看到她的成长，她新培养的领导能力也愈发显著。很快，她的雇主便向她抛出了橄榄枝，邀请她加入梦寐以求的教学设计团队。凭借出色的领导能力，米歇尔最终当选为分会候任主席，并被提拔为部门经理。

米歇尔主动把握自身发展前景，这让所有利益相关者都受益匪浅：她在工作中获得了自己梦寐以求的职位（甚至超越预期），同时在义务工作者角色中获得了曝光度和宝贵的工作经验。她的雇主因米歇尔能力的提升而受益，无须花费一分钱，就得到了一位具备领导技能的人才。我们分会也从米歇尔的志愿服务中获益，她的努力提升了我们的组织能力，进而更好地为组织成员服务。这是一个三赢的局面，而这一切都是在米歇尔成为自己职业生涯管理者的前提下实现的。

成为职业生涯的管理者

你是一名创业者，你的职业生涯就是你的产品。你要成为职业生涯发展的管理者。

正如领英创始人里德·霍夫曼及其合著者本·卡斯诺查在《至关重要的关系》一书中所阐述的那样："在这个时代，我们迫切需要建立一种创业心态。无论你是在只有十人的初创团队、庞大的跨国企业、非营利组织、政府机构，还是在这之间任何类型的组织中——如果想要把握机遇，应对职业生涯中错综复杂的挑战，就必须像运营一家初创公司那样，去精心策划并推动你的职业发展。"

如今，雇员与雇主之间已逐渐成为一种价值交换的契约，尽管其中某些部分仍隐而未显。对大多数人而言，工作已不再仅仅是用体力、时间、既有技能来换取金钱与福利。我们步入职场，是为了汲取新知，积累新经验，这些都将丰富我们的个人品牌，提升我们的市场价值与就业竞争力。当雇员倾尽全力，将时间、精力与技能奉献给雇主，却感觉付出与收获未能达到理想的平衡时，他们便会开始寻求改变，或者调整当前的工作状态，或者带着一身本领与热情，另寻新的舞台。

雇主越早领悟这一道理，对雇员个人发展越有利。即便晋升机会遥不可及，培训预算捉襟见肘，关注雇员成长与发展依然可行且必要。本书其他篇章已深入探讨除培训外，促进个人学习与成长的众多途径。

"在团队协作至上、组织结构扁平化的当下，技术迭代正悄然改变我们的工作伙伴与工作方式，传统的［职业］晋升阶梯正逐渐瓦解。新兴的职业路径模型如同一张交织的职业网。这张职业网要求员工不断积累跨领域经验、获取相邻技能以及构建同行网络。员工因此得以有资格迈向他们追求的多样性岗位……相比之下，传统的职业阶梯模式遏制了员工在全球经济浪潮中所需的创造力和灵活性。"

将你的职业生涯置于永久测试模式

美国加州大学戴维斯分校创业中心主任安迪·哈加德（在《至关重要的关系》一书中被引述）提出，我们要把职业生涯看作处于"永久测试模式"的产品。"对不少人而言，'拥有 20 年工作经验'不过是将同一年经验重复上演 20 遍。"他进一步阐释道，"如果你的职业生涯处于'永久测试模式'，那么这 20 年的光阴才能算得上真正意义上的职场经验，因为每一年都会有丰富新颖的挑战与机遇，而'永久测试模式'，实质上是一种不断成长进步的终身承诺。"

精心塑造个人品牌，秉持价值创造者的积极心态

一旦对自己的个人品牌及职业生涯建立主人翁意识，你便会认识到精心塑造

它们的重要性，以及为何这份职责无法转嫁他人。在漫长的职业生涯旅途中，每一份工作都只是一个临时驿站，你将在这条路上邂逅各类雇主，或遇到各种自由职业的工作机会。因此，在每一个阶段，你都将拥有进行价值交换——给予与收获——的机会，从而达成双赢局面。

这完全符合交易的核心原则：只要是自愿且公平的价值交换，且双方均感到物有所值，就皆大欢喜。一旦价值交换因某种原因而变得失衡，我们就需重新审视这一模式或重新协商具体条款。

要确保交易双方的权益都得到保护：在积极寻求机遇的同时要切实履行自己的承诺。切勿损害你的品牌和声誉，也不要为未来如晋升、调岗、轮岗或获取你接下来所追求的机会设置障碍。努力创造双赢的价值交换，让每一次交易都成为双方共赢的契机。

为什么培训与发展专业人士需要建立独特品牌

小詹姆斯·史密斯，作家、演讲者以及 Dr. James Smith Jr. 咨询公司教练

20 世纪 90 年代末，我萌生了离开企业、创立自己事业的念头。作为一名企业培训师，我已在这个岗位上耕耘了八年，内心深处却渴望更广阔的天地。我梦想拥有更多的听众，渴望与不同的群体交流，同时，我也向往着自由旅行。创业的念头在我心中生根发芽，使我成为一名渴望冒险的企业家。在众多我所钦佩的培训师和演讲者中，莱斯·布朗无疑是我的最爱。我沉迷于他的视频、PBS 电视台特别节目以及他的录音带。我被深深吸引，无法自拔。我开始不自觉地模仿他的一言一行，从说话的方式到走路的姿态，甚至笑声，都与他如出一辙。在他的标志性结束语的启发下，我创造了自己的版本："这是南希·史密斯的宝贝儿子在与你分享……"

然而，在某个关键时刻，我猛然醒悟，意识到自己必须停止这种盲目的模仿。奥斯卡·王尔德的名言"做你自己，因为别人都有人做了"在我脑海中回荡。我意识到，我已经在莱斯·布朗的模式中迷失了自我。于是，我决定开始一场"莱斯·布朗戒断之旅"，重新寻找真正的自己。我要找回自己的风格、活力、魅力和个人品牌。在远离莱斯·布朗的几年里，我成功塑造了独特而鲜明的个人品牌和风格。我将我的名"吉姆"（詹姆斯的昵称）放在开头，将我的高能

量风格命名为"JIMPACTing"，并致力于将这种能量传递给全世界的人。我甚至将我的公司命名为 JIMPACT Enterprises。很快，我就收到了大量的积极反馈和赞誉。人们纷纷称赞我活力四射，虽然他们可能认为这是一种表演，但事实并非如此，那就是真实的我。我自豪地称自己为"活力先生"。这个标签和风格就像为我量身定制的紧身衣一样，自然、完美且贴切。我渐渐意识到，其实我一直都在以"JIMPACTing"的方式影响着周围的人——在学校、在培训和咨询课程中、在家里。这就是我，一个永远充满活力和影响力的人。

依据理学硕士马莉斯·汉森和哲学博士梅尔·汉森在其 2002 年合著的《激情与目标：发掘并驾驭塑造你工作/生活的强大模式》一书中的见解：

> 我们的激情与目标其实早已潜藏于心，只等我们发觉，这需要花时间去审视我们的生活与工作。一旦洞察到关于自我的真谛，就必须正视其恒久不变的本质。我们并非任由外界雕琢的软泥，非要根据世界的需求或期望去塑造自己。我们每个人都有一套独特的模式，它不仅引导并决定着我们的行为，更界定了我们生活中哪些事物是富有意义且令人满足的。这一模式贯穿了我们的一生，需要花时间将其识别出来，理解透彻，并据此行动。

我正是这样做的，并且我鼓励培训与发展领域的专业人士也这样去做。我们必须发掘并展现自己的个人品牌。是什么让你独一无二、与众不同？深入研究你的生活模式。你的个人品牌应由三个核心要素构成：你的价值主张，即你坚守的信念；你的差异化优势，即使你脱颖而出的特质；你的市场吸引力，即你令人信服的魅力。在着手打造个人品牌之前，请先清晰地认识自我，明确自己对什么满怀热情。这就要与内心的真实自我（那个真实、纯粹、真诚的你）建立联系。你可以借助我的"小詹姆斯·史密斯 4D 品牌模型"来塑造自己的个人品牌，可以从以下四个步骤开始。

- 探索（Discover）。一切始于细微的探索之旅。主动倾听他人的见解，从中了解他们眼中的你是何模样。随后，扪心自问，这样的形象是否符合你的期望。同时，深入挖掘你内心真正的热情所在。
- 抉择（Decide）。将你的探索成果与他人分享。收集他们的反馈，并在社交媒体平台上进行传播。在各类会议和活动中不断实践，检验其适用性。你是否感觉到真实的自我正在逐渐显现？

- 塑造（Design）。着手打造你的品牌形象与标志。无论是你的沟通方式、外在形象还是态度举止，都应让人一眼就能辨识并感受到你的品牌魅力。你必须深信不疑。充分利用你的独特形象，让它成为众人瞩目的焦点。

- 呈现（Deliver）。简而言之，要让你的品牌大放异彩。你是名为"你"这一品牌的 CEO。精心策划，将你的品牌融入生活的每一个角落。同时，密切关注你如何向外界展示你的品牌——你的声音、文笔、着装以及交流方式。你的品牌应是你所坚守的信念的化身，是你真实自我的体现。

在探索个人品牌的道路上，你可能遇到一些阻碍品牌发展的因素。请务必警惕，不要让自卑、傲慢、沟通不畅、缺乏一致性、消极心态或在社交媒体上的不当表现成为你成功路上的绊脚石。相反，要勇于克服这些挑战，不断推动你的品牌向前发展。2020 年为我提供了这样一个宝贵的机会。像许多人一样，我在家中度过了大量时间，也有机会思考了我的人生轨迹——我从哪里来，又将走向何方。然而，新冠疫情的突然暴发，影响了我的事业发展，让我措手不及。

我持续关注着有关乔治·弗洛伊德事件的详尽报道，以及由此引发的广泛社会动荡与民众不安。我必须采取行动——利用我的声音和我所拥有的平台资源，为促进包容性贡献力量。

我回顾了自己在真实性领域做的所有研究，结合个人未来规划，仔细权衡了可能遭遇的风险。最终，我决定再次重塑品牌形象。我将重拾本名詹姆斯，并在其前冠以"博士"头衔，更加专注于展现真实性。我将从支持者的角色转变为多元文化的积极倡导者，着重于推广领导力、个人潜能激发、演讲技巧以及 DEI（多元化、公平与包容），并将真实性作为核心理念加以强化。

作为人才发展专业人士，你们将为这个时代带来重大而有意义的影响。世界在不断演进，我们也要随之蜕变。变革的起点在于自身。你们是否已经准备好迎接这一转变？是否已准备好创造、培育并精进你们的个人品牌？这个世界急需那些勇于发声的人。属于我们的时代已经到来。请抓住这一契机，打造属于自己的品牌。在这一过程中，也请努力成为最好的自己。

预留学习时间

要实现对自己的承诺以及向雇主许下的诺言，一个行之有效的策略便是花时间进行自我提升。这对你的初创事业、你的产品以及你的品牌形象而言，都是一项至关重要的投资。尽管许多人难以腾出时间来学习，但学习专家兼知名作家迈克尔·西蒙斯在对顶尖人才进行深入研究后发现，"尽管商界中的佼佼者所肩负的责任远超常人，但他们仍能设法从繁忙的工作中抽身，放缓节奏，将精力投入那些能带来长期回报的活动之中，如增长知识、激发创造力和积蓄能量等。因此，尽管他们起初在一天内取得的成果可能较为有限，一生累积的成就却远超常人"。迈克尔·西蒙斯将这一现象形象地称为"复利时间"，"因为正如复利一样，现在的小额投资会在未来带来惊人的回报"。

根据迈克尔·西蒙斯所述，"许多备受推崇的商业领袖，如埃隆·马斯克、奥普拉·温弗瑞、比尔·盖茨、沃伦·巴菲特和马克·扎克伯格等，尽管日程安排得极为紧凑，但在整个职业生涯中，他们每天都会预留至少一小时（或每周五小时）的时间，用于那些刻意练习或深度学习的活动"。迈克尔·西蒙斯将这一独特现象命名为"五小时法则"。他指出，五小时法则通常涵盖三种类型的自我提升活动：阅读、反思和试验。

此外，迈克尔·西蒙斯还进一步指出："那些在整个职业生涯中都勤勉努力，却不愿从繁忙的日程中腾出时间来持续学习的人，将成为新的'高风险'群体。他们可能在全球竞争中停滞不前，难以取得突破，甚至可能面临被自动化取代的风险，正如 2000 年至 2010 年间，85% 的制造业岗位被机器人取代后，蓝领工人所面临的风险一样。"

如果可能，主动与雇主展开职业成长与发展对话

员工应积极与雇主进行沟通，探讨个人兴趣。我坚持倡导管理者和领导者定期与员工开展职业发展方面的深入交流，确保不会遗漏任何促进其成长的机会，同时也避免员工因缺乏指导而自行摸索，最终选择离职。

在这一进程中，人才发展专业人士扮演着举足轻重的角色。他们为组织中的管理者提供指导，帮助管理者明确自身在确保员工对自己职业的接受度方面担负着重要责任。为了充分发挥这一咨询职能，可以利用本章中列举的案例作为参考。此外，还可以发掘并分享组织内部其他员工的成功案例，这些员工往往具有卓越的职业管理思维。因此，还可以探究这种思维如何助力其个人成长，如何提升其对职业的满意度，以及如何促进组织目标的实现。同时，创建实用的工作辅助工具或其他支持机制，为管理者提供采纳这一先进理念和做法需掌握的知识、工具和强化措施，也将起到积极的推动作用。

对于员工而言，这个选择至关重要。如果你能够与上级建立透明互信的关系，坦诚地交流你的职业目标和抱负、希望学习的内容，以及你未来感兴趣的职业发展方向，那么你的雇主就能够成为你的助力伙伴，帮助你在工作中保持高度投入和愉悦感，并为你创造更多的发展机会。

但是，你不能完全依赖雇主为你实现这一切，因为你终究要对自己的职业发展负全部责任。

个人发展方式多样，贯穿职场内外

当你将自己视为职业生涯或创业项目的管理者时，便可以开始着手实现自我发展，而无须受制于雇主。在职场内外，你都应以目标为导向实现自我发展。在我的《低成本员工发展》一书中，我提出了 11 种课堂之外的自我发展方法，适合预算有限的人使用。其中一条便是参与志愿服务，就像米歇尔那样。志愿服务任何人都可以参与，你可以根据日程安排、职业需求、兴趣、工作热情和工作条件合理选择。这会给予你无限的发展空间，并能带来各种好处。

你还可以通过寻找导师、成为导师或寻求教练指导（甚至向同龄人）来实现自我发展。可以加入特别工作小组，寻找轮岗机会，观察或跟随你感兴趣的岗位中的人。这些非培训类发展方法都不依赖于企业官方组织的正式人才培养计划。关键在于以创业者的心态，将每个场景转化为发展机遇。

培养可迁移的技能点

在职业生涯的每一步中，大多数专业人士都会积累各种各样的技能。部分技能属于技术性范畴，且与特定职位紧密相关，如操作特定的机械设备或编程某些专有软件。然而，众多技能具有高度的可迁移性，能够在新岗位、新组织，乃至全新行业中发挥效用。

以下列举了五项至关重要的可迁移技能，你可以在当前的工作岗位上着手培养，为你的梦想职业之路铺设基石。即便是在预算有限且雇主参与度不高的情况下，你也可以运用以下策略来增强你的核心竞争力。

领导力

无论是在项目中、团队内，还是在正式的领导岗位上，各级员工都需要展现出领导他人的能力和意愿。在 *The TalentGrow Show* 播客的第 143 期中，我详细阐述了三种经济高效的领导力培养途径：参与志愿服务、担任导师以及加入特别工作小组。

沟通能力

另一项极其关键且广泛适用的技能是沟通能力，包括书面和口头表达能力。职场中没有哪份工作不需要人与人之间进行清晰有效的沟通，任何雇主都会青睐那些具备出色沟通能力的员工。那么，在当前的工作岗位上，可以采取哪些行动来提升自己的沟通能力，让自己变得更具胜任力、工作更高效、更自信呢？

一个切实可行的方法是，组织一场午餐时段的学习交流会，就你选择的主题为同事进行讲解。这个方法可以让你在轻松的氛围中与同事交流，因为你可以选择自己非常熟悉或希望深入了解的主题进行分享。这不仅是一场简短的演讲，更是让你在"舒适区边缘"获得成长的机会，而不会像参加一整天的研讨会或在大型或公开场合演讲那样，让你感到过度紧张。

另一个方法是进行数字化故事叙述。你可以化身为一名游走四方的记者，利用数字设备（无论是音频还是视频录制）捕捉来自前沿领域、客户或杰出员工的热门故事。这些故事可以围绕他们所面临的艰巨挑战、给出的巧妙解决方案或提到的新颖想法。随后，将这些生动的故事与组织的其余成员分享。通过这个方法，你将锻炼并提升自己的人际交往技巧、访谈能力以及公众演讲水平。

最后，可以参与一些能让你实践写作技巧的志愿者工作，以此精进你的书面沟通能力。例如，为你心仪的慈善机构或专业协会的地方分会撰写新闻简报或网站版面。请记住，志愿服务不仅是在他人的领域里进行实践的好机会，也是你锻炼技能、以便日后在工作中发挥作用的绝佳途径。

建立人脉与关系网

磨炼你在当前组织内外与他人建立联系并培养深厚信任关系的能力。这一做法将不断拓宽你获取信息的渠道，并有机会接触到更多的新想法。每当步入新的岗位，大家都会带着精心构建的人脉网络，并进一步扩大可用的支持圈、资源圈和输入圈，这些都将为你的新组织注入源源不断的创新活力。

在每份工作中，建立和维护人际关系至关重要，而不只是在离职时避免与人结怨。要成为一个积极维护并拓展人脉的桥梁建设者：即使你们不再在同一个工作场所共事，也要确保与现在的同事持续保持联系，从而建立深厚的情谊。最简单的方式是确保你们在领英上互相关注并保持联系，因为人们通常会及时更新自己的领英资料。此外，请务必确保你的领英账户不绑定你当前的工作邮箱，而是绑定一个永久使用的邮箱，这样无论你身处哪个工作岗位，他人都能随时与你保持联系。

你还可以培养一些简单而实用的维持人脉的小习惯，以此来保持与他人的互动。例如：

- 点赞、评论或转发他们发布的与业务相关的社交媒体动态。
- 将你认识的人介绍给在你的人脉圈中他们可能感兴趣的其他人（前提是确保双方都同意这样做）。
- 分享一些他们也许感兴趣的文章。在分享时，不妨附上一条简短的个人留言，解释你为什么选择这篇文章，并询问他们的近况或送上美好的祝愿。
- 发送一则简短的感谢信息（如果可能的话，手写并邮寄的感谢信会更具诚意，但电子邮件或短信同样可以）。

灵活性

在如今这个 VUCA 时代，世界瞬息万变、充满不确定性且复杂而模糊，能够灵活且敏捷地应对突如其来的信息变动或计划调整，无疑是一项极为关键的能力。假如参加灵活性培训课程对你来说既不可行也不是培养这方面能力的最优途径，那么，你完全可以通过三种既经济实惠又无须依赖课堂的方式，在课外实现这项能力的自我提升。

- **自主研习**。阅读至少三本关于变革管理与灵活适应的图书，并从每本书中提炼出可应用于实践的重要启示，撰写成读书笔记。
- **加入特别工作小组**。加入行动学习小组，在解决难题与项目规划会议中，扮演一个敏锐的观察者角色，从多个角度和层面去理解和分析每个问题。在发表观点之前，先针对每个想法列出三种不同的解释或方案。
- **轮岗实践任务**。选择一个正处于高压状态的部门，完成一次轮岗实践任务，以全新的视角审视组织内部的各类问题。记录自己在轮岗期间遇到的挑战与获得的见解，以及在未来应如何更好应对这些问题。

创造力

IBM 实施了一项针对 CEO 的研究发现，这些领导者认为，"在日益复杂的世界中要想成功，需要的不仅是工作严谨、管理严明、为人正直，甚至卓越远见——更重要的是创造力"。下面让我们深入探讨一下这一观点。

- 在我的播客第 7 期中，全脑思维专家安·赫尔曼-内迪提出了一种培养创造力的方法。她建议"每周在日程中专门留出时间，用于个人的学习与发展……将走出舒适区变成日常习惯……可以从一些小事情开始，哪怕每天只花 20 分钟"。
- 安娜莉·基利安在接受"商业创意远程峰会"采访时，向米歇尔·詹姆斯提出通过谷歌图片搜索功能培养创造力的方法。在采访中，基利安描述了一种她称之为"算法头脑风暴"的练习：当你思考一个新的目标、话题或难题时，在谷歌上对该词汇或问题进行图片搜索，看看会出现什么结果。观看谷歌算法生成的图片，会鼓励你的大脑在思考这个想法时同时使用两个半球，既调动线性、逻辑、语言化的左脑思维，又激活隐喻性、图像化的右脑思维。这能够增强你对已有的主题进行创造性思考的能力，并产生新的见解。你也可以在 Flickr 创意共享画廊中尝试这种搜索，该软件提供的图片比谷歌更丰富。如果你采用了我从作家兼播客蒂姆·费里斯那里学到的一个小技巧，效果会更好：在 Flickr 的搜索结果中点击"有趣"按钮。

坚持追求个人成长与发展

只要你能满足工作绩效的要求，便可以在不妨碍当前工作的前提下，积极探索个人成长与发展。如果你的直属上级对此持保留态度，不妨效仿米歇尔的做法，利用业余时间自我提升。

更进一步来说，主动承担创作者的角色，对于技能精进与塑造个人品牌大有裨益。正如职业发展与个人品牌建设专家、作家多莉·克拉克 2016 年所言："创作，这一重要的职业发展策略常被忽视。多数人将职业发展视为被动的技能累积过程。然而，创作内容与分享见解共同构成了职业发展的两大重要途径。第一，写作（或发表演讲、录制播客、制作视频）可以促使你把内部知识提炼得更易于理解且充满吸引力。这不仅能深化你对知识的理解，还能激励你更深入地思考相关议题。"

再者，多莉·克拉克在其著作《脱颖而出》中深刻指出："个人品牌的塑造是职业道路上不可或缺的一环。当你勇于在公众面前分享知识时，你也在彰显你的专业能力，逐渐会有新客户向你咨询，你也会收获同行的尊敬，以及那些你未曾预料的机遇。成为行业专家的道路虽非一蹴而就，但如果能持之以恒，例如坚持每周撰写一篇博客文章，那么在一至两年内，你定能在职业生涯中收获颇丰。"

哈桑·奥斯曼在担任一家《财富》100 强企业全球董事的同时，通过发布博客、撰写图书和开设在线课程，成功塑造了自己的副品牌。在播客第 29 期中，我有幸采访到了奥斯曼。他坦言，自己之所以这么做，是出于对持续学习和职业安全的追求："你可以在如何处理各种公共关系、与志同道合者交流、深入学习市场营销以及提升写作技巧等多个维度，积累丰富的经验与技能。这些技能将帮助你吸引更多目光。因此，通过不断积累这些附加技能，你将获得更多知识。一旦遭遇失业，或者想要转行追求更感兴趣的事业，你将比那些从零开始的人更具优势。"

杰西卡·克里格尔在担任《财富》100 强企业高管的职业生涯中，同步成长为一位备受追捧的演讲者和作家。她的案例具有独特示范性：其学术研究及著作不仅与本职工作高度契合，更获得了企业的全力支持。在《人才成长秀》第 53 期节目中，杰西卡·克里格尔这样阐释："虽然写书是我的副业，但书中的研究与我的本职工作存在深度共鸣——它正帮助我的雇主在代际刻板印象研究领域保持前沿地位。由于我的研究已在组织内部产生实质性影响，管理层充分认可其价值，不仅支持我的学术探索，更鼎力协助著作出版。这种双向成就的美好体验，源于组织对我的成果给予了真诚的接纳。"

埃里克·巴克的《华尔街日报》畅销书《错把树皮当树干：关于成功的常识为何（大多）是错的惊人科学》，源于他广受欢迎的文章和通讯——这些内容精选幸福学与高效能领域的科学发现，吸引了数十万订阅者。然而，他至今仍在某电子游戏开发公司担任全职工作。埃里克·巴克在我的播客第 54 期中坦言，这种双重身份虽不易却值得："确实，全职工作同时写书是个巨大挑战。我记得有几年是这样的：早晨六点起床写博客到九点，十点前赶到公司，工作到晚上七八点。游戏行业的作息和常规行业不太一样——大家上班较晚，加班也更频繁。下班回家后，我会阅读至入睡，以确保第二天有写作素材。"

最后的思考

将个人职业发展的重任完全托付给雇主的时代已然落幕。我们正迈入一个崭新的纪元，正如霍夫曼及其合著者于《联盟》一书中所深刻描绘的那样，在这个时代，零工经济蔚然成风，人工智能让部分职业成为历史的注脚，而工作则更像一场职责之旅，或者围绕项目展开的短暂合作联盟。因此，未雨绸缪，至关重要。

在这个瞬息万变的时代，每位职场人都需成为自己职业道路的管理者、创业旅程的领航者，以及个人产品及品牌的培育者。

◆◆

作者简介

哈蕾莉·阿苏雷（Halelly Azulay），是国际知名顾问、引导师、领导力发展战略专家，同时也是多部著作的作者及国际会议与企业论坛的常邀演讲嘉宾。2006 年，她创立了 TalentGrow 咨询公司，专注于为处于爆发式增长或扩张期的企业提供前瞻性、战略性的领导力与团队发展解决方案。作为拥有 20 余年经验的领导力发展专家，她深耕领导力培养、沟通技巧、情商建设及深度人际网络构建领域，致力于培养"让人自愿追随的领导者"。其著作《低成本员工发展指南》与《优势倍增：发挥你的长处，引领更加充实的人生》为业界推崇。她通过领导力主题博客及播客节目《人才成长秀》持续输出可落地的领导力洞见。欲了解更多关于她的信息，请发送邮件至 halelly@ talentgrow. com 与她取得联系。

参考文献

Azulay, H. 2011. "Dancing at the Edge of Comfort: How to Develop Employees Without Demotivating Them." The TalentGrow Blog, September 8.

Azulay, H. 2012. Employee Development on a Shoestring. Alexandria, VA: ASTD Press.

Azulay, H. 2014a. "Digital Storytelling for All!" The TalentGrow Blog, April 4.

Azulay, H. 2014b. "How to Leverage Lunchtime for Learning." The TalentGrow Blog, August 4.

Azulay, H. 2015. "Ep 07: Think Like a CEO to Accelerate Performance and Results: Mindhacks for Leaders From Thinking Expert Ann Herrmann−Nehdi." The TalentGrow Show podcast, June.

Azulay, H. 2016. "29: How to Lead Virtual Teams, Write Better Emails, and Grow Your Career by Being a Great Corporate Leader While Writing Books and Blogs on the Side With Hassan Osman." The TalentGrow Show podcast, May.

Azulay, H. 2017a. "53: How to Ditch Generational Stereotypes and Optimize Leadership With Jessica Kriegel." The TalentGrow Show podcast, May.

Azulay, H. 2017b. "54: Science−Based Advice on Achieving Career Success and Happiness With Eric Barker." The TalentGrow Show podcast, May.

Azulay, H. 2017c. "Career Advice: Be in the Business of Building and Maintaining Bridges." The TalentGrow Blog, August 15.

Azulay, H. 2018. "109: [Solo] Why and How to Make Only Double Opt-In Introductions. "The TalentGrow Show podcast, October.

Azulay, H. 2019. "143: [Solo] How to Build Leadership Skills Outside the Classroom and on a Shoestring Budget. "The TalentGrow Show podcast, June.

Bersin, J. 2018. "New Research Shows'Heavy Learners' More Confident, Successful, and Happyat Work. "LinkedIn Pulse, November 9.

Clark, D. 2015. Stand Out: How to Find Your Breakthrough Idea and Build a Following Around It. New York: Portfolio/Penguin.

Clark, D. 2016. "Plan Your Professional Development for the Year. "Harvard Business Review, January 7.

Cleaver, J. 2012. The Career Lattice: Combat Brain Drain, Improve Company Culture, and Attract Top Talent. New York: McGraw-Hill.

Ferriss, T. n. d. The Blog of Author Tim Ferriss.

Flickr Creative Commons. n. d.

Hoffman, R. , and B. Casnocha. 2012. The Start-up of You: Adapt to the Future, Invest in Yourself, and Transform Your Career. New York: Crown Business.

Hoffman, R. , B. Casnocha, and C. Yeh. 2014. The Alliance: Managing Talent in the Networked Age. Boston: Harvard Business Review Press.

IBM. 2012. "IBM CEO Study: Command & Control Meets Collaboration. "Press Release, May 22.

James, M. n. d. "Creativity in Business: Discovery Dialogues. "The Center for Creative Emergence.

Pink, D. 2011. Drive: The Surprising Truth About What Motivates Us. New York: Riverhead Books.

Simmons, M. 2017. "Why Successful People Spend 10 Hours A Week On'Compound Time. ' "Accelerated Intelligence, August 10.

Simmons, M. 2021. "5-Hour Rule: If You're Not Spending 5 Hours Per Week Learning, You're Being Irresponsible. "Accelerated Intelligence, March 24.

📖 延伸阅读

Azulay, H. *The TalentGrow Show* podcast.

Azulay, H. 2012. *Employee Development on a Shoestring. Alexandria*, VA: ASTD Press.

Biech, E. 2021. *Skills for Career Success: Maximizing Your Potential at Work.* Oakland, CA: Berrett-Koehler Publishers.

Clark, D. 2015. *Stand Out: How to Find Your Breakthrough Idea and Build a Following Around It*. New York: Portfolio/Penguin.

Hoffman, R. , and B. Casnocha. 2012. *The Start-up of You: Adapt to the Future, Invest in Yourself, and Transform Your Career*. New York: Crown Business.

Kaye, B. , and J. Winkle Giulioni. 2019. *Help Them Grow or Watch Them Go: Career Conversations Employees Want*, 2nd ed. Oakland, CA: Berrett-Koehler Publishers.

第38章　实施有效的导师计划

詹·拉宾和劳拉·弗朗西斯

向他人学习一直是人们获取知识与深刻见解的首选途径。我们天生渴望交流，渴望探究他人如何达成某项任务或目标，并在追求提升个人技能或拓宽职业道路的过程中，尝试将这些宝贵的启示转化为自身的行动指南。这正是导师制所蕴含的强大力量。

本章要点

△　阐述导师计划的三大关键成功要素。

△　利用组织倡议来明确导师计划的目标。

△　确定最适合参与导师计划的导师和被指导者群体。

△　介绍可用于评估导师计划成效的各项指标。

导师关系的核心在于建立人与人之间的紧密联系，让我们得以相互分享、彼此学习，并以个人之力难以企及的方式促进个人成长。为员工提供此类个人与职业发展的宝贵机会，是构建才华横溢、积极投入且高效产出的工作团队不可或缺的要素。

众多人才发展专业人士往往聚焦于导师计划的结构层面，如匹配流程的设计，导师关系是采用一对一模式还是小组形式。然而，有三个常被忽略的关键因素，它们对导师计划的持久性和可扩展性具有深远的影响。

为了成功实施一个契合你组织需求的导师计划，请务必做到以下几点：

- 明确界定导师计划的目标与宗旨。

- 招募导师与被指导者。

- 确立衡量计划成功与否的关键指标。

目的：探究组织中导师制的核心驱动力

首要之务是明确你为何启动导师计划。这是否源于高层团队的指示？如果如此，你是否了解其中缘由？你是否进行过员工调查，了解员工对公司的期望，并发现他们渴望获得指导？是否有某项发展计划因导师的加持而能更好地实现其目标？

明确你组织中导师制的核心目的，将为你提供一个核心焦点，围绕这一焦点，你可以精心设计、顺利启动并有效评估导师计划。

从提升员工参与度、促进多元化与包容性，到降低员工流动率、构建领导梯队，导师计划的目的（以及期望达成的成效）将紧密结合公司的独特需求而逐渐清晰。

为了更准确地把握组织中导师制的目的，请深入思考以下问题：

- 哪些领导、部门或职能领域正在积极寻求导师计划的支持？如果需求来自特定部门，请考虑采用技能导师计划。

- 你的组织是否面临员工入职 6~12 个月内离职率居高不下的挑战？如果是这样，或许可以考虑实施新员工入职导师计划。

- 你的组织是否拥有足够数量的高素质领导者来填补即将空缺的领导职位？如果答案是否定的，那么或许可以考虑引入高潜力人才导师计划或继任规划导师计划。

- 你的组织是否需要为少数群体提供特别的支持与发展机会？如果是这样，那么或许可以考虑启动多元化、公平与包容（DEI）导师计划，如女性职业发展网络、BIPOC（黑人、原住民和有色人种）资源小组或退伍军人导师计划等。

需要一些灵感来激发你的创意吗？根据 ATD2017 年的研究报告《辅导的力量》，公司实施导师计划的前五大动因分别是：

- 培养当前和未来的领导者（59%）。
- 职业发展（49%）。
- 新员工入职培训（35%）。
- 知识管理和知识转化（23%）。

- 组织发展（14%）。

一旦你明确了导师计划的核心目的，接下来便是确定导师计划的参与者人选。

参与者：哪些人将加入你的导师计划

确定参与者是设计导师计划的关键因素。定义范围过窄，可能遗漏那些本可以从计划中获益的潜在导师和被指导者。定义范围过广，则可能削弱计划的目的，让人对实施导师制的初衷感到困惑。

值得庆幸的是，确定参与者应该基于你在明确导师计划目的时已经进行的工作。例如，如果你希望实施导师计划来留住并吸引新员工，那么被指导者的目标群体就应该是新员工。如果你正在设计一个旨在提升销售部门技能的计划，那么被指导者则应该是与销售职能相关的所有员工。

在此基础上，你可以进一步确定哪些群体最适合参与导师制。有些导师计划有着明确的导师群体，例如，为继任计划而挑选的高级管理人员。通常，导师需要满足一定的资格条件，确保能够建立可靠且富有成效的师生关系。一个常见的例子是，在参与高潜力人才导师计划之前，导师需要在公司有一定的服务年限。然而，你应避免设置过多的资格条件，以免将潜在的导师群体限制得过于狭窄，从而影响计划的实施效果。例如，对于 DEI 类型的计划，要求在公司有很长的服务年限可能就不太合适。请确保你所列出的每一条资格条件，如服务年限或职位级别，都是确保导师关系成功所必需的。

以下问题可作为确定计划中导师和被指导者的切入点：

- 你试图影响的目标群体是哪些，是高潜力人才、新任管理者，还是女性领导者？

- 除了最初确定的目标群体，是否有其他人可以作为被指导者参与其中？

- 谁最适合担任导师？

- 员工是否有可能既是某个人的被指导者，同时又担任另一个人的导师？

- 被指导者是否必须参与（如入职培训计划），特定员工是否会被邀请参与（如高潜力人才计划），还是计划向所有符合条件的员工开放？

- 导师是邀请制、推荐制，还是向所有感兴趣的人开放？

- 你将如何宣传并招募新的被指导者和导师加入计划？

- 参与者的角色是保持不变，还是随着计划的进行可以有所调整？例如，被指导者能否转变为导师？

为了帮助你更好地入门，表 38-1 是一些从项目目的出发的导师与被指导者计划示例。

表 38-1　导师与被指导者计划示例

计划目的	被指导者	导师
入职培训	新员工，入职首周进行匹配	具有 1~3 年工龄的员工
高潜力人才培养	新上任及上升期的领导者	部门及职能领导者
继任计划	下一代高管	现任高管
新任管理者培养	新任管理者	具有 3~5 年管理经验的员工
女性领导力提升	女性员工资源小组成员	高级领导者（不限性别）
黑人或 BIPOC 网络	黑人或 BIPOC 资源小组成员	具有相同身份背景的高级领导者，盟友
销售赋能	渴望或正在从事销售赋能角色的员工	销售赋能角色中的成功员工
跨部门发展	面向组织内所有员工	任何员工，具有 2 年以上工龄者优先
打破部门壁垒	来自不同部门的员工	跨部门领导者

招募被指导者与导师

尽管一些员工热切地想要加入导师计划，但我们仍需投入一定的时间和精力来招募被指导者和导师。在这一过程中，信息传递至关重要。我们必须确保信息精准地触达目标受众。在潜在被指导者和导师决定加入导师计划之前，他们可能有一些疑问，我们需要提前考虑并解答这些疑问。

例如，我们需要让被指导者和导师明白导师计划能为他们带来的益处。根据 ATD 2017 年的研究报告《辅导的力量》，参与导师关系的被指导者最常提及的益处包括：

- 职业发展（36%）。

- 更深入地理解组织文化（30%）。

- 拓展新的或不同的视角，或者增强对其他视角的认知（27%）。

- 个人成长（24%）。

- 人脉网络的扩展（23%）。

除了上述研究揭示的主要益处，导师计划还被证明在促进被指导者发展方面极具成效，具体体现在：

- 提升自我认知和职业发展技能。

- 探索并挖掘潜在的发展领域。

- 增进对组织、市场或业务的了解。

- 拓展领导能力。

- 提高技术技能。

- 增加晋升机会。

尽管被指导者能够直观地感受到这些益处，但许多从业者却忽视了导师关系对导师带来的积极影响。明确将导师计划的参与度与职业发展收益联系起来，是招募导师的有效策略，尤其是当我们预计导师人数少于被指导者时。根据 ATD 2017 年的研究报告《辅导的力量》，导师获得的主要收益包括：

- 拓展新的或不同的视角，或者增强对其他视角的认知（59%）。

- 提升领导能力（49%）。

- 获得对组织或更广泛组织视角的深入了解（38%）。

- 促进职业发展（31%）。

- 提高沟通技巧（26%）。

此外，许多导师还表示，参与导师计划为他们带来了以下价值：

- 在公司内部与他人分享自己的专业知识。

- 证明自己是值得信赖的领导者。

- 拓展职业人脉网络。

- 为公司的未来发展贡献力量。

- 在自己的专业领域积累经验。

- 巩固自己作为领域专家的地位。

在信息准备妥当之后，关键在于如何精准有效地将其传递给目标群体。个人收到专属邀请或被提名时，其参与导师计划的意愿将大幅提升。逐级招募模式被证实为一种极为高效的导师招募策略。该模式通过高级领导层的直接邀请，为导师计划增添了权威背书与个性化色彩，使其更具吸引力。

高级领导层的积极参与，不仅为辅导时间的投入赋予了隐形许可，更彰显了领导团队对导师计划的有力支持。此外，当个人获得来自他们认识并信任的推荐时，他们对某项计划或产品的好感度通常会显著提升。因此，将个性化邀请融入招募策略中，无疑将助力报名人数的攀升。

典型的逐级招募导师流程可能如下展开：

- 高级领导层率先垂范，报名成为导师计划中的导师。
- 随后，这些领导在其直接下属的一至两个职级范围内，慧眼识珠，发掘更多潜在导师。
- 接着，他们亲自向这些精心挑选的导师发出诚挚邀请，力邀其加入导师计划的行列。

采用此类招募策略，能够激发基层员工的热情，促使导师文化在组织中生根发芽，苗壮成长。

根据实际需求，逐级招募流程可在不同员工层级间灵活复制，并针对特定受众进行相应调整。例如：

- 针对**中层管理者**，可邀请已是导师的中层管理者推荐具备导师潜质的同行，并鼓励这些活跃的导师邀请其同行加入导师计划。
- 对于**新兴领导者**，可邀请已是导师的新兴领导者在其组织层级中识别潜在的上下级导师人选，并动员这些活跃的导师发出邀请。

逐级招募策略同样适用于扩大被指导者队伍：

- **高级领导层**可主动邀请组织中的明日之星成为导师计划的被指导者。
- 组织中各层级的导师计划活跃**成员**，可受邀识别并邀请他们认为能从计划中获益的同行加入。
- **直接上级和管理者**则需要留意并识别出可能从接受指导中受益的直接下属，随后由这些领导亲自邀请员工参与。

鉴于导师制的本质是个人学习与发展之旅，个人邀请式加入计划的高效性便不难理解。通过展现你对未来被指导者与导师的深思熟虑与重视，你将在日益庞大的受众群体中积累好感，他们或许将在未来的岁月里成为你的坚定支持者与招募伙伴。

争取高管的支持和认可

在为你的项目精心挑选并招募被指导者与导师的同时，另一个对项目成功起着决定性作用的步骤是，识别那些能够成为你导师计划坚实后盾和推广大使的高管。他们将帮助你确保项目计划获得充足的资金，提升计划在组织内部的权威性和持久影响力，并推动计划在更广泛的业务领域及高管层中生根发芽。赢得高管的青睐与支持，意味着你的项目将迅速获得领导层的资金扶持，并在未来保持可扩展性和持续发展。

为了赢得高管支持者的青睐，一个关键的初步行动是向他们展示导师制的潜在商业价值。尽管许多高管深知个人与导师合作能带来巨大效益，但仍需努力说服他们，让他们相信在公司内部推出结构化的导师项目能够产生更为深远的影响。根据 ATD 2017 年的研究报告《辅导的力量》，组织从导师项目中获益的主要方面涵盖：

- 员工敬业度和留存率的显著提升（50%的公司反馈）。
- 高潜力员工的加速成长（46%的公司反馈）。
- 组织内部关系的建立和协作的增强（37%的公司反馈）。
- 知识管理和迁移的优化（37%的公司反馈）。

与高管分享这些信息，有助于他们理解导师制是如何助力组织实现其业务目标的。在寻求高管和领导层的支持时，请牢记以下几点建议：

- 向他们介绍最新的研究成果，揭示导师制对组织最为关注的领域所带来的积极影响。

- 为你的导师计划构思一个简洁而富有感染力的愿景声明，确保其紧密贴合组织的核心业务实践。

- 邀请他们对你的初步构想提出宝贵意见，并进行深入探讨，以更全面地认识导师制对业务的推动作用。

- 鼓励他们分享自己对导师制的个人经验和看法。你可能惊喜地发现，你已经有了一个潜在的支持者，或者他们对导师制持有某种独特的见解。

- 提供你所掌握的初步投资回报率信息或其他业务驱动力数据，以证明导师制对他们和组织而言均大有裨益。

- 就你的商业提案征求他们的真知灼见：哪些方面做得很好，哪些方面有待改进，以及你可能遗漏了哪些关键的业务驱动力？

- 引导他们回忆自己亲身经历的积极的人际关系发展案例，这些关系可能已被视为导师伙伴关系，也可能尚未被明确识别。

　　一旦你成功获得了高管的认可，就要充分利用他们的支持。导师计划的参与者将深感欣慰，看到高层领导不仅支持导师关系，还亲自参与其中。来自领导的简短证言或评论，将为计划增添更多可信度，并激励人们积极投入时间进行辅导。

指标：你需要看到什么成效

　　正如任何员工成长计划一样，你的导师计划同样需要密切追踪其成效。你所记录的数据与指标应当与你的计划宗旨以及你最初为其设定的目标与意图紧密相关。

　　举例来说，一个旨在发掘高潜力人才的导师计划，可能设定一个目标：将关键岗位上具备多样性、精湛技能且已做好晋升准备的领导者数量提升 15%。因此，你需要追踪计划参与者的职业发展轨迹，以此衡量你的被指导者是否达到了你为他们设定的晋升比例。

　　在新员工入职导师计划中，成功的衡量标准更侧重于降低新员工的离职率。因此，在入职后的三到十二个月内，评估新员工的留存率便成为该导师计划一个相关性强且可量化的目标。在此情境下，衡量是否成功的标准包括以下方面：在导师计划启动前，确定新员工的留存率；跟踪被指导者，并在特定时间段内评估他们中有多少人选择继续留在公司。对这些指标进行对比分析，将清晰地勾勒出导师计划的战略影响力。

　　深入了解能够反映你导师计划成功与否的整体战略指标至关重要，但仅依赖单一数据点存在风险。以我们之前提到的新员工入职留存率指标为例，让我们构想这样一个场景：

　　自两年前启动以来，公司的新员工入职导师计划在提升留存率方面成效显著。入职不足一年的新员工留存率大幅攀升，几乎达到既定的留存目标。然而，进入第三年的中期，这些留存数据却急转直下。由于没有其他数据作为参考，项目发起人认为导师计划已不再有效，并决定终止它。遗憾的是，项目发起人忽略了招聘流程的一项关键变更，而这一变更实际上是在导师计划之外对留存率产生了影响。

那么，你应如何规避单一数据点所带来的风险呢？确保持续从多个数据点审查数据，以构建一个成功的叙事框架。跟踪并报告以下数据：计划的参与情况、设定与达成的目标，以及参与者对其导师关系的反馈。

在新员工入职的例子中，如果计划参与者能够定期接受脉冲调查，以评估遇到的障碍、期望、挑战和进展，那么该计划或许能够得以保留。这将有助于识别招聘流程的变更，并将其报告为一项待解决的挑战。而且，无论这一变更是否得到解决，发起人在决定是否暂停导师计划时，都会将其影响纳入考量。

鉴于以上分析，请考虑为你的导师计划跟踪以下指标：

- 计划申请人数。
- 通过申请的被指导者和导师数量。
- 匹配的关系数量。
- 设定的目标、取得的进展和达成的目标。
- 参与者满意度。
- 员工留存率。
- 员工晋升率。
- 向同事推荐该计划的参与者数量。

最后的思考

那些最为出色的导师计划，无一不精心设定了战略目标，成功吸引了被指导者与导师的广泛参与，并确立了精准的成效评估指标。这三个核心要素，对于推动组织内部导师工作的最终成果起着决定性作用。

在构建导师计划的过程中，明确目标设定是至关重要却又常被忽略的一环。无论你的组织旨在保留人才、提升员工参与度、增强技能与生产力，还是构建支持体系与社群，一个清晰明确的导师计划目标都是通往成功的关键。

诚然，大多数人才发展领域的从业者都深知招募被指导者与导师加入项目的重要性。然而，更为关键的是，我们需要清晰界定哪些人符合参与不同角色的资格，以及采取何种方式进行有效招募。此外，寻求组织内部领导者的支持与推动，也是项目成功的另一大秘诀，这将为项目增添更多的权威性与动力。

与任何员工发展计划相似，你的导师计划同样需要密切关注实施效果。你所追踪的数据与评估指标，应当与项目的初衷以及你最初设定的目标与期望紧密相连。同时，通过在不同时间点、从不同角度对这些要素进行衡量，我们可以更加全面地描绘项目成功的轨迹。

构建一个既有效、可持续又具备扩展性的导师计划，绝非仅凭良好的匹配机制就能实现。你需要为你的组织量身定制一个切实可行的导师计划。那些真正取得成效的导师计划，都源于对项目目标、参与群体与评估指标的精心规划与清晰界定。

作者简介

詹·拉宾（Jenn Labin），MentorcliQ 的首席多元化官，是一位在人才发展、培训与设计领域深耕逾 15 载的资深专家。MentorcliQ 曾开发出一个屡获殊荣的辅导软件，她曾借助此软件成功助力众多客户推出一系列旨在促进职业发展、技能提升以及多元化、公平与包容（DEI）的世界级导师计划。她还是畅销书《行之有效的导师计划》的作者，该书开创性地提出了一种构建可扩展且可持续导师计划的创新策略。她的杰出贡献被收录于多个版本的《ATD 培训与人才发展指南》、《培训与发展》杂志、《首席学习官》杂志等知名平台。同时，她也是 ATD 国际大会、ATD 分会以及 MentorCom 的常邀嘉宾，经常在各大论坛发表精彩演讲。

劳拉·弗朗西斯（Laura Francis）是 MentorcliQ 的首席知识官，是一位拥有超过 20 年辅导、写作、思想引领以及战略创新经验的卓越领袖。作为一位残疾孩子的母亲，她善于从个人生活与职业生涯中发现并撰写动人的故事。她的文章广泛见于 ATD 网站、《培训与发展》杂志、《培训》杂志、《首席学习官》杂志、《培训行业》杂志以及 MentorcliQ 的官方网站，深受读者喜爱。

📖 参考文献

ATD (Association for Talent Development) . 2017. *Mentoring Matters: Developing Talent With Formal Mentoring Programs*. Alexandria, VA: ATD Press.

📖 延伸阅读

Emelo, R. 2015. *Modern Mentoring*. Alexandria, VA: ATD Press.

Francis, L. 2019. " 3 Reasons Why Mentoring Programs Fail. " ATD blog, November 15.

Labin, J. 2017. *Mentoring Programs That Work*. Alexandria, VA: ATD Press.

Moss, S. 2016. "All About Mentoring. "*TD*, October 5.

第 39 章　内部咨询：角色、能力与挑战

金·巴恩斯和贝弗莉·斯科特

自从 20 世纪 70 年代以来，一直到《内部咨询》（第 2 版）问世之际，内部顾问领域并未发生太大变化。然而，2020 年初的剧变却颠覆了多数组织的常态，内部顾问的工作生态也随之发生改变。尽管该角色的核心要素依旧稳固，但其日常实践却发生了一些可预见和不可预见的变化。本章将聚焦于后疫情时代下，内部顾问在组织中的实践创新。

🖐 本章要点

△　回顾外部顾问和内部顾问之间的差异。

△　深入剖析内部顾问所需具备的素质、在工作中享有的优势以及面临的挑战。

△　系统梳理内部咨询工作的一般流程。

△　思考内部顾问角色所发生的变化。

△　在瞬息万变的职场环境中，识别并把握继续发展内部顾问角色的新机遇。

"顾问"一词经常让人联想到那些受高管聘请，来自大型或小型企业的高薪商业顾问，他们专门解决组织内部难以攻克的难题。这些外部顾问凭借其外来者的独特视角，以及广泛实践得来的专业知识，赢得了高管的认可与信赖。相比之下，内部顾问则面临着不同的要求、优势与挑战，他们需要扮演特定的角色，具备独特的技能，以及其他一系列成功要素。

尽管两种顾问角色存在诸多差异，但它们之间也不乏共通之处。优秀的内部与外部顾问均具备以下特质：

● 了解人类系统、组织行为及个体心理。

● 精通变革管理流程。

● 渴望成功，并希望因其为客户创造的价值而得到认可。

- 致力于终身学习。

- 对工作充满热情。

- 拥有强大的影响力和领导力。

- 擅长需求分析与项目设计。

- 具备可信度和权威性。

同时，了解这两种角色之间的差异也至关重要，因为每个角色都有其独特的优势，在某些特定情境下，一个角色可能比另一个更加适用。为了更直观地对比内部与外部顾问的角色差异，请参阅表 39-1。

表 39-1　内部顾问与外部顾问的角色对比

内部顾问	外部顾问
被视为团队一员，融入团队氛围	以局外人的身份观察文化和组织情况
作为内部人士拥有可信度	作为外部人士拥有可信度
非常了解组织和业务	从其他组织带来更广泛的经验
能够建立稳固的长期关系	敢于直面高层，提供反馈，勇于承担风险
擅长将项目融入日常运营	专注于有明确目标和期限的项目
利用内部影响力推动决策	凭借丰富的经验提升项目可信度，增强影响力
擅长运用组织内部的正式与非正式结构	灵活应对组织结构，高效推动项目进展，实现目标
以职位和人格魅力（信任）为基础进行领导	以专业能力、行业声誉和专业知识为根基进行领导
深知组织文化规范，避免触碰底线	敢于挑战或打破组织内部的非正式规则，推动变革
了解组织历史、传统以及"问题所在"	客观且与问题无直接关联
可以发挥倡导作用	提供更为客观和中立的观点
期望其成为广泛的通才	常被看作在某一狭窄领域具有专业知识的专家
与项目或问题有更深的利益关联	能够灵活地为不同客户提供服务

内部顾问的优势

内部顾问凭借其对敏感议题、文化规范及组织历史的熟悉程度，为组织带来了无可替代的独特优势。尽管外部顾问具备独特且专业的技能和知识，但内部顾问却对组织业务、战略及文化有着更加深入细致的了解，也往往亲身参与其中。

内部顾问对组织政治生态、复杂人际网络及历史细节的洞悉程度，往往令外部顾问望尘莫及。他们精通内部行话，与客户及同事间建立起深厚而持久的信任与信誉。随着时间的推移，这种深厚的、有时甚至私交甚笃的关系，使他们在评估局势、采取恰当策略以及快速启动新项目方面展现出卓越的能力。

第二大优势在于，内部顾问是组织日常运作的积极参与者。他们敏锐地洞察业务挑战、客户困扰及管理层的决策与行动。相比之下，外部顾问往往仅短暂介入，实施特定解决方案后便抽身离去。而内部顾问在项目结束后仍坚守岗位，持续跟踪进展，敏锐识别解决方案面临的挑战与障碍，并迅速与组织内部成员跟进，以支持工作进展或确保行动得到妥善执行或适时调整。凭借对内部的深入了解，他们能够发现组织其他部门相关举措之间的潜在联系，动员更多员工参与，或将某项举措拓展至更广泛的议题。

此外，内部顾问是高层领导、内部变革合作伙伴及员工不可或缺的即时资源。他们在整个组织内部开展协作，为变革举措凝聚共识，并随时提供指导或建议。迅速采取行动，不仅能够预防潜在问题的发生、化解初露端倪的冲突，还能激励项目负责人，在培养新行为模式的过程中提供必要的支持。

内部顾问面临的问题和挑战

内部顾问凭借对组织及业务的熟悉程度，成为企业不可或缺的合作伙伴。然而，这种深入的了解也对其保持中立与客观带来了挑战，他们可能因过于熟悉内部情况而被认为无法提供外部人士那种客观的视角。有时，他们需要在边缘地带行动，保持一定的距离。既要掌握组织内部的知识，又要维持这种边缘化的立场，这种微妙的平衡正是内部顾问所面临的悖论。尽管作为组织的一员并获得内部认同，能够帮助内部顾问与客户保持协调一致，但他们也必须谨慎行事，以免陷入共谋的尴尬境地，如向高层管理者隐瞒真相。

许多内部顾问在人力资源部门的汇报层级中处于中层位置。许多组织并未充分认识到一个强大且专业的内部顾问团队的价值。从业者可能觉得这种地位和汇报关系成为他们建立专业能力和信誉的障碍，尤其是在与高层管理者打交道时。此外，当高层领导引入外部顾问来主导变革项目时，这些项目的成功往往取决于内部顾问的后续跟进工作。与外部专家建立专业关系并在重大项目中拥有发言权，对内部顾问来说是一项挑战。内部顾问必须证明自己不仅是一双执行外部公司推动项目的"手"。在这样的合作中，有些条件会促进成功，而有些条件则可能破坏成功。

- 内外部合作成功的条件：
  ○ 双方灵活应变，保持开放沟通。
  ○ 他们有同舟共济的意识，共同承担责任。
  ○ 组织抓住机会利用成本、效率、知识和信誉。
  ○ 外部合作伙伴认可并珍视内部合作伙伴的知识和技能。
  ○ 内部合作伙伴乐于向外部合作伙伴学习，而非表现出竞争性。
  ○ 双方都认识到将内部知识与外部视角和信誉相结合的价值。
  ○ 双方都尊重组织的文化。
- 内外部合作破坏成功的条件：
  ○ 内部顾问缺乏在组织内部引领重大变革的影响力。
  ○ 高层管理者不理解内部顾问对于组织的价值，因此不支持这种合作。
  ○ 外部顾问忽视或绕过内部部门，直接向高层管理者推销自己。
  ○ 内部顾问被排除在合同谈判之外，因此感到愤恨、受到威胁或被边缘化，导致缺乏投入。
  ○ 外部顾问表现出傲慢、排外、爱挑剔；反过来，内部人员也被认为效率低下或无能。

成功的内部顾问能够接触到公司的高层。然而，许多内部顾问面临着来自高层客户的压力，要求他们泄露机密、承接不切实际的项目或做出不当改变。内部顾问还可能遇到来自人力资源同行的阻力和不配合。当内部顾问在倡导和推动变革时，他们的人力资源同行却更侧重于保护和稳定组织。这些挑战和悖论给那些没有做好准备的内部顾问带来了冲突和压力。

由于内部顾问所承担的工作大多具有保密性，因此在组织内部发展同事关系可能遇到困难。例如，友好的同事可能期望他们分享内部信息。内部顾问往往需要跳出组织框架，在组织外部寻找最佳的倾诉对象、导师和教练，与他们深入探讨自己的担忧与问题，从中学习并获得新的见解。

在许多组织中，内部顾问扮演着至关重要的教育角色——他们致力于让周围的人明白，与自己建立稳固的工作关系将带来哪些期望与益处。这无疑是一项艰巨的营销任务，可能需要内部顾问引导客户与同事摒弃一些固有观念（例如，认为顾问会无条件满足所有要求），并接受新的观念（例如，客户需要投入必要的时间、精力和全力支持）。与新客户的首次接触，为他们提供了一个协商建立高效工作关系、相互设定合理期望的宝贵机会。内部顾问应敏锐地把握其他有利时机，在组织内部积极推广自己的价值主张，并传授最有效的方法，帮助他们获取和发挥这一价值。

无论是内部顾问还是外部顾问，其核心作用都在于他们影响客户、同事、团队成员及组织内其他个体的能力。要想在这一角色上取得卓越成就，关键在于掌握一套强有力的影响技巧，并精通如何将这些技巧应用于推动组织或客户的关键目标上。顾问时常需要引领重大的变革项目，并在实现组织战略目标的道路上扮演关键角色。或许，内部顾问所面临的最大挑战，在于通过引导他人采取原本不会选择的行动，从而创造真正的价值。然而，这种努力往往并不容易被看见或认可——一旦成功，人们往往倾向于将成果归功于自己，正如老子所言之"我自然"。

内部顾问的机会

尽管挑战重重，但内部顾问仍有独特的契机，能够充分利用其职位优势，对组织产生深远且持久的影响。他们凭借对组织的全面了解，能够从整体系统的视角出发，确保组织的结构和流程紧密贴合变革目标。与外部顾问携手合作时，他们通过日常工作的点滴渗透，传播并强化专业知识与前沿理念，使之深深植根于组织文化之中，从而实现影响力的最大化。借助对业务与组织内部情况的深刻洞察，内部顾问能够成为驱动必要变革的关键力量，确保组织战略目标的顺利实现，帮助员工提升应对商业环境剧变所需的能力，同时作为高管的私密顾问，提供坦诚而宝贵的意见与建议。

内部咨询角色

内部顾问与外部顾问一样，运用专业知识、影响力和个人技能来推动客户所要实现的变革，但他们并不具备正式授权来直接实施所提出的行动方案。这种变革通常是为了解决问题、提升绩效、增强组织有效性，或帮助个人和组织学习。成为一名成功的内部顾问，不仅需要掌握过程技能，还需具备商业或组织相关的专业知识。人们期望内部顾问不仅是"旁观者""流程管理者"，而是能够运用其专业知识和技术能力，为组织带来实质性帮助和改变的"专家"。在实际工作中，顾问可能根据需要平衡过程导向与技术导向的角色，或侧重于其中之一。接下来，让我们一同回顾内部顾问可能扮演的一些关键角色。

- 传统咨询角色：
  ○ **医生角色**。顾问负责诊断问题并提出解决方案。客户依赖于顾问给出的建议。
  ○ **专家角色**。客户自己确定问题所在、所需帮助的类型以及向谁求助，然后请顾问提供解决方案。
  ○ **助手角色**。顾问作为额外的帮手，运用专业知识帮助客户实现既定目标。
- 传统组织发展角色：
  ○ **变革推动者**。这是组织发展顾问的经典角色，顾问作为外部人员和主流文化的局外人，以及发起变革努力的子系统外部人员，充当变革的催化剂。
  ○ **流程顾问**。顾问提供观察和见解，通常是在更大的系统层面，这有助于客户更深入地理解问题。
  ○ **合作顾问**。这一角色类似于变革推动者和流程顾问，其核心在于将顾问的专业知识与客户对组织内部情况的深入了解相结合，从而有效地解决客户所面临的问题。客户必须积极参与数据收集、分析、目标设定和行动计划制定，并共同承担成功或失败的责任。
- 新兴顾问角色：
  ○ **绩效顾问**。目前对于组织和员工绩效的要求日益增长，绩效顾问的角色已经超越了传统技能培训师的定义。他们不仅具备对技能培训的深刻理解和技术能力，还融合了组织发展的系统视角。绩效顾问与客户紧密合作，深入识别并有效解决组织内部的绩效挑战，提供一系列专业服务，旨在转变或优化绩效成果。

○ **可信赖的顾问**。目前变革步伐加快，环境复杂多变，这无疑给组织领导者带来了难以预知的挑战和困境，如全球市场的竞争和技术的快速变化。因此，他们必须为组织制定全新的战略方向。在这场变革中，他们必须保证组织内部文化的统一，同时满足客户、员工和其他利益相关者的需求。

内部顾问在变革举措中所扮演的角色反映了四个方面的考量：顾问的特点、客户的特点、客户与顾问的关系以及组织状况。尽管在一周之内，内部顾问可能需要承担多个乃至全部这些角色，但每一种角色都有其最为适宜的应用场景。顾问的任务，便是基于上述考量，做出恰当的选择。

针对每个方面的考量，可以通过以下问题进行深入探讨：

- 顾问的特性：
○ 我的人际优势是什么？
○ 我的咨询能力如何？
○ 我具备哪些技术专长？
○ 我对核心业务流程的掌握程度如何？
○ 我的专长与客户的需求有何相关性？
- 客户的特性：
○ 发起人、主要客户及次要客户分别是谁？
○ 组织内部不同层级对这项举措的支持程度如何？
○ 客户是否承诺全程参与项目？
○ 客户对变革的准备程度如何？
- 客户与顾问的关系：
○ 顾问是否理解客户对成功的定义？
○ 双方是否承诺共同提升客户的技能和洞察力？
○ 是否已经探讨并明确双方的期望？
○ 是否已经建立了客户的信任？
- 组织状况：

- ○ 组织的愿景和战略是否清晰且得到理解？
- ○ 组织的关键战略需求是什么？
- ○ 当前市场和竞争态势对组织有何影响？
- ○ 当前的关注点是什么？
- ○ 有哪些资源可用于支持项目？
- ○ 组织内是否还有其他战略举措？它们对当前举措可能产生什么影响？
- ○ 哪些文化规范和心态将影响项目？
- ○ 组织对内部顾问有哪些期望？
- ○ 组织有哪些需求未得到满足？
- ○ 顾问的专长是否与组织需求相关？

内部顾问的胜任力

我们已经探讨了内部顾问的优势、挑战以及角色。然而，要想取得预期成果，所需的胜任力或许更为关键。胜任力涵盖了成功所需的知识、技能和态度。无论是外部还是内部的组织咨询，都需要一套复杂的胜任力体系。这两类顾问所需的很多胜任力都是相同的，但内部顾问作为具备外部视角的内部人员，其角色更为复杂。内部顾问表示，他们的成功需要不同于外部顾问的咨询能力。表 39-2 列出了内部顾问所需的八大重要胜任力的行为描述。内部顾问胜任力的分类和部分描述性行为，是根据对内部顾问的访谈结果制定的。虽然描述性短语有时可能与外部从业者相似，但内部从业者展现这些胜任力的方式却有所不同，因为他们的背景环境不同。

表 39-2　内部顾问的关键胜任力：行为描述

胜任力	行为描述
与他人合作	• 确保与客户、同事及组织内其他成员建立协作、健康、团队导向的人际关系。 • 致力于构建平衡且双赢的伙伴关系。 • 高度重视后续跟进与良好的客户服务。 • 保持谦逊、体贴，富有同情心，同时乐于庆祝客户的每一次成功

续表

胜任力	行为描述
树立信誉	• 通过出色完成工作、创造价值以及取得成果来树立信誉与尊重。 • 坚持高道德标准，通过专业性、伦理观念以及契约精神保持正直。 • 向客户清晰展现可在规定时间内实现的目标，明确客户与咨询合作伙伴的角色、变革的难度以及采用的方法
积极主动	• 在表明立场、传达困难信息以及推动决策和成果方面，表现出果断坚决的态度。 • 展现企业家精神。 • 采取行动实现与组织目标一致的成果。 • 理解、尊重并有效利用组织内的权力来帮助客户实现他们的目标
保持客观	• 站在客观的角度审视组织，保持独立性、客观性和中立性。 • 不仅与客户所在组织保持一致以获得认可，而且能够保持外部心态，提供更平衡的视角。 • 避免偏袒或传递信息
推销专业知识的价值	• 帮助客户和组织深刻理解顾问为其组织所提供服务的价值所在。 • 明确顾问与其他部门（如人力资源、质量改进、财务或信息技术）的角色分工。 • 清晰阐述顾问所提供的产品与服务与组织内其他团队所提供的差别。 • 澄清顾问所提供的产品与服务与外部顾问的区别，有时还需管理与外部顾问的合同
展示对组织的了解程度	• 理解并知道如何在组织中取得成功。 • 与高层领导建立关系，并在各个层面发展广泛的联系人网络。 • 利用内部知识解决组织问题。 • 运用恰当的判断，认识到跨职能的相互依赖、政治问题和文化适应的重要性。 • 认识到系统思维的重要性
行事机智	• 善于运用想象力、创造力和前瞻性思考。 • 在方法和资源的运用上表现出机智、灵活和创新。 • 不拘泥于特定方法。 • 抓住机遇窗口，通常采用及时响应的方式来满足客户需求

续表

胜任力	行为描述
理解业务	• 深入了解企业的运营方式和关键策略。 • 针对关键战略问题，运用战略思维并争取支持。 • 协助管理者使组织与战略保持一致

内部顾问成功的关键

对于内部顾问而言，最关键的成功要素在于赢得领导和员工的信任与认可。这种信任与认可既源于个人的专业能力，也源于其人格诚信。相较于其他职能的员工，内部顾问的认可度更多地受到其个人诚信、自我认知与自我管理能力的影响。与客户建立真诚的合作关系是信任的基础。同时，顾问还需审慎评估客户的抗拒心理、承担变革风险的意愿、对支持的需求、引领组织过渡的能力，以及他们对困难反馈的开放态度。为了与客户共同实现预期的成果，内部顾问还必须与上级管理者、各级管理层以及人力资源部门或其他职能部门的同事建立紧密关系。建立良好关系要求内部顾问教育并引导他人理解和尊重顾问的角色，主动倾听并理解他人的观点和立场，展现出坚定、清晰的态度，以及高度的自我认知和自我管理能力。任何在行为或协议上的误解都可能迅速瓦解内部顾问多年来所付出的努力。

与许多专门从事特定领域的外部顾问不同，内部顾问必须是通才，需要对各种方法和解决方案都有深入的了解和熟练的运用能力。这意味着他们需要熟悉并掌握多种可能的行动方案。然而，这种广泛性的要求也带来了一个潜在的挑战。内部顾问不可能在所有领域都做到精通和成功，因此他们必须学会选择性地提供服务。这意味着他们需要评估自己的能力和组织的战略需求，以确保自己的努力能够最大限度地创造价值，并更好地满足组织的整体需求。

内部咨询的流程

尽管内部顾问与外部顾问的咨询流程相似，但二者之间存在着明显的差异。

内部咨询流程通常较为繁杂且充满变数，步骤之间很少呈现线性关系，而是经常相互重叠，有时甚至需要返回之前的阶段进行重复或扩展（见图 39-1）。内部咨询的流程并不像外部咨询那样从项目正式开始时算起，而是始于与客户（此处指组织内部的其他部门或团队）的初次接触，并受到顾问在组织中声誉的极大影响。这种声誉的价值堪比知名产品品牌，许多内部顾问都成功地利用这一点在组织内部进行自我推销。在受聘之初以及与管理层和潜在的高级客户进行咨询章程谈判时，内部顾问便可通过精心布局来塑造自己的声誉。在咨询过程中，成功推进项目还要求顾问具备管理人际关系以及应对组织内部各种复杂情况的能力。

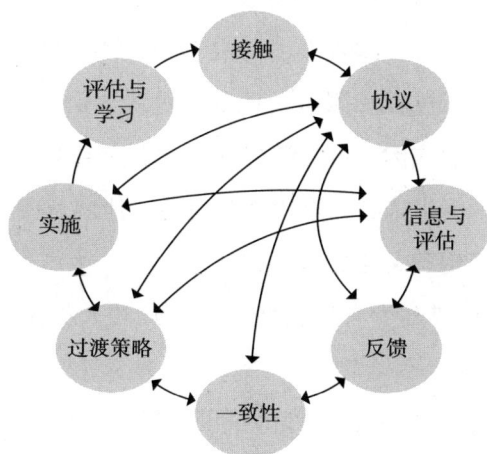

图 39-1　内部咨询的流程

斯科特和巴恩斯概述了内部咨询流程的八个阶段。

• **接触**：了解客户的组织或业务需求，奠定顾问与客户之间的关系基础。

• **协议**：明确顾问和客户的角色与期望，以及各自将采取的行动。界定需要解决的问题以及要实现的目标或成果。

• **信息与评估**：收集关于问题、业务、绩效和组织的信息。对所收集的信息进行评估或分析，获得对问题的独立见解和解读。

• **反馈**：向客户提供信息，并寻求客户对信息的接受或认同。提供顾问的分析或解读。

• **一致性**：就期望的成果或未来状态以及实现这一目标的方法与客户达成一致。

- **过渡策略**：明确系统中需要变革的组成部分，并确定必要的支持和资源。制定过渡策略，以实现从当前状态向期望未来状态的转变。

- **实施**：通过提供指导、教练、促进和领导来实施计划中的变革。

- **评估与学习**：通过支持客户反思并识别所学的技能、知识和自我意识来评估项目在客户系统中的成功。探索提升知识、技能和自我意识的方法。

后疫情时代顾问面临的挑战与机遇

2020 年迫使众多组织和从业者加速推进那些本就在进行中的变革。对于大多数信息和技术工作者而言，远程办公和混合办公团队已成为日常工作新常态。如今，大多数正式的学习过程和团队会议都通过线上研讨会或视频会议来进行。同时，大量的非正式和正式沟通也都转移到了各类交流平台和应用程序上。

这些变革给内部顾问带来了诸多挑战与机遇，他们需要指导客户学会应对和管理那些持续发生的结构和文化变革。例如：

- 与身处不同地点或鲜少有机会面对面交流的人员携手，共同构建一个步调一致的团队。

- 在混合团队中营造公平、平等的氛围，确保远程工作的成员不会感到被孤立，也不会认为自己相较于同地办公的团队成员而言，地位更低或影响力更小。

- 以令人难忘、引人入胜的方式与远程的团队成员和同事进行沟通交流。

- 探索并实践那些经过改良的问题解决、决策制定以及其他关键流程的方法，这些方法需要具备良好的灵活性，能够适应各种不同的应用场景和形式。

- 设计出可根据个人和组织需求灵活调整的架构方案。

在这种混合办公环境中，内部顾问同样面临着自身的挑战。例如：

- 随着组织和团队在结构上变得愈发灵活（时而远程办公，时而混合办公，时而面对面办公，循环往复），他们需要支持和推动相应的变革。

- 寻找替代闲聊的方式，了解潜在的问题和利益。

- 设计有趣且吸引人的远程会议和体验式学习环节。

- 开发新的方法，让远程或混合团队能够参与创意构思、战略思考和决策制定。

- 引导虚拟会议，以建立信任，并使团队能够妥善解决敏感的人际关系和团队问题。

同样，新的机遇之门正向我们敞开。各组织已经深切体会到，员工居家办公是完全值得信赖的，他们真正的目标是指导员工产出成果，而非对工作流程的严密监控。技术的日新月异为跨界协作铺设了宽广的道路。内部顾问可以鼓励并支持这些新的工作模式，并通过专业的辅导，助力领导者在瞬息万变的环境中做出明智的调整，从而迈向成功的彼岸。

随着组织界限日益模糊，环境趋向非正式化，许多顾问惊喜地发现，与客户建立非正式关系变得前所未有的轻松。例如，在视频通话中偶然看到客户的宠物或孩子，这样温馨的瞬间让双方关系更加贴近，也为深入探讨组织中的核心议题打开了话匣子。

随着组织和团队变得愈加灵活，甚至能够迅速调整形态，内部顾问将成为领导者一项十分宝贵的资源，特别是当他们的角色发生重大变化时。虽然内部顾问的工作依然围绕着以往的问题展开，但可能以全新的方式呈现。压力、冲突和变革仍然是领导者面临的挑战，尤其是当领导者与团队成员大多通过屏幕沟通时，理解和了解每个成员的情况变得更加困难。追求高质量成果依然是一项持续的挑战，因此，学习新技能以及发展自己和团队成员的职业生涯变得尤为重要。通过教育、支持、辅导和挑战客户，内部顾问能够抓住更多机会，为组织的重塑与发展贡献力量。

人才发展专业人士使用内部咨询技能创建使命驱动型组织
金伯利·基特，River Wolf Group 创始人

尽管组织内部咨询的焦点可能已经发生变化，但新冠疫情为每个组织提供了一个自我反思的契机，让它们得以深入反思，并确立一个既利于社会又益于环境的崇高使命。使命，是组织存在的根本理由，更揭示了它对世界的影响。在此过程中，人才发展专业人士凭借精湛的内部咨询技能，成为支撑组织使命不可或缺的力量。

身为内部顾问，你需要时刻关注与使命及利益相关者价值相关的前沿数据、

深度研究与最新趋势，为企业的未来保驾护航。投资者、员工、客户及社区等利益相关者，都渴望看到企业以使命为引领，为社会创造真正的价值。当今世界，企业被寄予厚望，需要在应对系统性挑战与复杂难题中发挥引领作用。越来越多的利益相关者倾向选择那些具有社会使命感的企业，而非那些单纯以利润为驱动的竞争对手。

研究表明，使命驱动型企业在多个方面都表现突出：

- 发展速度远超同行三倍，员工与客户满意度显著提升。
- 更能吸引并留住优秀人才。
- 员工敬业度与生产力更高。
- 消费者对这些品牌的忠诚度更强，他们购买该品牌的可能性是其他品牌的四倍，且在品牌遇到危机时，更可能为品牌辩护，保护品牌的可能性是其他品牌的六倍，推荐该品牌的可能性也高达四倍半。

作为人才发展专业人士，你的工作和生活本身就处于一个以使命为导向的环境中。因为"人"和"使命"是你所做的一切工作的核心所在。因此对于企业使命的新趋势，以及从股东资本主义向利益相关者资本主义的转变，你并不感到意外。然而，你可能未曾预料到，自己在企业追求使命的征途中扮演着如此关键的角色。

人才发展专业人士深知，将个人使命与组织使命匹配，能够极大地激励员工，提升员工的生产力和参与感，减少员工流失率，改善客户体验，最终为企业创造更大的价值。

在这一过程中，高层领导需要你提供战略支持。作为人才领导者，你处在一个独特的有利位置，能够帮助企业领导者在探索并落实社会使命时提供重要支持。你知道，使命与人息息相关。当运用本书中所提供的工具和策略时，你能够打造一个世界一流的人才发展组织，并为高层管理团队提供战略咨询。你可以将使命贯穿在员工体验的各个方面，通过人际关系、系统、技术、工具和流程放大组织使命的影响力，进一步提升企业对社会的贡献。

此外，CEO 也需要你的战略性指导，帮助他们兑现企业对使命的承诺。根据 2020 年 Porter Novelli 公司发布的《高管使命研究》报告：

- 91%的高管认为企业必须使所有利益相关者受益。

- 85%的高管认为以使命为导向可以带来利润。

通过分享这类研究和数据，你可以让领导者相信，自己拥有足够的技能、工具和资源，能够有效地激活并扩展组织的使命。你可以帮助组织明确、倡导并践行其使命，最终打造一个持久且积极的企业传承。

对于内部顾问和领导者来说，当前既是一个宝贵的机遇，也面临严峻的挑战。我们有机会将这段艰难时期中学到的经验和教训带入未来的"新常态"，并把其中的精华延续下去。尽管我们无法面对面沟通，但我们可能在团队成员的工作地点上变得更加宽容，特别是当彼此之间的信任依然牢固，甚至得到加强时。我们也有可能提供更多在线学习机会，让全球各地的人都能参与进来。同时，我们的会议也将变得更加高效和包容。

在长时间缺失面对面交流的机遇后，我们愈发珍视每一次亲身相聚的价值，也愈发清晰地认识到何时何地这样的交流显得尤为重要。同时，我们或许也会更加理解并体恤那些上有老下有小的团队成员，努力帮助他们实现生活与工作的平衡。内部顾问应该反思，在这段被迫与同事隔离的时期，自己有哪些新的收获。这段时光是否为你探索工作与人际交往的新模式开启了全新的视角？你又发现了哪些在生活和工作中可以安然舍弃的事物？新冠疫情如同一场自然的实验，为我们提供了检验新工作方式的宝贵契机——让我们紧握这一机会，充分施展其潜力。

最后的思考

内部顾问凭借对组织的深刻洞察与紧密连接，为管理层及员工提供了无可替代的价值，成为他们随时可信赖的坚实后盾。作为"内部人士"，他们掌握着丰富的组织信息，这使得他们与外部顾问携手合作时，能够发挥举足轻重的作用。然而，正因其内部身份，他们在保持中立客观方面面临着不小的挑战，需要在深厚的组织认知与恰当的界限之间找到微妙的平衡点。

成功的内部顾问通过展现卓越的能力，赢得了高层管理者的信任与尊重，成为他们不可或缺的商业伙伴。这里的能力不仅涵盖了专业知识，更包括内部顾问独有的优势。他们深知自己、客户及组织的需求，能够精准定位，选择最适合的角色来发挥效能。那些致力于推动组织迈向成功、不追求个人光环、保持谦逊与包容心态的专业人士，往往能够取得非凡成就，为所服务的组织贡献卓越力量。

当前，我们所处的时代风云变幻，为内部顾问带来了前所未有的机遇，使他们能够更高效地服务客户，并助力组织塑造美好未来。在这个充满不确定性与持续变革的时代，富有创新思维的智者与勇于冒险的明智决策者，能够大展身手。那些投身于内部组织咨询领域的精英，未来必将开启一段充满挑战与成就的非凡旅程。

作者简介

贝弗莉·斯科特（Beverly Scott）在组织咨询领域深耕超过 35 载，曾任旧金山麦克森公司组织与管理发展部主任长达 15 年之久。她是《内部咨询》（第 2 版）的合著者。此外，她还曾在约翰·肯尼迪大学的组织心理学系执教，并荣任 OD Network 董事会主席一职。她还出版了历史小说《莎拉的秘密》，该书以她祖父母身上的家庭秘密为灵感。如需联系她，请发送邮件至 bev@ bevscott. com。

金·巴恩斯（B. Kim Barnes）是 Barnes & Conti Associates 的 CEO，拥有超过 40 年的领导力与组织发展实战经验，足迹遍布全球多个行业领域。她是"影响力的运用""创新管理""内部咨询"等多个知名项目的开创者或联合开创者。她的著作颇丰，包括《职场、家庭与社区中的影响力实践指南》、《内部咨询》（与贝弗莉·斯科特合著）和《构建卓越创意》。此外，她还创作了以内部顾问为主角的精彩推理小说。如需联系她，请发送邮件至 bkbarnes@ barnesconti. com。

参考文献

Block, P. 1981. *Flawless Consulting: A Guide to Getting Your Expertise Used.* San Diego: Pfeiffer.

Foss, A. , D. Lipsky, A. Orr, B. Scott, T. Seamon, J. Smendzuik–O' Brien, A. Tavis, D. Wissman, and C. Woods. 2005. "Practicing Internal OD. " *In Practicing Organization*

Development: A Guide for Consultants, edited by W. J. Rothwell and R. Sullivan. San Francisco: John Wiley & Sons.

French, W. L. , and C. H. Bell, Jr. 1999. *Organization Development: Behavioral Science Interventions for Organization Development*. Upper Saddle River, NJ: Prentice−Hall.

Lipsey, J. , and B. Scott. 2008. "Consulting Skills Toolkit: Roles. " OD Network.

Porter Novelli. 2020. *The 2020 Porter Novelli Executive Purpose Study*. Porter Novelli, September.

Schein, E. H. 1988. *Process Consultation: Its Role in Organization Development*, 2nd ed. Upper Saddle River, NJ: Prentice−Hall.

Scott, B. 2000. *Consulting on the Inside*. Alexandria, VA: ASTD Press.

Scott, B. , and B. K. Barnes. 2011. *Consulting on the Inside*, 2nd ed. Alexandria, VA: ATD Press.

Scott, B. , and J. Hascall. 2002. "Inside or Outside: The Partnerships of Internal and External Consultants. " In *International Conference Readings Book*, edited by N. Delener and C. Ghao. Rome: Global Business and Technology Association.

Scott, B. , and J. Hascall. 2006. "Inside or Outside: The Partnerships of Internal and External Consultants. "In *The 2006 Pfeiffer Annual, Consulting*, edited by E. Biech. San Francisco: John Wiley & Sons.

🏛 延伸阅读

Barnes, B. K. 2015. *Exercising Influence: A Guide to Making Things Happen at Work, at Home, andin Your Community*. Hoboken, NJ: John Wiley & Sons.

Bellman, G. M. 2001. *Getting Things Done When You Are Not in Charge*. San Francisco: Berrett−Koehler Publishers.

Biech, E. 2018. *ATD's Foundations of Talent Development*. Alexandria, VA: ATD Press.

第 40 章　成为成功的咨询顾问：从创业到市场领导者

安德鲁·索贝尔

咨询行业是一个既富有挑战又极具回报的领域。作为独立咨询顾问，你可以自立门户，投身于有意义的工作，选择激动人心的项目，并与自己敬仰的组织及人士携手合作，这些无疑会带来极大的满足感。然而，成功的背后也伴随着一系列不容忽视的挑战。为了在这片天地中脱颖而出，你必须学会推销和营销自己的服务，构建坚实的人际网络，懂得如何建立和维护关系，并积累他人所重视的知识资本，以此吸引和留住客户。

本章要点

△　明确成为成功的独立咨询顾问所需的六种能力。

△　了解如何通过强大的人际关系和知识资本加速成长。

△　明确实现市场领导地位所需的条件。

我曾经有一位客户，显然深受内部会议繁多和企业层级复杂之苦。有一天，他满怀憧憬地对我说："你真幸运。没有苛刻的老板对你指手画脚。你可以去有趣的地方旅行并发表演讲，著书立说，总是投身于新奇多样的项目中。"

我礼貌地笑了笑，心里明白这位客户并没有意识到，要建立一个独立的咨询业务，需要多么周密的规划、多么辛勤的工作以及多么坚定的决心。而且说实话，有些时候，我比他的老板还要苛刻。

不过，在我的客户眼里，这一切似乎都很简单。确实，独立咨询之路充满挑战，暗藏着诸多需要谨慎规避的"陷阱"。然而，目前也有一系列策略已成功引领众多人士从创业初始阶段迈向市场领导者的宝座。只要你遵循这些基本策略，完全有可能取得卓越成就，体验到难以言喻的个人满足感。

那么，如何创立经营一个成功的独立咨询机构呢？在我自己四十年的管理咨询生涯中，我曾经建立或协助建立过四家具有重大影响力的咨询公司。其中前两家公司的建立，得益于我在一家大型全球咨询公司长达十五年的工作经历，其间我曾担任高级副总裁及国家 CEO 的职务。然后，1995 年，我创办了自己的全球咨询公司——安德鲁·索贝尔咨询公司，并且公司的收入稳步增长，现在已经突破了七位数。第四家是基于我的图书、研究和客户实践所创办的在线学习公司，吸引了来自世界各地的客户。

凭借这些经验，我总结出了一套实用的方法，帮助咨询顾问发展、壮大并维持自己的咨询业务——最终在你选择的细分市场中实现市场领导地位。我称之为"实践增长模型"，它包括三个核心概念：

- 成功的六大能力。
- 加速实现突破型增长。
- 实现市场领导地位。

成功的六大能力

要成为一名成功的独立顾问，并长期持续扩展自己的业务，你必须精通六项核心能力。接下来，我们将逐一深入解析这些能力。

坚实的知识资本

知识资本指的是你为帮助客户解决关键问题而开发的框架、理念、策略、观点以及分析方法的集合。这些构成了你的思想领导力，支撑并指导着你的客户工作。当这些知识资本被具体化或以某种产品形式呈现时，如操作框架、评估工具、视频或其他工具，就转化为知识产权。一般来说，知识产权可以通过版权或商标进行保护，而知识资本则过于宽泛，无法获得法律保护。

在一个竞争者如云、客户选择眼花缭乱的世界里，坚实的知识资本至关重要，它能帮助你在众多同行中脱颖而出。打造坚实的知识资本的两个关键是持续性和创新性。

如果你希望在某一行业内建立声誉，必须通过定期写作和演讲来形成良性循环。随着时间的推移，你的知名度会逐渐提升。尤其是当客户搜索与你相关的主题时，你的名字会出现在搜索结果的前列。创新性意味着你需要对所写的主题持有新颖独到的见解。倘若仅仅机械地复述他人关于领导力或团队合作的既有观点，你将很难脱颖而出。

稳固的客户关系

咨询顾问不仅需要与核心客户群体建立持久的关系，更需通过不断为客户创造价值，以确保获得他们的持续委托与口碑推荐。

那么，如何衡量自己是否已与客户建立了稳固的关系呢？以下六个标志可作为参考：

- **信任**。客户对你有信心，允许你非正式地工作，也不会频繁地检查。
- **价值**。客户能感受到与你的合作带来的显著价值。
- **尊重**。客户会倾听你的意见，并且尊重你作为专业人士和个人的价值，而你也同样尊重他们。
- **透明度**。客户与你保持频繁和开放的沟通，愿意与你分享他们的计划和想法。
- **忠诚**。在你的专业领域，客户总是首先打电话和你讨论他们的需求。
- **推荐度**。如果有人询问，客户会积极评价你的工作。在最好的客户关系中，客户会主动向他们的同事和同行推荐你。

一名杰出的咨询顾问需掌握多元化的技能，其中不乏各行各业所需的基本能力。然而，我所强调的是那些助你在众多同行中脱颖而出的特质，而非仅仅满足于基本要求。例如，虽然出色的分析能力能为你赢得客户的初步认可，但唯有具备整合信息、着眼全局的思维能力，方能使你在客户心中留下深刻且独特的印象。

构建值得信赖的顾问关系，其核心在于实现思维模式的根本性转变，即从"雇佣专家"的传统观念，转变为"客户顾问"的全新定位（见图 40-1）。

简而言之，入门级能力包括以下几个方面：掌握客户所在领域的深厚专业知识、分析技能、在潜在客户眼中树立可信的形象、建立融洽关系，以及一些更为通用的素质，如智慧和沟通技巧。然而，在客户市场中，这些能力并不足以让你从其他"专家"中脱颖而出。

真正能够脱颖而出的人，往往具备其他特质。他们拥有高超的提问技巧、深

专家思维	顾问思维
"讲述"——谈论专业知识	"询问"——提出发人深省的问题
被雇佣的专家	有独立性，会反驳或说不
建立专业信誉	建立深厚的个人信任
分析	分析并综合——具有全局视角
专家	具有专家深度和商业广度的通才
被动反应型	积极的议程设定者
有过渡焦点	结合短期目标和长期焦点
服务于小众客户群体	重新构思以全面界定问题和解决方案

图 40-1　专家思维和顾问思维对比

度倾听的能力以及大局观（综合思维）。他们不仅具有专业信誉，还能与客户建立深厚的个人信任，同时具备广泛的通识知识（商业洞察力），将其专业深度与广度相结合，且拥有独立思考的心态（敢于提出异议和反击）。

我曾与一位客户合作，他因咨询业务逐年下滑而面临公司降职和减薪的困境。当我初次与他交谈时，他说："安德鲁，我的客户清楚我的工作，当他们需要我时会联系我。"我当即察觉到，这种被动的"专家心态"正是他进步的绊脚石，因为他总是被动地等待客户的召唤，缺乏主动出击的勇气和智慧。

作为一名顾问，专业知识固然重要，但若要建立卓越的客户关系，你就必须摒弃专家心态，把自己当成一名客户顾问。这种思维方式的转变，将深刻影响你日常工作的方方面面。当你秉持专家心态时，可能预设高标准，认为必须拿出绝佳的创意，甚至还需准备精美的幻灯片。然而，当你持有顾问心态时，你将更加注重与客户的互动和沟通，通过深入提问、分享对其他客户有益的做法，展开一场有深度的对话，从而建立更加紧密和持久的客户关系。这样的转变，不仅能够帮助你在客户心中树立更加积极和专业的形象，还能够让你在竞争激烈的市场中脱颖而出，成为客户心中的首选。

有价值的人际关系

这一能力是对之前所述能力的进一步拓展。我的研究发现，大多数专业人士在其职业生涯中，能够建立 20~25 个至关重要的关系，这些关系对于他们的成功起着决定性的作用。值得注意的是，这些重要关系并非全部源自客户。实际上，你需要以更广阔的视角来看待自己的关系资本，并有意在以下几个核心领域进行关系发展：

- 客户和潜在客户。
- 关系催化剂，这能够为你引荐新客户，并促成合作交易。
- 合作伙伴，包括律师事务所、银行和会计师事务所。
- 为你提供咨询和指导的顾问。
- 在情感和精神层面上给予你支持的朋友和家人。

如果你在公司工作，同事也应被视为一个额外的、重要的关系类别。我将这 20~25 个核心人物称为"关键少数"，你应当投入大量的时间和精力来建立和维护与他们的关系。

此外，还有一个庞大的"多数"群体——你数据库中的数百个其他联系人。对于这部分人，你应采取高效且节省时间的方式来保持联系。

现在，不妨尝试列出你职业生涯中最重要的 20 个关系。你觉得列出这份清单是否容易？其中是否有被你忽视的人，值得你重新建立联系？你是否了解每个人的优先事项和需求？你如何帮助他们实现他们的目标？通过这样的反思，你可以进一步优化你的关系网络，提升个人和职业的影响力。

有吸引力的价值主张

价值主张的作用是描述你如何为客户创造价值。不少顾问常常误将自己的方法论当作价值主张，如"我负责高管辅导"或"我重新设计供应链流程"。而我始终这样表述我的价值主张——我真正为客户所做的事情："我致力于帮助组织和个人培养长期的忠实客户。"或者更详尽一些："我通过助力你的企业培育所需的个人能力和组织能力，不断深化现有客户关系并赢得新客户，从而实现收益增长。"

在与客户交流时，一个行之有效的方法是在提出价值主张后，紧接着分享一个简短的客户案例。例如："我曾帮助客户大幅提升领导力，支撑他们的战略目标。让我与你分享一个相关实例。"

你向客户描述自己所能提供的服务时，表达方式往往会产生重大影响。我曾指导过一位顾问，她原先主要向人力资源经理推销自己的工作坊主持服务，但这些经理常常因为预算紧张而试图压低价格。在我们重新定位她的价值主张，聚焦于帮助客户更快、更明智地做决策后，她成功吸引了业务部门的高层管理者成为客户，并且提高了服务费用。

有效的市场营销和销售：客户吸引策略

主动向潜在客户推销服务与接到客户来电表示"我想和你聊聊"这两者之间有着天壤之别。你是更倾向于逐一敲门推销，还是梦想着每天早晨醒来，打开邮箱，就能看到邮件主题栏里赫然写着"邀请你进行主题演讲"？

你应该精心筛选，向目标客户传递一个清晰、有力的价值主张。实现这一目标的手段多种多样，包括但不限于出版著作、发表演讲、发送内部简讯、直邮推广、发布白皮书、客户推荐、优化公司网站、撰写博客、制作视频，或者定期举办客户论坛等。

如果你已经成功与潜在客户面对面交流，接下来的挑战便是建立信任关系。要将普通的对话转化为成功的项目合作，你必须达成以下五个关键目标：

- 建立融洽关系。
- 树立个人及公司的信誉。
- 深入了解客户面临的问题。
- 深入挖掘客户需求，并为他们面临的具体挑战提供切实价值。
- 顺利过渡到提案和成交阶段。

请记住，你的最终目标是建立稳固的关系，培养具有购买意愿的客户，而非仅仅推销你的解决方案。在业务拓展的道路上，"展示"远比"讲述"更为关键。讲述意味着你向客户自吹自擂，提供关于自身实践的统计数据或描述方法论；展示则是通过分享简短的客户案例、最佳实践、创新思路及客户推荐等，让客户真切感受到你的实力与价值。

自我管理与发展

前面提到的五项能力，建立在一个基础上，即我所说的"深度通才"能力。深度通才，指的是那些在各自核心专业领域具备深厚知识底蕴，同时对商业环境、客户所处的市场及行业拥有广泛认知的专业人才。他们能够精准地将自身服务融入客户的业务目标。凭借广博的知识体系，深度通才能够创造出他人难以察觉的创新性知识连接。此外，在与高层管理者交流时，相较于那些专业领域相对狭窄的专家，深度通才往往能更有效地建立沟通桥梁。

加速实现突破型增长

上述六项能力都十分重要，而其中的知识资本和人际关系尤其关键，它们在很大程度上决定了独立顾问的成功。

为了更清晰地把握业务增长的关键因素，我们可以借鉴奥卡姆剃刀定律。这一定律由 14 世纪的英国神学家威廉·奥卡姆提出，其核心观点是"如无必要，勿增实体"。换言之，"最简单的解释往往最为合理"。因此，如果我们将这两个关键因素——知识资本和人际关系——结合起来，构建一个 2×2 矩阵，就得到了"实践增长矩阵"（见图 40-2）。接下来，我们简要地分析一下这个矩阵的四个象限。

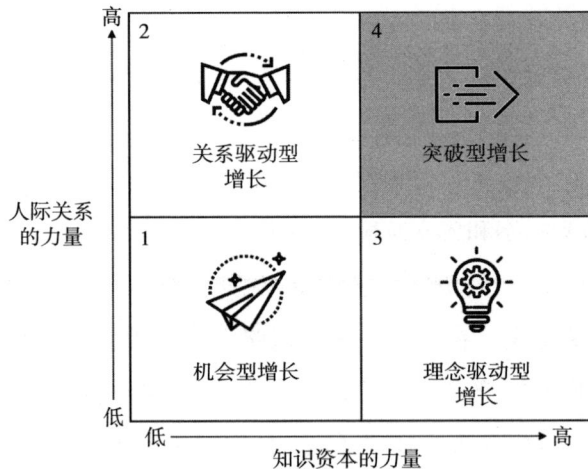

图 40-2　实践增长矩阵

象限 1：机会型增长

在这一阶段，你凭借自身的工作经验、教育背景及已有的社交网络，着手开创并发展自己的事业。

挑战： 如果未能构建属于你的买家网络，深化客户关系，积累知识资本，你的增长之路将充满变数，更多依赖于偶然因素，而非系统的战略规划。

象限 2：关系驱动型增长

通常，在咨询业务初创期，你可能仅依靠一两个大客户维持运营。这些客户更看重你对他们组织的深入理解、专业技能及决策能力，而非你是否发表过众多文章、出版过图书或开发了远程学习的三因素模型（这正是我 25 年前离开原咨询公司时的亲身经历）。

挑战： 虽然拥有少数核心且关系密切的客户群令人欣慰，却也暗藏风险，因为过度依赖少数客户会使业务变得脆弱。对于创业初期的顾问而言，拥有一两个客户无疑是良好开端，但远不足以支撑一个可持续发展的事业。

象限 3：理念驱动型增长

通过围绕某一主题打造引人注目的思想领导力，你可以制定吸引客户的策略，进而提升个人魅力，吸引潜在客户。一个能为客户提供现成解决方案的创意，可以迅速推动业务增长——以波士顿咨询公司早期的战略咨询模式为例，其增长份额矩阵和基于时间的竞争理论吸引了大量客户，贝恩公司在客户忠诚度方面的工作也是如此。

挑战： 即便你已经拥有了出色的创意和丰富的知识资本，持续获取新客户、有效管理现有客户以及维护良好的客户关系仍然是至关重要的。此外，你应当避免将自己局限为仅依赖于某一特定管理工具或服务的"单一技能"顾问，因为这种角色往往容易转变为仅提供短期服务的角色，其客户基础也多为一次性交易性质，缺乏长期的稳定性和忠诚度。

象限 4：突破型增长

当你同时拥有强大的知识资本与稳固的客户关系后，将迎来突破型的收入增长。知识资本为你搭建了一个拓展至更广泛网络的桥梁，通过出版图书、发布新闻稿、参与论坛讨论及发表演讲等营销策略，你将更有底气向客户收取高额费用。同时，稳固的核心客户关系则为你带来了稳定的收入来源、较低的销售成本、转介绍业务，以及一个为长期客户提供新服务的试验平台。在这个象限中，你通常被视为客户心中值得信赖的顾问。

进入突破型增长阶段，你有两种主要路径可选：一是依赖于深厚的核心客户关系，二是凭借强大的知识资本，当然，你也可以两者兼顾。我个人的职业生涯便是从关系驱动型增长模式起步的，随着《终身客户》和《创造机会》两本书的出版，逐渐转向了知识资本模式。此后，我的业务重心回归，并成功建立了一个全新核心客户群体，他们主要是被我的书吸引而来的。

认证是顾问的热门话题
莎朗·温格伦，CPTD，DevelopPEOPLE 的领导力顾问

随着工作方式的变化和零工经济的兴起，许多人才发展专业人士选择离开朝九晚五的工作，转而成为咨询顾问。许多新晋顾问常常会疑惑，是否需要进行某些特定工具的认证，如果值得的话，又该如何抉择，将哪些工具纳入自己的技能体系？

有哪些工具可用

大多数顾问使用的工具可以分为四大类：

- 自我评估工具。通过回答一系列关于个人偏好、行为模式、方法或风格的问题，帮助个体深入了解自身特点。

- 团队评估工具。聚焦于团队的合作效率及其在团队效能模型中的一致性表现。

- 评分者评估工具。在自我评估的基础上，结合他人对个人行为的观察、评分及反馈，这类工具在领导力发展中尤为常见。

- 组织评估工具。不同于常规调查问卷，组织评估工具通过对比既定框架（如创造力、员工热情等）来评估组织的整体表现。

此外，还有众多学习项目、概念模型及人才发展方法同样提供认证资格。顾问发现，持有某个工具的认证不仅能提升个人专业形象，还能将项目作为认证课程出售，获得可观的经济回报。

获得认证的好处是什么

评估工具及其他认证不仅能够丰富你的工具箱，还能在领英等平台上提升你的信誉度。掌握的工具越多且运用越熟练，你就越能为客户提供更加贴合的解决方案。随着知识的不断积累，你能够将这些理念融入客户的组织中，推动构建更具凝聚力的企业文化，进而为客户创造更高的投资回报率。

我如何使用这些工具

工具（如评估工具和学习方法）具有多种应用场景。其中最常见的是作为个人、团队、管理及领导力发展项目的预备工作。它们为你提供数据支持，明确需要重点发展的领域。如果在项目开始前和结束后均使用这些工具，你将能够获取进展数据，为评估效果和进行投资回报率分析提供有力依据。

如何决定选择哪个工具

以下问题有助于你进行工具选择：

- 我的专业领域是什么？
- 这个工具如何与我的重点领域及其他服务相契合？
- 该工具所属公司的声誉如何？
- 这个工具背后有哪些研究支持？
- 这个工具是否有效且可靠？
- 认证过程中提供了哪些材料和支持？
- 认证后是否会提供持续的培训和支持？
- 我在推广认证时享有哪些权益？
- 我是否已经拥有了一个潜在市场来使用这个工具？
- 是否有客户或项目愿意为我的认证费用买单？
- 我使用这个工具的频率是多少？

通过回答这些问题，你将明确哪些工具能够更好地服务于客户，并为你的产品和服务增添适当的价值。

实现市场领导地位

个人创业实践通常会经历四个阶段。

- **起步期**：这是你初涉行业，着手寻觅首批客户，并致力于构建个人独立执业基础的阶段。

- **稳步增长期**：在此阶段，你逐渐从为单一客户提供有限项目，转向为众多客户实施多元化项目，实现可持续的执业发展。这一转变可能于首年内完成，也可能历经数年。

- **市场渗透期**：此时，你将进一步拓展执业范围，构建一个涵盖历史客户、现有客户及潜在客户的长期网络。在这一阶段，你已至少掌握，甚至全部精通之前提及的六大核心能力。

- **市场领导期**：如果你有幸迈入这一阶段——并非人人都能达成——你将成为公认的行业思想领袖，并在你所选的细分市场领域占据领先地位。通常，这一阶段出现在职业生涯的后期，因为构建作品集和培养支持市场领导地位的终身人脉网络需要时间。然而，通过专注于核心能力的提升并加大投资，你可以加速实现市场领导地位。这一过程可能在几年内完成，而非数十年。明智的自我投资，将带来丰厚的回报。

我们可以将这四个实践发展阶段与实践增长矩阵（见图 40-3）相结合，以直观展示你为实现市场领导地位，需在人际关系和知识资本方面投入多大的精力。

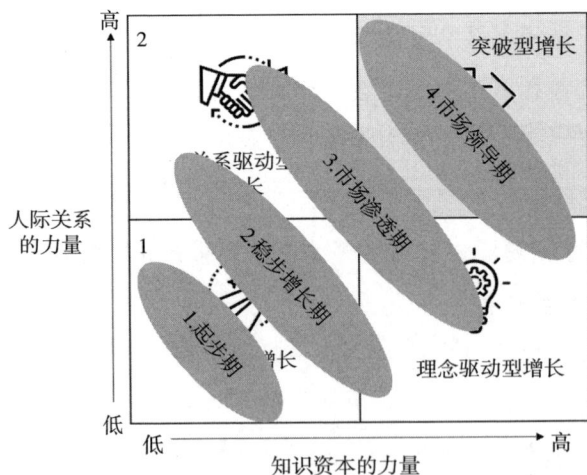

图 40-3　个人创业实践的四个阶段

你是否有正确的心态

如果你打算以独立职业者的身份开展工作，那么"独立财富的心态"至关重要。多年前，我在筹备一本书时，曾访谈过一家市值 200 亿美元的电信公司的 CEO。他的一番话让我至今记忆犹新："安德鲁，我真心希望我的顾问都能经济独立、财富自由。这样，我就能确信他们会将我的利益置于首位，能客观公正地看待我的问题，并且总是直言不讳，绝不会因财务回报而有所顾虑。"或许你尚未实现财富自由，但无论你的经济状况如何，都能培养出这种心态。关键在于以下三点：

- 你需要将客户视为平等的合作伙伴（既不盲目崇拜，也不轻视他们）。
- 在与客户交流时，你要忘却时间的束缚，专注于当下，全心全意地投入。
- 你对自己的工作要满怀热情和激情（热情极具感染力，人人都喜欢）。

如果你能够展现出这些特质，就会散发出一种独特的魅力，让客户更加愿意与你亲近。毕竟，这些特质不正是你自己所欣赏的，以及在职业生涯中所渴望遇到的吗？如果你拥有了独立财富的心态，就会形成一种稳定的内在气质，这种气质将在你职业生涯的方方面面为你带来益处。

最后的思考

我建议你从以下几个基本问题入手，开始你的职业发展之旅：

- 你当前的业务状况如何？
- 你已经拥有哪些知识资本和人际关系，可以作为进一步发展的坚实基础？
- 在接下来的三年里，你对自己的业务发展有着怎样的愿景和目标？

通过仔细思考这些问题，你将清晰地认识到，为了实现目标，自己需要进行哪些调整。你的价值主张是否需要更加明确？你是否需要提升自己的思想领导力？你是否与现有及潜在客户保持着定期沟通？你是否应该拓展服务范围？

◆◆◆

作者简介

安德鲁·索贝尔（Andrew Sobel） 是客户终身忠诚度培养及建立可靠商业关系策略与技巧方面的杰出专家。他是该领域内全球著作最为丰富的作者，已出版了九部广受赞誉的图书，并被译成 21 种语言。他的作品主要围绕如何以值得信赖的顾问身份赢得并留住客户，其中的代表作包括《客户至上》、国际畅销书《终身客户》，以及《高效提问》。作为国际咨询公司——安德鲁·索贝尔咨询公司的创立者与 CEO，他曾为众多全球顶尖企业提供客户发展与增长战略方面的咨询服务。

延伸阅读

Sobel, A. n. d. "Andrew Sobel's Learning Academy."

Sobel, A. n. d. "Knowledge Archive."

Sobel, A. 2009. *All for One: 10 Strategies for Building Trusted Client Partnerships.* Hoboken, NJ: John Wiley and Sons.

Sobel, A. 2020. *It Starts With Clients: Your 100-Day Plan to Build Lifelong Relationships and Revenue.* Hoboken, NJ: John Wiley and Sons.

Sobel, A., and J. Panas. 2012. *Power Questions: Build Relationships, Win New Business, and Influence Others.* Hoboken, NJ: John Wiley and Sons.

第 41 章　构建团队并理解虚拟团队合作

塔米·布杰兰德

在数字时代，团队合作需要经过深思熟虑的规划和调整，以确保实现预期的成果。虚拟团队合作尤其如此，因为团队成员可能分布在不同地点，因此需要明确虚拟团队的特点，重视文档的价值，并且了解虚拟团队合作可能面临的挑战。

本章要点

△　阐述在日益数字化的工作环境中高效团队的四大特征。

△　为常见的团队挑战提供解决方案。

能够成为高效团队的一员，心中满是喜悦，反之，则难免失落。尽管通过组织团建活动来追寻这份美好感受看似顺理成章，但付诸实践往往更为关键。诚然，团建活动自有其价值，然而在此之前，以文档形式奠定团队成功之基更为重要，尤其当团队成员遍布各地、跨越时区、各司其职时。

作为高效团队一分子所带来的愉悦感受，绝非偶然所得，而是源于团队构筑的坚实架构与清晰期望，让每位成员得以茁壮成长。在数字化浪潮汹涌的职场中，你需要洞悉高效团队的特征，借由打造文档文化，推动团队合作的顺畅进行，并探寻应对常见挑战的良策。这些理念无论对新晋团队还是资深团队，无论对你所身处的团队还是你所服务的团队，都具有指导意义。

但值得注意的是，彻底重塑团队运作模式既不现实又不可行。如果你的职位不具备全面变革团队的权力，不妨从细微之处着手，以力所能及的小行动产生即时影响，这些行动皆可在一天或一周内实现。动员全体团队成员，号召每人许下小行动之诺，这些微小变革汇聚而成的集体力量，将远超你孤军奋战、试图推动大规模变革却缺乏全员支持时的成效。

现代团队

现代团队，以其灵活多变、流动性强及临时组建的特征，颠覆了往昔长期固定团队的旧模式。当下的职场生态中，我们频繁穿梭于多个团队之间，这些团队目标各异，存续时长也不尽相同。或许，你会加入一个职能导向的学习团队，同时在某个项目或计划中，与人力资源团队并肩作战。身为人才发展专业人士，你不仅是所属团队的一员，更可能通过提供丰富的学习体验与培训项目，成为其他团队的坚强后盾，助力提升团队协作效能与动态活力。现代团队的多变性无疑增加了协作的难度，而复杂性的提升也带来了更多挑战。

在远程协作技术的支撑下，加之预估有 25%～30% 的员工将实行多日的远程工作模式，意味着在职业生涯的某个节点，你几乎注定会成为虚拟团队的一员。一旦你借助技术与异地同事协作，便已悄然融入虚拟团队的行列。更甚者，你还可能感受到"虚拟距离"的微妙影响，那是一种"当我们日益倚重数字化沟通手段时，不经意间产生的社会与情感层面的疏离感"。

为虚拟团队的工作做好准备的最佳方式之一，便是将自己预设为虚拟团队的一员。即便你的团队属于混合型（成员既有线上办公也有线下办公），只要遵循虚拟团队的最佳实践，就能构建一个无论结构如何调整、环境如何变迁，都能稳健前行的成功团队。

团队之界定，可依据其存续时长、职能定位，乃至成员的地理位置或心理距离。以这些维度为标尺，有助于清晰勾勒出团队的目标、成员构成、运作流程及绩效期望（见表 41-1），为团队的稳健发展奠定坚实基础。

表 41-1　团队类型

存续时长	临时团队	在短期内、时间限定的情况下进行工作的团队
	项目型团队	围绕特定项目开展工作的团队
	长期团队	成员共同合作时间较长，有时可能没有明确结束时间
	永久团队	成员长期合作，且没有预定结束时间

续表

职能定位	职能团队	由同一部门的人组成，定期召开会议
	跨职能团队	由来自不同职能或部门的成员组成，旨在达成目标或解决问题
地理位置	地域性团队	团队成员来自多个地区或不同时区
	全球团队	团队成员来自不同国家
	虚拟团队	团队成员通过技术手段进行数字化协作
	混合团队	团队成员既有远程办公，也有现场办公

高效团队的特征

在高效团队中，成员彼此间洋溢着归属感，与团队目标紧密相连，宛如命运共同体。他们通过四大行动，为合作关系的成功奠定了坚实基础：

- 建立信任基础。
- 致力于团队文档化。
- 确保任务执行的清晰度。
- 践行平衡的团队沟通。

相较于传统办公室团队而言，在虚拟或混合团队中培养这些特征无疑更具挑战性。因为团队成员往往习惯于依赖面对面交流等传统沟通方式，这些方式在建立联系、增进信任和确保信息流通方面发挥着重要作用。

当现场办公占据主导地位时，远程办公成员可能被孤立疏远，那些无法定期参与此类活动的其他成员也可能感到被边缘化。因此，我们应当养成定期反思的习惯，审视自己和团队的行为与流程，确保它们能够惠及每一位成员，无论他们身处何方，都能茁壮成长，共创辉煌。

建立信任基础

信任是任何人际关系成功的基础。在团队中，我们可以从两个维度来看待信任：基于任务的信任和基于关系的信任。基于任务的信任是指你能够在团队中委派责任，并相信每个成员都会履行自己的承诺。基于关系的信任则是指你愿意分享个人生活中遇到的已经影响身心健康的困境，因为你知道自己不会因坦白而受到惩罚（见表 41-2）。现代团队欲行稳致远，二者缺一不可，而具体配比则依个人偏好、文化背景等而异。

表 41-2　适合虚拟团队的流程和仪式示例

基于任务的信任	• 通过项目管理工具分配任务和行动项目；任务负责人需要定期更新任务进度，并告知相关人员。 • 通过内部聊天频道分享每日优先事项和遇到的阻碍
基于关系的信任	• 团队成员通过简单的红绿灯活动共享各自的能量水平（绿灯=高能量，专注；黄灯=中等能量；红灯=低能量，缺乏专注）。 • 每两周随机分配伙伴进行非正式交流。 • 专门设立一个频道用于非工作话题，使用随机生成的团队成员话题来推动讨论和分享

传统的办公室文化通常优先强调面对面的互动，因为他们认为只有这样才能建立信任。然而，这种思维方式会限制团队的包容性，使得远程或兼职成员无法持续建立信任。因此，团队需要有意识地设计出包容性流程和仪式，无论成员身在何方，皆能持续参与。

我在前文中已经提过，无论你在团队中是何角色，皆可贡献自己的微小力量，助力团队成长。本章将介绍一些可以采取的小行动，首先从这个"签到"活动开始。

微小行动

在一个网络会议中，使用签到和匿名投票功能，票选出需要改进的方面。针对以下七个陈述，请根据 1~5 的评分标准表示你对每项陈述的认同程度，其中 1 表示"不同意"，5 表示"完全同意"。

- 我们彼此信任。
- 每一场讨论、每一项决策，都能确保人人同步知晓。
- 我们的队员彼此之间紧密相连。
- 我们与自己的工作有紧密的联系。

- 我们对自己的工作和时间安排有自主权。
- 无论团队成员身在何处，他们的工作体验都是一致的。
- 我清楚自己的工作职责和期望。

致力于团队文档化

高效团队会详尽记录一切内容，并确保这些记录的一致性、可访问性和实用性。完善的文档管理能够有效避免沟通误解、目标不一致以及低效冲突的发生。通过记录决策、工作历史、流程和任务，团队可以在工作中减少对他人提供信息的依赖。

当我们减少对他人的依赖时，可以带来以下好处：

- 减少打扰。
- 加速项目推进。
- 加速新成员培训。
- 打破信息孤岛。
- 创造更加一致的成果。

这也为所有团队成员创造了公平的竞争环境，因为他们可以根据需要访问和使用这些信息，而无须依赖他人。每个人都能够获取完成工作所需的知识，同时他们的工作表现也对其他成员保持透明。

此外，仅仅告知成员你的期望并假设团队成员会按照预期的方式领会这些期望是不够的。作为团队成员或领导者，你需要通过要求团队成员复述他们所理解的内容来确保大家的理解是准确且清晰的。同时，要提供足够的机会让团队成员提出反馈并澄清问题。

适当的文档量

信息并非越多越好，一旦需要更新的内容、阅读材料、会议记录以及会议本身过于繁多，人们的注意力便容易分散。因此，团队需要巧妙把握文档管理的度，确保每位成员都能迅速捕捉到关键信息。

其中，"单一数据源"便是一种行之有效的文档管理方法。单一数据源是信息系统设计中的一个概念，可视为某一主题所有核心信息的集中收纳箱。妥善运用单一数据源，不仅能有效减少信息在多处重复出现的状况，还能打破信息孤岛，实现信息的互联互通。

当你面对流程执行的困惑、渴求背景资料或欲提出疑问时，单一数据源便是你的首选查询之地。借助单一数据源框架，文档过载的烦恼将得以缓解。但值得注意的是，单一数据源的效用离不开团队成员对其使用与更新的明确共识与规范指引。

那么，团队究竟需要哪些文档呢？高效团队往往离不开团队协议、用户手册、沟通规范、绩效标准、会议议程及记录等文档的辅助。这些文档应力求简洁明了、准确无误且内容完整。每份文档应明确责任人，并尽可能附上相关链接，便于查阅。

微小行动

选择一份团队核心文件，并制定创建或更新该文件的计划。

实践问责

当然，文档化的概念是一回事，而实际操作又是另一回事。团队在进行文档化过程中常常遇到阻碍，原因之一便是文档化不仅需要前期的辛勤耕耘，还需要后续的持续更新。团队成员既要积极参与文档编写，也有义务及时查阅已发布的文档。

帮助你的团队养成这样一个习惯：在回答问题时，尽可能提供相关的文档出处，或者直接指引他们去查找单一数据源找到答案。如果相关内容尚未记录，可依据团队既定的流程进行解答，并将答案放置于易于检索的位置。

要让团队成员既及时更新文档，又主动查阅文档。例如，你可以：

- 在会议或交流平台上穿插趣味性的环节，如团队文档知识问答游戏。
- 举办信息位置挑战赛，让团队成员竞速寻找问题的答案。
- 将文档贡献和文档阅读纳入个人成果和任务中。
- 在绩效目标中增设文档化的关键绩效指标。

微小行动

如果有人向你提问，而答案已经在文档中有所记录，请在回复中分享该文档。通过养成用文档回答问题的习惯，能够让人们意识到，许多问题都有现成的答案，只要知道在哪里查找即可。

尽管表面上看，专注于文档化似乎会增加团队的适应难度，实则不然。正如阿卡尔等学者在 2019 年的研究所示，约束往往能激发创造力与创新精神。当团队的核心工作得以详尽记录，成员就可以将时间和精力集中在建立有价值的连接和促进创造力与创新上。以这样的视角看待文档化，有助于获得团队成员的认同，促使大家更加一致地践行文档化的理念。

确保任务执行的清晰度

无论是组建一个新团队，还是发展已有团队，保持对关键定义和期望的统一，都是完成工作的关键。需要明确界定的要素包括目标、人员、流程和绩效（4P）。

目标（Purpose）

组建高效团队的第一步是明确团队的目标。回溯性思考不仅有助于设计有效的学习体验，对团队建设同样关键——设想团队活动期望达成的成果，以及如何界定成功。以下是团队目标的几个例子：

- 优化某一职能部门的数据收集与分析能力。
- 提供客户服务。
- 制定市场营销活动。

明确团队目标，不仅能让团队凝聚一心，还能让成员明白自己的工作如何为整体目标的实现贡献力量。当成员能够看到自己的付出对宏伟目标的作用时，他们往往会更加投入，对工作也更有满足感。

人员（People）

目标既定，寻觅合适的团队成员便成为当务之急。他们需拥有恰当的技能组合与必备品质，帮助团队完成目标。

流程（Processes）

团队的工作流程决定了工作如何进行。明确流程与习惯，能让每位成员清晰地知晓自己的任务所在。

绩效（Performance）

团队绩效，是衡量团队目标实现程度的标尺。确立明确的绩效标准，能让团队成员及相关方一目了然地知晓何时达标，何时尚有差距，以便团队适时停下脚步，进行评估与调整。

对于虚拟团队而言，明确绩效标准或许更为棘手，因为他们无法依赖办公室中的直观信号。此时，团队可能过于关注投入而非实际绩效。但无论是虚拟团队还是办公室团队，从结果出发评估绩效，而非纠结于过程，都将大有裨益。

微小行动

使用以下量表评估团队成员对团队四个要素的期望：目标、人员、流程和绩效。你的团队在每个类别中的评分如何？

1. 没有期望
2. 期望模糊
3. 期望清晰
4. 期望明确

践行平衡的团队沟通

你给团队成员发送了一条信息，请求一些资料。时间一分一秒地流逝，几分钟，几小时，直到第二天，你心中不禁生出疑虑：他们是否看到了我的信息？是否需要我再次跟进？又该在何时跟进呢？

这种情况你曾经遇到过吗？或者，你是否曾站在对方的角度思考过？

当你收到一条请求信息时，或许你正忙着开会，紧接着又是紧张的工作时间，因为你知道，必须在当天结束前完成一项重要任务。这些都是你的首要关注点。

当沟通中出现误解、不一致，或者对回应时间的期望出现偏差时，团队的合作无疑会受到影响。因此，为所有沟通设定明确的期望，是避免这些问题的有效方法。

据研究，团队通常会采用多种沟通渠道进行交流。但考虑到工具的快速普及，你可能正在使用更多的沟通平台与团队成员交流。我曾与一支团队合作，他们竟然使用了超过 100 种工具来完成工作。这些沟通渠道都需要我们定期更新和检查。但过多地使用功能相似的平台，会给接收者带来沉重的负担，因为他们需要在多个渠道中筛选信息，才能确定如何回复。

与其让多个功能重复的沟通工具扰乱我们的工作，不如建立一套匹配信息类型与沟通渠道的规范，将信息类型进行分类，同时将信息回复的紧急程度纳入考虑范围。你可以参考表 41-3，为你的团队制定一份指导方针。

表 41-3　沟通团队指南

优先级	预期回复时间	沟通渠道	沟通示例
紧急	立即	电话	与客户登录账户相关的问题
高	一个工作日内	电子邮件	与销售有关的沟通
正常	两个工作日内	Slack	项目更新
低	不需要回复	电子邮件	通知团队成员日程变化

确保这些定义被记录在沟通规范中，这是团队协议中不可或缺的一部分。沟通规范还应该详细描述每个沟通渠道的期望和用途。你可以参考表 41-4 中 Zoom 会议的沟通规范示例。

表 41-4　Zoom 会议的沟通规范示例

使用 Zoom	期望
内部会议	• 鼓励开启摄像头，但如果是例会、带宽出现问题或其他情况，可以关闭摄像头。 • 不发言时请静音。 • 使用反应菜单表示你何时想发言。 • 不要在开车时参加会议

续表

使用 Zoom	期望
外部会议	• 应该开启摄像头。 • 不发言时请静音。 • 使用反应菜单表示你何时想发言。 • 不要在不适合开启摄像头的地点参加会议

此外，为了避免模糊不清，必须设定明确的期望。例如，应为以下情况设定标准：

- **确认收到信息**。接收者应在何时以何种方式确认收到信息，如何按照沟通规范中列出的期望做出回应？
- **解决问题**。接收者和发送者应如何表明问题已解决？
- **跟进**。如果没有收到回应，发送者应如何以及何时进行跟进？

你可以设定这样的标准：每个人必须在四小时内确认收到消息。这样，接收者知道他们需要确认收到信息，但可以继续专注于自己的优先事项。同时，双方都无须再为如何处理这种情况而费心猜测。这些看似微小的改变，通过持续积累不仅能优化日常工作流程，更会实质性地提升团队整体效率。

微小行动

当你给他人发送消息时，不妨明确说明你希望对方何时回复，并告知如果对方未按预期回应，你将在何时进行跟进。

功能失调的团队

功能失调的团队，指的是那些遭遇了冲突或困境，进而对团队目标、成员参与感及满意度造成不良影响的集体。每个团队在发展过程中难免遇到冲突，但这并不意味着团队就必然功能失调。然而，一旦团队无法正常运作，难以实现既定目标，那它就可被视为功能失调。如果冲突被忽视或得不到妥善解决，这些冲突就会逐渐累积，形成系统性的长期问题。

团队问题的根源往往可归结为：目标不明确或工作与目标脱节、人际关系紧张（成员间存在冲突）、流程混乱（工作流程不清晰）以及绩效不佳（团队无法达成预定目标）。

功能失调的团队通常展现出一些典型特征，而针对这些特征，我们都可以采取相应的措施予以解决，正如下文所探讨的。

职业倦怠

职业倦怠的表现包括：

- 工作时间超过应有的时长。
- 极度疲惫。
- 长时间承受着日益加重的压力和持续的紧张情绪。
- 同事之间的紧张关系。
- 对工作分配不均或不公平的抱怨。
- 团队成员感觉自己必须全天候待命。
- 在周末或下班后继续工作。
- 每条信息都要求即刻回复。
- 在非必要的会议中花费过多时间。

职业倦怠的原因：职业倦怠通常是由于过度工作、未能设定并维持合理的边界而产生的。

应对方法：团队可以着手制定边界协议。通过细致评估每位成员的工作量，明确沟通预期，并在必要时灵活调整资源分配，从而避免过度劳累。边界协议的意义重大——它不仅为团队搭建了一个坦诚交流的舞台，还助力团队清晰界定边界，并预先商讨边界受到侵犯时的应对策略。

此外，过多的冗长会议极易引发团队成员的沮丧情绪，同时也是对时间的极大浪费。优化团队中的同步与异步沟通机制，有助于缩减会议时长，减少不必要的打扰，以及缓解即刻回应所有需求的压力。尤其对于虚拟团队而言，职业倦怠的风险更高，因为远程工作的员工往往工作时间更长，且更难在工作与个人生活间划出合理的界限。

孤立

孤立的表现包括：

- 团队成员变得孤立、疏远。
- 团队成员似乎对工作缺乏投入，或者显得不关心工作。
- 团队成员感到自己被排除在外，无法参与决策或讨论。

造成孤立的原因：孤立主要有两种类型：社交孤立和信息孤立。社交孤立是指个体或多人与团队或群体失去联系的状态；而信息孤立则是指某些人无法接触到信息或与信息之间的联系被阻断。

这两种孤立状态都有可能源于"距离偏见"。距离偏见是指我们常常倾向于给予在时间上或空间上与我们更接近的人或事件更高的重视。在虚拟团队环境中，这种偏见可能导致认可度差异与机会分配不公，甚至使某些成员被排除在讨论、决策流程及信息获取范围之外。另外，社交孤立还可能因团队未提供足够的连接资源（如协作工具、交流机会）而导致。

应对方法：距离偏见作为一种认知偏见，常常在不经意间产生。尽管偏见并非出于本意，但其影响却不容忽视。团队成员都应认识到距离偏见和近期偏差的存在，并理解它们对团队运作的潜在影响。了解这些自然产生的偏见，有助于团队构建有效的流程和机制，从而规避它们带来的负面效应。

为了解决社交孤立的问题，团队应专门安排一些同步会议时间，以促进成员建立有意义的联系。若日程已十分紧凑，可以考虑将那些以信息分享或更新为主的会议转变为异步形式，以便为同步交流留出更多空间。

微观管理

微观管理的表现包括：

- 管理者要求团队成员不断更新工作进展。
- 团队成员更关注如何取悦老板，而非做好自己的本职工作。
- 管理者将团队的成功归功于自己。
- 团队成员害怕发声，不敢表达意见。

微观管理问题产生的原因：缺乏对员工信任的管理者往往会变成微观管理者。在虚拟团队中，这种现象尤为严重，因为微观管理者依赖于可见的工作输入信号（如员工的上下班时间，或是否在办公桌前），一旦看不见员工的工作状态，他们便不相信员工在工作。

应对方法：应对微观管理问题需要从三个方面入手：

- 深入探讨那些滋生微观管理的文化问题。花时间创建一个文化框架，确保团队的价值观得到统一，并反映在团队行为中。在团队交流价值观时，讨论并解决发现的任何差距。定期使用之前提到的检查活动，持续了解团队的动态。

- 明确预期和反馈。为工作成果设定明确的预期，能有效减少微观管理的需求。

- 投入资源，提升管理和领导能力。偏好微观管理通常源于环境和个人因素的共同作用。有些管理者，即使在信任度高、文档管理规范的组织中，仍然倾向于微观管理，因为这是他们熟悉的做法。应该为这些管理者提供培训，改变其心态，帮助他们信任团队并促进团队之间的信任。

低效表现

低效表现的状态包括：

- 错过截止日期。

- 经常出错。

- 生产力低下。

低效表现产生的原因：低效表现可能是团队功能失调的其他症状所导致的，如职业倦怠或孤立。它也可能源于团队基础方面的问题。例如：

- 团队不再理解或感受不到与使命的关联（目标）。

- 团队缺乏合适的人选或完成工作的人数不足（人员）。

- 工作流程可能未按预期运作（流程）。

- 成功的衡量标准可能已经过时（绩效）。

应对方法：重新审视团队章程和绩效预期，检查团队的目标、人员、流程或绩效是否存在偏差。如果这些预期仍然与目标一致，可以参考有关孤立或职业倦怠的解决方案。

最后的思考

在数字化时代，构建高效团队需要我们有意识地设计并调整合适的结构，以确保目标的实现。这些目标既包括生产力和绩效等可量化的成果，也涵盖了更为抽象的方面，如思维的多元化以及作为团队一员所拥有的积极归属感。通过清晰界定虚拟环境下高效团队的特征，坚持推行文档化，同时能够及时识别并解决常见挑战，你将能够在任何情境下为团队的成功提供有力支持。

◆◆◆

作者简介

塔米·布杰兰德（Tammy Bjelland）是 Workplaceless 的创始人兼 CEO，这是一家通过培养员工、经理和高管在分布式环境中成功所需的能力，提高远程和混合团队效率的培训公司。她拥有高等教育、出版、教育技术、在线学习和企业培训等多个领域的背景，她致力于通过人才发展推动并支持未来的工作方式。她拥有弗吉尼亚大学的学士和硕士学位，并获得了 ATD 颁发的 APTD 和 CPTD 证书。她现居美国弗吉尼亚州温切斯特。

参考文献

Acar, O., M. Tarakci, and D. van Knippenberg. 2019. "Why Constraints Are Good for Innovation." Harvard Business Review, November 22.

DeFilippis, E., S. Impink, M. Singell, J. Polzer, and R. Sadun. 2020. "Collaborating During Coronavirus: The Impact of COVID-19 on the Nature of Work." National Bureau of Economic Research, July.

Lieberman, M. D., D. Rock, H. G. Halvorson, and C. Cox. 2015. "Breaking Bias Updated: The Seeds Model." *NeuroLeadershipJOURNAL* 6, November.

Lister, K. 2020. "Work-At-Home After Covid-19—Our Forecast." *Global Workplace Analytics.*

Lojeski, K., and R. Reilly. 2020. *The Power of Virtual Distance: A Guide to Productivity and Happiness in the Age of Remote Work.* Hoboken, NJ: Wiley.

Mazareanu, E. 2020. "Average Number of Employee Communication Tools Worldwide by Region 2019." Statista, January 13.

Meyer, E. 2014. *The Culture Map: Breaking Through the Invisible Boundaries of Global Business.* New York: Public Affairs.

Pink, D. . 2011. *Drive: The Surprising Truth About What Motivates Us.* New York: Riverhead Books.

🪑 延伸阅读

Bjelland, T. 2021. "Async vs Sync: Balancing Remote Team Communication. " Workplaceless, April 13.

Lencioni, P. 2016. *The Ideal Team Player: How to Recognize and Cultivate the Three Essential Virtues.* Hoboken, NJ: Jossey-Bass.

Scheuer, K. 2021. "Async Wins: What Teams Gain by Going Async. " Workplaceless, June 1.

Scheuer, K. D. 2020. "Remote Team Building Activities: Create Trust While Distributed. " Workplaceless, March 2.

Workplaceless. 2020. "6 Expert Steps to Improving Your Remote Team's Communication. " Workplaceless, July 22.

第42章　三部曲：项目管理、学习与发展、人才发展

卢·拉塞尔

项目管理的重要性不言而喻，它能让组织内的每位成员都集中精力完成真正关键的任务，确保战略方向的一致性，优化资源配置，严控成本，并加强团队合作。对于人才发展及学习与发展领域而言，一套坚实的项目管理方法至关重要。

本章要点

△ 探讨如何借助项目管理，确保人才发展工作的有效落实。

△ 利用项目管理章程和进度安排，明确、规划、管控及评估人才发展项目。

△ 构建持续实践的框架，旨在人才发展、学习与发展及项目管理之间催生协同效应。

随着人才发展和学习与发展项目规模的不断扩大和复杂度的提升，我们愈发需要有效的项目管理方法来应对这些挑战。你可能同时服务于多个客户，而这些客户拥有各不相同且不断变化的需求，同时，项目中还充满了各种不确定性。再加上频繁的多任务处理，使得你的项目愈发显得错综复杂。

在过去，创建学习与发展工作坊时，或许可以凭借直觉应对。但如今，我们不仅要开发那些不太熟悉的课程材料，而且需要在极短的时间内，如一周甚至更短，完成这些内容的交付。学习与发展专家必须成为擅长沟通需求、与多个客户协作，并成功打造面对面、在线以及混合式工作坊的高手。本章所介绍的实际项目管理流程，将助力你在学习交付方面不断成长和调整。

"敢于妥善管理资源"（Dare to Properly Manage Resources）是一个助记符，用于简化项目管理流程中的四个关键步骤或阶段：

● 定义（Define）。

- 规划（Plan）。
- 管理（Manage）。
- 回顾（Review）。

我们称之为"DPMR 项目管理法"。

项目管理、学习与发展和人才发展的协同效应

人才发展和学习与发展专业人士需要在多个项目之间不断切换。如果没有一个具体、可重复、切实可行的流程，当项目发生变化时，我们将无法有效应对。新冠疫情改变了一切。现在，随着我们逐渐回到工作场所或体验混合办公模式，我们必须重新评估工作的目标和流程，考虑团队合作的变化，以及项目管理如何帮助改善我们的工作环境。

人才发展的核心在于助力组织员工在其专业领域取得成就，培养必备的知识、技能和积极态度。当这项工作做得出色时，能够极大地推动组织的成功与持续发展。通过激励员工学习、成长与积极参与，人才发展有效提升了组织的绩效、生产效率和整体成果。它是挖掘和释放人类潜能的关键手段，始终将"人"置于中心位置。人才发展不仅提供了一套实用的能力体系，用以驱动组织成果的达成，还创建了高效的流程、系统和框架，旨在促进员工个人发展、规划继任计划，并为其他员工开辟更多机会。

如果人才发展要取得成效，就必须是有计划的、有目的的，并且执行得当。为了取得最佳效果，人才发展职能应该：

- 让领导层参与其中。
- 与组织的使命保持一致。
- 准确识别人才需求。
- 收集员工反馈。

在一些组织中，学习与发展是人才发展职能的一个子集，主要通过学习策略来解决具体问题。学习与发展的目标是识别、设计和实施策略，以满足特定的学习需求。曾经被称为"培训"的学习与发展部门，现在包括课程、教材、工作坊、案例研究和其他学习形式。人才发展通常着眼于未来，作为一个持续的过

程，旨在为员工的下一个责任职位进行专业培养，而学习与发展通常在这个过程中扮演合作伙伴的角色。

如果要在学习与发展领域取得成功，其角色必须得到明确界定。学习与发展负责制定并实施组织的学习战略，具体职责包括：

- 制定和实施符合业务需求的学习战略和项目。
- 评估组织和员工的个人发展需求。
- 确保学习与发展部门与组织的业务目标保持一致。
- 优化学习流程，以提高投资回报率。
- 管理和采购学习与发展技术（虚拟、混合和面对面）。
- 实施一致且共享的组织培训方法。

每个组织对人才发展和学习与发展的边界定义都不尽相同，因此两者的职能可能有所重叠。然而，两者都需要遵循一个通用的流程，以确保效率、准确性、质量和目标的一致性。在这方面，项目管理发挥了关键作用。

定义项目管理

无论是人才发展部门构建学习文化，进行员工参与度调查，还是学习与发展团队设计团建活动来吸引远程员工，乃至评估数字化交付系统，这些工作的顺利开展都离不开一个严谨的项目管理流程。有效的项目管理一般会遵循 DPMR 项目管理法所倡导的四个核心步骤：定义、规划、管理和回顾。

在正式启动任何项目管理流程之前，确保所有参与者对项目管理的基本概念有统一的认识至关重要。这包括对项目、过程、任务、项目发起人、项目经理以及利益相关者等关键术语的清晰界定。尤其需要明确的是，任务、项目和过程三者之间的区别，因为很多人容易将它们混淆。

- 任务：可以在一次工作中独立完成的单一工作单元。
- 项目：由多个相互关联的任务组成，需要协同完成的工作集合。
- 过程：一系列重复的步骤。

此外，你和你的团队还需要明确项目管理中的三个关键角色及其职责。

- 项目发起人：作为项目的商业支持者和管理者，负责为项目提供方向和资源。

- 项目经理：负责项目的规划、组织和管理，确保项目按计划顺利推进。但需要注意的是，项目经理并不拥有项目，也无法完全控制项目。

- 利益相关者：项目中所有其他相关人员，他们通常负责更小的子项目，并从项目中获取某些成果，同时为项目提供支持。

在实施项目过程中，一些常见的错误可能带来挑战：

- 如果个人在项目中身兼多职，可能因精力分散而导致工作效果不佳。

- 项目发起人或项目经理人数过多，可能导致管理上的混乱。

- 项目经理应明确自己的角色是管理者而非所有者，团队合作在项目中至关重要。

- 通常情况下，一个项目经理比多个项目经理更为高效。

- 项目经理需明确区分"做项目"与"管理项目"的不同。

- 制定计划时应基于充分的数据支持，否则可能遗漏关键信息，如参与人员、风险及目标等。

对这些概念的清晰界定可以视为项目的筹备期。当所有参与者对项目相关术语有了清晰理解后，便可继续采用 DPMR 项目管理法，依次进入以下四个阶段：

- **定义项目**。制定项目章程，明确项目的范围、目标、风险、限制、沟通方式及治理结构。

- **规划项目**。确定并分配任务，安排任务顺序和执行方法，制定项目时间表，并设定完成日期和预算。

- **管理项目**。执行项目计划，根据实际情况进行调整，跟踪进度，并与利益相关者保持沟通。

- **回顾项目**。项目结束后进行总结评估，确保顺利过渡。

请记住，所有的项目和任务都有明确的起点和终点。例如，举办为期一天的研讨会、设计薪酬方案、进行需求分析等工作，都有明确的起止时间，因此它们都是项目。管理学习策略或监督员工的工作等则没有明确的起止点，它们属于持续进行的过程而非项目。

项目管理是一个有始有终的过程。它涵盖了规划、组织和管理等多个环节。

- **规划**：预测并尝试优化项目任务的执行顺序。但请记住，项目实际执行过程中往往会出现各种预料之外的情况。

- **组织**：项目启动后，协调所有任务、人员、日期、预算和质量需求，确保项目顺利推进至最终目标。
- **管理**：根据项目实际情况进行灵活调整，并具备应对突发事件的韧性。

随着我们对项目管理四个阶段的深入了解，建议你参考表 42-1，以全面了解整个项目管理流程的总体框架。

表 42-1　项目管理流程

定义	规划	管理	回顾
确定项目范围	确定学习目标	控制工作进程	实施学习活动
确定初步的业务目标	制定时间表	提供反馈	根据需要安排项目审查
设定风险和限制	分配资源	争取资源	为客户完成项目
评估替代方案	制定预算	解决分歧	发布资源
选择行动方案			

定义项目

此阶段需要回答的问题是"为何选择此项目而非其他"，从而清晰界定项目的商业目标。项目发起人在此阶段扮演着核心角色，助力项目经理为项目工作的启动奠定基础。

项目章程作为此阶段的关键产出，明确了组织选择执行此项目的缘由，而非将资源和时间投入到其他领域。为确保顺利进入规划阶段，许多项目经理和团队会尽快拟定项目章程，并争取获得项目发起人的认可。项目章程相当于一个初步方案，界定了项目的范围。若试图单方面控制或管理项目，往往会遭遇阻碍，因此，促进沟通与协作至关重要。

定义阶段大约需要 45 分钟，涵盖表 42-2 中列出的各项内容，这些内容最终将整合进项目章程中。需留意的是，项目章程应聚焦于单一的业务目标。

表 42-2　定义阶段问题

业务目标（只有一个）	项目是否可以增加收入或减少成本？
学习目标	项目有哪些成果（目标）？
快速而简单的风险评估	规模、结构或技术可能是怎样的风险因素，会搞砸一切吗？
限制	对项目发起人来说最重要的是什么？是时间、成本，还是质量？
风险因素	风险的可能性或影响是什么？你能预防或应对它吗？
范围图	图形显示了利益相关者如何互动以及需要哪些沟通？

项目章程有助于组织全面审视新项目，其制定标志着项目基准的确立。

规划项目

此阶段需要解答的问题是："我们该如何完成这个项目？"在这一阶段，项目经理扮演着至关重要的角色，他们需要制定详尽的任务清单，为每项任务分配具体的人员，并设定明确的完成期限。

规划阶段的成果是项目进度表，它确保每位成员都清楚自己的职责以及完成时间。制定进度表时，还需明确项目的重要阶段，确定任务之间的先后顺序，调整资源分配，并制定预算。理想情况下，项目进度表中的每项任务都应包含一个具体的日期和任务名称。但请注意，项目计划可能频繁调整。

管理项目

此阶段需要解答的问题是："我该如何应对项目中的突发情况和小问题？"在项目执行初期，灵活应变的能力至关重要，因为你需要适应不断变化的状况、更新项目章程，并为团队成员分配任务。请记住，在此阶段"你无法完全控制一个项目，但可以适应它"。

在管理阶段，你需要掌控正在进行的工作，提供项目状态和反馈，利用治理机制解决冲突。最终的交付成果是完成或取消的项目，而决定项目何时结束的责任则归客户所有。

回顾项目

此阶段需要解答的问题是："我们能从这个项目中汲取哪些经验，以便下次做得更好?"此阶段的成果是完成最终项目回顾并成功结束项目。在最后阶段，你需要结束项目，交接成果，召开项目回顾会议，并庆祝所取得的成就。项目经理需负责确定项目的结束时机。

稳健启航：未雨绸缪，规避项目风险
克里斯塔·理查兹，MindsparQ 的负责人及所有者

项目失败是常有的事，无论组织规模多大，项目本身有多重要。遗憾的是，失败的原因往往被忽视（甚至故意忽略）。一些常见的失败原因包括错过截止日期、沟通不畅、利益相关者缺乏参与、项目团队成员被调去做其他项目、项目倦怠等。当然，挑战远不止这些，但你应该明白其中的关键问题所在！

2018 年，泰迪熊制作工坊策划了一场名为"按年龄付费日"的全国性单日营销活动，意在暑假期间让孩子们以低于平时 20 美元以上的价格亲手制作泰迪熊。此活动迅速在网络上发酵，引发了广泛讨论。然而，活动当天，客户早在店铺开门前几小时便排起了长龙，店铺瞬间被蜂拥而至的客户淹没，员工也忙得不可开交。客户数量之庞大，迫使泰迪熊制作工坊在中午时分紧急叫停活动。随后，公司不得不面对负面舆论的侵袭，愤怒的客户纷纷在社交媒体上发泄不满。

这场活动的失败，根源在于风险管理的缺失。库存水平、满足需求的能力等关键要素均未被纳入考量。倘若当时有完备的风险预测及应对计划，公司或许能够未雨绸缪，从容应对客户需求。

风险管理，无疑是解决此类问题的金钥匙。遗憾的是，众多项目经理在风险识别与管理上的经验尚显不足。

接下来，我们一同学习一些有用的建议，帮助你避免项目管理中的陷阱。

带着最终目标开始

"我不喜欢设想最坏的情况。"这种心态或许会为你的项目埋下了隐患。乐观诚然可贵，但缺乏全面的风险评估与应对计划，无疑会埋下隐患。避免此类困境的关键在于，拓宽视野，全面审视潜在的失败可能。

我喜欢用"水晶球预测"来帮助自己看清全局（其实这就是一种预先诊断）。它的操作方式如下：

- 细致描绘项目失败的场景。

- 剖析导致失败的原因。

- 归纳整理这些原因。

- 制定行动计划（并预备替代方案）。

- 定期回顾并调整计划。

这个练习可以帮助你创造性地思考，而不是陷入细枝末节。一旦识别出所有风险，你就可以在它们发生之前制定应对计划。

让利益相关者参与风险管理对话

围绕风险管理的对话应该包括每个人——从利益相关者到支持团队。缺乏利益相关者的参与可能在多个方面产生问题，甚至可能导致项目完全脱轨。

盯紧目标

即便你已在项目启动前识别了风险，并制定了应对计划，这并不意味着你的工作就此结束。一旦项目启动，你必须随时准备应对新问题或意外情况。毕竟，这才是风险管理的真谛所在。

面对项目中的挫折，或许是职业生涯中最令人沮丧的时刻，让你不得不直面恐惧、挫折与失败。然而，提前识别可能导致项目脱轨的问题，并制定切实可行的解决方案，将助你缓解这些负面情绪。记住，成功的秘诀在于规划与预防。

成功的秘诀

在践行 DPMR 项目管理法的过程中，随时准备根据实际情况调整你的计划。多年来，我们与众多项目管理专家携手合作，他们总结了一套独特的流程，并慷慨分享了为高效管理项目而精心研发的工具与技巧。接下来，我们将回顾其中一些宝贵建议，助你更好地应对未来的挑战。

界定项目范围

一个极为实用的做法是，抽出时间绘制项目范围图，如图 42-1 所示。通常，我们会先在中心画一个星形（或圆形），代表项目核心。随后，在星形四周贴上代表各利益相关者角色的便利贴。信息的流向则用箭头标明，它们或指向中心，或由中心向外发散。

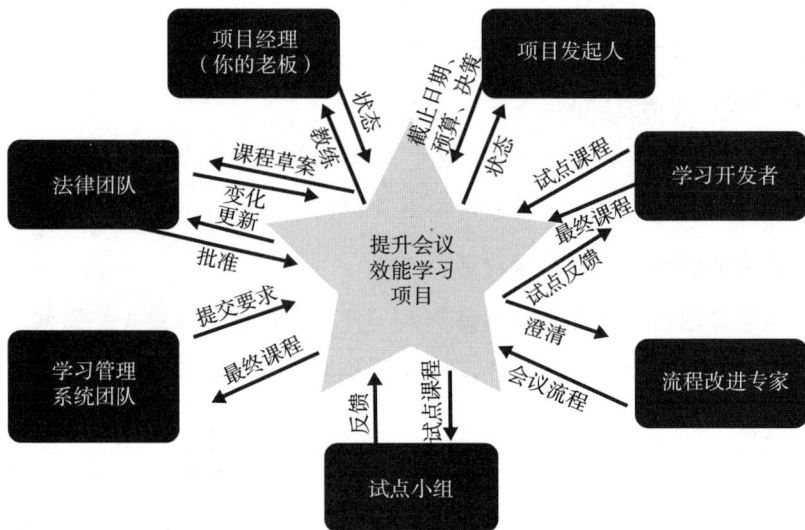

图 42-1　项目范围图示例

尽管图中未直接展示项目经理的位置，但你可以想象他就位于这个"星形"的中心。项目经理身处核心，负责监控各方利益相关者，并引导信息的顺畅流通。此外，还需遵循以下原则：

- 项目发起人通常置于顶部位置。就像所有工作一样，定期向上级汇报工作至关重要。
- 每个箭头（无论是指向还是远离中心）代表着某个人需要完成的任务。
- 箭头必须明确连接中心或外围，且避免使用双向箭头，以免造成混淆。
- 利用虚线连接关键利益相关者，这是一种有效的视觉辅助手段。

明确项目目标

项目有且只有一个业务目标。例如，项目需要根据目标来决定是增加收入还是避免成本。与业务目标不同，项目目标有多种变体。项目目标明确了你承诺交付项目的内容。目标必须是可衡量和可实现的。请记住，所有的计划在项目完成之前都只能视为草案。

与利益相关者沟通

在项目进行过程中，与每个利益相关者保持尽可能多的沟通至关重要。优秀的项目经理通过定期、可预测的状态报告来建立信任。

识别所有支持材料

最终，项目会圆满结束，而你也将着手开展新的项目。在项目推进的过程中，别忘了留意需要的各类辅助资料。在学习与发展领域，这些辅助资料可能涵盖讲师指南、后勤保障指南、物资明细表、过渡方案、营销计划等与开发工作密切相关的支持文件。

根据你的偏好定制教学系统设计流程

完成项目所需的任务和任务之间的依赖关系有多种变体。这也可能包括 AD-DIE、SAM、敏捷方法或设计思维等方法。在制定项目计划时，使用你偏好的流程来提醒自己该采取的步骤。

记住项目进度表的关键

制定项目进度表时，有三个关键概念。

- **任务和持续时间**：需要完成哪些工作？这些工作应该按什么顺序进行？每项工作需要多长时间？
- **人员**：谁来完成这些工作？（列出具体名字，而非职位。）
- **时间和日期**：工作必须在何时完成？

如果你采用的是 ADDIE 方法，需要考虑它的五个步骤，并在安排工作时纳入这些因素。你的 ADDIE 流程应该耗费多少时间？1986 年，IT 大师卡珀斯·琼斯编写了一份关于 ADDIE 各步骤所需时间的指南。你可以参考他的估算来进行项目计划（见表 42-3）。

此外，还需要考虑以下事项：

- 留给分析和设计的时间最长，但如果这两步做得好，后续步骤会更容易。
- 专业知识对持续时间至关重要，但它总是比你想象得要长。

表 42-3　卡珀斯·琼斯的 ADDIE 指南

阶段	时间要求
分析（需求评估和要求）	30%
设计（蓝图）	30%
开发（构建）	15%
实施（试点、完成、过渡）	15%
评估（衡量绩效变化）	10%

- 每次都先草拟一个时间表，然后再开始。

管理变化

管理变化与控制变化不同。那些一心要控制进度的项目经理往往会失败。相反，他们需要提前预料变化的发生。通过分享一个简明的项目治理计划，可以明确各方角色，解决变化带来的问题。

项目通过后进行回顾学习

项目完全交付后，人们一般会迅速离开。如果在开始下一个项目之前稍作反思，你将成为更高效的项目经理和利益相关者。

在项目完成、开始下一个项目之前，你可以考虑以下问题：

- 项目完成日期与预定时间有多接近？出现问题的原因是什么？
- 项目进度安排有多准确？是否可以改进？
- 最终项目成本与预算的差距有多大？发生了什么问题？
- 如何改进预算编制过程？
- 项目的交付结果是否符合客户的要求？如何进行衡量？
- 是否需要额外的工作？为什么？
- 你在沟通方面学到了什么？
- 人员配置如何影响了项目的成功？
- 约束条件如何影响了项目？其原因是什么？
- 你将在下一个项目中使用哪些技巧？
- 如何改善利益相关者之间的合作？

- 如果可以重新做这个项目，你会做哪些不同的决定？

最后的思考

为了向客户提供卓越的内容，人才发展、学习与发展及项目管理团队间的无缝协作显得尤为重要。人才发展工作广泛而深入，涵盖人才招聘、入职培训、员工参与度提升、绩效管理、继任计划及劳动力规划等关键领域。依据组织特性，学习与发展可能触及这些领域的部分或全部范畴。

在诸多组织中，学习与发展工作主要专注于构建学习资料（如课程和活动），这些资料通常仅涉及人才发展中的发展和绩效管理部分。如果人才发展和学习与发展工作之间缺乏明确合作与职责界定，可能导致不必要的脱节、混乱，甚至出现任务重叠或空白。因此，项目启动之初，明确角色分工乃是明智之举。

人才发展通常是一个持续的过程，致力于持续推动构建强大的学习型组织。相反，学习与发展通常是为特定成果而设计的学习项目，并且有明确的结束日期。简而言之，人才发展是永恒的探索，而学习与发展项目则限时完成。两者协同作业，需细致入微，确保互补共进。负责双方工作的团队必须明晰职责边界，灵活高效应对业务变化。

项目管理可以作为一个稳定且可重复的过程，助力人才发展和学习与发展团队持续为客户创造价值。无论何种情境，严格遵循定义、规划、管理与回顾各阶段，是确保成果达成的关键。

人才发展和学习与发展共同构建了系统化的员工能力提升框架，旨在增强绩效，打造高效团队，为组织注入活力。项目管理对于两者而言，是不可多得的助力，它能促进组织成功，最大化股东与利益相关者的收益，同时坚守企业社会责任。

作者简介

卢·拉塞尔（Lou Russell）是 Moser Consulting 的实践总监，同时也是一位

高管顾问、演讲者和作家。她致力于通过引导公司员工的成长，推动公司整体的发展。在她的演讲、培训和写作中，她借鉴了自己40年的经验，致力于帮助组织实现其最大潜力。她激励人们在领导力、项目管理和个人学习方面不断进步。

她是七本广受欢迎且富有实用性的图书的作者，书名包括《IT 领导力的炼金术》《加速学习实用手册》《培训急救》《领导力培训》《为培训师量身定制的项目管理》《成功项目管理的10步法》《项目管理》。作为一位备受追捧的国际演讲者，她擅长将幽默的故事与丰富的实战经验相结合，深入探讨与会者所面临的实际问题。

📖 参考文献

Seely, T. 2018. "Build-a-Bear CEO Apologizes for 'Pay Your Age' Sale Fail." *USA Today*, July 13.

🪑 延伸阅读

Devaux, S. A. 2015. *Managing Projects as Investments: Earned Value to Business Value*. Boca Raton, FL: CRC Press.

Russell, L. 2012. *Managing Projects: A Practical Guide for Learning Professionals*. San Francisco: Pfeiffer.

Russell, L. 2016. *Project Management for Trainers*, 2nd ed. Alexandria, VA: ATD Press.

07 第七部分
匹配学习职能与组织目标

名家视角　成为人心所向、组织所需的领导者

肯·布兰佳

不久前，我在 Facebook 上发布了一张女性手提公文包跨栏的照片，配文是：**招募智者，悉心栽培，而后放手任其发展。**

这篇帖子的浏览量远超平日，这条简单的信息引发了强烈共鸣。原因何在？我认为是因为人们都心知肚明：最理想的领导力应当如同并肩作战的伙伴关系，建立在相互信任与尊重的基础上，众人同心协力实现共同目标。领导者与团队成员相互影响——双方共同探索前行的道路。换言之，领导力的核心在于"我们"，而非"我"。作为人才发展专家，你正是组织体系中"我们"的重要组成部分。你必须成为组织需要的那种领导者，必须以身作则树立他人效仿的榜样。

接下来，让我们聚焦三个关键步骤，助你成长为人心所向、组织所需的领导者。

招募智者

当部门或公司出现职位空缺时，我们应当寻觅什么样的人才呢？首要且至关重要的是，需找到一位能与组织价值观产生共鸣的个体。当然，这位候选人还需要具备该职位所要求的技能，或展现出发展这些技能的潜力。同时，我们也在寻找那些擅长思考、规划与沟通的人。如果他们还能展现出主动性、创造力、自信以及强烈的学习与成长意愿，那自然是锦上添花。简而言之，我们追求的是一位能够胜任并引领团队走向成功的佼佼者。

在我们公司的招聘网页上，有如下描述：

我们一直在寻找才华横溢、责任心强的人才，他们要具备以下特质：

- 与我们公司的价值观不谋而合。

- 职业操守坚不可摧。

- 既擅长独立作业，又精于团队协作。

- 乐于融入一个趣味盎然、活力洋溢且高效产出的工作环境。

- 热衷于学习新知，勇于尝试新颖独到的策略。

- 面对变革，能够灵活应变，迅速调整。

- 矢志不渝地追求卓越，力求超越客户的期待。

现在，让我向你提出一个问题：你多久会考虑雇用那些所谓的"失败者"呢？遗憾的是，许多组织依然在使用正态分布曲线模型，要求管理者仅仅对少数人给予高度评价，对少数人给予低分评价，而将大多数人归为表现平庸。这实在是荒谬至极。难道你会说："我们去年流失了几位表现垫底的员工，所以今年要找些新的'后进'来填补空缺吗？"当然不会！你要么聘用已经成功的人，要么聘用有潜力成功的人——那些有能力达到最高水平的人才。

悉心栽培

在完成初步入职培训后，即便新员工已经掌握了完成工作所需的技术技能，他们仍需要接受持续的培训与支持，这一点至关重要。许多领导者在聘请新员工后，仅提供基础培训，便期望他们能够立即崭露头角，成为佼佼者。然而，杰出的领导者绝不会对下属放任自流。他们通过有效的绩效管理系统中的三个关键环节，为下属提供全力支持：

- **绩效规划**——设定明确目标。
- **日常辅导**——通过表扬、引导与一对一会议反馈成长。
- **绩效评估**——力求取得 A 级评价。

绩效规划

一旦新员工适应了工作节奏，并深刻领会了组织的愿景与导向，便是确立目标之际。卓越绩效的基石，在于目标的清晰界定。有效的目标设定，需要领导者与员工携手并进，达成共识，详尽规划任务内容、完成期限及实施路径。领导者的核心任务是确保每位团队成员清晰认知自己的职责范畴（责任领地），以及达成卓越工作表现的具体标准（期望的绩效标杆）。一旦管理者与团队成员就目标达成共识，这些目标就应以书面形式固定下来，便于随时翻阅。目标表述应精炼准确，能在极短时间内（一分钟甚至更短）迅速掌握，作为日常工作的指南，便于将实际表现与目标要求进行比对。

目标设定是领导者手中的一把激励利器，为人们带来方向、挑战和价值。目标是激发潜能的源泉，是沿途的路标，使组织愿景栩栩如生。

日常辅导

一旦目标达成共识，高效领导者就会将传统的层级金字塔倒置，以便全心全意为员工服务。此时，谁位于组织的顶端呢？答案是直面客户的前线人员。那么，谁又处于底层呢？答案是"高层"管理者。如此一来，工作关系发生了怎样的变化呢？你，作为领导者，是在为员工服务。这一转变意义非凡，区分了责任与响应性的不同。当你将层级金字塔倒置后，员工便不再对你负责，而转为对客户负责（能够及时响应客户需求）。作为领导者，你的职责便是响应员工的需求——助力他们达成目标、解决难题，并引导他们遵循组织愿景前行。

在日常工作中，辅导这一环节往往被忽视，而它实则对管理员工绩效至关重要。我们需要持续给予反馈，表扬进步，纠正偏差。

表扬

有人曾经这样问我："在你多年的教学生涯中，如果只能保留一项，你会保留什么呢？"我给出的答案是，那一定是"培养人的核心在于发现并赞扬其正确行为"的这一理念。

在进行有效表扬时，应当着重称赞那些引领人们向目标迈进的行为。不仅要为达成目标喝彩，更要为迈向目标的进展点赞。当你发现有人做得不错或基本符合要求时，不妨按以下步骤进行表扬：

- 一旦你看到或听说他们有所行动，就立即给予表扬。

- 明确告诉他们具体做对了什么。
- 分享你对他们行为的欣慰之情，以及这一行为所带来的积极影响。
- 鼓励他们继续保持，并明确表示你会全力支持他们未来的成功。

纠正

当个人仍在持续学习，而且对目标有着清晰认知，但其表现尚未达到完全预期标准时，有效的指导便显得尤为关键。一旦学员犯错，不妨遵循以下步骤，帮助他们重回正确轨道：

- 出现错误后，尽快对个体进行纠正。
- 领导者要确保个体目标清晰。若目标尚不明朗，应主动担责，迅速澄清。
- 共同核实情况并回顾失误，具体指出错误所在。
- 把你对于这次错误及其负面影响的看法告知当事人。
- 向他们传达你的信任与肯定，你深知他们的能力远超此次失误，并将持续陪伴他们，助力他们稳步前行，直至目标达成。

务必记住，纠正最终旨在培养个人，激发他们持续的学习热情，提升技能水平，帮助他们达成个人目标。

一对一会议

我的妻子玛吉·布兰佳和同事加里·德马雷斯特共创了一对一交流机制。这一机制要求管理者至少每两周与其每位直接下属进行一次会议，时长为 15 ~ 30 分钟。管理者需要负责会议的安排工作，而议程则由直接下属来设定。在这样的场合下，员工可以敞开心扉，与管理者分享内心的种种想法和感受——这是一场属于他们双方的深度交流。一对一交流的真正意义在于加深管理者与直接下属之间，作为真实个体的相互理解和情感交流。

过去，大多数商人抱持着一种传统的军事化思维："勿与直接下属亲近，以免情感牵绊影响你的决断。"然而，竞争对手总是伺机而动，企图挖走你的得力干将。故而，深入了解并真诚关怀他们，无疑为你构筑了一道竞争优势的坚固防线。

遗憾的是，不少杰出人才常常感叹，高管猎头对他们的志向与梦想的理解和关怀程度竟超过了自家管理者。千万别让这样的遗憾也发生在你身上。一对一交流，能够搭建起真诚的信任桥梁，提升工作的满意度。这几乎就像确保有效领导力的"定海神针"。

绩效评估

对于那种一年一度的传统绩效评估方式，我并不真正信赖。在我看来，绩效评估应当是一个全年持续进行的过程。如果管理者能全年不断地给予反馈，并定期安排一对一会议，那么在年终绩效评估时，就不会出现任何意外情况。这样一来，团队成员会始终专注于他们的目标，明确何为出色的工作表现，因为通过日常指导和一对一会议，管理者会与他们保持紧密联系，帮助他们取得 A 级评价。这正是我所期望的绩效评估方式，真心希望这一方式能得到广泛推广。

人生就是不断取得 A 级评价

你可能不知道，我曾做过十年大学教师。那时我总让同事们头疼不已——最令他们抓狂的是，我每门课开课时都会把期末试卷发给学生。

当同事们第一次发现时，他们跑来质问我："你在干什么？怎么能提前把期末试卷给学生！"

"我不光要提前发试卷。"我回答，"你们猜我这学期要做什么？我会教会他们所有答案的答题技巧。这样等到期末考试时，他们全都能拿 A。因为人生就该追求全 A 的成绩。"

我讲这个故事，是因为它完美隐喻了高效的绩效管理体系：

• 年初发放期末试卷如同绩效规划时设定清晰目标：人们可以明确知道他们需要达到什么样的标准。

• 教授答题技巧，则是日常辅导的精髓所在。定期跟进每个人，发现做得对的事当场表扬而非等到年终评估，发现问题即时纠正而非秋后算账。

• 最终，当人们在年底再次面对这场"期末考试"——绩效评估时，他们将收获一个 A 级评价：一份令人满意的绩效评估报告。

放手任其发展

一旦你与团队成员就目标达成共识，并为他们提供了掌握工作所需的方向和支持，接下来，你就得放手让他们大展身手了。你聘请他们时，就已经认可了他们的才智——现在是时候让他们尽情施展了！一个训练有素的人，无须微观管理；他们需要的是自主权，以便茁壮成长、蓬勃发展。

确实，在团队成员学习新任务或技能的过程中，采用直接指导、亲力亲为的领导方式是合理的。然而，我们的长远目标是逐步转变为一种更加放手、注重授权的领导风格。这要求我们充分信任团队，赋予他们独立行事的能力，并把日常决策与问题解决的职责交给他们。换句话说，为他们扫清障碍，让他们自由驰骋！

当然，也不要完全置身事外。那些成就卓越的人仍需要一位认可他们的努力、与他们一同欢庆胜利，并为他们定下新挑战以昂扬斗志的领导者。因此，无论团队成员已经跟随你多久，无论他们的工作表现有多么出色，都要继续定期举行一对一会议。

最后，我想借用玛吉·布兰佳——这位与我相伴六十年的挚爱伴侣的名言，作为本次分享的尾声。曾有人向她发问："你对领导力的本质有何见解？"

"领导力并非关于爱——领导力就是爱本身，"玛吉回答道，"其中蕴含着对使命的深切热爱，对团队成员的无私关怀，对客户的真诚重视，以及对自我的珍视与肯定。正因为这份爱，我们甘愿退居幕后，为他人的辉煌铺路架桥。"

◆◆◆

作者简介

肯·布兰佳（Ken Blanchard）是全球最具影响力的领导力专家之一，与他人合著了包括《一分钟经理人》在内的 65 部著作，作品总销量超过 2300 万册，被译为 47 种语言。作为加利福尼亚圣地亚哥领导力培训咨询公司——肯·布兰佳公司的联合创始人，他因在管理、领导力和演讲领域的卓越贡献屡获殊荣，包括国际学习提供商协会颁发的"思想领导力奖"。在不写作或演讲时，他还担任圣地亚哥大学高管领导力硕士课程的讲师。这位出生于新泽西、成长于纽约的学者，先后获得科尔盖特大学文学硕士学位，以及康奈尔大学文学学士学位和哲学博士学位。

🏛 延伸阅读

Blanchard, K. , and S. Johnson. 2003. *The One Minute Manager*. New York: Harper-Collins.

Blanchard, K. , and S. Johnson. 2015. *The New One Minute Manager*. New York: HarperCollins.

Blanchard, K. , and R. Conley. 2022. *Simple Truths of Leadership: 52 Ways to Be a Servant Leaderand Build Trust*. Oakland: Berrett-Koehler.

Blanchard, K. , and R. Broadwell. 2018. *Servant Leadership in Action: How You Can Achieve Great Relationships and Results*. Oakland: Berrett-Koehler.

Blanchard, K. 2018. *Leading at a Higher Level: Blanchard on Leadership and Creating High Performing Organizations*. Upper Saddle River, NJ: FT Press.

Blanchard, K. , P. Zigarmi, and D. Zigarmi. 2013. *Leadership and the One Minute Manager*. New York: HarperCollins.

第 43 章　学习与发展部门在实现企业愿景中的重要作用

杰克·曾格和乔·福尔克曼

已故的杰克·韦尔奇曾经说过："组织变革，培训先行。"这句话揭示了几项重要信息。首先，这句话是由一位大型企业的 CEO 说出的，而非人力资源部门副总裁或学习与发展部门负责人。这表明，变革的倡导者和推动者往往来自组织的高层。其次，在 CEO 能够用来塑造企业文化和推动变革的众多手段中，韦尔奇选择了人才培养。这反映出他对于人才发展的高度重视。最后，韦尔奇不仅口头上强调，更亲身实践。他频繁出席公司培训中心克劳顿维尔的领导力发展研讨会，并启动了一系列发展流程，如"工作出成效"（旨在消除不必要工作）和"六西格玛"（注重质量提升）。

本章要点

△　深入剖析学习与发展部门如何成为组织实现愿景的关键推手。

△　揭示学习与发展部门如何引导组织内各级领导者的行为转变。

△　采用实证策略，为组织加速前行提供动力。

△　阐明学习与发展部门需承担自我监督责任的重要性。

△　展现学习与发展部门为项目注入持久动力所取得的最终胜利。

正如韦尔奇曾强调，学习与发展部门对于组织愿景的实现至关重要。他深知，组织愿景的实现受到多重因素的影响，包括：

- 合并、收购和剥离。
- 产品开发和创新。
- 供应链管理。
- 金融工程。
- 市场营销和销售创新。

然而，韦尔奇尤为看重培训的力量。本章并非断言学习与发展工作是实现组织愿景的唯一法宝，而是指出，人才发展活动的广泛覆盖与高效方法相结合，将产生深远影响。学习与发展部门负责人在这一整合过程中扮演着举足轻重的角色。

人才发展的六大核心要素

是什么促使组织在人才发展上取得成功，进而助力组织实现愿景？我们认为，六大核心要素的协同作用能带来最佳效果。

1. 为组织量身定制的学习与发展体系

组织如果盲目照搬他山之石，往往适得其反，需要根据自身特点进行定制。诚然，可以借鉴部分经验，但整体体系需要独树一帜。正如奥斯卡·王尔德所言："做你自己，因为别人都有人做了。"如果组织怀抱独特愿景，其人才培养体系也应当独具匠心，与之相呼应。

这就要求学习与发展部门深刻理解组织愿景，并在各项工作中明确传达并反复强调。愿景如同组织的指路明灯，解答着"我们为何而生"的疑问。它是起点，也是方向。

然而，定制化并不仅限于将学习与发展活动和组织的独特使命相结合，还需要考虑具体目标，包括那些定义和描述组织成果实现方式的独特流程。每个组织都有其独特的历史背景，初创组织与老牌组织之间差异显著。

2. 与业务成果紧密相连的发展策略

人们之所以要发展自我，是因为他们渴望改变。你希望看到人们在思维和行动上的转变，而这种转变正是我们所追求的成果和关键变量。虽然通过实施以提升问题解决能力为重点的发展项目并不能让组织的效率、生产力和盈利能力立刻飙升，但这些成果会由那些经过精心培养、展现新行为模式的员工所带来。新愿景的实现，与行为改变的深度和广度息息相关。因此，能否成功推动公司内一定数量的员工实现既定的行为改变，是实现公司愿景的关键所在。

以餐饮业为例，我们知道，那些最佳的组织往往具备高度的灵活性和韧性。新冠疫情就充分证明了这一点。在这场疫情中，餐饮业遭受了重创。在任何一个城市，你或许都能看到一些餐厅已经走到了尽头，除了关门停业、解雇员工、等待疫情过去，已经别无选择。然而，还有一些餐厅并没有把自己的业务局限于向进店就餐的客户提供服务。这些餐厅迅速调整策略，转向提供外卖服务，让客户可以方便地通过电话、网络或应用程序下单，然后前来取餐带回家享用。这些餐厅不仅成功地保住了自己原有的客户群，让厨房员工保持忙碌，还创造了收入来支付租金，同时做好了在疫情过后恢复原状的准备。

3. 高层领导者的鼎力相助

在多年的学习与发展实践中，我们深切体会到高层领导者与组织人才培养之间的紧密联系。一方面，我们见过一些组织，其高层领导者会亲自出面，热情迎接团队成员，并与他们携手共进。这种亲密的互动甚至可能延伸到晚上，高层领导者会与团队成员面对面交流，耐心解答他们的问题。

另一方面，我们还见过一些组织，其中一个或多个高层领导者会深度介入领导者和关键个体的培养工作。他们不仅是这一过程的积极推动者，更是不断地向每个人传递正能量：无论职位如何，每个人都有潜力成为更加高效的领导者，每个人都应该不断努力，每年都有所进步。

对于一个组织而言，如果它想要迅速、稳定且全面地实现其企业愿景，那么来自高层领导者的坚定支持和积极参与将是不可或缺的助力。

4. 强效的发展策略

如果学习与发展部门旨在通过推动行为转变来助力组织实现愿景，那么行为转变的深度与广度便直接关系到所采纳的发展策略。

在众多学科领域中，最新的商业大师著作往往如同耀眼的明星，吸引着众人的目光。不少人指责学习与发展部门过于热衷追逐最新的潮流，缺乏独立思考。而为了抵制这种趋势，我们应当效仿医学界，坚持采用有实证依据的方法。

1975 年，大卫·埃迪正处于心血管外科住院医师的培训期。一天清晨，他向妻子坦言，他认为医生在治疗患者时，仅有 15% 的行为是基于科学事实的。于是，他毅然放弃了参加培训，重返斯坦福大学攻读工程数学学位。他决心将所学应用于医学实践。在发表了关于医生如何抉择使用乳腺 X 光检查来诊断乳腺癌的论文后，他遭遇了巨大的阻力。随后，埃迪将研究重心转向了另一个领域——眼科医生如何治疗眼压升高（这一医学状况已有 75 年以上的明确界定）。他经过深入研究后发现，大多数已发表的研究都显示，患者在接受治疗后病情反而恶化。他感慨道："我意识到，医学决策并非建立在坚实的证据或严谨的逻辑分析之上，而是如同站在松软的果冻上一般，摇摇欲坠。"

埃迪发现，当患者因腰部疼痛等常见问题就医时，全科医生往往只有半数能给出恰当的治疗方案。而且，如果患者多看几位医生，得到的治疗建议可能大相径庭。显然，这些建议并非都是最佳选择。

更令人担忧的是，外科医生在面对同一问题时，也会出现分歧。如果给他们一份关于某种外科问题的描述，一半医生会建议手术，另一半则持反对意见。两年后，竟然有 40% 的医生改变了自己之前的观点。埃迪认为，这些变化都有数据作为支撑。

若将同样的思维方式应用于企业的学习与发展实践会如何？毕竟，全球企业每年在这些领域的投入高达巨大。我们自然希望确保所采用的方法都有充分证据支持其能产生预期效果——这完全合乎逻辑。虽然偶尔会有关于各种培训技术的研究发表，但这些研究很少采用严谨的实验设计。其实，这种情况完全可以改变。

多种发展方法已经相当成熟，并经过了严格的分析验证，证明它们确实有效。在这里，我们特别推荐以下四种方法。

- **360 度评估或多评价者反馈**。关于这一方法，已经有大量的论文进行了深入研究，其中一些论文还对其进行了严谨的剖析。不过，在实际操作中，这一方法的应用却大相径庭。只有实施得足够彻底，才能取得理想的效果。

- **个人成长计划**。积极心理学的研究推动了人们从弥补不足到发挥优势的转变。研究发现，制定一个包含明确步骤且切实可行的个人成长计划，能够持续推动个人进步。然而，尽管这一方法的有效性得到了广泛认可，但在与领导者交流时，我们发现大多数人并没有制定一个自己正在积极实施的个人成长计划。

- **行为建模培养技能**。这一方法基于社会化学习理论的广泛研究，由斯坦福大学的阿尔伯特·班杜拉首创，是一种经过充分验证的技能培养方法论。

- **教练式辅导——人才发展的催化剂**。越来越多的研究表明，教练式辅导与其他发展方法结合时能产生显著的催化效果。即便单独使用，教练式辅导也具有积极作用——它具备个性化和持续性这两大行为改变的核心要素。

- **模拟实践**。这种方法融合了体验式学习的精髓，能够帮助参与者更加透彻地理解决策对商业组织中各个环节相互作用的深远影响。

- **结合现职岗位发展**。如果要培养在组织中独当一面的领导者，就应充分利用现有的组织结构作为培养平台。领导者的当前工作环境及职位，便是他们成长的最佳土壤。我们无须刻意营造环境，因为现实本身就是最好的课堂和实验室。

- **高层管理者参与人才培养**。如果学习与发展的目标之一是推动组织实现愿景，那么高层管理者的积极参与便至关重要。他们应深度参与发展规划和创建工作，并协助实施。当高层管理者亲自上阵时，往往能取得更为显著的效果。

5. 条线管理的职责

谁来为学习与发展活动把关，确保公司战略愿景的实现？如果大家都把成功的希望寄托在学习与发展负责人或人力资源部门身上，这看似合理，实则不然。为了阐明条线管理为何需要对学习与发展工作负责，我们深入研究了高潜力员工的发展路径。每个组织都渴望成功，而成功的关键在于拥有一批随时准备接任关键领导职位的优秀人才。然而，在高潜力人才库中挑选出合适的领导者却是一项艰巨的任务。

所谓高潜力员工，就是那些被认定为不仅具备晋升机会，而且未来有望登上组织权力巅峰的人才。这些人才是组织中的佼佼者，仅占员工总数的 4%。他们不仅拥有扎实的专业知识和出色的智力水平，还具备卓越的领导能力。将他们纳入高潜力人才库，意味着他们已经意识到晋升至高级职位所带来的荣誉和责任，具备或渴望培养高级领导者所需的人际交往能力，并有强烈的意愿和动力不断攀登事业的高峰。总之，他们是组织中最优秀、最有潜力和最具竞争力的人才。为了让他们在未来的领导岗位上大放异彩，组织应该进一步加大对他们的培养力度。

我们细致探究了三个不同行业的大型且享有盛誉公司的高潜力人才计划，共收集了 1964 名被各自企业认定为高潜力人才的候选人的相关数据。我们采用 360 度评估对他们的领导能力进行了综合考量，评估意见涵盖了他们的上级、同事、下属及其他相关人员。每位领导者平均都收到了来自 13 位不同测评者的反馈。鉴于 360 度领导测评与组织绩效（如员工满意度、员工留存率、客户满意度和生产效率）之间的高度关联性，我们有理由相信，这一评估方法能够准确预测领导者的效能。这一观点在我们研究的这三个组织中均得到了证实。

在研究中，我们注意到，尽管高潜力人才在整体上确实展现了比公司其他员工更出色的领导能力，但这种优势并不显著。然而，当我们深入挖掘这三个组织的数据时，发现了一个令人不安的现象：在高潜力人才计划中，竟有超过 40% 的个体明显不符合这一标准，他们的表现甚至不及我们在其公司评估的领导者群体的中位数。实际上，在我们的三个研究对象中，评估结果显示，有 33% 至 52% 的高潜力领导者候选人表现平平。更令人震惊的是，这些候选人中有 12% 的总体领导能力得分处于最低的四分之一区间，这与他们本应属于的顶尖 5% 群体相去甚远（见图 43-1）。

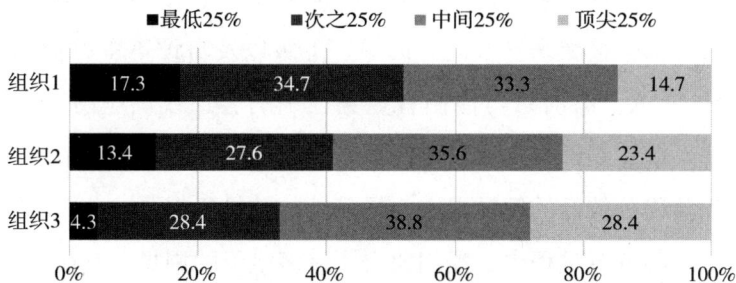

图 43-1　各领导力层次中高潜力领导者的占比

我们认为在此情境下，有几类人应当比人力资源部门及学习与发展部门承担更大责任。

- 一线高级管理者到最高决策层的所有领导者，都应率先垂范，制定明确的发展目标。无论职位高低，每个人都应持续提升某项能力。许多组织要求领导者对下属的成长负责，却忽视了对领导者自身发展的问责。

- 领导力是群体与组织层面的共同实践。如前所述，每位领导者都应有至少一位上级既了解又关注其发展进程。这是确保人才培养举措支撑组织愿景的最可靠保障。鉴于学习与发展的终极目标是促进行为改变，直属主管的参与显得尤为关键——当直属主管知晓并重视培养内容时，行为改变才更可能发生。

- 我们更主张领导者应当对自身发展承担更大责任。当个人获得充分的信息与工具来主导成长时，学习效果才会最佳。例如，领导者从第二阶段（专业贡献者）向第三阶段（团队管理者）的跨越向来被视为最艰难的转型——这既需要思维模式的革新，又需要技能的突破，涉及横向能力拓展与纵向发展层级的提升。试想：第一阶段是接受指导的新人，第二阶段是自主工作的专业人士，第三阶段是统御团队的领导者。那么，究竟谁该为第三阶段领导者的成长负责呢？这一转变不仅要求他们调整心态，还要求他们掌握新的技能。因此，他们的成长之路既需要不断拓宽视野，也需要不断深化专业技能。

重视并发挥领导者的优势

在对领导者效能的早期探索中，我们深入剖析了一个包含 22000 名领导者反馈的庞大数据库。这些反馈来自多评价者反馈测评，也就是大家熟知的 360 度评估。每位领导者都会接受来自下属、同事、上级以及自评等多方面的综合评估，评估人数大约 13 人。有时，与他们有业务往来的客户或供应商也会参与评估。通过对比这些反馈，我们识别出了总体得分最高的领导者，并深入分析了哪些行为特征是他们与得分较低的领导者之间最显著的差异所在。

在这次深入的分析过程中，我们获得了许多宝贵的洞见。其中，一个尤为突出的发现是，最优秀的领导者并非在所有领导行为上都表现卓越。相反，他们之所以优秀，是因为在少数几个关键的领导行为上展现了极高的水平。与此同时，在心理学领域，一股名为积极心理学的思潮正蓬勃兴起，马丁·塞利格曼等人正是这股思潮的领军人物。他们的研究成果与我们的发现不谋而合，即那些在五项关键领导能力上得分处于前 10% 的领导者，在员工敬业度、客户满意度、生产效率、创新能力、收益增长和员工留存率等多个方面均取得了令人瞩目的成绩。时至今日，我们的数据库已经收录了 150 万份 360 度反馈评估报告，涉及全球范围内超过 13 万名领导者的行为表现。尽管随着数据库的持续扩大和更新，统计结果发生了一些细微的变化,但我们的核心结论始终如一:重视并充分发挥领导者的优势,是提升领导者效能的关键所在。

学习与发展部门是推动组织实现愿景的重要力量,它鼓励人们不要总是纠结于改进自己的不足,而要更多地着眼于挖掘和发展自己的长处。但是,如果领导者在其岗位上所必需的关键行为上表现不佳,就必须正视并改进这个问题。我们发现,那些在其岗位上所必需的关键能力上表现垫底的领导者(大约占 10%),在整体领导者群体中的排名总是处于最末位。对于这部分存在明显短板的 27% 的领导者,我们的建议是,先集中精力解决这些问题,然后再考虑如何进一步发挥自己的优势。

采用多路径发展策略

在探索如何提升领导者效能的过程中,我们发现了一个新策略——多路径发展。这个策略就像体育中的交叉训练一样,鼓励领导者通过参与多种不同的活动来全面发展自己的能力。就像优秀的网球选手不仅限于网球训练,还会进行跑步、举重等其他活动来提升体能和技艺一样,领导者也应该通过多样性的学习和实践来提升自己的领导能力。当然,有些发展路径是显而易见的,例如参加管理培训课程或阅读相关图书;但也有一些不太为人所知的路径,例如让后卫队员去上芭蕾课(虽然这个例子有些夸张,但确实说明了多样性发展的重要性)。这些不太常见的路径有时也能带来意想不到的收获,就像那位足球教练发现芭蕾课能显著提升队员的脚部灵活性一样。

在深入研究中,我们发现每种独特的领导能力都会在其持有者的行为中有所体现,这些行为有的显而易见,有的则较为微妙。为了更直观地展示这一发现,我们在表 43-1 中列出了一些领导能力与它们所伴随的典型行为。例如,正直诚信的领导通常会表现出果断坚定的特质;专业技术精通的领导则擅长建立和维护人际关系;擅长解决问题的领导在决策时往往迅速果断;注重自我提升的领导不仅自己不断进步,还善于倾听、尊重并乐于接受他人的意见;擅长培养他人的领导同样注重自我提升,他们深知只有不断提升自己,才能更好地指导和培养他人;强调团队协作的领导则会设定具有挑战性的目标,以激发团队的潜力和创造力。

表 43-1　领导能力与伴随行为示例

独特领导能力	伴随行为表现
正直诚信	果断坚定
专业技术精通	擅长建立和维护人际关系
擅长解决问题	决策迅速果断
注重自我提升	善于倾听、尊重并乐于接受他人意见
擅长培养他人	注重自我提升
强调团队协作	设定具有挑战性的目标

对于那些希望提升领导能力，但已经尝试了所有显而易见的方法却仍感迷茫的人来说，这项研究为他们指明了新的方向。他们可能想："我已经读了大量的图书，查找了无数的文章，参加了众多的研讨会，还积极参与了行业内的技术交流活动，但为什么还是感觉没有太大的提升呢？"其实，他们可能忽略了一些与领导能力密切相关的关键因素。我们的统计分析揭示了这些关键因素，并指出通过改进与领导能力紧密相关的伴随行为，你可以实现领导能力的显著提升。换句话说，不要只关注那些显而易见的方法，而要深入挖掘那些隐藏在日常工作中的细节，这些才是提升领导能力的关键所在。

6. 确保学习成果的持续和跟进

学习与发展部门常被诟病的一点是，他们虽然能举办精彩的学习活动，激发参与者的热情，但活动结束后往往就不了了之。由于缺乏后续强化和维持所学内容的措施，人们很容易重拾旧习。组织者原本期望参与者能学以致用，不断提升，但结果却是活动一结束，所学内容就被遗忘。

如果学习与发展部门的真正使命是助力组织实现愿景，那么参与者必须明白，学习活动的根本目的是为他们提供信息和动力，促使他们在未来采取新的行动。通过活动，参与者能获取新知、获得个人感悟，并产生尝试新行为的动力。而更重要的是，他们需要认识到，学习活动的价值完全取决于后续的实践和应用。

学习活动的意义在于，让参与者清楚地认识到自己未来应该怎么做。他们制定的计划最好能够引导他们形成一种新的行为方式，从而逐步养成新的习惯。为了帮助参与者更容易地养成新习惯，我们可以引导他们深入分析自己生活中的各种因素，以及那些可能阻碍他们成功采纳新行为和高层次做法的固有观念。你可以通过提出以下问题来启发他们思考，看看在实施计划的过程中可能遇到哪些障碍：

- 这件事对我个人的成长和未来真的非常重要吗？
- 我对自己能否成功完成这项任务有多少信心？
- 我的哪些固有想法与新行为不符？
- 我之前为什么没有采取这样的行动？

最后的思考

本章主要阐述了学习与发展部门在组织实现愿景过程中的关键作用。现在，让我们从终点回溯，逆向思考如何高效推进这一进程。以下是我们对这一过程的深入理解：

- 首要任务是明确愿景，这是实现一切的基础。
- 接下来，我们需要通过一系列业务指标，如市场地位、客户满意度、员工参与度、生产效率、产品品质和盈利能力等，评估我们向愿景迈进的步伐。
- 这些业务指标是领导者效能的直接反映，而领导力的提升则是推动业务发展的关键。
- 因此，学习与发展部门将引导组织整合各种资源，以发展高潜力领导人才。

行为改变是实现这一切的核心。只要行为与组织愿景紧密相连，这一目标就是可以实现的。当然，学习与发展并非解决所有问题的万能方法，但我们确实有充分的研究证据表明其重要性。

另外值得一提的是，大卫·埃迪认为，自从 1975 年循证医学兴起以来，医疗实践水平已经取得了长足的进步，从 15% 提高到了 25%。我们期待学习与发展领域也能够取得同等的进步。

作者简介

杰克·曾格（Jack H. Zenger）博士是 Zenger Folkman 公司的联合创始人兼

CEO，该公司专注于提高领导者效能。他的职业生涯丰富多彩，既涉及创业，也在企业和学术界有所建树。他曾在南加州大学和斯坦福商学院执教。他荣获了ATD 颁发的职场学习与绩效领域终身成就奖，并被列入人力资源发展名人堂。他拥有南加州大学的商业管理博士学位、加州大学洛杉矶分校的工商管理硕士学位，以及杨百翰大学的学士学位。他撰写了 250 篇关于领导力、生产力和团队的论文，并与他人合著了 14 本关于领导力、团队和生产力的图书。目前，他为《福布斯》、《哈佛商业评论》和领英等平台撰写文章。

乔·福尔克曼（Joe R. Folkman）博士是 Zenger-Folkman 公司的联合创始人兼总裁，在评估与变革领域备受尊敬。作为国内顶尖的心理测量专家之一，他研发了独特的测评工具，该工具的数据基础是对超过 12.5 万名领导者进行的超过百万次的评估数据。他的研究成果已在《哈佛商业评论》和《华尔街日报》等权威媒体上发表。他还经常在《哈佛商业评论》、《福布斯》和领英等平台上发表文章。他拥有杨百翰大学的社会与组织心理学博士学位以及组织行为学硕士学位。他是九本书的作者或合著者，其中包括《速度：领导者如何推动成功执行》和《非凡新领袖》。他与家人现居犹他州的奥勒姆市。

📑 参考文献

Eddy, D. M. 2011. "The Origins of Evidence-Based Medicine—A Personal Perspective."*American Medical Association Journal of Ethics* 13(1): 55-60.

Zenger, J., and J. Folkman. 2017. "Companies Are Bad at Identifying High-Potential Employees."*Harvard Business Review*, February 20.

📖 延伸阅读

Biech, E. 2018. *ATD's Foundations of Talent Development: Launching, Leveraging, and Leading Your Organization's TD Effort*. Alexandria, VA: ATD Press.

Zenger, J. H., and J. R. Folkman. 2020. *The New Extraordinary Leader: Turning Good Managers into Great Leaders* New York: McGraw-Hill.

第 44 章　构建人才发展体系，满足组织动态需求

威廉·罗斯威尔、安吉拉·斯托珀和艾琳·扎巴莱罗

在规划人才发展团队的构建时，需要将推动组织成功的关键因素纳入其中。因此，需要解决两大核心问题：一是如何确保团队的工作重心始终与组织动态需求保持同步，灵活应对各种变化；二是如何调整团队的工作方向，以确保与组织的整体战略目标和宗旨保持一致。

解决之道在于采取战略性的视角。管理和发展人才不仅是日常运营的重要任务，更是组织战略发展的核心要素。只有当人才发展被确立为实现战略目标的关键一环时，才能实现共赢。这样，你的团队在制定组织的关键决策时，才能拥有更多的话语权和影响力。

本章要点

△ 深入解读 ATD 的人才发展能力模型和人才发展框架，并教你如何利用这些模型和框架来量身打造一个人才发展架构。

△ 展示一个包含多样性人才发展产品组合的模型，供你参考。

△ 给出具体的操作步骤，指导你如何灵活构建一个人才发展架构。

△ 规划一个行动计划，旨在争取高层领导者的全力支持，以推动人才发展职能的建立，从而为组织创造更大的价值。

让我们先从 ATD 的人才发展能力模型和人才发展框架的概述讲起，这两者能够为你量身定制人才发展架构提供有力支持。此外，我们还将探讨你-我-我们学习模型，该模型为创新领导力中心的 70-20-10 框架提供了另一种解读方式。本章还将帮助你明确具体步骤，以确保你的人才发展架构和职能活动能够切实满足员工需求和业务目标。

ATD 的人才发展能力模型

基于 2018—2019 年的深入调研，ATD 精心打造了一款互动式人才发展能力模型，该模型紧密贴合人才发展领域日新月异的变革。"这款模型不仅灵活可变、持续更新，而且具有前瞻性，既精准描绘了当前人才发展的现状，又科学预测了未来五年的发展趋势。"它针对数字化转型、数据分析、信息获取便捷化以及人才发展与业务部门协同合作等人才发展领域的热门趋势，提出了有效的应对策略。该模型被精心划分为以下三大实践领域：

- **构建个人能力**。为建立有效的组织或团队文化、信任和参与度所需的知识和人际交往技能（软技能）。
- **发展专业能力**。掌握创建高效学习流程、系统和框架所需的知识与技能。
- **影响组织能力**。具备确保人才发展与组织战略目标同频共振，从而推动组织成功所需的专业知识、技能和领导力。

ATD 的人才发展能力模型不仅可定制、互动性强，而且非常实用。人才发展专业人士可以根据自己的角色定位、职责分工以及组织结构的实际情况，灵活探索和构建适合自己的能力发展框架。在构建一个符合组织需求、充满生机与活力的人才发展体系时，该模型无疑是一个不可或缺的得力助手（见图 44-1）。

ATD 的人才发展框架

在深入思考你的团队如何有效促进个人成长、专业精进和组织能力提升后，接下来便是精心挑选那些不可或缺、必须融入你的人才发展战略中的关键要素。这正是人才发展框架的核心价值所在。

2014—2015 年间，ATD 携手 Rothwell & Associates 公司，共同对全球范围内组织的人才发展架构与匹配策略进行了深度剖析。他们的研究发现，众多人才发展领域的权威专家均认为，如实描绘人才发展绝非易事。基于这一研究，ATD 和 Rothwell & Associates 公司联手打造了一个人才发展框架，该框架囊括了 39 个对人才发展部门成功至关重要的不同要素。该框架旨在为你提供清晰指引，帮助你

人才发展能力模型™

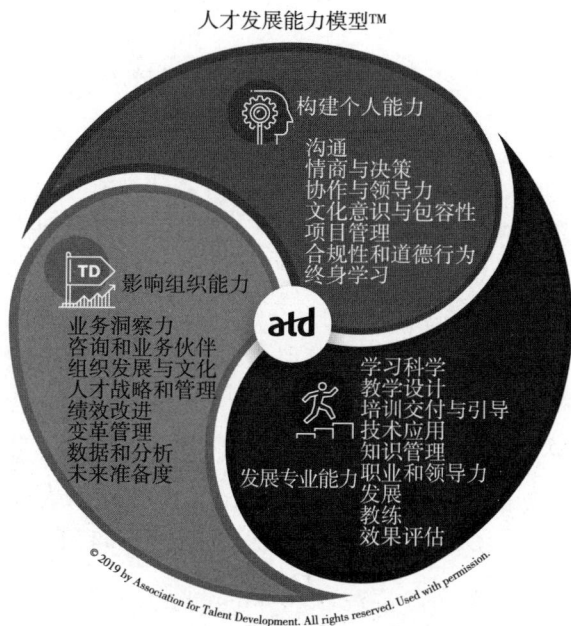

构建个人能力

沟通
情商与决策
协作与领导力
文化意识与包容性
项目管理
合规性和道德行为
终身学习

影响组织能力

业务洞察力
咨询和业务伙伴
组织发展与文化
人才战略和管理
绩效改进
变革管理
数据和分析
未来准备度

atd

学习科学
教学设计
培训交付与引导
技术应用
知识管理
职业和领导力
发展
教练
效果评估

发展专业能力

© 2019 by Association for Talent Development. All rights reserved. Used with permission.

图 44-1　人才发展能力模型

精准确定并定义制定人才发展战略所需的主要和次要要素，以确保组织顺利达成既定的运营、业务和战略目标。这一环节至关重要，因为它将为你制定资源分配策略提供有力依据，帮助你明智地为战略中的每个关键要素投入恰到好处的资源。这个可定制化的框架还能根据组织不断变化的需求，灵活调整、删减或增添职能，以满足组织的动态发展需求（见图 44-2）。

ATD 的人才发展能力模型与人才发展框架的协同作用

ATD 的人才发展能力模型为专业人士提供了清晰的指引，使他们能够了解成功所需的核心知识和技能，同时发现个人在专业成长过程中的潜在机会。该模型还引导个人和团队对照分布在三个核心实践领域的 23 项关键能力，对自己的专业知识与技能进行精准评估。你可以通过访问 ATD 的官方网站，体验 ATD 的互动式人才发展能力模型。

同样，人才发展框架为组织提供了宝贵的指导，帮助组织确定人才发展要素的优先级。它聚焦于群体或部门成功的核心要素，将这些要素与组织的发展需求

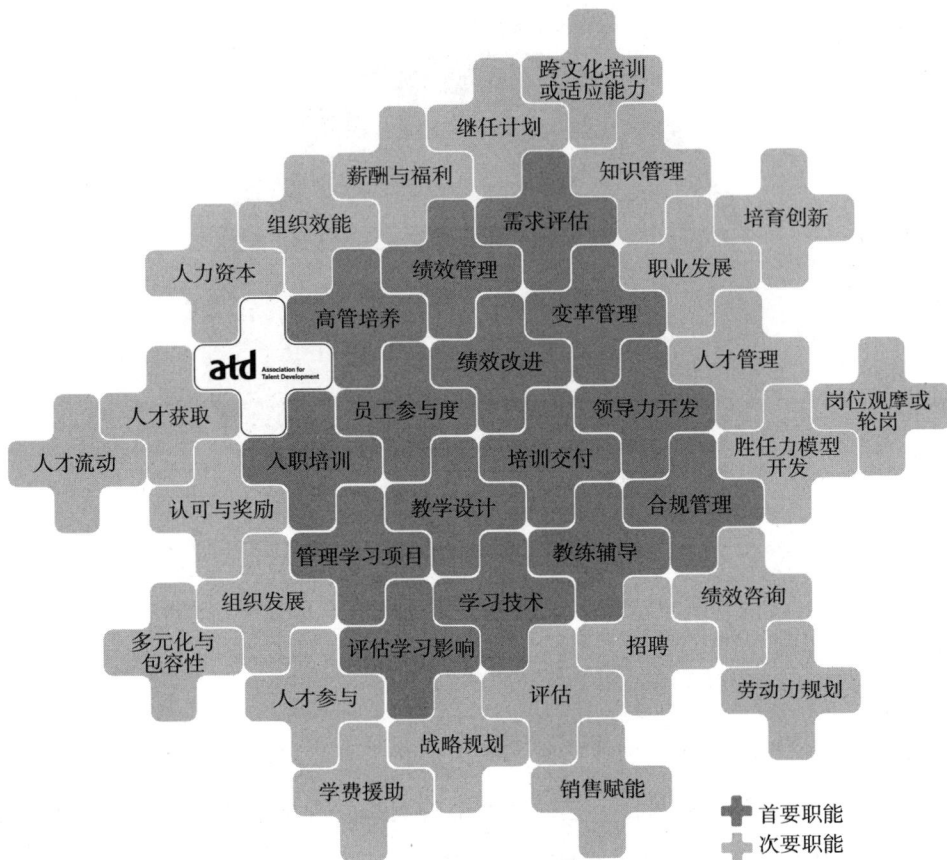

图 44-2 人才发展框架

紧密结合。该框架是组织确定人才发展职能或结构中优先事项的得力助手。

在组织明确了人才发展职能或结构中的要素优先级后，他们就可以利用人才发展能力模型中的相关能力，来确保员工和团队具备实现最佳工作效果所必需的知识和技能。

在思考如何利用这两个模型来构建一个贴合组织动态需求的定制化架构时，你需要考虑哪些要素与业务目标相契合，以及你和你的团队需要掌握哪些能力，以便成功实现这些目标。

你-我-我们学习模型

我们已经探讨了人才发展能力模型和人才发展框架，现在，想向你介绍一个能够帮助你设计符合组织需求的人才发展职能全新模型。

安吉拉·斯托珀提出的你–我–我们学习模型，让学员在学习模型中找到了自己的定位（见图 44-3）。与当前大多侧重于"成果"（如项目组合中的正式学习课程时长、向客户提供的非正式学习时长）的学习模型不同，你–我–我们学习模型将焦点转向了学员本身，询问他们本人，关于我们的项目如何满足他们的学习需求。我们如何能够为他们提供支持，帮助他们实现自我突破，成为最优秀的自己？

图 44-3　你–我–我们学习模型

这个模型是从学员的角度出发设计的，因此"我（Me）"处于中心位置。"我学习（Me Learning）"代表着人才发展职能在项目组合中融入的策略，这些策略旨在激发学员找到并实践自主学习的方法。它引导学员思考："作为学员，我该如何掌控自己的成长？"以及"人才发展职能如何为我的个人成长之路提供支持？"

在"你学习（You Learning）"部分，我们关注的是学员期望从组织中获得的学习内容。简而言之，组织提供了哪些正式课程和学习资源来助力学员的成长？

"我们学习（We Learning）"部分则强调了个人学习网络的重要性。正如老话所说，没有人是孤立存在的，没有他人的帮助，任何学习之旅都无法真正圆满。这正是"我们学习"所涵盖的精髓。

构建人才发展架构的五步法

人才发展能力模型、人才发展框架以及你-我-我们学习模型三者合力，为打造满足组织动态需求的人才发展架构奠定了坚实基础。接下来，让我们一同看看一个包含五个关键步骤的流程，帮助你高效运用这些工具：

- 明确优先级。
- 重新构想。
- 启动实施计划。
- 沟通和庆祝。
- 评估和调整。

图 44-4 为你呈现了一种在开发和构建个性化人才发展框架时，可以采用的交互式方法。这一循环流程强调了持续评估和调整的重要性，旨在确保你的组织能够灵活应对不断变化的需求。

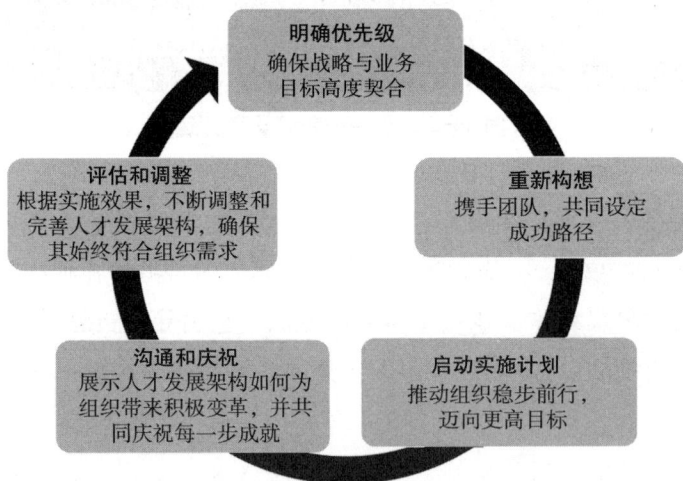

图 44-4　构建人才发展架构的步骤

步骤 1：明确优先级

首先，你需要明确人才发展的哪些关键要素对实现组织的战略目标至关重要。在规划这一步骤时，请遵循以下指引：

- **列出组织的业务重点，明确战略方向**。与领导团队紧密合作，识别组织成功的关键要素，并将人才发展视为实现这些战略目标的强大后盾。

- **圈定首要要素**。构建一份清单，与领导、部门或团队携手，深入剖析人才发展框架的 39 个要素，找出那些对组织成功至关重要的要素（首要要素）。这些首要要素将对你列出的首要业务目标产生显著的正面影响。（请注意，一个首要业务目标下可能涵盖多个首要要素。）利用交互式人才发展框架拼图，将这些首要要素以红色突出显示。

- **确定次要要素**。再构建一份清单，与领导、部门或团队协作，审视剩余要素，识别出那些对组织成功同样重要的要素（次要要素）。这些次要要素将对你列出的首要业务目标产生积极的推动作用，尽管影响程度可能稍逊于首要要素。（请注意，一个首要业务目标下可能包含多个次要要素。）更新拼图，将次要要素以橙色标记出来。

- **移除（现在）那些非核心的要素**。现在，是时候梳理剩余要素了。与你的领导、部门或团队共同研讨，针对每个要素进行探讨，询问他们："你是否同意（现在）从框架中去除这个要素？"如果得到的回答是反对，那么这个要素可能仍然适合保留在你的框架内。但是，在正式将其定位为首要或次要要素之前，请先给出保留它的充分理由。例如，如果它与当前的业务目标或方向并无直接联系，为何还要将其纳入考虑范围？你的回答是否充分且具有前瞻性，或者是否仅仅在循规蹈矩（"我们一直都是这么做的"）？请核实你的理由：在你的团队中，是否有人可以接棒处理这个要素？其他人是否认同无人能接棒？其他人是否认为这个要素对整体任务具有决定性作用？是否至关重要？你的理由是否无懈可击？其他人是否认同？如果经过深入考量后，你仍不愿从框架中移除该要素，请根据你的判断（首要还是次要要素），用红色或橙色进行标注。剩下的那些要素都属于非核心要素，可以（现在）从你的框架中移除。

- **随着组织业务优先级、目标或资源的调整，请及时调整和优化你的框架。**

步骤 2：重新构想

接下来，明确你需要采取哪些行动来重塑一个强健且覆盖整个组织的人才发展框架，以及一个能引领你和团队迈向成功的架构。借助我们之前探讨过的工具和模型，确保在你的各个要素所提供的产品、服务和机遇中，巧妙融合了"你学习"、"我学习"和"我们学习"，以构建动态满足组织业务需求的核心能力。

- **你学习。**需铭记在心，当学员向你或组织寻求学习体验时，这便是"你学习"的契机。为员工精心规划学习之旅至关重要，而非仅仅提供一些与业务战略脱节的孤立项目。邀请高层领导加入讨论，共同探讨发展的重要意义与深远影响，并以全球顶尖学习与发展企业的姿态来推广你的服务。

- **我学习。**在"我学习"资源库中，应专注于打造那些人们需要时或准备充分时能轻松搜索并找到的学习资源。学员掌控着自己的学习之旅，清楚自己的学习路径，并知晓该向谁求助。一个优质的"我学习"资源库能让学员感受到自己对学习的掌控力，获得所需支持，并随时准备在日常工作中、在自己的工作流程中积极寻求学习机会。

- **我们学习。**在构建"我们学习"资源库时，要着重开发那些能够吸引客户参与的工具，帮助他们在构建和使用个人学习网络时获得助力。思考这样一个问题："我的团队如何为组织内的成员创造和提供安全、自由的学习空间，让他们能够聚在一起，相互学习，共同进步？"然后构建一个能够满足这一需求的资源库。

步骤 3：启动实施计划

当你走到启动这一步时，我们想引用亚瑟·阿什的话："从你现在的位置出发，利用你现有的资源，做你能做的事。"启动一项新策略可能让你觉得压力山大，但这句话能帮助你保持冷静和专注。记住，你无法一夜之间就拥有一个完美的人才发展架构；这是一场马拉松，而不是短跑。以下是一些需要牢记的关键点：

- 清晰梳理你的各项计划和产品。
- 准确区分现有项目与全新尝试。
- 细致规划实施每个计划所需的资源、预期成果及预算。
- 合理分配责任，并设定明确的时间节点。

针对你计划实施的每一个战略步骤，都要确保其既具有可操作性（明确我们应采取哪些具体行动）又具备可衡量性（我们如何评估行动是否正在推进，何时能够达成目标，以及效果如何）。请时刻铭记，在商业领域，只有被明确衡量的事情才会得到真正的执行，而只有被充分认可的行为才会被持续实践。

步骤 4：沟通和庆祝

这一步标志着我们将共同迈入下一个重要阶段——向全组织展示人才发展框架的魅力，并对你们的辛勤付出和卓越成果给予充分的认可与庆祝。

仅仅通过一次全员大会来宣布人才发展战略的启动是远远不够的，这样的沟通只是昙花一现。人们或许会聆听，会礼貌地点头，但很快就会将这些信息抛之脑后。事实上，这正是许多变革计划未能成功落地的关键所在——人们往往会忘记变革的目标、参与人员、期望的成果，以及这些变革对管理者及其团队所带来的深远影响和意义。

因此，我们需要一个全面而细致的沟通策略。变革计划的每一步都应伴随着一个精心设计的沟通环节，以确保人们深刻理解"变革的内容""变革的原因""如何参与变革"。你所规划的每一个沟通环节都应详细阐述：

- 我们需要重点与谁进行沟通？哪些利益相关者需要纳入考虑范围？
- 我们想要通过这条信息传达的核心要点是什么？
- 读者在看完这条信息后，应该能够记住哪三个重要信息？
- 发布这条信息的最佳时机是什么时候？
- 在哪里发布这条信息能够达到最好的效果？
- 这条信息的重要性何在？它将如何推动我们实现变革目标？
- 我们应该如何巧妙地传递这条信息？如何确保信息的多样性，以便通过多种渠道触达目标听众？

在制定沟通策略的同时，决策者也不能忽视庆祝活动的重要性。仅仅启动并有效管理一项变革是远远不够的，人们还需要有机会庆祝他们的成就。庆祝活动能够凸显变革所带来的积极成果，展示参与其中的各方，以及这些成果为何意义重大。它们还能激发人们的热情，增强他们的参与感，让他们对自己、变革以及人才发展的价值产生更深的认同感。这一步是确保你期望看到的变革能够持续发生的激励机制。

步骤 5：评估和调整

看看你的项目和产品取得了怎样的成效，这样你就可以根据需要对你的人才发展框架进行调整，让它始终与未来的需求相匹配。一旦业务目标有所变动，你的人才发展战略也应当做出相应的调整。

在人才发展领域，评估的重要性一直备受专家的关注。这确实是该领域许多专业人士始终在思考的一个核心问题。其中，唐纳德·柯克帕特里克的四级评估模型无疑是最为著名的评估体系。在柯克帕特里克看来，评估主要围绕以下四个核心维度展开：

- 第 1 级：反应层。参与者对学习体验的整体感受如何？
- 第 2 级：学习层。参与者从这次体验中学到了哪些实用的知识或技能？
- 第 3 级：行为层。由于这次学习体验，参与者在工作中是否展现出了新的行为模式？
- 第 4 级：结果层。这次学习体验是否带来了显著的业务成果，如效率提升、业绩增长等？

杰克·菲利普斯和帕蒂·菲利普斯在原有的四级评估体系基础上进行了扩展，新增了影响评估这一关键层面，其中特别强调了投资回报率的计算。投资回报率实质上是衡量人才发展活动成本效益的一个重要指标，它对比了人才发展活动所带来的收益与其整个生命周期（包括分析、设计、开发、实施和评估等阶段）的成本。

此外，你可能还想深入了解变革措施（如人才发展体验）对业务战略的深远影响。这主要体现在人才发展体验如何有效促进组织战略目标的实现，而这些目标的实现程度则通过平衡计分卡以及各部门、团队乃至个人的关键绩效指标来具体量化。

为了全面评估柯克帕特里克的四级评估模型、投资回报率以及业务影响，你可以设定一个具体的时间框架，并据此构建一个综合评估表格。通过这个表格，你能够在人才发展过程的各个阶段（前期、中期、后期乃至长期）对各个评估层级进行精准的预测和评估。该表格的具体形式如图 44-5 所示。

人才发展架构是一个战略性模型，所以我们需要从战略高度对其进行评价。

再探柯克帕特里克与菲利普斯的评估层级

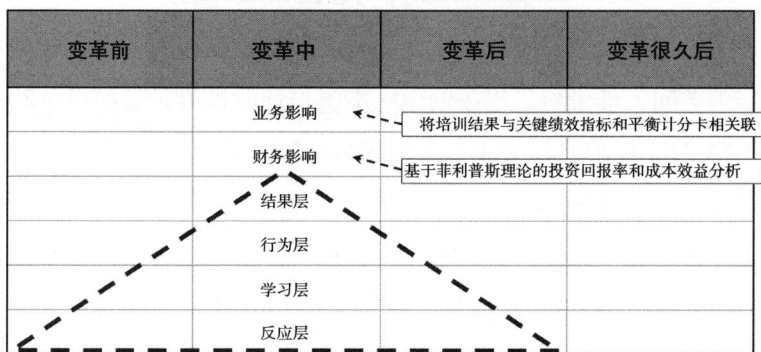

变革前	变革中	变革后	变革很久后
	业务影响		
	财务影响		
	结果层		
	行为层		
	学习层		
	反应层		

将培训结果与关键绩效指标和平衡计分卡相关联

基于菲利普斯理论的投资回报率和成本效益分析

图 44-5　罗斯威尔的评估网格模型

实际上，长期战略问题的评估与那些临时性、短期性且以战术为核心的变革评估是有本质区别的。我们需要深入思考的是，人才发展工作究竟能在多大程度上推动组织满足其各项需求，并实现既定目标？组织是否能够在关键时刻、关键地点拥有最合适的人才，从而顺利达成既定目标？这些都是人才发展架构试图为我们解答的问题。在评估架构的成效时，这些问题值得我们深思。

通过评估，我们可以获得宝贵的反馈，这些反馈将指导我们定期优化人才发展架构，确保其始终充满活力，紧密贴合组织的业务需求，并与组织当前及未来的战略目标高度契合。

最后的思考

面对组织日新月异的业务需求，制定一套人才发展战略并组建专业团队，这不仅是明智且必要的决策，更是确保组织在竞争中保持领先的关键。在资源紧张、预算缩减、组织结构扁平化的背景下，我们需要将人才发展战略与组织的长远目标紧密结合。这样，我们不仅能够充分展现自己在组织高层中的独特价值，还能通过积极参与战略决策的制定，为自己在组织内部赢得更加稳固的地位。

◆◆◆

作者简介

威廉·罗斯威尔（William J. Rothwell） 博士，SPHR，SHRM-SCP，CPTD

杰出会员，现任 Rothwell & Associates 公司总裁，同时担任宾夕法尼亚州立大学帕克校区劳动力教育与开发专业教授。作为教授，他领导着学习与绩效领域顶尖的项目；作为顾问，他带着已出版的 104 本图书环游世界进行演讲。2012 年，他荣获 ATD 颁发的职场学习与绩效杰出贡献奖；2013 年，他又被 ATD 认证学院授予 CPTD 杰出会员的荣誉。

安吉拉·斯托珀（Angela L. M. Stopper）博士，目前担任加利福尼亚大学伯克利分校的首席学习官和人与组织发展部门的领航者。她负责带领一支专业团队，精心策划并实施全校范围的学习计划，旨在满足校内 9000 名教职工及行政管理人员在监督、管理、专业技能、技术以及非技术等多个方面的学习需求，助力他们的职业发展。此外，她还是宾夕法尼亚州立大学世界校区的教学团队成员，她不仅开发了一门组织发展与变革专业的在线硕士课程，还亲自授课，为学员传授前沿知识与实践经验。

艾琳·扎巴莱罗（Aileen G. Zaballero）博士，CPTD，自 2009 年起便成为 Rothwell & Associates 公司的高级合伙人，并获得了 CPTD 认证。她在高级商业建筑领域的人力资源管理方面有着丰富的经验，曾参与构建从业人员的胜任力模型和职业发展规划。此外，她还为一个老年社区成功实施了绩效管理的改革。她与人合作撰写了《通过认证提升学习与发展影响力》，该书于 2020 年由 Palgrave 出版社出版。

参考文献

ATD. 2021. "About the Model." The Talent Development Capability Model.

Galagan, P., M. Hirt, and C. Vital. 2019. *Capabilities for Talent Development: Shaping the Future of the Profession.* Alexandria, VA: ATD Press.

Jones, M. C., and W. J. Rothwell, eds. 2017. *Evaluating Organization Development: How to Ensureand Sustain the Successful Transformation.* Boca Raton, FL: CRC Press.

Kirkpatrick, J. D., and W. K. Kirkpatrick. 2016. *Kirkpatrick's Four Levels of Training Evaluation.* Alexandria, VA: ATD Press.

Phillips, P. P., and J. J. Phillips. 2006. *Return on investment (ROI) Basics.* Alexandria, VA: ATD Press.

Phillips, P. P. , and J. J. Phillips. 2009. *Return on Investment: Handbook of Improving Performance in the Workplace*. New York: Routledge.

Rothwell, W. , A. Stopper, and A. Zaballero. 2015a. *Building a Talent Development Structure Without Borders*. Alexandria, VA: ATD Press.

Rothwell, W. , A. Stopper, and A. Zaballero. 2015b. "Measuring and Addressing Talent Gaps Globally. " *TD at Work*. Alexandria, VA: ATD Press.

延伸阅读

Rothwell, W. 2009. *The Manager's Guide to Maximizing Employee Potential: Quick and Easy Strategies to Develop Talent Every Day*. New York: AMACOM.

Rothwell, W. 2012. "Advance Organizer. " In *Talent Management: A Step−By−Action−Oriented Guide Based on Best Practice*, edited by W. Rothwell, M. Jones, M. Kirby, and F. Loomis. Amherst, MA: HRD Press.

Rothwell, W. 2012. "Talent Management and Talent Development: What They Are, and Why You Should Care. " In *The Encyclopedia of Human Resource Management*, vol. 2, edited by W. Rothwell, J. Lindholm, K. K. Yarrish, and A. Zabellero. San Francisco: Pfeiffer.

第 45 章　学习领导力的五项基本原则 [*]

詹姆斯·库泽斯和巴里·波斯纳

领导力并非特定人群的专属，而是我们每个人都应具备的能力。无论是人才发展专业人士，还是他们服务的内外部客户，都扮演着领导者的角色。请思考以下问题：

- 作为领导者，我现在的表现是否称职？
- 我希望成为什么样的领导者？
- 我该如何努力，才能成为众人敬仰的领导者？
- 我该如何帮助我的客户提升领导力？

理解和践行领导力的五项基本原则，将帮助你更好地履行人才发展专业人士的职责，为公司内部领导力的培养创造有利条件。

本章要点

△　明确阐述了学习领导力的五项基本原则。

△　借助自我反思的问题和实际操作，对一系列信念进行了深入评估。

△　构建了一个以实证为依据的框架，旨在促进卓越领导者的成长和发展。

十多年来，我们始终致力于研究、撰写和分享关于卓越领导力的内容。其间，人们最常问的一个问题便是："领导力是天生的，还是可以通过后天培养获得的？"身为人才发展专业人士的你，可能也曾被同样的问题困扰，甚至自己也曾有过类似的疑惑。

我们的回答始终如一："我们从未见过不具备领导潜能的'天生之才'。"同样，我们也相信，每个人生来都拥有成为会计、艺术家、运动员、工程师、律

   * 本章内容改编自 *Learning Leadership：The Five Fundamentals of Becoming an Exemplary Leader*，by James M. Kouzes and Barry Z. Posner. Hoboken，NJ：John Wiley & Sons. 2016. Copyright . 2016 James M. Kouzes and Barry Z. Posner. All rights reserved。

师、医生、科学家、教育工作者、作家或动物学家的潜能。

你可能反驳："这不公平，这是个圈套。因为每个人都是天生的。"而这正是我们的核心观点。我们每个人都是独一无二的，也都拥有成为领导者的天赋。

值得一提的是，从未有人问过我们关于"管理者是天生的，还是后天培养的？"这一问题。

我们认为，纠结于领导才能是天生的还是后天培养的，并没有多大意义。这不过是"天性与后天培养"这一老话题的重复，并没有触及我们需要深入探讨并回答的更重要的问题："你和你身边的人，是否有可能成为比现在更优秀的领导者？"答案是肯定的："绝对可以。"

那么，让我们一开始就明确一个观点。领导力并非某种神秘莫测、只有少数人才拥有的特质，其他人也可以拥有。领导力不是与生俱来的，也不是某些特定人群的专属标签。领导力并非遗传自父母的基因，也不是某种固有的特性。没有确凿的科学证据表明，领导力只存在于某些人的基因中，而不存在于其他人的基因中。实际上，领导力只是一套任何人都可以通过学习和实践来掌握的技能和能力。

人人都有领导力潜能

我们收集了来自全球数百万人的评估数据。我们可以毫无疑问地告诉你：无论在哪个行业、哪种组织、哪个层级、哪种宗教或哪个国家，无论年龄大小、性别如何，都有领导者的存在。领导力潜能也是普遍存在的。然而，关于每个人是否都能展现出领导才能的问题，仍然备受关注。

为了验证"人人都能成为领导者"的观点，我们深入研究了《领导力实践量表》（Leadership Practices Inventory，LPI）的数据。LPI 是一种全面的评估工具，用于衡量个体在展现卓越领导力的五项实践（与领导者发挥最佳状态密切相关的行为和行动）方面的表现。这五项实践包含了 30 项具体的领导力行为，每一项行为都通过 1 到 10 的 10 级量表进行评估，以反映个体表现出这些行为的频率。LPI 不仅从领导者自身的角度出发，还结合了他们的管理者、同事、直接下属和其他人的视角，全面审视了被视为关键领导力行为的实践程度。

在我们长达 35 年对领导力行为数据的持续追踪中，我们发现几乎没有人会在 LPI 的五项关键领导力实践上全部得分为零。如果得分为零，就意味着该个体（或其管理者、同事等）几乎从未展现过任何一项领导力行为。尽管我们调查了超过 352 万人，但仅有极少数人（581 人，占比 0.0165%）在这五项实践上得分为零。

算一下你就会明白，在一个拥有 100 名员工的团队中，想要找到一位在领导力方面一无是处的人几乎是不可能的。即便在更大的团队中，如 1000 人或 10000 人，这样的人也极为罕见。而且，如果我们只关注非管理岗位的个体，那么得分为零的比例（"我几乎从不展现这 30 项领导力行为中的任何一项"）将更低，仅为 0.0074%。同样地，同事之间认为某人从未展现过任何一项领导力行为的情况也极为少见，仅为 0.0054%。

通过实证研究和数学分析，我们发现每个人都有潜力展现出领导力行为。实际上，几乎每个人都在日常生活中不自觉地表现出某种领导力。在你最亲近的圈子里，几乎不可能找到一个完全没有领导力的人。然而，尽管 99.9835% 的人都在某种程度上表现出了领导力，但这并不意味着每个人都会成为出类拔萃的领导者。要想成为杰出的领导者，需要多年的实践积累、专注投入和不懈努力，而这并不是每个人都能做到的，也不是每个家庭、公司、社区或国家的人都愿意付出成为卓越领导者所需的精力和努力。

领导力并非某些人专属的标签，而是广泛存在于每个人身上的潜力。事实上，领导力比传统观念所认为的更加普遍。我们深信，无论你现在的技能和能力如何，你都有能力学习并更频繁地展现出领导力。正如在学习任何技能和能力时，有一些原则可以为你提供指导，帮助你规划学习之路。因此，我们为你提供了"学习领导力的五项基本原则"，旨在引导你不断前行，成为最优秀的领导者。

- 坚信自己能做到。
- 追求卓越。
- 挑战自我。
- 寻求支持。
- 刻意练习。

接下来，让我们深入了解一下这五项基本原则，并思考一些可以自我提问的问题，以帮助你营造能够培养更多、更好领导者的文化。最后，我们还为你准备了一个实践活动，旨在引导你逐步迈向卓越的领导之路。

基本原则 1：坚信自己能做到

坚信自己具备领导才能，是提升领导力水平的核心。即使有人质疑你的领导力，你也得保持自信。一切的开始都始于你对自身的信任。你必须相信自己所做的一切都是有意义的。

你要相信，自己有能力对他人产生积极影响。你的言语能够激励人心，你的行动能够引领他人。坚信自己能够领导，对于提升领导力至关重要。如果缺乏自信，你可能连尝试都不会，更不用说持续努力成为卓越的领导者了。领导力不是靠别人赋予的，而是需要你自己去挖掘和培养的。

现在，我们通过美国州政府管理人员简·布莱克的例子进一步探讨这个概念。请注意，简·布莱克是化名，但故事是真实的，引用的内容直接来自与她的通信。

> 简·布莱克在相信自己能成为领导者后，她的自我认知发生了巨大变化。她已在州政府工作了近 20 年，手握两个学士学位，但她从未想过要超越她的身份——"一位母亲、一位祖母和一名矿工的女儿"。然而，她并未停止求知的脚步。如今，她正在攻读领导力硕士学位，但她坦言，有时课程学习会让她感到吃力，也会被那些身居高位、手握权力的同学（如军队领导者、公司主管和政府管理者）所震慑。但当她阅读我们的一本书时，关于领导力的内容让她豁然开朗，她解释道："我意识到，或许我也能成为领导者。"那一刻，她改变了对自己的看法，也对自己的未来充满了信心。

简·布莱克通过亲身经历明白，她所面临的阻碍并非来自外界，而是自己给自己设定的限制。一旦意识到这一点，她就能打破这个限制。简·布莱克的经历告诉我们，当你真心相信自己有成长的能力时，你就能有更多的可能，超越原先的设想。

斯坦福大学的卡罗尔·德韦克教授提出了"成长型思维"这一概念。她认为，成长型思维就是相信你可以通过努力来提高自己的基本素质。那些拥有成长型思维的人认为，我们可以学习成为更好的领导者，而不是天生的。与此相对的是固定型思维，即认为人的素质是固定不变的。那些拥有固定型思维的人认为，领导者是天生的，无论接受多少培训或积累多少经验，他们的能力都无法超越天生的水平。

泰庆·库泽斯的研究同样揭示了成长型思维与固定型思维对领导力的影响。研究发现，与持有固定型思维的管理者相比，那些持有成长型思维的管理者更经常展现出五种领导力行为。这表明，思维方式很关键，如果你相信自己有能力学会领导别人，那么你就能更频繁地展现出领导者的风范。

自我反思问题：坚信自己能做到

- 你是否认为人的才能主要是天生的？
- 你是否觉得自己是通过不断学习和努力才成为领导者的？
- 你是否相信他人有能力改变自己的行为习惯？
- 你是否经常把自己当作领导者来看待？
- 你对自己的领导能力是否充满信心？

基本原则 2：追求卓越

贝基·沙尔是谷歌的技术项目经理，她告诉我们，当她反思自己领导经历中的高光时刻时，她深刻体会到"坚定的信念有多重要，因为缺乏信念的人，既不会有人追随，也不会有人关注"。奥利维亚·赖是穆迪分析公司（香港）的产品战略助理，她说："成为领导者是一个自我发现的过程。要想成为领导者，进而成为优秀的领导者，我首先需要明确自己的价值观和原则。如果我自己都不清楚自己的价值观，也不为自己设定标准，那我如何能为他人设定标准呢？"

贝基·沙尔、奥利维亚·赖以及全球许多其他领导者在自我探索的过程中，都认识到了领导力的一个重要事实：要成为一个卓越的领导者，你必须找到自己真正在意的东西。要成为一个出类拔萃的领导者，你必须清楚地明白，是什么核心价值观和信念在指导你的决策和行为，你和他人共同向往的愿景又是什么。同样，在学习如何成为领导者时，你也需要明确自己的动机。你为什么要当领导？你究竟想成为什么样的领导？

这绝非空谈或臆测。根据我们的研究，那些对自己的价值观有着明确认识的人，往往认为自己实现人生目标的可能性最大，他们最愿意全身心投入工作，对公司最为忠诚，感受到的工作压力也最小。清晰的价值观能让你更加专注工作，充满干劲和创造力，对工作更加投入。你会感到自己动力满满，愿意主动出击，勇往直前。

不过，请牢记于心。你的动机应该源自内心，而非为了某种功利目的。研究发现，最顶尖的领导者往往不把赚钱、升职或成名当作首要目标。他们之所以渴望领导，是因为他们深深地关心着自己的使命和所服务的人群。在面对巨大挑战时，清晰的使命感和目标感会激励你继续前行。杰出的领导者及其团队都在为一个超越自我的伟大目标而努力。你作为领导者的成就，取决于你能否帮助他人获得成功。那么，作为人才发展专业人士，你的目标又是什么呢？

> **自我反思问题：追求卓越**
>
> - 我为什么想要成为领导者？是因为内心的渴望，还是外界的压力？
> - 我对自己理想中的领导者形象是否有着清晰而明确的认知？
> - 我的组织是否也清晰地认识到了最适合它的领导者形象？
> - 这些理想的领导者形象是如何在我们的公司中传播、评估和得到巩固的？

基本原则 3：挑战自我

直面挑战是领导力成长的必经之路，也是推动我们不断学习进步的动力源泉。要想成为一名卓越的领导者，并发挥出自己的最佳状态，你必须敢于走出舒适区。你需要勇敢地去尝试新事物，挑战自我极限，勇于面对失败，并坚持不懈地在学习之路上不断攀登。以 IBM 的董事长兼 CEO 吉尼·罗梅蒂为例，在 2015 年《财富》最具影响力女性峰会上，她曾这样说过："回想一下你人生中成长最快、收获最多的时刻，那往往是你面临挑战、感受风险的时候。"

要想成为一名出色的领导者，你既要勇于挑战公司的现状，又要敢于面对并挑战自己的内在局限。你需要不断挑战自我，勇于突破现有经验的束缚，去探索那些未知的领域。在这些未知的领域中，你将发现无数改进、创新、尝试和成长的机会。记住，成长总是发生在你的认知边界之外，就在那些你尚未探索的边缘地带。

我们发现，员工越积极地跨越组织的边界，寻找创新方法改进工作，他们在工作中就越能感受到自己的高效与投入。而员工积极寻求挑战，锻炼能力，这一行为直接影响了上级和同事对其工作效率的评价。

领导力和高管发展的相关研究也进一步印证了这一点。在调查中，高管普遍认为，最有效的领导力发展途径是参与行动学习项目和承担具有挑战性的任务。另一项研究则指出，参与跨职能团队、团队合作解决特定客户的问题，以及加入全球项目团队等经历，对领导力的提升最为有效。

只有勇于挑战未知，尝试新事物，你才能掌握新的技能和能力。如果你总是墨守成规，只做自己熟悉的事情，那么你永远都无法突破自我，也无法收获成长带来的自信和成就感。

要想在领导力的道路上不断进步，你必须拥有坚定的意志和顽强的毅力。在成长的道路上，每个人都会遇到困难和挑战，但不要因为一时的挫败就轻言放弃。要勇敢面对挫折，从失败中汲取教训，坚持不懈地努力，让自己变得更加坚韧和强大。

自我反思问题：挑战自我

- 在我的个人成长中，我可以抓住哪些具有挑战性的学习与发展机会，或者我可以主动去寻找哪些机会？
- 我对学习和领导力方面的最新动态有多大的兴趣？
- 在我的组织中，如何激发和奖励员工的好奇心？
- 当我们遇到挫折时，是如何应对的？
- 对于我真正热爱的事情，我是否会坚定不移地追求下去？

基本原则 4：寻求支持

要想成为顶尖的领导者，单凭一己之力是远远不够的。各行各业的精英，包括领导者在内，都懂得积极寻求他人的帮助、建议和指导。这正是他们能够取得卓越成就的关键因素。

我们曾指出，要想在任何领域出类拔萃，包括成为优秀的领导者，你必须勇于挑战自我，勇于承担有难度的任务，敢于突破自己的舒适区，勇于尝试新的方法和策略，敢于面对失败并从中吸取教训。然而，如果你没有得到他人的悉心指导，没有人在你迷茫时为你指点迷津，没有人在你跌倒时扶你一把，没有人在你失落时为你加油鼓劲，那么你将很难实现这些目标。

学习领导艺术离不开他人的帮助。社会支持对于成长和发展至关重要，特别是在面对富有挑战性的学习任务时。根据盖洛普对全球超过 2700 万名员工的调研，为确保你未来的成功，你能做的最重要的一件事是找到一位真正关心你发展的人。

要想成为一名卓越的领导者，你需要广交人脉。你需要有人为你指点迷津，还需要有人为你铺路搭桥。你需要明确哪些人具备这些特质，思考如何与他们建立联系，并努力深化你们之间的友谊和信任。这需要你主动出击，积极地去建立和维系这些关系。找到那些值得学习的榜样，观察并学习他们的成功之道。

你需要建立的联系应该是既坚实又充满温情的，而不仅是基于利益交换的。这样的联系能够为你带来更多的机遇，让你有机会近距离地观察并亲身感受那些优秀领导者的风采。很多时候，你需要积极主动地去建立和维持这些关系。

在你的职业生涯中，随着你的不断进步和成长，你所建立的人际关系的质量将变得至关重要。研究表明，高质量的人际关系不仅能够促进个人的成长和发展，还能够提升整个团队和公司的效率。那些拥有高质量人际关系的人往往拥有更好的健康状况、更敏锐的思维能力、更宽广的视野以及更强的韧性。他们对公司更加忠诚，也更擅长辨别哪些人值得信任。此外，他们还表现出更强的学习动力和学习能力。在高质量的人际关系中，人们更加开放和包容，更容易理解自己和他人的想法。同时，高质量的人际关系还能让你更加敏锐地察觉周围的变化，更好地应对各种挑战和机遇。因此，你的人际关系质量将在很大程度上决定你的学习能力和成长速度。

你还需要依赖周围人的反馈，了解你的行为和表现对他们产生了什么样的影响。他们的反馈是你评估自己行为效果的重要依据。而要想获得真实坦率的反馈，就需要双方建立相互信任的基础。你必须率先行动，营造一种人们能够相互信任、愿意分享有助于彼此成长的有效信息的氛围。

不要担心向他人请教会让你显得能力不足。事实上，这样做反而能够提升你在他们心目中的评价。研究人员发现，与传统观念和普遍认知相反，寻求建议能够增强人们的自我能力认知。当你亲自去寻求帮助，并且向在该领域有能力的人请教时，你的求教行为就会强化你对自己的信心和能力认知。同时，向他人求教以应对挑战，不仅能够提升你的能力，还能增强他人对你领导力的信任。所以，作为人才发展专业人士，你应该积极寻求周围人的支持和帮助，看看谁能为你提供有价值的建议。

自我反思问题：寻求支持

- 我有没有专门的领导力教练来指导我？
- 我有没有一个由多位专家组成的个人顾问团，他们可以在我需要的时候为我提供指导、建议和支持？
- 我能否轻松地找到一些优秀的领导榜样，以便学习他们的领导风格和方法？
- 我们组织内的领导者是否具备辅导和培养他人的能力？

基本原则 5：刻意练习

在谈论如何通过练习提升领导力时，一位具有四十年企业高管经验的大学行政官员唐·沙尔克分享了他大学时期棒球训练的经历。他提到，每年训练的第一天，教练迪克·罗克威尔都会告诫球员："三点开始练习，五点结束。但如果你只做到这些，我们赢不了比赛，你也上不了场。"唐·沙尔克的故事告诉我们，要想成为佼佼者，仅仅满足基本要求是远远不够的，必须付出更多努力。

无论是提升领导力还是其他方面的技能，都需要通过刻意练习来不断进步。天赋虽然重要，但只有通过刻意练习才能将其发挥到极致。研究人员发现，要想成为顶尖高手，仅仅进行普通的练习是不够的，需要进行有针对性的、高质量的刻意练习。这种练习能够帮助我们不断提升专业技能，走向卓越。因此，刻意练习是通往卓越的必经之路。

刻意练习是一种专注且持续的自我提升方式。首先，它要求你专注于那些能够真正提高你技能的活动，而不是随便参与任何活动。其次，刻意练习不是一时的热情，而是需要长期、反复的努力，直到技能变得炉火纯青。最后，在练习过程中，你必须全神贯注，专注于你正在学习的内容或方法。

此外，刻意练习还需要一个有效的反馈机制。通过反馈，你可以了解自己的表现如何，是否正在接近目标，以及是否正在正确地执行。虽然有时你可能已经具备了一定的自我评估能力，但有一个教练、导师或其他第三方来为你提供反馈，会帮助你更准确地了解自己的表现，从而做出改进。

最后，我们不得不承认，练习是需要时间的投入。时间是一种宝贵的资源，我们可能觉得连日常的任务都忙不过来，更不用说再去增加额外的练习时间了。虽然有一种观点认为，要成为专家需要练习 10000 小时，但这只是一个大概的估计，并不是确切的数字。关键是，你得好好利用时间，让自己的潜力和技艺都能得到最大的发挥。

把时间投入自我提升上，带来的好处绝不仅是技能的提升。领英的一项研究显示，乔希·贝辛认为："想要真正爱上自己的工作，关键是要多学习。"例如，那些每周投入超过五小时学习的人（重度学员）与每周学习时间不足一小时的人（轻度学员）相比，前者有更高的概率（74%）明确自己的职业目标，也更有可能（48%）在工作中找到属于自己的价值所在。

自我反思问题：刻意练习

- 我每周会花多少小时在学习上？
- 我是否愿意主动向他人寻求反馈和建议？
- 在我的组织中，是否鼓励并支持投入时间学习领导力？

- 在我的组织中，是否有便捷的"实践平台"可供使用？
- 有没有相应的机制来支持和鼓励我的日常学习？

最后的思考

要想成为顶尖的领导者，自信是第一步。你要相信自己拥有成为行业标杆的力量和潜力，并且这份自信要源自内心深处，不轻易受他人言论的影响。同时，追求卓越也是关键。你需要有一套超越自我的价值观和宏伟的愿景，并且要有长远的眼光。不断挑战自我，突破当前的表现，勇于尝试新的方法和途径，这些都是你成长和进步的重要途径。记住，你的成长机会往往隐藏在你当前能力的极限之处。在学习和成长的道路上，寻求他人的帮助和支持是非常重要的。领导力的培养不是靠单打独斗就能完成的，你需要借助他人的智慧和力量，才能成为最好的自己。最后，别忘了进行刻意练习。要想让自己在各方面都发挥出最好的水平，就需要不断地练习和积累，而这个过程是需要时间和耐心的。因此，让学习成为一种习惯，每天都坚持不懈地努力吧。

想要成为一名卓越的领导者，你必须将终身学习视为自己的使命。无论你已经攀上了多少座高峰，都要记得每天迈出一小步，不断提升自己——每一次反思、每一个问题、每一堂课，都是你前进的动力。你必须下定决心，养成每天学习新知识以及每天评估自己进步情况的习惯。

吉姆·惠特克的观点与我们不谋而合。他不仅是户外装备公司 REI 的创始人之一，更是首位征服珠穆朗玛峰的美国人。他的探险经历非常丰富，除了攀登珠峰，他还曾担任两次长达 2400 英里的维多利亚至毛伊岛国际帆船赛队长，四次完成从华盛顿州到澳大利亚的 20000 英里航行。在谈到这些探险经历时，他表示："要珍惜每一刻，勇于挑战自我，保持学习的热情，让自己时刻处于学习的状态。"

领导力的核心在于自我，要想精通领导艺术，首先得精通自我管理。领导力的提升其实就是自我提升，这不仅意味着要吸收大量新知识或尝试最新技巧，更重要的是要充分挖掘并发挥自己已有的潜能。当你以领导者的身份自居，并更多地展现出领导力时，你就会发生蜕变。届时，你将不再只是一个单打独斗的个体。当你把自己当成领导者时，你对以下方面的看法也将有所转变：

- 每天都要展现出最好的自己——你应当成为你和组织所秉持的价值观的榜样。

- 展望未来——你应当描绘出令人向往的未来，并将其生动地展现给他人。

- 勇于面对挑战——你应当坦然面对未知，勇于尝试，并从每次尝试中有所收获。

- 与他人建立紧密的联系——你应当积极与人交往，推动团队合作，提升团队的整体实力，并建立坚不可摧的信任。

- 真诚地感谢他人——你应当由衷地赞赏他人的付出，并与团队共同庆祝每一个胜利的瞬间。

坚守这些期望，并以最佳状态去领导，意味着你需要明确自己希望成为什么样的领导者，并且对此感到心安理得。你可以通过想象自己在他人心目中的领导者形象，踏上成为顶尖领导者的道路。试着想象一下这样的场景来与自己对话：

> 时间飞逝，转眼间已经过去了十年。现在你正在参加一场重要的典礼，被授予"年度领导者"的殊荣。你的同事、家人和朋友纷纷上台，分享你的领导力故事以及你如何给他们的生活带来了积极的影响。

为了思考你希望人们在将来如何评价你，以及你希望留下怎样的美好回忆，请深入思考并记录下你对以下理念的看法：

- **经验传承**。你希望人们记住你传授了哪些宝贵的经验或教训？（例如，他教会了我如何从容不迫地应对困难。他让我明白了要感恩回馈，对那些帮助过你的人要心存感激。）

- **理想坚守**。你希望人们说你坚守着怎样的信念——你的价值观、原则和道德规范？（例如，他始终坚守着自由和正义的原则。他坚信要坦诚相待，即使真话并不总是那么悦耳。）

- **情感共鸣**。你希望人们在与你相处或回忆你时，心中涌起怎样的情感？（例如，他总是给我无限的动力，让我相信自己无所不能。他让我感受到了自己的价值所在。）

- **留下印记。**你留下了哪些证明自己有所作为的痕迹？你留给现在和未来的人们哪些深远的影响或贡献——无论是物质上的还是精神上的？（例如，他确实是让这个组织焕发新生的核心人物。他通过帮助我们建造和设计房屋，展现了他对他人生活的无私奉献。）

下一步，你需要问问自己：我在传授这些经验、践行这些理想、营造这些感受以及展现领导贡献方面，做得怎么样？然后，再问问自己：我还能做些什么来进一步提升自己？

我们深信，你未来定能超越现在的自己，成为更加卓越的领导者。当你凭借这些技能创造出惊人的成就时，你将给跟随你的人带去无限的希望与光明。你的社区、你的组织，乃至整个世界，都期待着你的这份贡献与成就。

◆◆◆

⟨⟩ 作者简介

詹姆斯·库泽斯（James M. Kouzes）和**巴里·波斯纳（Barry Z. Posner）**是畅销书《领导力：如何在组织中成就卓越》的作者，该书在全球范围内广受好评，销量高达 280 多万册。在过去的 35 年里，他们一直在探索和研究领导力及领导力发展的奥秘，并撰写了十多部相关领域的图书。詹姆斯·库泽斯是莱斯大学多尔新领袖研究院的资深研究员，之前还曾担任过圣克拉拉大学利维商学院领导力院长特聘研究员。巴里·波斯纳现任圣克拉拉大学 Michael J. Accolti, S. J. 讲席教授，兼任利维商学院领导力教授和管理创业系主任，并曾担任该学院院长长达 12 年之久。

⟨⟩ 参考文献

Bersin, J. 2018. "New Research Shows 'Heavy Learners' More Confident, Successful, and Happyat Work," LinkedIn, November 9.

Brooks, A. W., F. Gino, and M. D. Schweitzer. 2015. "Smart People Ask for (My) Help: Seeking Advice Books Perceptions of Competence." *Management Science* 61

(6): 1431.

Brown, L. M. , and B. Z. Posner. 2001. "Exploring the Relationship Between Learning andLeadership. "*Leadership & Organization Development Journal*, May, 274−280.

Busteed, B. 2015. "The Two Most Important Questions for Graduates. " Gallup, June 12.

Davis, S. 2015. "The State of Global Leadership Development. "*Training*, July/August.

Duckworth, A. 2016. *Grit: The Power of Passion and Perseverance*. New York: Scribner.

Dutton, J. E. 2014. "Build High Quality Connections. " In *How to Be a Positive Leader: Small Actions, Big Impact*, edited by J. E. Dutton and G. Spreitzer San Francisco: Berrett−Koehler.

Dweck, C. S. 2006. *Mindset: The New Psychology of Success*. New York: Random House.

Dweck, C. 2016. "What Having a "Growth Mindset" Actually Means. " *Harvard Business Review*, January.

Ericsson, K. A. , M. J. Prietula, and E. T. Cokely. 2007. " The Making of an Expert. " *Harvard Business Review*, July−August.

Gladwell, M. 2008. *Outliers: The Story of Success*. New York: Little, Brown.

Hagemann, B. , J. Mattone, and J. Maketa. 2014. *EDA Trends in Executive Development* 2014*: A Benchmark Report*. Oklahoma City, OK: EDA; San Antonio, TX: Pearson Talent Lens.

Kolditz, T. 2014. "Why You Lead Determines How Well You Lead. " *Harvard Business Review*, July 22.

Kouzes, J. M. , and B. Z. Posner. 2016. *Learning Leadership: The Five Fundamentals of Becoming an Exemplary Leader*. San Francisco: The Leadership Challenge—A Wiley Brand.

Kouzes, J. M. , and B. Z. Posner. 2017a. *LPI: Leadership Practices Inventory*, 5th ed. Hoboken, NJ: The Leadership Challenge−A Wiley Brand.

Kouzes, J. M. , and B. Z. Posner. 2017b. *The Leadership Challenge: How to Make Extraordinary Things Happen in Organizations*, 6th ed. San Francisco: Wiley.

Kouzes, T. K. , and B. Z. Posner. 2019. "Influence of Managers' Mindset on Leadership Behavior. "*Leadership & Organization Development Journal* 53(8): 829-844.

Posner, B. Z. 1990. "Individual Characteristics and Shared Values: It Makes No Nevermind. " Paperpresented at the Academy of Management, Western Division, Salt Lake City.

Posner, B. Z. 2010. "Another Look at the Impact of Personal and Organizational Values Congruency. " *Journal of Business Ethics* 97(4): 535-541.

Posner, B. Z. , J. M. Kouzes, and W. H. Schmidt. 1985. "Shared Values Make a Difference: An Empirical Test of Corporate Culture. " *Human Resource Management* 24 (3): 293-310.

Posner, B. Z. , and W. H. Schmidt. 1992a. "Demographic Characteristics and Shared Values. "*International Journal of Value-Based Management* 5(1): 77-87.

Posner, B. Z. , and W. H. Schmidt. 1992b. "Values Congruence and Differences Between the Interplay of Personal and Organizational Value Systems. " *Journal of Business Ethics* 12: 171-177.

Posner, B. Z. , and R. I. Westwood. 1995. "A Cross-Cultural Investigation of the Shared Values Relationship. " *International Journal of Value-Based Management* 11 (4): 1-10.

Sellers, P. 2015. "What Happens When the World's Most Powerful Women Get Together. "*Fortune*, November 1.

Whittaker, J. 2013. *A Life on the Edge: Memoirs of Everest and Beyond*, anniv. ed. Seattle, WA: The Mountaineers.

🐘 延伸阅读

Coyle, D. 2009. *The Talent Code: Greatness Isn' t Born. It's Grown. Here's How*. New York: Bantam Books.

Kouzes, J. M. , and B. Z. Posner. 2010. *A Coach's Guide to Exemplary Leader-*

ship. With E. Biech. SanFrancisco: Pfeiffer.

Kouzes, J. M. , and B. Z. Posner. 2017. *The Leadership Challenge: How to Make Extraordinary Things Happen in Organizations*, 6th ed. San Francisco: Wiley.

Newport, C. 2012. *So Good They Can't Ignore You: Why Skills Trump Passion in the Quest for Work You Love*. New York: Grand Central Publishing, 33.

第 46 章　培养你的商业敏感度

凯文·科普

无论你来自哪个领域，受过何种教育，有着怎样的工作经历，你都有能力掌握商业知识。作为人才发展专业人士，你应该致力于通过学习与实践来提升自己的商业敏感度。这样做，不仅能够助力你的个人职业发展，还能让你的组织从中受益。

🔋 本章要点

△　深入剖析商业敏感度的重要性。

△　明确如何通过行动来提升你的商业敏感度，以推动你的职业发展并优化你的组织。

△　概括培养个人商业敏感度的七个步骤。

拉尔夫·沃尔多·爱默生曾经说过："相较于过往与未来，我们内心的力量才是最为关键的。"大学毕业之初，我便踏入了银行业的大门，开启了职业生涯的新篇章。那时的我，满怀激情，渴望卓越，希望通过我工作表现的绝对辉煌点燃整个组织。

然而，现实却给了我一记重击，我制造的烟雾比火还要多。我很快发现，学校里学到的那点知识根本不够用。面对那些已有几年工作经验的同事，我更是显得力不从心，难以跟上他们的步伐。

我至今还记得，自己穿着象征成功的职业装，却像个失败者一样坐在管理层和高管的会议室里。我努力去理解财务讨论中的关键内容，却完全跟不上节奏。我常常感到无言以对，更不用说提出什么有价值的见解了。我总是暗自祈祷，希望不要有人让我发表重要意见，以免我开口后暴露出自己对他们讨论话题的一知半解。

这种因无知而感到的尴尬，成为我职业生涯早期提升自我能力的强大动力。

在商业领域，与那些经验丰富的领导者并肩作战，紧跟他们的思路并为其贡献智慧，无疑是一种令人振奋的体验。想象一下，在重要的商业会议中，你能够与同事、同僚和管理层共同探讨问题，并分享自己独到的见解和建议，这是一种多么美妙的体验。

商业领袖常把这种状态描述为商业敏感度。在我看来，商业敏感度更关乎深入理解公司的盈利模式，而不仅是做出能够提升公司业绩的明智决策。这个定义包含两个核心要素：一是要清楚了解一家公司（包括你自己的公司）是如何赚钱的；二是基于这种深入的理解，做出明智的决策。

在决策层中占有一席之地

一位《财富》500 强企业的 CEO 坦言："当我步入会议室时，我希望看到周围都是比我更加聪明的人。"

许多人内心都渴望在决策层中占据一席之地。这是为何？因为决策层是制定团队或公司未来发展方向的核心地带，也是你能够对组织产生深远影响的关键所在。然而，要想在决策层中站稳脚跟，你必须为正在进行的讨论贡献有价值的观点。这些讨论往往都围绕着公司的财务状况以及为提升业绩而需要做出的决策展开。为了确保你在决策层中位置稳固，你必须对公司的整体业务有深入的了解，尤其是你负责的业务板块，并且还要懂得如何做出明智的决策并付诸实践。

要想运用好你的商业敏感度，就必须时刻关注老板或 CEO 的核心关切和目标。你需要紧跟市场趋势，了解竞争对手的动态，维护与合作伙伴的关系，做出明智的战略选择，洞悉金融市场变化，把握消费者趋势，以及紧跟技术前沿。如果你想为公司和自己的未来添砖加瓦，那么有效地传达战略目标也是你必须做的。

随着你在决策层的话语权逐渐增强，你需要勇于挑战自我，敢于突破自己的舒适区。虽然这可能需要你付出更多的时间和精力，但最终的收获会让你觉得这一切都是值得的。你的知识积累、对公司的贡献以及对你职业生涯的影响都会得到明显的提升。

我鼓励你带着坚定的信念，勇敢地迈出行动的步伐。

在追求你值得为之奋斗的个人或商业目标时，千万不要忽视那些艰苦卓绝的准备工作。一位观众曾对技艺高超的钢琴演奏家表达了深深的敬意，并说："我愿意付出一切，只为能像你那样演奏。"演奏家则淡淡地回应道："我已经付出了我的一切。"

培养商业敏感度的七个步骤

让我们来盘点一下七个步骤，帮助你逐步培养并提升自己的商业敏感度。

每日抽出 15 分钟，关注商业资讯

要给自己安排固定的时间，进行日常的学习、研究和阅读商业资讯。你的日程可能已经被各种工作和私事塞得满满当当，但你还是可以挤出一些时间，为自己的职业成长和业务扩展添砖加瓦。例如，你每天花了多少时间看电视？午餐时间是否可以更高效地利用起来？

找一个你喜欢的商业资讯平台，快速浏览一下关键信息。要时刻关注那些会影响你所在行业、企业和整个经济环境的大趋势。遇到不懂的专业名词、商业术语或财务指标，记得及时去查阅相关资料。

许多新闻网站都具备追踪功能，便于你追踪关注你感兴趣公司的新闻。你只需关注你的公司、竞争对手、重要供应商和客户的最新消息，就可以时刻掌握你所在行业的最新动向。同时，做出明智的商业决策不仅需要了解自己的公司，还需要对整个行业有全面的了解。通过从重要客户那里获取的关键信息，你可以提前预知他们的需求，从而成为他们更加信赖的合作伙伴。而且，你可能惊奇地发现，行业内外的其他组织有很多创新思路，这些思路同样也可以应用于你的公司。

紧跟公司方向、战略与目标

你需要投入时间去深入了解公司的整体架构、运营方式以及关键领导层的信息，包括公司的主要产品和服务、当前的运营状态以及未来的发展规划。同时，你还需要了解你的 CEO、部门领导以及直属上级所重视的事项、秉持的价值观以

及制定的策略。

你是否对公司的财务状况有清晰的认知，或者是否了解公司的财务目标？除了对公司的整体财务状况有所了解，如果条件允许，你还需要深入探究每个部门或业务板块的财务细节。

要获取这些信息，你可以参考多种资源，如老板和公司高管发送的年报、电子邮件和其他通信文件，公司发布的新闻稿，公司网站上的所有材料，美国证券交易委员会网站上关于你公司的信息，季度 10-Q 报告和年度 10-K 报告，以及媒体对你公司高层领导的采访等。如果某些内部运营数据不公开，你可以向你的上级询问获取方法。

此外，如果你在一家上市公司工作，那么你可以关注并收听 CEO 与华尔街分析师之间的季度电话会议。在电话会议上，CEO 会就公司的运营和财务状况、其工作重点以及未来规划进行详细介绍。

与公司关键管理层沟通

与你的直属上级及公司的其他关键领导和管理者建立良好的人际关系至关重要。此外，你还要定期与来自不同部门且具备专业知识的同事进行深入交流。你可以邀请他们共进午餐，或在他们的办公室安排会面，以此拉近彼此的距离。在交流时，你可以提出一些有针对性的问题，展示你对相关领域的深入了解。同时，你也可以分享一些独到的见解，以此作为回报。你要让上级和同事知道，你希望提升自己的知识水平，以便更好地为公司服务，做出更大的贡献。

在与上级沟通时，你可以深入探讨公司的整体战略，以及你的团队或部门、你个人如何在其中发挥更大的作用。同时，你还需要了解上级和部门或公司高层所关注的关键绩效指标，并讨论如何更好地实现这些目标。这样，你就能清楚地知道你的团队和你的工作职责是如何与公司的整体战略紧密相连、相辅相成的。

你可以请财务部门的人为你讲解一下公司的财务报表。你会惊讶地发现，他们其实非常愿意提供帮助，但很少有人主动向他们请教。因此，你可以结合财务报表发布的时间，与他们定期会面，以便你能够及时了解公司的业务状况，并深入理解报表所传达的信息。

哈罗德·吉宁，这位国际企业集团 ITT 的前任 CEO 曾经说过："当你真正理解了数字，你就不再是单纯地阅读它们了，而是能够从中读出更深层的含义，就像你阅读图书时能够理解其中的深意一样。"

将培训与发展和组织战略相匹配
迪恩·格里斯，查尔斯·施瓦布人力资源人才解决方案公司学习交付与设计部总监

在查尔斯·施瓦布这样业务广泛的公司，任何从事学习与发展工作的人都可能遇到不少挑战。我们把自己当作专业的顾问或专家，用心对待每一次交流。尽管我们是公司内部人员，但我们始终专注于创造卓越的学习体验，并承诺提供高品质的学习资源（例如，我们用心设计的课程内容）。

由于我们对自己的要求极高，因此，在与客户的每一次交流中，让他们真切地感受到我们对卓越品质的追求，这一点至关重要。

我们努力深入了解每一位合作伙伴，并理解他们所面临的独特难题。我们遵循几个重要的步骤，这些步骤让我们能够与合作伙伴紧密协作，并在公司内部发挥引领作用。这些步骤包括：

- 建立并巩固彼此的关系，成为他们信赖的学习顾问或专家。
- 确保设定了明确的绩效指标来衡量成功。
- 制定灵活可变的计划（无论是按项目推进还是按年度规划）。
- 承诺尽早开始并持续保持沟通。
- 使学习内容与业务和文化环境相契合。
- 对结果进行回顾和总结，特别是要关注那些关键的成功因素。

上述每一个步骤都对我们作为合作伙伴的学习专家取得卓越成就至关重要。我们不得不打破常规，甚至超越传统思维的限制。

例如，我们想要对领导力发展课程对公司产生的综合影响进行梳理。但是，由于这些课程的目标和内容各不相同，使得这项工作变得复杂。因此，我们与课程管理人员通力合作，共同认识到公司之所以取得成功，离不开我们的指导原则。于是，我们设计了一份针对所有学员的课后调查问卷，问卷中的问题都围绕着这些指导原则展开，同时借鉴了布林克霍夫的评估方法。尽管有超过半数的学员已经至少三个月没有参加过课程，但问卷的回收率仍然很高，结果显示，他们参加课程后，在 90% 以上的方面都有了与指导原则相符的进步。这种新颖的影响

评估方式，让我们能够讲述一个关于综合课程的生动故事，从而增强合作关系，而不仅是分享几个零散的案例。

建立关系

要积极主动，做出贡献并坚持到底。每当你的学习、讨论或会议带来任务或行动契机时，就要全力以赴并落实到位。及时向相关人员汇报进展，让他们知晓你的努力。

在适当的时候，将你的意见和建议以精炼、有深度且及时的邮件或备忘录形式，传达给相关人员。但是，不要一下子发送太多的想法或建议，要有针对性。

制定一份简洁明了的书面行动计划。将你的行动与能够显著推动重要领域进展的结果联系起来，这些领域对你的老板和高层管理团队至关重要，并且支持他们确定的关键指标。书面记录你的学习和绩效提升计划对业务的影响。将计划副本交给你的老板或主管，并与他们进行讨论。

积极参加行业会议，拓宽人脉圈

一旦公司为你提供了参与行业盛会或重要客户会议的契机，请务必珍惜。深入研读相关资料。在会议上结识人脉，不断扩大自己的社交圈子。保持与这些联系人的长期互动，并努力获取有价值的行业、经济或商业信息。与这些新结识的朋友保持紧密联系。

携手搭档，共赴成长之旅

尝试找一个职场搭档，他可能是你的同事，也可能是人才发展领域的专家，还可能是你的上级领导。你们可以结成对子，携手并进，共同成长。至少，你需要找到一位能够见证你商业敏感度提升过程的人，并请他对你的进步进行监督。也许这位搭档也有自我提升的打算，这样你们就可以相互学习、彼此成就。成为别人的导师，不仅能助力对方成长，也能让你在指导中收获更多。

最重要的是，你要勇于担当，对自己的成长负责，不断提升自己的商业敏感度。

影响管理层

为了在高层管理团队中留下深刻印象，你必须遵循以上所有建议，为提出一个想法或机遇做好充分准备。接下来，当你希望领导认真考虑你的观点或建议时，请遵循以下四个重要的原则——这些原则已在众多行业和不同类型的公司中，被无数员工验证为行之有效。

- **倾听，是为了深入理解**。在沟通时，首先要做的就是倾听。你倾听的初衷是什么？那就是为了了解对方的出发点，以便洞悉他们真正重视的东西。在会议中，你要用心倾听，抓住时机提出有见地的问题，以便获取更多有价值的信息。如果你能够透彻理解他们的观点、需求和优先事项，那么你的认知首先会受到影响。接着，你就能更有力地去影响他们。

- **替他们表达需求和想法**。当你完成了深入的倾听之后，就可以借鉴经典的咨询技巧，先做一个"我对你需求和目标的理解"的简要陈述，然后再提出自己的看法。一旦管理者感受到你真的领悟了他们的立场，他们就会更加乐意接受你的分析和提议。这样，你们之间的信任就会得到进一步的巩固。

- **用对方熟悉的语言沟通**。当你与对方建立了相互理解后，就要尝试将你的分析和建议融入他们的战略目标、关注点、需求和思维模式之中。你需要用他们熟悉的财务术语，将你的观点与他们重视的内容相结合。告诉他们，你的提案或分析是如何触动他们关心的关键驱动因素的。别忘了，不同部门或职能的侧重点往往有所不同。

- **采用投资回报率分析的方法**。身为人才发展领域的专家，我当然深知投资回报率分析的重要性。毕竟，每个商业决策都旨在如何最有效地利用资金，以获取最大的投资回报。因此，你需要借助投资回报率分析，为你的建议提供一个强有力的支撑点，以证明其能够带来可观的投资回报。

最后的思考

你能否成为公司中更有价值且备受重视的员工，这完全取决于你自己的努力。你对公司各个层面的贡献，都将成为你职业生涯中的宝贵财富。在帮助他人的同时，你也会不断积累经验和智慧，这些都将对你个人的成长大有裨益。

当你展现出敏锐的商业眼光和洞察力时，你将在公司中脱颖而出，成为备受瞩目的贡献者和团队成员。无论你未来的职业道路如何，只要你能够洞察业务发展的关键要素，并展现出相应的智慧和敏感度，你都将取得令人瞩目的成功。

因此，我鼓励你继续保持坚定的信念和勤奋的工作态度。只要你坚持不懈地努力下去，我相信你一定会有所收获。最终的关键在于积极参与和持续努力。

我衷心祝愿你在职业生涯中取得更大的成功，并再次鼓励你坚持下去！

作者简介

凯文·科普（**Kevin Cope**）是 Acumen Learning 的创办人和 CEO，该公司在金融和商业敏感度培训方面享有盛誉。他创作的《洞悉全局：商业敏感度助力你树立信誉、发展事业、壮大企业》一书，在《华尔街日报》和《纽约时报》畅销书榜单上占据榜首，为全球商界领袖提供了提升这一关键能力的指导。他与众多备受尊敬且业绩斐然的企业有过合作经历，其中包括 30 家《财富》美国 500 强企业。他在众多全国性大会上都备受推崇，这些大会包括美国人力资源管理协会和 ATD 年会；他还曾接受顶级电台和播客节目的访谈，并在《CEO》、《快公司》和《产业周刊》等知名杂志上受到特别报道。他和妻子凯伦定居在犹他州，他们喜欢享受生活，与六个子女和七个孙子孙女一同在卡波圣卢卡斯欢度时光。

延伸阅读

Christensen, C. M. 2012. *How Will You Measure Your Life?* New York: HarperCollins.

Collins, J. 2011. *Good to Great: Why Some Companies Make the Leap…and Others Don't.* New York: HarperCollins.

Cope, K. 2012. *Seeing the Big Picture: Business Acumen to Build Your Credibility,*

Career, and Company. Austin, TX: Greenleaf Book Group Press.

Covey, S. M. R. 2006. *The Speed of Trust*. New York: Free Press.

Tracy, J. A. 2009. *How to Read a Financial Report*. Hoboken, NJ: John Wiley and Sons.

第 47 章　推进员工入职培训工作

诺玛·达维拉和万达·皮纳-拉米雷斯

员工入职培训的经历会让他们对公司的业务、政治环境、不成文规定、文化以及价值观形成深刻的第一印象。如果这段经历是正面的，就会坚定员工加入并留在公司的决心。反之，如果这段经历不愉快，则可能使员工继续留在公司的同时，开始寻找新的工作机会，变得消极怠工。

本章要点

△　理解员工入职培训的重要性。

△　介绍员工入职培训的三个主要阶段。

△　提供实用工具，帮助你高效推进员工入职培训进程。

学习与发展是一个探索人们的学习路径、技能习得及能力提升奥秘的领域，旨在激发个人与团队的潜能，帮助他们实现工作效能的最大化。尽管关于入职培训应当由哪个部门来主导，是人力资源部门，还是学习与发展部门，人们莫衷一是。但我们坚信，学习与发展部门应成为这一关键环节的主导者。作为入职培训的负责人，学习与发展部门需确保每位员工都拥有最佳的入职培训体验。

维德兰·伊斯梅利通过一幅信息图向我们揭示了入职培训的多个关键数据：

● 高达 88% 的员工认为，他们的雇主没有为他们提供真正有用的入职培训。

● 经历过一次令人印象深刻的入职培训后，有 69% 的员工更加坚定了留在公司的决心。

● 令人遗憾的是，有 76% 的组织没有充分发挥入职培训的作用。

● 员工入职的前 90 天是员工流失的高峰期，占据了所有流失员工的三分之一。

● 经历过系统化入职培训的员工，其工作积极性要高出 54%。

● 一个精心设计的入职培训项目，可以将员工的工作效率提升 70% 以上。

- 竟然有 35% 的公司在入职培训方面一分钱都不花。

- 员工入职培训的效果如何，很大程度上取决于他们的直属经理，以及经理是否具备新员工入职培训的专业能力。

- 69% 的经理都表示，入职培训需要花费大量的时间和精力。

- 对于那些有幸被分配了入职培训伙伴的员工来说，他们的工作效率竟然提高了 97%。

综上所述，积极的入职培训体验对于提升员工敬业度、留住人才以及提高生产效率都有着极其重要的作用。

在招聘成本方面，低级职位的招聘成本可能接近 4000 美元，高级管理人员的招聘成本则可能高出 10 倍之多。然而，在新冠疫情期间，由于招聘难度加大，需要在更短的时间内找到更合适的人才，因此招聘成本在某些情况下甚至翻倍。所以，对于组织来说，投入足够的时间和资源来设计有效的入职培训项目，无疑是非常明智的选择。

此外，入职培训还能带来诸多其他好处。例如：

- 更能吸引顶尖人才。

- 为继任计划建立人才储备。

- 加深员工对品牌和价值主张的理解。

- 使管理者和人力资源部门能够更专注于业务本身，而非日常琐事。

那么，为什么众多组织仍然不重视这一既能提升员工体验，又能推动业务发展的关键要素呢？在那些尚未设立正式人力资源部门或学习与发展部门的组织中，学习与发展部门应如何助力组织打造完善的入职培训体系？谁将肩负起这一重要的业务使命？

答案取决于组织的规模、类型及运营模式。最终，无论学习与发展部门和人力资源部门是内设还是外包，组织的管理层都需要承担起设计并执行有效入职培训体系的重任。

在本章中，我们将深入讨论学习与发展部门如何通过积极主导和承担责任，创建和实施有效的入职培训项目。同时，我们还将结合咨询经验和入职培训体系建设最新趋势，分享一些案例。

在深入探讨之前，让我们先明确一些基础定义，为我们的讨论打下坚实基础。在《有效入职培训》一书中，入职培训指的是：

> 公司让新员工或新调任员工融入企业文化并明确其岗位职责的过程，我们称之为入职培训。这一过程的目的是帮助员工快速融入组织，使他们能在最短的时间内成为高效的生产贡献者和团队成员。入职培训对公司全体员工的绩效都有影响。因此，它与企业的成功息息相关，值得投入大量资源。

然而，许多组织仍然错误地将新员工入职培训等同于入职引导。我们已在表47-1 中对这两者的主要特征进行了比较。

表 47-1　入职引导和入职培训的比较

入职引导	入职培训
在员工首日工作后或新职位上任前进行	始于员工首日工作前或新职位上任前
提供公司概况（历史、产品、竞品、规章、福利等）	促进员工快速融入公司文化，提升工作效率
通常持续 1~3 天	一般为期 6 个月至 1 年
内容统一，全员适用	个性定制，因岗而异
一次性活动	包含入职引导及岗位培训的持续性过程
线上或线下，灵活选择	线上和线下，结合最优

入职培训是一个循序渐进的过程，因此，它分为三个阶段（见图 47-1）。

入职前准备 → 通用入职培训 → 岗位技能培训

图 47-1　入职培训的三个阶段

接下来，让我们详细了解每个阶段。

● **入职前准备**。这一阶段涵盖了新员工或新调任员工在正式获得工作机会前所需参与的所有活动，包括组织的招聘选拔等。

● **通用入职培训**。通过让全体员工（无论职位高低）形成共同理念，向新员工传递公司的文化精髓（公司做事风格）。这有助于新员工快速融入新的工作环境，并明确基本的行为规范。

● **岗位技能培训**。这一阶段根据公司内不同职位的特性和需求，量身定制相应的培训方案，以帮助新员工或新调任员工快速融入部门或单位的文化氛围。为了确保培训效果，每个职位的培训活动都会进行个性化设计，并由学习与发展部门向相关管理者或直接上级传授必要的知识和技能。

入职培训是招聘工作的收尾阶段，也是员工融入公司的起点。在规划公司的入职培训计划时，请务必涵盖以下关键要素：

- 培训的具体内容和时间安排。
- 沟通交流、演示讲解和实践练习。
- 全面的公司介绍视频。
- 公司的愿景、使命和发展历程。
- 内部规章制度和操作流程。
- 行业相关的详细信息。
- 公司的组织架构和商业模式。
- 详尽的员工手册。
- 清晰的组织架构图。
- 公司内部关键人员介绍。
- 最新的岗位职责描述。
- 必修和选修的培训课程。
- 入职培训的详细时间表和重要节点。
- 办公楼的楼层布局图。
- 入职培训事项检查清单。
- 针对岗位的特定培训内容。

在实施入职培训之前，我们需要将各项内容合理地分配到各个培训阶段。如果培训全程在线上进行，那么所有的培训内容都将被整合到系统中，并会根据每位员工的个性化需求进行调整。

为了营造开放和信任的培训氛围，我们需要为所有参与培训的员工（无论是现场参加还是线上参加）分别设置培训环节。这样，他们就可以自由地提出问题，并更好地理解和适应各部门独特的文化。同时，我们也要记住，当员工开始新的工作时，他们需要了解公司的最新情况。因此，他们应该完整地参与整个入职培训过程，因为新的工作岗位需要他们完成许多与新员工类似的手续和事务。

入职流程涉及多个方面，需要多个参与者和利益相关者的共同努力和配合，同时要对他们的贡献进行协调和整合。无论组织现在采用的是哪种运营模式，通常都会涉及员工的上级、管理层、人力资源部门和学习与发展部门等多个方面。他们可能亲自参与，也可能通过视频会议、预先录制的视频或其他沟通渠道等不同的方式参与。

最终，无论入职培训是线上、线下或线上线下相结合的方式进行，都必须让员工与组织之间建立紧密的联系。

后疫情时代的入职培训

由于新冠疫情的影响，许多组织不得不加速探索新的业务开展方式。原本只是临时应对自然灾害和政治动荡等紧急情况的措施，现在却成为许多组织的长期安排。远程工作从原本只是部分人的期望，变成了现实，并在实施过程中充满了不确定性。然而，对于许多组织及其员工来说，远程工作已经成为维持业务运转的必要手段。

在疫情期间，不少组织选择裁员以应对困境，但也有组织发现了拓展业务和丰富产品的机会。这些组织成功找到了招募、引导新员工入职、培训及留住人才的方法。通常，学习与发展部门能够迅速将原本需要面对面进行的流程转变为线上流程。入职培训也不例外。

要打造一个成功的入职培训项目，必须精心策划，确保所有环节——从入职前准备到通用入职培训，再到岗位技能培训——都能按时完成，并真正达到预期效果，特别是在当前充满不确定性的环境下。那么，当这些环节和参与者遍布全球各地时，又该如何应对呢？这要求学习与发展部门在设计细节时更加深入细致，并制定额外的应急方案。学习与发展部门必须积极行动，减少出现中断、错误和其他可能带来高昂代价的失误，因为这些失误可能破坏新员工或新调任员工对组织的初步印象，甚至让他们对加入组织、接受新职位或留在组织的决定产生动摇。

我们了解到，很多组织正在重新规划其业务运营模式，思考是否继续采用远程办公，以及如何引进新人才来承担新增的职责。但我们坚信，远程办公在组织业务运营中依然扮演着重要角色。因此，学习与发展部门必须做好准备，积极迎接这一变化，就像当初快速适应从实体运营到线上运营的转型那样。

好消息是，学习与发展部门现在已经有了线上运营的使用经验，而且现在更容易开展线上运营。所以，设计和执行线上及线上线下相结合的项目已经成为业务运营中的常规事项。无论是线下面对面、线上虚拟还是线上线下结合的方式，包容、尊重以及个性化关怀都将极大地影响参与者的体验。

无论现在的网络技术多么简单、多么容易获取，我们都认为，仅仅上传一份演示文稿，就指望观众能从中受益，这是远远不够的。正因如此，在这个关键时刻，组织如果要向前发展，就必须深入了解人们的学习方式和组织的运作机制，这是至关重要的。学习与发展部门不能忽视的是，有些新员工或新调任员工是首次参加线上入职培训，他们在处理如何工作、在哪里工作等一系列问题时，可能需要更多的帮助。让我们来看一个例子。

> 罗德里戈是新近入职的员工。他之前一直在一个拥有多个办事处的组织中从事线下会计工作。他之所以选择这份工作，是因为这份工作待遇更好，而且能够远程办公，为他节省了通勤时间。罗德里戈是那种典型的员工，他一天中会多次离开办公桌，去喝杯咖啡，与同事在走廊上分享趣事，或者闲聊几句。
>
> 罗德里戈首次踏入自己的新工作环境，是通过一个入职培训的链接开始的。他使用的是几天前公司寄给他的新电脑，并在电话技术人员的协助下完成了设置。当他登录员工平台后，发现了一大堆需要签名的表格和文件，以及一些必须阅读并确认已读的资料，如员工手册等。在这个平台上，他可以完成考勤登记、休假申请、薪资查询等操作，还可以回顾自己的绩效目标和培训计划。经过一番寻找，他终于看到了公司总裁的欢迎信和视频。
>
> 然而，当罗德里戈开始工作时，他完全没有预料到会面临如此繁多的信息。更糟糕的是，他找不到人可以解答他的问题，也没有人可以和他闲聊。

罗德里戈所在的组织（也许你的组织也一样）本可以提前预见并解决这些问题，只需回答"用 9 个问题来判断是否适合远程办公"这一工具中列出的问题即可。

在这个工具中，我们列出了适合远程办公的员工应具备的几个特点：

- 他们所在的公司有明确的远程工作规定。

- 他们的工作成果以实际产出为准，而非工作时间。

- 他们的工作较为独立，对他人的依赖较少。

- 他们能够自主完成工作，不需要过多的指导和监督。

- 他们所需的办公设备简单，如办公桌、椅子、文件柜、电脑、打印机、高速网络接入，以及可能需要的额外显示器、笔记本电脑或专用手机等。

- 他们能够轻松获取技术支持，无论是从专职人员还是非正式专家那里。

- 他们与其他部门的交流不多。

- 他们擅长与他人建立联系，无论是面对面还是线上。

- 他们懂得如何在远程办公时保持自己的存在感，让上级和主管注意到自己的贡献。

我们推荐使用这个工具，以便对哪些员工最适合远程办公有深入的了解，并找出那些不太适合远程办公的员工的具体需求，以便我们为他们提供必要的支持。在适当的时候，要根据员工的个体差异给出不同的回答。

在与不同规模和结构的组织合作后，我们更加坚信，在员工入职时，面对面的交流是非常重要的。既然远程办公已经成为一种潮流，那么远程入职也将成为一种新的常态。然而，我们建议你采用二者相结合的入职培训模式，将现场交流和线上体验相结合，为新入职的员工和新调任员工提供支持。这样，组织就可以充分利用这两种方式的优势，给员工留下良好的第一印象，从而帮助他们更快地适应工作。至少，组织中的某个人应该在入职过程之前或期间，与新入职员工和新调任员工见一次面，无论是线下见面还是线上视频（记得要打开摄像头），即使他们以后也会远程办公。

每位员工在学习上的需求都各不相同，所以，你需要根据学习内容和员工的学习需求，灵活调整项目的设计和实施策略。ATD 的官网上有很多资源，你可以利用这些资源来设计并评估那些专门满足员工个性化学习需求的项目。

在后疫情时代，保持顺畅、可靠的沟通变得尤为重要。因此，关于入职的各类信息（如导师和伙伴的配对、日程安排和职业发展路径、工作期望和目标、联系人信息和必修培训等）必须及时、准确地通过各种合适的渠道传达给所有相关人员。

在信息传递方面，对于常规信息，公司管理层通常是最佳的传递者；对于更为具体的信息，则最好由新员工或新调任员工的直接上级来传达。

表 47-2 列出了在每个入职阶段，应由哪个部门或角色来负责培训哪些内容。

表 47-2　入职培训：责任方、培训内容和入职阶段

责任方	培训内容	入职阶段
高层管理者	• 介绍公司概况（包括愿景、使命、价值观、历史、产品与服务、商业模式）。 • 企业文化和价值观	入职引导或企业文化普及阶段
人力资源部门	• 公司组织结构。 • 规章制度。 • 福利待遇。 • 入职培训计划及协助人员。 • 提供公司通讯录	入职引导或企业文化普及阶段
部门管理者	• 明确具体岗位职责。 • 为新员工安排导师/伙伴等角色。 • 设定业绩期望。 • 实行绩效管理。 • 提供部门联系人及规范。 • 规划职业发展	岗位技能培训阶段
学习与发展部门	• 为新员工安排导师/伙伴。 • 组织必修培训课程	岗位技能培训阶段

这个入职沟通跟踪工具能够让你清晰地了解入职沟通工作的每一步进展。你可以利用它记录组织内部入职培训各个环节的当前状态。请确定好组织在入职过程中会使用哪些沟通和信息传递渠道。在状态栏里，你可以标记为"任务完成"、"任务进行中"或"任务未开始"，或者通过不同颜色（如黄色、绿色或红色）更直观地展示进度。请记得定期更新状态栏，以保持信息的时效性。

入职培训的三个阶段

让我们一起深入了解入职培训的三个阶段：入职前准备、通用入职培训和岗

位技能培训。

入职前准备

入职前准备阶段意味着通用入职流程个性化的启用，同时也为新员工根据岗位和员工档案进行特定岗位入职流程的规划奠定了基础。

为了让新员工尽快融入团队，并节省他们正式工作后的宝贵时间，新员工需要在正式上班前就完成一些必要的入职文件。此时，无论是面对面的交流还是线上的互动，都是增进新员工对团队了解的好机会。

在当今这个科技日新月异的时代，许多公司在新员工正式入职前就为他们提供了系统访问权限和教程链接。我们深知，入职不仅是一段充满情感和学习经历的过程，员工的表现还很大程度上受到入职计划设计和实施的影响。因此，我们建议根据新员工即将使用的系统内容，量身定制入职介绍。

基于我们列出的必备要素，入职前准备阶段应该包括内容和时长的规划、介绍视频的制作、组织结构及商业模式的介绍、员工手册的发放、入职时间表和里程碑的设定，以及入职清单的整理。

通用入职培训

对于新员工以及新调任员工来说，通用入职培训阶段是一个重要的起点，有助于他们与职场、岗位及同事建立初步联系。为了确保入职培训计划的针对性和有效性，我们建议根据合同制人员和临时雇员的具体需求和特点，进行个性化的设计和安排，至少应提供一般性的入职引导。

通用入职培训阶段应包含以下要素：

- 培训的具体内容和时间安排。
- 沟通交流、演示讲解和实践练习。
- 全面的公司介绍视频。
- 公司的愿景、使命和发展历程。
- 内部规章制度和操作流程。
- 行业相关的详细信息。
- 清晰的组织架构图。

- 公司内部关键人员介绍。

- 必修和选修的培训课程。

- 办公楼的楼层布局。

当情况需要时，你应该对组织的历史及其演变过程进行重新梳理和展示，着重强调过去所吸取的教训，为打造一个更加优秀的组织奠定坚实基础。此外，你还可以安排一些自由交流的时间，让员工有机会相互沟通，分享彼此的故事和经验。虽然员工能从一般性的概述中了解到相关信息，但他们也会有自己特定的需求和期望。因此，你需要通过按角色或组织层级定制的会议，或者在岗位技能培训阶段，分别关注并满足这些需求。在选择引导者、发言人和演讲嘉宾时，要慎重考虑，确保他们具备合适的形象、风格、适应能力和可信度。如果条件允许的话，最好将所有人的必需培训都安排在同一周，并在他们正式加入团队之前完成。尽管现在有了自助入职的趋势，但我们仍然认为，新员工和新调任员工应该聚在一起，超越组织结构的界限，加强彼此之间的联系，了解每个人的姓名、面貌、岗位和部门。

在企业文化普及培训阶段，我们必须始终强调员工的安全。为了确保员工的安全，一些组织正在对他们的会议、空间使用、聚会安排、工作区域清洁以及免提技术利用等方面进行新的规划和调整。新的政策、程序和规程都将安全作为首要考虑。对于远程办公的员工来说，居家安全操作同样需要纳入入职培训的范围。

接下来，让我们来了解一下贝阿特丽兹的故事。

贝阿特丽兹非常期待能够开始她的居家办公生活。当公司为她送来办公设备时，她非常高兴，并自己安装。她还特意把餐厅的一部分改造成了一个舒适的工作区域。

然而，就在她忙于填写新员工资料时，她突然想去倒杯水。但在去厨房的路上，她不小心被自己随意放置的电线绊倒了，结果摔倒时手腕骨折。而这只是她刚刚开始工作的第一周。

贝阿特丽兹的故事告诉我们，无论在何种场合工作，明确的安全规定都是必不可少的。有时候，一些看似不起眼的小失误，如照明不足或电线没有固定好，都可能引发原本可以避免的伤害。

在线上线下办公相结合的方式中，关于网络安全的讨论也越来越热烈。我们需要让员工明白，为了保护系统和信息的完整性，哪些事能做，哪些事不能做。同时，为那些对技术不太熟悉的人创建一个常用技术术语表。

通用入职培训完成后，接下来就是让新员工和新调任员工进入最重要的环节了——岗位技能培训。

岗位技能培训

学习与发展部门需要与管理层和监督人员紧密合作，为每位新入职或转岗的员工打造个性化的岗位技能培训。在这个过程中，管理层和监督人员要对自己直接下属的培训负起主要责任，学习与发展部门则提供必要的支持和监督，并根据管理者管理远程员工的经验来调整自己在培训中的角色和投入程度。

岗位技能培训中应包含以下要素：

- 培训的具体内容和时间安排。
- 最新的岗位职责描述。
- 培训课程。
- 明确的绩效目标及评估标准。
- 岗位专属的系统操作指南。
- 职业发展路径规划。
- 关于主管的工作风格、空闲时间及沟通偏好。
- 关于员工的工作风格、空闲时间及沟通偏好。
- 部门的整体情况，如部门规模、汇报关系、产品和服务、内外客户、当前项目、常用术语、核心流程、对业务的主要贡献、企业文化、业务计划及目标等。
- 导师和伙伴。

在岗位技能培训阶段，正式培训部分需要详细讲解远程办公或线上线下结合办公的具体操作，确保员工在需要时迅速上手，提升自信心。同时，我们还需要为员工提供各种资源支持，如专业的教练、主题专家以及简短的教学视频等，帮助员工和管理者更好地适应这一转变，同时始终关注员工的身心健康。

接下来，我们探讨一下学习与发展部门如何利用技术手段，并结合组织的实际情况和背景，打造线上和线上线下相结合的入职培训。

技术在入职培训中的应用

随着技术在入职流程中的广泛应用，员工入职变得更加便捷高效。从入职前准备到通用入职培训，再到岗位技能培训，这些技术工具都在为员工创造更好的体验，帮助他们迅速完成那些原本耗时耗力的常规事务，从而让他们能够集中精力去完成更重要的工作。

无论是线上入职还是线上线下相结合的入职，新员工和新调任员工都必须在入职前就获得并使用上所需的技术工具。组织必须明确告知员工会提供哪些设备（如手机、电脑、显示器、摄像头、人体工学办公桌、应用程序访问权限和安全虚拟网络），还要告诉员工什么时候、怎么领取这些设备，并提前做好使用准备。同时，组织还需要明确哪些条件是员工自己需要准备的，如高速网络连接，并决定是派人上门安装设备，还是通过电话指导新员工或新调任员工自己安装。如果新员工或新调任员工掌握了新设备和工具的使用方法，他们可能还需要一些视频教程来深入了解一些在线资源。

为了成功开展线上与线上线下相结合的入职培训，所有相关人员都必须掌握必要的技术操作，无论是使用协作软件还是操作各类电脑及移动设备。尽管新员工入职培训和公司文化普及主要由学习与发展部门负责，但公司管理层、新入职员工以及新调任员工也需要对这些技术有一定的了解，这样才能全身心地投入到入职体验中。否则，一旦遇到技术问题，如视频通话中断、摄像头失灵或网络连接缓慢等，无论是公司还是员工方面的问题，都可能影响新员工顺利融入组织及其文化。

再让我们来了解一下佩特拉的故事。

佩特拉刚刚成为巴尔萨米克厨具用品公司的新任客户服务经理。这家公司有 150 名员工，分别在两家实体店和一个行政办公地点工作。虽然佩特拉在行政办公地点的线下入职培训一切顺利，但她并不住在那里。

为了工作方便，佩特拉总是随身带着笔记本电脑。可是，当她第一次尝试登录系统来完成通用入职培训的一部分时，却发现根本进不去。她赶紧用公司的手机向信息系统部门反馈了问题，但直到两天多后才得到回复。在这段时间里，她既不能完成入职培训，也不能进行任何工作。原本线下入职培训给她带来的好感也荡然无存。

学习与发展部门最好聘请一位技术专家，这位专家最好能在整个项目的线上部署阶段都发挥作用，至少在那些最有可能出问题（就像佩特拉那样）的关键功能部署期间，他的帮助是必不可少的。

学习与发展部门需要精心挑选并组合各种培训资源，如直播、教学视频、通信视频和快速指南等，让入职培训既有趣又吸引人。同事录制的自我介绍视频和对新同事的欢迎视频也会为入职培训增添一份人情味。

"凡事都要适度，甚至适度本身也不例外。"这句格言是正确的，对于入职培训项目来说同样重要，尤其要考虑参与者需求。为了避免信息过载，可以将入职培训分成多个短时段进行，每个时段持续一至两小时，并在几天内完成。同样，必修的培训课程也可以设计成在几天内分散进行的短课程。与此同时，同事、导师和管理者可以通过内部联系工具随时回答新员工的问题。对于岗位技能培训，虽然这是员工和管理者之间更加个性化的交流，但上述关于技术和日程安排的建议同样适用。

学习与发展部门需要持续跟进入职培训项目的进展情况，并随时准备展示其成效。接下来，我们来看看该如何做。

入职培训的效果评估

组织需要评估入职培训的效果，这样才能证明这些计划值得投资。鉴于入职培训项目与员工表现和公司业绩密切相关，所以，组织需要把记录指标、测量效果和进行评估这些工作都融入日常运营中。

在深入探讨这些问题之前，我们首先要明确指标、测量和评估的具体含义。指标是指可以量化的绩效和进度标准，测量是指为指标赋值的过程，评估则是对所测内容进行评判的过程。

刚开始评估入职项目的效果时，可能让人觉得头疼，特别是当组织文化正逐步迈向数据驱动决策的新阶段时。随着大数据和算法的日益丰富，我们也就有了更多机会去做更深入的分析。

表 47-3 列出了一些组织跟踪的指标及其负责人。你可以参考这个表，看看哪些指标可供你选用。

别忘了要"入乡随俗"。你需要将所有指标进行追踪、分析，并将其转化为业务和财务术语，因为这才是组织决策者所熟悉的语言。

表 47-3　按负责人分类的常见指标

负责人	指标
人力资源部门	招聘费用、面试开支、性格测评费用、人力资源团队投入时间、法律合规情况、员工留存比率、员工离职比率、离职访谈（包括设计的提问环节及后续数据分析）
学习与发展部门	技能与能力测评费用，新员工欢迎礼包，学习与发展部门投入时间，新员工入职培训资料，在线培训所用的机房（内部或租用），培训引导者的准备、设计及所需材料，新员工及新调任员工满意度调查，学员反馈表（电子版与纸质版）
沟通部门	内部及外部沟通事务、沟通团队投入时间
信息系统部门	虚拟面试、线上会议、在线学习及通信所需的技术支持费用
其他部门	引导师的时间

最后的思考

新冠疫情及其连锁反应，让我们深刻认识到，无论是传统的现场入职、线上入职，还是两者结合的入职方式，都需要我们做好周全准备。本章概述了员工入职培训的基本内容。你需要灵活应变，根据实际需求灵活调整入职培训的各个组成部分，确保其始终贴合实际、与时俱进。同时，对于那些曾通过线上方式入职、后又回归线下工作的员工，你也需要有一套完善的培训机制。

为了确保入职培训持续为组织创造价值，我们需要投入足够的时间和资源。具体来说，我们需要：

- 密切关注、积极沟通、预判问题并及时清除障碍。
- 为员工提供持续的学习与发展机会，帮助他们实现个人职业规划和目标。
- 巩固和深化入职期间的学习成果。
- 关注员工的学习进度和成长曲线。
- 不断探索和实践最佳工作方法。
- 不断打磨和完善入职培训的设计方案。
- 在利用科技手段的同时，也要注重入职过程中的人文关怀和沟通。
- 主动承担责任，确保入职培训的顺利实施和效果最大化。

作者简介

诺玛·达维拉（Norma Dávila） 擅长通过引导客户进行自我审视和评估，帮助他们发掘自身优势和兴趣，并在踏上职业转型之路前树立信心。她专注于为职业生涯初期的专业人士和中层管理者提供全面的职业管理指导。她擅长用简单易懂的语言向不同听众解释复杂的概念。如需联系她，请发送邮件至 normadavila47@ gmail. com。

万达·皮纳-拉米雷斯（Wanda Piña-Ramírez） 是一位兼具实干精神与战略眼光的资深顾问，她在企业管理和执行咨询领域拥有深厚的造诣。她曾帮助众多位于波多黎各、美国、加勒比地区及拉丁美洲的跨国公司和中小企业实现了显著的盈利增长。她勇于挑战那些人们往往避而不谈的话题，如商业数据分析、劳动权益保护、性骚扰以及家庭暴力问题等。若你想与她取得联系，请发送邮件至 pixiepinaramirez@ aol. com。

作为人本因素咨询集团的合作伙伴，诺玛和万达在各自的专业领域相辅相成，共同撰写了多本著作，如《突破重围：量身定制员工敬业度提升策略》《薪火相传：继任计划实施指南》《有效入职培训》等。

参考文献

Anderson, B. 2020. "8 Steps to Creating a Virtual Employee Onboarding Program. " LinkedIn Talent blog, November 3.

Bannan, K. J. 2020. "6 Things About Virtual Onboarding That Worry New Hires. " SHRM Talent Acquisition, June 4.

Costa, A. 2020. "Back to the Workplace: 5 Things to Consider When Reboarding Returning Employees. " eLearning Industry, November 10.

Dávila, N. , and W. Piña – Ramírez. 2018. *Effective Onboarding*. Alexandria, VA: ATD Press.

Deal, J. 2020. "Virtual Onboarding: How to Welcome New Hires While Fully Remote. " The Enterprisers Project, April 13.

Gallup. 2017. "State of American Workplace Report. " Gallup.

Graves, J. , A. Tapia, and K. H. C. Huang. n. d. "Onboarding During a Pandemic. " Korn Ferry.

Gurchiek, K. 2020. "Tips for Employee Orientation During COVID – 19. " SHRM Talent Acquisition, April 27.

Hirsch, A. S. 2017. "Don' t Underestimate the Importance of Good Onboarding. " SHRM Talent Acquisition, August 10.

Ismaili, V. 2020. "10 Mind–Blowing Employee Onboarding Statistics. " Typelane, January 29.

Klinghoffer, D. , C. Young, and D. Haspas. 2019. "Every New Employee Needs an Onboarding Buddy. " *Harvard Business Review*, June 6.

Lifeworks. 2021. "How the Pandemic Changed the Onboarding Process—and How You Can Retain Top Talent in the New Normal. " Lifeworks.

Maurer, R. 2020. "Virtual Onboarding of Remote Workers More Important Than Ever. " SHRM Talent Acquisition, April 20.

Miller, B. 2020. "What Is Reboarding?" HR Daily Advisor, June 23.

Navarra, K. 2020. "Onboarding New Employees in the COVID-19 Era Takes Planning, Effort. "SHRM Talent Acquisition, December 8.

O' Donnell, R. 2020. "Reimagining New Hire Onboarding Post-COVID-19. " Workest, September 4.

Peterson, A. 2020. "The Hidden Costs of Onboarding a New Employee. " Glassdoor for Employers, February 26.

Pollack, S. 2020. "Virtual Onboarding Checklist for Remote Employees. " Workest, March 26.

Profico, R. 2020. "How to Onboard New Employees When You' re All Working From Home. " Fast Company, March 21.

PwC. n. d. "Future of Work: What Boards Should Be Thinking About. " PwC.

Society for Human Resources Management (SHRM). 2020a. "How to Establish a Virtual Onboarding Program. "

Society for Human Resources Management (SHRM). 2020b. "Virtual Onboarding. "

University of Pennsylvania. n. d. "COVID-19 Toolkit Reboarding PDF. "

Wallace Welch & Willingham. 2020. "5 Tips for Onboarding Employees Remotely During the Coronavirus Pandemic. " HR Inshights.

Wuench, J. 2021. "Remote Onboarding Is Taxing for New Hires: Here's What Organizations Can Do Better. " Forbes Women, April 2.

📖 延伸阅读

Dávila, N. , and W. Piña - Ramírez. 2018. *Effective Onboarding*. Alexandria, VA: ATD Press.

Sims, D. M. 2011. *Creative Onboarding Programs: Tools for Energizing Your Orientation Programs*. New York: McGraw Hill.

Stein, M. A. , and L. Christiansen. 2010. *Successful Onboarding: A Strategy to Unlock Hidden Value Within Your Organization*. New York: McGraw Hill.

Watkins, M. D. 2013. *The First 90 Days: Proven Strategies for Getting Up to Speed Faster and Smarter*. Boston: Harvard Business Review.

第48章 确定人才发展对组织的影响

大卫·万斯

我们一致认为，人才发展项目对实现组织目标和满足关键需求至关重要。但关于如何量化这些项目的作用，大家的看法不尽相同。换言之，这些项目究竟带来了多大的效益？组织在人才发展方面的投入，又是否物有所值？

本章要点

△ 明确评估人才发展对组织影响的有效方法。

△ 为每种方法提供具体实例。

关于如何展现人才发展项目对组织的影响，业内尚未达成共识。事实上，这已成为我们领域中最具争议的问题之一，各方都坚持自己的立场；但正是这些争议，才使得这一问题更具探讨价值。

确定组织影响的方法有以下四种。我按照推荐的顺序在此列出：

1. 表明一致性。

2. 展示项目成果。

3. 展现影响力。

4. 展示投资回报率。

所有从业者，哪怕是初学者，都应了解这四种方法。本章将介绍前两种（表明一致性和展示项目成果）。

第一种方法，即表明一致性，是一个非常出色的规划手段，它引入了"计划影响"的概念。通过这种方法，我们可以回答"人才发展举措是否与组织目标匹配？""针对每个目标，我们预期会产生怎样的影响？"等问题。

第二种方法，即展示项目成果，并不单独评估人才发展举措的影响成效，因此也不需要进行任何计算。这对很多人来说是个好消息，但美中不足的是，它无法给出影响成效的量化指标。它只能回答一个问题："该举措是否取得了预期成果，或者是否达到了目标负责人的期望？"

第三种和第四种方法需要付出更多努力，因为它们旨在就单独的影响成效和价值给出确切的答案。如果四种方法都使用，而不是只选择其中一种，那么对于影响成效的论证会更有说服力。

表明一致性

当我们谈论如何衡量影响和体现价值时，一致性总是我们首先要考虑的问题，也是把学习当作企业运营一样来对待的重要原则。如果人才发展计划与组织的目标或需求不匹配，即使它本身很有价值，高层领导也可能视而不见。或者，他们可能勉强承认这个不匹配的计划有一点价值，但认为它不值得实施，或者资金应该用在别处。

那么，我说的"一致性"到底是什么呢？它是指我们主动与高层领导沟通，了解他们最关心的目标或需求，然后一起制定人才发展计划，帮助实现这些目标或满足这些需求。这里的关键是"主动"，也就是说，在项目启动之前，我们就已经确保了一致性。这个过程可以在整个企业层面，也可以在业务单元层面进行，可以涉及所有的目标或需求，也可以只针对某一个目标或需求。

现在，我们先从企业层面的匹配流程说起。

主动与企业战略目标匹配

理想情况下，首席人才官或首席学习官应在财政年度开始前几个月与 CEO 会面，着手进行企业层面的匹配工作。此次会面的目的包括：

- 概括来年企业的核心目标和需求。
- 明确这些目标的优先级排序。
- 了解各目标的具体负责人。

讨论过程中，首席人才官或首席学习官应充分把握企业当前面临的挑战，甚至可以从回顾企业在本年度的表现入手。由于是与 CEO 的对话，因此讨论内容很可能涉及企业的战略目标和需求。表 48-1 展示了此次讨论成果的一个实例。

表 48-1　CEO 优先级目标

优先级	目标	目标负责人
1	销售额增长 10%	销售高级副总裁克龙伯格
2	伤害事故减少 5%	首席运营官蒂普顿
3	质量评分提升 5 分	首席运营官蒂普顿
4	员工敬业度评分提升 3 分	人力资源高级副总裁吴
5	领导力评分提升 4 分	战略高级副总裁弗洛伊德

首席人才官或首席学习官在会议结束时，应清晰掌握各项目标、它们的优先级以及目标负责人的具体信息。以表 48-1 为例，销售额增长被列为首要目标，销售高级副总裁克龙伯格被指定为该目标的负责人。

随后，首席人才官或首席学习官需要与每位目标负责人进行细致的交流，深入了解目标的具体内容、所面临的挑战、过去的尝试及其效果，以及目标负责人计划如何在新的一年里达成目标。接着，双方可以探讨是否有适合的人才发展项目助力实现目标。如果发现有潜在的人才发展项目可以发挥作用，两位领导可以指示团队进行探索并提出建议。

在接下来的会议中，团队成员会针对人才发展项目给出建议。例如，首席人才官可能提议提供咨询式销售技巧和产品特性方面的培训，以支持销售高级副总裁克龙伯格的团队实现其目标。之后，双方会就目标受众、完成日期等关键细节进行深入讨论。如果克龙伯格认可这些项目对实现目标的帮助，那么我们可以认为这些项目与目标是高度一致的，因为它们是为了直接响应销售额增长 10% 这一 CEO 的核心目标而设计和批准的。

在理想情况下，讨论会进一步深入，首席人才官和目标负责人会就人才发展举措的预期效果或可能带来的改变达成共识。例如，为达成销售额增长目标而实施的两项举措，合起来可能对该目标的实现起到约 20% 的推动作用，从而直接带来 2% 的销售额增长。（可以简单理解为：10% 的目标×举措预期的 20% 助力＝举措直接带来的 2% 销售额增长。）如果直接讨论预期贡献的百分比感觉难以把握，那么另一种选择就是就影响程度的高低进行大致评估。无论采用哪种方式，讨论预期影响都非常重要，原因有两个：

- 预期影响越大，目标负责人所在的组织和人才部门所需投入的精力和资源就越多。

- 预期影响越大，就越需要尽早完成这些举措，以便它们有足够的时间对最终结果产生积极影响。

因此，预算分配、人员安排和时间规划都取决于预期影响的大小，这也是与目标负责人达成一致看法如此重要的原因。

首席人才官会在新财年开始前，逐一与每位目标负责人沟通，确保人才发展举措能够与组织目标相匹配。对于每个目标，都会判断人才发展举措是否能够发挥作用。如果人才发展举措有可能助力目标实现，那么各方就需要就包括预期效果在内的细节问题达成一致。通过这一流程，我们可以制作一个表（类似表 48-2），来展示人才发展举措与组织目标之间的对应关系，以及它们的预期效果。

需要说明的是，在表 48-2 中，对于前三个目标，目标负责人更倾向于使用具体的数字（百分比贡献）来量化影响，而对于另两个目标，则只使用了定性的描述（如用"高"等形容词来概括）。一旦这个战略匹配表制作完成，就应该提交给 CEO 和高级人才管理机构进行审阅和批准。

该表具有很强的说服力，能够很好地说明学习的重要性及其潜在影响，因为它清楚地表明了：

- 首席人才官或首席学习官对 CEO 所确定的组织首要目标及其优先级有着清晰的了解。

- 已与目标负责人进行了充分的沟通，并就在实现目标（包括预期效果）的过程中人才发展举措的作用达成了一致。

- 目标负责人和人才部门领导者都致力于实现这一预期效果，并为此付出了努力。

即使预期影响尚未明确，该表也已为众多组织带来了显著的进步。大多数 CEO 都会对其中的精心规划印象深刻。此外，他们很可能认为，如果目标负责人（包括他们的直接下属）已经接受了这些举措，并愿意为其成功共同努力，那么这些举措一定会产生实际效果。因此，该表成为一个展示人才发展举措预期效果的有效手段。

表 48-2　人才发展举措与组织目标匹配表

优先级	目标	计划人才发展举措	人才发展举措的预期贡献	人才发展举措的预期效果	目标负责人
1	销售额增长 10%	• 咨询式销售技巧培训。 • 产品特性培训	20%	销售额提高 2%	销售高级副总裁克龙伯格
2	伤害事故减少 5%	• 工厂安全培训。 • 办公室安全培训	70%	伤害事故减少 3.5%	首席运营官蒂普顿
3	质量评分提升 5 分	• 六西格玛培训	20%	质量评分提升 1 分	首席运营官蒂普顿
4	员工敬业度评分提升 3 分	• 为所有员工制定个人发展计划	中等	员工敬业度中等提升	人力资源高级副总裁吴
5	领导力评分提升 4 分	• 副总裁领导力培训。 • 部门主管领导力培训。 • 经理领导力培训。 • 监督员领导力培训	高	领导力显著提升	战略高级副总裁弗洛伊德

主动与业务部门目标匹配

此流程不仅适用于公司整体，也适用于那些专门支持特定业务部门而非整个公司的团队。在这种情况下，只需将业务部门负责人视为 CEO 的替代角色，将业务部门人才管理者视为首席人才官或首席学习官的替代角色，然后遵循上面提到的步骤即可。你们需要讨论的是，如何借助人才的力量帮助业务部门负责人达成目标。

针对特定项目的被动调整

到目前为止，我们提到的战略调整主要聚焦在理想状态下，即在这一年中，大部分人才发展项目都能够提前（主动）与高层领导进行规划。但遗憾的是，现实情况往往并非如此，因为人才发展团队经常会收到一些在初步规划时没有提及的临时请求。在这种情况下，我们应尽力而为，尽可能将注意力集中在特定项目的调整和规划上，特别是要关注预期效果。

人才部门领导者需要询问提出请求的人员，该项目是否有助于企业或业务部门实现目标。也就是说，人才发展项目是否与某个重要目标保持一致？如果没有，那么或许应该暂停该项目，或者等完成更重要的项目后再开展。如果该项目已经保持一致并且有助于实现目标或满足关键需求，那么接下来应该讨论项目的具体内容，包括预期效果（定量或定性）。

展示项目成果

战略目标匹配法是评估人才发展项目成效的一个好方法。接下来我们会介绍另一种方法，这种方法在项目结束后能帮助我们更好地衡量其影响成效。（虽然这种方法也可用于评估项目正在进行时的影响力，但本章的讨论将只针对项目完成后的应用。）

这种方法就是展示人才发展项目的实际成果。我们可以通过多种方式来做到这一点，如构建有力的证据链，对比项目前后的结果变化，以及评估项目是否达到了目标负责人的期望。我们先从构建有力的证据链开始说起。

构建有力的证据链

这种方式在直观上颇具吸引力。因为人才发展项目的目的就是为了助力实现组织目标或满足关键需求，所以问题就变成了"它是否达到了目的?"。当然，我们必须给人才发展项目足够的时间来展现其成果。有些情况下，如安全培训，成果可能立竿见影。但在其他情况下，如旨在提升领导力或员工敬业度的项目，可能需要数月甚至数季度才能看到成果。

假设已经过了足够长的时间，成果已经显现，我们现在就可以评估是否达到了预期目标，以及人才发展项目是否可能对此有所助益。例如，如果目标是销售额增长，那么销售额是否确实有所增长？如果答案是肯定的，那么，我们能否通过有力的证据链证明人才发展项目对销售额的增长起到了推动作用？

回答第一个问题轻而易举，而要回答第二个问题就没那么简单了。

假设销售额确实有所增长，那么第一个问题的答案便是肯定的。接下来，你需要找到一系列确凿的证据来证明这次培训项目取得了成效。一个方法是参考柯氏四级评估模型的前三个等级，并关注参与者的完成情况：

- 目标受众（合适的人员）完成了培训。

- 参与者对培训表示满意，认为它很有帮助，并愿意向他人推荐（第 1 级：反应层评估）。

- 参与者通过了涵盖培训内容的测试（第 2 级：学习层评估）。

- 参与者在实际工作中展示了新行为或运用了新技能，从而提高了工作绩效（第 3 级：行为层评估）。

让我们再次回到销售这个案例上。假设已经确定好的销售代表完成了咨询式销售技巧和产品特性方面的培训。培训后的调研显示，他们很喜欢这次培训，并且愿意向其他人推荐。知识测试表明他们掌握了新技能，而课堂角色扮演则表明他们已经学会了新的行为模式。我们还假设，现场主管在培训后对销售代表进行了跟踪观察，并确认他们能够成功地将新技能和新知识应用到实际工作中。一个理性的人难道不会得出这次销售培训确实起到了作用的结论吗？我相信大多数人的答案都是肯定的。

如果销售高级副总裁克龙伯格和人才发展项目经理在培训前就这些评估指标的目标值达成了一致，那么他们关于培训效果的论证就会更加有力。这些目标值应该代表双方都认为要实现预期效果所必须达到的标准。例如，他们可以商定，为了让培训能够推动销售额增长，需要 100 名销售代表在 3 月 1 日前完成培训，并且平均测试分数要达到 90 分，然后这些销售代表在工作中至少要成功运用 80% 的新技能和新知识。如果达到了这些目标，那么就进一步证实了培训的效果。

如果他们能够明确销售过程中的关键指标（如识别潜在客户和获取报价请求），并且该人才发展项目旨在达成这些指标，那么这一论据会更有说服力。如果成功实现了这些关键指标的目标，那么培训效果的论据会更有分量。

很多人采用这种方式来验证培训项目的成效，但收集一系列有力证据的概念同样适用于其他类型的人才发展项目。对很多人来说，这种方式就足以充分证明效果。

对比项目前后的结果变化

另一种常见的展示成果的方式是，将没有实施人才发展项目的基线结果与实施后的实际结果进行对比。如果人才发展项目是唯一（或至少是唯一一个重要因素）发生变化的，那么这种方式就有效。基线通常基于历史结果，如上一年的结果。我们的预期是，今年的结果会和去年一样，除非我们采取了新的措施。因此，去年可以作为基线，而今年相对于基线的任何提升都至少部分反映了人才发展项目的效果。这种效果通常可以通过图来直观呈现（见图48-1）。

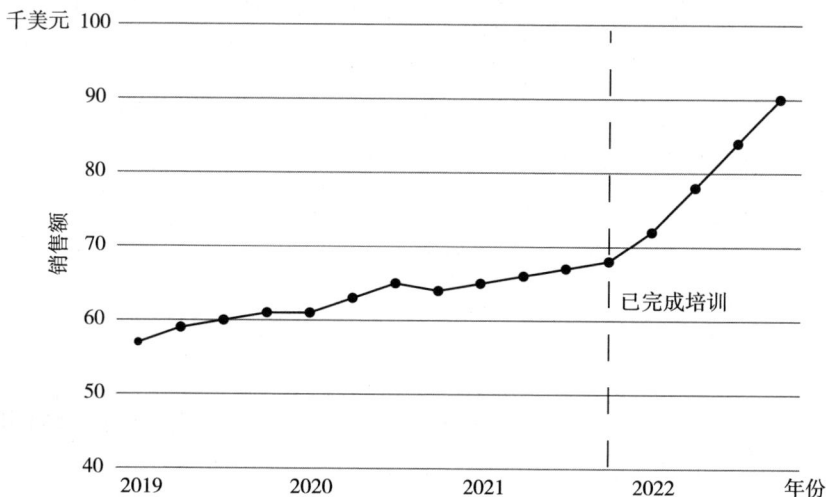

图 48-1　结果的直观展示图

以销售培训项目为例，假如该项目在 2022 年第一季度启动并顺利完成。如果自 2021 年以来没有发生其他重大变化，那么大多数人可能认为，销售培训对 2022 年的销售额起到了积极的推动作用。

当然，这种方式并不能让我们得出确凿的结论。虽然销售额的增长与销售培训之间存在一定的关联，但我们并未证明销售培训是导致这一增长的直接原因——有关联并不等于有因果关系。然而，很多人还是相信，培训在销售额增长中扮演了一定的角色。

虽然去年的结果常被用作比较的基准，但目标负责人也可以在不实施人才发展项目的情况下，为计划年度设定一个基准值。当历史数据不可用或存在其他变量时，就需要这么做。假设正在推出两款新产品，而竞争对手正面临倒闭。在这种情况下，无论是否实施新的人才发展项目，销售额预计都会有所增长。因此，目标负责人在不实施新项目的情况下，设定了一个 20% 的销售额增长基准值。如果年度销售额增长超过 20%，那么目标负责人可能认为，销售培训至少是部分原因导致了销售额超出基准值。不过，这种方式的缺陷在于，基准值可能设置得不合理，从而对培训项目的评价产生偏差。

评估项目是否达到了目标负责人的期望

展示项目成果的最后一招，就是直接询问目标负责人。如果目标负责人与首席人才官或首席学习官事先就对该人才发展项目的期望达成了一致，那么这一招就更有说服力了。这个问题有多种问法，并且可以轻松地融入调查问卷中。例如，针对某个学习项目的调查问题，可以这样提问：

- 这个学习项目的结果，是否达到了我的预期？
- 这个学习项目产生的影响，是否达到了我的预期？

然后，参与者会用一个 5 级或 7 级的李克特量表来回答，选项从"完全不同意"到"完全同意"不等。

这个问题可以放到活动结束后的第一级目标负责人调查问卷里，该问卷可能还包含其他与结果无关的李克特问题，例如：

- 跟学习与发展团队合作，感觉非常顺畅。
- 项目不仅按时完成，还在预算范围内。
- 我会向同事推荐学习与发展团队。

通过把所有目标负责人的调查结果汇总起来，首席人才官或首席学习官就可以这样说："90% 的目标负责人都说，这个学习项目的结果符合他们的预期。"

最后的思考

想要展示项目成果，一致性是个很好的出发点。它能够确保我们的项目方向正确，并预估可能的效果。项目实施后，我们需要拿出有力的证据或与基线对比来展示我们的成果。但仅仅这样还不够，还需要量化成果。这时，我们就需要使用第三和第四种方法了，也就是要单独评估学习带来的影响力，并通过计算投资回报率来看看这种影响力到底值不值得。

资源有限时，表明一致性和展示项目成果就是明智的选择。毕竟，展现影响力既难又耗时，所以我们可以先从一致性和成果开始。再者，如果项目跟我们的关键目标或需求不匹配，那么无论影响力多大，投资回报率多高，这个项目都不应该开展。换句话说，高投资回报率并不能弥补一致性缺失的问题。

我建议大家把这四种方法都用上，从一致性开始，然后依次是成果、影响力，最后到投资回报率。这样，我们就能拿出最有说服力的商业论证，同时降低大家因只看重其中一种方法而不信服的风险。

使用这些方法衡量影响力，不仅能让我们知道刚刚实施的举措值不值得，还能让我们为未来投资找到充分的理由，更重要的是，还能帮我们找到改进的机会，让我们与目标负责人和高层领导者的合作更加紧密。

◆◆◆

作者简介

大卫·万斯（David Vance） 是人才报告中心的执行董事。这个中心是个非营利性的会员组织，专门制定和实施人力资本衡量、报告和管理的标准。他曾担任卡特彼勒大学（由其于 2001 年创立）的校长。在此之前，他是卡特彼勒公司的首席经济学家兼商业情报部门负责人。他在贝尔维尤大学和南密西西比大学担任博士生导师，同时参与乔治梅森大学的高管教育项目。此外，他还是国际标准化组织度量工作组的成员。他写了一本书叫《学习的商业》，现在已经出版第 2 版。他还和佩吉·帕斯基一起写了《测量揭秘》和《测量揭秘实战指南》这两本书。

延伸阅读

Kirkpatrick, D., and J. Kirkpatrick. 2006. *Evaluating Training Programs: The Four Levels*. San Francisco: Berrett-Koehler.

Parskey, P., and D. Vance. 2021. *Measurement Demystified Field Guide*. Alexandria,

VA: ATD Press.

Phillips, J. J., and P. P. Phillips. 2016. *Handbook of Training Evaluation and Measurement Methods*, 4th ed. New York: Butterworth-Heinemann.

Vance, D. 2017. *The Business of Learning: How to Manage Corporate Training to Improve Your Bottom Line*, 2nd ed. Windsor, CO: Poudre River Press.

Vance, D., and P. Parskey. 2020. *Measurement Demystified: Creating Your L&D Measurement, Analytics and Reporting Strategy*. Alexandria, VA: ATD Press.

第49章 单人人才发展部门的最佳实践策略

艾米丽·伍德

作为单人人才发展部门的一员，既有其优势，也面临诸多挑战。你需要对各项事务都有所了解，并对其中许多事务有深入认识。你既是团队的引领者，也是跟随者；既是决策的拍板人，也是执行的行动者；既是创意的发起人，也是问题的分析者。总之，你需要一人多职，面面俱到。

本章要点

△ 深入探究单人人才发展部门的工作体验，并分享如何在公司内部有效地推销自己，展现自己的价值。

△ 向高层管理者全面展示你所具备的各类技能，以及这些技能为公司带来的重要价值。

△ 探讨如何合理安排工作优先级、高效管理时间，以及通过不断学习和实践来提升个人技能。

欢迎你加入单人人才发展部门这一充满挑战的岗位！该岗位需要你具备以下素质：

• 拥有教学设计或教育技术领域的硕士学位，具备深厚的专业基础。

• 在管理，平面设计，多元化、公平与包容（DEI）以及组织变革等方面拥有超过十年的丰富经验。

• 具备出色的战略眼光和执行能力，能够高效推动项目落地。

• 精通用户体验设计、学习管理系统以及 xAPI 编码技术，拥有全面的技术能力。

• 持有多个专业认证，包括 CPTD、PMP 和敏捷管理认证。

• 熟练掌握 Adobe Creative Cloud、Adobe Captivate 和 Articulate 360 套件等主流工具。

● 精通任职期间涌现的新趋势与新工具。

这个岗位的要求可真不少，简直就像在培养一个新时代的"全能选手"。我听说，现在单人人才发展岗位的工作内容已经越来越接近于全栈工程师了。

你的一天

单人人才发展部门的专业人士，他们的一天会是怎样的呢？可能正如你所预料的那样，没有固定的模式。在过去的一周里，我的日程表上排满了会议。我与同事和管理层探讨了战略规划、项目进展、预算制定、旅行安排和库存管理等事务。同时，我也与主题专家进行了深入交流，探讨了新项目的启动计划、故事板的修改意见、Alpha 版本的反馈收集，以及评估数据的分析。此外，我还与终端用户进行了沟通，听取了他们对 Beta 项目的意见和建议，审核了现有课程的评估结果，为他们解决了密码重置问题，并解答了关于互动内容加载失败或设备异常等技术支持方面的疑问。

如果你不对会议时间加以控制，它们最终会占据你所有的工作时间，让你无法真正完成任何重要的工作任务。为了合理规划自己的时间，你可以通过提前预约会议的方式来确保自己有足够的时间段进行高效的工作。例如，我发现自己晚上更加专注和高效，所以我每周都会特意预留出几个下午的晚些时间，用来进行专注的教学设计和开发工作。要养成找出自己能够深入工作的时间段，并合理规划以充分利用这些时间的习惯，这样才能提高工作效率。

入职适应期

当你进入一个新的工作岗位时，入职适应期是建立与组织之间深厚联系、为未来的职业发展奠定良好基础的关键阶段。《人才发展》杂志报道，有相当一部分新员工在入职初期就选择了离职，其中不乏因为入职培训不够个性化或缺乏后续跟进等原因。

在新公司进行入职适应的过程中，你可能发现很多内容需要重新梳理和理解。这时，你可以利用这段时间来进行自我需求评估。就像你在开发新的培训课程时一样，你可以花时间去深入了解公司的员工、组织文化和你的岗位职责。你可以记录下你在新员工角色和人才发展角色中的体验感受，并思考这些体验之间的关联性以及你如何能够为组织的发展做出贡献。

了解你的培训对象

你正在为哪些人提供培训服务？他们的工作和生活状态是怎样的？他们会在何时何地参加培训？他们对培训的态度和期望是什么？

为了更好地了解这些信息，你可以采用多种方法，其中一种有效的方法是进行组织需求评估。通过这种方法，你可以了解哪些培训需求与特定的主题或培训项目不直接相关，从而更加精准地定位培训的重点和方向。

明确你的职责范围

有趣的是，培训部门在组织中的位置可谓多种多样，尤其是当它作为一个单独的部门存在时。你可能在运营、人力资源、市场等部门，也可能在销售、安全、客户服务等部门，或者其他某个部门。与你的上级或项目发起人明确你的角色和职责范围是非常重要的。

当你确定是否需要开展培训项目时，你需要制定一套决策流程，来判断是自主开发还是外购。这被称为"自制或购买"的决策。令人惊讶的是，有时购买一个项目可能比自主开发一个定制化的绩效支持方案更能满足组织的需求。购买项目可以让你专注于针对你的目标受众的特定内容。在需求评估阶段，你可以考虑将现成的产品的成本和需求与内部开发的产品进行比较。你需要了解清楚，你是否有权购买服务和内容。

明确需求

你可以与主题专家见面，明确组织对特定部门的培训需求。然后，与部门主管合作，找出高绩效员工，对他们进行访谈，了解他们成功的秘诀。你甚至可以跟随他们一起工作，观察他们与其他员工的不同之处。与他们聊聊未来的计划，了解他们对培训目标的看法，以及他们认为如何有效地将新计划推广给其他员工。

我的独自探索之旅——从经验中汲取教训
杰夫·欧文，布兰特控股公司农业零售部门人才发展协调员

我的职业生涯始于农机设备领域，前十年，我在销售一线担任零部件销售代表，后十年，我转型为零部件部门经理。2000 年，我摇身一变，成为一所专科院校的约翰·迪尔零部件讲师。这是一个由约翰·迪尔公司、其授权经销商、学院和学生四方共同参与的项目。我会在课堂上为学生悉心授课九周，然后让他们到实践中去检验所学。我热爱教学工作，每当看到学生不断成长，最终成为出色的员工时，我都倍感欣慰。如今，有些学生已经晋升为管理层。

这段经历点燃了我对学习与发展事业的热忱。后来，我加入了一家拥有多家分支机构的大型约翰·迪尔经销商集团，负责零部件与服务业务，这个岗位仍让我有机会开展教学指导并统筹培训活动。之后，公司委以重任，让我独自牵头农业零售部门的培训发展体系建设——我们遍布五州的 32 个网点正处于扩张期，想到自己的工作将影响众多员工，我深感责任重大。虽然干劲十足，但面对这项从零开始的工作，我完全不知从何入手。我们公司的一位退役海军陆战队出身的副总裁给我的指令非常明确："我们已远远落后，必须快速搭建可立即投入运行的培训发展平台！"

当时我们的学习管理系统仅被用作工资单门户和内部员工评估程序——这还是由业务系统人员临时搭建的。所有产品培训都依赖约翰·迪尔的线上大学。我开始系统梳理现有培训项目，评估内外部资源。虽然有些优质课程，但缺乏体系衔接与后续跟进，更像"月度流行款"式的零散安排，完全脱离整体学习战略与业务目标。我列出了一份包含预期成果与完成时限的总清单，学习战略规划虽位列其中，但对如何制定战略、获取领导层支持并在组织内推行，我毫无头绪。

为了寻求帮助，我加入了职业发展组织，并找到了当地的 ATD 分会。我还参加了"午餐学习会"等活动，以寻找启动人才发展项目的资源。我意识到，现在的培训已经不再是单纯的技能培训，而是更注重学习与发展。同时，我还完成了我的演讲能力提升目标。

后来，我通过一位竞争经销商集团的同行结识了他们的人力资源负责人，对方分享了他们的系统。我本来想自己开发一个系统，但了解了市面上的系统后，我改变了想法。现在，我的目标是找到一个适合我们的软件系统。虽然当时还没

有明确的战略指导，但我已下定决心要完成这项任务。

　　我注意到迪尔公司正在使用 SAP SuccessFactors 系统，于是主动与他们取得联系，并与他们的实施与咨询团队进行了深入交流。当时的我对这一切并不熟悉。经过对比，我选择了 SAP SuccessFactors，因为它从一个简单的学习管理系统和开发模块，已经发展成一个功能齐全的人力资源管理系统。他们的演示非常精彩，于是我们决定增加人才继任、入职管理、招聘和薪酬等多个模块。

　　实施工作开始了。那是在 6 月，我带着一个三人团队，计划在年底前完成系统的配置、测试和上线。我们满怀激情地投入工作，但项目的规模和工作量却超出了我们的预期。我们遇到了很多挑战，其中最困难的是学习管理系统顾问的离职，尤其是在即将上线之前。为了找到新的学习管理系统顾问，我联系了之前读过的一本 SAP 学习管理系统图书的作者，并成功与她建立了合作关系。虽然过程中有些波折，但我们最终还是完成了生产系统的验收。

　　原本我们计划在 2020 年 4 月与各分公司经理进行面对面的培训，但新冠疫情的暴发打乱了我们的计划。我们只能将培训改为线上进行。我参考了《人才流失的警钟》这本书的内容，用以解释我们扩展人才发展项目的重要性。我们推出了第一阶段配置的模块，并准备了学习资料和 Zoom 演示文稿。然而，线上单向沟通的形式也有其局限性，我们无法进行实操练习，也无法及时获得反馈。我之前从未制作过流程指南或工作辅助工具，虽然这次制作的东西得到了一些认可，但它们仍然不够成熟。此外，我们还发现入职流程模块存在配置错误，为此我们不得不花费数千美元进行修正。

　　我的新任务是为各个职位构建能力模型，这是构建我们发展平台的基础。幸运的是，我得到了前迪尔公司培训师的协助，我们一起将模型分为学习、技能和精通三个层次，这一设置与软件相兼容。我们进行了测试，并收集了基层的反馈。同时，我还为不同职位规划了职业发展道路，以便每个人都能在自己的职业道路上看到未来的方向，了解每个职位的期望，并努力提升自己的技能。年底前，这些工作都已完成并测试成功，准备上线。

　　新年伊始，我们推出了第二阶段的模块，重点在于绩效和发展。接着，我们启动了项目。我把演示内容分为两部分：首先强调了管理者与员工进行职业对话的重要性，然后鼓励员工对自己的职业道路负责。我们从一份职业评估问卷开始。

2 月，我们利用能力模型启动了职位评估工作。这些措施不仅让员工认识到了职业对话和自主发展的重要性，还帮助他们发现了自己需要提升的技能。我们的目标是通过对话找出并解决这些差距，而不是制造矛盾。

正如我所预料的那样，这确实是一个极具挑战性的阶段，而且大家完成得比我预期得要慢。一些管理者在适应这个过程中遇到了困难，或者缺乏必要的技能。我现在明白，我们需要引导管理者转变为教练的角色，让他们意识到自己的职责是帮助员工成长。

目前，我正在努力研究学习路径，并整理相关资料，以支持员工能力的提升。接下来，我们将制定具体可行的发展计划和问责制度。幸运的是，我们的系统已经具备了问责功能，这将有助于推动整个项目的进展。

我最近有幸读到了 ATD 的一篇文章，它详细介绍了如何启动人才发展项目，并购买了文章所提及的图书——《启动人才发展项目》，这本书由伊莱恩·碧柯所著。我真希望从一开始就能接触到这些宝贵的资料，因为它们为我提供了详细的步骤和所需的资源。我通过领英平台联系了作者，她非常慷慨地给我寄来了更多 ATD 图书，这些图书对我制定战略计划起到了极大的帮助，而这是我最初就应该着手的。在成为人才发展领域的专家方面，我还有很多要学习的，但现在我可以参考 ATD 图书，并且有伊莱恩·碧柯作为我的导师，这让我对未来充满了希望。

在我担任这个人才发展部门的唯一负责人的过程中，我学到了很多宝贵的知识和经验。以下只是其中的一些收获：

- 对现有的学习与发展项目进行仔细评估和整理，确保每一分投入都能带来有效产出，减少无用功。

- 在考虑引入学习管理系统或人力资源系统等新工具之前，首先要制定一个与公司业务战略相匹配的整体规划。

- 投入时间与精力在制定战略和与各级员工沟通上，虽然这需要花费更多时间，但对于建立信任和支持体系来说，这些投入都是值得的。

- 不要想当然地认为每个人都对流程了如指掌，要确保每个人都对流程有清晰的认识后再继续推进。

- 与人相处时，要理解并尊重他们的现状，但不可因此降低标准和期望，要帮助他们不断进步。

- 鼓励管理者勇于面对挑战，不断提升自己的领导力和团队发展能力。

- 让人们认识到，只有不断提升自己的能力，才能在工作中有更好的表现。

- 引导大家看到成为学习型组织的长远价值和意义，而不仅是停留在学习的表面。

- 借鉴 ATD 人才发展图书中的成熟经验和建议，避免走弯路。

找准你的定位

与你的主题专家保持良好的关系至关重要。他们是你获取关键信息和内容的源泉，尽管他们有时可能分享一些你原本并不需要的信息，但总的来说，多了解总是好的。在与他们深入探讨培训事宜之前，不妨先拉近与他们的关系。关系基础打得越牢，你的职业发展之路就会越宽广。

在与主题专家打交道的过程中，要明确你在其中的角色。主题专家是某一领域的佼佼者，而你是培训与发展专家，擅长成人学习领域。你需要设计学习体验，确定培训的重点，并给出最佳的教学和评估方法。你需要将主题专家的专业知识与你的需求评估结果相结合，从而打造一份综合解决方案。

你的角色定位是什么

你所在的部门只有你一个人，所以管理层可能不会让你参加会议，这并非因为他们不重视你的意见，而是因为你可能刚加入不久且部门人手紧张。你需要在组织中保持活跃，并为组织的发展贡献力量。

如果你对公司的情况还不太了解，就多听听高层管理者是如何规划公司未来的。他们的一年和五年目标是什么？他们现在与目标之间还有哪些差距？你的工作如何能帮助他们实现目标并缩小差距？

了解如何受邀参加高层的规划会议对你很重要。作为唯一负责培训的人员，你需要了解公司的最新动态，并与变革管理团队紧密合作，共同推动公司目标的实现。你需要制定策略，确定在营销、讲师授课、线上学习以及绩效支持等方面的最佳组合。

与高层管理者保持定期沟通。你可以考虑定期向他们汇报你正在支持的项目和你的工作进展。看看能否将你的项目管理工具与他们正在使用的业务分析工具结合起来，以便更好地协同工作。当管理层遇到问题时，你希望自己是他们第一个想到的人。你能够判断问题是否属于培训范畴，如果确实需要培训，你可以接手；如果不需要，你可以找到能够解决问题的部门。你不仅是一个执行者，更是一个能够解决问题的专家。

选择你的项目

"这是一份带有详细注释的演示文稿，我在课堂上讲解需要两小时，所以线上课程的话，大概 45 分钟就能讲完。你这周能帮我把它做成一个电子化学习课程吗?"

我们都曾碰到过这样的场景。主题专家最擅长推广自己的专业知识。他们知识渊博，乐于分享。虽然他们通常出于好意，但并非学习理论的专家。我们想与主题专家或其他利益相关者明确一些期望，以便更高效地利用时间。

首先，要思考一下目前针对该行为正在采取哪些措施，以及你能获取到哪些相关信息。如果这是一个全新的项目，你可以先了解一下员工目前都在做些什么，以及为什么这些做法不再适用。改变的原因可能是新法规的出台、公司的新政策，或者对某个事件的回应。收集与员工当前行为改变相关的所有信息，然后分析这种改变将如何对员工产生影响。在这种情况下，你需要全面考虑你所在部门的需求。你需要运用变革管理理论向员工解释这种改变。你需要开发培训课程来讲解这个过程。你需要设立团队支持项目、监督清单和其他激励措施来支持新行为。最后，你需要提供工作辅助工具和在职支持来帮助员工巩固新行为。请记住，人们学习新行为通常需要 60 天，但忘记它只需要 4 天。因此，你需要制定一个间隔学习计划，并设置大量提醒，以帮助员工成功掌握新行为。

利用项目管理工具

在人才发展的道路上，把自己视为宝贵的资源。你的每一项工作都应带来实际的效益。借助组织内共享的项目管理工具，同事可以在不打扰你的前提下，了解你的工作进度和计划。由于教学设计和创作工具编码需要一种专注的思维模式，而很多人难以迅速切换状态，因此，项目管理工具能帮助你规划时间，确保你有足够的时间精心制作内容。

把自己当作内容提供者的服务者。让内容提供者了解你的工作量和优先级，可以增强信任，并为时间管理设定合理的标准。有几个关于培训开发的项目管理理论值得借鉴，如卢·拉塞尔的研究成果或项目管理协会的指南。

获取培训支持资源

如果你所在部门的人数有限，那么预算很可能也很紧张。不过，别担心，你可以采用很多成本较低的方法来充分利用现有资源，打造高质量的内容。

开发工具

你可以利用组织内已有的软件来完成大部分的规划和开发工作。微软 Office 套件中的程序能够满足你的多种需求。例如，你可以用 Word 和 PowerPoint 制作故事板，用 Outlook 或 Excel 管理项目。此外，Office 套件的高级版本还提供了 Visio 和 Access，你可以用它们来规划课程。如果没有付费软件可用，开源软件也是一个不错的选择，市面上还有很多可以替代微软 Office 的软件。对于图像处理或绘图，Gimp 和 Inkscape 都能满足你的需求。

在创作工具方面，很多人更倾向于使用付费软件。如果你需要从其他开发者那里购买内容或与外部承包商合作，拥有一个知名的软件品牌会很有帮助。这些软件通常都提供免费试用期，供你了解其功能。另外，H5P 是一个值得一试的开源创作工具。

学习管理系统

在选择学习管理系统时，你需要考虑自己的实际需求和维护能力。例如，你可能需要管理一定数量的学员或培训计划，这些都需要在特定的时间段内完成。在需要正式的学习管理系统之前，你可以手动管理这些工作。学习管理系统的优势在于，它可以为每个学员保存培训记录，让学员查看培训日程，报名参加培训，并且如果是在线的按需课程，学员可以随时参加。

多媒体演示

相较于满屏的文字，融合图片和视频的演示文稿更能吸引观众的眼球。如果课程不打算出售，你可以利用 Creative Commons 媒体资源来丰富你的演示文稿。同时，许多创作工具都提供了丰富的多媒体库供你使用。但请注意，如果你要出售课程或在其他场合使用这些多媒体资源，一定要确保不侵犯其版权，并遵守相关的许可协议。

在音频方面，你可以尝试多种方式来增添旁白，如使用文字转语音技术，或者录制自己的声音、同事的声音，这些都是既方便又免费的选择。

自我成长与发展

当你所在的部门只有你一个人时，你更应该注重自己的成长与发展。在本章开头，我提到"精通任职期间涌现的新趋势与新工具"是人才发展专业人士的重要职责之一。这意味着，你需要不断学习最新的学习理论、变革管理方法和培训投资回报率等方面的知识。你可以考虑参考 ATD 网站上的人才发展能力模型评估，以制定个性化的学习计划。这将有助于你明确自己的优势和兴趣，并找到需要提升的领域。

这些能力分为三个领域：

● **个人能力**，它代表了所有职场人士在商界取得成功所应具备的基础或辅助技能。这些技能往往被称为软技能，它们对于构建有效的组织或团队文化、建立信任以及提高参与度至关重要。

● **专业能力**，它指的是人才发展专业人士为了有效履行其职责，在创建促进学习的流程、系统和框架，最大化个人绩效，以及开发员工能力和潜力方面所应具备的知识和技能。

● **组织能力**，它体现了专业人士为确保人才发展成为推动组织绩效、生产力和运营成果的关键因素而所需的知识、技能和能力。

在规划你的职业发展时，无论你选择哪个领域作为目标，都要为自己预留一些时间来提升技能。这可以通过多种方式实现，例如，关注不同的创作工具博客，学习最新的功能并将其融入你的故事板中；参加由员工指导的课程，观察你所在组织中不同成员的教学方法，并亲身体验学员对这些课程的反应。在做决策时，要尽可能基于数据，并尝试多样性的方式来拓展你的知识。

单一部门的优势

单一部门也有诸多优势。你能够全面了解组织正在开发的每一项内容。当有新倡议被提出时，从规划的时间表、交付成果的所有组成部分、项目的变更管理和营销计划，再到信息的传播，你都可以全权负责。你还可以审阅学员的所有反馈结果，并据此决定构建或购买什么。

如何在单一部门环境中成长
玛丽亚·奇尔科特和梅丽莎·史密斯，培训诊所

在你急着跳过这段之前，请先耐心读下去。作为唯一的培训部门，你其实有着别人没有的优势。因为没有下属，你不得不更多地依靠组织内的其他同事，与他们建立良好的关系，共同推动项目的成功。

建立合作伙伴关系

在组织内部与他人建立关系会带来诸多益处。首先，这能让你更容易获得管理层的支持，推动你的倡议。你的合作伙伴还会成为你的顾问，与你共同参与决策，使你的计划更容易成功。在组织内部建立合作伙伴关系，可以提升你的品牌影响力，有助于明确各方期望，还能减轻独自工作可能带来的无力感和压力。

他们重视什么

在非正式场合，你可以通过与管理者或关键利益相关者交流，了解他们真正关心的事情。这样你就能知道他们看重什么，以及这对他们的工作有何影响，从而与他们建立更好的合作关系。同时，你也需要转变角色，从解决问题的人转变为真正关心他们需求的人。

自我推销！

如果你觉得自己的工作没有得到足够的重视，那可能是因为你没有让其他人

看到你的价值。你需要积极宣传自己的工作成果和成就，让其他人看到你的努力和价值。同时，你也可以通过一些文章（如《所以没人告诉你，你是培训的营销者吗？》）和网络研讨会来分享你的经验和策略，帮助你在组织内部建立更好的关系。

区分培训与非培训问题

在分析培训需求时，你需要与相关部门合作，找出真正需要培训的问题。有时你会发现，问题其实出在绩效上，这时你可能需要寻找其他解决方案，而不是简单地提供培训。有时你需要深入了解人们为什么不采取行动，并找到解决问题的真正方法。记住，培训并不是解决问题的唯一方法！

首先，要弄清楚你的组织为了达成目标需要哪些关键的培训与发展岗位。这样，当你自己负责工作时，就能知道哪些事情可以自己处理，哪些需要找别人来做。

其实，看看你在做什么和没做什么，就能发现你的工作重点在哪里。根据你的工作内容，你觉得自己在组织里应该扮演什么角色？那就是你的工作使命。如果你觉得自己没有为达成目标做出贡献，那就要重新看看组织的愿景和使命。要确保你的工作与这些目标保持一致。

招募和培训支持者

要与他人合作，就需要招募一些人来学习成人教育和引导技巧。幸运的是，这些人学会这些技巧后，会成为更好的领导者、管理者和员工。这无疑是送给他们的一份厚礼。

与主题专家合作，能够使他们更有效地传授知识，帮助学员解决问题。可以询问他们，哪些方法能够让其他同事更容易掌握技能，从而增强他们对你的信任。还可以寻找一些愿意接受指导的主题专家，让他们协助改进培训内容。最后，别忘了认可他们在项目中所做出的贡献以及展现的专业知识，使他们成为你的"智囊团"，这样就能更好地开展合作。

单枪匹马做培训，你收获了什么

朋友们，由于人手紧张，你们不得不提前着手培养和提升他人的能力。实际上，你们正在帮助员工成长，使组织能够比那些拥有更多人手的组织更快地获得新技能所带来的优势。因此，下次当你又要抱怨"人手不够！"时，请记住，你在这场竞争中已经占据了先机，并且更早地看到了成果。好好思考一下吧！

保持积极心态

作为组织中唯一负责这项工作的人，有时你可能很难保持积极和乐观的心态。你可能遇到一些棘手的项目，它们不仅超出了原定计划，而且变得越来越棘手，同时你还受到同事和客户的不断催促。当这种情况发生，并且感觉压力无处不在时，你可以采取一些方法来保持自己的积极心态。

- **争取荣誉**。把你的作品展示出来，让专业人士看到你的实力。听听专家的点评，要么得到肯定，要么找到改进的方向。

- **融入专业圈子**。加入一些组织，这里不仅有职业发展的机会，还能结识志同道合的朋友。你可以在这里当导师，也可以当学生，了解最新的行业趋势，享受与同行交流的乐趣。加入你所在地的 ATD 分会，掌握最新动态，拓展人脉。别忘了，加入 ATD 全国组织，能让你收获更多。

- **参加行业盛会**。有时候，你可能感觉工作陷入了瓶颈。这时候，参加一场行业会议，了解最新的培训发展前沿，会让你眼前一亮，带着满满的新想法回到工作岗位。你可以思考如何将这些新想法应用于学习实践，如何改进工作流程和行为改变。

- **设立表彰机制**。对于那些参加你培训计划的员工或客户，给予他们奖励。越多的人通过你的计划提升技能，在职业生涯中成长，你就越有成就感，越有动力继续为其他人开辟学习路径。鼓励他人，不仅能让你的员工更快乐，工作环境更愉快，还能让你更有成就感。

最后的思考

想轻松搞定并非易事。你必须清楚开发流程中每个环节所需的时间，并做好心理准备，紧急项目可能会随时打乱你的计划，这样才能更好地管理项目。你可以尝试通过项目时间线来规划，根据项目的规模，将开发过程拆分为若干步骤，并预估每一步所需的时间，这样在后续开展项目时，心中便有更清晰的把握。随着项目经验的积累，你的预估将越来越准确。如果心中没底，那么在承诺时可以保守一些，但实际完成时做到更多、更好，或者适当拉长项目时间线，争取提前完成。

最后，作为人才发展部门的唯一成员，你将有机会深入探索人才发展这一广阔领域。你可以尝试涉足组织发展、引导、电子化学习开发、变革管理、人才培养等多个专业方向。

◆◆◆

作者简介

艾米丽·伍德（Emily Wood），理学硕士，CPTD，PMP，其职业经历涵盖非营利组织、政府机构及企业客户，曾担任内部培训专员，现为 Serenity Learning 咨询公司创始人，专注学习与发展领域。她成功实施过软件操作培训、软技能培养及合规项目，涵盖面授培训、虚拟课堂及异步在线学习等多种形式。作为行业知名演讲嘉宾，她定期出席 ATD 国际会议与博览会、TechKnowledge 及 DevLearn 等顶级行业峰会。其著作《一个人的电子化学习部门》深入探讨了如何在资源、人力与时间三重限制下，打造优质技术辅助学习产品的实践方法论。

参考文献

ATD Staff. 2021. "There's Room for Improvement With Onboarding. " *TD*, June.

延伸阅读

Biech, E. 2016. *The Art and Science of Training*. Alexandria, VA: ATD Press.

Biech, E. 2018. *ATD's Foundations of Talent Development*. Alexandria, VA: ATD Press.

Biech, E. 2018. *Starting a Talent Development Program*. Alexandria, VA: ATD Press.

Hall, MJ, and L. Patel. 2020. *Leading the Learning Function: Tools and Techniques for Organizational Impact*. Alexandria, VA: ATD Press.

Wood, E. 2018. *e-Learning Department of One*. Alexandria, VA: ATD Press.

08

第八部分
人才发展如何
推动未来成功

名家视角　未来比想象得更近

约翰·科尼

未来，比想象得更近。我们谈论过去、现在和未来的方式，如同我们谈论地球、地平线和天空，或者大海、海岸线和海滩一样。地平线与海岸线是想象中的分界线。"现在"也是如此，是横亘在过去和未来之间的一条假想线。

本章将深入探讨即将到来的未来图景。在未来世界里，人才发展专业人士将善用人工智能、虚拟现实、增强现实、机器学习和数据分析等技术。大规模个性化、机器人技术和地理围栏也将成为他们的工具箱。人才发展的角色将进一步拓展，涵盖组织发展、绩效管理、包容、公平、员工体验、企业文化和品牌塑造等多个领域。

学习即工作

在我看来，未来的这些关键变化源自一个重大转变：学习将成为工作本身。学习即工作。长久以来，我们视终身学习为促进职业生涯成功的必要辅助，然而未来景象截然不同。学习将成为工作首要的内在要求。

这一理念在科研人员，或者那些探索新疗法、发明新机器、创造新算法的人身上似乎尤为契合。然而，不久的将来，这一理念也将普遍适用于我们所支持的广大群体。随着人工智能日益承担更多重复性和基础性任务，工作形态正经历着解构与重构的过程，转变为新型且往往带有临时性质的形态，而在其中，学习或许将成为唯一恒久的职责。

许多组织已经断言，其未来的成功取决于其是否具备敏捷性和创新力。如果这一点成立，那么组织中的每位成员都应将学习新知、学做新事作为工作的一部分。

构建学习文化，不再是推出某些活动或计划，也不仅是将学习融入工作流程，而是要将学习本身变为工作。我们每个人都应承担起这样的责任：开始（或继续）审视每一个岗位，了解其中哪些部分属于学习的范畴。技能提升和再培训，不再是将员工从一套技能迁移到另一套技能的简单过程，而是每一份工作的本质所在。事实上，再过几年，再培训可能成为许多岗位的首要职责。

学员主导自我发展

我们已经迈入一个由学员主导自我发展的新时代。借助技术，我们创造了越来越多的工具，这些工具的运用日益广泛，极大提高了时间和成本效益。我们发现，人才发展可以更加灵活、个性化，并且能够迅速响应需求。这已经成为当今企业人才发展的主流方式。随着学习成为工作的要求，个人将主动掌控自身发展，承担起自身发展的责任。组织仍会对员工提出要求，但人才发展的控制权将转交给员工自己手中。在这一过程中，我们将协助学员优化其能够掌控的环节。未来人才发展的职责在于建立即时联系，提供海量触手可及的资源，鼓励全员参与创作，并确保发展资源能够被检索、编辑、抽样、链接、推送及标记。

模块化人才需要模块化的人才发展

大学正在重新思考学位的价值，公司也在重新审视其课程体系。未来的工作将是根据需求实时构建的，一旦目标达成便结束收尾。有的工作可能持续数小时或数日，有的则历经数月甚至数年，其间还需要不断变化与调整。（最终，没有哪份工作能够永恒不变。）我们将在人工智能的支持下，识别完成任务或项目所需的能力组合，并迅速锁定具备这些能力的个人或团队，实现能力的即时整合。职称将不再重要，取而代之的是能力组合。我们长期以来一直认为，将信息分解为越小的单元，越能够促进学员消化吸收。未来，随着能力组合的日益复杂，学员需求的越发多样、难以预测，微学习将成为发展的必然要求。

模块化人才意味着，对工作场所的考量将转为对劳动力本身的关注。地点和时间的限制逐渐减弱。劳动力不再受限，无论身在何处，何时何地，都能成为工作场所。相应地，发展资源也需紧随其后，确保在任何时间、任何地点都能触手可及。

发展的民主将成为必然

倘若传统工作不复存在，那么传统岗位也将随之消逝。个人将掌握多个专业技能，持有多项资格证书，而且这些技能和资格将不断变化。我们以往所认知的领导力和管理职责，将在个体间灵活流转，角色和团队也将不断变化，确保每位成员都能够平等地获得所有发展机会。包容性最重要的一个方面，就是要构建一个完全民主的人才发展环境。对多样性的承诺，驱使我们挖掘并最大化每个人的潜能。

面向未来，接力将取代接班。我们不再寻找现有职位的替代人选，而是寻求那些能驾驭未来巨变或引领新兴领域的人才。我们将聚焦培养人们为多种潜在机会做准备，而非仅仅关注晋升或转岗到某个特定职位。人才发展部门将承担起重要职责，确保每位员工获得必要的环境、工具和机遇，以支持他们顺利过渡到下一份工作或任何职业领域。

发现将取代创作

试想一个注满乐高积木的奥林匹克标准泳池——约 1 亿块积木，涵盖 4000 多种类型、51 种不同颜色，其组合可能性高达 3 个"古戈尔普勒克斯"（googol-plex）。这正象征着未来学习资源的开放格局。人才发展职能的关键在于驾驭这座惊人的资源宝库。我们的职责是寻找最佳的工具和信息，以及学习自然发生的地点和方式，以最大化优势、缓解劣势、消除冗余。人才发展不断重新评估和重新构想当前最适合的资源，启用它们，随后适时淘汰。这要求我们对组织的知识和能力有深入了解，知道它们是什么、在哪里、如何访问，以及下一个可能的用途。

不久的将来，人才配置与发展的界限将变得模糊，因为寻找与培养合适人才的过程将紧密交织，成为不可分割的一体两面。与业务的连接将不再仅仅是将课程和项目与组织战略和目标相连接，而是将发展实例与即时需求（这些需求来自战略和目标）相连接。知识管理的使命将转变为，实时追踪我们已知晓与待掌握的信息。同时，人才发展的一大关键职责在于，协助组织紧跟快速变迁的边界，明晰哪些知识是必须掌握的，哪些资源是急需获取的。

让我们回到乐高这个比喻。短期内，我们或许能够挖掘这些积木，从中获得巨大的价值。在这个过程中，我们将培养出所需的搜索专业技能，因为很快我们就会发现单凭一己之力难以收集到每个人需要的全部信息。相反，我们不得不帮助他人提高寻找信息的能力。

信任是关键交付成果

当"发现"成为主导时，策划在工作中的比重将变得有限，因为我们很少满足于现状，始终在探索新的可能性和下一个高峰。因此，我们所能提供的最优服务便在于引导组织及其成员以最高效的方式发掘并利用最佳的开发资源。因此，人才发展部门将成为指导和辅导自我发展的最值得信赖的来源。人才发展的未来，是帮助组织及其每位成员明确他们想要抵达的彼岸，以及探索如何以最快且最安全的方式抵达那里。

人才发展部门将充当质量和效用的保证人、组织发展资源的承销商。当然，我们无法覆盖所有领域，因此我们将设立并启动流程，以审核和规范开发选项。我们将创建自助指南，甚至搭建一个优先推荐信赖资源与方案的门户。我们将明确哪些选项更优越或更安全——那些经分析证实能够满足组织和个人目标的选项，那些虽未直接匹配组织优先事项但被认可为有效的选项，以及那些尚未证明有效但包含有效信息的选项。换句话说，我们致力于让人们能够轻松、自然地采用那些真实可靠的方法和来源。

体验主导学习

在一个"学习即工作"的世界里，学员对于非体验式学习将不再有耐心或时间。体验式发展是个性化学习的最终形态，其本质上是社交的、移动的。对多数人而言，体验式发展是虚拟的。理论与实践之间的鸿沟已然消弭，评估往往即时且以实践为导向。无论是个人体验、小组协作，还是广泛的集体参与，人才发展部门都将展现出其在提供体验式发展方面的卓越能力。我们的专长也将从管理项目和课程转变为管理体验。

我们的发现能力将帮助人才发展部门识别、捕捉并推广意义非凡且成效显著的发展体验。我们将对这些体验进行迭代和反思，以指数级增加其影响力。我们将战略性地规划和策划现实世界的体验，甚至设计、管理部分体验。我们通过模拟与游戏，使人们在安全的环境中体验失败、测试假设，并预见当前生活中不可见的事物。在这个过程中，发展阶段的个体将为客户、公司和社区提供切实的服务。

人才发展职能将打造文化"内涵"

在不久的将来，目标与文化将成为塑造并维系组织的基石。随着团队乃至整个组织间人员的频繁流动，共享的目标与文化将成为连接员工的重要纽带。个体在职场选择上的自主权日益增强，他们将通过个人决策来创造专属的员工体验。组织将专注于推动这些高度个性化的员工体验，而相较于当下，未来的文化塑造将显得更为重要。

关于文化归属问题，一直存在着诸多争议。文化属于CEO吗？还是属于所有的领导者和管理者？又或者，文化是每个人都拥有的？当我们开始描述心中所想的文化时，这份不确定性便会减少，因为我们自然而然地倾向于通过行为来界定文化。我们追求的是一种行为导向的文化，而培养这些行为正是人才发展工作的核心。

我们所追求的学习文化并非遥不可及的"文化圣杯"。组织竭力营造的是一种归属感文化、敏捷文化、创新文化、客户至上文化、协作文化以及服务文化。要在不断变化的工作团队、混合型员工队伍、短期合作伙伴以及快速更迭的联盟中实现这些愿景，无疑更具挑战性。

人才发展工作将是实现每一种文化"内涵"的关键。文化关乎行为，我们将帮助学员提升能力，以更好地服务客户、使组织更加敏捷、提高创新能力，并培养一种包容和珍视多样背景与观点的氛围。我们还将帮助领导者理解文化杠杆，并充分参与文化的塑造工作。

人才发展职能是模范先锋

在如此多变的环境中，我们如何继续将人才发展视为一项职能？又如何定位自己在这一职能中的角色呢？一种可能性是，未来的人才发展工作将与今天大不相同，其职能的归属将发生变化并不断调整。然而，另一种更有可能发生的情形是，人才发展将在少数几个关键组织职能中占有一席之地。如同销售、财务、客服等职能一样，人才发展团队和岗位也将不断变化，所需能力和从业人员也将不断演变与发展。

我认为，人才发展将走在前沿。我们生活与工作都面向未来，因而人才发展将成为组织中首个以这些新方式运作的职能部门。我们将不断进行再培训。我们的敏捷性将源于对新能力的创造与组合。我们将掌握"发现"，去发现发展契机，去迅速找到所需工具来发展自我。

我认为，我们必须首先学习如何在不久的将来取得成功，然后去分享这些成功的秘诀。在这方面，我们具备无可比拟的能力。毕竟，我们的工作始终着眼未来，从未改变。

我们可以即刻行动。你此刻阅读这本书，这本身就是迈出了关键的一步。那么，继续前行吧。为自己塑造未来，主动担起个人发展的责任，开始重新构建自己的技能体系。深入学习领域内的所有新发展，拓宽人际网络，特别是与那些能引领你走出舒适区的人建立联系（不限于人才发展领域）。树立持续学习的榜样，勇于实践试验，保持灵活应变，拥抱数字化浪潮。

对于你所服务的对象而言，是时候摒弃过往的方法和习惯了。别再一味依赖那些过时的真理。倾听人们的需求乃至愿望，全力帮助他们找到所求。走出去，去发现人们是如何在组织中学习的，并探索如何优化及推广这些学习方法。放下控制权，推动你所提供的产品和服务走向民主化，让人们无论身在何处都能平等地获取。

这就是我看到的我们正在迈向的未来。它比我们想象得更加迫近，而我们的每一个决策都应朝着这个方向前行。如今，课堂和引导师依然不可或缺。我们将推出面向群体的项目，以创造巨大的价值，我们也将通过课程助力职业生涯的发展。然而，即便如此，我们的每一步都在塑造未来。技术进步和全球变革正不可逆转地引领我们走向这一未来。我们所能想象的一切，正是我们开始实现的起点。

◆◆◆

作者简介

约翰·科尼（John Coné） 曾任首席学习官，现从事人才发展和组织学习领域的咨询和写作工作。他曾为数十家企业与多所高校提供顾问服务，并为美国政府多个机构提供咨询，并曾担任多个营利与非营利教育组织的董事会成员。现任 i4cp 首席学习与人才官董事会主席，并担任 ATD CTDO Next 小组的推动者。他还是 CLO Learning Elite Awards 评审委员会的成员。曾任 ATD 董事会主席，也是 BEST Awards 评审委员会成员，并为多个 ATD 项目提供咨询。2005 年，他获得了 Gordon M. Bliss 终身成就奖。他还是一位未来学家、画家、自行车机械师和袜子爱好者。

延伸阅读

Diamandis, P. H. , and S. Kotler. 2020. *The Future is Faster Than You Think*. New York: Simon and Schuster.

Elkeles, T. , ed. 2020. *Forward Focused Learning*. Alexandria, VA: ATD Press.

Gutsche, J. 2020. *Create the Future + the Innovation Handbook: Tactics for Disruptive Thinking*. New York: Fast Company Press.

Jesuthan, R. , J. Boudreau. 2018. *Reinventing Jobs: A 4-Step Approach for Applying Automation to Work*. Boston: Harvard Business Review Press.

Jesuthan, R. , J. Boudreau, and D. Creelman. 2015. *Lead the Work: Navigating a World Beyond Employment*. Hoboken, NJ: John Wiley and Sons.

McCauley, C. , and M. McCall, eds. 2014. *Using Experience to Develop Leadership Talent*. San Francisco: Josey Bass.

Oakes, K. 2021. *Culture Renovation: 18 Leadership Action to Build an Unshakeable Company*. New York: McGraw Hill.

第 50 章　学习文化成熟的六个要素

霍莉·伯凯特

员工必须持续学习。自动化和机器人技术的兴起、全球化的加剧以及多代际和多元化的劳动力，要求 21 世纪的员工必须更快地学习、更智能地工作，并具备更高的灵活性。正如彼得·圣吉所说："未来真正卓越的组织，将是那些擅长挖掘并激发员工在组织各个层面上的积极投入与学习潜能的组织。"

🖐 本章要点

△　挖掘学习文化成熟的基本要素。

△　探讨促进学习文化发展的见解、例子和建议。

△　提出实现长期成功的建议。

一家是跨国技术和研发公司，一家是美国汽车石油产品制造商和分销商，二者有哪些共同点？共同之处在于，二者都迅速响应了工作场所的新常态。在这一新常态中，新型工作方式和全新工作需求加速了持续学习的必要性。此外，这两家企业均因其卓越且创新的学习解决方案荣获奖项，这些解决方案的设计初衷正是为了助力企业在变革动荡的时代取得高绩效。

例如，IBM 的人才发展团队设计了一个监控面板，其功能类似于"Fitbit"，能够为管理者提供即时的领导力行为应用提醒。这些提醒促使管理者思考如下问题："哪位员工尚未休假，可能正面临工作倦怠的风险？""哪位同事需要接受进一步的培训？"从目前的结果来看，参与该项目的团队成员不仅留存率显著提升，而且满意度也极高。美国胜牌即时换油公司的学习团队开发了一个企业视频门户，管理者可以用手机制作高质量视频，向技术人员展示如何高效地完成烦琐任务。

自动化、机器人技术、不断加深的全球化以及多元化的劳动力，明确指出了员工对于此类解决方案的迫切需求，以加速学习进程，增强敏捷性，从而在 21

世纪的工作环境中生存和发展。注重持续学习的组织更能：

- 吸引并留住顶尖人才。
- 培养各层级领导者，对实施继任计划至关重要。
- 提高员工参与度。
- 加速变革准备。
- 提升员工福祉。

此外，那些拥有强大学习文化的组织，在收入增长、盈利能力、市场份额、产品质量以及客户满意度等多个方面，均已证实能够始终优于同行。简而言之，构建学习文化是组织为适应下一常态进行重置和刷新的最佳途径。

什么是学习文化

学习文化并非仅仅关乎培训，而是聚焦于学习本身。在这一文化中，我们鼓励全体员工，无论层级高低，都积极追求、分享并应用新知识与新技能，这不仅促进了个人的成长，也为公司、客户乃至更广泛的社区带来了福祉。

学习文化着重于组织学习与绩效的提升，旨在培养团队的集体学习力与整体业绩能力。它并非聚焦于单一的培训活动，而是致力于打造富有意义的学习体验。在这一环境下，持续的学习机会被巧妙地融入工作流程之中，信息以短小、高频、按需获取的方式传递，员工能够在任何需要的时间与地点，轻松获取并应用这些知识。

在工作中学习

Wipro 是一家总部位于印度的全球 IT、咨询和业务流程服务公司，为用户提供友好的学习平台及简单实用的工具。这些工具融入游戏化内容，以促进日常学习，帮助员工应对现实的业务挑战。例如，Wipro 推出一款名为 TopGear 的社交学习平台，为员工提供结构化的学习路径，使其按照自身学习节奏掌握所需技能。同时，一旦掌握这些技能，员工就可以在平台上接触众包的真实商业问题，通过解决这些问题进一步锻炼能力。像 TopGear 这样的学习平台，通过缩短员工应对商业挑战的准备时间，显著提高了生产效率。

提供与工作绩效同步的学习机会，意味着：

- 学习是一个持续的过程——既包括正式学习，也包括非正式学习。
- 绩效和生产力的提升最常出现在非正式学习中。
- 员工更愿意在工作中学习，按照个人步调学习，以及产生需求时学习

（见图50-1）。

68%
的员工更愿意
在工作中学习

58%
的员工更愿意
按照个人步调学习

49%
的员工更愿意在
产生需求时学习

图50-1 员工偏好的学习方式

学习文化成熟的六个要素

现在，我们已经探讨了学习文化的内涵及其重要性，那么如何塑造一种学习文化，使之不仅助力组织为未来的挑战做好充分准备，还能在日益复杂多变的世界中蓬勃发展呢？图50-2中的六个要素将为你指明方向。

领导者参与

学习文化的长期成功依赖于领导者的支持，领导者不仅对业务需求负责，而且有权将学习纳入战略议程，并决定如何分配学习资源。领导者在学习投资方面的决策往往基于其对学习的重视程度以及企业对学习职能的价值认可。

将学习作为核心价值观

领导者通过塑造、表彰并强化特定的价值观和行为，为学习文化奠定了基调。有意义的价值观作为一种管理实践，成为疫情期间维持企业健康文化的关键分水岭。组织价值观对学习文化至关重要——90%的成熟学习型组织都明确将学

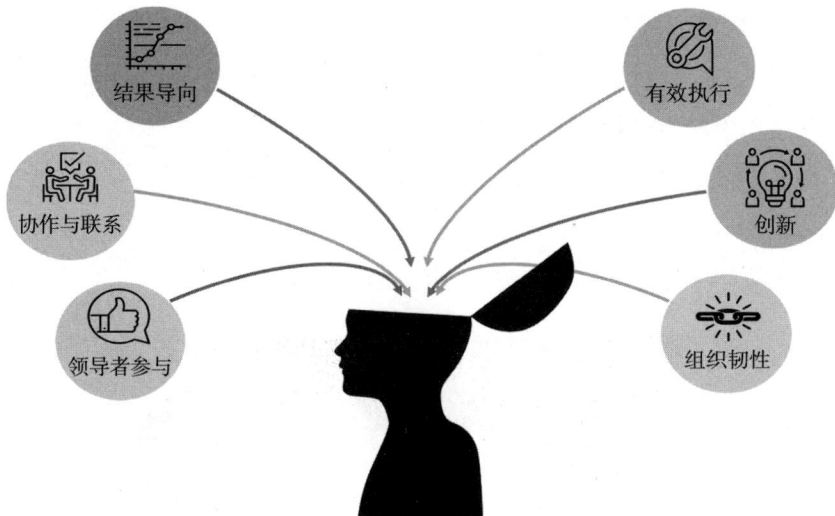

图 50-2　学习文化成熟的六个要素

习与发展纳入其企业价值观之中。以 WD40 公司的 CEO 加里·里奇为例，这位被誉为"全球十大 CEO 之一"的领导者曾坦言："我的职责就是打造一个学习型公司。"

　　将学习作为核心价值观的推动力来源于成长型思维，这种心态认为基本能力可以通过练习、他人的反馈和持续学习来发展。持这种观点的人更倾向于直面挑战，在遭遇挫折时不轻言放弃，视努力为掌握新技能的必经之路，从批评中汲取教训，并从他人的成就中获得灵感。受卡罗尔·德韦克关于成长型思维的研究启发，萨提亚·纳德拉在 2014 年接管微软时，就将终身学习确立为公司的优先事项——这一理念甚至印刷在全球超过 13 万名员工的工牌上。公司的焦点从"全知"转变为"全学"，而纳德拉更是通过每月分享自己学习心得的视频，进一步强化这一文化价值观。

激发高管认同

　　尽管许多高管认同学习与成长型思维的价值观，但如何让价值观付诸实践，却是他们持续面临的一项挑战。领英 2020 年发布的《职场学习报告》显示，仅有 27% 的学习与发展专业人士认为他们的 CEO 是学习的积极倡导者。

基于上述研究发现，领英的学习与发展团队决定举办领英学习挑战赛，这是一场为期一周的全公司竞赛，每个由高管带领的团队竞相成为学习成果最丰硕的队伍。这一高管主导的挑战赛，被证实是一种极为有效的激励手段，不仅显著提升了员工的参与度，还促使员工投入更多时间进行学习。

在争取高管的支持上，我采取的方法与对待其他人并无不同。我常常询问他们正在学习什么，同时也分享我自己所学的内容。将这种交流融入我们的日常对话中，能够激发更多分享，产生良性循环。这样的互动不仅激发了员工的学习动力，也有助于营造一种持续学习的文化氛围。

——领英学习与发展副总裁凯文·德莱尼

在另一个激发高管认同的例子中，好事达保险公司学习与发展部门负责人露斯·谢尔登据说投入了一年的时间举办路演大会，与高管进行交流，将原先固守任期和资历的文化，转变为投资持续学习的文化，将投资视作机会而非沉没成本。

重塑领导力发展

虽然多数 CEO 清醒地意识到，培养领导者对于组织的存续至关重要，但许多人对自己领导力发展过程往往信心不足。他们认为，学习专家在人才培养和领导者后备培养力度方面做得还远远不够。此外，随着混合办公模式的兴起，领导者正面临着后疫情时代的新挑战。因此，成熟的学习文化必须不断优化和创新领导力发展举措，确保其始终与不断变化的企业需求和日益复杂的技能要求保持同步。

例如，当索尔·弗洛森加入家乐氏担任学习与发展高级总监时，他着手革新此前"课堂繁重、资源密集、活动驱动"的传统学习文化。为了打破家乐氏"一刀切"的学习模式，弗洛森采取了多管齐下的方法以强化支持体系。他的核心举措包括：鼓励领导者成为学习的倡导者，发起名为#IGotThis 的内部营销活动，以及策划一场友谊赛，为参与者颁发奖品、授予荣誉。

以下是其他组织如何重新构思领导力发展的几个例子：

- 威瑞森通信公司、思科公司、ServiceNow 公司和新加坡星展银行将同理心融入员工互动中，并放宽了对员工的期望。例如，这些公司的管理者会接受培训，学会识别员工何时需要休假来恢复精力、重新焕发活力。

- 微软希望推广成长型思维的价值观，为此人才团队专为管理者设计了一套对话指南，与团队成员一同探索成长型思维的表现。微软鼓励领导者分享成功故事，并使用各种激励手段——如游戏、测验及移动同理心博物馆——以此强化预期行为。

总的来说，人才发展专业人士可以通过以下途径重塑领导力发展实践：

- 期望领导者反思自己的思维、假设和偏见。

- 确保正式学习、向他人学习和体验式学习相辅相成。

- 设计影响深远的学习之旅，而非传统的学习活动。

- 整合社交网络工具，让领导者能够分享知识。

- 针对不同领导层级（基层、中层、高层），将特定技能和应用场景与实际挑战相匹配。

- 更加注重那些能够激发创造力、推动创新、培养求知欲、促进包容性和增强同理心的项目。

- 赋予领导者以领导者-讲师、教练或导师的多重身份，分享知识和经验。

分布式领导

史蒂夫·乔布斯曾说："雇用聪明人，然后指示他们该做什么，并没有多大意义；我们雇用聪明人，是期望他们能启发我们该做什么。"为激发中层及基层管理者的动力，成熟的学习文化更加注重集体领导而非英雄式领导。这种做法打造了一个人才库，在需要时，任何人都能担任领导角色。

以胜牌即时换油公司为例，其所有服务中心和区域经理均源自内部晋升，他们的职业生涯往往始于小时工岗位。公司全球学习解决方案总监杰米·海恩巧妙结合了讲师指导培训与虚拟培训，致力于培养集体领导力技能，其中包括一个广受欢迎的面向客户的项目，以及一个专为加强公司各工作场所团队间联系而设计的新内部项目。此外，公司还为技术人员提供了丰富的电子化学习课程、实操培训、练习与证书清单、培训例会以及阅读理解练习。

教练是构建集体领导能力的另一种有效方式。Telus（一家加拿大电信公司）作为十次荣获 ATD 最佳学习型组织奖的公司，对其教练项目进行了重组，将全体员工都纳入教练和反馈的过程，而不仅是领导者。自实施以来，员工对高管及董事的评级有所上升，员工满意度高达 92%。

许多人才发展专业人士，如得克萨斯大学 MD 安德森癌症中心的同行，利用小组教练来重塑领导力发展。在这种模式下，资深的专业教练与小组合作，充分激发成员的集体经验，同时营造一个安全的空间，使小组共同制定目标并深化学习体验。践行教练式领导风格的领导者，往往更能培养出新一代领导者，为领导力梯队注入新鲜血液。

重新思考绩效管理

高效的绩效管理流程能够增强企业战略目标与日常工作行为之间的联系。从全球巨头到小型初创企业，众多公司纷纷摒弃传统的绩效管理模式，对其流程进行全面革新。其中一项变革便是将衡量主管在员工发展和教练方面的指标纳入绩效考核之中。

例如，胜牌即时换油公司仿照前一年为办公室员工推出的模式，取消了店面团队成员原先按小时计酬的绩效评级制度。新的流程更加注重每季度的职业发展指导对话，以及个别经理与员工之间的交流，共同讨论在客户服务和内部关系中取得的成就与面临的挑战。此外，经理在决定绩效工资时拥有了更大的自主权，不再仅仅依赖于个人绩效表现来做出薪酬决策。

在百威英博和 Atlassian 两家公司，绩效管理流程变得更加连续。二者均设立了新的财务和运营指标，表彰与奖励那些在疫情期间积极应对变化、推动创新及强化团队协作的员工。绩效管理流程愈发精简、敏捷，且愈发以员工为中心。

加强管理层支持

管理者既可以成就学习文化，又可以破坏学习文化。虽然学习文化始于高层领导，但主要由中层管理者推动。事实上，员工对公司文化的体验，很大程度上取决于其管理者。以下几点值得深思：

- 管理者对员工参与度评分的影响至少占 70%——管理者的行为甚至可以

抵消高管支持带来的积极影响。

- 员工向管理者寻求学习建议的频率比官方学习系统高出 22%，比学习与发展团队高出 73%。

- 超过 50% 的员工表示，如果管理者给予指导，他们愿意投入更多时间学习。

鉴于员工经常反映管理者未能给予足够的学习时间，Allstate 公司在管理者的绩效考核中新增了"学习时间"这一指标。

人才发展专业人士能够帮助管理者优先安排学习时间，传授高效的时间管理策略，并鼓励其采取以下做法：

- 制定学习清单。

- 在日程表上预留学习时间，并对员工公开。

- 参与在线职场学习频道。

- 在团队例会上分享技能提升的成果。

- 将员工发展融入日常工作中。

图 50-3 列举了其他一些旨在加强管理层对持续学习支持的常用方法。当然，最为理想的方式是持续地在各个组织层级间建立关系，同时展示学习如何助力解决实际绩效难题。

| 协助管理者与员工共同制定绩效目标与发展计划 | 提供管理工具与同伴学习网络，帮助管理者胜任新角色（包括教练辅导能力） | 指导管理者优化团队协作、包容性与认可机制 | 支持管理者为团队提供发展机会与挑战性工作任务 | 邀请管理者加入战略顾问组，引导在岗持续学习文化的落地 |

图 50-3　加强管理层支持

协作与联系

成熟的学习文化跨越边界、共享知识，进而促进协作、建立联系以及设定共同目标。高度的联系能够显著提升员工的参与度，加强战略的一致性，优化决策质量，激发更高的创新活力，培养更强的敏捷性和适应力。从企业的视角来看，如今的工作岗位相较于过去，更加需要团队协作。领导力正逐渐呈现出横向发展的趋势，组织结构也日益扁平化，这就要求企业必须构建起稳固的信息网络，以确保信息的快速自由流通。

然而，长期的疫情压力以及随之而来的情感和社交支持系统的缺失，使员工感到更加脱节、孤立和孤独。对于远程工作的员工而言，这种影响尤为显著。这种脱节及其相关情绪对员工的参与度和绩效产生了显著影响，具体表现为：

- 认知表现下降（脑雾）。
- 自我控制能力受损。
- 视野狭窄。
- 精力下降。
- 与工作的情感疏离。

针对上述问题，以下是一些可供参考的应对措施。接下来，我们将逐一深入探讨。

积极倡导包容

那些将包容战略作为首要考量的组织，实现卓越商业成果的概率远超其他组织，高达 8 倍之多。随着混合办公模式的普及，我们需要制定更多规划，以更加包容远程及分散的团队成员。人才发展专业人士能够充分发挥其专长，通过激励管理者制定相关流程，使远程员工感受到组织的包容。例如：

- 确保会议室内的每位员工均拥有独立的视频屏幕。
- 更新消息应用频道，确保员工及时了解办公室内的对话内容。
- 通过电话、电子邮件或定期脉冲调查与远程员工联系，了解其近况及所需的绩效支持。
- 设立每周五"快乐会议"时段，在 Slack 平台度过非正式的社交时光。

向员工展示在包容与尊重方面所做的努力，有助于减少职场中的压力与冲突，提升团队合作效率，进而提高生产力，促进知识共享。总的来说，人才发展专业人士能够帮助领导者识别并克服无意识偏见，指导管理者如何打造一个开放、安全的讨论平台，在其中营造尊重差异与积极认可的氛围，从而推动包容文化的形成。然而，请记住，真正的协作和包容不仅需要融入人才管理的各项流程，还必须成为组织文化的一部分，依赖于领导者对信任、公平和包容的承诺。

指导协作

许多组织期望员工之间能够良好协作，但往往没有给予他们正确的协作指导，也未曾明确日常实践和行为中的协作规范。人才发展专业人士在培养协作能力以及搭建员工信息共享机制方面发挥着至关重要的作用。以下是一些切入点：

- 界定协作环境的具体特征。
- 运用技术工具打破信息孤岛，促进知识共享。
- 向管理者及团队传授协作新方法，包括联合工作模式、冲突化解、建设性反馈与共同决策。
- 建立员工互评机制，表彰团队协作贡献。
- 将协作精神、包容性与多样性纳入人才管理体系并设立相应激励。

请记住，真正的协作绝非仅是团队成员一同参与项目那么简单。它代表个体之间如何携手探索创意、消除偏见、相互学习，以及包容多元视角来共同寻求解决方案。协作建立在信任与安全的氛围之上。在一个真正协作的环境中，人人都享有发言权，因此会感到更加包容，更能做出贡献，也更有可能与团队或组织进行互动。

建立同伴学习网络和社群

另一个促进协作与联系的途径是建立同伴学习网络。这类网络能够推动高绩效、提升参与度、激发创新。在这里，学习以社交学习体验为导向，员工合作解决问题，挑战舒适区，掌控职业发展路径。

以安全咨询认证公司 UL 为例。其全球领导力项目通过对话与引导机制，构建了跨国领导者社群。项目期间，学员组队研讨公司战略议题，并向高管层提交解决方案。该设计旨在打造强协作性学习体验，重点培养学员如何在跨文化和跨时区的环境中取得成功。

结果导向

在成熟的学习文化中，重点不再仅仅是培训项目的产出，而是更加侧重学习成果，展示学习如何增加商业价值。随着数据革命的深入，高绩效的学习文化愈发依赖先进的测量标准和分析工具来传达其价值，以数据驱动人才吸引、留存与发展方面的战略决策。尽管当前收集与分析人才数据的技术成本更低、速度更快且更易获取，但许多人才发展部门仍然以被动、临时的方式应对数据请求。这种做法往往限制了他们将人才管理计划与更高层次的业务结果（如收入、利润和客户满意度）联系起来的能力。在展现学习项目的商业价值时，一些基本原则仍然适用。

专注于一致性

学习文化未能增加价值的一个最常见原因在于，其未能有效匹配或整合人才招聘、人才管理和人才发展过程的各个阶段。

为了匹配人才战略，胜牌即时换油公司将所有与人才相关的职能（包括招聘、继任计划以及绩效管理）进行了整合。公司从为每年新入职的 5000 名员工量身定制的混合式学习计划入手，积极推行"内部晋升"战略，并及时提供学习资源。最终，公司的员工流失率仅为行业平均水平的一半，为未来成功培育了一支核心员工队伍。

学习关联绩效

许多学习文化未能取得成效的原因之一在于，人才发展专业人士更关注培训本身，而非培训带来的绩效。一个成熟的学习文化，其特点在于专注推动更优异的结果和更强大的商业效益。

例如，与一般学习文化相比，一个成熟的学习文化在衡量员工行为改变和业务影响，并利用这些结果寻找改进机会方面的可能性，几乎高出三倍。以获奖医疗机构 OhioHealth 为例。这家位于俄亥俄州哥伦布市的非营利医疗集团，于 2016 年启动"学习投资回报"计划，通过成本效益分析彰显学习项目的商业价值。该计划关键举措包括采用投资回报率方法论——通过标准化流程，帮助学习与发展专业人士向关键利益相关者量化呈现培训成效。该计划还着力培养内部评估专家队伍。自该计划实施以来，OhioHealth 的学习团队不仅在评估能力上取得了显著提升，还极大地增强了其在组织内外的影响力与信誉，并有效证明了学习如何推动员工参与度、流程改进和质量提升等。尤为值得一提的是，该学习团队还在 2018 年和 2020 年获得了布兰登霍尔集团的学习卓越奖。

制定再培训与技能提升计划

超过 87% 的高管报告称其组织存在技能缺口，超过 25% 的组织在疫情期间增加了再培训的投入。然而，随着技能的保质期缩短，许多商业领袖担心人才开发者过于关注当下的技能培训，却忽视了预防未来技能缺口的问题。

> 学习与发展的技能提升和再培训项目应始终与关键的商业优先事项挂钩。我们有两个主要目标：吸引和留住顶尖人才，以及构建支持战略所需的能力。为了有效实现这两个目标，我们已经开始将学习领导者嵌入我们的战略团队，这样我们就可以确定我们几年后需要的技能，并制定计划弥合这些技能差距。
>
> ——诺华集团首席学习官西蒙·布朗

以下是一些人才发展专业人士帮助员工拓宽技能，以应对未来岗位变动的做法。

- IBM 推出了一款名为 YL Boost 的专属移动应用。该应用为员工提供获取热门职位和技能的学习路径。员工可以通过这款应用追踪自己在获取职位资格道路上的每一步进展，同时，应用还会定期提醒员工完成每日及每周的学习目标。

- 亚马逊开创性地推出了一项名为 Career Choice 的再培训与技能提升项目，旨在为来自 14 个国家、使用 8 种语言的 40000 名员工提供服务。员工入职满一年即可参与该项目。公司预付教材和学费，但培训或教育资金仅限于需求量大的技能——这些技能均由提供培训的教育合作伙伴及负责招聘的业务合作伙伴认证。学员也可以选择将新技能应用于亚马逊以外的职位。

最后，切勿忽视自身持续再培训与技能提升的重要性，这是成为高效商业伙伴的关键。举例来说，人才分析能力一直被视为人才发展和人力资源从业者之间的一大能力差距。尽管培养人才分析能力以及掌握相关支持技术需要耗时数年及持续的投资，但对于人才发展专业人士而言，重要的是要认识测评的本质，并理解测评如何彻底改变学习的价值。然而，真正的价值并不在于指标本身，而在于我们如何向利益相关者呈现这些指标，并有效利用它们来支撑战略决策的制定。

有效执行

执行是将理论付诸实践的关键步骤。尽管学习内容与企业战略之间高度契合，但在实际执行过程中，也可能困难重重。在许多组织中，将学习战略转化为具体行动常常陷入停滞不前的困境，成为权力斗争的战场、被忽视的机会或者尚未完成的重大任务。此外，组织也挣扎于如何终止那些不断消耗资源却未能实现预期效果的项目。因此，准确把握何时坚持、何时放弃，是有效执行的一个重要因素。

尽管有许多方法可以缩小战略与执行之间的差距，但经过验证的最佳实践包括：

- 目标一致。
- 严格应用数据驱动方法（包括变革管理、风险管理、教学设计、测量和评估、项目管理、设计思维、六西格玛、Agile 编程、人力绩效技术）。
- 职责明确。
- 清晰的成功指标。
- 及时可达的绩效支持。
- 结构化的治理流程。
- 定期反思和审查。

进行事后分析或开展经验教训回顾，或许是培育学习文化最简单的方式。然而，经验教训回顾的一个普遍问题是，得出的见解局限于组织内部的某个具体部门。因此，共享见解至关重要，这样组织的不同部门都能从其他部门所面临的挑战和积累的经验中汲取智慧。

一个成熟的学习文化，若能辅以一致且系统化的实践（如定期的分析与回顾），其成效将远超那些缺乏体系的文化。最终，将卓越的执行力融入日常的人才发展工作中，不仅能帮你树立言行一致的信誉，更能将你的学习职能打造为卓越的典范。

组织韧性

韧性不仅是从逆境、挫折、不确定性或压力中反弹的过程，更是在面对挑战时勇往直前、茁壮成长的过程。高韧性的组织通常更加灵活、更具创新性、凝聚力更强且效率更高，同时也能更迅速地响应客户需求。高韧性的领导者不仅能够高效地应对企业变动并迅速恢复，还更擅长引领那些激发创新与增长的积极变革。高韧性的个人和团队对工作更加积极，满意度更高，并且对组织变革持更开放的态度。

韧性不仅契合商业运作的逻辑，还能够转化为可观的回报。例如，普华永道在 2014 年公布的一项研究显示，在韧性职场中，每投入 1 美元，便可收获 2.3 美元的回报。这些回报体现在生产效率的提升、员工缺勤率的下降、医疗费用的减少以及员工流失率的降低等多个方面。

下面探讨几种建立组织韧性的方法。

培养变革能力

变革是每一项学习与绩效提升战略的核心。人才发展工作的使命在于推动组织变革，而在这一进程中，当今的学习领导者担当着至关重要的变革推动者角色。成熟的学习文化不断优化变革能力的培养体系、认可机制和奖励方式。学习文化会根据特定变革角色与职责所需的能力，灵活调整发展策略，涵盖以下关键角色：

- 变革发起者（引领变革战略的人）。
- 变革管理者（管理变革计划的人）。
- 变革推动者（积极承诺并倡导变革的人）。

此外，学习文化强调，提升变革能力绝非仅仅局限于孤立的领导力发展项目。例如，在整个组织范围内构建一个能够灵活应对变革的团队网络，不仅能够显著增强变革响应能力和激发创新精神，还能够加速提升业务绩效。如果要在整个企业范围内培养变革能力，组织需要：

- 定期评估人才库对变革能力的需求和现有差距。
- 持续优化领导力发展以提升战略变革能力。

- 实施纪律严格、计划周密的变革流程，以启动和实施变革。
- 变革启动后和管理过程中提供即时的绩效支持。
- 协助领导者预测并管理变革实施中的风险，包括变革疲劳的风险。
- 定期监测变革举措的影响。
- 将个人能量管理、休息与恢复视为战略性要务。

监测职业倦怠和变革疲劳

"一支具备高韧性的员工队伍，是在面对高强度或高频次活动时，通过有效管理个人能量并合理平衡恢复期而逐步建立起来的。"当今组织中，个人和团队每天都需要面临大脑疲劳和压力的双重挑战，他们不断应对 Zoom 疲劳、变革疲劳、信息过载、工作节奏加快、健康安全问题以及工作和职场未来持续存在的不确定性等问题。慢性职场压力的总体影响已极为严峻，鉴于此，世界卫生组织已正式将职业倦怠认定为一种疾病。职业倦怠的特征包括：

- 职业效能降低。
- 工作疏离感增强。
- 能量枯竭或极度疲惫。

当人们被迫同时进行过多转型，或者变革举措未经充分考虑、推进过快或准备不足就实施时，变革疲劳可能导致职业倦怠。人才发展专业人士应认识到倦怠、疲劳及高度互联对员工学习、绩效及参与度的影响。毕竟，如果员工太过疲惫而无法接收信息，那么再怎么精准匹配、精心设计和精密实施的学习计划也都将失去其意义。

为员工谋福祉

为了营造一个以员工为中心的工作环境，减少职业倦怠，提升员工福祉，人才发展专业人士必须携手业务及人力资源领导者，共同打造注重韧性的文化，以取代"越多越好"的文化。我们鼓励并期待各个岗位、各个层级的员工都能将休息、充电与恢复精力视为个人效能与福祉的一部分，视为维持并提升最佳工作状态的关键。领英、思科和 SAP 等公司为其全球团队设立了每周的心理健康日，以帮助员工恢复精力。对员工健康与福祉的投资将直接影响业务成果，如生产力提高、员工士气与动力增强，以及员工留任率和忠诚度上升等。

以 Autodesk 公司对员工福祉的关怀为例。这家全球软件公司在 38 个国家、105 个城市运营，拥有超过 11000 名员工，其中许多员工位于中国。随着新冠疫情的蔓延，Autodesk 的领导者意识到公司面临潜在危机，需要在全球范围内统筹协调，应对各种情况、人员及地域问题。为应对挑战，人力资源团队重新规划了培训重点，涵盖员工的韧性、身心健康以及社会联系。团队还为管理者配备了资源，重点关注压力之下如何领导、如何真诚分享、如何关爱自己与团队成员、如何推行包容性工作实践，以及如何营造归属感文化。作为全球主要 Slack 用户之一，Autodesk 的分享文化鼓励员工就个人、职业和家庭问题与同事交流。公司还大量依赖 Zoom、Mural、Slack 以及 Autodesk 自家技术工具进行远程办公。

为了帮助组织摒弃"拼命工作"的陈旧观念，创新领导力中心给出了几点建议：

- **韧性教育**。指导员工具体实践和习惯，专注培养韧性技能和思维。强调韧性与整体健康、福祉及工作效率提升之间的紧密联系。

- **展示如何通过电子邮件设置工作界限**。设置每天下班后的自动回复，告知团队在此时间段内不会回复邮件。

- **强调感恩的重要性**。韧性的一个关键表现是培养感恩的习惯。鼓励领导者、团队和个人经常表达感激之情。

- **在工作中创造提升韧性的机会**。为健身课程提供财务补贴或报销，能够鼓励员工补充能量。

- **尝试冥想**。许多大型组织已推出正念课程，指导员工如何恰当休息、恢复精力。

需要牢记的是，尽管在个人层面提升韧性至关重要，但还远不足以构建一个具有韧性的组织。研究表明，如果要在组织层面有效促进并巩固韧性能力，还需要充分利用广泛的文化杠杆。

培养学习敏捷性

在《纽约时报》的一次访谈中，谷歌前人力资源高级副总裁拉斯洛·博克提出："对于每一个职位，我们最看重的是综合认知能力，这并非智商，而是学习能力，也就是在瞬息万变的环境中迅速处理信息的能力。"

在不断变化、不可预测的商业环境中，组织的发展离不开那些有韧性和敏捷学习能力的员工。学习敏捷性，即学习、忘却、再学习的能力和意愿。它由九个维度构成，其中灵活性和速度是两个核心驱动力。灵活性意味着能够摒弃旧有习惯或行为，采纳更符合未来需求的新行为。速度更多地体现在个人迅速洞察形势，并据此调整行为以快速适应并响应行动计划方面。

学习敏捷性已被证实是预测领导成功与否的一个极佳指标。学习敏捷性或许并非与生俱来，但完全可以通过后天的培养和发展得以提升。人才发展专业人士可以通过以下方式提高学习敏捷性：

- 让员工沉浸于未曾涉足的工作或公司环境中。
- 提供岗位见习、岗位轮换和临时任务的机会。
- 传授解决问题的方法。
- 在招聘、选拔和人才发展中，使用经过验证的学习敏捷性评估工具。

创新

成功的学习文化之所以与众不同，在于其追求持续创新，并随着新环境和需求的涌现，不断更新或重塑自身及其所在组织。事实上，研究表明，拥有强大学习文化的公司在产品开发、可持续价值及增长方面的创新潜力竟高达92%。然而，许多学习职能部门缺乏推动创新的战略或体系，还有许多其他职能也未能跟上创新技术的步伐。如果人才发展专业人士自身的实践停滞不前，与时代脱节，那么就无法在企业中推动创新。

图 50-4 展示了如何打破现状，摆脱"一如往常"的做法。下面让我们更仔细地看看图中列出的一些建议。

利用技术

人才开发人员比以往任何时候都更加依赖数字学习解决方案——这些方案不仅用于传递内容，还用于衡量学习成效。虽然技术有加强学习文化的潜力，但许多组织报告称其技术基础设施存在诸多局限，如投资缩减和访问困难等。

以杜邦可持续解决方案公司的渐进学习领导团队为例，他们在疫情期间成功

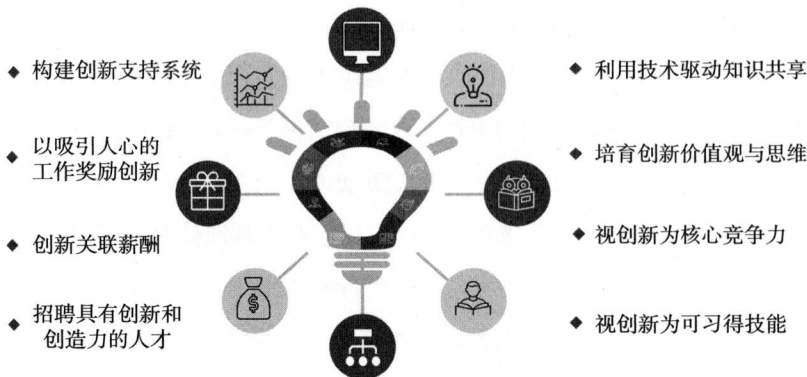

图 50-4　拥抱创新的艺术

克服了技术应用的挑战。该公司的学习与发展团队和全球领先的短信学习平台 Arist 合作，共同开发了通过短信传递的安全培训课程。这一方案旨在快速为全球员工提供灵活适应的学习内容，至今仍是内部和外部合规培训的一种重要方式。通过这种方式，团队能够"将复杂的内容——通常在传统学习方式中参与度较低——转化为简短、易懂且富有吸引力的学习模块"。此外，这种方式还极大地简化了对学员数据的跟踪工作，特别是在满足合规要求方面。

　　此外，当技术与学习文化深度融合时，组织往往能实现积极的业务影响（见图 50-5）。

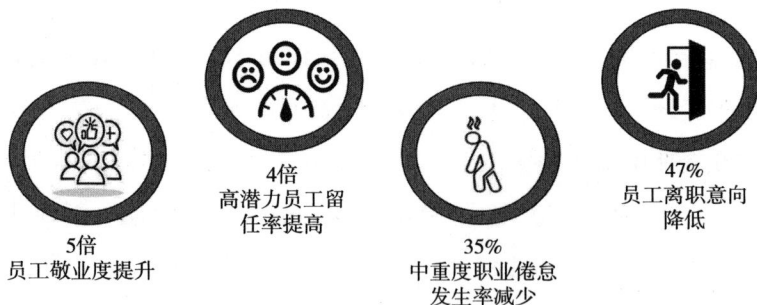

图 50-5　技术深度融合的业务影响

利用技术的几点建议：

- 为所有新技术的引入制定并严格执行变革管理计划。若缺失此类计划，新技术的应用率可能会下降 51%，同时整体员工体验也会削弱 32%。

- 不要预设员工会自然而然地接受新技术。即便那些通常较为开放且乐于接受新事物的员工，一旦新技术对其日常工作流程造成干扰，也可能产生抵触心理。

- 采用"引导"而非"催促"的方式提醒员工，帮助他们克服障碍并将新知识应用于实际工作中。

让失败变得安全

谷歌进行了一项为期两年的团队绩效研究，发现表现最出色的团队有一个共同点：心理安全，即团队成员相信犯错时不会受到惩罚。成熟的学习文化能够为员工提供从失败与成功中汲取经验的空间——鼓励个人、团队和整个组织勇于尝试、拥抱风险与意外。

谷歌行业主管保罗·桑塔加塔定期询问团队成员其安全感程度，以及哪些措施能够进一步提升安全感。此外，团队还定期进行心理安全及其他团队动态的调查。例如，调查可能问："如果你承认错误或犯错，你有多大把握自己不会受到报复或批评？"

满足现代学员的需求

易于获取且用户中心的学习机会是创新学习文化的标志，能够满足现代学员的需求。现代学员期望学习具备以下特点：

- **按需（根据需要）**且**持续**进行，而不仅是间歇性活动。
- **短时间**（分钟）而非长时间（小时或天）。
- 能够在**移动设备**（智能手机和平板电脑）上**轻松访问**，随时随地获取所需的学习模块，而非被动接受必须完成的推送课程。
- **社交属性**，配备工具、技术和资源（包括教练、导师、维基、智能手机和平板电脑），用于创建和共享学习内容。
- **个性化**，允许个人自主规划并管理其持续的自我提升与发展，而非千篇一律的学习模式。
- **侧重体验**，在实践中学习，而非仅局限于理论学习。

最后的思考

未来正以令人眩晕的速度向我们逼近，成熟的学习文化比以往任何时候都更加重要。正如麦肯锡的比尔·沙宁格所说："这是一个重塑文化的绝佳契机。在领导者的一生中，很少有这样的机会去彻底革新组织管理方式。"

变革的需求已经显现，行动的时机也已经到来。在行动的号召中，思想领袖兼屡获殊荣的学习倡导者、Aloha Learning Advisors 创始人基莫·基彭，敦促首席学习官抓住现有的转型机会："现在是学习与发展大展拳脚的大好时机。"

然而，需要铭记的是，学习文化的转变并非一蹴而就，而是一个逐步发展的过程。构建一个成熟的学习文化——一个深植于组织基因中的文化——是一个发展过程，可能需要几年时间才能实现。如图 50-6 所示，这一演进过程遵循了常见的成熟度发展阶段，从最初的临时性、不规范阶段转变为更加一致、规范且增值阶段。该成熟度模型将成为你未来道路上的一盏明灯。

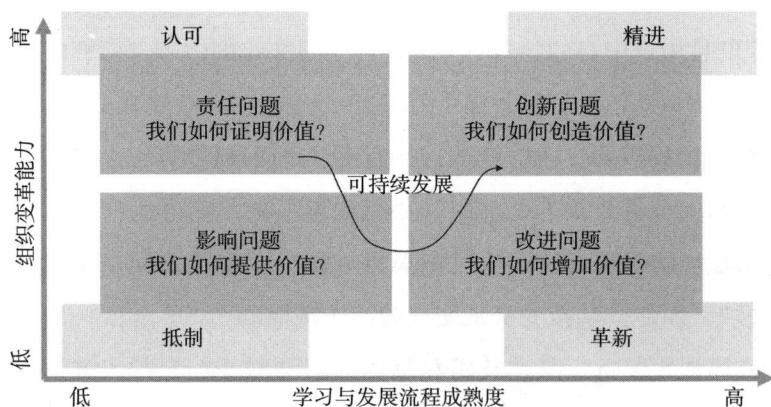

组织变革能力和学习与发展流程成熟度都是可持续发展的驱动力。

图 50-6 学习文化的成熟度模型

推动学习文化的成熟并非仅需做好六个关键要素中的一个，而是要将这六个要素整合起来，构建一个能够经得起时间考验的可持续学习文化。

这项任务或许看似艰巨，但关键在于集中精力，采取可管理且可实现的行动，持续向前推进。毕竟，文化是由日常行为、互动和实践所塑造的。利用本章中的建议、自我评估工具以及案例，为学习转型在组织中的生根发芽准备土壤。

抓住机遇，不负时光！

作者简介

霍莉·伯凯特（Holly Burkett）博士，SPHR，利益相关者中心教练，一位经验丰富的人才建设者、变革领导者和职场学习专业人士，拥有超过 20 年的经验，曾为多家全球组织担任值得信赖的商业顾问。她专注于培养高韧性领导力，以提升组织活力与业绩表现。她曾在苹果公司任职，服务客户包括加利福尼亚州律师协会、美国国家公园管理局、雪佛龙公司和美国国家安全局。作为 Prosci 变革管理认证专家、推崇马歇尔·戈德史密斯的利益相关者中心教练，以及福布斯教练委员会特邀成员，她是一位备受欢迎的演讲者、教练和引导师。她著有获奖图书《终身学习》，并参与编写了《ATD 人才发展基础》《ATD 人才发展行动指南》《ATD 人才发展知识体系指南》。她拥有人力资本发展的博士学位。你可通过电子邮件 holly@ hollyburkett. com 与她联系。

参考文献

Alexander, A. , A. DeSmet, M. Langstaff, and D. Revid. 2021. "*What Employees are Saying about the Future of Work.*" McKinsey & Company, April 1.

Arist. 2021. "Case Study: DuPont Sustainable Solutions. " Arist, February 17.

Association for Talent Development (ATD). 2016. *Building a Culture of Learning: The Foundation of a Successful Organization.* Alexandria, VA: ATD Press.

Bersin, J. 2015. "Becoming Irresistible: A New Model for Employee Engagement. " *Deloitte Review* 16 (January 27).

Bersin, J. 2020. "The Big Reset Playbook: What's Working Now. " Josh Bersin, August 26.

Biech, E. 2018. *ATD's Foundations of Talent Development: Launching, Leveraging, and Leading Your Organization's TD Effort*. Alexandria, VA: ATD Press.

Borysenko, K. 2019. "Burnout Is Now an Officially Diagnosable Condition: Here's What You Needto Know About It. " *Forbes*, May 29.

Bourke, J. 2018. "The Diversity and Inclusion Revolution: Eight Powerful Truths. " *Deloitte Review*, January 22.

Burkett, H. 2015. "Talent Managers as Change Agents. " In *Talent Management Handbook*, edited by T. Bickham. Alexandria, VA: ATD Press.

Burkett, H. 2017. *Learning for the Long Run: 7 Practices for Sustaining a Resilient Learning Organization*. Alexandria, VA: ATD Press.

Burkett, H. 2018. "Valuing a Learning Culture. " In *ATD's Action Guide for Talent Development* by E. Biech. Alexandria, VA: ATD Press.

Canlas, L. 2015. "How We Built Talent Analytics at LinkedIn. " LinkedIn Pulse, November 5.

Castellan, S. 2020. "Small Actions Nurture Company – Wide Learning Cultures. " *TD*, July 20.

Cavanaugh, K. , M. Deveau, and C. Holladay. 2021. "Reframing Leadership Through Coaching. "*TD*, April 30. Alexandria, VA: ATD Press.

Center for Creative Leadership (CCL). 2020. *Unlearning Your Organizational Culture: A Playbook for Leading in an Unpredictable, Virtual World*. Greensboro, NC: CCL

Dearborn, J. 2015. "Why Your Company Needs a Learning Culture. " *Chief Learning Officer*, June 3.

Delizonna, L. 2017. "High – Performing Teams Need Psychological Safety. Here's How to CreateIt. " Harvard Business Review, August 24.

Dweck, C. 2007. *Mindset: The New Psychology of Success*. New York: Ballantine Books.

Economist Intelligence Unit (EIR). 2021. "The Employer Imperative. " Infographic.

Graber, J. 2016. "UL's Unique Look at Development. " *Chief Learning Officer*, April 8.

Hancock, B. , B. Schaninger, and B. Weddle. 2021. "Culture in the Hybrid Workplace. " McKinsey & Company, June 11.

Hart, J. 2019. "Modern Workplace Learning 2019: A Framework for Continuous Improvement, Learning and Development. "

Harris, P. 2020. "Cranking on All Cylinders. " TD, July 20.

Kelly, K. , and A. Schaefer. 2015. *Creating a Collaborative Organizational Culture*. Chapel Hill, NC: UNC Executive Development.

LinkedIn Learning. n. d. "Kellogg's Customer Story. " LinkedIn Learning Solutions.

Linkedin Learning. 2018. "2018 Workplace Learning Report. " LinkedIn.

LinkedIn Learning. 2020. "2020 Workplace Learning Report. " LinkedIn.

Lucy, D. , and C. Shepard. 2017. *Organizational Resilience: Building Change Readiness*. UK: Roffey Park Institute.

Lutin, L. 2020. "Superlearning: Reskilling, Upskilling and Outskilling for a Future-Proof Workforce. " Deloitte Insights, June 29.

McCormick, H. 2016. *7 Steps to Creating a Lasting Learning Culture.* Chapel Hill: UNC Executive Development.

meQuilibrium. 2017. "3 Critical Ways Resilience Impacts Your Bottom Line. " Human Resource Executive.

Morgan, J. 2015. *The Future of Work: Attract New Talent, Build Better Leaders, and Create a Competitive Organization.* Hoboken, NJ: John Wiley and Sons.

Nauck, F. , L. Pancaldi, T. Poppensieker, and O. White. 2021. "The Resilience Imperative: Succeeding in Uncertain Times. " McKinsey & Company, May 17.

Nguyen, N. , P. P. Phillips, J. J. Phillips, and H. Burkett. 2021. "ROI and Best Practices in the Age of Disruption. " ISPI Annual Virtual Conference, April 29.

Oaks, K. , and P. Galagan. 2011. *The Executive Guide to Integrated Talent Management.* Alexandria, VA: ATD Press.

O. C. Tanner Institute. 2021. *2021 Global Culture Report.* Salt Lake City, UT: O. C. Tanner Institute.

Palmer, K. 2020. "Overcoming Obstacles: Managers Are Perfectly Positioned to

Help Workers Learn. " Degreed blog, June 29.

Robinson, D. G. , J. C. Robinson, J. J. Phillips, P. P. Phillips, and D. Handshaw. 2015. *Performance Consulting: A Strategic Process to Improve, Measure, and Sustain Organizational Results*, 3rded. San Francisco: Berrett−Koehler.

Salopek, J. 2015. "Training at the Crossroads of Tradition and Technology. " *TD* 69 (11).

Senge, P. M. 2006. *The Fifth Discipline: The Art and Practice of the Learning Organization.* New York: Broadway Business.

Sheldon, R. 2021. "A Conversation With Allstate's Rose Sheldon. " CLO Breakfast Club June 2021: Resilience & Transformation Through Crisis and Recovery, June 29.

Skibola, N. 2011. "Leadership Lessons From WD−40's CEO, Garry Ridge. " *Forbes*, June 27.

Stallard, M. 2015. *Connection Culture: The Competitive Advantage of Shared Identity, Empathy, and Understanding at Work.* Alexandria, VA: ATD Press.

Stallard, M. 2021. "What NASA Can Teach Us About Post−Pandemic Workplace Re−Entry. "Michael Lee Stallard, June 5.

Sull, D. , R. Homkes, and C. Sull. 2015. "Why Strategy Execution Unravels − and What to Do AboutIt. " *Harvard Business Review*, March.

Taylor, B. 2016. "How WD−40 Created a Learning−Obsessed Company Culture. " *Harvard Business Review*, September 16.

Vander Ark, T. 2018. "Hit Refresh: How A Growth Mindset Culture Tripled Microsoft's Value. "Forbes, April 18.

Zoe, E. 2019. "Learning Agility: What Is It and How Do You Nurture It?" eFront Learning, March.

🏛 延伸阅读

Burkett, H. 2017. *Learning for the Long Run: 7 Practices for Sustaining a Resilient Learning Organization.* Alexandria, VA: ATD Press.

Marquardt, M. J. 2011. *Building the Learning Organization*, 3rd ed. Boston: Nicholas

Bealy.

Quinn, C. 2014. *Revolutionize Learning & Development*. Alexandria, VA: ATD Press.

Schawbel, D. 2018. *How Great Leaders Create Connection in the Age of Isolation*. New York: DeCapo Press.

第 51 章　持续推进多元化、公平与包容

托尼娅·威尔逊

多元化、公平与包容（DEI）是人才发展各环节的核心要素。人才发展的本质在于确保组织获得高效能的人才支持。通过重新审视 DEI 的定义，我们能够在制定相关战略、运用工具方法时保持理念一致性。本章中的定义由塔斯基吉大学 DEI 倡议项目制定，同时收录于术语表。

本章要点

△　明确何谓 DEI 的可持续性发展。

△　讨论在评估这种可持续性时要用到哪些关键影响因素。

△　探索营造多元化氛围的重要性。

△　确定将 DEI 融入企业战略的有效策略。

对许多领导者来说，DEI 似乎是个难以捉摸的概念。企业每年在多元化和包容培训上的花费高达 80 亿美元左右。根据特来昂特公司和 WBR 洞察的最新研究，2022 年有 79% 的企业计划在这方面加大预算和资源投入。然而，尽管在多元化相关培训上花费不少，很多企业还是难以将 DEI 真正融入企业文化中。不过，好消息是，像塔吉特、谷歌和苹果这样的公司已经在实现 DEI 战略上取得了显著进展。本章将详细介绍维持 DEI 所需的策略、应持有的见解以及可能用到的工具和方法。

维持组织的 DEI 文化

回想一下小学的某节科学课，你可能记起有关生物群落和生态系统的研究。除了认识物种以及对物种进行分类，另一个关键信息是，系统中的每个元素都有其独特的价值。还要认识到，如果系统中的某些群体遭到破坏、价值被忽视，甚

至完全被抛出系统之外，就有可能造成系统的失衡甚至严重损失，从而影响整个系统内的其他群体。因此，我们必须仔细监测系统中群体生命的健康状况和活力度（见图 51-1）。

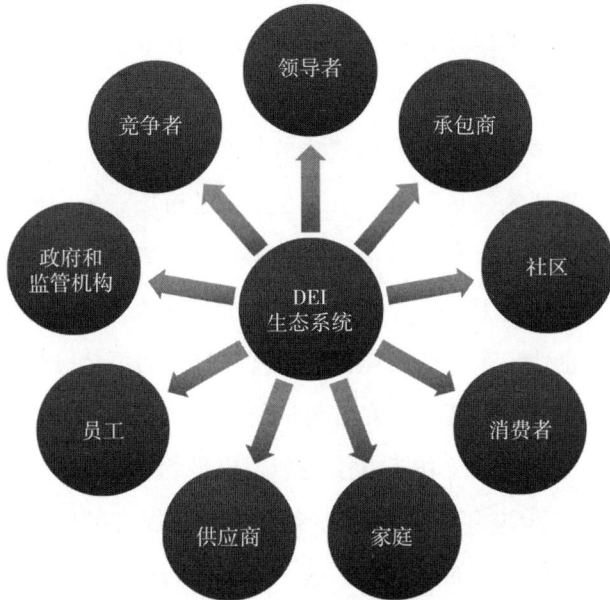

图 51-1　DEI 生态系统

可持续性关注的是我们如何监测系统的生命力及其所处环境的状况。当我们把可持续性应用到 DEI 中时，同样也要关注组织的生命力和活力。当我们审视组织内的 DEI 生态系统时，关注的是如何对待员工、如何管理组织以及它将如何影响社区。这一观点与"三重底线"的观点相吻合，即人们常说的"人、地球和利益"三个因素。这一观点最早由作家和可持续性领域先驱约翰·埃尔金顿于 1994 年提出。他将"可持续实践"定义为：

- 至少不损害人类利益，不破坏地球，而且最好能为利益相关者创造价值。
- 要重点关注对公司或品牌有重大环境或社会影响的方面（如运营、供应链或客户），努力提升其在环境、社会和治理方面的表现。

实现 DEI 就像一场马拉松赛跑，虽然漫长，但每一步都朝着更美好的终点迈进。几乎每位领导者都会认同 DEI 对组织的长远发展至关重要，它是组织稳固发展的奠基石。DEI 的内涵不仅在于彰显组织内员工应享有的待遇，也是提升组织盈利能力和赢得客户信赖的关键所在。

然而，如果只是纸上谈兵，而不真正行动起来去构建一个 DEI 的工作环境，就可能导致以下后果：利润下滑严重、人才流失加剧、员工工作积极性下降、员工忠诚度降低、利润空间被压缩、创新动力减弱、品牌形象受损，甚至医疗开支也会水涨船高。这些并非空穴来风，麦肯锡、波士顿等公司及其他业界知名咨询和研究机构的研究都证实了这一点。

因此，我们必须将 DEI 视为企业战略的核心组成部分。它如同一股强大的推动力，帮助组织实现成长、盈利和创新，在激烈的市场竞争中脱颖而出，并形成独特的市场定位。当然，仅有 DEI 活动是不够的，关键在于这些活动能否转化为实实在在的成果。成功的 DEI 战略必须与业务战略和人才战略紧密相连，并以成果为导向，才能为企业带来持久而积极的改变。DEI 的可持续性还体现在其与业务成果和盈利能力的关联程度上。麦肯锡的研究再次提醒我们，董事会如果具备性别和种族多元化优势，其盈利能力往往会超出平均水平的 21%～33%。这还不是全部，纳斯达克在 2020 年向美国证券交易委员会提交的新上市规则，明确要求上市公司必须提升董事会的多元化。这一切都在告诉我们，DEI 不仅关乎公平与正义，更是组织实现可持续发展并取得长期成功的必由之路。

企业领袖必须深入掌握定性与定量数据，这些数据如同导航仪，揭示哪些 DEI 措施行之有效，哪些还需改进。在推进 DEI 战略的过程中，合理配置资源至关重要。毕竟，每位领导者都希望时间和资金投入能够带来实实在在的回报。为了推动 DEI 的有效实施，我们需要不忘初心，审视最初设定的商业规划，评估组织的成长轨迹。

为了准确衡量 DEI 策略是否成功，组织需要勇于自问以下关键问题：

- 在过去［具体时间段］里，我们取得了哪些成果？
- 我们距离既定目标还有多远，当前的进展如何？
- 从关键利益相关者的视角出发，尤其是来自不同背景的人群（包括访谈和焦点小组讨论），定性与定量数据如何反映我们的进步？
- 我们是否展开了深入且富有成效的对话，以促进相互理解及达成共识？
- 自实施 DEI 计划以来，管理层、领导层及合作伙伴中不同群体的代表性是否发生了正向变化？

- 我们的继任计划是否充分利用了多元化人才库？

- 平等就业机会委员会在处理涉及偏见、不公待遇的员工关系案件时，是否展现出一定的积极改变？

- 我们在不同社群中的净推荐值（即客户忠诚度指标）表现如何？

- 我们的领导者和管理者是否积极投身于营造正面的多元化环境？

- 我们是否为 DEI 战略的制定、相关举措的实施以及领导者的决策提供了必要的资源与支持？

塔吉特公司以目标为导向创造实质影响

塔吉特公司一直致力于构建一个与企业战略要求相契合的 DEI 文化。其中，多元化与包容主要聚焦在三大关键领域：一是努力打造一支能够全面反映客户多元化的团队；二是确保所有团队成员在工作中体验到企业的包容；三是加大对供应商、产品及营销的投入，以满足所有客户的个性需求。

值得一提的是，塔吉特公司的多元化与包容战略已经实施了 15 年之久。为了推动战略进一步发展，公司每三年都会设定一系列可量化的目标。每个业务单元的负责人都会密切关注并报告其团队的多元化与包容实施进展，同时承担相应责任。

2020 年 9 月，塔吉特公司发布了职场多元化报告，还宣布了一项重大变革计划：在未来三年，公司内黑人团队成员的比例将提高 20%。为实现这一目标，他们正在积极采取以下措施。

- 拓宽领导路径：利用门店、供应链和总部的实践经验，为黑人团队成员提供更广阔的领导发展机会。

- 加强招聘与留存：开发专门项目，在代表性较低的职业领域（如技术、数据科学、商品采购和市场营销）招聘并留住黑人团队成员。

- 建立黑人导师与赞助人社交网：创建一个由导师和赞助人组成的社交网，加速黑人成员职业成长并获得晋升机会。

- 确保福利与伙伴关系：确保公司提供的福利和建立的合作伙伴关系能够保障黑人团队成员的健康与安全。

- 开展反种族主义培训：为领导者和团队成员举办反种族主义培训活动，

提升他们的包容意识，并培养强烈的归属感。

截至 2020 年，在塔吉特公司，有色人种女性及整体有色人种员工的代表性和晋升机会已经得到显著提升。组织还增加了有助于公司吸引各类客户的产品类别，正努力实现与多元化供应商的合作支出目标。

多元化氛围与 DEI 生态系统

在谈论可持续发展时，生态系统的健康状况至关重要。同样，在组织内部，多元化氛围也起着举足轻重的作用。全球包容中心给出了多元化氛围的明确定义：

> 多元化氛围衡量的是员工（特别是那些追求公平的群体）在多大程度上感受到被重视、被社会接纳以及被同事公平对待；同时，它也反映了组织和高层领导在多大程度上致力于提高追求公平的群体的代表性、社会包容性，从而消除社会对他们的歧视。

此外，全球包容中心还赞助了一项由圭尔夫大学研究人员开展的多元化氛围评估项目。该评估工具——《职场多元化与包容氛围量表》可以在该校的官方网站上免费获取（更多资源请参见本章末尾的列表）。

作为领导者、管理者或人才发展领域的专业人士，如果把 DEI 看作一个可选项，或为了达到合规性而不得不做的表面功夫，那么必然会影响整个组织的氛围。相反，如果领导者真心希望看到 DEI 给员工、组织乃至整个社区带来积极的影响，他们就必须做出承诺，坚决实行，给员工提供实质性的帮助。

衡量组织能否坚持实施 DEI 项目，积极打造企业文化氛围，一个关键指标就是看它在 DEI 项目上投入的时间和资源。事实上，一旦达成了某个关键目标，在这种短暂成功的诱惑下，领导者大概率想要削减组织变革方面的资金投入。这样做往往会适得其反。《华尔街日报》报道，多元化领导者的离职率居高不下。背后的原因多种多样，其中很重要的一点是，这些领导者往往没有得到与其职位相匹配的权力保障和资源支持。此外，角色定位模糊也是一个不容忽视的问题。许多多元化领导者除了本职工作，还承担着人力资源或业务管理等其他方面的责任，这让他们难以专注于 DEI 工作。更遗憾的是，一些多元化 CEO 或领导者在选拔时并没有充分考虑自身是否具备推动 DEI 实施所需的特定能力，而且在任职后也缺乏提升这些能力的机会。

当 DEI 的资源投入遭到削减时，相关举措就更难融入公司文化中，更别提成为公司不可或缺的一部分了。因此，为了确保 DEI 得到足够的重视，应该将其纳入各个战略会议、业务审查、组织设计和规划会议的议程之中。同时，在审查流程和制定组织程序时，我们也应充分考虑这些举措对多元化员工群体的影响，确保真正惠及每一个人。

DEI 的核心目标之一，就是要渗透进我们的日常工作思维与行为模式中。因此，在有关组织变革的各项讨论中，DEI 都应占据一席之地。想象一下，无论是业务模式的革新、数字化浪潮的跟进，还是合并收购、组织架构调整，甚至是其他形式的重大转变，我们都需要密切关注这些变革对人才储备的潜在影响。技术进步，特别是人工智能和机器学习等领域的突破，可能给职场中多元化群体的职位分布带来挑战。因此，制定再培训计划以确保顶尖人才的留存尤为关键。这不仅是为了维护团队内部的多元化，更是为了确保决策环节的包容，以及在资源分配上的公平。

DEI 与合规性

提到 DEI，人们首先会想到其合规性。实际上，DEI 的意义远远超出了合规的范畴。DEI 并非简单的有关配额制度的数字游戏，它关乎企业如何构建一种包容的文化，让每个人都能得到公平对待。这样的文化能够激发团队潜能，推动创新，进而为企业带来竞争优势。从这个角度来看，DEI 已经成为企业发展的核心内容，也是推动其发展的不竭动力。当我们专注分析 DEI 带来的正面影响时，恐惧与担忧便会烟消云散。当然，如果合规问题已经十分明显，那很可能意味着在将 DEI 融入企业系统的战略或运营层面有着重大缺陷。

那么，在美国，对于 DEI 的合规性有哪些具体要求呢？根据美国人力资源管理协会的"人力资源问答"专栏所述：

> 根据第 11246 号行政命令，有些联邦承包商和分包商与联邦政府签订了至少一份价值 5 万美元或以上的合同，如果其员工人数达到或超过 50 人，他们就必须制定一份书面计划。必须在合同生效后的 120 天内完成该计划的制定，并且每年都要更新。该计划应涵盖女性及少数族裔的招聘、录用和晋升。任何持有政府资金的机构，以及任何作为美国储蓄债券和储蓄票据发行和支付代理的金融机构，无论金额大小，都必须制定并履行书面的平权行动计划。

平权行动计划会为雇主设定明确的准则，旨在主动吸引、录用并提拔女性、少数族裔、残疾人士及退伍军人。这是企业应承担的道德与社会责任，以此来纠正曾经的不公，消除歧视带来的影响。这个计划更富有包容性，它不区分种族、性别、残疾状况或退伍军人身份。历史上，平权行动大多旨在达成各类目标：消除就业与薪酬方面的不平等，拓宽教育途径，推动多元化，以及纠正过往明显的错误、伤害或给人们工作或生活带来的障碍。此外，根据第 11246 号行政命令，组织还需对人才来源地的人口数据进行统计分析，确保组织内部的人口构成反映商业界的多元化。

为了衡量工作场所对少数族裔的接纳程度，多元化举措应运而生。这些举措有两个层面的内涵：既要重视多元化的地位，又要对策略的实施进行全面管理。要达到第一个层面，必须提升意识、开展教育，积极认可每位员工在职场上独特的品质、经历和工作方式。要实现多元化管理，必须构建一套经验体系，为多元化设定明确的商业案例，使其与组织目标紧密相连。因此，将强制性或自愿性的平权行动计划与多元化举措相结合，可以为文化包容性策略的展开提供更多机会。

DEI——企业成功的智慧之选

将 DEI 融入企业运营，无疑是明智的商业决策。企业战略是企业生存发展的关键，这意味着，如果 DEI 理念不能与企业的整体战略相契合，那么在内部推行 DEI 将变得异常艰难。企业的使命、愿景和价值观构成了企业战略的核心基石。这些价值观不仅关乎企业的长远发展，更是达成各项决策的指南针，深入剖析它们，就能洞察企业对待不同群体的态度。因此，对于那些致力于推进 DEI 的企业来说，定期对价值观进行自我审视尤为重要。一旦员工的行为违背了这些价值观，就必须承担相应的后果。例如，某位业绩斐然的销售领导如果对团队成员实施性骚扰，不仅会令企业失去重要客户，造成经济损失，还可能使企业面临法律诉讼。

一些企业将团队合作、尊重差异、多元视角、协作精神、创新意识、以人为本、信任、正直与公平视为企业的核心价值观，并明确将 DEI 纳入行为准则之中。在未来规划中，发展战略或颠覆性创新战略往往占据核心地位。在制定与这些战略相关的业务目标时，企业应当从 DEI 的角度出发进行考量。当这些目标与 DEI 理念相契合时，它们就能为人才战略提供有力指导，而且人才战略的具体部署需要从 DEI 的视角来审视。为提升企业在实施支持战略方面的能力，企业可能需要培养、引进或借调具备所需技能和素质的人才（见图 51-2）。

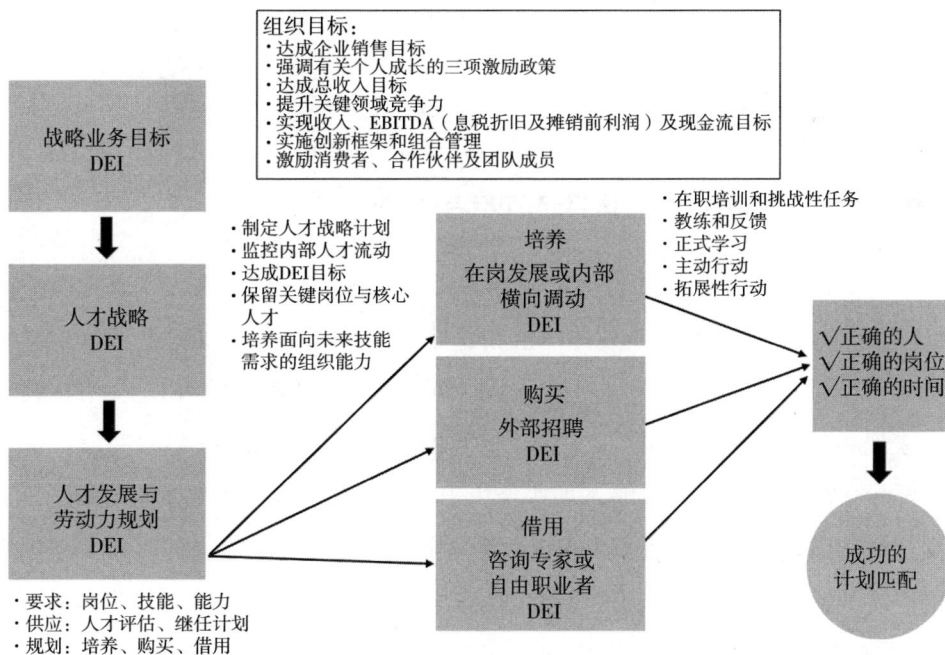

图 51-2 企业战略与人才战略在 DEI 理念下协同共进

DEI 的商业实践效果同样令人信服。据研究，在员工队伍多元化与包容水平较高的企业中，财务绩效有明显上升。具体来说，这些公司的 EBITDA 和收入增长幅度介于 9%~21% 之间，成绩斐然（见图 51-3）。这样的业绩不仅让企业在竞争中脱颖而出，还为其赢得了宝贵的竞争优势。不仅如此，DEI 还引发了一系列正面效应，如员工敬业度提升、岗位留存率增加、学习能力加强以及员工价值主张的强化等，为组织的长远发展注入了强大动力。然而，如果企业领导者未能充分认识到 DEI 所能带来的投资回报，那么它可能就不会被优先考虑。

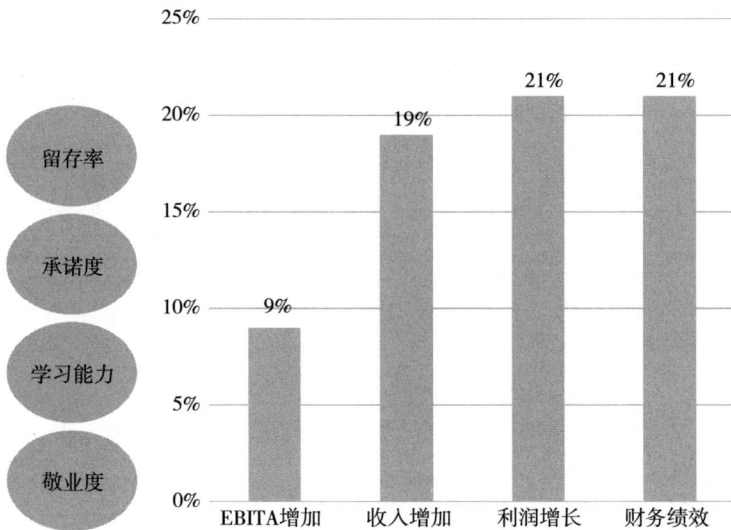

图 51-3　DEI 与财务绩效

为了更深入理解 DEI 的价值，领导者需要积极评估其成果，并思考以下问题："DEI 为企业带来了哪些具体价值和益处？""DEI 是如何助力我们实现既定目标的？""通过提供具有竞争力的产品，DEI 如何惠及我们的客户？""在提升员工表现和参与度方面，DEI 又发挥了怎样的作用？"（见图 51-4）。

相较于单纯依赖 DEI 策略，那些聚焦于实际成果的策略能为企业带来更持久且深远的正面效应。这些成果不仅深刻影响着企业的长远发展，还直接关系到企业的经济效益。投资回报率研究所的创始人杰克·菲利普斯和帕蒂·菲利普斯在 2014 年通过众多案例研究，包括他们《衡量投资回报率》系列图书中的实例，对 DEI 的投资回报率进行了全面审视。

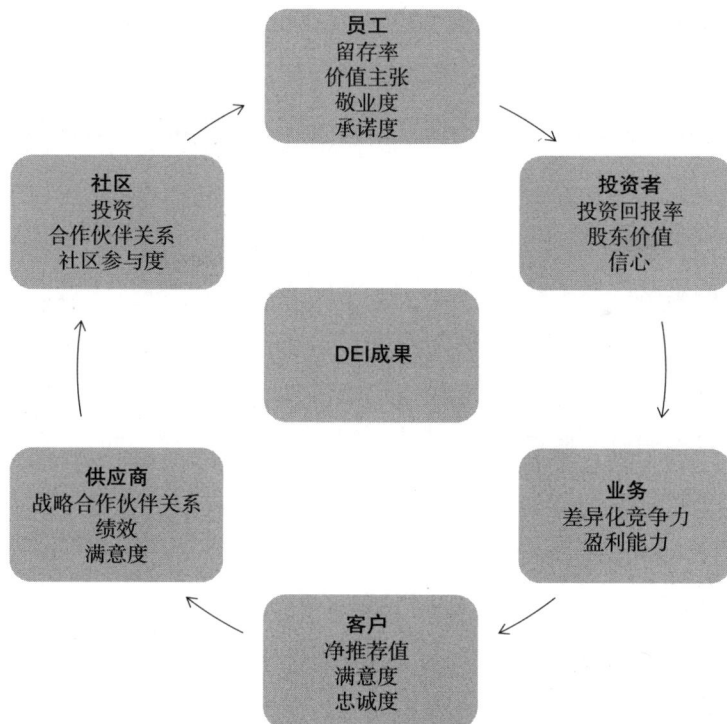

图 51-4　DEI 带来的成果

例如，投资回报率研究所深入探讨了以下几个关键问题：

- 在我们的组织中，DEI 是如何满足业务需求的？

- 有哪些具体的衡量指标能帮助我们评估 DEI 的影响？

- 当我们关注成果时，所依据的数据是否准确、可靠且易于获取？

菲利普斯夫妇对于业务需求分析与多元化评估体系的独到见解，为我们计算 DEI 的投资回报率提供了宝贵思路。他们的投资回报率案例研究聚焦于实际成果。在考察 DEI 系统时，企业需要从系统内每个成员的角度出发，综合考虑他们带来的成果，因为他们是企业的核心利益相关者。

数据分析和 DEI 的持续改进对于企业的成功至关重要。数据不仅是制定决策和分配资源的基础，还能帮助我们不断消除可能影响决策公正性的偏见。以塔吉特公司为例，它做到细化数据并进行深入分析，明确了自身的重点改进领域，还制定了更为具体的目标，并严格把控项目进展。数据显示，塔吉特公司在推动公平方面仍有大量工作要做。之前的努力并未为黑人员工带来公平的待遇，因此它需要采取更多措施来增加黑人员工的代表性、提升其晋升机会并降低离职率。

确保分析数据来自能够代表不同群体的项目。定性和定量数据的收集可以来自多个方面，例如：

- 员工敬业度调研。
- 员工满意度或意见调研。
- 领导力评估调研。
- 变革准备度调研。
- 实时反馈调研（脉搏调查）。
- 人才招聘数据。
- 新员工入职面谈。
- 焦点小组讨论。
- 社交媒体外部数据。
- 员工关系案例。
- 法律案件审查。
- 学习管理系统完成数据。
- 绩效管理汇总数据。
- 平权行动报告。
- 领导力评估。
- 故事板分析。
- 净推荐值数据。
- 客户满意度或反馈数据。
- 供应商满意度数据。
- 供应商利用率数据。
- 薪酬分析。
- 离职面谈。

鉴于资源有限，企业应充分利用上述数据来确定哪些 DEI 倡议或目标能够产生最大的正面影响，并据此设定优先级。数据结果可能暗藏许多机会，但切勿贪多，应集中精力实现少数关键目标。在某些情况下，采取"精简高效"的策略反而更容易取得成功。例如，在供应商多元化、社区参与、领导与员工意识提升以及人才继任计划等领域设定三到四个具体且可实现的目标。维持 DEI 需要分别根据企业的具体需求和资源配置能力进行考量。为这些基于成果的倡议制定明确的章程，可以为企业的成功奠定坚实基础，获得员工的广泛支持，最终取得实实在在的成果。

激励员工的一种有效方法是将业绩指标与奖励机制相结合。这需要使用特定行为的激励指标，并综合考虑总薪酬和财务状况。如果 CEO 向员工明确传达这些指标的重要性，员工就更有可能采取相应行动。可持续的 DEI 措施可以解决 DEI 关键问题表（见表 51-1）中提出的各种挑战与疑问。

表 51-1　DEI 关键问题表

DEI 关键问题	维度详解
它公平或公正吗？	**组织公正性考量** • 分配公正。最终的结果是否公正合理，让每个人都觉得得到了应有的份额？ • 程序公正。决策制定的流程是否公开透明，确保每个人都在被平等对待？ • 互动公正。在执行规章制度时，是否体现了尊重，并对相关决策给出了清晰的解释，让每个人都感到被理解和重视？
它诚实吗？	**诚信基石** • 信息诚信。我们所获取的信息是否真实可靠，准确无误，且透明度高，能够反映实际情况？ • 行为诚信。职场中的行为是否与我们的价值观相契合，做到言行一致，树立正面榜样？
它安全吗 （环境方面）？	**物理环境安全** • 工作场所的物理条件是否安全无虞，健康舒适，易于访问，为高效工作提供了良好的物质基础？
它安全吗 （心理方面）？	**心理环境安全** • 工作氛围是否鼓励开放表达，让个人或团队能够畅所欲言，不必担心遭受负面反馈或报复？

续表

DEI 关键问题	维度详解
它真实吗？	**真实自我展现** • 保持真我。无论外界压力多大，我们是否能够坚守自己的个性、价值观和精神追求，不被外界所动摇？
它是有益的吗？	**成果效益评估** • 积极成果衡量。这项活动或举措带来了怎样的绩效提升或成就达成，其效果是否显著且可持续？
它可持续吗？	**身心健康并重** • 促进全面健康。采取的措施是否旨在长期促进员工的身体健康、心理健康、情感福祉以及社交关系，形成一个积极向上的工作环境？ • 特别关注。值得注意的是，如果员工在 DEI 方面的体验缺乏持续性和稳定性，可能需要借助员工援助计划等额外资源来帮助员工有效管理压力和应对潜在的创伤

通过与这样的维度匹配，我们可以更加系统地审视和优化工作环境，确保每位员工都能在公平、尊重、健康的环境中发挥最佳状态，共同推动组织向更高层次发展。

商业范畴之外的考量

在探讨企业运营时，除了商业因素，我们还需关注那些深刻影响员工认知和看法的其他关键因素。员工对企业文化方面的价值观及做法的看法，会影响他们个人及领导者践行组织价值观的方式。为了推动 DEI 的持续发展，我们必须有意识地关注这些关键方面，确保将资源和精力集中在那些真正推动 DEI 进程的关键领域。

表 51-1 中精心列举的 DEI 核心问题，为制定流程和政策提供了宝贵的指导。结合人才轮盘图（见图 51-5），我们能够更深入地洞察战略和基础设施中可能隐藏的偏见。人才轮盘图是一个直观而重要的工具，它体现了我们对人才资源开发和管理方式的深刻思考。如果将 DEI 核心问题对应到人才轮盘图的每个部分，我们就能更准确地判断应该在哪些方面投入更多资源。

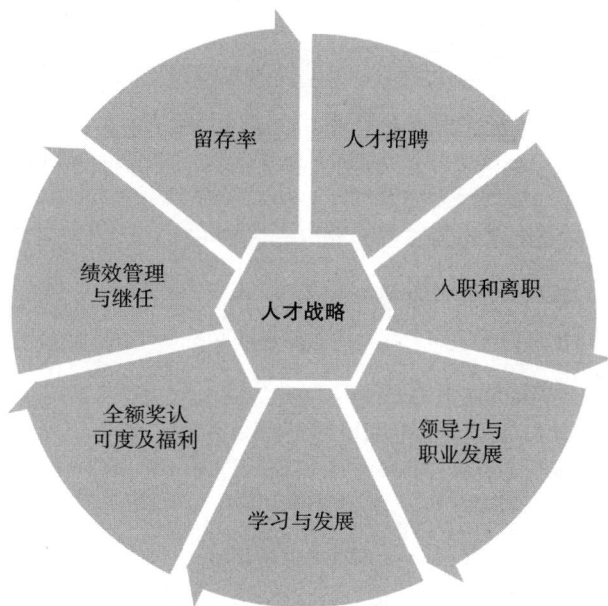

图 51-5　人才轮盘图

为了评估组织在实现目标方面的表现情况以及 DEI 的融入程度，调查无疑是一种非常有效的手段。调查可能涵盖敬业度调查、变革效果调查、领导力调查以及各类即时反馈调查，它们有助于我们了解员工对特定行为的看法。在设计调查时，确保所包含的内容与主题紧密相关且经过验证。表 51-2 提供了一些经过验证的问题示例供参考。

表 51-2　调查验证问题示例

调查类型	验证问题
敬业度调查	示例： • 在这里，我可以毫无保留地展现真实的自我。 • 作为公司的一员，我深切感受到自己的价值被认可。 • 在职场上，我得到了应有的尊重与尊严。
领导力调查	示例： • 我的经理/团队领导致力于营造一个包容的工作环境，让每位员工都感到被接纳。 • 我的经理/团队领导公平对待每位员工，并且善于利用团队成员的视角来推动业务发展。

续表

调查类型	验证问题
流程公开	关于以下方面的评估： • 在这些流程中，你是否能够充分表达自己的看法和感受？ • 这些流程是否做到了公正无私，没有偏见？
分配公平	关于以下方面的考量： • 你的工作成果是否与你所付出的努力相匹配？ • 根据你的工作表现，你所获得的成果是否合理？
人际公平	关于尊重与沟通的评估： • 他们是否对你表现出了应有的尊重？ • 他们是否避免使用不当的言辞或发表不恰当的评论？
信息公平	关于沟通透明度的考量： • 他们在与你的交流中是否坦诚相待？ • 他们是否及时、详尽地向你传达了相关信息？

在不断探索哪些策略奏效、哪些策略不尽如人意的过程中，我们得以寻求风险与回报之间的平衡。每个组织都有责任制定问责标准。一个常被提及的关键议题是："DEI 由谁来负责？"答案是：人人有责。为了维持 DEI，个人与集体都需具备责任感。若将 DEI 视为关键的业务核心，那么每位职能与运营领导者都将对 DEI 负有明确的责任。

为了持续推进 DEI，组织需要持续监控其内部环境。这可能涉及开展风险评估，以明确在高风险领域需要改进的地方。

DEI 成熟度解析

每个组织在追求 DEI 的道路上都有独一无二的方法。没有一种方法能适用于所有组织的 DEI 实践。组织的 DEI 成熟度受到多种因素的影响，包括文化、承诺度、愿景构想、资源配置、领导力和对变革的接受度等。在多元化管理较为成熟的组织中，管理者会清晰界定多元化的内涵，并精准把握 DEI 之间的微妙差异。这些组织会根据要求，构建基础设施、制定政策、营造环境、设计系统和流程，同时确保个人偏好、便利性、政治立场和传统观念不会干扰这些实践。

在多元化管理成熟度处于中等水平的组织中，领导者会结合自身的多元化管理技能，以实现组织的使命和美好愿景。然而，在多元化管理高度成熟的组织中，领导者不仅理解这些价值观，更将其融入生活。他们深知，为了实现有效的多元化管理，必须具备强大的商业动机。他们通过制定战略性多元化组合策略，并明确表达这一动机，同时确保基础设施的处理公平且透明。他们明白，要保持企业的活力，就必须成功解决 DEI 问题。

当你在规划如何提升 DEI 生态系统中的多元化时，请记住，DEI 是一项重大的变革管理项目，其核心目的在于转变我们的行为模式和思维方式。遵循以下基本的变革管理原则，将为你的变革之路铺设坚实的基石。

- 确立计划框架：首先，要明确 DEI 计划的蓝图，并确保获得高层领导的支持以及必要的资源投入。

- 组建高效团队：构建一个强有力的跨部门团队，他们不仅要制定出切实可行的计划，还要在执行上追求卓越。

- 明确愿景：确保 DEI 战略愿景清晰明了，让每个人都明白变革将如何触及并影响他们。

- 跨部门协作：鼓励员工积极参与跨部门活动，共同为实现战略目标贡献力量。

- 分析利益相关者：通过利益相关者分析，深入了解他们的立场，识别潜在的阻力与支持。

- 高效沟通：以明确的方式监控和管理沟通，确保信息准确无误地传达给每一个人。

- 政策与流程更新：定期评估并更新相关政策、程序、系统和工具，确保其与时俱进，符合 DEI 的要求。

- 评估进展：定期评估 DEI 计划的实施进展，确保目标得以实现。

最后的思考

要实现 DEI 的最佳效果，就必须将其全面融入组织生活的各个部分。单一的活动或 DEI 计划的某个环节无法确保其可持续性。职能实体、创收部门与外部消费者之间相互依赖，才能建立健康的共生关系。为了维持这种共生关系，我们需要成为那些未在场者的代言人，为他们发声。这需要我们改变文化观念，保持谦逊态度。

同时，营造鼓励勇气、追求真相和宽容的企业文化，对于 DEI 的持续发展同样至关重要。要实现这一目标，可以制定一个划定行为改变节点的战略路线图。这种文化培养需要深入探索，并确保做到以下几点：

- 与组织 DEI 承诺一致的价值观：确保我们的价值观与组织的 DEI 承诺保持一致，为行为改变提供精神指引。

- 问责机制：对不协调或不公平的行为、政策、程序和做法建立问责机制，确保问题得到及时解决。

- 安全对话空间：提供安全、无评判和无报复的对话空间，鼓励员工积极分享想法和反馈。

- 培训与发展：开展自我倡导、基本入职培训和行为准则培训，提升员工的 DEI 意识和能力。

- 持续学习体验：不断提供机会，让大家能够学习和亲身体验文化差异。

- 尊重创意：我们坚决不容忍任何否定他人想法、观点或展示内容的行为。

- 无害发展：在人才培育和管理上，坚持"无害原则"，确保每个人的成长环境都是积极正面的。

- 鼓励团队建设：积极鼓励并奖励那些支持 DEI 的行为，促进团队合作。

就像生物多样性对生态系统整体良好至关重要一样，DEI 对我们的组织也同样重要。缺乏 DEI 的组织将失去平衡，创新受限，组织内部的歧视问题得不到解决，从而影响日常运作，组织整体状况堪忧。这样的组织很难实现其目标、使命和愿景。相反，实施 DEI 对我们的员工、组织、供应商、客户和社区都大有裨益。

作者简介

托尼娅·威尔逊（Tonya Wilson），MAIOP，CPM，是 AFC 咨询集团的创始

人兼总裁。她是一位兼具商业智慧、创业精神和咨询专长的领导者，擅长帮助组织提升工作效率、实现变革管理和多元化管理。她擅长将人才与相关战略相结合，通过变革来增强组织能力。凭借在运营、合同管理和供应链方面的深厚背景，她为客户提供了各种企业管理的独到见解。她热衷于设计和实施 DEI 学习模块及演讲。她曾在制造业、航空航天、电信、政府市场和医疗保健等多个领域工作，并在 McKesson、Change Healthcare、Meggitt 和 AT&T 等知名公司担任领导职务。她致力于帮助领导者实现业务战略与人才战略的协同，推动供应商多元化倡议，领导员工资源小组，并就多元化问题、变革管理、战略行动计划、组织设计和组织健康评估等方面为领导者提供指导。她的使命是"助你迈向成功"。

📖 参考文献

Cutter, C. , and L. Weber. 2020. "Demand for Chief Diversity Officers Is High. So Is Turnover. "*Wall Street Journal*, July 13.

Elkington, J. 2017. "The 6 Ways Business Leaders Talk About Sustainability. " *Harvard Business Review*, October 17.

Eswaran, V. 2019. "The Business Case for Diversity in the Workplace Is Now Overwhelming. "World Economic Forum, April 29.

Gonzalez‒Sussman, E. , and R. Berenblat. 2020. "Nasdaq Proposes New Listing Rules Related to Board Diversity. " *The Harvard Law School Forum on Corporate Governance*, December 13.

Hunt, V. , S. Prince, S. Dixon‒Fyle, and K. Dolan. 2020. *Diversity Wins: How Inclusion Matters*. McKinsey & Company.

Kirkland, R. , and I. Bohnet. 2017. "Focusing on What Works for Workplace Diversity. " McKinsey & Company, April 7.

Lorenzo, R. , N. Voigt, M. Tsusaka, M. Krentz, and K. Abouzahr. 2021. "How Diverse Leadership Teams Boost Innovation. " BCG, January 23.

Menzies, F. 2018. "Meaningful Metrics for Diversity and Inclusion. "

Phillips, J. J. , and P. P. Phillips. 2014. *Measuring ROI in Employee Relations and Compliance*. Alexandria, VA: SHRM Press.

SHRM. 2021. *Managing Federal Contractor Affirmative Action Programs*. SHRM, February 1.

Shumway, E. , and S Estrada. 2021. "Diversity as a ' business imperative': A Q&A with Target's D&I Chief. " HR Dive, April 14.

Target Bullseye View News. 2020. "Target's Taking Bold Steps to Increase Black Representation Across the Company. " A Bullseye View, September 10.

Thomas, R. R. , and M. I. Woodruff. 1999. *Building a House for Diversity: How a Fable About a Giraffe and Elephant Offers New Strategies for Today's Workforce*. New York: AMACOM.

VB Staff. 2021. "Report: 79% of Companies Say They Will Raise DEI Budget in 2022. " Venture Beat, October 15.

Whelan, T. , and C. Fink. 2016. "The Comprehensive Business Case for Sustainability. " *Harvard Business Review*, October 21.

延伸阅读

Phillips, P. P. 2021. "Measuring the Success of Diversity, Equity, and Inclusion Programs. "HRDQ-U, April 9.

Sakr, N. , and L. S. Hing. n. d. "Workplace Diversity and Inclusion Climate Scale. " Department of Psychology, University of Guelph.

"The Centre for Global Inclusion. "

第 52 章　学习与发展部门如何与高管合作

安迪·特雷纳

近年来，学习与发展的需求发生了翻天覆地的变化。学习与发展部门已不再局限于为员工提供培训，而是需要更加积极主动地发挥作用。我们不能仅仅被动地执行命令，完成组织分配的任务，也不能消极等待上级的指示和安排。

如今，组织正面临着全球竞争的加剧、环境问题的挑战、技术的飞速发展以及市场的不断变迁。高管期望学习与发展部门能够提供富有洞察力的指导，提出有助于实现组织战略的建议，并主导人才发展工作，确保组织能够招募到合适的人才来满足自身需求。他们希望学习与发展部门具备扎实的专业知识和技能，能够深刻理解成功的关键因素，并与他们建立基于信任和信心的长期合作关系。

本章要点

△　学习如何与高管进行清晰、有效的沟通。

△　确保学习与发展部门的学习战略与组织战略高度契合。

△　确定能够吸引高管关注的指标。

△　探讨如何助力高管为未来的发展做好准备。

高管期望学习与发展专业人士能够成为他们可靠的顾问和合作伙伴，深入理解业务的复杂性，并针对员工所需的技能与知识提出建设性意见，共同应对各种挑战。在沃尔玛，我们通过建立真正的合作伙伴关系，确保学习与发展部门成为高管的得力助手。在当今这个快速变化的环境中，学习与发展部门不能再仅仅扮演执行指令的角色。然而，在过去的一些组织中，这种情况却屡见不鲜：高管发号施令，学习与发展部门则忙于执行，既无反对之声，也无讨论之议，更无独立的战略规划。在沃尔玛，我们追求效率与自主性的双重提升。我们采用咨询式的工作方式：高管明确需要解决的问题或填补的空白，而学习与发展部门则拥有设计解决方案的自主权。这种方式有利于共同愿景的形成，确保所有关键利益相关者都能积极参与并发表意见。尤为重要的是，这一愿景必须着眼未来——如果我们只关注当前的业务状态，而忽视未来的发展方向，那么我们的努力可能显得滞后且不足。实际上，仅仅跟上业务的步伐就意味着已经落后。为了在恰当的时机提供业务所需的内容，我们必须始终保持领先。

学习与发展团队可以通过关注几个核心领域，成为高管值得信赖的顾问和合作伙伴。学习与发展部门必须能够与高管进行有效沟通，明确业务重点，并展示解决方案的价值。同时，学习与发展部门还需确保学习与发展战略与组织战略保持一致。了解哪些指标对高管至关重要，也是衡量学习与发展部门工作成效的关键。最后，也是最为重要的一点，确定如何为高管做好未来的准备。

为了更好地服务于组织，学习与发展部门必须投入时间和精力，提前数月进行深入研究、规划和风险评估，为新举措做好充分准备。正是在这个阶段，执行团队正在制定决策。接下来，我们将探讨如何实现这一目标。

与高管保持清晰沟通

高管通常更侧重于整个组织的领导策略，而非单一部门的琐碎事务。他们负责规划商业模式，为关键决策提供洞察与战略指导，支持人才培养和继任计划，以增强组织竞争力，并拥有超越自身管理范畴的广阔视野。因此，在与高管沟通时，我们必须紧扣他们关心的核心议题，即关乎组织整体发展的宏观话题。例如，尽管我主要负责沃尔玛美国 5000 家门店的学习事务，但我也时刻思考我的决策如何影响其他部门和业务领域。

我将自己定位为沃尔玛的一名领导者，而不仅仅是学习与发展部门的副总裁。我的交流更多聚焦于如何通过人才培养推动收入增长、扩大市场份额或在公司外部树立正面形象，而非单纯的学习技巧。这意味着，当学习与发展部门分享数据或关键信息时，我会立即从公司整体利益的角度重新审视这些信息。这样的沟通方式如何助力沃尔玛的整体发展？

作为高管的信赖顾问，你的信息应简洁明了、易于实施。你的沟通应具备战略性、精炼且深思熟虑。高管就是你的"客户"，你需要深入了解他们的需求及其根源。用他们能听懂的语言交流，理解他们所面临的挑战，明确目标，设定衡量标准，判断他们的需求，并及时解决他们遇到的难题。

　　学习与发展并非一个简单畅销的业务板块。有时，对于缺乏学习背景的高管来说，这甚至可能显得难以接受。因此，我们必须聚焦于具体的业务成果，避免使用专业术语，以高管能够理解的语言进行沟通。尽管有些人可能觉得一场 40 分钟的关于成人学习理论应用的演讲饶有趣味，但在高管面前这样做无疑会让你的计划停滞不前。在争取支持时，语言的恰当性与内容的准确性同样重要。当我们用简明扼要的语言来阐述策略时，不仅能够彰显我们的学习专业知识，还能展现我们广阔的商业视野。同时，我们应避免用晦涩难懂、不切实际的数据去轰炸高管，而是注重信息的精准与实用。这样一来，我们就能实现推动组织成功的有效沟通。

　　以我们提出的社区学院项目为例，沟通在其中发挥着至关重要的作用。社区学院项目旨在向公众开放沃尔玛学院，提供从个人财务管理基础到面试技巧，再到大学入学准备等一系列免费基础课程。该项目的独特之处在于，它不以直接商业利益为目标，而是完全以社区和员工为受益对象。鉴于此，我们与高管的沟通不再聚焦于商业回报，而更多地围绕企业文化展开。由于我们已通过之前提到的各种策略与决策者建立了信任关系，因此在这次对话中，我们不再像往常一样讨论关键绩效指标和商业成果，而聚焦于我们的初衷及背后的动机。最终，社区学院项目得以批准，更多是因为它与我们的助人目标相契合，而不仅是因为具体的量化成果。

确保学习与发展战略与组织战略高度契合

　　确保组织内部的各项活动都围绕共同的目标展开，是战略匹配的核心所在。一位出色的学习与发展部门负责人，会将团队的工作重心放在与组织战略的紧密对接上。

　　学习与发展部门最基本的贡献之一在于，其制定的学习战略能够支持并融入组织的整体战略。我们需要明确，哪些学习与发展的目标和任务能够支撑组织的战略重点？为了成功执行业务战略，员工需要哪些发展？为此，学习与发展专业人士不仅要深入了解组织内部，还要洞悉所在行业的动态。我们需要明确竞争对手是谁，未来成功所需的变革方向，以及学习与发展部门如何展现其提升业务价值的能力。

战略一旦确定，学习与发展部门负责人就要确保部门内每位成员都理解学习与发展战略，并明白它如何与组织战略相辅相成。这可能需要我们将战略转化为通俗易懂的语言，并与员工进行有效沟通。同时，学习与发展部门还要帮助员工明确自己的角色，以及他们在组织中的贡献。对于沃尔玛这样拥有 150 万名员工的公司而言，这一任务尤为艰巨。为了确保战略能够传达到每位员工，我们与传播团队紧密合作，利用高流量渠道，以简洁明了的信息和"行动指引"的形式进行传达。在沃尔玛，服务客户是我们的战略核心之一，因此在培训方面，我们不再像传统学习与发展部门那样主导课程内容，而是根据客户需求，通过数据分析，找出培训中可以填补员工经验空白的环节。

沃尔玛是一家规模庞大但战略灵活的公司。随着市场趋势、新技术以及员工与客户需求的不断变化，我们的业务战略也在持续演进。这些变化往往会影响学习与发展战略，如果我们不能与高管保持同步，就无法及时调整以反映高层的战略意图。这会导致效率低下，而组织规模的扩大更会加剧这种低效。我们常用"三思而后行"来形容公司的决策过程，因为庞大的规模使得高层的战略对接尤为重要。

这一切的基础是与业务的紧密联系。我们的学习与发展部门员工会尽可能多地深入一线，亲自参与运营，因为脱离实践的成人学习理论只是空谈。我们需要将团队成员融入员工的日常工作中，才能根据实际需求调整培训内容。一旦掌握了日常的实际信息流，我们就可以用它来指导战略制定。我们发现，只要紧贴业务现实，我们往往能与高管从同一视角看待工作。

在沃尔玛，我们还采取了一系列措施来确保学习与发展战略与组织战略保持一致。例如，执行指导委员会和跨职能工作组在维护战略对接方面发挥着关键作用。前者汇聚了所有关键决策者，避免了工作孤岛现象，促进了部门间的信息流通；后者则为我们提供了专业支持。我们喜欢将学习专业、商业专长和财务敏感度相结合，形成多元化的思维方式，从而推动业务成果的实现。

确定能够吸引高管关注的指标

高管期望全面了解组织各部门的业绩，学习与发展部门也不例外。学习与发展部门虽能为组织创造价值，但关键在于明确哪些指标对高管最为重要，并懂得如何有效展示这些数据。例如，学习与发展部门能否通过提升客户满意度来彰显其价值？是否能在降低成本、减少返工、加快市场响应速度等方面有所作为？能否提高员工留存率、降低流失率？能否增强学习的灵活性？能否进一步提升客户满意度？

计算培训的投资回报率颇具挑战性，因为组织上下都在为同一目标努力。在沃尔玛，我们积极与可能影响最终投资回报率的业务伙伴保持沟通，包括技术团队、门店运营人员等特定计划中的利益相关者。一旦条件允许，我们就邀请他们参与培训，亲身体验并理解培训内容，从而增强他们对培训计划的认同感。作为学习与发展部门的顾问，赢得组织内部各方的支持至关重要。若要证明自身价值，成为值得信赖的顾问，就必须展示培训项目的投资回报率，而这离不开组织内部其他人员的支持。

然而，投资回报率和指标不仅要关注组织层面，还要体现学习与发展部门为员工创造的价值。这些指标能展示学习与发展部门如何通过赋予工作更多意义来提升员工的工作满意度。同时，员工的个人成长也能提振士气、增强承诺感、提高参与度和自信心。沃尔玛深知员工的价值，对他们的投资不仅能影响业务指标，还能提供更多职业发展机会。

如果学习与发展部门能够时刻关注指标，其产出的成果将更加显著。请记住，在谈论指标时，背景和情境同样重要。单纯带着数据坐在会议桌旁是一回事，而将数据转化为实际影响并清晰阐述则是另一回事。我们倾向于采用"是什么"与"为什么"相结合的方式呈现指标。先介绍"是什么"，即数据本身；再解释"为什么"，即这些数据为何重要。额外的情境说明往往能决定未来计划的走向，乃至能否继续实施。

指标是衡量成功的有力工具，能为我们赢得对学习与发展工作的更多支持。当我们将特定计划与业务的实际收益联系起来时，就能用高管熟悉的语言与他们交流。与其向他们推销培训可能带来的业务影响，不如直接展示培训已取得的成果。指标能够区分假设与事实、可能与确定，为未来的工作提供"绿灯"或"红灯"的指示。

帮助高管为未来做准备

当前，组织正承受着多重前所未有的压力，如技术日新月异、竞争趋于白热化、劳动力结构变化、全球化步伐加快、客户及员工期望双双攀升，加之变化速度的不断提速，每一项都对学习与发展部门提出了更高要求。要助力组织稳健迈向未来，首要任务是明确工作的重中之重。

新挑战催生了对新知与技能的迫切需求。学习与发展部门需要抢先一步，扮演高管的智囊角色，不仅要提供策略建议，还要洞悉业界动态。帮助高管适应快速变化的节奏，把握员工在推动组织未来发展中所必备的技能，显得尤为关键。

在沃尔玛工作时，大家常说我们正以前所未有的速度前行，而实际上，这速度仍在不断刷新。零售业与其他行业一样，持续进化，客户需求已今非昔比。这直接导致员工职责的变革。每个组织都应为员工提供面向未来的学习契机。为确保这些学习体验及时到位，我们必须在战略层面占据先机。我们的目标是，让员工掌握既有利于职业发展又促进个人成长的技能，并确保提供的培训既贴合员工需求，又能在他们期望的时间与方式下获得。满足员工与组织双方的需求，始终是沃尔玛的追求。

同时，我们必须认识到技术在未来成功中的核心地位。技术是我们打破员工与信息壁垒的桥梁。在沃尔玛，我们采用"四合一"模式与技术团队携手，追求便捷、高效且贴近消费者体验的技术应用。例如，我们 IT 和学习与发展团队合力打造的 Academy 应用程序就是一个将微学习融入日常工作的平台，让培训触手可及。

此外，技术还是推动我们实施"按需学习"内容方法的关键推动力。传统学习与发展模式下，学习内容往往基于角色、绩效、合规等因素被推送给员工。虽然推送部分内容是必要的，但反向操作同样重要。像 Academy 应用程序这样的工具，让我们得以运用营销思维与员工互动，不仅推送指定内容，更借助 AI 与机器学习技术，实现个性化学习推荐。这不仅提升了员工与内容的互动度，还营造了一个更加自主的学习氛围。

我们还在探索技术如何赋能关键性学习，例如，利用虚拟现实模拟传统培训难以重现的挑战场景。我们的"关怀时刻虚拟现实"模块聚焦于客户关系，让员工在模拟环境中练习即时应对策略，既体验细微差别，又规避现实风险。

学习与发展部门必须具备前瞻性。在为企业筹划未来时，主动性至关重要。一旦在关键技术或发展中的最佳实践上掉队，学习与发展部门不仅会陷入困境，还会对员工产生连锁负面影响。学习与发展部门始终紧盯下一波创新浪潮，并且勇于从公司外部汲取灵感。我们与其他学习领域的专家保持紧密联系，并与顾问及行业专家频繁互动，确保我们的视野始终紧跟时代步伐。

同时，学习与发展部门还需助力高管为未来做好充分准备。他们需要剥开营销的华丽外衣，传递我们掌握的事实、预测的发展趋势以及提出的应对策略。此外，构想最坏的情况也至关重要。无论我们进行多少规划、预测或数据分析，都无法完全清晰地预见未来。因此，识别潜在风险显得尤为关键。我们往往容易聚焦于能为公司带来积极影响的结果，虽然我们希望将这些成果展示给高管，但如果预测缺乏平衡性，将面临巨大风险。

再者，未来导向战略的重要性不言而喻。如果我们不能占据领先地位，就意味着已经落后。为了能够为高管提供有力支持，我们必须清晰洞察公司未来的发展方向。

最后的思考

作为高管值得信赖的顾问，你必须站在人才发展的前沿，以创新、果敢却又切实有效的方式，全方位满足员工的成长需求。你的使命在于引领组织驶向光明的未来。

我在前文已经提出了学习与发展部门对于组织价值提升的四项核心职责：与高管保持清晰沟通，确保学习与发展战略与组织战略高度契合，确定能够吸引高管关注的指标，以及帮助高管为未来做准备。诚然，你的职责远不止于此，但这四项职责无疑是良好的开端。遵循这些职责，你将逐步树立可信顾问的形象，并对公司高管负起应有的责任。

让我再从个人角度补充一点。在争取高管对学习计划的认可时，成败的关键往往早已在数月前的点滴努力或疏忽中埋下伏笔。务必确保自己成为那个默默耕耘、不懈努力的人。

◆◆◆

作者简介

安迪·特雷纳（Andy Trainor）是沃尔玛美国学习与发展部门的副总裁。在这个岗位上，他与团队并肩作战，专注于沃尔玛美国业务的战略规划、创新探索、内容研发以及培训落地，为 150 万名供应链与门店员工提供了全方位、多层次的培训支持。他亲自引领了 200 余所学院的筹建工作。从选址规划、建设管理到培训师招募，再到构建以员工发展为核心的培训内容，他都亲力亲为。如今，这些学院不仅为新晋领导者提供核心课程与领域专业课程，还向社区开放，惠及更广泛的人群。在此之前，他曾担任沃尔玛国际业务流程中国区高级总监，致力于在中国推广并实践沃尔玛的全球最佳实践。他还领导国际物流工程团队，携手28 个国家的物流工程师，共同推动物流与运输业务中的生产力提升与流程优化。此外，他还曾在美国杂货工业工程团队中大展身手，设计机械化杂货配送中心，开发流程改进项目，并管理现场工业工程师团队。他与沃尔玛结缘 21 载，拥有丰富的行业经验。他毕业于孟菲斯大学，获得工业工程学士学位；后又深造于韦伯斯特大学，取得工商管理硕士学位。

参考文献

Biech, E. 2018. *ATD's Foundations of Talent Development*. Alexandria, VA: ATD Press.

第 53 章　组织设计实践：可以成就或破坏你的组织

大卫·福尔曼

21 世纪的第三个十年开端艰难，我们遭遇了重重危机。新冠疫情肆虐、经济衰退、民主制度严重受挫、全球紧张局势不断升级、虚假信息泛滥，以及追求正义之路的漫长与艰辛，无一不给社会、组织乃至个人带来了前所未有的巨大压力。面对这些挑战，如果我们选择视而不见，将它们仅仅视为偶发的异常或归咎于个人的不幸，那将是极为可悲的逃避。让我们共同审视当前的环境，寻找切实可行的解决方案。

本章要点

△　介绍组织设计的起源及其在提高组织绩效中的作用。

△　分析六个组织设计实践案例，并讨论其对组织的积极影响。

△　学会并应用至少两种组织设计理念和实践做法。

新冠疫情期间，世界在三种要素的相互作用下保持运作：

● 世界变化速度尤其之快。越来越多的不可控因素和势力冲击着这个世界，稳定性早已不复存在。

● 世界变得更小了。当今世界，人类不仅相互联系更相互依存。全球供应链的影响就是证明。我们需要开阔视野，如今一件事哪怕在千里之外也会很快影响到我们。

● 干扰无处不在，未来充满不确定性。我们无法预测将要发生什么，但领导者越来越需要提前为未来的各种可能做好准备，否则又将一次次被打得措手不及。

> 在动荡时代的最大危险是依旧按照昨天的逻辑行事。
>
> ——彼得·德鲁克

那么，我们该怎么办呢？组织如何适应并应对这个日益不稳定的世界？幸运的是，受人尊敬的领导者和研究人员已经对这些挑战进行了一些思考。在《人才胜出》一书中，拉姆·查兰及其同事分享了三条建议，教我们如何应对诡谲多变的经济环境。

- 将最优秀的人才放在能够创造重要价值的位置上。
- 让人们从过时的官僚系统中解放出来。
- 为人们提供继续学习和扩展技能的机会。

当微软 CEO 萨提亚·纳德拉分享其公司在新冠疫情期间的经历时，他指出 2020 年的最后六至九个月是对远程工作能力的空前考验。纳德拉深刻体会到，未来组织的生产力将紧密依赖于协作、学习与幸福感的高度融合。

在《人本主义》一书中，加里·哈梅尔与米歇尔·扎尼尼强调，当前重塑组织风貌以彰显员工卓越性面临重重挑战。他们指出，官僚主义如同一种生产力税，严重阻碍了员工发挥他们的潜能。因此，组织需要寻求创新，灵活适应环境变化，营造团结氛围，并展现出面对挑战时坚韧不拔的品质。具备真正韧性的组织能够攻克难关，通常展现出以下特质：

- 积极面对未来。
- 主动求变。
- 不断提升客户体验。
- 在同等条件下主动争取更多机会。
- 不让自己陷入未知的收入危机。
- 比竞争对手成长得更快。
- 在吸引人才方面保持优势。

然而，如何将这些愿景转化为现实？关键在于选择并设定优先级。首要步骤是深入学习组织设计，以增强组织应对挑战与未知风险的能力。

组织设计的目的和价值

组织设计作为一门学科已有数十年历史，其核心在于提升组织的战略定位、结构布局、流程优化和成效达成等关键能力。它聚焦于组织及集体潜能，与传统上侧重个人能力的人力资源管理形成鲜明对比。麦肯锡的《人才争夺战》一书强调了招聘与保留顶尖人才的重要性，而组织设计正是这一战略的关键支撑。尽管早期存在马尔科姆·格拉德威尔等反对声音，但多数人认为，汇聚并管理一群高智商人才将推动组织繁荣。

然而，这一看似有效的策略后来却遭遇警示。组织内部开始出现一系列由高智商但功能失调个体导致的失败案例。同时，众多研究表明，智商与智力对高绩效的影响远非我们最初所想，如谷歌的亚里士多德项目所示。如今，越来越多的人认识到，在不断变化、相互关联且未来充满不确定性的世界中，"我们过去的工作方式已不再奏效"。这引发了一系列问题，包括生产力下滑、曾经成功的管理模型成为绊脚石、创新能力减弱，以及组织无法与外部环境同步快速变化。

戴维·尤里奇在其著作《通过组织取得胜利：为什么人才争夺战正在让你的公司失败》中，早已预见性地指出了这一点。他的研究有力地证实了改善工作场所环境对于劳动力繁荣发展的重要性。尤里奇主张从多个维度培育组织能力，这包括提升创新能力、加强团队协作、削减官僚主义障碍，以及营造一个鼓励全员开放参与的氛围。他强调，通过培养这些组织能力和优化人们的合作方式，所能获得的回报将是单纯培养个人才能的四倍之多。这一重大发现无疑揭示了组织设计在组织发展中具有更为深远的意义和价值。

> 即使最鲜艳的花朵，培育在贫瘠的花园中也只会凋谢。
>
> ——佚名

迈克尔·阿雷纳进一步强化了上述论点，明确指出，仅仅吸纳顶尖人才并不足以达成卓越，核心在于激发全体成员的潜能。他深信，理想的组织应当是这样一个地方：天才的创意并非源自个体的孤立思考，而是在团队成员协同合作、相互启发的互动过程中自然涌现的。在这样的组织文化里，每一位成员都能获得展现非凡成就的机会。

六个动荡时期的组织设计实践

新的组织设计与现行的观念不谋而合，即改善工作场所环境是实现组织成功最可靠和最可行的路径。下面的实践模型描绘了几个特定的领域。这些领域的协同效应可以产生最持久的影响，并在动荡时期为组织指引正确的方向（见图 53-1）。

- **基于结果的责任制**。高绩效组织的核心在于取得结果。如果无法取得结果，就不可能成为高绩效组织。因此，各级领导者必须对自己以及同事负责，确保为员工、利益相关者和公众创造切实的结果和价值。

- **战略匹配与聚焦**。在快速变化的环境中，组织很容易失去战略方向，投入无益于组织发展的事务中，从而浪费大量的人才和精力。保持战略匹配与聚焦至关重要。

- **组织文化和价值观**。一个组织的核心立场是什么？它如何为员工、客户和公众创造价值？文化是组织中最根本的治理机制，它通过塑造员工的行为和工作表现，比任何规则或制度更能推动组织持续进步和绩效优化。

- **高绩效职场实践**。高绩效组织的秘诀是什么？其实并没有所谓的"秘诀"。释放人才潜能的关键非常明确，但在实践中往往执行不到位。

- **灵活、敏捷且具有韧性的组织架构**。在瞬息万变的时代，正如加里·哈梅尔所说："传统的官僚制组织往往缺乏灵活性，难以应对复杂且多变的环境。而社区式组织的高效协作能力能够在许多方面远超官僚体系。"因此，现代组织需要打造更加灵活、透明且包容的架构，为更多人创造平等参与的机会，而不仅局限于少数精英。

- **学习型思维模式**。在当今快速变化的世界中，不断学习已经成为一种生存的必需品。如果无法适应变化，就会被淘汰。无论过去的经验如何、当前的角色是什么，我们都需要保持开放的学习心态，主动应对挑战，持续成长。正如威尔·罗杰斯所说："即使行驶在正确的轨道上，停滞不前也会被淘汰。"

让我们一起对模型中的各个部分进行逐一分析。

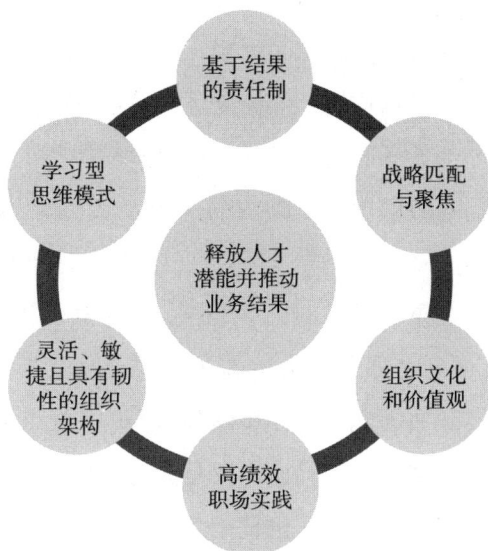

图 53-1 组织设计实践模型

基于结果的责任制

讨论组织设计实践模型时，从"结果"和"影响"这一最终目标开始是很合适的，因为这是传统人力资源部门和学习与发展部门往往忽视的领域。传统人力资源和学习与发展专业人士倾向于回避测量"影响"和"结果"，因为这些方面被认为是难以测量和控制的。相反，他们更倾向于测量那些容易获得的数据，如"活动"和"效率"，然而这种做法正是导致他们在实际推动组织绩效方面未能发挥更大影响的原因。而商业领导者真正关心的是"效果"和"结果"，而不是单纯的活动和效率。因此，人力资源和学习与发展专业人士也应当改变测量方式，关注更具影响力的指标。

组织实践有至少五种方式可以推动商业结果，而这些商业结果在大卫·福尔曼 2020 年出版的《无畏人才选择》一书中有更为详细的描述。

优化人才配置

吉姆·柯林斯提出："人不是你最宝贵的资产，合适的人才才是。"这一观点逐步引申出一个更细化的测量框架——"6R 原则"：是否**合适**的人在**合适**的岗位上，具备**合适**的技能，以**合适**的成本、在**合适**的地点和**合适**的时间工作？为了更好地落实这一理念，另一个方法就是反思：我们的最佳人才是否在做最重要的项目？这种方式在各个领域都适用，无论是运动队、戏剧制作、乐团，还是商业项目，都需要确保人才与任务的高度契合。确保成功所需的条件与部署的人才之间有非常强的契合度，是组织实现成功的关键。否则，组织和个人都会遭受损失。

商业影响：失去一名重要员工的成本是该员工年薪的 1.5 倍。例如，如果一名员工的年薪是 10 万美元，那么失去这名员工将给企业带来 15 万美元的损失。这些损失主要来自生产力的下降、工作时间的延长以及企业需要额外支出的费用。如果离职的员工是高绩效员工，而不仅是能力合格的员工，那么失去这名员工的成本会更高，达到原本的五倍，也就是 75 万美元。

节约成本

简化流程至关重要，目的是减少浪费，简化低效环节，免去过时的做法以及不必要的开支。成本节约直接影响到公司的盈利表现，能够迅速反映在财务报表上，因此这通常是高管重点关注的领域，也是最容易衡量的业务成果。具体而言，成本节约的措施包括：

- 减少员工差旅和相关费用。
- 缩小办公空间（减少场地费用）。
- 减少重复性开销（如会议室租赁费和讲师费用）。
- 调整交付平台。
- 优化人员配置。
- 重构员工福利计划。

商业影响：对于全球性组织，通过使用优秀的本地人才替代总部的专家全球员工（外籍员工），可以实现巨大的成本节约。一名外籍员工的总薪酬可能比本地员工高出 20 倍。

提高生产力

生产力意味着在相同的时间内完成同样或更好的工作，速度更快。这是测量效率的一项标准，可以通过自动化、智能技术、更聪明且更投入的员工、信息化的工作方式以及更高效的工作方法来提升。在这个变化迅速的时代，员工多快能掌握新技能至关重要。例如人才市场开放，但又优先考虑内部招聘。为什么这么做呢？因为内部招聘的员工通常能够比外部招聘的员工更快、更高效地适应新岗位，他们通常能用比外部员工快 33%～50% 的时间做好"工作准备"。

商业影响：生产力提高最重要的先导指标是员工的参与度。自从盖洛普几十年前的开创性研究以来，相关的研究结果始终如一：生产力的高低与员工的参与度密切相关。在一个四级的参与度量表中，参与度为"3"级的员工被视为有较高参与度，而生产力会随着参与度的变化每个级别至少波动 20%。如果将这一发现应用到整个员工团队上，低参与度所带来的影响可能导致数百万美元的损失。

创造更多的业务成果

业务成果涉及提升企业在多个方面的表现，如收入、利润、创新产品、产品质量、品牌信誉、供应链效率、新客户质量和更快的市场响应时间等。这些成果对所有利益相关者和企业领导者而言都至关重要，因此，领导者的首要任务之一应该是列出对该组织最有意义的业务成果。这些成果应与战略匹配评估密切相关，战略匹配评估聚焦于组织的关键优先事项。

商业影响：虽然并非所有组织都会参与并购，但并购活动却是一个典型例子，说明人才和组织实践如何影响业务成果。2018 年，全球的并购交易总额超过 4 万亿美元。其中 70% 的交易未能达到预期目标，其中一个主要原因就是人力资源整合不到位。约 30% 的并购失败可以归因于此问题，这相当于企业损失了 1 万亿美元。

利用协助，共享资源和建立联系

领导者常常感到困惑的是，许多组织无法从过去的错误中吸取教训，导致他们未能最大限度地发挥团队成员的潜力，没能实现"人尽其才"。因此，领导者渴望创建一个环境，在这个环境中，创新与智慧能够在团队成员之间相互碰撞和激发，而团队之间的协作与信任可以转化为强大的社会资本，进而成为企业的核心竞争力。

商业影响： 成员之间能够有效沟通和协作时，社交网络的效应就会显现出来。研究表明，拥有广泛专业网络的人比没有这些联系的人工作效率高出 25%。这一点不难理解：当遇到简单问题时，我们可以通过谷歌快速找到答案；而当问题需要更深刻的思考时，我们会向自己信任的人请教。社交网络和团队协作不仅能帮助我们获得更专业的知识，还能提供更深入的见解，这一点是单纯依赖技术或个体能力所无法实现的。萨奇尔·佩奇说过："个人智慧远不如所有人的集体智慧。"

组织设计实践的最终目标是提升组织的整体绩效。为了实现这一目标，我们必须始终牢记，学会有效地利用社会资本以及加强成员之间的合作，这将是推动组织成功的关键。

战略匹配与聚焦

组织往往认为自己在做的是至关重要的项目和任务，但实际上很多时候并非如此。这就像一辆汽车如果出现车轮不对齐的问题，它就会偏离道路并耗费大量燃料。同样的道理，如果工作没有匹配组织战略，就会浪费大量的资源、人力投入。因此，关键不在于"做对的事情"，而在于在变革期和资源有限的情况下，做最重要的事情。组织要使用"视线对齐"工具和方法，确保每项工作都与组织的战略目标和竞争定位紧密相关。此外，还要消除影响绩效的障碍。战略匹配的核心是聚焦，这意味着组织需要将注意力集中在少数几个最具影响力的优先事项上，而不是在繁杂琐事上浪费时间。此时，组织应反思并问自己："为了实现更好的战略匹配，我们该停止做哪些事情？"也就是说，除了"待办事项"清单，组织还应列出"停止做"清单，从根本上剔除那些不再符合战略目标或没有必要做的事情。

时间浪费是战略匹配的一个重要障碍。一个显著的例子就是员工花费大量时间在会议和使用手机设备上。研究表明，员工每周大约有两天的时间都用来开会或查看手机，占用了他们 40% 的工作时间，这些时间大多数是低效的。因此，一些组织采取了措施，例如，限制会议时间为 30 分钟，控制参会人员数量，禁止在特定日期召开会议，甚至关闭电子邮件服务器，避免员工在假期期间处理工作邮件等。通过这些手段，组织力求减少时间浪费，提高工作效率，从而更好地支持战略目标的实现。

组织文化和价值观

每个组织都有自己的文化和价值观，这些文化和价值观影响着组织的决策过程和员工的行为。然而，真正值得关注的是，现有的文化是否符合组织的目标和期望。组织文化通常存在"默认文化"和"理想文化"之间的差距，尤其是在领导者和普通员工之间，往往存在不同的理解和期望。文化的改变并非一朝一夕的事，而是一个需要坚持和努力的过程。过去，很多人认为文化的塑造主要是领导者的责任，认为只有 CEO 等领导者才能决定文化走向。可是如今，随着组织结构变得更加开放、透明，文化的形成已经不再是领导者的专利，而是每个员工都应该参与其中的事务。

文化的成功不仅体现在组织层面，它也必须关注到个体的需求和发展。如果一方被过度偏重，另一方被忽视，那么这种文化是无法持久的。组织文化需要在"软性"因素（如员工关系、团队合作）和"硬性"因素（如制度、规则）之间找到平衡，因为两者共同作用，才能确保组织的长期成功。

每个组织都会根据自身所处的环境和面临的压力做出不同的反应，因此，文化的价值观会因组织的特点而有所不同。每个组织都有自己的传统和历史，这些因素都会影响它的文化走向和价值观的制定。

高绩效职场实践

我们对高绩效职场表现了解多少？答案是非常多。30 多年的研究，我们已经积累了很多宝贵的经验和发现。这些研究结果显示，能够提升员工工作效率、投入度和活力的工作环境有一些共性特征。虽然我们可以继续深化对这些特征的研究，但目前我们已经有足够的知识，可以立刻付诸实践，帮助组织提升员工的表现。

- 员工的三大内在激励因素：自主性、精进（或掌握工作技能）和使命感。
- 员工离职的三大主要原因：与上级的关系不好、缺乏成长与发展机会、工作缺少意义。
- 盖洛普 12 个问题：这些问题自首次提出以来，已经持续了 20 多年，依然是评估员工参与度和满意度的重要工具。

- 高绩效组织文化的三大特征：兴趣、使命感和潜力。

- "不可抗拒的组织"具有的特征：吸引力的工作内容、卓越的管理制度、良好的工作环境、成长机会和对领导的信任。

- 提升员工参与度和表现的关键因素：使命感、成长机会、灵活性、个人平衡和良好的同事关系网络。

- 促进信任和高绩效的管理行为：表彰卓越表现，分配具有挑战性的任务，赋予员工一定的工作自主权，鼓励员工调整工作内容，广泛共享信息，刻意建立和维护人际关系，促进员工全面发展，展现领导者的脆弱面。

- 世界经济论坛的研究表示，影响员工留在组织中的四个关键因素：与同事的良好关系、有效的工作与生活平衡、与上级的良好关系，以及充足的学习与发展机会。

不同于一些流行的最佳工作场所排名，这些研究并没有关注像提供干洗服务或者高薪这些外部福利，而是聚焦于能够激发员工工作动力的内在因素。如果这些特质能够真正融入工作环境中，对员工的影响将是深远的。虽然每个组织可能根据其自身的情况、文化或需求制定不同的优先事项清单，但研究数据明确表明，影响员工留任和表现的核心因素是相似的——这些内在动机（如意义、成长机会等）才是真正决定员工是否留在组织、他们在组织中表现的关键（见图 53-2）。具体如下：

- **意义**。员工希望在一个能够为他人带来意义的组织中工作，他们追求的是一种超越薪水的更高目标和价值。萨奇尔·佩奇将其形容为"从工作到职业再到使命"的转变。

- **成长机会**。技能和经验是市场上新的"货币"，员工希望通过提升自己的技能，为下一份工作做准备，无论是在当前组织内还是在外部寻找机会。因此，持续为员工提供成长和发展的机会至关重要。

- **灵活性和选择权**。员工希望拥有更多选择权，能够自主决定工作方式和工作内容。此外，还应该为员工提供更多参与和贡献的机会，如通过众包创新、提出打破官僚主义的建议，或者参与社区工作项目。

- **协作网络**。员工希望与同事合作，建立一种强大的社区感，并拓展自己的职业网络。这种协作成为学习和成长的源泉，也帮助组织从成功和失败中吸取经验。员工为组织带来的价值，与他们的职业网络的广度和深度密切相关。

- **有意义的接触点和认可**。在快速变化的工作环境中，保持与员工的联系并及时对他们的表现进行认可是一项巨大的挑战。通过频繁的团队讨论（而非冗长的会议），及时分享信息、奖励员工的努力，可以显著提高员工的参与感和工作表现。

- **个人平衡**。如今的工作环境充满了紧张和压力，员工的精力、注意力和意志力都是有限的资源。为了最大化利用这些资源，员工需要找到恢复和重获活力的方法，如将会议时间限制为 30 分钟、每天早晨散步 20 分钟、避免早上 10 点之前安排会议、合理安排时间，并只在一天中查两次邮件。

- **偶然性**。谁说工作必须是乏味和枯燥的？思考如何在工作中融入乐趣、非常规和非传统的活动。组织可以开展一些趣味性的活动，如新产品创意竞赛、公司花园建设、员工电影节或者邀请领导加入烧烤主题的午餐会（一种让员工和领导轻松互动的活动）。

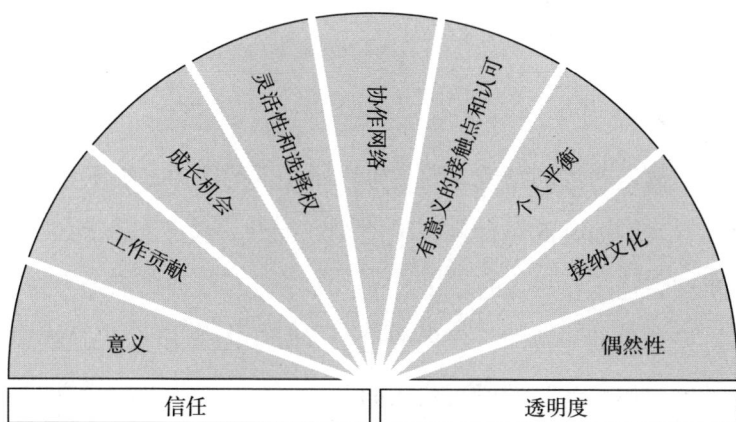

图 53-2 高绩效职场模型

这些活动不只增加了员工的互动和参与感，还能够激发创意和创新。加里·哈梅尔称这样的文化能够促使组织变成一个"自愿加入的组织"，即员工愿意主动加入，并为能够在其中工作感到自豪。与此相关的研究数据显示，那些达到"自愿加入"状态的公司，比起没有这种文化的公司，其生产力平均要高出 40%。

灵活、敏捷且具有韧性的组织架构

随着时代发展，组织结构发生了戏剧性的转变。在过去，很多组织结构都是为了增强控制、合规性、可预测性和效率而设计的，这种自上而下的命令控制模式曾经非常成功。然而，随着时代的发展，这种垂直官僚体制已经变得过于迟缓和笨重，不再适应现代快速变化的需求。因此，越来越多的组织开始采用跨学科和自我管理的团队结构。这些团队通常更加注重业务和客户，鼓励所有成员的参与，支持创新和实验，并能够迅速响应外部变化。此外，这些团队具有强大的韧性，总是积极寻求挑战，迎接未来的变革。研究表明，尽管在中大型组织中，超过80%的工作都是由团队完成的，但团队的作用仍然常常被忽视。与个人的成就相比，团队的合作才是取得成功的关键。正因为如此，高绩效团队的一个关键特征就是"心理安全"。心理安全指的是团队成员能够在没有恐惧和偏见的情况下自由表达意见，敢于提出与其他人不同的观点，并且能够平等地参与到团队工作中。心理安全作为未来文化价值观的重要组成部分，有助于提高那些工作灵活的团队的敏捷性和响应能力。

学习型思维模式

学习已经不再是附加的技能，而是生存所必需的能力。在不断变化和充满不确定性的时代，我们面临的条件和环境时刻在变化，技术信息的半衰期非常短，而大学学到的知识往往在毕业时就过时了。唯一应对这种局面的办法，就是将学习提升为一种最重要的元技能。领先的组织（如 IBM）已经明确认识到这一点，对有效招聘的首要标准就是"学习的倾向"。

> 未来属于那些具备持续学习能力的人，而不是仅仅拥有现有知识的人。
>
> ——埃里克·霍弗

有一种危险的想法是，一些人可能认为自己已经不需要再学习了。由于他们已经在某个领域取得了成功、积累了丰富的知识，并且在组织中处于较高的位置，他们可能觉得，学习和受教育已经是过去的事情了。然而，这种观念是通向过时和被时代淘汰的捷径。过去，人们可能依赖于技术技能和具体经验，但如今，重点应转向那些能够持续发挥作用的"元技能"，这些技能能够指导我们未来的学习。

在《无畏人才选择》中提到，元技能包括以下几方面：

- 坚持学习的心态。
- 学习速度。
- 好奇心。
- 预见变化的能力。
- 韧性。
- 影响他人的能力。
- 系统思维。

虽然这些元技能中有些看起来像个人特质，如好奇心、韧性、影响力，但即便你不擅长提问或说服他人，这些能力也是可以通过努力去提升的。

最后的思考

组织设计正经历着一场复兴，越来越多的人开始意识到，提升绩效的最佳和最直接的途径是通过优化工作环境，让员工能够在其中更好地成长和发展。本章提到的六项组织设计实践非常重要，如果其中一两项执行得不够有效，组织和员工都会受到影响，最终导致结果不尽如人意。但如果这六项实践能够相互协作，就会产生强大的协同效应，极大地提升组织的整体表现。尽管在当前动荡和不稳定的环境中没有任何保证，但这些组织设计实践中蕴含的智慧和经验为组织提供了一个坚实的基础，可以在此基础上进一步发展并应对变化。

最大化人类潜能已成为所有组织的首要目标。

——克利夫顿和哈特尔

◆◆

🖼 作者简介

大卫·福尔曼（David C. Forman） 在过去的四十年里，专注于提升人们的知识、技能和绩效表现。作为学习科学家、商业领袖、首席学习官、作家，以及佩珀代因大学格拉齐亚迪商学院的兼职教授，他因其在行动、课程和写作上的贡献在全球范围内获得了广泛的认可。他曾与苹果、IBM、FedEx、福特、美国运通、SAP、保诚、德勤、普华永道、杜邦和全州保险等多个知名企业密切合作。此外，他在非营利领域也有广泛的合作经验，包括与福特基金会、儿童电视工作室、西达斯-西奈医院、约翰·霍普金斯大学、AID 以及众多政府机构的合作。他的著作《无畏人才选择》是一本全球畅销书。你可以通过 dforman1@ cox. net 与他联系。

📑 参考文献

Arena, M. 2018. *Adaptive Space*. New York: McGraw Hill.

Bersin, J. 2014. "The Five Elements of a ' Simply Irresistible' Organization. " *Forbes*, April 4.

Boch, L. 2015. *Work Rules*. New York: Twelve.

Boudreau, J. 2010. *Retooling HR*. Boston: Harvard Business Press.

Buckingham, M. , and A. Goodall. 2019. *Nine Lies About Work*. Boston: Harvard Business School Press.

Charan, R. , D. Barton, and D. Carey. 2015. *Talent Wins*. Boston: Harvard Business Review Press.

Clifton, J. , and J. Harter. 2019. *It's the Manager*. New York: Gallup Press.

Collins, J. 2001. *Good to Great*. New York: Harper Business.

Conley, C. 2007. *Peak: How Great Companies Get Their Mojo from Maslow*. San Francisco: Jossey-Bass.

Dignan, A. 2019. *Brave New Work*. New York: Portfolio.

Doshi, N. , and L. McGregor. 2015. *Primed to Perform*. New York: HarperCollins.

Edmondson, A. 2018. *The Fearless Organization*. New York: Wiley.

Forman, D. 2015. *Fearless HR*. San Diego: Sage Learning System Press.

Forman, D. 2020. *Fearless Talent Choices*. San Diego: Sage Learning System Press.

Hamel, G. 2012. *The Future of Management*. San Francisco: Jossey Bass.

Hamel, G. , and M. Zanini. 2020. *Humanocracy*. Boston: Harvard Business Review Press.

Hoffman, R. , B. Casnocha, and C. Yeh. 2014. *The Alliance*. Boston: Harvard Business Review Press.

Mankins, M. , and Garton, 2017. *Time, Talent, Energy: Overcome Organizational Drag and Unleash Your Team's Productive Power*. Boston: Harvard Business Review Press.

Michaels, E. , H. Handfield Jones, and B. Axelrod. 2001. *The War for Talent*. Boston: Harvard Business School Press.

Pink, D. 2009. *Drive*. New York: Riverhead Books.

Schwartz, T. 2010. *The Way We Are Working Isn't Working*. New York: Free Press.

Ulrich, D. , M. Ulrich, D. Kryscynski, and W. Brockbank. 2017. *Victory Through Organization*. New York: McGraw Hill Education.

Whittinghill, J. 2020. "In First Person: Satya Nadella. "*People + Strategy*, Fall.

Zak, P. 2017. *The Trust Factor*. New York: AMACOM.

第54章 未来劳动力的敏捷性

克里斯蒂·沃德

当提到"敏捷性"时，你的脑海中会浮现出什么画面？你是否曾经见过婴儿试图把所有的脚趾都塞进嘴里？当他们发现那些会动的小东西竟然是自己身体的一部分时，那种惊讶的表情真是令人难忘。这展现了婴儿惊人的身体敏捷性，这是年幼者所拥有的天赋之一。然而，对于我们大多数人来说，天生的身体敏捷性是短暂的，随着我们的成长，我们需要培养的是神经和情绪的敏捷性。

本章要点

△ 明确敏捷组织的关键特征。

△ 阐述全球范围内的敏捷组织如何将这些关键特征转化为实际操作。

△ 基于全球各地同事的宝贵经验和见解，我们将为你提供一份详尽的计划，指导你如何迈出下一步，以创建一个真正的敏捷组织。

你见过情绪敏捷性吗？或许你见过。例如，你是否见过精英运动员在比赛中获得第二名后，依然能够真诚地祝贺获胜的对手？这便是情绪敏捷性的体现。尽管亚军可能内心非常失望，但他们仍能展现出真正的体育精神，将注意力转向祝贺获胜者。情绪敏捷性是一种后天习得的品质，而非与生俱来。同样，在商业领域，这种敏捷性也是我们需要有意培养的。

展望未来十年，组织和企业的敏捷性将成为决定成败的关键因素。这种快速适应和灵活调整的能力，对于应对由市场、政治、疫情以及领导者等因素带来的动态环境至关重要。拥有合适的人才不再是可选项，而是必备条件。同时，拥有合适的组织结构也至关重要。过去那种层级分明的结构已经不再适用，现在是时候采用协作式结构，组建能够快速做出决策的团队，而无须层层汇报或等待批准。

无论企业规模大小、业务范围广泛与否，抑或身处哪个行业，若不具备敏捷性，都将难以生存。这不仅是对单人咨询公司的要求，对中小型家族企业乃至跨国大公司而言，同样如此。我们所处的世界充满了波动性、不确定性、复杂性和模糊性。

当企业或组织能够通过快速调整和适应来应对混乱的环境变化时，便形成了组织敏捷性。这种应变能力并非自然形成的特质，而是需要通过学习、实践和不断完善来获得的。要实现组织敏捷性，我们不能依赖层级制度、僵化结构或一成不变的工作方式。作为一家敏捷企业，我们需要了解任何变革的背景，明确整体业务目标，并清楚自身的优势所在。由于持续改进是组织敏捷性的一个特征，因此仅仅了解这些还不够。我们还必须敞开心扉接受反馈，并在过程中不断进行调整。

创建组织敏捷性意味着要将战略、结构、人员、流程和技术都转向一种新的业务方式，这种方式建立在高绩效和自主团队的基础之上。而这一切都需要以组织文化这一稳固的基石为支撑。然而，当企业想要变得更加敏捷时，文化似乎是最难改变的因素。

文化是组织使命和目标的体现，它通过员工的行为展现出来。例如，敏捷文化的一大特点就是鼓励实验和容忍失败，企业可以通过这种方式快速适应变化。此外，敏捷文化还包括倾听不同声音，而不仅仅是关注领导者的观点，这也是其灵活性的体现。文化能够为员工提供稳定感，使他们清楚自己在组织中的位置以及如何提升自身的专业能力。作为敏捷企业的基础，文化是稳定器——它如同树根，稳固扎根于大地，而树枝则是各种流程和技术，通过这些流程和技术，企业将产品和服务传递出去。

本章重点介绍在经济混乱和全球危机面前，一些组织如何迅速调整并展现了极高的敏捷性，强调了如今商业环境中的动荡和变化不再是偶发事件，而是商业新常态的一部分。接下来，让我们一同探索如何培养灵活应变的能力，并借鉴其他组织的经验，学会勇敢地迎接这些前所未有的挑战。

敏捷性、文化和领导力

麦当劳之所以在 2020—2021 年经济危机期间成功渡过难关，正是因为其具有敏捷性。麦当劳的 CEO 克里斯·肯普钦斯基在接受麦肯锡的采访时解释了这一点。在新冠疫情初期，麦当劳首先简化了业务流程，专注于提供得来速（Drive-thru）服务，这项业务对于他们来说已经非常完备，是公司长期积累下来的核心竞争力。然后，通过扩展预订服务和路边取餐选项，进一步满足了客户的需求。此外，与 Uber Eats 的合作使麦当劳能够提供外卖服务的餐厅数量得以提升，适应了消费者在疫情期间对外卖服务的需求。麦当劳还开始尝试自送餐，最终，肯普钦斯基通过敏捷的领导方式，不断根据客户需求调整业务，带领麦当劳从几乎关闭状态恢复到盈利状态。

肯普钦斯基表示，以客户为中心的同时，不存在与员工沟通过度这件事。根据 2020 年底的一项调查，90% 的麦当劳员工表示他们在那一年感受到了充分的支持。

CHG 医疗保健公司的核心价值观是"以人为本"，这一价值观不仅是公司的文化基础，也是其他核心价值观（包括增长、持续改进、诚信与道德、质量与专业等）的出发点。作为一家拥有 2900 名员工的医疗保健企业，该公司在七个部门中保持了强大的内部文化。其核心价值观深深植根于其文化中，并且在员工选择和招聘过程中就开始贯彻。该公司在做决策时会考虑员工的最大利益，并期望其员工也这样做，因此新员工会讨论代表每个价值观的场景。这意味着，所有新员工在入职培训过程中，都会通过情景模拟来理解并践行公司的核心价值观，以确保他们在日常工作中将这些价值观内化为自己的行为。

RNnetwork 部门副总裁埃莉奥诺雷·拉菲提到，公司秉持的"以人为本"理念，在员工、供应商及客户间构筑了坚实的忠诚度。尽管公司年平均员工流失率维持在约 20% 的水平，但在 2020—2021 年间，面对新冠疫情肆虐及经济不确定性给专业领域招聘带来的冲击，公司领导层展现出高超的策略，通过灵活调整支持团队并进行再培训，有效保留了核心人才。尤其是当对现有团队成员（含公司培训师）的再培训面临重重挑战时，领导层与基层管理者不仅坚守岗位，履行日常职责，还主动肩负起培训重任。得益于公司核心价值观的深入渗透及全员参与的积极氛围，团队得以在应对市场风云变幻过程中持续保持昂扬斗志与前进动力。

技术对于公司的竞争战略至关重要，然而，公司在迅速推进技术升级的同时，始终没有忽视员工。通过提升基层管理者的专业技能，帮助他们有效开展技术推广与培训工作，公司成功应对了新产品功能增强所带来的需求增长。

为了维持公司文化的强大影响力，并适应工作场所的灵活性需求，公司必须构建一个坚实的基础设施。面对新型混合工作模式所带来的沟通、招聘、入职流程、员工留存以及持续培训与发展等方面的诸多挑战，公司采取了多项调整措施。公司不仅开辟了新的沟通渠道，还通过多样性的培训方式和丰富主题来满足员工的学习需求，并采用新颖的方式表彰员工成就。此外，为确保领导者既能熟练运用 Zoom、微软 Teams 等在线会议平台，又能保留传统的面对面交流方式，公司还注重运用不同的情商管理技巧，促使团队成员积极参与、深入融入并充分理解会议内容。

需要考虑的问题

对优秀人才的竞争加剧，文化可能是吸引新人才并留住经验丰富人才的关键。随着远程工作日益普及，文化的定义已经不再仅仅是指办公室的氛围，而是如何促进同事之间的合作和互动。如今，文化更侧重于如何通过线上和线下的方式促进团队协作和员工之间的思想交流。

下面都是值得思考的问题：

- 面对面会议会不会变成不必要的、过时的仪式？
- 组织文化如何帮助员工高效合作？
- 如何处理领导与员工之间的互动？
- 如何增强团队的参与感？

另外，时间界限被打破，世界变得越来越小，员工可能分布在不同的时区工作，这也带来了新的挑战。在这种情况下，员工可能面临全天候工作和工作时间不固定的问题，组织需要思考如何平衡工作与生活之间的关系。此外，有些公司可能要求员工随时待命，这种 24 小时不间断的工作要求是否会让员工感到不适应？

领导者不应是唯一决定方向和战略的人，领导力对组织的敏捷性有着至关重要的影响。敏捷团队往往会因为领导者过于专注于维护自己的权力而陷入困境。尤其对于那些在传统自上而下管理模式下工作，且他们的影响力通常不会被挑战的领导者来说，这个问题尤为困难。这些领导者可能需要不时地提醒团队他们的目标，并将他们的注意力集中在愿景上。换句话说，领导者需要激励团队，但之后要放手让团队按照自己的节奏去设定目标、做决策并实现目标。组织中没有空间容忍专制或独裁的领导者——这一点对任何监督团队的人来说都是一样的。

对于领导者来说，挑选合适的团队成员是最为重要的任务，远超过其他任何事务。资源分配、人才管理以及一致地塑造和展示组织的核心价值观应该是领导者最为关心的事项。大多数决策应该留给团队而不是由领导者来做。团队成员可能向领导寻求意见，但领导者不应该是唯一做出决定的人。当领导者与团队一起作为学员参与工作时，他们实际上是在将学习融入组织的文化中。敏捷领导者本身就是公司文化的楷模，他们的行动设定了公司文化的节奏，并把公司文化墙上写的价值观深深植入组织中。

敏捷思维可以帮助员工在深度和广度上成长，同时增强组织的纵向和横向实力。当布鲁诺·鲁法尔采访 Skelia 公司的创始人兼 CEO 帕特里克·范德瓦尔勒和其首席人力资源官奥利维亚·范德斯安德时，他看到他们如何在跨文化合作中使用敏捷方法，尤其是在不确定和动荡的时期，依然能够保持这种灵活性。采用这种方法，Skelia 公司在内部培养人才，将合格的候选人推选为领导者。例如，它的第一个员工是在 2008 年招聘的，现在担任董事总经理。

Skelia 公司是一家专注于构建跨国 IT 与工程团队的国际外包企业，其业务版图延伸至东欧等地。该公司在欧洲与美国的 14 个国家与客户展开合作，成功打造了超过 150 支跨境团队，由此赢得了"组织建设专家"的美誉。与常规外包企业不同，该公司为客户提供了一个独特契机：可以将 Skelia 团队转变为完全归客户所有的法人实体。

范德瓦尔勒指出："我们不销售个体，我们销售的是团队和组织。""团队转移"服务给那些希望在东欧开设分支机构的客户提供了一个无风险的战略机会，这使得客户可以以更安全的方式扩展到新的市场，避免了传统外包所带来的风险。

Skelia 公司为员工提供了明确的远程工作和居家工作的政策，员工可以使用笔记本电脑在任何地方工作。这些政策使得员工能够灵活地在全球各地工作，同时保证了工作的高效性。公司采用了安全的沟通工具，并且根据虚拟、多站点的工作需求调整了业务流程，以确保员工顺利地进行远程协作。

范德瓦尔勒总结道："我们是一个超敏捷的组织，能够有效应对不断变化和干扰。"

人、企业和岗位的文化匹配仍然是 Skelia 公司长期成功的重要因素。如果事情出了问题，往往是因为文化不匹配，而非技术原因。即使从事相同技术领域的开发者，在不同类型的公司（如国际大银行或硅谷初创公司）任职，所需要的个人特质和技能也有所不同。为了确保文化匹配，公司在选择候选人时，会安排候选人和组织的面试，赋予候选人发言权，同时也创造了一个透明的文化氛围。

Skelia 公司通过应用多种互补的技巧，成功保持了团队的高度稳定性，员工流动率低于 10%。这一成就的取得，并没有受到新冠疫情、客户多样性和 IT 人才市场过热等因素的影响。

根据范德斯安德的说法，Skelia 公司还非常重视员工的福祉，始终倾听员工的声音，并且将照顾员工家庭视为其核心价值观之一。在新冠疫苗问世后，公司的办公室为员工提供了疫苗接种站点，帮助有特殊需求的员工，并且为在家工作的员工送去袜子等生活用品。这些关怀表明，公司不仅关心员工的工作表现，还注重员工个人及其家庭的福祉。公司还通过员工活动、游戏和派对等方式，使工作氛围更加轻松和有趣，这种员工关怀的做法也扩展到了员工的家庭成员。

"我们将员工视为完整的个体，视其为'Skelia 大家庭'的一员。"范德斯安德解释道，"这种人性化的管理方式会让员工感受到公司对他们的关心，这种关心能够体现出公司真正为员工着想。"

团队稳定性在 Skelia 公司的管理中被视为至关重要的因素。只有在员工与公司之间保持良好沟通和联系时，团队的稳定性才能得到保障。如果员工与公司的联系丧失，团队的稳定性就会受到影响，进而影响公司的敏捷性。因此，公司通过与员工保持紧密的联系，能够及时发现员工的个人和职业问题，并通过对话和及时解决来维护团队的稳定。

技能提升和再培训员工

根据世界经济论坛 2018 年的报告，全球几乎一半的劳动力面临着需要扩展或替换现有技能的挑战，我们急需获得未来所需的技能和人才。因此，敏捷组织已经在迅速采取行动，实施一些关键的人力资源举措：

- 技能提升和再培训员工。
- 招聘或裁员。
- 调整员工结构（如混合使用内部员工和外部承包商）。

要测量技能提升和再培训的效果，企业必须有一个明确的商业论证。没有这个论证，企业将无法利用测量所提供的见解和数据，而这些对于制定进一步的培训决策至关重要。

技能提升必须与有效的变革管理同步进行。当企业引入新技术或系统时，员工需要理解为何要使用这些技术或系统，尤其是他们想知道这些变化对他们个人的好处是什么（也就是"对我有什么好处？"）。当员工掌握了为企业创造更多价值的新技能时，他们期望企业在薪酬上给予相应的回报，以反映这种价值的增加。然而，在很多情况下，企业在推出新技术或系统时并未及时为员工提供所需的培训。

阿米特·纳格帕尔是 Pursuitica Learning Solutions 公司的培训行业资深专家，他可以证明全球信息技术行业的领军企业——印度塔塔咨询服务公司（Tata Consultancy Services，TCS），在 2020 年春季推出的"提升项目"取得了成功。

该项目由 TCS 全球人才发展主管贾纳丹·桑瑟兰姆负责，其目标是在 TCS 超过 45 万名员工中选拔并培养下一代领导者。项目的结构基于一个民主流程，其核心理念是"顶尖人才无处不在"。该项目通过透明的流程，将个人成长、奖励和商业结果有机结合，旨在发现和培养人才。项目的主要特点包括：

- 建立员工技能分类体系，帮助验证现有技能。
- 通过制定民主的学习计划和评估练习，聚焦当前及未来的需求。
- 关注所有业务单元的基层和中层新兴领导者。
- 通过重新定位和调整投资，强化热门技能，提升员工韧性。
- 与 Udemy 和 LinkedIn Learning 合作，为 TCS 提供定制化的培训内容。

在《印度经济时报 HR 世界》的专访中，桑瑟兰姆表示："学员在学习过程中不应有任何阻碍。"

与 Skelia 公司创始人观点类似，桑瑟兰姆也强调了跨国、跨文化团队日益增长的重要性。今天的员工需要具备快速适应新技术和技能的能力，并且要保持好奇心驱动的学习态度。技能提升和再培训不仅需要灵活性，还需要细致入微的技巧，贯穿整个员工的职业生涯。未来的职业发展不再仅仅依赖于现有的专业技能，员工还需要致力于个人终身发展，以不断适应变化并提升自我。

在《让我们停止谈论"软"技能：它们实则是核心能力》一文中，乔什·伯辛对技能分类提出了全新见解。他指出，传统认知中的硬技能（通常指技术性或机械性能力）其实很"软"——因为它们变化频繁、容易过时，并且相对容易掌握。相反，沟通、领导力、管理等所谓的软技能却非常"硬"——这些能力难以培养、至关重要，且需要付出极大努力才能获得。伯辛的核心观点在于，当今职场最需要的恰恰是这些被低估的"软"技能，如适应力、沟通能力和协作精神。这些能力实际上极其复杂，往往需要经年累月才能练就。学习与发展专业人士必须帮助员工构建这些核心能力，而这个过程远比教会员工使用一个新软件程序要困难得多。

那么，如何在提升员工技术硬技能的同时，培养他们适应敏捷变革所需的软技能？关键在于管理模式的革新。敏捷组织要求管理者转变重心，着力推动三大变革：促进团队内部的同伴辅导、授权基层决策、鼓励审慎的实验精神与风险承担。

员工必须掌握四大核心能力：主动适应变革的意愿、高效的时间管理、卓越的团队协作能力以及精准的沟通技巧。在当下，构建终身学习文化已非选择而是必须——因为这些核心能力的培养往往需要长期积淀。以同理心为例，这种领导者、管理者极为珍视的特质，往往需要数年时间才能自然养成，传统课堂培训对此几乎束手无策。但正是这种难以量化培养的特质，往往决定着核心人才的敬业度与持续产出效能。

当企业致力于提升员工的行为技能时，技能提升就被赋予了全新的重要意义。以"成为一个高效的谈判者"这项能力为例，表面看似简单，实则包含诸多精妙之处，要真正掌握异常困难。而要将普通员工培养成为谈判专家，其难度更是成倍增加。展望未来，管理者的工作重点将转向指导团队获取这些核心能力，甚至需要亲自承担培训师的职能。

我们已经认识到技能提升的重要性，但尚未明确是什么促使人们重新获取技能并转向完全不同的领域，以及他们需要多长时间才能进一步提高生产效率。Guild Education 公司 CEO 瑞秋·卡尔森指出，当前的劳动力市场呈现出"两种市场并存"的局面。一方面，食品服务、美容和酒店等行业因疫情冲击，出现了前所未有的高失业率；另一方面，医疗、供应链和技术行业却面临严重的技能缺口。这种技能差距使得这些行业急需更多合格的技术人才。

无论原因是危机还是技术带来的成本节约，社会中最贫困的人群通常会在这种技能差距中受到最严重的冲击。因此，单纯关注提高盈利或效率的技术是不够的，我们应将注意力转向那些能够提供更好就业机会的技术，尤其是为低收入人群提供更多机会。我们需要调整思维方式，探索更好的工作方式，并更多地考虑那些收入较低的人，因为他们最需要支持和帮助。

为了填补这些技能缺口，Guild Education 公司推出了名为"Next Chapter"的平台，这是一个与沃尔玛、TTEC、Gainsight、Paschall Truck Lines 及 Utility Technologies 等企业合作的项目。卡尔森解释说，"Next Chapter"平台有助于雇主为员工提供更好的培训与支持，帮助他们更好地适应劳动力市场的变化。

"Next Chapter"平台的核心在于通过与受危机影响的员工以及正在招聘的医疗、供应链及技术领域的雇主之间的合作，帮助员工重新进入更高薪的岗位。与传统的就业安置服务不同，后者通常帮助员工找到与原职位相似的工作，而"Next Chapter"则通过提供教育和培训资源，帮助员工跃升到薪酬更高的职位，并转型进入新的行业或职业领域。每次危机通常都会带来某些机会，对于这些失业的员工来说，转型到更有前景且薪资更高的领域正是其中的机会。

沃尔玛负责员工体验和人力资源运营的高级副总裁德鲁·霍勒表示，随着危机的逐步结束，快速的再培训和教育将变得尤为重要。通过"Next Chapter"平台，沃尔玛帮助美国那些突然失业的员工获得适应未来发展的技能，以便他们能够转型到需求量大的职位。

沃尔玛的"Live Better U"计划与 Guild Education 公司的合作致力于为员工的未来投资。与传统的学费报销计划不同，该计划为新员工提供每日至少 1 美元的学习机会，并且通过专职教练的帮助，员工可以更好地搜寻众多机会。同时，Guild Education 公司与全美顶级大学和学习平台合作，为员工提供课程、证书和相关项目，专注于服务在职成人，确保他们能够获得更多的学习机会。

霍勒称，沃尔玛还提供了线上实习和团队合作机会，为员工提供从同事和领导者那里学习和成长的机会。

创造平等就业的机会

商业和社会领袖能否通过采纳其他观点来拓宽他们的视野？通过公司、政府和劳动者之间的合作伙伴关系，我们可以创造就业平等和机会。

在新加坡，SkillsFuture 是政府、行业、工会以及教育和培训机构之间的国家级经济合作项目，旨在培养支持并营造终身学习的文化氛围。2012 年，世界经济论坛将新加坡的经济评为全球最开放、第三最廉洁以及最支持商业的经济体。至今，新加坡仍然是全球领先的经济体之一。

根据世界经济论坛的《2020 年工作技能报告》，雇主认为到 2025 年前，以下技能将日益重要，包括批判性思维与分析、解决问题的能力，以及自我管理技能（如主动学习、韧性、抗压能力和灵活性）（见表 54-1）。为了应对生产力和员工福祉的挑战，预计约三分之一的雇主将采取措施，通过数字工具创造一种社区感、连接感和归属感，同时解决由远程工作带来的福祉挑战。

表 54-1　2025 年最重要的 15 项技能

• 分析性思维与创新	• 韧性、抗压能力与灵活性
• 主动学习与学习策略	• 推理、问题解决与创意
• 复杂问题解决	• 情商
• 批判性思维与分析	• 故障排除与用户体验
• 创造力、独创性与主动性	• 服务导向
• 领导力与社会影响	• 系统分析与评估
• 技术使用、监控与控制	• 说服力与谈判
• 技术设计与编程	

Neuro-Link 公司创始人安德烈·费梅伦指出，未来的工作者需要具备脑力技能或情商技能，能够迅速、灵活地学习、思考和得出结论。这种能力不仅有助于提高工作效率，还能帮助他们精准地执行技能任务。

最后的思考

当人们能够优化影响其学习、思考和信息处理效率的关键驱动因素时，就能在以下方面实现敏捷性：学习能力、思维方式、情绪管理、领导力以及团队协作表现。我们越是理解为什么某些人能够比其他人更快地学习和适应，就越能提供创新的解决方案，帮助他们发现并激发其独特的学习潜力。

在企业中应用神经科学方法来培养人才，能够提升候选人的选拔和职业晋升决策的科学性。这种方法还能够帮助制定教学设计和学习目标，从而提升工作表现，并降低人为错误风险。

敏捷组织能够蓬勃发展，前提是他们能够培养出优秀的团队，而心理安全是实现这一目标的关键。关于心理安全，已有很多研究，其中维基百科将其定义为"团队成员在面对人际风险时感到安全的共同信念"。谷歌的亚里士多德项目研究团队发现，心理安全是区分优秀团队和普通团队的关键因素。在敏捷团队中，传统的做法是将最优秀、最聪明的人配对在一起，但这种方式未必是最有效的。相反，通过激发团队成员的好奇心和社会凝聚力，并通过共同的探索与脆弱性表达（团队成员能够相互信任，分享彼此的挑战和不确定性），可以创造出更高的生产力，并推动创新突破。

新冠疫情加速了工作场所向敏捷转型的进程，但推动企业敏捷转型的动力早已存在。人工智能、增强现实和虚拟现实等技术加速了流程并提高了生产力，然而，情商培养和行为技能的发展却明显滞后。我们虽然不断谈论批判性思维和沟通等技能，但仍过度关注最新的技术产品。许多企业仍然沿用层级管理模式，而不是依赖自主决策的团队。尽管合作已被提上议程，但很多组织仍然局限在各自的"孤岛"中。

为了让敏捷成为常态，许多传统的管理模式需要改变。本章提到的几家公司所取得的进展让我深受鼓舞。它们虽然并不完美，但已经朝着正确的方向迈进。你可以从这些公司中汲取经验，并专注于一两个能够推动组织文化向敏捷转型的措施。鼓励个人努力，建设强大的团队，确保员工在分享想法、做决策和承担风险时感到安全。培养心理安全感，提升自己在认知和情绪方面的敏捷性，并与他人分享自己的热情。如果你是领导者，首先要充分发挥自己的优势，然后帮助他人也做到这一点。敏捷企业总是能够脱颖而出，千万不要落后于时代。

◆◆◆

作者简介

克里斯蒂·沃德（Christie Ward），认证专业演讲家，是影响力研究所的掌舵人，该咨询机构专注于提升客户在人际沟通、团队协作、领导力及演讲方面的技能。她在职业发展领域的领导旅程始于她在 ATD 落基山分会董事会担任职务。随后，她的职业生涯稳步上升，于 2008 年入选全美分会顾问委员会，并于 2011—2012 年间达到职业生涯的一个高峰——当选为 ATD 全美董事会成员。借助 ATD 这个平台，她的影响力越来越大，她不仅在 ATD 国际会议与博览会上发表演讲，足迹还延伸至国际，包括在巴西及东南亚多地发表主题演讲。2016 年，她荣任 ATD 项目咨询委员会主席，进一步巩固了其在行业内的领导地位。2019 年，她在 ATD 四个核心会议上再次发表主旨演讲，持续分享其专业见解。此外，她通过跨界合作，在医疗领域也产生了深远影响。2021 年，她因与医疗专业人士的紧密协作，有效提升了患者护理质量，被科罗拉多专业人才个性化教育机构授予玛莎·伊里格奖，这一荣誉是对她卓越贡献的高度认可。

参考文献

Bersin, J. 2020. "Let's Stop Talking about Soft Skills: They're Power Skills." Josh Bersin, November 19.

Duhigg, C. 2016. "What Google Learned From Its Quest to Build the Perfect Team." *New York Times Magazine*, February 25.

"Economy of Singapore." Wikipedia. Last updated May 21, 2021.

Guild Education. 2020. "Employers Team Up to Connect Laid Off Workers in the U.S. to New Skills, Higher Wage Careers." Press release, May 8.

Jurisic, N., M. Lurie, P. Risch, and O. Salo. 2020. "Doing vs Being: Practical Lessons on Building an Agile Culture." McKinsey and Company, August 4.

Kelly, G. 2021. "Keeping McDonald's ' Relevant' : An Interview With CEO Chris Kempczinski. "McKinsey and Company, March 19.

Nagpal, A. 2021. Written interview with A. Nagpal. May 24, 2021.

OneWalmart. n. d. "Live Better: Higher Learning, Lower Tuition. " Walmart.

Rahman, A. 2021. " Evolving Mentality of Learners Ensures Smooth Learning Process for Everyone: Industry Leaders. " *Economic Times HR World*, February 3.

Ruffy, E. 2021. Written Interview With E. Ruffy. May 30, 2021.

Skillsfuture. n. d. "About Skillsfuture. " Government of Singapore.

Vandesande, O. , and P. Vandewalle. 2021. Written Interview with O. Vandesande and P. Vandewalle. May 2021.

Vermeulen, A. 2021. Written Interview with A. Vermeulen. May 2021.

World Economic Forum. 2018. *The Future of Jobs Report* 2018. WEF, September 17.

World Economic Forum. 2019. *Towards a Reskilling Revolution Industry–Led Action for the Futureof Work*. WEF, January.

World Economic Forum. 2020. *The Future of Jobs Report* 2020. WEF, October 20.

🏛 延伸阅读

Clark, T. R. 2020. *The 4 Stages of Psychological Safety: Defining the Path to Inclusion and Innovation*. San Francisco: Berrett–Koehler.

Edmondson, A. 2018. *The Fearless Organization: Creating Psychological Safety in the Workplace for Learning, Innovation, and Growth*. Hoboken, NJ: John Wiley & Sons.

Vermeulen, A. 2014. *Tick Tock This Makes Your Brain Rock: A Brain Fitness Guide for 21st Century People*. Scotts Valley, CA: Create Space Independent Publishing Platform.

第 55 章　打造一个随时准备变革的组织

詹妮弗·斯坦福

变革是不可避免的。技术的快速发展和变化已经超出了许多组织的适应能力。此外，2020 年的突发事件也对我们如何连接过去与未来、如何进行创新以及如何提升表现提出了挑战。那些无法适应变革的组织将变得无关紧要。因此，组织必须确保其员工具备应对未来变化的能力，并为此积极培养员工。

本章要点

- △　确定组织和员工应对未来变化的准备情况。
- △　确定战略方向，并有效地向员工传达变革信息。
- △　建立学习与胜任力框架，帮助员工应对变化。

在 2020 年，能够成功应对疫情变化的组织，早已为此做好了准备，因为变革是组织早已预期且可控的事情。变革管理至关重要，然而，仍有超过 75% 的变革努力最终以失败告终。其主要原因在于，组织未能充分预估变革的复杂性，并且预期与实际变革存在偏差。

为了迎接变革并为未来培养劳动力，组织需要制定清晰的战略目标。当组织的领导层设定了明确的战略并有效传达时，其他成员便能据此制定与未来目标一致的计划。同时，组织还需要一个不断进化的学习与胜任力框架，以帮助员工在需要时及时提升技能，确保他们适应变革的需求。因此，组织还应回顾从疫情应对中学到的经验，分析在哪些方面未能达到既定的组织目标，或者未能有效维持公司的文化、价值观和员工的参与度。

你的组织准备好变革了吗

在疫情肆虐期间，一些组织因缺乏应对变革的准备，最终面临了生存危机。

若想真正实现变革并面向未来发展，组织必须进行充分准备，掌握出色的应变能力。然而，许多变革行动在启动时都忽视了准备工作的重要性。因此，在启动任何变革之前，务必认真思考以下几个关键的准备问题：

- 是否现在是变革的最佳时机？
- 变革是否只是为了变革而变革？
- 组织是否有成功或失败的变革经验？
- 是否由于无法控制的外部因素（如疫情）迫使组织进行变革？

组织在进行变革时，除了要定期通过脉冲调查或年度员工参与调查来测量变革的准备情况，还应审视以往的变革尝试，这些回顾可以作为未来成功的参照。同时，询问关键人物的意见，了解他们对组织变革能力的看法，也是非常重要的。考虑到我们已经共同经历了全球性的危机，并逐步适应了新的常态，因此现在正是一个回顾和反思的时刻，特别是要了解员工如何看待组织在疫情期间的表现。

了解组织当前的状态对于变革的成功至关重要。很多创新想法未能成功，往往是因为时机不对或其他因素没有被充分考虑。因此，在发起变革之前，组织必须评估客户和员工对变革的支持程度。第一步应该是制定一个初步计划，确保有足够的资源，包括预算、人员和工具，否则组织可能会发现，在变革过程中缺乏执行力。

为了确保组织具备未来执行变革的能力，组织需要培养两类人才：一是通过内部培养，二是通过外部招聘。组织可以进行"自给自足"还是"外购"分析，以确定是否拥有内部人才来推动变革，或者是否需要从外部引入所需技能。

在准备组织变革之前，首先需要深入了解组织本身及其文化，以及这种文化所培养的员工个性特征。例如，是否存在相互竞争的压力？是否有某些类型的员工更能适应变革？如果评估员工，是否可以将他们划分为具有战略和逻辑思维的类型、团队导向型的类型、注重组织和流程的类型，或者冒险型、行动导向型的类型？

了解这些组织内的动态能够为判断变革的准备情况提供重要的见解。通常，偏向于行动导向并且愿意冒险的团队更容易适应变革，他们不仅能快速接受变化，而且变革对他们来说可能是保持工作投入的必要条件。相反，注重流程并习惯日常惯例的团队通常对变革的适应能力较差，往往偏好稳定的工作环境。尽管如此，拥有稳定流程的组织也能够通过有效的沟通实施成功的变革。关键在于如何调整沟通策略，帮助这些员工适应变化，找到他们在变革中的"新常态"。简而言之，领导者应根据对组织文化和员工个性的理解来制定变革方案，帮助员工更好地为变革做好准备。这包括了解员工所需的技能，以及如何利用现有的文化来支持这些变化。

为什么变革的"动因"很重要

你的组织是否清楚未来想要走向哪里，或者如何发展？变革来得很快，技术和消费者行为已经在多个行业带来了颠覆。要理解系统思维及变革与其他组织举措之间的关系，需要一个明确的"动因"。许多变革努力失败的原因之一就是"动因"不够强烈。那么，你的"动因"是什么呢？

制定战略任务是变革管理的第一步。组织必须不断审视内外部环境因素，以便识别和应对当前或未来计划中的机会或威胁。成功的领导者时刻关注内外部环境，以决定变革的时机和方式。

例如，一家公司创建了一个汇聚跨职能员工的智囊团，让他们负责评估内外部环境并推动创新和必要的变革。这个小组每月开会讨论变革提案，并决定将哪些想法提交给董事会审议。在准备向董事会展示这些想法时，小组编写了商业案例，其中明确阐述了变革的"动因"。这条变革信息一经发出就振奋了人心，因为它是由组织成员共同创建的，既聚焦于未来又与战略目标一致。通过这种方式产生的想法更具可持续性，因为它们没有受到典型的自上而下命令的压制，而是来自员工的积极投入和共同努力。

根据韬睿惠悦企管顾问公司的研究，68%的高管认为他们的组织成功地传达了做出重大决策的原因。然而，在高管以下，这种信息传递的效果明显减弱。只有53%的中层管理者和40%的一线主管表示，他们的管理层能够很好地解释重大决策背后的原因。这表明，高管不能等待信息传递自动完成，他们需要主动提问，并积极解释变革的原因。每一次变革事件都应该伴随一个清晰的沟通传播战略和计划。

员工希望知道高管是否真正支持正在进行的变革，但往往高管的回答存在矛盾。如果员工无法确信所有高管对变革的看法一致，他们将很难对变革过程充满信心。因此，如何帮助高管为未来的工作环境做好准备呢？一种方法是通过采访高管，确保从高层开始传递一致的信息。而且他们要提前做好准备，然后公布消息，让组织员工了解变革与战略目标和预期成果的密切联系。采访组织高管可以帮助你确定他们的观念是否存在冲突。如果有冲突，可以通过组织一次讨论促使他们达成一致。如果忽视了这一点，变革从一开始就可能注定失败。

员工希望知道高管是否真正理解正在进行的变革。如果你是变革的领导者，那么你要清楚变革的原因，并积极支持。此外，你还需要了解在这次变革中，组织、领导者和员工分别被寄予了哪些期望。鼓励高管和变革管理团队就这一方面多进行沟通。

组织如何公布变革的消息，将决定组织各方对变革的接受程度。最常见的挑战之一是期望的不一致。管理者在消息传达方面发挥着关键作用。为了增强员工参与变革的意愿，管理者要做的是让员工了解自己在变革中的角色，让员工看到变革带来的益处，让员工承担应有的责任。如果管理者自己都不懂变革的原因，那么帮助员工更是无从谈起。因此，管理者需要明晰，自己和员工需要具备哪些技能，才能在未来的工作中不断成长，以适应变革带来的挑战。

有效地传达信息

一线管理者收到变革信息后，他们需要确保有效传达这些信息，让每个员工都能理解变革的内容。然而，由于人类大脑的复杂性，这个过程并不如看起来那么简单。大脑的前额叶负责计划、推理、解决问题等功能。四种不同的大脑思维方式会影响我们的思想和行为：

- **逻辑型**思维（关注大局、战略和事实）。
- **关系型**思维（关注人际关系和团队）。
- **有序型**思维（关注过程、政策和例行公事）。
- **行动型**思维（关注挑战、风险和目标达成）。

因为不同性格的人在面对变革时会有不同的反应和接受方式，所以理解这四种思维方式的员工，能够与周围人建立更好的联系。事实上，大约50%的员工在面对变革时会产生焦虑或压力。为了帮助员工应对变革，管理者需要提前了解并针对性地采取适合不同员工思维方式的沟通策略。通过这种方式，管理者可以增加员工对变革的信任度，进而推动变革的顺利进行。统计数据显示，在超过12人的小组中，所有四种思维方式都会有所代表。因此，在团队沟通时，管理者需要确保变革信息覆盖到每种思维方式，以确保每个人都能理解并从中受益。

在人际沟通的过程中，我们往往不自觉地以自身的思维模式为基准来审视问题。我曾遇到一位具备"关系型思维"特质的客户，她极为擅长运用情感纽带来阐述变革理念，并能有效激发员工、团队乃至整个办公环境的情感共鸣。然而，尽管她的沟通技巧堪称精湛，所推动的变革却遭遇了不佳的反馈，甚至招致批评。经过深入剖析，我们发现问题的根源并不在于变革方案本身，而在于其与团队思维方式存在偏差。这位客户的团队成员大多倾向于"逻辑型"与"有序型"思维，他们更关注的是数据与流程的精确性，而非情感层面的微妙变化。因此，尽管变革的内容富有建设性，团队成员却未能直观感受到它与自身工作的紧密联系。

随后，我的客户对信息传递策略进行了调整，充分考虑到了团队成员多样性的思维偏好。她通过优化沟通语言，使得无论是逻辑型、有序型还是其他类型的员工，都能从各自的角度出发，深刻理解变革的意义与价值。这一转变不仅显著提升了员工对变革的接受度，还使得变革信息在整个组织内部产生了更为深远而广泛的影响，超越了原先主要触动关系型思维（约占25%）员工的局限。

通过深度提问确定员工的理解程度

如本章所述，要想变革成功，就要让员工理解变革的原因，并使其与变革之间建立起联系。为了评估员工对未来战略的理解及他们对变革的反应，一个有效的方式是深度提问。以下是一些深入的问题示例：

- 当前变革举措的目的是什么？
- 请描述你对领导层能否成功实施这一变革的信心程度。
- 在变革完成后，你如何看待自己的角色定位？

- 你是否相信这一变革对组织有利？为什么？
- 这一变革对你个人产生了哪些影响？
- 这一变革对你的职业发展有何影响？
- 你认为领导层需要了解关于这一变革的哪些信息？

设计这些问题的目的是引导员工给出实质性的回答，从而避免简单的问卷式回答。与负责组织沟通的领导者配合，确定提问的时间、频率、方式以及反馈收集，以确保调查能够最大化地发挥效果。可以考虑按月进行，针对不同的部门或群体开展调查。例如，在变革开始的第一个月向所有人力资源管理者提问，第二个月再向所有工程师提问。进行调查时，管理者还需要向员工解释收集信息的目的以及如何使用这些信息。

构建胜任力框架

员工的能力和技能必须与他们所面临的工作任务以及组织变革的需求相匹配，从而确保他们有效地应对未来的挑战。为了确保员工应对变化，组织需要建立一个胜任力框架。这个胜任力框架不仅是为了体现组织的韧性和文化价值观，同时也为员工提供技能提升的机会，这是确保员工执行战略的关键。

提前规划未来并非易事。这一过程需要深入理解组织的未来战略目标，并考虑市场中可能出现的变化和颠覆性技术。

人工智能和机器学习是技术颠覆的典型例子，它们正在塑造未来的职场。人工智能使计算机和程序能够模拟人类行为，而机器学习则通过设计和应用算法，从过去的案例中学习并预测未来的变化。例如，如果能够获取过去组织变革的行为数据，就可以预测类似变革是否会再次发生。人工智能和机器学习不仅在技术层面会产生深远影响，还在衡量变革中的员工行为方面发挥重要作用。弗朗切斯科·鲁利是人工智能和机器学习领域的专家，也是 Querlo 公司的 CEO。我们与他讨论了疫情期间人工智能在人力资源管理中的应用，你可以在本章末尾的延伸阅读中找到相关的讨论和更多内容。在思考未来职场时，需要考虑哪些行业因素可能成为颠覆力量或增强力量。了解哪些领域是你业务的核心，哪些领域将发生变化或逐渐消失，是为未来职场做好准备的关键。

构建代际多元化团队：领导层必须考虑的要素
吉尔·梅洛特，应急绩效解决方案公司的首席运营官

目前职场中有五代人共同工作，代际差异和年龄多样性能够为职场的动态和整体生产力带来巨大的价值。如果我们能够正确规划这些差异，它们将成为一种多元背景和经验的融合，而不是简单的代际更替。疫情导致许多团队转为线上团队，这种趋势可能会持续下去。在远程工作的过程中，团队成员之间的关系有的变得更加融洽，有的则面临挑战，主要取决于成员是否愿意并能够有效使用协作技术、进行沟通，以及适应远程工作。为了更好地建立未来高效的工作环境，需要关注三个方面：技术、沟通和虚拟与面对面。

- **技术**。我们可能会认为，新入职的员工比有更多工作经验的员工更年轻且更懂技术，但这并不一定总是正确的。领导者应避免这种立场预设，而应直接向团队成员询问其技术能力。如果团队成员之间的技术能力存在差异，应鼓励大家共同合作，确保每个人都掌握必要的技术。可以设定一个基本的技术水平标准，并确保团队成员不论其工作年限或经验如何，都能够互相学习。这为有技术优势的人提供了分享知识的机会，同时也让那些技术上有所欠缺的人能够从其他成员那里学习。

- **沟通**。我们对沟通方式也存在先入为主的观念。《哈佛商业评论》认为，"大多数关于代际偏好和价值观差异的证据表明，这些群体之间的差异相当小。实际上，在其中任何一个群体中都存在着相当大的偏好和价值观的差异"。领导者应了解团队成员的个性和偏好，以他们希望的方式进行沟通，而不是依赖自己的假设或刻板印象。

- **虚拟与面对面**。一些员工偏好远程工作，另一些则更愿意参加线下工作。强大的团队能够灵活地将面对面的工作方式转化为虚拟环境。例如，为了增强线上团队的凝聚力，可以安排线上的合作咖啡休息时间或午餐学习会。此外，利用线上分组讨论室可以促进跨职能沟通，定期安排团队会议和一对一的员工沟通，以确保了解团队的参与度和士气。

最重要的是，询问团队中每位成员的偏好——不要自行假设，然后尽可能调整方案以满足大多数人的需求。

开发胜任力框架时，请考虑以下因素：

- **整体胜任力**。为了维持组织文化、价值观和行为，这些能力是组织中每个人都需要具备的。整体胜任力可能随着时间的推移而得到提升，但在一个蓬勃发展的文化中应保持相对稳定。

- **核心职能胜任力**。这些是组织运营所必需的，如人力资源、财务和 IT 方面的核心技能。核心知识、技能和能力将是组织在变化时期得以维持稳定的核心基础。

- **专业专长胜任力**。这些能力是为了支持关键需求而设置的。首先，企业需要思考哪些新兴技术会发展，以支持客户群体的需求；其次，哪些企业工具将被采纳，以提高内部效率；再次，哪些新市场会被加入公司的业务组合中；最后，企业的并购策略与计划也需要专项专业支持。

一旦制定并接受了胜任力框架，接下来就要定期审查它们。通常每几年进行一次，以确保它们仍然符合组织未来的发展方向。如果胜任力框架更新过于频繁，组织可能陷入不断变化的状态（混乱）；而如果审查过于延迟或从未进行审查，组织则可能面临风险，导致能力发展与组织发展不相关。

在清晰界定员工的能力及任务之后，组织需要精心策划培训项目，旨在助力员工全面掌握所需的知识、技能和态度，以确保达成既定的能力发展目标。当员工涉足新角色、技术、流程或客户群体等环节时，应提供即时且精准的定制化培训。若将培训简单地与常规时段（如合规性审查）或全员普及活动相绑定，可能削弱培训的实际成效，尤其是当员工缺乏将所学内容应用于工作实践的机会时。因此，应避免对那些在未来五年内不太可能用到的能力进行过早的培训安排。

在推行变革之前，应对员工进行系统的情商提升与沟通技巧培训。然而，在特定情境下，对于核心胜任力与价值观的培育需要更频繁地进行。当组织面临大规模变革、新员工大量涌入或处于并购整合阶段时，实施季度性的培训项目，即便是短期的且具有高度针对性的培训，也能发挥显著的积极作用。

最后的思考

疫情使得许多领导者重新评估他们组织的未来发展。当你在考虑未来状态、工作环境和劳动力情况时，请花时间明确以下问题：我们的组织和劳动力是否准备好迎接变化？为什么我们需要为未来而变化？达到那个未来状态需要哪些胜任力？谁负责传达变革的信息？如何培养所需的技能，才能为员工的未来做好准备？

作者简介

詹妮弗·斯坦福（Jennifer Stanford）是应急绩效解决方案公司的 CEO，也是《工作中的人才发展》一书中"打破失败变革管理的循环"一文的作者。她是一位备受欢迎的信任教练和组织变革专家，拥有 25 年的资深咨询经验，并担任伟事达全球的特邀演讲嘉宾。她不仅是一位卓越的领导者，更带领着一支由引导师、教练及顾问组成的精英团队，他们的共同使命是在人们生活的每一个角落——无论是工作、学习、休闲还是精神寄托之处——塑造高效的环境与和谐的人际关系。应急绩效解决方案公司凭借她的卓越领导，为包括国防部、联邦政府机构、中型企业以及非营利组织在内的广泛客户群体提供了服务。她与她的丈夫及爱犬共同居住在弗吉尼亚州汉密尔顿。

参考文献

Ewenstein, B., W. Smith, and A. Sologar. 2015. "Changing Change Management." McKinsey and Company, July 1.

King, E., L. Finkelstein, C. Thomas, and A. Corrington. 2019. "Generational Differences at Work Are Small. Thinking They're Big Affects Our Behavior." *Harvard Business Review*, August 1.

Personality Resources. Performance Management Applications.

延伸阅读

Brower, T. 2021. "The Future of Work and the New Workplace: How to Make Work Better." Forbes, February 7.

Maruti Techlabs. "Artificial Intelligence and Machine Learning Made Simple. "

Snook, A. 2019. "How to Effectively Manage Different Generations in the Workplace. " I-sight, July 2.

Sondey, S. 2020. "Re-Engaging and Re-Energizing Employees Through Effective Communicationin the Post-COVID Era: A Conversation With Jennifer Stanford. " Querlo, June 12.

第 56 章　新兴技术与未来学习

卡尔·卡普和杰西卡·布里斯金

未来学家威廉·吉布森曾说："未来已经到来，只是每个行业的发展情况不同。"这句话对学习与发展专业人士具有特别的意义，因为专业人士的任务是让学习变得尽可能高效。然而，随着技术的不断变化和发展，我们需要不断评估并调整我们的教学方式。

如果我们能恰当地应用这些新兴技术，就可以突破传统的界限，在以前无法实现的地方，用新方式促进学习。但如果我们错误地使用这些技术，就有可能在追求"下一个大趋势"的过程中，浪费时间、金钱和信誉，得不偿失。

本章要点

△　解释学习与发展专业人士为什么需要紧跟最新技术趋势。

△　列出未来 10 年内影响教学设计和交付的新兴技术。

△　选择一种方法论作为指导，用此衡量某项新兴技术是否适合你的组织，是否匹配组织的学习能力提升计划。

几十年前，现场技术员需要尽可能多地熟悉他们未来工作中可能遇到的设备，这意味着他们要进行长时间的培训，并且携带笨重的技术手册来解决问题。随着移动设备的普及，Wi-Fi、微学习等技术的发展，移动学习成为可能，技术员可以随时通过手机或其他设备获取大量的培训资料和故障排除视频，这使得他们可以更高效地解决问题，甚至是面对一些之前从未接触过的设备。这只是技术如何永久改变学习与发展的一个例子。

虽然新兴技术在学习与发展中可以带来显著的效果，但这些技术需要谨慎应用。成功的学习与发展组织（无论大或小）会将新兴技术整合到完善的培训方案中，而不仅因为技术新颖就盲目采用。新兴技术的引入应该是为了提高组织学习成果和绩效表现，而不是为了追求技术本身。

虽然学习与发展专业人士需要紧跟技术的发展，但也不能盲目信任新兴技术，以避免被新兴技术的潮流所迷惑。理智且谨慎地使用新兴技术，才能带来学习与发展的成功，随便采用新兴技术可能导致管理混乱和预算超支。

RISSCI 方法

在讨论新兴技术时，用科学的方法评估这些技术的可行性非常重要。无论你所在的是大型组织、中型组织还是小型组织，RISSCI（发音类似于"risky"）方法都可以帮助你判断新兴技术是否适用于学习与发展工作。

RISSCI 方法从六个维度来考察新兴技术的价值：覆盖面（Reach）、洞察力（Insight）、安全性（Safety）、可扩展性（Scalability）、兼容性（Compatibility）和创新性（Innovation）。这些维度与现有的教学方法进行比较，如果新兴技术在这些方面的表现优于现有方法，那么值得考虑采用。以下是对不同维度的介绍。

覆盖面

这项新兴技术是否将培训拓展到以往难以触达的领域？是否能够普及到以往无法涵盖的群体？又是否足以覆盖并提升到前所未有的技术深度？例如，移动技术使得培训能够覆盖到以前无法到达的偏远地区，将内容传递给现场的技术员，这是一个解释覆盖面意义的例子。

洞察力

利用这项新兴技术对学员表现或行为进行分析时，是否能提供现有方法无法获得的见解？以卡牌游戏为例，学员可以玩实体卡牌游戏并报告结果，但很难追踪哪些卡牌被使用了、玩家花了多长时间观察某张卡牌，以及哪些卡牌被整理或未整理。然而，如果这个卡牌游戏被数字化，系统就能追踪每个学员的操作，记录他们如何与数字化卡牌互动，这些信息就可以帮助我们更清楚地了解学习过程和学员的决策。

安全性

这项新兴技术是否能让技能的练习过程变得更安全？例如，虚拟现实技术可以让工人在安全的情况下，通过计算机生成的环境探索氯气罐内部，从而进行练习。通过这种方式，工人可以在没有任何风险的情况下进行必要的操作训练。

可扩展性

这项新兴技术是否能让培训更具可扩展性，或者是否能够持续提供服务？例如，可以利用聊天机器人来解答一些关于设备故障排除的基础问题。聊天机器人可以随时提供帮助，而且永远不会因为回答问题而感到厌烦或不耐烦。

兼容性

这项新兴技术是否能与现有系统、组织文化以及预期的学习目标相兼容。举个例子，假设销售代表的工作需要随时携带设备，如果使用笨重的台式电脑，既不方便也不适应他们繁忙的工作节奏。而如果把台式电脑换成平板或笔记本电脑，平板电脑不仅轻便，而且可以处理大量信息，也更适合销售代表的工作流程。

创新性

这项新兴技术是否能以一种全新的、独特的方式解决组织的问题。如果技术没有比现有方法更高效、更有效地解决问题，那么它就没有意义。举个例子，虚拟现实技术本身有很大的潜力，但如果仅仅用它来模拟课堂的内部环境，那就没有充分发挥它的优势。实际上，可能有更好的方法来模拟传统的课堂教学。因此，关键在于判断新兴技术是否真正能够带来比现有方法更好的解决方案，而不是盲目追求所谓的"新奇技术"。

中小企业可以采用的新兴技术

过去，如果没有一个庞大的信息技术部门，组织就无法接触到新兴技术。然而，随着云计算的出现、Wi-Fi 的普及以及越来越多无须编程的易用应用程序的出现，中小型企业的培训部门现在也能像大型企业一样使用前沿技术。

此外，在某些情况下，现有技术可以跨平台使用。你不需要为虚拟现实和虚拟世界分别编写不同的解决方案，许多现代软件都能够同时支持这两种场景。

例如，一些每月费用低于 100 美元的虚拟现实软件平台，编程操作简单，还能通过笔记本电脑、智能手机和虚拟现实眼镜运行。这使得中小型学习与发展部门能够以低成本、低难度的方式创建虚拟世界和虚拟现实环境。创建场景或环境之后，它们可以通过虚拟现实设备、虚拟世界，甚至移动设备等运行。

虚拟现实技术并不是小型学习与发展部门能够使用的唯一技术。许多在本章提到的技术，如聊天机器人、增强现实等，都很容易获取，且编程操作简单。这意味着，只要有创意，聚焦于特定的学习效果，并且开发工作量不大，任何规模的组织都可以利用新兴技术。

实际上，在采纳与推广新兴技术的过程中，如果能够秉持细致入微的态度，这些技术无疑能成为小型组织效能提升的强大催化剂。它们能够开辟道路，促成以往难以企及的任务和培训项目的实现。对于资源相对匮乏的学习与发展部门而言，核心挑战在于需要严谨地评估新兴技术的潜力，并借助 RISSCI 方法，精准判断哪些技术能够切实贴合组织在学习与发展领域的特定需求。

新兴技术概览

我们无法全面回顾所有可能在未来 10~20 年内对学习与发展领域产生影响的新兴技术。实际上，许多我们原本没有预见到的技术，已经成功应用到学习领域。

本章提到的这些技术，是因为它们对学习与发展领域存在潜在影响。这些技术目前已经初步应用于学习与发展领域，而且我们预测它们未来很有可能成为重要的工具。

增强现实

增强现实技术通过将虚拟图像、声音或信息叠加到现实世界中，提供增强的感知体验。例如，一个人举起智能手机、戴上眼镜或透过汽车挡风玻璃，可以看到虚拟事物，这些事物虽然由技术生成，但在现实中并不存在。这使得人们所体验的现实得以增强，从而能够更高效地接收更多信息。一个典型的增强现实应用是游戏《宝可梦 Go》，玩家通过手机将虚拟精灵叠加到实际的物理空间中。

在工厂车间，增强现实被用于帮助工人正确地组装零件，提供即时的操作指导。工人通过佩戴增强现实眼镜，可以获得实时的操作信息，如物料的取用顺序、所需材料的规格以及设备的运行温度等。这些信息直接显示在视野内，无须额外手持工具或手册，员工在接受指令和信息的同时可以继续进行任务操作。

此外，增强现实还可以基于位置为用户提供周围环境的信息。例如，用户可以通过智能手机或其他设备查看某个地标或建筑物的背景资料。

增强现实提供了易于获取且始终可用的信息，能够帮助提高员工的工作表现，因为它能够在员工需要时及时提供所需的信息。增强现实的绩效支持功能通过使用平视显示器来辅助员工，提供逐步的操作指引，帮助他们完成工作任务。

虚拟现实

虚拟现实技术通过计算机生成的虚拟环境，借助特定的可穿戴电子设备（如带屏幕的头显或带有传感器的手套），让学员能够完全沉浸其中，仿佛与虚拟世界进行互动。虚拟现实提供高度沉浸的虚拟体验，旨在让学员感受到如同真实世界的互动体验。

例如，佩戴虚拟现实头显后，学员与现实世界的接触被完全切断，眼前展示的仅仅是计算机生成的虚拟环境。这使得虚拟现实体验成为一种纯粹的虚拟体验，不会与现实世界相互干扰。

在军事领域，虚拟现实被用来帮助士兵在虚拟环境中训练技能，提升战术水平。通过联网的虚拟现实环境，多个训练者可以同时进行互动，从而进行集体战术演练，或者在压力环境下进行协作，避免了真实场景中的危险发生。

虚拟现实在银行等行业的培训中也有所应用。例如，银行柜员可以通过虚拟现实培训，学习如何在遭遇抢劫时保持冷静，或者通过沉浸式体验，学习包容和多元化等主题，识别和克服潜在的无意识偏见。

理想的虚拟现实学习体验应该通过有趣的互动，帮助学员吸收新知识、理解新概念，并将这些知识转化为可以应用到实际工作的技能。虚拟现实不仅适用于技能操作的训练，还能够用于各种情境化的学习。例如，如何主持会议，如何组装物品，如何与他人建立情感共鸣，甚至如何进行销售谈判等。虚拟现实已成为 IT 领域培训的一个重要工具，IT 培训或学习的重点往往需要在模拟和实践的情境下展开，虚拟现实则为学员提供了一个真实感十足的训练环境。

混合现实

混合现实技术是不同现实形式的融合，涵盖了从现实环境到完全虚拟环境（如虚拟现实）的连续体。混合现实可以结合虚拟现实和增强现实的特点。想象你正完全沉浸在虚拟现实环境中，突然间，虚拟现实头盔内置的摄像头通过增强现实的形式，向你展示现实世界中的场景，并在该场景中叠加特定物体的数据。这就是混合现实，它将虚拟元素和现实世界的元素无缝结合。

另一个混合现实的例子是在课堂上，老师给学生一件设备进行检查和研究。如果这件设备上有二维码或条形码，学生可以用智能手机扫描这些代码，获取更多信息，这就是增强现实的应用。学生可以触摸并观察实际的设备，同时利用混合现实技术获取更多信息。此外，课堂上还可能配备虚拟现实头盔，学生佩戴后可以看到设备在实际工作环境中的使用方式。这个场景展示了多种现实形式的结合。

扩展现实

由于虚拟现实、增强现实、混合现实等类别的划分日渐复杂，并且随着技术的不断发展，新的现实形式和术语会不断涌现，因此"扩展现实"（XR）应运而生，成为一个更具包容性的概念。"X"代表了任何在"现实"前面的术语。随着计算机技术的进一步发展，扩展现实将不断扩展，涵盖更多的计算机增强型环境，以适应不同的需求和应用场景。

深度伪造

深度伪造技术通过对人物的外貌、动作和声音进行操控，能够制造出看似真实的伪造视频。这类视频可以让某个人物看起来像在说某些他们从未说过的话，或者做出某些他们从未做过的事情。近年来，随着技术的进步和专门技术的应用，深度伪造视频的质量越来越高，复杂度也随之增加，已变得越来越难以与真实视频区分。

虚假新闻和虚假言论问题自古以来就存在，但如今制作深度伪造视频的技术已经越来越普及，普通人也能使用。预计在未来几年，有关深度伪造视频的概念会得到进一步修正。

同时，另一个相关的技术是"人造人类"的诞生。许多公司将人工智能与高度真实的图像结合，目标是创造出一个能够模拟人类互动的计算机系统。这种系统结合了自然语言处理、自然眼动、真实手势以及仿真外观，能够以逼近真实的方式模仿人类互动。

对于学习与发展专业人士而言，这意味着能够编排数千人的"虚拟演员"阵容。通过输入描述、面部表情、性别、种族等信息，就能创建出一个完美的虚拟演员阵容。输入动作和场景，他们就能像真实人类一样表演。如果需要更新服装、发型等在视频中会迅速过时的元素，只需输入一些命令，上传几种服装样式，就能得到一段全新的视频。

如果手头只有人物在不同姿势和不同场景下的照片，也无须担心。只需输入所需场景和位置，截图并导入到电子化学习模块中，即可完成。

假设你需要组织的 CEO 就多元化、包容性或关键安全计划发表重要声明，只需录制他的一些讲话片段，然后利用深度伪造技术完成剩余部分。你无须多次拍摄，只需在后期制作中进行调整，如果有问题，也可以轻松修正。这将大大降低制作成本，并缩短制作培训视频的时间。

尽管这看起来非常理想化，但深度伪造技术也带来了巨大的隐患。需要注意的是，这项技术可能被不当使用，例如，让 CEO 在未经授权或未同意的情况下发表虚假声明。

虚拟世界

虚拟世界技术是指创设三维的虚拟环境，在这个环境中，用户不仅可以与其他人互动，还可以在互动过程中创建各种对象。虚拟世界最常见的应用场景是多人在线视频游戏，但越来越多的企业开始将虚拟世界应用于日常工作和学习中。

例如，《魔兽世界》这种多人虚拟环境以及《第二人生》和《活跃的世界》这类虚拟学习环境就是典型的虚拟世界应用。在这些虚拟世界中，用户通过化身与环境及其他用户互动。虚拟世界的环境可能是用户熟悉的现实环境，也可能是完全不同的虚拟环境。例如，拥有飞行能力的虚拟角色，或者与现实世界规则完全不同的生物和自然规律。

对于学习与发展专业人士来说，虚拟世界不仅能作为传统线上培训的补充，还可以替代那些缺乏吸引力的二维演示方式。越来越多的虚拟世界开始与增强现实和虚拟现实技术相结合，创造出沉浸式的培训体验。这样的培训方式能够让培训师实时观察学员在模拟情境中的自然反应，从而更加精准地评估学员的表现。学员可以在一系列软技能上进行包括同理心、沟通、协作、创新和持续改进等内容的测试和考察。例如，在领导力培训项目中，管理者可以在一个安全、私密的虚拟世界中模拟练习，如给员工进行绩效评估、传达坏消息、应对难缠的员工等。学员可以在虚拟环境中尝试不同的领导方式，进而找到合适的方式在现实世界中有效地领导团队。这种沉浸式学习不仅能帮助学员理解"做什么""如何做""为什么做"，还能够提升学习的趣味性。

聊天机器人

聊天机器人技术是一种计算机程序，通过网站、移动应用、可穿戴设备或家庭电器等平台与人类进行对话。它的一个重要作用是提供绩效支持，即帮助员工在工作中遇到问题时，通过提问获得即时的答案。随着技术的发展，聊天机器人在学习与发展领域的应用越来越广泛。

聊天机器人能够根据学员的需求跨来源寻找信息，实时提供培训支持，帮助学员找到所需的学习资料。具体来说，聊天机器人可以作为一种绩效支持工具，通过预测学员可能提出的问题，主动推送相关的支持材料，并进一步根据学员的个性化需求调整和优化信息内容。聊天机器人全天候 24 小时可用，无论学员何时有问题，都可以立即获得帮助。除此之外，聊天机器人还可以帮助扩大个性化辅导和指导的规模，减少学员提问时的心理负担，让学员不再担心因自己的疑问而受到评判。

此外，聊天机器人可以创造个性化的学习体验并支持绩效。聊天机器人通过记录与学员的互动数据（包括对话内容），可以帮助分析学员的学习进展，了解他们正在学习什么、何时学习。这种方式使得学习成为一个持续的过程，而不仅是一个阶段性的事件。在传统的学习过程中，学习通常被视为一系列离散的事件，而通过聊天机器人的帮助，可以实现持续以及动态的学习。

然而，需要强调的是，聊天机器人并不能完全替代人类的角色。它们只能作为人类的辅助工具，帮助增强整体的工作场所学习体验。虽然聊天机器人在提供信息和自动化辅导方面具有显著优势，但它们无法像人类一样进行情感智慧的决策，理解复杂的情境，或进行深度的推理和联想。人类能够在沟通中灵活运用情感和社会互动，这些是当前的聊天机器人所无法替代的。

人工智能

人工智能技术通过模拟人类智能，执行需要人类智慧的任务，其核心技术基于算法，即一系列指导机器完成特定任务的规则。人工智能在学习与发展领域的应用广泛，例如，通过分析相似学员的行为推荐学习内容，或用于搜索和探索内容库。

人工智能能够根据个人能力和学习进度定制课程内容，通过评估结果调整课程模块，帮助学员专注于需要提升的技能，加快学习进程。此外，人工智能还可以预测学员是否会答对测试题，并为学习与发展专业人士提供文本转语音技术，降低录制旁白的成本。

未来，人工智能与虚拟现实的结合有望创造更真实和动态的角色，提升沉浸式游戏和模拟培训的真实感。学习类游戏引入机器学习和自适应学习技术后，可以根据玩家的学习进展调整内容和挑战，提供独特且精准的学习体验。

为了充分发挥人工智能的潜力，企业需要利用大量数据，这通常通过学习管理系统完成。学习与发展部门可以借助这些数据深入了解学员的学习经历，并设计更具价值和适应性的培训项目。人工智能正在重塑学习内容的交付方式，使其与企业价值更加紧密地结合。

机器学习

机器学习技术是一种人工智能技术，其核心是通过向计算机提供数据，让计算机基于这些数据对未来的数据进行分析和预测。与传统编程不同，机器学习无须通过编写新程序来处理数据，而是依靠算法自动化完成数据的处理和分析。这一技术广泛应用于网络搜索、邮件垃圾过滤、个性化营销、产品推荐以及聊天机器人等领域。在学习与发展领域，机器学习可以解决以下几个方面的问题。

- **增强数据分析和报告功能**。企业可以利用机器学习分析学习活动的效果和投资回报率，通过生成相关报告帮助学员、培训师和企业全面了解学习项目。这不仅能发现学习趋势，还能采取预防措施，例如，为可能无法完成课程的学员提供支持。此外，通过分析员工发展需求，企业还可以主动提供帮助，进而改善员工留任率。

- **提供动态且高效的评估策略**。机器学习能够开发更直观、更智能的测试和测验。一些系统可以根据学员的学习活动动态生成合适的测试题目。这种能力使学习与发展部门能够更准确地发现学员的技能差距。

- **实现个性化学习资源推荐**。机器学习通过计算机技术支持自适应学习，即根据学员的需求个性化学习体验。通过分析大量数据，机器学习能够根据学员的过往学习经历和评估结果，为其匹配最适合的学习内容。这种方式可以利用学习行为、绩效指标和数据模式，为在线培训提供更有针对性的规划和开发。

自适应学习

自适应学习技术是一种基于计算机的电子化学习系统，能够根据学员的表现或反应调整学习内容的顺序、难度或性质。此外，许多自适应学习系统还会记录数据，如学员停留在某个答案上的时间或者自动作答的时间，并利用这些数据来调整向学员展示的内容。这种方式也被称为个性化学习。

早期的电子化学习项目存在一个错误，即没有充分利用计算机的功能，未能根据学员的不同输入提供不同的学习内容。当时，我们只是简单地将课堂教学内容搬到网上学习平台，而没有考虑如何通过技术手段根据学员的具体情况进行个性化调整。幸运的是，现在的课程设计师和技术供应商逐渐认识到，通过先诊断学员登录时的知识水平，然后仅根据学员所缺乏的内容进行教学，不仅可以节省时间，还能加速学习过程。

自适应学习可以通过提供不同难度层次的内容来实现，但最终，它将发展为一种通过学习过程不断调整的自适应学习展示形式。这就需要从设计角度，对学习内容和学习成果进行详细的分解，并将其转化为具体的学习目标。

数字化模拟

数字化模拟技术是指将传统的面对面活动，尤其是在工作坊或课堂中常见的互动和教学形式，转化为数字化版本。这一技术在疫情期间得到了加速推进，但在疫情之前，数字化模拟的步伐已经悄然展开。

许多传统活动已经实现了数字化模拟。这些数字化活动和相关工具的示例包括：

- 传统的会议室活动，如在白板上贴便利贴进行头脑风暴或规划，现在可以通过 Miro、Padlet 和 Stormboard 等在线工具来完成。

- 传统的举手提问或与观众互动的方式，也可以通过数字化工具实现。像 Kahoot 和 Poll Everywhere 这样的工具，能够在课堂上快速收集学员的意见和反馈。

- 传统的纸牌游戏，如用卡片排序技能、进行角色扮演或其他学习活动，也可以通过数字化模拟来实现。数字化纸牌游戏的目标是让学员有种像坐在虚拟卡桌旁的感觉，尽管是在数字平台上，学员仍然可以像在现实纸牌游戏中一样抽卡、丢卡和整理卡片。

数字化模拟不仅是将传统的教室工具和活动搬到线上，还使虚拟学习和传统面对面学习之间的差距逐渐缩小。通过这些数字化工具和体验，学员可以进行与现实课堂几乎无差别的活动。例如，虚拟白板上的头脑风暴、虚拟卡片的角色扮演，甚至用虚拟棋盘进行的商业模拟，都让线上学习变得更加身临其境，提升了参与感和学习效果。随着这些技术的不断发展，未来的数字化学习体验将更加丰富和多元化。

最后的思考

作为一名学习与发展专业人士，你可以利用多种工具来帮助评估是否应该实施新兴技术。

随着科技的不断进步，学习与发展专业人士在设计学习和培训时所面临的环境发生了巨大变化。增强现实、虚拟现实、混合现实、扩展现实、深度伪造、虚拟世界、聊天机器人、人工智能、机器学习、自适应学习和数字化模拟等新兴技术正在以前所未有的速度改变着培训行业的面貌。

那些积极拥抱这些技术的组织将看到显著的成果。随着技术的不断进步，选择的余地也愈加丰富，但预算并非无限，学习与发展部门必须明确哪些技术最适合自己的需求。技术的力量将在未来十年重新定义工作、绩效标准以及领导责任。正确运用新兴技术，不仅能提升员工绩效，促进技能发展，还能节省时间和资金。

作者简介

卡尔·卡普（Karl Kapp），教育学博士，现任宾夕法尼亚州布鲁姆斯堡大学教学技术学教授，专注于教学游戏设计、游戏化课程及在线学习设计的教学工作。在学术领域和企业界都有着广泛的影响力。他是美国国家卫生研究院资助项目的高级研究员，该项目通过微学习和游戏化技术帮助儿童护理工作者识别虐待儿童行为。

此外，他还是企业游戏堆栈公司的联合创始人，该公司为教学设计师开发数字卡牌游戏工具，帮助他们创造更具互动性的学习体验。他已出版或合著了八本书，其中包括《学习和教学的游戏化》和《微学习：言简意赅》。目前，他的一个重要项目是在 YouTube 上制作名为"学习游戏的未经授权、非官方历史"的系列视频。他也活跃于在线教育平台领英，在该平台上发布了多门课程。他的研究和教学成果为教育领域的从业者提供了丰富的资源和灵感。如果你想与他联系，可以发送邮件至 kirkapp@gmail.com。

杰西卡·布里斯金博士（Dr. Jessica Briskin），宾夕法尼亚州立大学学习与设计技术博士，现任宾夕法尼亚州布鲁姆斯堡大学教学技术系助理教授兼研究生课程辅导员。她教授的课程涵盖电子化学习与多媒体开发、创作工具、学习视觉设计以及在线学习等领域。她的研究方向主要集中在设计框架、在线协作方法以及移动和多媒体开发，尤其关注如何将传统学习空间转化为高效的在线学习空间。

在学术领域之外，她还积累了丰富的实践经验，她曾在企业和教育行业工作，设计并开发了多种电子化学习和移动学习课程。此外，她还参与了培训师指导型的培训项目、视频制作、信息图表设计以及绩效支持工具开发，致力于提升学习和培训效果。

参考文献

Belhassen, D. , and P. S. Hogle. 2020. *AI in eLearning 2020: Demystifying Artificial Intelligence and Its Impact on Digital Learning.* Neovation Learning Solutions.

Girvan, C. 2018. "What Is a Virtual World? Definition and Classification. " *Education Tech Research Dev* 66: 1087−1100.

Greene, E. 2018. "Reimagining the World of Corporate Learning in a Virtual Environment. " *Training Industry Magazine*, Training Toolbox 2018.

Gold, J. , L. Nichol, and P. A. Harrison. 2020. "L&D Must Be a Participant Not a Bystander in Machine Learning. " People Management, September 10.

Kapp, K. M. , and T. O' Driscoll. 2010. *Learning in 3D: Adding a New Dimension to Enterprise Learning and Collaboration.* San Francisco: Pfeiffer.

Lee, S. 2019. "The Role of Chatbots in Workplace Learning. " *Training Industry*, January/February.

Quote Investigator. 2012. "The Future Has Arrived—It's Just Not Evenly Distributed Yet. William Gibson? Anonymous? Apocryphal. " Quote Investigator, January 24.

Walsh, N. 2019. "Are HR and L&D Missing a Trick? Machine Learning for Corporate Learningand Performance. " Learnovate.

第 57 章　人才发展在人员分析与战略匹配中的作用

拉里·沃尔夫

根据高德纳公司人力资源部门的说法，"人员分析是指收集和应用人才数据，以提升关键人才素质，取得更多业务成果。通过这一过程，人员分析领导者能够基于数据提供有价值的见解，帮助人力资源部门做出更明智的决策，优化员工流程，并改善员工体验"。目前，人员分析已经广泛应用于人工智能、机器学习和数据可视化技术，能够分析和处理庞大的员工信息数据库。这样做的目的是帮助企业在整个员工生命周期中做出更加准确和有效的决策。

本章要点

△　理解将人员分析与战略融合的重要性。

△　回顾实施和采用人员分析的关键环节。

△　认识人才发展在测量业务影响中的作用。

"业务成果"是高德纳公司在定义人员分析时所强调的一个核心要素。一个团队能否对业务成果产生积极影响，正是区分其究竟是优秀人才发展团队还是普通团队的关键，而这也正是我们接下来要深入探讨的话题。

战略性业务成果

在职业生涯中，我长期从事数字化转型和战略管理工作（将战略与执行相结合），观察到许多企业在制定战略后，往往因缺乏有效的执行计划或测量标准而导致战略无法成功落地。同时，我也发现企业在转型过程中，常常因对技术的畏惧和对变革的不安而陷入转型困境，最终导致转型失败。因此，在推动人员分析落地时，必须克服这些挑战，才能确保其成功实施。战略的核心目的在于保护和延续企业的竞争优势。为实现这一目标，企业需要通过发展以下几个方面的目标来支撑战略的实施：

- 以客户为中心的目标。
- 相关的流程改进目标。
- 解决人员、工具、系统和数据的组织目标。

人才发展团队需要将公司战略目标转化为具体、可衡量的目标和行动计划，并在执行过程中进行有效管理，最终通过测量结果来确保目标的实现。

人才发展团队面临的两个关键挑战是战略匹配和测量影响。以下是一些启示，介绍如何将人员分析融入公司战略中，以便人才发展团队能够对业务产生更积极的影响。

人员分析可以促进战略落实

人才发展团队需要深入理解公司的战略目标，思考如何利用人员分析实现这些目标。具体来说，人才发展团队应与公司各层级的领导者、领导者和员工密切合作，帮助他们利用人才发展职能从人员分析中获得的洞察，做出更加明智的决策，并将这些改进融入公司的内部流程中。然后，业务领导者可以不断更新公司战略中的目标，体现这些流程的改进。

许多人才发展团队只关注人员分析在招聘和人才发展方面的作用，很少有人能够客观地测量其对业务战略的实际效果。人才发展的职责不仅是应用人员分析，还包括分析结果，观察其对客户体验、员工体验以及企业的收入和利润的影响。通过与公司内各个层面的领导者和员工合作，人员分析的成果才能够真正落实到业务战略的各个方面，从而推动公司整体战略的实现。

人员分析的战略影响

人员分析不仅帮助公司改善招聘、培训和员工留任等情况，还能通过深入分析人才数据，挖掘优秀人才、了解员工的职业发展路径，找出员工流失的原因，预测人才短缺和技能空缺，从而帮助公司降低员工流失成本，进而助力公司做出更具战略性的决策，为公司的财务表现带来积极影响。人员分析的影响不仅局限于人力资源部门，整个公司各个业务单元都会受其影响。因此，人才发展团队有责任将这些数据和分析结果呈现出来，并推动公司内部的战略调整和业务变革。

下面这个故事讲述的是我的人才发展团队如何利用人员分析帮助一家大型保险公司解决人才短缺问题，最终推动公司数字化转型的故事。这家保险公司正在进行数字化转型，需要具备数据科学等相关技能的人才来执行这一战略。为了更好地对接公司的人才需求，人才发展团队首先深入了解了公司的业务战略，以便能够提供更有针对性的服务。在此过程中，团队使用了人员分析平台，对公司的招聘数据进行了分析，结果发现，公司所需的特定技能人才并不在其设定的招聘范围内。经过进一步调查，团队发现一些小型保险科技公司正在争夺这些人才，导致公司在现有市场上很难找到所需的技能人才。在这一刻，这家保险公司决定调整战略。与其花费大量时间和资源去寻找那些根本就不存在的技能人才，不如直接收购一家保险科技公司，来获取所需的技术能力。通过人员分析，公司能够找出人才短缺的根本原因，并据此调整战略，从而加速了其数字化转型的进程。

人员分析对人力资源以外领域的影响

人才发展团队需要关注的，不仅是员工的招聘、培训和留存，更要关注人员分析如何推动业务流程优化、提升客户体验，并帮助公司在市场中获得竞争优势。

如果一个制造团队因员工流失率高而导致生产的产品质量不佳，人才发展团队可以利用人员分析找出根本原因，并通过改善培训流程或调整业务流程来减少流失。此外，利用人员分析还可以帮助企业做出更精准的招聘决策，从而进一步降低员工流失率并提升产品质量。总的来说，人才发展团队的目标不仅是提供数据，更重要的是通过这些数据推动公司业务流程的改善和提升。

人才发展团队在运用人员分析时，不仅要关注招聘、培训和员工留存等传统领域的数据，还需要关注人员分析如何推动公司改进，测量这些改进成果对客户体验、员工体验以及公司整体业务产生的影响。这些通过人员分析得出的改善措施，不应只是人才发展团队单方面的努力，而应该由业务领导者来落实，并将其融入公司的战略规划中。

人才发展团队发起并促进人员分析，业务领导者需要对成果负责。二者都很重要。

实施和采用人员分析的关键步骤

实施人员分析是一个系统性的过程，需要分多步骤完成。为了更好地指导这一过程，可以参考图 57-1 的战略地图。这张图显示，战略目标的定义通常是自上而下进行的，而具体的优化和调整则需要自下而上展开。人才发展团队通过引入人员分析，为组织提供战略视角，使人员分析成为公司战略基础的一部分。与业务领导者进行合作尤为重要。通过这种合作，人才发展团队能够基于分析数据，优化具体流程。这些改进方案不仅可以帮助公司满足客户需求，还能显著提升财务成果。

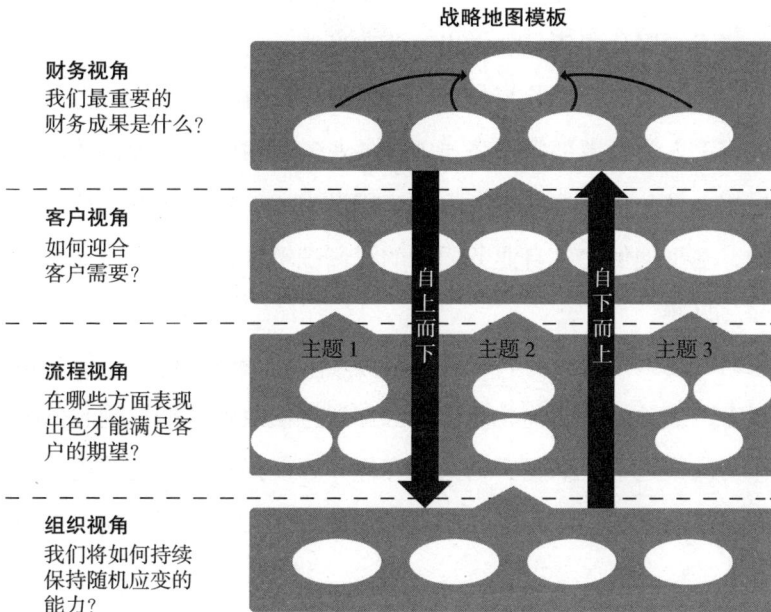

战略地图模板

财务视角
我们最重要的财务成果是什么？

客户视角
如何迎合客户需要？

流程视角
在哪些方面表现出色才能满足客户的期望？

主题 1　　主题 2　　主题 3

自上而下　　自下而上

组织视角
我们将如何持续保持随机应变的能力？

图 57-1　将人员分析与组织战略相匹配

根据所处商业环境定义人员分析

要想掌握人员分析的技能，首先需要让人员分析与公司战略相匹配，确保人员分析的目标与公司战略一致。这个过程首先需要明确客户的目标，接着根据这些客户目标确定所需的内部流程，这些流程可能是新的、需要改进的，或者是需要终止的。人才发展团队需要审视组织结构、技能、工具和文化等因素，而在制定战略时，人员分析就会变得非常重要。

组织层级是战略的基础，如果组织构成存在缺陷，那么就会削弱组织在处理内部流程时的执行力，而这些流程恰恰是满足客户需求所必不可少的。

当人才发展团队将公司战略中的目标（如客户、流程和组织目标）转化为可测量的具体目标时，人员分析扮演着至关重要的角色，它是人才发展职能的核心组成部分。人才发展团队可借助人员分析来精炼并优化公司战略的实施流程。例如，公司内部是自主培育所需技能，还是需要借助外部招聘及外包策略来弥补技能缺口？这些决定将如何影响流程改进的时间安排？如何才能留住关键人才以减少员工流失，并改善客户体验？人员分析能够为培训需求提供哪些见解，而这些需求又会如何影响公司的财务表现？数据分析如何推动公司流程的变化？更重要的是，你能否说服公司领导层做出这些改变？

人员分析在增强客户体验与员工参与度方面具有多方面的潜力作用。人才发展团队可以携手人力资源部门及公司内部各业务部门的领导者，共同开展头脑风暴，深入挖掘人员分析在这些维度上的应用潜力。一旦团队成员意识到人员分析的深远影响，基于他们对各自业务职能的深刻理解，他们将能够提出一系列富有创意的策略与见解。

这些策略与见解最终需要转化为具体行动，即利用人员分析的力量，推动企业不断升级客户体验，同时优化业务成果。通过细致的数据挖掘与分析，人员分析不仅能够为决策过程提供坚实的数据支撑，还能揭示潜在的改进路径，促使企业在提升客户体验与员工满意度之间找到平衡点，实现双赢局面，进而实现组织目标。

将人员分析推广到整个组织

人员分析的价值取决于使用它的人。如果没有人愿意接受人员分析，那么它将无法发挥应有的作用；相反，积极的用户参与能够转化为巨大的价值。然而，人们通常对变革持排斥态度，尤其是涉及技术的变革。如果再加上复杂的数据分析，可能会让一些人望而却步。

那么，人才发展团队如何让企业各部门对人员分析产生兴趣并积极采纳呢？首先，需要充分利用所有可用的变革资源，如邀请外部专家指导团队，帮助推进这一新兴技术的落地。同时，还要对员工的担忧保持敏锐的认知。一些员工可能对技术心存恐惧，另一些可能不信任数据，还有一些可能对组织和流程的变革感到抗拒。再次强调，将人员分析与公司的战略计划联系起来是变革初期重要的一步。只有高层领导者重视人员分析，管理层和员工才会去关注人员分析。在此过程中，人才发展团队需要通过小范围试点逐步推广，让员工看到人员分析不仅能提升客户体验，还能帮助他们更好地开展工作，获得更高的报酬。

员工希望了解自己在公司整体战略中的角色，并清楚自己的工作如何影响大局。要实现这一点，就需要为员工提供个性化体验，使其能够与人员分析的作用产生联系，并理解这些分析如何提升他们对公司战略的贡献能力。

与此同时，培训是关键，要持续不断地开展。要教会员工如何解读分析数据，并以通俗易懂的方式解释数据的处理过程。通过这样的方式，可以逐步建立员工对数据分析结果的信任，让他们清楚数据分析所揭示的意义，同时也要鼓励他们在适当的情况下对数据提出质疑。

通过人员分析改变组织文化

在人员分析背景下进行的人才发展应该从以下两个重要方面改变组织文化：

- 构建数据驱动的企业文化。企业可以从依赖直觉或情绪反应转向基于数据的科学决策。鼓励团队成员相互质疑假设并用数据加以证明，进而推动结果测量方法的不断改进。
- 提升技术能力。企业可以更加有效地利用技术手段，打造差异化的客户体验。这一点在当今数字化时代尤为重要。

在推动文化变革的过程中，人才发展专业人士必须扮演领导者的角色，可以通过阐明数据驱动的优势、引导员工适应变化、分享成功案例，以及直观展示人员分析带来的业务收益，来推动这一转型的实现。

融合营销和企业沟通

人才发展团队的核心职责是培养人才，而不是负责市场营销或内部沟通。因此，在管理由人员分析引发的变革时，需要借助其他部门的支持。与其他部门的同事合作，利用现有资源，通过频繁的沟通，将信息根据受众的需求进行调整和传递，是变革管理的关键。

以下是一些人员分析变革的具体沟通技巧：

- 董事会：希望定期收到关于项目的简短进展汇报。
- 高层领导者：更关注风险管理、采纳率以及预算执行情况。
- 部门经理：作为人员分析的主要用户，需要与他们保持密切沟通。
- 员工：需要清楚地知道，人才发展团队并不是在"监控"他们，而是通过数据来帮助他们改进工作、提升参与度和推动职业发展。

这样的沟通能够消除顾虑，增强信任。如果组织内有变革管理的相关人员，应该充分调动他们的资源与专业能力，以确保变革能够顺利推行。与市场营销、企业宣传部门以及关键用户紧密合作，可以有效传递变革的积极意义，让全员认识到变革的益处，并在组织内部营造积极向上的变革氛围。

使用绩效目标

为了推动人员分析的应用，关键在于测量各个层级员工如何使用这些分析工具，并且测量它们所带来的结果。例如，如果人才发展团队认为通过改进流程可以将招聘周期缩短 20%，那么这一目标就应纳入招聘人员和招聘经理的绩效考核指标中。如果可以通过有针对性的培训将不必要的离职率降低 15%，那么这一目标就应当成为培训团队的工作目标。此外，还需要了解人员分析如何改善公司各个部门的内部流程，并测量这些改进如何影响客户体验和财务业绩。

当然，绩效管理并不完全是人才发展团队的职责。尽管如此，人才发展团队仍需要与公司的其他运营部门、人力资源团队进行密切合作，共同帮助落实绩效目标，以及支持人员分析成果应用的政策与流程。

确定工具

在选择人员分析软件时，人才发展团队需要认真考虑公司的目标，并根据这些目标来确定所需软件的功能要求。你需要问自己：是否投资 Tableau，或者 Lattice 是否更适合？是喜欢 SplashBI 的报告，还是用 Sisense 可以实现更多功能？

只有理解公司的战略目标，并能够将软件的功能与这些目标匹配时，才能找到合适的答案。

此外，不要被软件的用户界面和五颜六色的仪表板所迷惑。明确你想要实现的目标，并要求供应商提供满足你需求的产品。最后，要与 IT 部门紧密合作，确保所选的软件与现有系统兼容，验证软件的安全性，并确保系统支持软件的安装。

证明投资合理性

在人才发展团队了解了公司的目标并且明确了软件包如何帮助实现这些目标之后，团队应该转向记录投资回报率的工作。财务部门可以帮助分析资本成本与运营费用的区别，以及摊销，这部分内容相对较为简单。

然而，真正的挑战和乐趣在于评估人员分析如何影响员工体验、员工参与度，以及最终如何影响客户体验。这些影响可以转化为成本节约和收入增长机会。成本节约的方式可能包括减少招聘成本、降低员工流失成本，或提高受过培训的员工生产力，还可以来自通过人员分析优化后的业务流程。收入增长机会可能表现在更短的产品开发时间、更快的市场推广速度，或更具创意的客户服务方式。而人员分析可以直接或间接地影响这些方面。

人才发展团队应该与组织领导、部门负责人及员工进行沟通，鼓励他们主导投资回报分析，并确保他们对结果负责，通过人员分析推动并实现预期的业务成果。

掌握实施权

人才发展团队将主导实施人员分析，但在过程中需要借助其他部门的帮助。具体来说，市场营销和企业宣传部门将在变革管理中发挥作用，IT 部门则负责软件的安装和安全保障，运营部门需要参与人员分析的应用过程。

在实施过程中必然会经历起伏，就像任何变革或系统实施一样，会有高潮和低谷。因此，人才发展团队需要在整个实施过程中管理好各层级的期望。当实施过程中有积极进展时，要及时奖励表现优秀的员工，如首次根据新的人员分析调整决策的员工，并通过请他们吃一顿大餐来鼓励他们。同时，如果出现负面情绪或阻力，要及时进行纠正，以确保团队保持积极向上的态度。如果项目进度出现偏差，也需要及时识别问题并采取措施调整，向团队传达项目已恢复正常，增强大家的信心。

每一个重大变革或项目实施都会遇到不确定性，预见这些波动、进行积极的沟通，并通过奖励与纠正机制保持团队的动力，是确保项目成功实施的关键。

确保人员分析可执行

人才发展团队需要确保人员分析已经嵌入公司的战略计划，并与管理层和员工共同确定通过人员分析可以实现的流程改进。在实施阶段及开发分析报告和仪表板时，人才发展团队需要不断提醒业务同事公司战略中的目标，以保持一致性。

由于在实施过程中可能会出现各种复杂情况，容易导致目标的偏离，因此人才发展团队需要定期与同事进行检查，确保预期的业务成果仍然能够实现，并验证分析是否能够满足预期。此外，还需要根据实际情况对实施过程做出必要的调整，以确保实施始终符合战略目标，最终推动公司的业务成果。

测量业务影响

请记住，人员分析的最终目的是取得更好的业务成果，而实现这一目标的责任主要由人才发展团队承担。那么，如何测量在实施前、实施中以及实施后的影响呢？

在实施之前，人才发展团队需要检查公司的战略计划，找出在哪些方面可以通过人员分析改善客户体验、员工体验以及公司的财务状况。之后，他们将与业务领导者合作，制定测量指标，并引入改进流程，以帮助公司实现预期成果。

在实施中，人才发展团队会定期与使用人员分析的管理者进行沟通，确保他们保持对关键战略结果的关注。有时，需要温和地提醒大家为什么要做这项工作。

最重要的测量指标出现在实施后，并且是一个持续的过程。公司不会立刻看到人员分析的结果，因为人才决策、流程改进和文化变革需要时间才能稳定下来。因此，人才发展团队必须继续跟踪在最初战略规划阶段设定的测量指标。

预期是人员分析的投资回报将大大超过其投入。尽管财务影响可能并不总是直接与人才发展团队的具体工作挂钩，但无疑，人才发展团队的工作帮助其他部门改进了业务流程、招聘做法、培训等。这些改变如果没有人员分析的支持，可能不会发生。

因此，人才发展专业人士需要与业务领导者共同合作，制定相关的测量标准，并持续追踪这些标准的实施效果。这不仅能帮助了解投资回报，还能在企业逐步应用和依赖人员分析的过程中，判断何时增加、修改或删除某些分析工具，以确保持续优化和效果达成。

最后的思考

人才发展团队在人员分析中的作用远不止于人力资源部门的决策与执行。其成功取决于明确的战略匹配、审慎的落地实施以及持续的业务成果跟进。

成功的人员分析部署将使人才发展部门成为企业的战略领导者。与公司战略相匹配的分析将推动关键决策、优化跨部门业务流程，并最终提升客户体验，从而为企业在目标市场赢得竞争优势。

◆◆◆

作者简介

拉里·沃尔夫（Larry Wolff），沃尔夫战略合作伙伴公司的创立者兼 CEO，该公司作为业界领先的咨询机构，专精于企业战略蓝图规划与数字化转型。在其辉煌的职业生涯中，他曾身兼多职，包括 CEO、首席运营官、首席信息官、首席技术官、首席数字官及资深管理顾问，以这些多元而核心的领导角色，为众多公立机构、私营企业、跨国组织及新兴增长型企业服务。他在高等教育与企业培训领域深耕 12 余载。此外，他与人力资源领域的各大组织携手并进逾 20 年，凭借前瞻性的视野与不懈的创新精神，共同开创了众多具有里程碑意义的成就。他的专业范畴广泛而深刻，涵盖了企业与信息技术的战略蓝图设计、技术引领的业务模式革新、业务与信息技术的深度融合转型、企业合并与整合策略，以及大型复杂项目的危机管理。他的方法论超越了传统行业的界限，灵活适用于不同规模、不同背景的企业实体。欢迎通过电子邮件与他直接联系：LWolff@ WolffStrategy. com。

📑 参考文献

Gartner HR. n. d. "Definition of People Analytics. " Gartner Glossary.

Guenole, N. , J. Ferrar, and S. Feinzig. 2017. *The Power of People: Learn How Successful Organizations Use Workforce Analytics to Improve Business Performance.* Upper Saddle River, NJ: Pearson FT Press.

Van Vulpen, E. 2019. *The Basic Principles of People Analytics.* Rotterdam: AIHR.

Wolff, L. 2014. "The Paradox of Business Intelligence: How to Prevent BI from Crippling Your Business. " Wolff Strategy Partners, March 5.

📖 延伸阅读

Becker, B. , M. Huselid, and D. Ulrich. 2001. *The HR Scorecard.* Boston: Harvard Business School Press.

Duarte, N. 2019. *Data Story: Explain Data and Inspire Action Through Story.* Oakton, VA: Ideapress Publishing.

Edwards, M. R. , and K. Edwards. 2016. *Predictive HR Analytics: Mastering the HR Metric.* New York: Kogan Page.

Waters, S. D. , V. N. Streets, L. McFarlane, and R. Johnson − Murray. 2018. *The Practical Guide to HR Analytics: Using Data to Inform, Transform, and Empower HR Decisions.* Alexandria, VA: Society for Human Resource Management.

Wolff, L. 2021. *The Authentic C−Suite Guide to Digital Transformation.* Scottsdale, AZ: Wolf Strategy Partners.

附录 A 术语表

A

加速学习（Accelerated Learning，AL）：应用多种模型、多种感官的教学方法来提高学习效率的教学实践活动。其核心在于尊重每位参与者的学习偏好，并通过体验式学习活动（如角色扮演、记忆法、道具和音乐等）来实现。

无障碍性（Accessibility）：通常指确保残疾员工能够像非残疾员工一样获得信息或服务。

成果（Accomplishments）：学员被要求取得的具体产出。

积极培训（Active Training）：学员积极地参与到学习过程中的培训方法。这种方法基于合作学习的理念，即参与者通过成对或小组的形式相互学习，如小组讨论、游戏、模拟和角色扮演等。

自适应学习（Adaptive Learning）：一种旨在根据个体的具体需求量身定制个性化学习体验的方法，通常会使用技术手段扩大学员的适用范围。

ADDIE 模型：教学系统设计的一个模型，包括五个阶段：分析、设计、开发、实施和评估。

- **分析（Analysis）**：通过收集数据确定具体需求，包括设计过程的人员、内容、地点、时间以及原因。
- **设计（Design）**：确定目标和计划的阶段。
- **开发（Development）**：根据学习目标选择和开发培训材料及内容的阶段。
- **实施（Implementation）**：通过线下面授或虚拟授课进行课程交付。
- **评估（Evaluation）**：一个持续的过程，基于 ADDIE 实施过程中及后续的反馈，不断地开发和改进教学材料。

成人学习理论（Adult Learning Theory）：关于成人如何学习和获取知识的一系列理论和原则。经马尔科姆·诺尔斯推广，成人学习理论为学习与发展专业人士提供了满足职场学习需求的基础。

情感学习（Affective Learning）：本杰明·布鲁姆教育目标分类法中的一种。布鲁姆分类法将学习分为三个领域：认知领域、情感领域和动作技能领域。情感指的是学员的观念、态度和思维模式。

亲和图法（Affinity Diagrams）：亦称亲和地图，是指将大量想法（通常由头脑风暴产生）基于其自然关系分到逻辑组中，并进行定义和标记。当一群人需要做决定时，这个工具是有效的。

事后评估（After Action Review，AAR）：最

初由美国陆军发明，是指允许个体在一个行动之后，自我反思和学习，分析事件内容、原因，以及改进方法。

Alt 文本：当图像无法显示或用户有视力障碍时，Alt 文本以文字形式描述图像所代表的内容。

平行实境游戏（Alternate Reality Game, ARG）：一种互动叙事游戏，它将虚拟和现实世界相结合，突破时空界限，通过各种媒体形式吸引玩家参与。

美国残疾人法案（Americans With Disabilities Act, ADA）：美国国会在 1990 年通过的一项法案，禁止在就业、公共服务、交通、公共住宿和电信服务中歧视残疾人。如果一个人有身体或精神上的缺陷，严重影响了其重要生命活动，或者有这样的损伤记录，抑或是被诊断为有此类缺陷，那么他就被认为有残疾。该法案禁止所有就业过程中对于残疾人的歧视，包括工作申请程序、招聘、解雇、晋升、薪酬、培训以及其他就业条款、条件和特权。

分析（Analysis）：对数据或信息进行系统性检查和评估的过程，通过将其分解成各个组成部分，揭示它们之间的相互关系。在培训与发展中，常见的分析方法包括：

- **受众分析（Audience Analysis）**：是在工作分析、培训或其他工作之前进行的，目的是收集有关目标人群、人员统计资料和其他相关信息的数据。
- **差距分析（Gap Analysis）**：描述期望结果与实际（当前）结果之间的差异。
- **工作分析（Job Analysis）**：确定一个工作职能或角色的所有职责和工作责任，包括日常、每周、每月或每年需要完成的各项任务。
- **根因分析（Root Cause Analysis）**：找到知识、技能或绩效在实际值与期望值之间差距的真正原因。
- **SWOT 分析（SWOT Analysis）**：一个分析过程，它帮助识别组织的内部优势、劣势、潜在的外部机会和威胁。SWOT 分析为计划制定提供输入。
- **任务分析（Task Analysis）**：检查工作中的单个任务，并将其分解为实际的执行步骤。
- **培训需求分析（Training Needs Analysis）**：收集和综合数据的过程，以确定培训如何帮助组织实现其目标。

分析学（Analytics）：发现并交流数据中有意义的样本。例如，人才管理分析是指运用人力资源和人才数据来改善业务绩效。

成人教育学（Andragogy）：关于成人教育的方法和实践，此词从希腊语"成人学习"而来。成人学习理论由马尔科姆·诺尔斯提出，基于五个影响成人学习方式的关键原则：自我概念、先前经验、学习意愿、学习目标和学习动力。

欣赏式探询（Appreciative Inquiry, AI）：一种大规模的组织变革方法，强调对现有优势和成功行为的分析，而非仅仅关注问题与不足。该方法的 4D 循环（发现、梦想、设计和命运）包括：确定需要改进的领域、分析先前成功经验、寻找解决方案和制定行动计划。

APTD（Associate Professional in Talent Development, 人才发展师）：由 ATD 认证学院为至少有三年经验的人才发展专业人士颁发的职业资格证书。

人工智能（ArtificialIntelligence，AI）：通常被定义为机器模拟人类认知过程的能力，如感知、推理、学习、与环境互动、解决问题和创造力。

评鉴中心（Assessment Center）：组织用于评估候选人是否适合某个职位或进行绩效评估的过程。它包括多种活动，如模拟、问题分析、面试、角色扮演、书面报告或小组练习等。

基于评估的证书（Assessment-Based Certificates）：颁发给在评估中达到表现、熟练度要求或合格标准的项目参与者。这类证书由非学位授予项目颁发，该项目提供与预期学习成果相关联的特定知识、技能或能力的指导、培训和评估。

辅助技术（Assistive Technology）：残障人士使用的设备，帮助他们完成那些可能困难或无法完成的任务。

异步培训或学习（Asynchronous Training or Learning）：讲师和学生不在同一时间进行培训或学习，如异步的电子化学习。

ATD HPI 模型：一个基于结果的系统化过程，用于识别绩效问题、分析根本原因、选择和设计解决方案、在工作场所实施解决方案、衡量结果并持续改善组织绩效。

音频（Audio）：单向传递现场或录制的声音。

音频编辑（Audio Editing）：从录音中减除不想要的内容。传统做法是剪切磁带，如今则使用音频编辑软件。录音中的一些"嗯""啊"等口头语或其他部分可以被删除。音频编辑还包含增添音乐、音效，并使用图示均衡器和压缩器对音频元素进行处理。

增强现实（Augmented Reality，AR）：通过移动设备或头戴设备将数字信息叠加到现实环境中的技术。这些信息可能包括导航方向、位置信息或其他与位置相关的各种细节。作为一种绩效支持手段，增强现实在人才发展中具有特别重要的价值，因为它可以在不打断用户工作的情况下，将目标信息呈现出来。

编写工具（Authoring Tools）：允许内容专家使用日常语言与计算机交互来开发课件的软件程序。

化身（Avatar）：计算机或计算机使用者自我或角色的图形呈现。

B

婴儿潮（Baby Boomer）：1946—1963 年间在美国出生的一代人，特别有竞争力且对雇主非常忠诚。

行为目标（Behavioral Objectives）：在培训或学习活动结束后，学员能够展示出明显的新技能或知识的目标。

行为主义（Behaviorism）：一种侧重于可观察和可衡量行为的学习理论。行为主义的代表人物是心理学家斯金纳，他认为动物和人类的行为是通过条件反射发生的，即通过强化期望的反应来塑造行为。

对标（Benchmarking）：将业务流程指标与标准测量值或行业最佳标准进行比较来衡量质量。对标的目的在于通过比较和分析类似的项目，了解其他组织如何达到特定的绩效水平，并利用这些信息进行改进。

最佳实践（Best Practices）：在某个特定领域达到卓越典范的技术。

混合式学习（Blended Learning）：是指在单一课程体系中综合运用多种教学媒介的教

学方法。它指的是正式和非正式学习事件的结合，如课堂指导、在线资源和在职辅导等。

博客（Blog）：个人网站的一种延伸，一般是一个公开的个人网页，上面发布了类似日记的帖子。博客一般包含各种想法、评论或博主的一些个性展现，以及一些其他网站的链接。

布鲁姆数字分类法（Bloom's Digital Taxonomy）：在新版布鲁姆分类法的基础上，试图针对随着科技的逐渐进步而出现的行为和动作所进行的新的分类。

布鲁姆分类法（Bloom's Taxonomy）：以本杰明·布鲁姆为首开发的一个用于对学习结果进行分类的层次模型，通常分为三个领域：认知（知识）、动作（技能）和情感（态度），统称为 KSA。这些领域使用动词来定义行为，以层次化的方式描述学习目标，且从简单到复杂，难度逐步增加。这个分类法对于编写学习目标非常有用。

头脑风暴（Brainstorming）：一个小组在无拘无束的开放情境下共同激发新想法和主意的过程。

分支式学习（Branching）：一种通过创建多重选项来实现交互式学习的方法，它允许学员自主做出决策。

分会议室（Breakout Rooms）：供参与者进行任务讨论与协作的独立子会议室。在虚拟课堂中，主持人创建的分组讨论室可设置为白板或聊天室形式；而在讲师主导的线下课堂中，主持人则会另行安排实体空间，通常位于独立房间内。

浏览器（Browser）：一种用于在互联网上查找和浏览信息的软件程序。火狐（Firefox）和谷歌浏览器（Google Chrome）就是两种常见的浏览器。

举证责任（Burden of Evidence）：评估必须能够隔离被评估项目产生的效应，并就解决方案的影响力提供具有说服力的证据。

商业敏感度（Business Acumen）：通过理解企业的盈利模式，快速做出明智决策并取得良好成效的能力。

商业意识（Business Awareness）：对企业关键影响因素的全面理解，包括企业现状、行业或市场影响因素、业务增长驱动要素。具备商业意识对参与高层战略决策至关重要。

商业论证（Business Case）：对项目或任务启动的合理性及依据的系统陈述。

商业智能工具（Business IntelligenceTools）：一个统称术语，涵盖支持信息获取与分析的各种应用程序、基础设施、工具及最佳实践，旨在优化决策与提升绩效。

业务伙伴关系（Business Partnership）：企业培训部门与其他业务及支持部门之间的协作关系。

群议小组（Buzz Group）：一种小型深度讨论形式，通常由两到三人组成，在学习活动中针对特定问题进行简短研讨。

C

能力（Capability）：知识、技能与个人素质的有机结合，体现个体具备有效应对各种熟悉或陌生情境的学习潜力和适应能力。

职业顾问（Career Advisor）：专门帮助个人成长发展、为其开拓新职业选择提供指导的专业人士，该角色也可称为职业教练（Career Coach）。

职业发展（Career Development）：组织与员工之间系统化的互动过程，旨在促进员工在组织内部的成长。

案例学习（Case Study）：一种通过分析真实或虚拟情境来培养问题解决能力的学习方法。

因果分析（Cause-and-Effect Analysis）：一种运用鱼骨图（又称石川图）可视化数据、系统识别问题潜在原因的技术方法。

证书（Certificate）：以出勤率和项目完成为颁发要求的资质证明文件，其核发不涉及能力测评。

认证（Certification）：通过学习、测试和实践应用来提升技术能力，并最终获得行业认可资质的过程。

证据链（Chain of Evidence）：在四个评估层级中收集的数据、信息和证言，当按顺序呈现时，能够证明业务合作计划所创造的价值。

聊天室（Chat Room）：虚拟培训中的同步互动功能，允许参与者和主持人通过实时文字或语音消息进行交流，其作用类似于面授培训中的分会议室。

聊天机器人（Chatbot）：一种旨在模拟人类对话的计算机程序，通常以在线聊天形式呈现。

首席人才发展官（Chief Talent Development Officer）：代表组织高管层负责人才发展职能。该职位在某些企业被称为首席学习官，直接向首席执行官汇报工作。

云端（Cloud-Based）：用户可以通过互联网按需访问云计算服务商提供的应用程序、服务或资源。

教练员（Coaches）：具备资质的专业人士，他们通过与个人或团队合作，确立目标、发挥优势、推动发展并取得成果，从而帮助对方实现最大潜能。

教练（Coaching）：一个具有多重定义的常用术语。国际教练联合会将其定义为"合格教练与个人或团队之间的专业合作关系，基于客户设定的目标，支持其取得卓越成果。通过教练过程，个人专注于获得成功所需技能和行动"。它不同于咨询、指导、培训或提供建议。在工作中，通常由经验更丰富的人员（如主管）提供建设性意见和反馈，以提升员工绩效。

认知（Cognition）：通过五种感官、思维和经验获取知识和理解的心理过程。这个词可以追溯到 15 世纪，最初的含义是思考和意识。

认知失调理论（Cognitive Dissonance Theory）：该理论认为当出现相互矛盾的信念时，人类思维会创造新的想法或信念，或者修改现有的信念，以寻求一致性，使信念之间的冲突减少到最低。

认知负荷（Cognitive Load）：在工作记忆中处理新信息所需的努力程度，而工作记忆的容量是非常有限的。人才发展专业人士需要设计内容，避免超出这一容量。

认知主义（Cognitivism）：一种学习理论，旨在解释人类是如何以及为何学习的，强调学习过程中的内在心理活动（如思维、问题解决、语言、概念形成和信息处理）。认知主义也关注大脑是如何处理、储存和提取信息的。

协作学习（Collaborative Learning）：一种教学方法，指的是两个或更多学员共同合作，通过面对面或在线的方式，进行发现、学习、解决问题和共享信息的过程。引导师可以利用这种方法来促进学员的参与和互动。

评论（Commentary）：一个媒体术语，用来描述音频或视频的旁白。在视频中，评论提供了图像所没有传送出来的额外信息。

实践社区（Community of Practice，CoP）：对某一能力领域有共同兴趣并互相分享实践经验的一群人。

胜任力（Competencies）：成功胜任一个岗位、行业或职业中的关键工作所必须具备的知识、技能和行为。

胜任力建模（Competency Modeling）：企业的一项工作举措，旨在确保员工的技能和知识与组织的战略目标相一致。

基于计算机的培训（Computer–Based Training，CBT）：任何在教学和学习管理过程中使用计算机的学习课程都称为基于计算机的培训。由于 CBT 范畴下包含许多其他术语，包括计算机辅助教学、计算机管理教学和基于计算机的教学等多种形式，因此没有单一的定义。

共时效度（Concurrent Validity）：某测量工具与同期施测的其他测量相同特性工具结果的一致程度。

条件逻辑（Conditional Logic）：一种互动设计技术，能够创建"如果/那么"（if/then）语句，以实现特定条件下的不同反应或操作。

学习条件（Conditions of Learning）：源于罗伯特·加涅的九步教学法，这种理论可以保证学习效果。

顾问（Consultant）：运用专业知识、影响力和个人技能，帮助客户实现目标改变或进

步的人。顾问可以是组织内部的员工（内部顾问），也可以是与组织签订合同的外部人员（外部顾问），其主要职责是解决问题或帮助个人、团队或组织从当前状态过渡到期望状态。

内容管理系统（Content Management System，CMS）：一种计算机软件系统，支持多个用户创建、组织和修改数字文档及其他内容，用于管理组织的网页内容或数字资产。

控制组（Control Group）：实验中的一组参与者，在其他所有方面都与实验组相同，但他们没有接受实验性处理、激励或培训。控制组作为对照点，用于与实验组进行比较（例如，接受过培训的组与没有接受过培训的组）。控制组的类型包括：

- **单因素方差分析（One–Way Analysis of Variance）**：该统计方法用于比较多个观察组，这些组之间相互独立，但每个组的均值可能不同。一个重要的检验问题是各组的均值是否相等。所有观察数据来自多个组中的某一组（或在实验中接受了某种处理的组）。此方法根据组别或处理方式对数据进行单一分类。

- **双因素方差分析（Two–Way Analysis of Variance）**：该统计方法用于研究两个因素的单独效应（各自的主效应）以及它们的联合效应（交互效应）。

基础运营角色（Core Role）：支持和推动日常业务运行的基础角色。

相关性（Correlation）：衡量两个或多个变量之间关系的指标。如果一个发生变化，另一个也可能做出相应的变化。如果这种变化使变量朝相同方向移动，则为正相关；如果这种变化使变量朝相反方向移动，则

为负相关。

成本效益分析（Cost-Benefit Analysis）：投资回报率分析的一种形式，用来证明一项举措要么支付的成本远超其收益，要么产生了超过成本的更多经济收益。

咨询（Counseling）：为个人提供的专业协助或指导，旨在帮助其评估和解决个人、社交或心理方面的困难，并学习更具建设性的行为模式。

CPTD（Certified Professional in Talent Development，人才发展认证专家）：由 ATD 认证学院为至少有五年经验的人才发展专业人士颁发的职业资格证书。

资质（Credential）：个人所具备的资格、成就、个人特质或背景经历，用于证明其适合承担某项角色、工作或职责。

准则效度（Criterion Validity）：某项评估能够预测或符合外部构念的程度，通过测量工具与效标测量之间的相关性来确定。

关键行为（Critical Behaviors）：员工必须持续展现的少数关键工作行为，这些行为能够带来预期的工作成果。

关键核心角色（Critical Key Role）：对当前企业战略至关重要的职能岗位。

关键战略角色（Critical Strategic Role）：对企业长期成功至关重要的职能岗位。

众包（Crowdsourcing）：通过向大规模群体（特别是网络社区）而非传统员工或供应商征集贡献，来获取所需服务、创意或内容的实践方式。

层叠样式表（stands for cascading style sheets，CSS）：一种将信息表现形式与其内容分离的标准，支持灵活的内容呈现方式。

现有能力评估（Current Capability Assessment）：对组织人才现状的衡量，评估当前技能与组织当前及未来需求的匹配程度。

D

数据收集（Data Collection）：为分析和评估而收集所有事实、数据、统计资料及其他信息的行为，常见的收集方法或工具包括问卷、访谈和观察等。

装饰图形（Decorative Graphic）：为达到美学或幽默效果而添加的视觉元素。

深度伪造（Deep Fake）：通过技术手段篡改人物的外貌、举止和声音，使其看似在说或做从未发生过的事情的视频。

交付（Delivery）：向学员传递内容的任何方法，包括讲师指导培训、网络培训、光盘和书籍等。

设计（Design）：ADDIE 模型的第二阶段，在这个阶段确定目标并制定计划。

开发（Development）：为适应新方向或新职责而获取知识、技能或态度的过程。也指 ADDIE 模型的第三阶段，即根据学习目标选择和开发培训材料与内容。

发现式学习（Discovery Learning）：一种特定的学习过程，参与者通过活动中遇到的问题进行应对，识别所获的有用知识或技能，总结学习成果，并规划如何迁移应用。该过程也被称为体验式学习或体验式学习活动。

远程学习（Distance Learning）：一种教师和学生在时间、空间或两者上分离的教育交付方式，可分为同步和异步两种模式。

多样性（Diversity）：存在的各种差异，包括种族、性别、宗教、民族、国籍、社会经济地位、语言、（残）障状况、年龄、宗教信仰或政治观点等，也可涵盖学习偏好、个性和沟通偏好等方面。

双循环学习（Double-Loop Learning）：在决策过程中改变基本价值观和假设的深度学习方式，也被称为重构或改变认知框架。

驱动（Drivers）：在工作场景中强化、监督、鼓励和奖励关键行为表现的流程和体系。

二人小组（Dyads）：在培训课程中由两名学员组成的搭档团队，共同开展讨论、角色扮演或其他体验式活动。

E

可编辑资产（Editable Assets）：可供任何人（特别是学员）修改、调整、更新或改变的素材资源。优质的可编辑资产会包含编辑提示，告知编辑者其修改是否会影响内容的真实性。

效应量（Effect Size）：通过标准差来量化两组间差异程度的统计指标。例如，当一组（实验组）接受实验处理而另一组（对照组）未接受时，效应量就是衡量两组差异程度的指标。

电子化学习（E-Learning）：一个涵盖多种应用和流程的广义术语，包括网络学习、计算机辅助学习、虚拟课堂和数字化协作等。

电子绩效支持系统（Electronic Performance Support System，EPSS）：一种能提供即时、按需信息、指导、范例和分步对话框的软件，可在无须他人指导的情况下提升工作绩效。

具身交互（Embodied Interaction）：强调在物理和社会空间中进行人机交互时，注重实践参与而非抽象推理，关注情境意义而非普遍概括。

具身空间（Embodied Space）：人类经验和意识获得物质与空间形态的场所。

情绪智力（情商，Emotional Intelligence）：准确识别和理解自身及他人情绪反应的能力。作为加德纳多元智能理论中的第八种智能，这一概念因丹尼尔·戈尔曼的《情商》一书而广为人知。

员工入职培训（Employee Onboarding）：为促进新员工或新转岗员工融入组织并获取成功所需技能而设计的系统流程。

员工入职引导（Employee Orientation）：通常是为期一天的活动，旨在向新员工介绍组织情况、完成相关的行政手续并开始建立人际关系。

过程目标（Enabling Objectives）：界定学员必须在学习活动中掌握的技能和知识的具体目标。因其通过分解终极目标为可管理模块来支撑终极目标的实现，故又称支持性目标。

敬业度（Engagement）：员工对工作、组织、管理者或同事产生的高度情感与智力连接，这种连接会进一步影响员工是否愿意在工作中付出额外的自主努力。

环境（Environment）：活动发生的场所或条件。作为影响人类绩效的因素，环境包含工具、设备、家具、软硬件等物质条件，以及光照、温度、通风等物理条件。

公平（Equity）：强调通过制度或系统的程序、流程和资源分配来促进正义、公正与公平。要解决资源获取不足的公平性问题，需要深入理解社会成果差异的根本原因。

评估（Evaluation）：一种收集培训项目有效

性数据的多层次系统方法。通过测量结果来改进培训方案、确认学习目标达成情况，并评估培训对组织的价值。

循证培训（Evidence-Based Training）：一种基于数据（而非观点或传统）进行培训设计、开发和交付决策的过程。

以体验为中心的教学（Experience-Centered Instruction）：一种成人学习理念，重点关注学员在教学过程中的体验以及新见解的生成。

体验式学习活动（Experiential Learning Activity，ELA）：一种强调经历与反思的特定学习过程，采用归纳式学习方法，包含五个阶段：体验、分享、处理、归纳和应用。学员通过参与活动、回顾过程、识别所获知识技能、总结学习成果，并将所学迁移至工作场景。该过程有时也被称为发现式学习或体验式学习。

体验式学习（Experiential Learning）：一种特定学习过程，学员通过参与活动、回顾过程、识别所获知识技能、总结学习成果，并将所学迁移至工作场景。该过程也被称为发现式学习。

解释性图形（Explanatory Graphic）：用于展示课程内容元素之间定性或定量关系的视觉化工具。

显性知识（Explicit Knowledge）：有时被称为"知道是什么"类知识，通常被信息系统所捕获，存在于数据库、备忘录、笔记、文档等载体中，相对易于识别、存储和检索。

现存数据（Extant Data）：组织内外可获取的档案记录、现有报告和数据，包括职位描述、胜任力模型、标杆报告、年度报告、财务报表、战略计划、申诉记录、流失率统计和事故数据等。

扩展现实（Extended Reality，XR）：开发者使用的统称术语，涵盖所有现实维度的体验形式。

外在认知负荷（Extraneous Cognitive Load）：施加于工作记忆、阻碍学习过程的无关心智活动。

F

引导式教学（Facilitating）：通常指弱化知识传授角色，以学员为中心，充当学习催化剂的指导方式。当培训师采用引导方法时，学员需对自身学习负责。

可输入资产（Feedable Assets）：在多个互联应用间持续流动的可扩展内容流，可以是数据、文本、音频、视频或其任意组合。

五个学习刚需时刻模型（Five Moments of Learning Need）：研究者鲍勃·莫舍和康拉德·戈特弗雷德森提出的学习理论，描述促使人们学习的五种情境。

固定型思维（Fixed Mindset）：个人内心认为自身及他人无法改变才能、能力和智力的信念。

翻转课堂（Flipped Classroom）：混合式学习的一种形式。学员通过观看视频讲座或阅读材料在线自主学习新内容，随后获得培训师更具个性化的指导与互动，而非传统讲授式教学。

力场分析法（Force Field Analysis）：由库尔特·勒温开发，是一种识别驱动力与阻力的工具，这两种力量形成的平衡状态会阻碍变革。个人可通过增强驱动力或削弱阻力来影响变革进程。

预测模型（Forecasting Models）：用于隔离培训效果。该方法通过假设未实施培训的情况来预测输出变量，再将培训后的实际表现与预测值对比，从而评估培训影响。

正式学习（Formal Learning）：在结构化环境中开展的有计划学习项目，包括讲师面授课程、在线直播培训、认证项目、研讨会及大学课程等。这类学习具有预设的课程体系、教学议程、明确目标及固定时间框架。

形成性评估（Formative Evaluation）：贯穿于人才发展方案的设计全程，旨在改进方案草案并提高目标达成率。例如在绩效改进中，该评估会衡量 HPI 模型各阶段进展（如客户期望值达成度、根本原因是否查明等）。人才发展专业人员应在方案开发过程中实施形成性评估，并即时修订培训方案以提升有效性。此类评估可确保方案具备可理解性、准确性、时效性和功能性，具体形式包括试点测试、Beta 测试、专家技术评审、生产评审及利益相关方评审等。

免费增值版（Freemium）：收费工具的限时免费版本。

前端分析（Front-End Analysis）：由乔·哈里斯提出的术语，指绩效分析过程。它包含业务分析、绩效差距识别、任务分析、原因分析等环节，通常还需确定关键绩效者或标杆典范。

G

加涅九步教学法（Gagné's Nine Events of Instruction）：由教学设计领域先驱罗伯特·加涅提出。九步教学法的目的是确保学习效果，具体包括：吸引注意力、告知学习目标、唤起先前知识、呈现学习内容、提供引导、让学生表现、给予反馈、评估学生表现、加强记忆和迁移等。

游戏化（Gamification）：将游戏典型元素（积分、竞争、规则等）应用于发展项目的设计，既可作为最优学习方式，也可作为提升参与度的技术手段。

甘特图（Gantt Chart）：在项目管理中是一种条形图，通过图形化展示项目进度，便于规划、协调和追踪任务及里程碑。

差距分析（Gap Analysis）：用于描述期望结果与实际（当前）结果之间的差异。

霍华德·加德纳（Gardner, Howard）：提出了多元智能理论，该理论认为人类思维与学习方式具有多样性。他定义了信息处理的十种智能类型：语言/言语、逻辑/数理、空间/视觉、身体/动觉、音乐、人际、内省、自然探索、存在思考和情绪智能。

X 世代（Generation X）：1964—1979 年间出生的美国人群，普遍具有独立自主特质，习惯自我管理，善于做出有益健康与幸福的生活方式选择。

Y 世代（Generation Y）：又称千禧一代，指出生于 1980 年后的美国人群，特征为直言敢为、具有权利意识，兼具社会责任感与自我关怀倾向，对组织抱有较高期待。

吉尔伯特行为工程模型（Gilbert's Behavior Engineering Model）：由美国心理学家托马斯·吉尔伯特提出，该模型识别了六个可能影响或促进工作场所表现的因素：信息、资源、激励或后果、知识与技能、能力和动机。

目标（Goals）：人类行为指向的最终状态或条件。

治理（Governance）：对战略或内容生命周期等流程的监督体系，包含政策制定与管理实施。

成长型思维（Growth Mindset）：由卡罗尔·德韦克提出，指人们相信自己能掌控并提升自身能力的认知理念。

H

硬数据（Hard Data）：客观的量化指标，通常以频次、百分比、比例或时间等形式呈现。

哈里斯前端分析模型（Harless's Front-End Analysis Model）：由乔·哈里斯设计的诊断模型，用于识别绩效问题的根源，其核心理念是解决方案应基于问题成因制定。

平视显示器（Heads-Up Display，HUD）：一种透明显示装置，可在用户保持正常视线的情况下呈现数据。

赫曼大脑优势量表（Herrmann Brain Dominance Instrument，HBDI）：是由赫曼［W. E.（Ned）Herrmann］提出的一种性格测试方法，它根据大脑功能将学员分为四种思维偏好类型：逻辑左脑、序列左脑、情感右脑和想象右脑。

横向发展（Horizontal Development）：围绕一个宽泛主题，通常会在大范围内产出众多成果（另参阅纵向发展）。

人力资源/组织发展专家（HR/OD）：通过优化人才与组织流程/系统来助力业务目标实现的多面手角色。

HTML5：万维网标记语言的第五版，确立了一系列高级功能的标准，支持网页应用在响应式设计中实现动画与交互。

人力资本（Human Capital）：组织成员集体具备的知识、技能、能力与价值观。

人力绩效改进（Human Performance Improvement，HPI）：一套结果导向的系统流程，旨在识别绩效问题、分析根本原因、选定并实施方案、处理工作场所内的问题、评估结果，并持续改善组织绩效。这一流程基于开放系统理论，即视组织为系统，吸纳环境输入，经过转化利用，最终产生输出。

人力资源开发（Human Resource Development，HRD）：由伦纳德·纳德勒提出，指雇主安排的一系列培训、教育和发展的机会，旨在提升员工绩效、促进个人成长。这也曾用来指称"培训"或"培训与发展"这个领域及其相关专业。

I

破冰（Icebreakers）：在培训项目初期开展的互动环节，旨在促进学员相互认识、初步了解课程内容，并帮助学员轻松融入培训。

实施（Implementation）：ADDIE模型的第四阶段，这一阶段的课程以面授或虚拟形式进行。

包容性（Inclusion）：确保多元群体获得归属感的成果体现。当个人、机构、组织及项目真正向所有人开放，提供归属感时，即实现包容性成果。衡量标准包括：多元个体能否充分参与决策过程、是否获得与其角色相称的权力，以及能否平等获取组织内发展机会。

独立顾问（Independent Consultant）：在人才发展领域，帮助团队和组织领导者评估员工学习与绩效差距，并推荐或设计解决方案的专业人士。

自变量（Independent Variable）：在实验中影响因变量的要素，如年龄、资历、性别或教育水平（自变量）可能影响个人绩效（因变量）。

个人发展计划（Individual Development Plan, IDP）：针对当前岗位能力提升或职位晋升制定的个人改进计划。其内容可能与绩效数据相关联，但对发展的讨论通常与绩效评估讨论分开进行。

信息图（Infographic）：用于呈现数据或信息的表格、图示等视觉化形式。

非正式学习（Informal Learning）：发生在结构化项目、计划或课程之外，通过观察、试错、交流协作自然形成。这类学习通常具有自发性，形式包括教练辅导、导师指导、拓展性任务、轮岗实践，以及阅读书籍博客、观看 YouTube 等视频平台、收听播客、网络搜索和其他数字内容获取行为。

创新设计（Innovative Design）：在学习设计过程中采用新颖、独特或非常规的方法。

即时反馈（Instant Feedback）：虚拟课堂中的功能，允许参与者通过菜单选项（如举手、赞同、暂时离开等）随时与主持人沟通。该功能也可称为举手功能、表情符号或状态变更。

教学（Instruction）：既指知识的传授，也指教学实践——用于满足学习需求。在工作场所，教学涵盖多种内容类型，可通过正式或非正式多种方式实施。

教学设计师（Instructional Designer）：运用植根于成人学习原理及教学理论模型的系统化方法，设计和开发支持新知识或技能获取的内容、体验及其他解决方案的专业人士。教学设计师还创建评估机制，衡量学习效果及其对个人和组织的影响。

教学系统（Instructional System）：将输入要素（如主题内容和资源）通过加工过程转化为输出成果（如课程体系和材料），以构建培训课程的综合体。

教学系统设计（Instructional Systems Design, ISD）：又称教学系统开发，是创建学习体验的实践方法。这种系统化方法基于"当培训明确告知学员需掌握的能力及评估标准时最有效"的理念，涵盖分析、设计、开发、实施和评估教学体验的全过程。

讲师指导培训（Instructor-Led Training, ILT）：由讲师引导的同步（同时同地）学习形式。

讲师主导式在线培训（Instructor-Led, Online Training）：由讲师主导的同步或异步、异地开展的学习形式。

一体化人才管理（Integrated Talent Management, ITM）：一系列为获得竞争优势而整合的人力资源流程。例如，通过整合人才招聘、员工发展、留任和配置，ITM 可构建组织文化、提升员工敬业度、增强组织能力和容量。ITM 确保这些流程与组织目标和战略保持一致，常被描述为"在合适的时间将具备合适技能的人安排到合适的岗位"。

关联图法（Interrelationship Digraph）：亲和图的衍生工具，用于呈现各组观点之间的因果关系。

定距变量（Interval Variable）：一种测量尺度，其数值差异具有实际意义，可对测量项目进行排序，并量化比较差异大小。

内联网（Intranet）：仅限授权用户（如组织员工）访问的计算机网络。

内部创业（**Intrapreneurship**）：由吉福德和伊丽莎白·平肖于 1978 年提出，指员工在组织内部以创业特质开展工作。

J

JavaScript：一种流行的编程语言。

工作支持（岗位手册，**Job Aid**）：用于提供任务执行时机和方法指导的工具，可减少记忆负担并降低错误率，形式包括检查清单、视频演示或音频指导等。

工作分析（岗位分析，**Job Analysis**）：识别某一岗位职能或角色所包含的所有职责，以及每日、每周、每月或每年需完成的具体任务的过程。

即时培训（**Just-in-Time Training**）：在需要时、于工作现场提供的针对性指导。

K

唐纳德·柯克帕特里克（**Kirkpatrick，Donald**）：培训评估领域的先驱，在 20 世纪 50 年代首次提出评估模型。柯氏四级评估模型包含四个评估等级：反应、学习、行为和结果。

知识交流（**Knowledge Exchanges**）：又称知识交流网络，使组织内不同群体能够共享文档信息、在简易网页创建链接列表，并就共同关注议题展开讨论。

知识（**Knowledge**）：个人经验与教育的产物，包含人们用以评估环境新信息的认知准则。

知识管理（**Knowledge Management，KM**）：通过创建、获取、整理、共享及管理组织知识来实现目标的系统方法，确保正确信息在适当时机传递给相关人员。

知识地图（**Knowledge Mapping**）：识别和链接组织内部知识和专业技能的位置、所有权、价值及使用情况的过程。其中包括网络表、专家黄页或将知识与关键流程相关联的矩阵。

知识库（**Knowledge Repository**）：知识管理系统中信息和数据的存储仓库。

马尔科姆·诺尔斯（**Knowles，Malcolm**）：被誉为成人学习理论之父，提出了成人学习的六个假设，1973 年出版了《成人学员：被忽视的群体》。

KSA：一个缩略词，根据使用者的不同，可代表两种不同含义。

- **KSA** 在教育领域，代表知识（认知）、技能（动作）和态度（情感），这是由本杰明·布鲁姆于 20 世纪 50 年代在其教育目标分类学中提出的三种学习目标域。布鲁姆对学习目标的分类被应用于教育和培训中，以确定教育过程的目标。

- **KSA** 在美国联邦政府和一些私人猎头机构中，代表知识、技能和能力，用作候选人的素质筛选标准。

L

领导力发展（**Leadership Development**）：提升个人领导能力或组织领导效能的各类活动，包括学习项目、导师指导、教练辅导、自主学习、岗位轮换及特殊任务等，旨在培养领导所需的知识与技能。

领先指标（**Leading Indicators**）：通过短期观察和测量，反映关键行为是否对预期成果产生积极影响的指标。

学员画像（**Learner Persona**）：对目标学员群体中特定子群的描述性分析，呈现其在人口特征、学习需求、工作状态、绩效差距及最可能产生学习需求时点的关键差异。

学习（Learning）：通过学习、教学或经验获得知识、理解或技能的过程。

学习资产（Learning Asset）：各类学习支持策略的统称，形式包括阅读材料、在线检索、面授/在线课程、讨论活动、视频乃至激励海报等。其体量可以是 30 秒的音频片段，也可以是长达三个月的课程。传统培训中，学习资产通常表现为面授课程、电子学习课程或混合式学习项目。

学习集群（Learning Cluster）：为解决特定绩效差距而设计，适用于多场景或多触点的学习资产集合。

学习内容管理系统（Learning Content Management System，LCMS）：为开发者、撰稿人、教学设计师和主题专家提供的多用户协同环境，支持从中心资源库创建、存储、复用、管理及发布数字化学习内容。学习内容管理系统专注于通过学习管理系统交付的内容开发、管理和发布。

学习体验（Learning Experience）：任何能够获取知识、技能或改变态度的互动、项目、活动、游戏或其他事件。

学习信息系统（Learning Information Systems）：用于创建、交付和管理学习的硬件与软件互补网络，学习管理系统和学习内容管理系统即属此类工具。

学习管理系统（Learning Management System，LMS）：用于向学员提供在线课程或培训的软件技术，同时执行学习管理功能，如创建课程目录、跟踪学员在各类培训中的进度和表现，并生成报告。学习管理系统不用于创建课程内容，该工作由学习内容管理系统完成。

学习模式（Learning Modality）：通过五种感官（听觉、视觉、嗅觉、味觉和触觉）接收信息的方式。

学习目标（Learning Objectives）：学员必须展现出的清晰、可观察、可衡量的行为目标，只有达到这些目标，培训才能被视为成功。

学习对象（Learning Objects）：学习内容管理系统中使用的教学材料里相对独立的小信息模块。通常包括三个部分：绩效目标、达成目标所需的内容，以及某种形式的评估以衡量目标是否达成。

学习接触点（Learning Touchpoints）：现代学员与获取所需知识之间的接触点，以及他们如何以需要的方式获得这些知识，以便在工作中取得成功。

学习转化（Learning Transfer）：个体如何将学习从一个情境迁移到另一个情境，尤其是其在工作中应用所学的能力。

第 1 级：反应（Level 1：Reaction）：柯氏四级评估模型的第一等级，衡量参与者对培训项目的反应和满意度。

第 2 级：学习（Level 2：Learning）：柯氏四级评估模型的第二等级，衡量参与者对认知知识或行为技能的掌握情况。

第 3 级：行为（Level 3：Behavior）：柯氏四级评估模型的第三等级，衡量参与者能够将所学迁移到工作场所行为的程度。

第 4 级：结果（Level 4：Results）：柯氏四级评估模型的第四等级，衡量学习对组织绩效的影响。

李克特量表（Likert Scale）：一种用于数据收集的线性量表，用于评估报告和态度。

受访者会得到一个明确的量表，如 1 到 5
或 1 到 10。

可链接资产（Linkable Assets）：可与其他发
展资产、工具或文档链接，甚至可以与其
他资产组合，以创建新的资产。由于用户
发现其价值，可链接资产会促进分享、引
用和反向链接。

M

机器学习（Machine Learning，ML）：融合
了由多种技术（包括深度学习、神经网络
和自然语言处理）组成的算法，这些算法
在现有信息的指导下进行运算。

罗伯特·马杰（Mager，Robert）：提出了行
为学习目标的三要素：员工必须完成的任
务（行为表现）、完成任务的条件，以及
被视为合格表现的标准。

**马斯洛需求层次理论（Maslow's Hierarchy
of Needs）**：马斯洛认为个人关注成长前必
须先要满足基本需求。由亚伯拉罕·马斯洛
在其 1954 年著作《动机与人格》中提出。
该理论认为人类存在随时间演变而变化的复
杂需求，并将需求划分为生理、安全、社交/
归属、尊重和自我实现五个层级，强调基
础需求满足是追求成长需求的前提。

平均值（Mean）：一组数据的算术平均值。

**集中趋势度量（Measures of Central Tenden-
cy）**：包含三种统计平均值：

- 平均值（一组数据的算术平均值）。
- 中位数（数据分布的中间值，一半数字大
  于此值，一半小于此值）。
- 众数（一组数据中出现频率最高的数值）。

媒体（Media）：传统上指广播、电视和印刷
行业，但在更广泛的语境中，它包括任何

促进信息传播的载体，如网络、教学手册
以及广播或电视。

中位数（Median）：按大小排列分布的中间
值，一半的数据高于中位数，另一半低于
中位数。

导师（Mentor）：组织中的关键人物，他们
与他人分享知识和经验，为其职业发展提
供指导和咨询。

辅导（Mentoring）：一种发展机会，通过从
经验丰富的人那里获取有价值的信息、指
导和反馈，从而理解组织文化和不成文的
规范。

元分析研究（Meta-Analytic Research）：一
种将多项研究数据合并的统计方法。当效
应量在各项研究中保持一致时，元分析可
用于确定共同效应。

里程碑（Milestones）：流程中某个事件的标
志，通常置于阶段末尾以标记其完成，用
于确保可交付成果或项目能按时完成。

千禧一代（Millennials）：参阅 Y 世代。

思维导图（Mind Mapping）：一种创造性的
聚合技术，围绕一个中心主题以分支子类
别的方式组织思想和观点。

心态（Mindset）：一套既定的态度、信念和
思维，它预先决定了个体如何解读和应对
情境、事件和评论。

混合现实（Mixed Reality，MR）：不同现实
的融合，代表了从"真实"环境到完全人
工环境（虚拟现实）的连续体。

移动学习（Mobile Learning）：通过无线设
备（如智能手机、平板电脑或笔记本电
脑）进行的学习。

动机理论（Motivation Theory）：基于这样
一种理念：当人们处于适宜的工作环境时，

将自发成长并与环境建立链接。该理论对教练辅导具有重要意义。

多媒体（Multimedia）：综合运用文本、图形、音频、动画及全动态视频的计算机应用。交互式多媒体允许用户控制培训的各个环节（如内容顺序）。

多元智能理论（Multiple Intelligence Theory）：由霍华德·加德纳在《智能的结构》中提出，阐述智能类型如何反映人们的信息处理偏好。加德纳认为多数人擅长三到四种智能类型而回避其他类型。例如，不擅长合作的学员参与小组案例分析时，其新知识的吸收能力可能受限。

多层次反馈（Multi-Rater Feedback）：又称360度反馈评估，是通过收集上级、下属、同事及内外部客户反馈，评估个体在多个行为领域表现的方法。

多感官学习（Multisensory Learning）：通过调动不同感官提升学习参与度与记忆保留率。大脑对视觉信息的存储方式异于听觉或其他感官获取的信息，调用的感官越多，大脑参与信息存储的区域就越广泛。

迈尔斯-布里格斯类型指标（MBTI）：基于外向/内向、直觉/感觉、思考/情感、判断/感知四维偏好判定性格类型的工具，常用于职业发展与团队建设。

N

需求分析（Needs Analysis）：通过系统收集与整合数据，确定现状与理想状态差距的过程。

神经科学（Neuroscience）：研究神经系统与大脑结构功能的科学统称，涵盖神经化学、实验心理学等学科。

新角色员工（New-to-Role Employee）：已在组织内任职，现因晋升、降职、平调或特殊委派而承担不同职责的人员。

定类数据（Nominal Data）：用于标记或分类系统的数字或变量，如电话号码中的数字或运动衫上的号码。

正态分布（Normal Distribution）：观测值倾向于聚集在某个特定值周围，而非均匀分散在值域中的特定分布模式，最适用于连续型数据。在图形上，正态分布呈现为钟形曲线。

O

目标（Objective）：某种目的或意图，当和其他目标结合起来时，能够促成某种结果。

目标为中心（Objective-Centered）：一种聚焦可观测、可量化结果的教学理论，基于行为主义的核心信条——心理学应关注人与动物的可观测行为，而非其内心不可观测的活动。

观察（Observation）：既指引导参与者观看特定事件并准备分享其反思、反应、数据或见解的活动，也指数据收集的方法论。

通用入职培训 [Onboarding（General）]：入职流程的组成部分，聚焦全组织通用的信息与文化要素，以及所有员工需展现的技能与能力。

开放空间技术（Open Space Technology）：用于促进会议、研讨会等活动的协作方法，在明确总体目标或主题的前提下，不预设正式议程，确保所有参与者提出的议题和想法都能得到讨论。

开放系统（Open Systems）：一个持续与环境保持互动的系统。在组织中，开放系统因其内部互联性和相互依赖性，允许人们相互学习和影响。

开放系统理论（Open Systems Theory）：又称生命系统理论或一般系统理论，认为开放系统深受环境影响并与之持续交互，组织即被视为开放系统。

开源软件（Open-Source Software）：向用户免费提供，并授予使用、研究、修改和分享的全部权利。

定序数据（Ordinal Data）：允许按重要性从高到低进行排序的数字或变量。

组织发展（Organization Development，OD）：通过系统性举措开发组织体系、结构和流程，使其更有效达成业务目标的过程。

组织文化（Organizational Culture）：引导组织成员行为、态度和实践的潜在价值观模式。

异常值（Outlier）：数据集中异常大或异常小的数据点。若因测量误差导致，会扭曲数据解读，并对统计摘要产生不当影响。

外包培训（Outsourcing Training）：组织通过外部服务或产品满足其学习需求。

P

教育学（Pedagogy）：教学的艺术和实践，往往指的是儿童教育。教育学关注的是教师传授知识的技能，并强调教师的作用。教育学与成人教育学相对，后者侧重于成人的教学，强调学员的自主性和学习动机，假设学员具有自我指导能力并有学习动机。

绩效（Performance）：描述某项活动的执行和完成情况，而非行为本身。

绩效差距分析（Performance Gap Analysis）：一个衡量、描述和比较员工目前完成的工作和未来需要完成的工作的过程。

绩效支持（Performance Support）：在执行者需要完成任务的时间和地点，提供所需的足够信息。这种支持嵌入在自然工作流程中，并根据特定情境进行组织，如完成任务所要求的地点或角色。

个人学习网络（Personal Learning Network，PLN）：由在某一领域寻求或分享知识的人员构成的非正式群体，成员可来自工作小组内外，彼此建立互利关系。

杰克·菲利普斯和帕蒂·菲利普斯（Phillips，Jack，and Patricia Phillips）：共同开发了培训项目投资回报率的测量模型。

插件（Plugin）：为大型软件应用增加特定功能的组件，如网页浏览器常用插件实现视频播放、病毒扫描及新型文件显示等功能。

播客（Podcast）：通过互联网订阅源分发的一系列数字音频文件，供便携媒体播放器与电脑使用。该术语既可指内容系列，也可指分发方式（后者专称播客制作），词源来自 iPod 与 broadcast（广播）的合成。

调查（Poll）：虚拟课堂的一个功能，允许主持人向参与者发布问题，并实时或于收集全部答复后展示投票结果。

生产者（Producer）：技术专家，在实时在线会议中协助主持人。他们可能专注于提供技术支持，或者与主持人共同主持会议。

职业发展规划（Professional Development Plan，PDP）：规划职业目标及实现策略的工作文件或蓝图。

项目评估（Program Evaluation）：对培训项目在知识获取方面效果的评定。

项目评审技术（Program Evaluation Review Technique，PERT）图：一种图示技术，

项目经理通过预估每项任务的最乐观、最悲观及最可能持续时间，来确定任务周期的浮动范围。

项目生命周期（Project Life Cycle）：涵盖项目从启动到收尾的全过程。

项目管理（Project Management）：在有限期间内，通过规划、组织、指导和调配资源来完成特定目标。

项目范围（Project Scope）：项目规划的一部分，用于确定并记录项目完成需实现的具体目标、可交付成果、流程和任务的完整清单。

原型（Prototype）：最终产品的雏形，提供部分功能用于成果演示和测试验证。

心理安全（Psychological Safety）：人们感到被包容，可以安全地学习、贡献和挑战现状，而不必担心被羞辱、边缘化或惩罚的环境状态。

拉动式学习（Pull Learning）：由学员自主选择内容，属于自我导向型学习，也可称为非正式学习。

推动式学习（Push Learning）：由他人主导，要求学员按既定方式接受知识和技能，可称为正式学习。

Q

定性分析（Qualitative Analysis）：对非量化数据的检验，如个人观点、行为特征，或组织形象、客户支持、声誉等。

定性数据（Qualitative Data）：描述属性特征但无法量化测量的信息。

R

随机分配（Random Assignment）：在研究中运用随机方法将参与者分至不同组别或处理条件的过程，确保每位参与者具有同等的分配机会。

随机抽样（Random Sampling）：从统计总体中选取样本（数据点、人员、文档）的方法，保证每个选项都有明确的被选概率。

随机选择（Random Selection）：为某项研究从总体中选择一个样本的过程。

随机化（Randomization）：一种使用随机方法（如掷硬币或随机数字表）将受试者分配到实验组的方式，有助于在实验组和对照组之间分散协变量。

快速教学设计（Rapid Instructional Design，RID）：对传统教学系统设计模型的灵活改进，运用一系列策略快速开发教学方案。其策略包括整合现有材料、使用模板及高效利用领域专家等。

信度（Reliability）：同一测量工具随时间推移产生一致结果的能力。

必要驱动因素（Required Drivers）：强化、监控、鼓励和奖励工作中关键行为表现的流程和系统。

再培训（Reskilling）：通过培养个体获取新知识或技能，使其能够胜任新岗位或进入新职业领域。

结果（Result）：衡量一个组织、部门、改进计划或员工所设定的目标或目标达成情况的标准。

基于结果的方法（Results-Based Approach）：以业务需求为驱动，确保绩效需求与业务需求相匹配。

期望回报率（Return on Expectations，ROE）：衡量成功培训项目为关键业务利益者创造价值的指标，反映其期望的满足程度。

投资回报率（Return on Investment，ROI）： 投资收益与投资成本的比率，例如，用于对比培训项目的货币收益与项目成本，通常以百分比或成本效益比呈现。

RISSCI 方法： 系统评估新兴技术适用性的流程。RISSCI（发音为"risky"）从六个维度来考察新兴技术的价值：覆盖面（Reach）、洞察力（Insight）、安全性（Safety）、可扩展性（Scalability）、兼容性（Compatibility）和创新性（Innovation）。

角色扮演（Role Play）： 在受控环境中，参与者通过模拟特定立场、态度或行为来练习技能或应用知识的活动，观察者可提供反馈。

岗位技能培训（Role-Specific Onboarding）： 入职流程中最关键且耗时最长的阶段，新员工或转岗员工在此阶段学习岗位细节并适应团队亚文化。

根因分析（Root Cause Analysis）： 用于确定绩效差距的成因及影响因素。

拉姆勒-布拉奇九宫格模型（Rummler-Brache's Nine Box Model）： 基于绩效三层级（组织、流程、执行者）与三维度（目标、设计、管理）的矩阵式绩效管理方法。

S

可抽样资产（Sampleable Assets）： 经设计组织后，可从中便捷抽取有效样本的资源集合。

沙因的职业锚理论（Schein's Career Anchors Theory）： 由埃德加·沙因提出，用于识别员工关于自身天赋和能力、基本价值观，以及与职业相关的动机和需求的自我概念。

范围蔓延（Scope Creep）： 未经需求确认或正式变更流程，将额外工作或交付物加入项目的情况。

可共享内容对象参考模型（Shareable Content Object Reference Model，SCORM）： 这一模型定义了构建学习管理系统和课程的标准方式，使其能与其他兼容系统共享内容。

可搜索资产（Searchable Assets）： 以机器可读的结构进行组织，能轻松适配自然语言查询。

自我导向学习（Self-Directed Learning，SDL）： 学员自主掌控内容传递的进度与时间安排，可通过印刷品或电子媒介等多种形式实现。

七个转变故事节拍（Seven Transformation Story Beats）： 从叙事视角观察学员成长时最关键的七个转折点。

显著性（Significant）： 统计学概念，指结果很可能真实存在（而非随机误差导致）。

模拟（Simulation）： 一种沉浸式交互学习环境，供学员练习技能或知识，形式涵盖从简单实操到复杂计算机模拟。分支故事是常见类型。

单循环学习（Single-Loop Learning）： 为适应必要但渐进式变革而学习新技能的知识获取方式。

六西格玛方法论（Six Sigma Methodology）： 基于数据驱动的严格流程改进方法，通过识别和消除缺陷根源提升质量目标。该名称源自制造业统计模型，要求每百万次操作缺陷不超过 3.4 个（合格率 99.99966%）。

技能（Skill）： 通过训练或经验获得的熟练能力、技巧或敏捷性。

笑脸表（Smile Sheet）： 培训第一级评估（反应层评估）中使用的讲师/课程反馈表

的俗称。

社会化学习（Social Learning）：通过人际互动和观察他人进行的学习，通常以非正式、无意识的方式自然发生。

社交媒体（Social Media）：用于扩展跨组织、跨地域的社交互动与学习的电子化交流工具。

软数据（Soft Data）：无形的、事件性的、个人化的主观定性指标，如观点、态度、假设、感受、价值观和期望。虽不易量化，但常能辅助解释可测量的硬数据。

利益相关者（Stakeholders）：对项目有利害关系并能影响其成败的个人、团体或组织。

标准差（Standard Deviation）：用于量化数据组变化程度或离散度的统计指标，反映数据分布的离散情况。

故事板（Storyboard）：由沃尔特·迪士尼公司在 20 世纪 30 年代初开发的图形化工具，帮助电影剧情实现可视化。故事板帮助人才发展专业人士在进行大量开发之前调整学习步骤，这为在流程早期尝试变化提供了机会。

战略规划（Strategic Planning）：组织明确未来方向的系统化过程，通常包括展望未来、设定目标、协调结构与资源、落实计划。具体流程因组织而异。

战略劳动力规划（Strategic Workforce Planning）：组织用于分析现有人力资源并预测未来人才需求的系统化过程。

结构化辅导（Structured Mentoring）：一个有时间限制的过程，旨在根据特定行为目标，帮助受指导者获得特定技能。

主题专家（Subject Matter Expert，SME）：拥有某一学科领域广泛知识和技能的人。

（也可译为内容专家。——译者注）

继任计划（Succession Planning）：一个系统化过程，旨在识别、评估和培养具有潜力的人员，使其能够在现任者辞职、解雇、调动、晋升或去世后，接任领导或关键岗位。（也可译为接班人计划。——译者注）

总结性评估（Summative Evaluation）：在人才发展方案实施后进行，重点评估该方案的效果或影响，以证明其价值。评估内容可能包括参与者的反馈、对业务目标的影响、项目成本以及利益相关者的期望。总结性评估通过标准化测试、参与者反馈表、利益相关者满意度调查及最终投资回报率等工具来衡量成果。

调查（Survey）：一种数据收集工具，包含问题或评分陈述，可采用在线或纸质形式，也可称为问卷、反馈表或民意调查。

同步培训（Synchronous Training）：培训师与学员同时参与的培训形式，常见于虚拟培训（既可以是同步的，也可以是异步的）。

系统思维（Systems Thinking）：基于一种理念，即系统的各个组成部分需要通过彼此之间及与其他系统的关系来理解，而非孤立看待。在变革管理中，这种整体视角至关重要，因为系统的任何微小变化都会因相互关联性而影响整体。

T

隐性知识（Tacit Knowledge）：由教育家迈克尔·波兰尼提出，有时称为"诀窍"。它主要基于经验和直觉，仅存在于个人的记忆和思维中，因此难以定义和传递。隐性知识是最宝贵的知识来源，因为它仅基于成功的经验和表现，未被广泛传播，通常只有少数人掌握或理解。许多知识管理专家认为，隐性知识最有可能推动组织突破性进展。甘布尔和布莱克韦尔指出，忽视隐性知识会直接削弱创新能力和持续竞争力。隐性知识的持有者（知识利益相关者）了解组织的文化信仰、价值观、态度、思维模式、技能、能力和专业知识。

可标记资产（Taggable Assets）：带有标签的简单数据片段，便于查找具有相同标签的相关内容。元数据标签会为所有相关资源分配标签。

人才发展（Talent Development，TD）：通过促进学习与员工发展来提升组织绩效、生产力和成果的各项举措。

人才发展能力模型（Talent Development Capability Model）：指导人才发展专业人士了解和实践如何发展自己、他人和组织的框架。该能力模型包括三个实践领域：

- 构建个人能力
- 发展专业能力
- 影响组织能力

人才发展框架（Talent Development Framework）：人才发展专业人士可借助此模型，选择组织人才发展架构中的必要组成部分，以实现战略业务目标。

人才发展报告准则（Talent Development Reporting principles，TDRp）：为规划与收集人力资本数据建立内部报告标准，明确关键成果、有效性及效率指标的界定与汇报要求，从而推动业务成果并促进组织成功。它是一项由行业主导的自发性倡议。

人才细分战略（Talent Segmentation Strategy）：识别组织中关键岗位的人才缺口，并制定战略目标填补缺口。

任务分析（Task Analysis）：对岗位中的单项任务进行拆解，将其分解为实际执行步骤的过程。

终极目标（Terminal Objective）：特定教学活动的最终行为成果，也称"绩效目标"，因其明确了学员在参与学习活动后应展现的可测量知识、技能与态度。终极目标可进一步拆分为若干过程目标。

X 理论（Theory X）：由道格拉斯·麦格雷戈于 20 世纪 60 年代提出的人类动机理论。该理论假设员工天生懒惰、厌恶工作，并会尽可能逃避工作。信奉 X 理论的管理者往往采取严密的监督与控制手段。

Y 理论（Theory Y）：道格拉斯·麦格雷戈提出的另一动机理论。与 X 理论相反，Y 理论认为多数员工具有自我驱动力、乐于工作，并会主动追求自己认同的目标。信奉 Y 理论的管理者倾向于信任员工，认为其能自主担责，无须持续监督。

360 度反馈评估（360-Degree Feedback Evaluation）：通过收集上级、下属、同事及内外部客户对被评估者在多个行为维度的意见与建议，全面评估其工作表现。

传统辅导（Traditional Mentoring）：由经验丰富者或团队在特定时期内向学员传授经验与专业知识的职业发展方式，主要分为三种形式：一对一辅导、小组辅导和远程辅导。

传统主义者（Traditionalists）：1946 年前出生的美国一代人，普遍具有忠诚、可靠、尽责、利他和勤奋的特质。

培训师（Trainer）[或引导师（Facilitator）]：通过传统/虚拟课堂、一对一辅导或现场辅导等方式，帮助员工提升绩效的人才发展专业人士。

培训需求评估（Training Needs Assessment）： 通过系统收集与分析数据，识别当前绩效与目标绩效的差距，并判断培训是否为有效解决方案的过程。

培训目标（Training Objective）： 明确人才发展专业人士在培训活动中预期达成的具体成果的陈述。

培训转化评估（Training Transfer Evaluation）： 衡量学员将所学有效迁移至工作实际应用效果的评估流程。

事务性角色（Transactional Role）： 对业务战略实施不具有关键影响的职位。

趋势线（Trend Lines）： 通过模拟未实施培训时的产出变量预测值，与培训后实际数据进行对比，其差值就是培训效果的量化评估。该方法在特定条件下能精准分离培训的实质影响。

三循环学习（Triple-Loop Learning）： 一种学习模型（与单循环学习、双循环学习并列），用来帮助人才发展专业人士理解学习动态，这种动态通常被定义为"学习如何学习"。学员不仅会反思他们所学的内容，还会反思他们的学习方法、对所学内容的看法，以及他人对所学内容的感受。这种反思促使学员做出根本性改变，自愿改变他们对自身和世界的信仰和价值观。

塔克曼团队发展模型（Tuckman Group Development Model）： 描述团队成熟的五个阶段的模型，即形成阶段、冲突阶段、规范阶段、执行阶段和解散阶段。

U

技能提升（Upskilling）： 通过培训为现有技能注入新知识或显著提升现有能力，使从业者能在原专业领域持续发展。区别于常规持续性培养，特指突破性的能力跃升。

V

效度（Validity）： 反映测量工具能够准确测量所要测量内容的程度。

变量（Variable）： 任何可能发生变化的要素、特征或因素。

方差（Variance）： 衡量数据集中数值离散程度的指标，反映各数值与均值之间的偏离程度。

纵向发展（Vertical Development）： 提升个体以更复杂认知和情感模式理解世界的能力，其发展结果是形成更系统化、战略性和关联性的思维方式。

视频编辑（Video Editing）： 通过专业软件整合视频素材，删除冗余内容并自然衔接片段的过程。剪辑时同步整合音乐、音效及特效，最终生成成品视频文件。

视频（Video）： 以单向传输方式呈现的实时或录制的动态影像。

视频脚本（Video Script）： 包含视频全部台词及分镜说明的文本文件，需详细描述每个镜头的运镜方式、机位和角度。工业类视频通常采用双栏格式脚本：左栏记录视觉化分镜描述，右栏标注对白、旁白及背景音乐等音频元素。

虚拟课堂（Virtual Classroom）： 支持学员与培训师实时互动的在线学习空间。

虚拟现实（Virtual Reality，VR）： 通过头戴显示设备生成的计算机模拟环境，学员可借助手持控制器和语音指令在高度仿真的数字场景中进行操作。该技术尤其适用于高危或难以还原的培训场景（如应急演练、重型设备操作模拟），能提供沉浸式实操体验。

虚拟世界（Virtual World）：支持用户交互并创建三维物体的数字环境。

W

第二代互联网（Web 2.0）：通过互联网技术与网页设计增强信息共享（尤指用户协作）的技术范式，推动了社交网络、维基和博客等在线社区及托管服务的发展。

门户网站（Web Portal）：整合多元信息源的网站，早期代表包括美国在线、MSN 和雅虎。

基于网络的培训（Web‐Based Training，WBT）：通过互联网/内联网浏览器交付教育内容的方式，现多称"虚拟学习"。

WIIFM（What's In It For Me）：即"这对我有什么好处"（What's In It For Me）的缩写，提醒人才发展专业人士帮助学员认知培训的个体价值。

维基（Wiki）：支持授权用户协同编辑的网页集合，适用于团队协作与数据汇编。

线框图（Wireframe）：一种黑白简化的页面布局图，明确标注页面元素、网站功能、转化区域及导航栏的具体尺寸与位置。其刻意规避色彩、字体、标志等视觉设计元素，仅聚焦于结构规划。

工作分解结构（Work Breakdown Structure，WBS）：以可交付成果为导向，对项目或部门任务进行层级拆解的方法，广泛应用于项目管理和系统工程领域。

劳动力规划（Workforce Planning）：系统化识别当前人才能力与未来需求差距的过程，通常与战略规划同步实施，包含五个步骤：分析现有人才→识别技能缺口→制定行动计划→执行计划→监控评估进展。

X

xAPI（Experience Application Programming Interface，体验应用程序编程接口）：又称"Tin Can API"，是一种记录个人线上线下学习经历的电子学习软件规范。

Y

你-我-我们学习模型（You-Me-We Learning Model）：以学员为中心的人才发展框架，帮助人才发展专业人士提供满足学员需求的多元化学习方案：

- 我学习：员工自主安排时间，在工作流程中自发进行的学习。
- 你学习：员工依赖组织提供的系统化学习资源。
- 我们学习：员工通过个人学习网络向他人获取知识。

主编简介

伊莱恩·碧柯（Elaine Biech），CPTD 杰出会员，坚信必须追求卓越。她的热忱所在，是帮助他人追寻并实现自己的激情所在。凭借在组织发展、培训与咨询领域的深厚造诣，她专注于提升个人、团队以及组织的效能，为每一个项目量身定制方案，以精准契合每一位客户的独特需求。她主导战略规划，推动组织范围内的系统变革，涵盖流程优化、变革管理、领导力发展、入职培训以及导师计划等诸多方面。她亲手打造了数百门培训课程与应用程序，成果斐然。作为 ebb associates inc 的创始人兼总裁，她致力于协助组织实现大规模变革，尤其擅长将那些陷入困境的团队重塑为高效协作的精英团队。

作为一名管理与执行顾问、培训师以及课程设计师，她的客户名单涵盖美国海军、中国石化、中国电信、普华永道、秘鲁信贷银行、洛克希德·马丁公司、Outback 牛排餐厅、美国联邦航空管理局、蓝多湖乳业、麦当劳、Lands'End 服装公司、庄臣公司、美国联邦储备银行、美国国土安全部、美国家庭保险公司、马拉松石油公司、好时巧克力公司、美国国家航空航天局、纽波特纽斯造船公司、科勒公司、美国红十字会、独立注册会计师协会、威廉与玛丽学院，以及众多其他公共与私营部门组织。她为纽波特纽斯造船公司和麦当劳精心设计了首批流程改进项目，为好时巧克力公司打造了首个创造力与创新项目，并于 1986 年为美国国家航空航天局提供了最早的虚拟培训课程之一，开创了行业先河。

伊莱恩·碧柯被誉为培训行业的巨擘。她与 14 家出版社合作，撰写了 86 本图书，其中包括《华盛顿邮报》畅销书榜首的《培训的艺术与科学》。她是《ATD 人才发展知识体系》的首席作者。她的著作屡获国家级奖项，并被翻译成 13 种语言。她曾担任备受推崇的《Pfeiffer 培训与咨询年鉴》的咨询编辑长达 16 年。她还曾登上《华尔街日报》《哈佛管理前沿》《华盛顿邮报》《投资者商业日报》《财富》等数十家知名媒体的报道。

伊莱恩·碧柯在国内外会议上发表了 400 多场演讲，其中包括在中国为 7000

名培训师发表的主题演讲。她连续 35 年在 ATD 国际会议与博览会上发表演讲。自 1982 年以来，她一直活跃于 ATD，曾担任美国培训与发展协会全国董事会成员，并于 1991—1994 年担任董事会秘书。她发起并主持了七年的"顾问日"活动，并于 2000 年担任 ATD 国际会议设计主席。她还设计了 ATD 的首个培训认证项目，并为该协会撰写了其他五个认证项目。

作为人才发展领域的思想领袖和 ATD 首位 CPTD 杰出会员，伊莱恩·碧柯荣获了十余项国家级奖项，包括 1992 年 ATD 火炬奖、2004 年志愿者-员工合作奖、2006 年戈登·布利斯纪念奖以及 2020 年人才发展杰出贡献奖。她还获得了 2001 年 ISA 精神奖、2012 年 ISA 杰出贡献奖、2022 年 ISA 思想领袖奖以及威斯康星州女性导师奖。她赞助了多项奖学金基金，目前担任 ISA 和创新领导力中心的董事会成员。

人才发展协会简介

　　人才发展协会（Association for Talent Development，ATD）致力于为人才发展行业制定标准，彰显学习与培训的重要性。作为全球规模最大、最受信赖的培训与人才发展从业者专业发展组织，ATD 汇聚了来自全球 100 多个国家的会员，形成了一个全球性的社群。自 1943 年成立以来，人才发展领域不断拓展，以满足全球企业和新兴行业的迫切需求。课堂培训师、引导者、教学设计师、数据分析师、教练以及绩效改进顾问等众多专业人士，均依赖 ATD 提供的资源、会员资格、工具、课程和认证，来提升自身能力。人才发展专业人士通过 ATD 确立最佳实践的基准和能力。

　　当今世界，变革成为全球组织的常态。ATD 的使命，是赋能专业人士在工作场所培育人才。我们提供的资源，助力人才发展专业人士提升影响力与效能，其中包括：

- 人才发展能力模型。
- 教育课程。
- 认证与资质。
- 会员资格。
- 举办于全球各地的行业领先活动。
- 行业研究。
- 专业图书与杂志。

反侵权盗版声明

　　电子工业出版社依法对本作品享有专有出版权。任何未经权利人书面许可，复制、销售或通过信息网络传播本作品的行为；歪曲、篡改、剽窃本作品的行为，均违反《中华人民共和国著作权法》，其行为人应承担相应的民事责任和行政责任，构成犯罪的，将被依法追究刑事责任。

　　为了维护市场秩序，保护权利人的合法权益，我社将依法查处和打击侵权盗版的单位和个人。欢迎社会各界人士积极举报侵权盗版行为，本社将奖励举报有功人员，并保证举报人的信息不被泄露。

举报电话：（010）88254396；（010）88258888

传　　真：（010）88254397

E-mail:　　dbqq@phei.com.cn

通信地址：北京市万寿路 173 信箱

　　　　　电子工业出版社总编办公室

邮　　编：100036